Weltweit –
die Passion mich trieb

*In jedem Leben gibt es einen dunklen Winkel,
aus dem der Schatten nicht zu vertreiben ist.*

*Dieses Buch widme ich
meinem unvergeßlichen Sohn Oliver
sowie meiner lieben Frau Lisa.*

Heijo Michel

Weltweit –
die Passion mich trieb

OKAHANDJA

CIP-Kurztitelaufnahme der Deutschen Bibliothek
Heijo Michel
Weltweit – die Passion mich trieb
Mülheim: H.-J. Michel, Verlag Okahandja, 1991
ISBN 3-923 270-05-4

© 1991 H.-J. Michel, Verlag Okahandja, Mülheim a. d. Ruhr
Alle Rechte vorbehalten
ISBN 3-923 270-05-4
204 Farbfotos von Heijo Michel
5 Kartenskizzen, Zeichnungen von Dipl.-Ing. Oliver Michel
Lithographien: Wohlfeld & Wirtz KG, Duisburg
Titelillustration: Peter Röseler, Emsdetten
Druck: H. Oppenberg KG, Duisburg
Einband: Sigloch Buchbinderei GmbH & Co KG, Künzelsau
Printed in Germany

Inhalt

1. Erste Begegnung mit dem schwarzen Kontinent
   Südwestafrika 1967 Seite 10
2. Dort, wo die Hirsche röhren
   Jugoslawien 1968 Seite 36
3. Ein Elefant greift an
   Kenia 1971 Seite 44
4. Mein stärkster Rehbock
   Rumänien 1973 Seite 62
5. Dem Steinbock auf der Spur
   Persien/Iran 1974 Seite 69
6. Der Leopard vom Kasibi-River
   Rhodesien/Zimbabwe 1975 Seite 83
7. „Sein Schaf haben, ehe man 35 wird"
   Alaska/USA 1978 Seite 96
8. Auf Argali im Lande Dschingis-Khans
   Mongolei 1980 Seite 114
9. Expedition Dhaulagiri Himal
   Nepal 1981 Seite 142
10. Dschungeljagd im Terai
    Indien 1981 Seite 180
11. Arktis – Traum oder Hölle?
    Canada 1983 Seite 198
12. Auge in Auge mit Nanook, dem Polarbären
    Canada 1984 Seite 238
13. Hochgebirgsjagd im Zillertal
    Österreich 1987 Seite 288
14. Hirschbrunft – Vollendung der Jagd
    Bulgarien 1987 Seite 296
15. Urige Sauen – starke Hirsche
    Bulgarien 1989 Seite 310
16. Der Steinbock aus dem sturmgepeitschten Gredos
    Spanien 1990 Seite 326

Kein Weg war mir zu weit,
keine Strapaze zuviel.

ᐃᓅᔦᑦ ᐅᑭᐅᑕᕐᑎᒋᐊᓪᓚᒍᓐᓇᖏᑖᐃ ᑭᓯᐊᓂ
ᐅᑭᐅᑎᑦ ᐃᓅᔨᓯᐊᑕᕐᑎᒍᓐᓇᑕᑎᑦ

Inojet okiutartigiallagunnangitait kisiani
okiutit inojetsiatartigunnatatit

Inuktitut
(Schrift der Eskimos)

Man kann dem Leben nicht mehr Jahre,
aber den Jahren mehr Leben geben!

Vorwort

Jagdpassion und meine Sehnsucht, fremde Länder und ihre Bewohner kennenzulernen, haben mich schon in verhältnismäßig jungen Jahren weit in der Welt herumgeführt. Die Erlebnisse, die ich auf diesen Exkursionen hatte, und die Eindrücke, die ich hierbei empfing, versuchte ich zu Papier zu bringen, um das eigene Gedächtnis zu unterstützen, aber auch, um andere daran teilhaben zu lassen, was mir in den letzten 25 Jahren an jagdlichem Erleben vergönnt war.
Oft wurde ich schon gefragt: „Warum führen Dich Deine Jagdreisen meist in ferne Länder, ist das Jagen in unserer Heimat nicht ausreichend genug?" – Ich konnte darauf nur antworten: Es sind wohl die zu erwartenden ungewöhnlichen, neuen Erfahrungen, als tieferes Motiv vielleicht hier auch die Selbstentdeckung, die mich immer wieder in fremde Länder ziehen. Auch der Reiz des Risikos, der sozialen und finanziellen Sicherheit zu entfliehen, etwas nicht Alltägliches getan zu haben, sind Argumente, die mitzählen. Letztlich ist es aber doch der Wunsch, für wenige Wochen einen anderen Lebensstil zu führen und Abenteuer zu erleben, das heißt, sich selbst zu messen in der Berührung mit der Natur und ihren ungewissen Gefahren. Aber Abenteuer in der Arktis zum Beispiel sind weniger eine Sache physischer Kraft und sportlichen Einsatzes als vielmehr eine Sache der Mentalität. Die eiszeitliche Landschaft, die Tage der Einsamkeit und absoluten Stille, Müdigkeit, Hunger und Verzicht auf jeglichen Komfort müssen ertragen werden. Die Eskimos verstehen lernen, ihre Einstellung zur Jagd akzeptieren, sind wesentliche Voraussetzungen, wenn man der Zivilisation Zentraleuropas den Rücken gekehrt hat.
Alle traditionellen Jagdformen sind ein Spiegelbild der Landschaft und ihrer Menschen. Sie sind Kulturgut, und das trifft für die spanische Monteria ebenso zu wie auf den Ansitz am Luderbaum auf den Leoparden im südlichen Afrika, für die Pirsch auf der warmen Fährte des canadischen Elches oder für hochgetriebenes Flugwild auf den britischen Inseln.

Obwohl nicht mehr vorwiegend zum Nahrungserwerb notwendig, empfinden die Jäger Freude beim Jagen. Das Erlegen von Wild bedeutet deshalb aber nicht Lust am Töten. Ich zitiere hierzu gerne die eindrucksvollen Worte des großen spanischen Kulturphilosophen José Ortega y Gasset aus seinen Meditationen über die Jagd, welche auch zum Grundsatz meiner ethischen Auffassung von der Jagd geworden sind:

"Man jagt nicht, um zu töten, sondern umgekehrt, man tötet, um gejagt zu haben."

Die Tiefsinnigkeit dieser Worte hat mich immer wieder stark angesprochen.
Wer die persönliche Bereitschaft, sich vom Alltag und seinen kulturellen Einflüssen zu lösen, mitbringt, dem wird sich die Natur offenbaren, und er wird neue Kraft schöpfen. Denn wie der bedrohte Baum gesunde Wurzeln braucht, damit seine prachtvolle Krone Umwelt und Sturm zu widerstehen vermag, so wächst auch bei uns Menschen die Kraft von innen heraus; aus der Wechselbeziehung zwischen Entspannung und Anspannung. Um in dieser Welt der Gegensätze zu bestehen, brauchen wir das Auftanken, welches uns auch neue Anstöße für eine erfolgreiche Zukunft gibt.
Ich habe in den Jurten der Mongolen und in den Iglus der Eskimos geschlafen, habe mit Indianern und Negern an Lagerfeuern gesessen, Sherpa des Himalaja sowie Bewohner der Wüsten waren meine Begleiter, ich kenne einen Teil des indischen Dschungels und die Ufer des Orinoco, doch immer stand bei allen jagdlichen Exkursionen der Mensch und seine Kultur mit im Vordergrund.
Darum habe ich zwischen den eigentlichen Jagderlebnissen immer versucht, nicht nur die eigenen Gefühle mitzuteilen, sondern auch den Leser zu motivieren, um ihn, wenn er nicht selbst der Jagd verfallen ist, langsam dem Ziel näherzubringen; denn der Schuß allein bedeutet ja nicht viel. Die Erlebnisse zuvor und hernach, das Drum und Dran, ist oft so interessant, daß zuweilen das jagdliche Ereignis selbst etwas zurücktritt. Hierbei habe ich immer wieder die Grundlage unseres Daseins, die Bindung zur Natur, nicht vergessen.
Viele Erlebnisse wären mir gar nicht möglich gewesen, wenn ich nicht jedesmal prachtvolle Jagdfreunde angetroffen hätte, die mir mit ganzem Herzen und all ihren Möglichkeiten zum Erfolg verholfen haben.
In den Erzählungen über teilweise weltabgeschiedene Gebiete sucht sicherlich mancher Leser einen Hauch wilder Einsamkeit oder romantischer Verträumtheit. Ich muß Sie enttäuschen. Durch die Errungenschaften der Zivilisation gibt es fast keinen Winkel auf der Erde, der nicht in irgendeiner Form mit der modernen Technik in Berührung gekommen ist.
Wenn Sie sich jedoch einen kleinen Schuß Abenteuerlust bewahrt haben, vielleicht ein bißchen tiefer nach den Wurzeln unseres Seins suchen und aus der bürokratisierten Welt einmal ausbrechen wollen, dann folgen Sie mir, und Sie werden meine Abenteuer in den Erzählungen nacherleben.

Mülheim a. d. Ruhr, im Februar 1991

Heijo Michel

Südwestafrika/Namibia – 1967

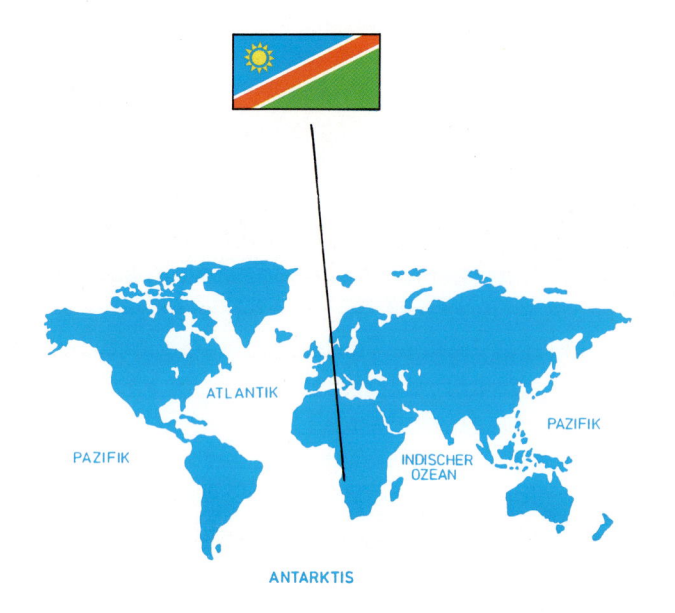

Erste Begegnung mit dem schwarzen Kontinent

Schon als Junge fesselten mich die Schilderungen von abenteuerlichen Reisen und Jagdexpeditionen in Afrika. Das Lied „Heia Safari" begeisterte mich, und es beseelte mich der unbändige Wunsch, so etwas später selbst zu erleben.

Die Jahre vergingen, ich hatte die Jägerprüfung abgelegt und mich im Revier meines Vaters jagdlich betätigt. 1967 war es dann soweit, daß ich den alten Wunsch Wirklichkeit werden lassen konnte.

Nach langen Überlegungen und dem Abwägen der vielen Ratschläge, die mir von allen Seiten gegeben wurden, entschloß ich mich für Südwestafrika, das frühere deutsche Schutzgebiet. Dort, im Lande der Buschmänner, Hottentotten und Hereros wollte ich von einer Farm aus jagen und anschließend auf Ausflügen soviel wie möglich vom Lande kennenlernen. Ich hatte dafür 4 Wochen vorgesehen, und mein Jagdgebiet sollte die 60 000 Morgen große Farm Chairos des Herrn Hasso Becker, eines deutschen Südwesters, sein. Als Waffen nahm ich mit meine Mauserrepetierbüchse 7 x 64 mit 10,5 g TIG und meinen Sauer-Drilling 16/7x57 R.

Nach einem bewegten Abschied von Frau und Kindern, der mir nicht leicht fiel, flog ich zunächst von Düsseldorf nach Frankfurt und dann gegen Abend mit einer Boeing 727 der South African Airways Richtung Windhuk – Johannesburg. Die Maschine war von London gekommen und daher waren die meisten Plätze schon belegt. Ich bekam einen Mittelplatz zwischen zwei Engländern, was die Unterhaltung naturgemäß nicht gerade begünstigte. Den Flugzeugen der SAA ist es nicht gestattet, den Luftraum der schwarzafrikanischen Staaten zu überfliegen; als Schikane dafür, daß die Südafrikanische Republik den Schwarzen noch nicht das Wahlrecht, das bedeutet die Herrschaft, gegeben hat. Die Flugzeuge dürfen daher nicht die kürzeste gerade Strecke fliegen, sondern müssen im Bogen über den Atlantik ausholen. Das bedeutet natürlich die Verlängerung der Reisezeit um einige Stunden. Aber was heißt das schon, wenn man bedenkt, daß noch zur Zeit der deutschen Kolonialherrschaft, also bis zum 1. Weltkrieg, die Schiffsreise von Hamburg bis Swakopmund oder Lüderitzbucht 4 Wochen dauerte. Gar nicht zu sprechen von den monatelangen gefährlichen Segelfahrten der Karavellen der Portugiesen Bartholomäo Diaz und Vasco da Gama, die Ende des 15. Jahrhunderts die Küste Südwestafrikas anliefen und auf dem Wege nach Indien das Kap der guten Hoffnung umfuhren.

Gegen Mitternacht hatten wir eine Zwischenlandung in Las Palmas auf den Kanarischen Inseln und im Morgengrauen in Luanda, Angola. –

Während der ruhigen Flugstunden rekapitulierte ich im Geiste alles das, was ich mir zur Vorbereitung auf die Reise aus einschlägigen Büchern an Wissen angeeignet hatte.

Südwestafrika ist dreimal so groß wie die Bundesrepublik, hat aber nur etwa 800 000 Einwohner, davon sind etwa 100 000 Weiße, von diesen wieder $1/3$ deutscher Abstammung. Es ist also ein menschenarmes Land, das zu einem Großteil aus unfruchtbarer Wüste und kargem Gebirge besteht. Ursache dafür ist die Wasserarmut, das Fehlen regelmäßiger Niederschläge. Es kommen Jahre vor, in denen kein Tropfen Regen fällt. Das bedeutet dann Not und oft den Tod für Tiere und gar Menschen. Ackerbau ist nur an einigen begünstigten Stellen möglich, vor allem dort, wo durch Brunnenbohrungen Grundwasser hochgepumpt wird und wo das in Regenzeiten sonst schnell abfließende Wasser durch Dämme aufgestaut wird. Diese Wasserhaltung ist auch für den Südwestafrika beherrschenden Wirtschaftszweig, die Rinder- und Schafhaltung, lebensnotwendig. Durch die Trockenheit ist der Graswuchs so dürftig, daß ein Rind oder Schaf ein Vielfaches an Weidefläche nötig hat, die in Gebieten mit ausreichenden Niederschlägen erforderlich wäre. Deshalb haben die Farmen hier so große Ausmaße von 5 000 bis 30 000 ha. Auf diesen gewaltigen Flächen leben auch viele Wildarten, die durch jahrtausendelange Gewöhnung sich dem trockenen Klima viel besser anpassen konnten als die von Menschen gehaltenen Haustiere.

Die Kargheit der Weide und der daher rührende große Flächenbedarf sind auch der Grund für die vielen grausamen Kriege, die in der Vergangenheit zwischen den verschiedenen Stämmen der Schwarzen und schließlich zwischen diesen und der deutschen Kolonialmacht ausbrachen.

Die ältesten, heute noch in geringer Zahl lebenden Bewohner Südwestafrikas sind vermutlich die Buschmänner, ein kleinwüchsiges Sammler- und Jägervolk auf niedriger Kulturstufe. Sie wurden von den später herandrängenden viel vitaleren viehzüchtenden Hirtennomaden in die unwirtlichsten Gebiete zurückgedrängt, zum Teil sogar ausgerottet.

Um die Mitte des 17. Jahrhunderts hatten sich im Süden – im Kapland – Holländer, die Buren, aber auch andere weiße Siedler niedergelassen, die allmählich auf Landsuche immer weiter nach Norden zogen. Damit drückten sie die schwarzen Völker, die sich ihnen nicht unterwerfen wollten – es handelte sich um einige Stämme der Hottentotten –, vor sich her. Diese kamen mit ihren Herden im 18. Jahrhundert über den Oranje-Fluß in das Gebiet des heutigen Südwestafrika und nahmen die ihnen günstig erscheinenden Weidegründe in Besitz. Aber schon bald kamen sie mit den von Norden nach Süden wandernden Hereros, einem ebenfalls viehzüchtenden Bantustamm, in Konflikt. Es kam zu blutigen Auseinandersetzungen, bei denen die Hottentotten, die von den Buren Feuerwaffen kennengelernt hatten und solche auch besaßen, zunächst im Vorteil waren. Das Blatt wendete sich aber, als auch die Hereros im Tausch gegen Vieh von Händlern Gewehre erhielten. Die Hottentotten wurden besiegt und nach Süden zurückgedrängt. 1870 gelang es, durch Vermittlung der deutschen Mission, den Frieden von Okahandja zu schließen, der aber kaum 10 Jahre anhielt. Die erneuten Kämpfe wurden 1889 beendet, und zwar durch das Eingreifen der inzwischen etablierten deutschen Schutzmacht.

1883 war der Bremer Kaufmann Lüderitz in der Bucht von Angra Pequena, heute Lüderitzbucht genannt, gelandet und hatte vom dort herrschenden Hottentottenhäuptling ein größeres Gebiet käuflich erworben. 1884 hatte das Deutsche Reich sich als Schutzmacht für dieses Gebiet erklärt. Das war der Beginn der Kolonie Deutsch-Südwestafrika. Die deutsche Verwaltung schloß weitere Verträge mit anderen Oberhäuptlingen verschiedener Herero- und Hottentottenstämme, erwarb erheblichen Weidelandbesitz und verkaufte diesen zu günstigen Preisen an die nach und nach in größerer Zahl ins Land strömenden deutschen Siedler. Damit begannen nun zunehmend Konflikte. Die Häuptlinge hatten sich für die verkauften Gebiete zwar bezahlen lassen, was meist aus Waren, darunter auch aus Gewehren und Munition, bestand, aber wenn die weißen Siedler ihr erworbenes Land in Besitz nehmen und die darauf weidenden Herden der Schwarzen nicht dulden wollten, reagierten diese empört, und es kam zu Streitereien.

Man muß wissen, daß diese Hirtenvölker aus Prestigegründen möglichst große Viehherden halten, obwohl sie sie nur wenig nutzen, denn es wird selten ein Rind geschlachtet. Allein der Besitz von vielen Stücken gibt Ansehen. Daraus ergibt sich zwangsläufig, daß in einem so trockenen Land mit kargen Weidegründen und wenig Wasserstellen schnell Zündstoff gegeben ist.

So kam es 1904 zum Aufstand der Hereros, der mit dem Überfall auf Farmen und der grausamen Ermordung der Siedler begann und sich mehr als ein Jahr als blutiger Krieg hinzog. Die deutsche Schutztruppe war zunächst zahlenmäßig zu schwach, und erst als Verstärkung aus Deutschland eingetroffen war, konnte der Krieg 1905 mit der Schlacht am Waterberg beendet werden. Er kostete über 1600 deutsche Menschen das Leben.

Bald erhoben sich auch die Hottentotten und konnten erst nach mehrjährigem Kleinkrieg besiegt werden. Es ging auch hier um Weideflächen und Wasserstellen.

Ein Ereignis, das im Herero-Krieg stattfand, hat mich ganz besonders beeindruckt. Im Norden des Landes lag das deutsche Fort Namutoni. Die Besatzung war nach Süden abgezogen, um an den Kämpfen teilzunehmen, und nur 7 Mann hielten die Stellung, weil man von den hier wohnenden, bisher friedlichen Ovambos keine Feindseligkeit erwartete. Plötzlich erschienen 500 z. T. mit Gewehren bewaffnete und mit Leitern ausgerüstete Ovambos und versuchten, das Fort zu stürmen. Die sieben Verteidiger schlugen alle Angriffe zurück, und als etwa 100 Angreifer tot vor dem Fort lagen, zogen sich die übrigen zurück. Heute ist Namutoni originalgetreu wieder hergestellt und dient Besuchern des Etoscha-Wildreservates als Gästehaus.

Die Ovambos stellen übrigens heute die stärkste Volksgruppe mit etwa 300 000 Menschen dar.

Eine Besonderheit in Südwestafrika sind die Basters, das sind Bastarde aus burischen Vätern und Hottentottenmüttern. Sie kamen aus dem Kapland und siedeln vornehmlich in Rehoboth und Rietfontein. Sie halten sich von den übrigen Farbigen streng getrennt, wie überhaupt auch zwischen Hereros, Hottentotten, Buschmännern, Ovambos usw. scharfe Apartheid herrscht. –

Bei der Zwischenlandung in Luanda war aus militärischen Gründen ein Verlassen der Maschine nicht erlaubt. So kam es, inzwischen hatten wir unser Ziel erreicht, daß ich gegen 10.30 Uhr Ortszeit in Windhuk zum ersten Male afrikanischen Boden betrat. Mein Jugendtraum hatte sich erfüllt.

Hochsommerliches Wetter empfing mich auf dem Großflughafen, etliche Kilometer vor den Toren der Stadt. Durch das Mitführen meiner beiden Waffen, ich hatte sie vor dem Flug ordnungsgemäß dem Flugkapitän übergeben, hatte ich etwas mehr mit dem Zoll zu tun als die anderen Reisenden. Hasso Becker hatte aber gut vorgesorgt, und so waren die wenigen Formulare schnell unterschrieben, und ich konnte die Sperre passieren. Mit dem Taxi fuhr ich zum Hotel Thüringer Hof, denn hier hatte ich ein Zimmer reservieren lassen.

Etliche Strauße, die Vogelart, die nicht fliegen kann, standen am Straßenrand des Weges, den wir auf der etwas längeren Fahrt zur Stadt passierten. Ihr wippender Lauf, mit gleichzeitig fast nicht veränderter Kopfhaltung, waren ein amüsanter Anblick. Die wenigen Fahrzeuge fuhren auf der linken Straßenseite und drückten mir, so hatte ich das Gefühl, einen englischen Stempel auf.

Windhuk selbst wirkt wie eine deutsche Kleinstadt. Überall sind deutsche Namen zu erkennen. Der Stadtpark von Windhuk wird von einer Seite von der Kaiserstraße begrenzt. Die hier stehenden Häuser stammen alle noch aus der alten deutschen Zeit. Leider war Sonntag, und ich hatte keine Gelegenheit, in den zahlreichen Geschäften einzukaufen. So unternahm ich einen ausgedehnten Bummel durch die Stadt und schaute mir die Sehenswürdigkeiten an. Vom „Tintenpalast", dem ehemaligen Regierungsgebäude der deutschen Kolonialverwaltung, bis hin zum Denkmal für den „Reiter für Südwest", einem beliebten Fotomotiv. Es wurde 1910 zu Ehren der deutschen Gefallenen und Ermordeten des Hererokrieges auf einer Anhöhe bei Windhuk errichtet. Auch der erste deutsche Gouverneur und Gründer der Stadt Windhuk, Mayor Kurt von François, erhielt im Jahre 1965 vor dem neuen Rathaus ein Denkmal.

Nach dem Abendessen im Hotel suchte ich zeitig mein Zimmer auf. Ich hatte einigen Schlaf nachzuholen, und in aller Frühe sollte es von dem kleineren Flughafen in Windhuk mit einem anderen Flugzeug weitergehen.

Am anderen Morgen war ich der einzige Fluggast in einer einmotorigen Cessna, die um 8.00 Uhr in Richtung Outjo startete. Aus der geringen Höhe, in welcher die kleine Maschine flog, war das darunterliegende Land sehr gut, auch in plastischen Details, zu erkennen. Sehr erfreulich war der Anblick nicht. Eher trostlos, graugelber Boden, selten das Band einer Straße und noch seltener die grünen Flecken einer Farm mit Garten. Man sah, hier wohnten wenig Menschen.

Wir flogen fast immer entlang einer geteerten Straße. Über die Ortschaften Okahandja und Otjiwarongo in nördlicher Richtung. Auf dem letzten Stück konnte ich auch die Geleise einer Bahn erkennen. Aber keine Felder und erst recht keine Wälder. Allerdings wirkte die Gegend karger an Vegetation als sie es tatsächlich war, weil man das verdorrte Gras nicht vom gleichgefärbten Boden zu unterscheiden vermochte. Die Sonne stand hoch, Akazienbäume und Dornbüsche fast blattlos, warfen daher keine Schatten. Die ausgetrockneten Flußläufe, an ihrem roten Sand erkennbar, machten eine Einladung nicht freundlicher.

Schließlich näherten wir uns unserem Ziel. Ein in diese Landschaft von Bulldozern geschobenes Kreuz stellte den Flughafen Outjo dar. Eine kleine Wellblechbude mit einigen Benzinkanistern davor war das einzige Gebäude.

Nach einer relativ weichen Landung rollte nach einer Kehrtwendung das Flugzeug auf das „Flughafengebäude" zu. An einem hier parkenden Kombifahrzeug stand lässig ein Mann von etwa 55 Jahren, auf dem Kopf hatte er einen echten deutschen Tropenhelm. Es war Hasso Becker, mein Gastgeber und Jagdherr für die nächsten Wochen. Er kam direkt auf mich zu, um mich herzlich zu begrüßen.

Auf der nun folgenden Fahrt zu seinem Reich kamen wir uns schnell näher. Belastet mit gewissen Vorurteilen, brachte ich mit Absicht bald das Gespräch auf das Thema Rassentrennung, welches von unseren Medien und Politikern, teils aus Unkenntnis, teils gewollt oft recht einseitig dargestellt wird und sich nicht mit meiner Auffassung deckte. Ich hoffte, hier aus dem berufenen Munde eines Kenners der Verhältnisse Tatsachen zu erfahren, um mir selbst ein Urteil bilden zu können. Folgendes kann ich wiedergeben:

Das Land ist gewiß die Heimat der hier wohnenden schwarzen Völker, der Ovambos, Hereros und Hottentotten, obwohl sie nicht die Ureinwohner sind; diese haben sie, als sie vor ca. 250 Jahren einwanderten, vertrieben bzw. vernichtet. Aber auch die Weißen, Farmer und Städter, die oft schon in der dritten Generation hier leben, dürfen es als ihre Heimat betrachten. Zumal sie und ihre Vorfahren es erschlossen und auf die heutige Zivilisationsstufe gebracht haben, an der jetzt auch alle Schwarzen teilhaben. Die Schwarzen sind hier freie Menschen, können hingehen, wohin sie wollen, können arbeiten, wo sie wollen, können selbständig Geschäfte eröffnen, können studieren und in fremde Länder reisen.

All das können Menschen in vielen anderen Ländern, die in der UNO gegen die Menschenrechte Süd-West-Afrikas wettern, nicht. Es wäre gut, wenn man diese Fakten auch bei uns besser zur Kenntnis nehmen würde.

Die Autofahrt ging etwa 150 km über geschobene „Wellblech"-Straßen, wobei wir laufend Farmland durchquerten. Als wir die Grenze von Hasso Beckers Farm Chairos erreichten, waren uns auf der gesamten Strecke zwei Fahrzeuge entgegengekommen.

Auf einer Hochebene, durchzogen von Hügeln und Bergketten, ca. 1500 Meter ü. d. M. liegt die Farm Chairos. Zusammen mit den Camps in Klein Omaruru umfaßt sie 60 000 Morgen, die mir nun für vier Wochen zur Verfügung standen.

Weil die deutsche Sprache hier auch von vielen Schwarzen teilweise verstanden und gesprochen wird, fühlte ich mich – 12 000 km von der Heimat entfernt – bald wie zuhause. Mitten in der Wildnis brauchte man doch nicht auf die Errungenschaften der Zivilisation, wie fließendes warmes und kaltes Wasser, elektrisches Licht, Brause und Wannenbad, zu verzichten. Die vorzügliche Küche der Farmersfrau, vornehmlich Wild in allen Zubereitungsarten, selbstgebackenes Brot, Geflügel nach verschiedener Art, tat ihr übriges dazu.

Die Abende im Familienkreis, bei südafrikanischem oder rhodesischem Wein und einer netten Unterhaltung am offenen Kamin, machten mir die ersten Tage der Akklimatisierung zum Vergnügen.

Nach der ersten Nacht unter dem Kreuz des Südens folgten am nächsten Tag Pirschfahrten mit dem Landrover. Trockene Luft und azurblauer Himmel vermittelten ein angenehmes Wohlbefinden. Die

Temperaturen von 30° im Schatten empfand ich als nicht zu heiß. Der Juli ist in Südwestafrika Winter, man merkte es nachts und am frühen Morgen, wenn das Thermometer bis auf null Grad fiel.

Die Buschsavannen Südwestafrikas bergen nicht die großen Wildherden wie das Grasland Ostafrikas. Dem Vorkommen nach kann man eher einen Vergleich mit unserem Schalenwild im Winter ziehen, wenn es Sprünge und Rudel bildet. Am späten Nachmittag des ersten Tages hatte ich fast schon alle vorkommenden Arten gesehen. Oryxantilopen, einmal ein Rudel des großen Kudu. Obwohl sich kein stärkerer Bulle dabei befand, war ich tief beeindruckt von der edlen Erscheinung dieser schönen Tiere; weiterhin Steinböckchen und Klippspringer und vom Federwild einen Strauß, Trappen, Frankoline, Perl- und Sandhühner.

Am nächsten Tag begann die Jagd. Levi, mein schwarzer Führer, fuhr mit mir in einem nicht gerade vertrauenerweckenden Jeep in aller Frühe los. Zunächst über Farmwege, später durch trockene Riviere – so werden hier die Flußbetten genannt –, aber auch quer durch den Busch. Auf den spärlichen Bäumen der Buschsteppe zeigten sich mancherlei Vögel, z. B. Kakadus, Pfefferfresser und Scharen verschieden gefärbter Webervögel. Am wolkenlosen Himmel kreisten Raubvögel wie Blaufalke und Kaffernadler. – Später ließen wir dann den Jeep stehen und pirschten vorsichtig zu einem Taleinschnitt, um eine Steinwand schräg oberhalb eines Wasserloches zu erreichen. Hier war ein flacher Platz für einen Ansitz hergerichtet. Er war sicher schon von Jägern benutzt worden und wirkte aussichtsreich.

Nach endlosem Warten in glühender Sonne, ich hatte inzwischen mit einer Eidechse Freundschaft geschlossen, konnten wir ein kleines Rudel Kudus ausmachen, welches überaus vorsichtig zum Wasser zog. Leider befanden sich nur junge Bullen dabei mit nur einer oder eineinhalb schraubenförmigen Windungen im Gehörn. Die weiblichen Tiere sind ungehörnt, wie bei vielen, aber nicht allen Antilopengattungen. Die Lauscher sind gut zwei Handteller groß und lassen die Gesichter schmal erscheinen. Von Licht zu Licht läuft ein daumenbreiter weißer Streifen, und über die graue bis braune Decke fließen auf jeder Seite, wie mit dem Pinsel gezogen, sechs bis acht lotrechte schmale weiße Linien. Die Antilopen bewegten sich sehr vorsichtig in dem ruppigen Gelände. Obwohl genug Platz am Wasser vorhanden war, schöpfte nur ein Teil der Tiere, während die anderen sicherten. Ich leuchtete jede Nische, jeden Strauch des gegenüberliegenden Hanges ab, konnte aber keinen starken und alten Bullen ausmachen. Langsam zogen dann die Kudutiere und Kälber wieder bergan. Das war auch für Levi Anlaß, mit mir den Rückweg anzutreten.

Als wir auf der Farm angekommen waren und Levi kurz berichtet hatte, waren Hasso Beckers erste Worte: „Morgen an die gleiche Stelle!" Ganz begeistert war ich wohl nicht, vertraute aber seiner größeren Erfahrung.

Geradezu unheimlich war die nächtliche Stille auf der Farm, die nicht vom geringsten Geräusch gestört wurde. Die ersten zwei Wochen genoß ich sie sehr, dann fiel sie mir nicht mehr auf. – Mein einfaches, aber sauberes Zimmer lag in einem Gästetrakt etwas abseits vom Haupthaus.

Das gesamte Farmgelände war für das Vieh in einzelne große Camps eingezäunt. Für das Wild bilden die Umzäunungen kein Hindernis, denn gerade Kudus sind hervorragende Springer. An den Farmwegen waren daher jeweils einfache Tore, welche nach dem Passieren stets wieder geschlossen werden mußten. Für Levi bot der jeweilige Aufenthalt, besonders in den frühen Morgenstunden, Gelegenheit, um schnell ein kleines Feuer mit dem langfaserigen Steppengras zu machen, um die kalten Hände zu wärmen.

Am nächsten Morgen ließen wir das Fahrzeug schon früher zurück und pirschten zu Fuß. In den Fahrspuren von gestern konnten wir auf längerer Strecke die sauber gezeichneten Trittsiegel eines starken Leoparden feststellen. Mein Herz begann sofort schneller zu schlagen, denn ich hatte von Hasso Becker auch eine Abschußgenehmigung für diese Raubkatze erhalten. Allerdings hatte ich auch erfahren, daß ihre Bejagung schwierig ist und oft nur ein glücklicher Zufall zum Erfolg führt. Deshalb waren meine Sinne zunächst nur auf Kudu ausgerichtet.

Der Busch war trocken und der Boden steinig, doch die Deckung gut, weil immer wieder größere Felsbrocken umherlagen und der stachelige Bewuchs, hauptsächlich aus Hackisbüschen bestehend, zunahm. Daß es hier Kudus gab, zeigten Fährten und Losung überall. Die Losung ist ähnlich wie bei unserem Rotwild, mit Zäpfchen und Näpfchen versehen. Der trockene Boden, den in den letzten Monaten kein Regen ausgewaschen hatte, wies viele Wechsel auf. Das Gelände war gut geeignet zum Pirschen, durch den Bewuchs, den deckenden Felsen und durch die Vertiefungen im Hang. Der Wind stand heute etwas anders, darum nahm Levi nicht den Weg von gestern. Ich hatte das gleiche Gefühl wie zu Hause, wenn man noch in dunkler Nacht zum Hochsitz pirscht und ihn erreicht, ohne daß ein Stück Wild schreckend abspringt. Als wir endlich den Sitz oberhalb des Wasserloches erreicht hatten, hatten wir nach bestem Wissen nichts vergrämt.

Nach etlichen Stunden entdeckte Levi in großer Entfernung im dichten Busch drei stärkere Kudubullen. Was Levi, der auf viele hundert Meter im Gestrüpp ein Warzenschwein ausmachen kann, mit bloßem Auge sah, konnte ich zunächst mit dem Glas noch nicht erkennen. Allmählich fielen mir schwach und undeutlich die Umrisse der Wildkörper hinter den Büschen auf. Die weißen Querstreifen bewirken Auflösungserscheinungen. Es mußten starke Bullen sein, denn die Gehörne zeigten auf diese Entfernung deutlich die Windungen.

Langsam und überaus vorsichtig zogen sie näher. Nach zwei Stunden waren sie fast auf Schußentfernung heran, und ich machte mich liegend schußbereit. Es dauerte aber noch lange, und die mir zunächst günstige Lage wurde allmählich zur Qual. Endlich zogen sie breit am gegenüberliegenden Hang. Die Entfernung betrug etwa 150 Meter. Ich hatte mich jetzt hingesetzt und war, auf mein linkes Knie aufgelegt, in Anschlag gegangen. Durch das sechsfache Zielfernrohr erschien mir der mittlere Kudu, auf Grund seiner Halsmähne, am stärksten.

Das Jagdfieber war während des gut halbstündigen Anschlages fast vergangen. Der Zielstachel hatte das Blatt gefaßt, fuhr mit, und als die Antilope kurz verhoffte, brach der Schuß. Kein Zeichnen! Der Kudu stand ungerührt. Die beiden anderen warfen auf, als das Echo des Schusses in den Hängen brach und zogen hangaufwärts. Mein Bulle verharrte weiter auf der gleichen Stelle und wendete sein Haupt, als mein zweiter Schuß fiel. Wieder fast keine Reaktion. Auf meinen fragenden Blick bestätigte Levi, daß der Bulle gut getroffen sei, und da sah ich ihn auch schon wanken und kurz darauf zusammenbrechen.

Was für ein Gefühl! Das erste afrikanische Stück Wild. Freude und Wehmut wie nach jedem Schuß. Levi strahlte. Wir warteten noch, bis die beiden anderen Stücke, die sich ohne Hast fortbewegten, außer Sichtweite waren, und gingen zum gestreckten Wild.

Beide Schüsse saßen hoch Blatt, und jeder war tödlich. Nach einigen verwackelten Filmaufnahmen von Levi begann erst die richtige Arbeit. 300 kg Wildbret mußten den Hang hinunter ins Rivier geschafft und auf den Jeep verladen werden. Während Levi die rote Arbeit machte, baute ich mit passenden Steinen eine schiefe Ebene an den inzwischen geholten Jeep. Es war jedenfalls eine Mordsarbeit, bis wir endlich gegen 16.00 Uhr damit fertig waren. Vollkommen ausgepumpt setzte ich mich danach zuerst für eine Weile an einen Baum, bevor die Rückfahrt zur Farm angetreten wurde.

Großes Hallo bei Hasso und Wiltrud Becker. Sie freuten sich von Herzen über mein Waidmannsheil, und insgeheim mußte ich dem alten Südwester, ich nannte ihn wegen seines „fülligen" Haarwuchses des öfteren nach Karl May – Vater der elf Haare –, Recht geben. Wenn es nach mir gegangen wäre, hätte ich bestimmt heute eine andere Gegend aufgesucht.

Der Kudu wurde sofort zerwirkt, und jeder Schwarze bekam seinen Anteil, denn neben der finanziellen Entlohnung hat der Farmer auch für Salz, Mehl und Fleischrationen zu sorgen. Die Schwarzen verarbeiteten alles Fleisch sofort zu Biltong. In kleine Streifen geschnitten und an der Luft getrocknet bleibt es lange haltbar. Ich habe es probiert, na ja, unsere „Luftgetrockneten" schmecken mir besser.

Am Abend, nach dem offiziellen Dinner, wurden dann die Ereignisse des Tages am offenen Kamin noch einmal erzählt und durchgesprochen. Auch Hasso Becker hatte aus seinem Farmerleben viel Interessantes zu berichten, und so erfuhr ich im Laufe der vier Wochen eine Menge netter Geschichten. Das ziemlich gleichförmige Leben auf der Farm brachte eine wohltuend ruhige Atmosphäre, und bald hatte ich mir die europäische Hektik abgewöhnt. Radio und Fernsehen vermißte ich gar nicht mehr.

Wenn dann schon mal auf dem alten Tonbandgerät eine Weise erklang – „Die Moldau" von Smetana habe ich in Erinnerung – die jüngste Tochter des Hauses, damals vier Jahre, sich an mich kuschelte, dann wanderten die Gedanken nach dem fernen Zuhause. Zur eigenen Familie, meine Tochter Petra war gerade zwei Jahre, und dem harten Jäger lief dann doch so eine versteckte Träne über die Wange.

Ich wollte die Zeit in der Wildnis richtig ausnützen, denn wer weiß, ob es mir je wieder möglich sein würde. Mein Wunsch war, in den ersten beiden Wochen intensiv zu jagen und mich danach etwas treiben zu lassen. Die ganze Vielfalt der Natur Südwestafrikas, ihre Wildheit und kraftvolle Ursprünglichkeit wollte ich einmal mit Ziel, aber auch dann wieder mit Ruhe in mich aufnehmen.

Seit Tagen waren wir nun hinter Oryxantilopen her, denn ich wollte doch ein möglichst starkes Gehörn dieser Wildart erbeuten. Sie wird hier auch Gemsbock genannt, obwohl in Aussehen und Größe nicht die geringste Ähnlichkeit besteht. Wie es auf der Jagd aber oft geht, waren unsere Bemühungen bisher vergeblich gewesen. Oft hatten wir Anhöhen erklommen und von hier die Umgebung abgeleuchtet, hatten auch jagdbare Stücke gesichtet und dann versucht, sie anzupirschen. Der Erfolg blieb mir aber versagt.

Heute waren wir zu Fuß von der Farm losgegangen. Erst einem ausgetrockneten Rivier folgend, dann gegen schwachen Wind durch die abwechslungsreiche Dornbuschsteppe. Größtenteils war das Gelände flach und mit unzähligen Dornbüschen bewachsen. Der Boden darunter war weich und bestand aus einer Mischung von rotem Sand und Erde. Harte, scharfkantige Steine ragten da und dort daraus hervor. Levi ging etwa 10 Meter voraus. Anscheinend folgte er aber nicht der Fährte eines bestimmten Wildes, sondern er lief durch den Busch, als ob er ein bestimmtes Ziel hätte. Ich folgte mit schußbereiter Büchse. Plötzlich hatte ich das wohl jedem bekannte Gefühl – beobachtet zu werden. Der dem Menschen eigene Instinkt für situationsbedingtes Handeln ließ mich, gleichzeitig mit dem Wenden des Kopfes, mit der entsicherten Waffe in Anschlag gehen. Keine 50 Meter entfernt stand ein sehr starker Oryx, halb spitz zu mir sichernd. Keine Sekunde zögerte ich mit dem Schuß auf den Träger, den der Bulle mit blitzartigem Zusammenbrechen quittierte.

Erst durch den Schuß erfaßte Levi die Situation und kam herbeigelaufen. Für mich selber kam erst jetzt das Jagdfieber, so schnell war alles gegangen. Wir gingen zu der verendeten Antilope, und sofort bestätigte Levi mir gestenreich die Stärke der Trophäe. Nachdem die erste Freude durch gegenseitiges Schulterklopfen und dergleichen abreagiert war, schickte ich Levi zu der etwa 3 bis 4 km entfernten Farm, um den Jeep zu holen, der Wildbret und Trophäe bergen sollte.

Während der nun von mir gehaltenen Totenwacht hatte ich ein sehr eindrucksvolles Erlebnis. Seit dem Schuß waren inzwischen mehr als 30 Minuten vergangen. Ich saß mit gekreuzten Beinen vor dem Haupt der Oryxantilope und betrachtete, wie immer mit gemischten Gefühlen, meine Beute. Plötzlich rannen aus den bereits lange gebrochenen Lichtern beidseitig zwei starke Tränen in die nicht sehr ausgeprägten Tränengruben. Zuerst traute ich meinen Augen nicht, aber dann wurde mir mein Herz sehr schwer. Unwillkürlich schaute ich mich um, suchte nach jemandem, mit dem ich jetzt sprechen konnte. Allein saß ich unter Gottes Himmel in einer weiten, unberührten Natur und hatte das Gefühl, als wenn mir jemand mit dem Finger drohte. – Warum einen Jäger in solchen Momenten gewisse Schuldgefühle überkommen, wäre sicherlich psychologisch zu erklären, mir fehlen hier jedoch die passenden Worte. –

Schon längere Zeit, bevor er sichtbar wurde, hörte ich den Jeep, welcher sich seinen Weg durch die Dornbuschsteppe suchte. Hasso Becker war mitgekommen, und echte Freude konnte ich auch aus seinen Zügen entnehmen. Für meine Filmkamera rekonstruierten wir noch einmal den Ablauf, und ich muß auch an dieser Stelle dem „Vater der elf Haare" ein Kompliment für gute Kameraführung machen.

Auf dem Weg zur Farm sprang auf kurze Entfernung ein zierlich anzuschauendes Steenböckchen vor dem Jeep auf, ein nicht jagdbares Wild. Die Schutzbestimmungen für bedrohte Tiere werden streng beachtet, Abschußpläne auf freiwilliger Basis aufgestellt und auch eingehalten. Wer Jagdgäste führen will, wie z. B. ein Farmer, muß eine besondere Prüfung ablegen.

Der Abend vor dem flackernden Kamin rundete den Tag wieder zünftig ab. Ich war zufrieden und genoß den Aufenthalt. In einigen Tagen war Vollmond und damit Gelegenheit zum Nachtansitz auf Raubkatze und Bergzebra.

Die erste Nacht bei dem vollen Rund des Mondes unter dem Kreuz des Südens verlief ohne dramatische Ereignisse. Bevor Levi mich zu einem Hochsitz brachte, welcher durchaus deutschen Ansprüchen entsprach, hatten wir einen Außenposten von Hasso Becker besucht. Ich nehme an, daß die beiden Hirten von meiner nächtlichen Anwesenheit unterrichtet wurden. Sie standen vor ihrem Pontock, eine unter Verwendung von Wellblechen gebaute Behausung, und schürten ihr Lagerfeuer. Da eine sprachliche Verständigung nicht möglich war, machte ich mir so meine Gedanken, nachdem ich die verschlagenen

Gesichter der beiden Viehhüter studiert hatte. In dem Halbdunkel des sich neigenden Tages konnte ich die sehnigen Körper, deren Umrisse durch den Lichtschein des Lagerfeuers durch die hüllenden Baumwolldecken deutlich abgezeichnet wurden, gut erkennen.

Der Mond stand bereits am Himmel, als ich den Hochsitz unweit einer spärlichen Wasserstelle bestieg. Levi ließ bei mir eine Decke und Verpflegung zurück und machte sich auf zu den beiden Hirten, um wohl hier seine Nacht zu verbringen. Ungehindert fiel mein Blick auf die ca. 80 Meter entfernte Wasserstelle und den sie umgebenden schütteren Buschwald. Wie auf einer Bühne konnte ich während vieler Stunden das Verhalten der hier vertretenen afrikanischen Tierwelt studieren. Einzeln oder in Gruppen erschienen ohne Unterbrechung Kudus, Oryx, Steenbock, Schakal und Perlhühner. Dabei fiel mir sehr bald die ungewöhnliche Vorsicht auf, mit der sich das Wild, oft erst nach viertelstündigem Sichern, dem Wasser näherte. Wahrscheinlich war das Verhalten darauf zurückzuführen, daß Leoparden öfter an dieser Wasserstelle waren. In dieser Nacht machten sie jedoch keinen Besuch, vielleicht hatten sie Wind von mir bekommen.

Das erste Morgenrot ließ die Sterne verblassen. Alle Tiere hatten sich zurückgezogen, und mir war sehr kalt geworden. Vor dem Rückweg entfachte ich ein Feuer, um mich aufzuwärmen.

Den Tag verbrachte ich hauptsächlich damit, den nötigen Schlaf nachzuholen. Am Abend ordnete Hasso Becker Stellungswechsel an. Das Wasserloch bei dem Baumansitz, zu dem mich Levi diesmal mit dem alten Jeep brachte, war in Wirklichkeit gar kein Wasserloch, wie man es sich vorstellt, sondern vielmehr ein trockenes, sandiges Flußbett. Diese Regenstrombetten oder auch Riviere genannt, gehören zu den interessantesten Wasserstellen Afrikas. Sie enthalten nie Oberflächenwasser, außer ein paar Stunden nach den Regenfällen, aber das Wasser ist an vielen Stellen ein paar Fuß unter dem Sand vorhanden. Besonders an Biegungen des Flusses, und vor mir begann ein langgestreckter Bogen, wo meist in der Tiefe fester Fels oder irgendeine dichte Erdschicht das Wasser lange Zeit hält. Die Tiere wittern das Wasser und graben mit den Hufen oder Schalen im Sand, bis Wasser durchsickert. Die Tiere wissen merkwürdigerweise ganz genau, wo sie scharren müssen. Manchmal gibt es kilometerweit Strecken flußauf und flußab, wo kein Wasser vorhanden ist und die Tiere auch nicht versuchen, welches zu finden.

So bequem wie in der letzten Nacht hatte ich es hier nicht. In der Krone des Baumes war ein Lattengerüst befestigt, worauf ich versuchte, mir mit den mitgebrachten Decken es einigermaßen angenehm zu machen. Der Mond stand zunächst in leichtem Dunst, dann entschleierte er sich, und auf einmal ergoß sich blendendes Licht über die Landschaft. Die unweit stehenden alten Bäume und Büsche warfen geheimnisvolle Schatten.

Mit den Silberstrahlen des Mondlichtes wanderten meine Gedanken. In die Heimat, zu dem bisher Erlebten und zu einem Gespräch mit Levi, welches mich durch seine schlichte Einfachheit nachdrücklich beeindruckt hatte.

Es war wenige Tage her, ich saß mit ihm an einem Wasserloch, und wir hofften auf Warzenschweine. Die hier stehenden Malbäume ließen von der Zeichnung starke Keiler vermuten. Levi sprach soviel Deutsch, daß eine einfache Unterhaltung möglich war. Während des Gespräches streifte ich das Thema Rassentrennung und wollte seine Gedanken dazu hören. Ohne Zwang, ohne Mitmenschen, die seine Meinung nicht teilten, hatte ich erwartet, eine Version zu hören, welche unseren Pressekampagnen gleich käme. Statt dessen sagte er aber nur: „Wenn Gott keine getrennten Rassen hätte haben wollen, hätte er auch keine verschiedenfarbigen Menschen gemacht." –

Mit solchen Rückerinnerungen verrann die Zeit rasch. Lautlos hatten sich inzwischen Kudus unter meinen Baum gestellt. Drei Meter unter mir, zum Greifen nahe. Es war jetzt fast zwölf Uhr, und meine Hoffnung auf den Anblick eines Leoparden schmolz. Auf etwa 60 Meter standen schon seit geraumer Zeit dösend drei starke Oryxantilopen. Plötzlich sah ich in der äußersten Ecke der Flußbiegung Tiere anwechseln. Mein Glas zeigte mir eine Herde von vielleicht acht Bergzebras, welche sofort mit dem Scharren im Sand begannen. Fast eine halbe Stunde beobachtete ich nun mit großem Herzklopfen die Tiere, hoffend, daß sie die Entfernung zu mir von mehr als zweihundert Metern verkürzen würden. Leider taten sie mir nicht diesen Gefallen.

Ich beobachtete sie nicht nur durch mein Fernglas, sondern versuchte auch, durch das Zielfernrohr Maß zu nehmen. Wild und Absehen waren so klar zu sehen, daß ich mich trotz der Entfernung zum Schuß entschloß. Sorgfältig aufgelegt, ging ich auf ein breit stehendes Zebra in Anschlag. Hochblatt stand der Zielstachel, fast am Widerrist. Im nächsten Augenblick zerriß der Schuß die nächtliche Ruhe. Trotz des gewaltigen Feuerstrahls sah ich alle Tiere hochflüchtig die nicht große Uferböschung überwinden. Gleich repetierend saß ich wie erstarrt und lauschte gespannt in die Dunkelheit. Von Lauschen konnte allerdings keine Rede sein, denn überall waren auf einmal Tiere und hasteten sehr geräuschvoll durcheinander, sogar über mir wurden einige Perlhühner hoch. Wie die dahin gekommen waren, ist für mich ein Rätsel. Trotz allem blieb mir nicht verborgen, daß die Zebraherde noch einmal das Flußbett kreuzte und dann nur noch sich entfernender Hufschlag ihre Existenz bekundete.

Sollte nach den bisher tadellosen Schüssen hier der erste Fehlschuß vorliegen? Nicht ganz glücklich mit meiner Leistung, rollte ich mich für den Rest der Nacht in die Decke, konnte aber erst spät Schlaf finden. Kaum war die Sonne aufgegangen, war ich schon am Anschuß. Fast 250 Schritte waren es, aber nun stand ich vor dem deutlichen Ausriß und fand bald den ersehnten Schweiß. Spärlich, doch deutlich bis zur Uferböschung zu verfolgen, wo mein Latein zu Ende war. Aber nein, sie sind doch noch einmal durchs Rivier zurück, und nach der Quersuche fand ich erneut einzelne Tropfen dunklen Schweißes. Noch ganz in meine Arbeit vertieft, hörte ich den Jeep von Levi, der mich abholen sollte. Als er an der Uferböschung ankam, winkte ich ihm energisch zu, nicht in das Flußbett hineinzufahren, um meine Arbeit, jeden Tropfen Schweiß hatte ich gesondert markiert, nicht zu zerstören. Er aber ignorierte meine Anweisung und fuhr direkt auf mich zu. Schon hatte ich die passenden Worte auf den Lippen, da sagte er: „Mister suchen Zebra? Zebra liegen da!" Und damit zeigte er in die Richtung, aus der er gekommen war. Sehr erleichtert nahm ich fast meine Beine in die Hand und stand nach kaum 100 Metern vor dem verendeten Zebra. Meine Freude war so groß, daß ich drei Salutschüsse in den afrikanischen Himmel schickte. Mein Schuß saß genau Blatt, und kein Schakal hatte die Beute angeschnitten, was bei den vielen Stunden leicht möglich gewesen wäre. Nun war die Welt wieder für mich in Ordnung, und während Levi die gut gezeichnete Decke abschärfte, hatte ich genügend Zeit, darüber nachzudenken, wo sie einmal in meinem Hause hängen würde.

Das Bergzebra, Equus zebra, wird von den Eingeborenen Kwagga genannt. Bei einem Körpergewicht von ca. 270 kg und einer Schulterhöhe von ca. 1,30 m ist es ein geschickter Kletterer, der trockene, zerklüftete Gebiete bevorzugt. Die geselligen Tiere leben häufig nur in kleinen Gruppen von 7 bis 12 Exemplaren. Sie ähneln den Steppenzebras, und obwohl das Verbreitungsgebiet beider Arten sich überschneidet und sie nebeneinander weiden können, sollen sie sich niemals vermischen. Heute steht das Kap-Bergzebra unter strengstem Naturschutz, während das Hartmann-Bergzebra in einigen Teilen noch relativ häufiger vorkommt.

Es war der 20. Juli 1967, der Geburtstag meiner Tochter. In Zukunft werde ich also an diesem Familienfesttag stets auch an die denkwürdige Vollmondnacht in Klein-Omaruru denken.

Auf der Farm wurden wir freudig begrüßt, gab es doch für die Schwarzen wieder frisches Fleisch. Die Decke wurde sofort gespannt und gut gesalzen. Inzwischen waren auch die Hörner an den abgekochten Schädeln meiner Antilopen „reif", das heißt, das Gewebe zwischen Hornzapfen und Horn war faul und voller Maden. Man konnte zum erstenmal versuchen, die Hörner von den Stirnzapfen abzudrehen. Ganz wohl war mir dabei nicht, denn zwei Schwarze hielten den Schädel, während zwei andere versuchten, die Hörner durch kräftiges Drehen zu lösen. Ich sah schon den Schädel zerbrechen, da löste sich mit Geräusch der Kopfschmuck der stolzen Antilope. Die Stirnzapfen wurden nun bis auf etwa 10 cm abgesägt. Nach vollständiger Reinigung und Trocknung sollten später die Hörner wieder darauf befestigt werden. Obwohl man in diesem herrlichen Land eigentlich jede Stunde genießen sollte, übermannte mich der Schlaf und verlangte für einige Stunden sein Recht. Erholung war auch angesagt, denn eine weitere Vollmondnacht stand auf dem Programm.

Diese dritte Nacht bei herrlichem Mondschein sollte mir gleich am Anfang, schon auf der Fahrt zum Ansitz, ein weiteres Waidmannsheil bescheren.

Bevor ich dieses Erlebnis schildere, muß ich um einiges zurückblenden. Jagdschilderungen über Erlebnisse mit Warzenschweinen und die oft abgebildeten Keilerwaffen hatten es mir angetan. In diese Jagd hatte ich mich daher so verrannt, daß ich ohne eine Trophäe dieser Wildart nicht nach Hause fahren wollte. Bei meinen Tagespirschen hoffte ich auf ein zufälliges Zusammentreffen und hatte daher einen

Schrotlauf meines Drillings immer mit Brenneke geladen. Einmal beschoß ich damit aus Versehen sogar ein Sandhuhn. Leider gab es auf der Farm Chairos nur sehr wenige Warzenschweine, weil, wie der „Vater der elf Haare" bedauernd sagte, seine Schwarzen sie zwecks Aufbesserung der Fleischrationen stets eifrig verfolgt hätten. Er erwirkte deshalb mir zuliebe bei seinem Nachbarn eine jagdliche Sondergenehmigung. Tagelang saß ich an Wasserlöchern im fremden Farmland an, hatte bisher aber noch nicht einmal einen Pürzel gesehen. Einmal, Levi war bei mir, und wir hatten uns einen guten Schirm gebaut, standen hinter uns plötzlich zwei finster blickende Ovambos, jeder eine Flinte in der Armbeuge, langes Palaver, warum wir hiersein durften, bis sie schimpfend weiterzogen. Ob wir ihren Platz weggenommen hatten? Na, jedenfalls geschossen hatten wir auch nichts.

Meine Hoffnung, ein Warzenschwein zu schießen, war daher auf dem Nullpunkt. Doch nun kam die Wende. Auf der Fahrt zu dem dritten Nachtansitz, einem Baum an einer Wasserstelle, wo vor wenigen Monaten ein Gepard geschossen worden war, steuerte Hasso Becker den Landrover. Levi und ich saßen hinten zwischen Stangen und Werkzeug für einen Außenposten. Wir hatten gerade eine nicht sehr breite Schlucht passiert, die Hänge waren wesentlich flacher geworden, da entdeckte Levi als erster drei Warzenschweine. Sie standen zwischen den dürren Sträuchern spitz zu uns. Fast gleichzeitig mit dem Stoppen des Fahrzeuges und dem Abschalten des Motors war ich sitzend in Anschlag gegangen. Auf ca. 70 Meter sah ich das Haupt eines Schweines, während die anderen schon unruhig wurden. Als mein Schuß brach, der das Wild im Feuer zusammenbrechen ließ, waren erst wenige Sekunden seit dem ersten Sichten Levis vergangen.

Ungestüm sprang ich vom Fahrzeug und rannte bergan, um als erster an meiner Beute, meinem ersten Warzenschwein, zu sein. Meine Lederhose zeigt heute noch Narben, die ihr die stachligen Dornbüsche zufügten. Es war zwar nur eine Überläuferbache, aber meine Freude wurde dadurch nicht getrübt, zumal sie schon ganz ansehnliche Waffen trug. Die Waffen der Warzenschweine sind ja, gemessen an der Körpergröße, viel stärker als die unserer heimischen Sauen.

Große Freude zeigte natürlich auch Hasso Becker. Angesichts meines Schusses genau zwischen die Lichter gab er mir nach einer Figur Karl Mays den Namen „Bloody Fox". –

Nachdem wir den Ansitzplatz erreicht hatten, entfernten sich meine Begleiter, und ich blieb allein mit der stillen Hoffnung, auf eine der großen Raubkatzen Waidmannsheil zu haben. Langsam kam der Abend, der dann nach dem Untergang der Sonne sehr schnell der Nacht wich.

Eine starke Spannung, wahrscheinlich als Folge meines erlegten Warzenschweines, lag für mich auf dieser neuen Vollmondnacht unter dem Kreuz des Südens. Nach geraumer Zeit kam der volle Mond herauf und kletterte hinter mir von Ast zu Ast, um seinen für diese Jahreszeit höchsten Punkt zu erreichen. Wie der Zeiger einer Uhr warf der Stamm eines Baumes vor mir, entsprechend der Laufbahn des Mondes, seine Schatten. Hier standen, anders als in den vorhergegangenen Nächten, überall Büsche und Bäume. In Verbindung mit ihnen und den wechselnden Schatten des Mondes nahmen sie immer wieder andere Formen an, in denen die wache Phantasie immer wieder irgendwelche Lebewesen zu erkennen glaubte. Häufig geriet ich in Aufregung, weil ich ein Tier zu sehen vermeinte, mußte mich aber dann durch mein gutes Glas belehren lassen, daß mir das Mondlicht etwas vorgegaukelt hatte. Der Zauber einer dunklen Nacht erfaßt schließlich aber auch den Jäger, der ja selber auch nur ein Stück Natur ist.

Lange saß ich so in dieser übergroßen Stille. Längst hatte sich der volle Mond aus den Baumkronen gelöst und schwamm hoch über mir im tiefen Blau. Die Welt um mich her schien versunken. Einzelne Sternfeuer sprühten ihren Schein flackernd zu mir herunter. Vielleicht waren dort oben auf einem der fernen Gestirne Lebewesen wie wir. Sahen herunter zum Feuer der Erde und dachten wie wir über das Wunder unseres Universums nach. Meine Gedanken vertieften sich in der Feststellung, wie schön das Leben doch ist, wenn man einsam in der Natur so dasitzen kann, ganz alleine mit sich, und die Werke Gottes bewundern darf, ohne daß einer stört oder zusieht.

Allmählich stellte sich bei mir Müdigkeit ein, und die Augen wollten immer wieder zufallen. Kein Baum und kein Blatt bewegte sich. Überall Leblosigkeit; sie erfaßte schließlich auch mich, und ich schlief ein.

Als ich durch ein Geräusch geweckt wurde, wußte ich nicht, wie lange ich geschlafen hatte. Groß und dunkel stand ganz in der Nähe ein Kudubulle. Wo war mein Glas? Es war mir von den Knien gerutscht, und als ich jetzt danach greifen wollte, war wohl meine Bewegung zuviel, denn flüchtig sprang der Kudu ab. Hatte ich meine Chance verschlafen? Zu allem Überfluß rebellierten jetzt auch noch meine Eingeweide. Die starken Bittersalze im Trinkwasser zwangen mich zum raschen Verlassen des Ansitzes, um einer dringenden Beschäftigung nachzukommen. Danach schwand meine Hoffnung auf Anblick noch mehr, und als ich bis gegen Morgen kein jagdbares Wild gesehen hatte, gab ich dem Drängen des Körpers nach und rollte mich noch für zwei Stunden in die mitgebrachten Decken.

Die Sonne war bereits aufgegangen, als ich durch das Motorengeräusch des Jeeps munter wurde. Levi machte schnell ein kleines Feuer, an dem ich meine steifen Glieder aufwärmen konnte. Am frühen Morgen sind die Temperaturen hier in Südwest oft nahe null Grad, steigen aber mit dem Hochkommen der Sonne schnell an.

Der Tag bescherte wieder einen strahlenden, wolkenlosen Himmel. Ich ertappte mich bei dem Gedanken, es wäre nicht unangenehm, wenn einmal ein paar Wolken aufziehen würden, man könnte dann wenigstens die Augen mal wieder richtig öffnen.

Der letzte Nachtansitz hatte zwar keinen Erfolg gebracht, aber schließlich war meine Strecke vom hiesigen jagdbaren Wild fast vollständig. Nun konnte der geruhsame Teil meiner Reise beginnen, so wie ich es mir vorgenommen hatte. Geruhsam sollte er sein, nicht untätig, aber ohne ein besonderes Ziel fehlte irgendwo das Salz in der Suppe.

Natürlich war ich täglich mit dem Drilling bewaffnet unterwegs, meistens alleine, zu Fuß, mit dem Jeep oder mit dem Pferd. Etliche Perlhühner und auch Sandhühner konnte ich erlegen, die die Speisetafel bereicherten. Besonders freuten mich zwei Wachteln, welche ich eines Abends an einer spärlichen Wasserstelle in einem Rivier schießen konnte. Bei einem meiner Streifzüge wollte ich die Festigkeit eines Termitenhügels erproben. Es war in der Nähe des Riviers, in welchem ich am ersten Tage mit Hasso Becker meine Waffen eingeschossen hatte. Der etwa mannshohe Termitenhügel stand in nur fünf Meter Entfernung, als ich das Brennecke-Flintenlaufgeschoß darauf abfeuerte. Genausogut hätte ich auch auf einen Betonklotz schießen können. Bis auf eine Vertiefung von 2–3 cm zeigte die Burg der Termiten keine Spuren. –

Beim Ansitz an der Wasserstelle bei dem Nachbarfarmer hatte ich den ersten Schakal gesehen, aber nicht geschossen, weil ich ja auf Warzenschweine wartete. Daher machte ich schnell den Finger krumm, als mir einer dieser heimlichen Burschen eines Tages über den Weg lief. Später sah ich in der Etoscha-Pfanne eine ganze Anzahl von ihnen an den Resten einer Löwenmahlzeit.

Der Schabrackenschakal, Canis mesomelas, sieht fast wie ein starker hochläufiger Fuchs aus. Bei etwa 40 cm Rückenhöhe wiegt er 10–14 kg. Sein Lebensraum sind Steppe und lichter Buschwald. Dort führt er paarweise oder in Rudeln ein bevorzugt nachtaktives Dasein. Auffallend ist an ihm die sich über den Rücken herabziehende dunkle Schabracke, welche sich ganz scharf von der übrigen grauroten Behaarung absetzt. Seine Nahrung sind hauptsächlich Kleinsäugetiere, aber auch Vögel, Reptilien und Insekten. In Südafrika ist er den Schaffarmern verhaßt, weil er in deren Herden beträchtlichen Schaden anrichtet.

In Südwestafrika sind viele Farmen mit einer gemeinsamen Telefonleitung verbunden, so daß ein Anruf bei jedem klingelt und auch jeder die Gespräche des anderen mithören kann. Das ist sicherlich in der Abgeschiedenheit, in welcher die Menschen dort leben, manchmal ganz interessant oder auch amüsant, auf jeden Fall aber harmlos, denn böse Dinge, die kein anderer hören darf, werden sicher nicht besprochen. So erfuhren wir auf diese Weise, daß auf der Nachbarfarm Gäste aus Hamburg eingetroffen waren. Wie elektrisiert war ich von dieser Mitteilung, daß ich meinen Landsleuten am liebsten sofort um den Hals gefallen wäre. Immerhin schrieben wir das Jahr 1967, und der große Welttourismus war erst in den Anfängen.

Ich machte mich daher am nächsten Morgen auf den Weg zum Nachbarn Schlettwein. Mit einer Einladung der Familie Becker und entsprechenden Hinweisen in der Tasche, bestieg ich das mir vertraute Pferd Max. Ich war frohgemut, die weitgereisten Gäste zu besuchen, und hatte wieder ein Ziel vor Augen. Der Ritt über 15 km war ein großer Genuß, der nur dadurch getrübt wurde, daß Max vor einer Schlange scheute und ein gutes Stück des Weges im gestreckten Galopp durchging, wodurch ich als ungeübter Reiter heftig durcheinandergeschüttelt wurde. Leider endete der mit viel Vorfreude begonnene Ausflug mit einer argen Enttäuschung.

Auf der Farm angekommen, konnte mir nur ein Schwarzer den Weg zu einer Wasserstelle erklären, wo die beiden Hamburger sein müßten. Als ich die beiden gefunden hatte, begegneten sie mir mit einem so kaltschnäuzigen Desinteresse, daß ich die Einladung von Hasso Becker gar nicht vorbrachte. Gleichgültig, ohne daß mir von der Dame die Hand gereicht wurde, erwiderte man die Tageszeit. Die Jagd auf Schmetterlinge wurde nicht unterbrochen, und Herr „Hamburg" wollte, bekleidet mit weißem Hemd, dringend zum Ansitz. Meine Bemerkung, daß mein Pferd durchgegangen war, wurde mit einem ausführlichen Vortrag über den eigenen Reitstall zu Hause quittiert. – Um eine Erfahrung reicher, war ich schnell wieder auf dem Weg zum „Vater der elf Haare".

Und wieder einmal traf das Sprichwort zu: „Wer weiß, wofür es gut ist."

Am Nachmittag desselben Tages konnte ich bei einem Pirschgang einem hier selten vorkommenden Springbock die Kugel antragen. Ich hatte, wie so oft in den letzten Tagen, einen kleineren Berg bestiegen und beobachtete in aller Ruhe die Umgebung. Plötzlich stand der Bock da zwischen den Büschen. Ich wußte nicht, wo er hergekommen war. Auf einer Entfernung von ca. 150 Metern zeigte der gut veranlagte Springbock mir das Blatt, und mit einem glücklichen Schuß konnte ich ihn im Feuer strecken. Meine Freude war sehr groß, und gleichzeitig war ich den unfreundlichen Hamburgern dankbar. Denn andernfalls wäre ich vielleicht dort geblieben und hätte den Bock nicht bekommen.

Der Springbock, Antidorcas marsupialis, ist die einzige Gazelle südlich des Sambesi und hat früher das Land in ungeheuren Herden bewohnt. Man findet ihn auch im Staatswappen Südafrikas. Bei etwa 35 kg Gewicht ist er hochläufig, grazil und hat ein bedeutendes Sprungvermögen. Daher wohl auch der Name. Die Decke ist rötlich, gelbbraun mit einem dunklen Flankenstreifen, beide Geschlechter tragen Hörner, die beim Bock über 45 cm hoch werden können. Auf dem Rücken ist als schmaler dunkler Strich eine eigenartige lange Hautfalte erkennbar. Bei Erregung wird diese Falte weit geöffnet, und die dabei sich aufrichtenden langen, weißen Haare bilden einen auffallenden Fächer. Männliche Springböcke sind oft Einzelgänger, und daher war mir wohl das hier seltene Waidmannsheil beschieden, welches mir ein gutes Gehörn brachte.

Wie nachzulesen, waren sie früher zu Hunderttausenden bei ihren Wanderungen auf Nahrungssuche. Es sollen zeitweise so dichte Massen gewesen sein, daß andere Tiere, die in einen solchen Zug gerieten, mitziehen mußten oder niedergetrampelt wurden. Solche Wanderzüge hinterließen eine verwüstete Landschaft und endeten oft mit riesigen Verlusten durch Hunger, Krankheit, Ertrinken oder Feinde. Es kam auch vor, daß an den Meeresküsten riesige Scharen durch Aufnahme von Salzwasser verendeten. Diese hohen Verluste bewirkten bei zu hoher Population eine natürliche Bestandsregulierung. – Heute findet man noch Wanderungen in Teilen Südwestafrikas und im Betschuanaland in großen unerschlossenen Gebieten. Die Entwicklung in Südwestafrika und die Überjagung, sie waren als Nahrungskonkurrenten für die Viehherden bei den Farmern nicht beliebt, hat zu starken Bestandsverringerungen geführt. Auf manchen Farmen findet man sie jedoch noch häufiger.

Ein wesentlicher Teil meines Aufenthaltes stand jetzt noch auf dem Programm, nämlich der Besuch des größten Wildreservates der Erde, der Etoscha-Pfanne. Ich wollte dort Wild beobachten und fotografieren. Während der vergangenen drei Wochen hatte ich so manchesmal bei der Jagd daran gedacht, wieviel einfacher es in den Tierreservaten sein müßte, das Wild mit der Kamera zu schießen als in der freien Wildbahn mit der Büchse. Aber da hatte ich mich, wie sich später zeigte, geirrt.

Vorgesehen waren für diesen Trip drei Tage, und das Ehepaar Becker wollte mich begleiten. Die Abfahrt begann in aller Frühe, hieß es doch zunächst ca. 700 km bis Okaukuejo über Wellblechstraßen, die keine hohen Geschwindigkeiten zulassen, zu fahren. An den Fahrbahnrändern sahen wir von Zeit zu Zeit Eingeborene mit kleinen Viehherden. Rinder standen auch manchmal auf der Straße, denn ständig durchquerten wir ja Farmland.

Die Grenzen zwischen den Farmen waren zu erkennen an den sogenannten Rollgängen, das sind über die ganze Straßenbreite reichende, mit Zwischenräumen verlegte Rohre. Über diese laufen die Rinder nicht.

An dem Bewuchs links und rechts merkte ich nach einigen Stunden, daß wir dem Äquator näherkamen. Teilweise trugen die Hackisbüsche bereits kleine gelbe Blütenknollen.

„Bis jetzt haben wir unverschämtes Glück", sagte Hasso Becker, „denn wenn wir bei diesem Staub einen vor uns fahrenden Lastwagen einholen sollten, wäre nur für Lebensmüde ein Überholvorgang möglich!

Trotz des fast überhaupt nicht stattfindenden Verkehrs fahren wir ja nicht auf einer Einbahnstraße und müssen auch mit Gegenverkehr rechnen."

Der „Vater der elf Haare" brauchte auf dieser Fahrt seinen Mut nicht zu beweisen. – So manches Lied hatten wir noch gemeinsam gesungen, als wir nach Stunden total erschöpft und verschwitzt die Kontrollstation erreichten.

Wir standen direkt vor einem großen strohgedeckten Torbogen, dessen Pfeiler mit kapitalen Schädeln von Büffeln und Antilopen behangen war. In leichtem Halbkreis zeichneten in dem Bogen Buchstaben aus Edelholz das Wort ETOSCHA. – Dahinter begann das Schutzgebiet für die Tiere von einer Fläche doppelt so groß wie die Schweiz. Dem Besucher stehen auf diesem riesigen Gebiet Straßen, besser gesagt Wege, in einer Länge von 1200 km zur Verfügung, zu wenig, um jeden Winkel dieser fast unberührten Wildnis zu erreichen. Sofort wurde mir klar, daß ich auch hier großes Waidmannsheil haben müßte, um auch Elefanten oder gar Löwen auf den Film bannen zu können.

Die Grenzen des Schutzgebietes bilden im Norden das Wohngebiet der Ovambos, im Westen das Kaokoveld, im Süden und teilweise Osten Farmland. Sie sind heute noch fast die gleichen, welche 1907 Gouverneur von Lidequist festgelegt hatte. Ungefähr ein Viertel von ganz Südwest erklärte er damals zum Naturschutzgebiet. Die Menschheit kann diesen weitdenkenden Pionieren auch für diese Leistungen nur dankbar sein.

Nachdem die notwendigen Formalitäten des sehr gewissenhaft prüfenden Kontrollbeamten überstanden waren, durften wir passieren. Die wichtigsten Verhaltensregeln hießen: Nicht den Wagen verlassen und bei Einbruch der Dunkelheit eines der Lager, Okaukuejo oder Fort Namutoni, aufsuchen. Strenge Strafen standen darauf, wenn man nicht rechtzeitig hinter den verriegelten Toren war.

Die aufregende Fahrt begann. Schon bald kreuzten einige Zebras und Oryxantilopen unseren Weg. Filmkamera und Fotoapparat auf dem Schoß, war ich dauernd voller Spannung. Ein junger, zierlicher Springbock stand äsend am Weg und füllte die ersten Meter Film. Die schlanke Figur schien beim Sprung zu fliegen. Auf dem Weg zur ersten Wasserstelle sah ich links, zunächst vom Gras verdeckt, aber dann in guter Fotodistanz, einen Sekretär, Sagittarius serpentarius, oder Kranichgeier. Wie er so daherschritt, erinnerte er tatsächlich leibhaftig an die Gestalt eines pflichtbewußten Beamten, der sich seiner Würde bewußt ist, beide Hände auf dem Rücken unter dem Rockschoß zusammengefaltet. Dieser schöne Vogel steht im Rufe eines großen Schlangenvertilgers und wird daher in ganz Afrika von nationalen Jagdgesetzen geschützt. Darauf verläßt er sich aber nicht und ist sehr vorsichtig. Selten läßt er den Beobachter näher herankommen. Ich sah dem storchenbeinigen Vogel mit seinem langen Stoß und dem schönen Federbusch noch eine Zeitlang mit großem Interesse zu und konnte dabei beobachten, wie er mit seinen langen Fängen eine Maus oder Eidechse schlug. Leider war ich auch bei späteren Afrikareisen niemals Zeuge einer Szene, wie ich sie oft in Büchern oder Filmen dargestellt sah, wie der Sekretär mit hochgesträubtem Schopf einen Kampf auf Leben und Tod mit einer großen Schlange ausfocht.

Bevor wir zum Camp Okaukuejo kamen, fuhren wir vorsichtig an eine Wasserstelle heran und harrten der Dinge. Die große Stille ließ in der Nähe Raubwild vermuten, denn dann sind die anderen Tiere besonders vorsichtig. Doch bald kam ganz vertraut ein Warzenschwein direkt zu der braunen Brühe, schöpfte und suhlte sich im Uferschlamm. In aller Ruhe, aus nächster Nähe betrachtet, ist diese Gattung Schwein, Phacochoerus aethiopicus, die Häßlichkeit selbst. Auf einem unverhältnismäßig großen, mit riesigen Gewehren bewaffneten Haupt sitzen zwei Paar dicke, warzenförmige Auswüchse und liegen seitlich ganz winzige Lichter. Die Haut ist fast nackt, nur an Hals und Rücken ist sie von langen, schütteren Borsten bedeckt. Das Warzenschwein ist niedriger gebaut als unser Schwarzwild und wiegt entsprechend weniger. Die Waffen sind hingegen bedeutend stärker als bei unseren Keilern und, im Gegensatz zu sonstigen Schweinearten, die Haderer größer als die Gewehre.

Sehr gerne hält sich das Warzenschwein in der Nähe anderer Wildarten, z. B. Zebras und Antilopen, auf, da es durch sein schlechtes Sehvermögen darauf angewiesen ist, sich von ihnen auf gemeinsame Feinde aufmerksam machen zu lassen. Häufig habe ich später noch feststellen können, daß das bellende Wiehern eines Zebras oder das Schnauben einer Antilope die vorher noch friedlich brechende Warzenschweinrotte wie vom Blitz getroffen, nach kurzer Orientierung, mit hochgestrecktem Pürzel und in einer Reihe das Weite suchen läßt.

Um so erstaunter war ich über das vertraute Verhalten dieses noch nicht alten Keilers, oder war es eine Bache, die in dem in der Nähe liegenden Bau eines Erdferkels gefrischt hatte? – Es war nicht viel los an dieser Wasserstelle. Außer einigen Perlhühnern und Frankolinen konnten wir nur noch einen mit aller Vorsicht herankommenden Kudubullen ausmachen. Ihm schien die Sache aber nicht geheuer, und er kam erst gar nicht voll aus dem schützenden Buschwerk heraus. Müde und uns auf eine Dusche freuend, fuhren wir daher auch bald ab.

Okaukuejo, schon der Name ist etwas Besonderes, ist ein Rastlager für Touristen der Etoschapfanne. Der ehemalige deutsche Polizeiposten ist großzügig ausgebaut worden. Man schläft entweder in einem der zahlreich aufgebauten Zelte oder hat wie wir ein Rondavellhaus gemietet. Runde Bauten mit zumeist ein oder zwei Räumen und einem Bad, das Dach ist mit klimafreundlichem Stroh gedeckt. Jedes Haus wie auch jedes Zelt haben ihren eigenen Grillplatz.

Im Verwaltungsgebäude gleich am Eingang wurden wir freundlich begrüßt. Hasso Becker war hier kein Unbekannter. Von dem hier stehenden weißen Beobachtungsturm konnte man das Reservat sehr weit überblicken. Ich hatte bald den Eindruck, daß der „Vater der elf Haare" von einem der Wildhüter bereits erwartet worden war. Da ein Restaurant fehlte, verabredete man sich zum Braifleisch am Abend vor unserer Hütte.

Ein frisches Hemd nach der Dusche machte mich sofort wieder lebendiger. Ein Spaziergang durchs Camp führte mich zu einem kleinen Souvenirladen. Tierfelle und Schnitzereien der Ovambos wurden feilgeboten. Am liebsten hätte ich alles mitgenommen, entschloß mich jedoch nur für einige Teile. Mit zwei Engländern kam ich ins Gespräch. Sie waren noch ganz aufgeregt, denn kurz vor Sonnenuntergang hatten sie Löwen an einem frischen Riß entdeckt, mußten aber auf Grund der strengen Bestimmungen zum Lager zurück. Morgen würde nicht mehr viel von dem gerissenen Tier zu sehen sein. Trotzdem merkte ich mir die zwei, um ihnen in aller Frühe zu folgen. Vielleicht gab es Löwen zu filmen.

Frau Becker hatte schon vorgearbeitet, und bald saßen wir um unsere Feuerstelle, jeder mit einem frisch gebratenen Stück Wildfleisch. Später beim afrikanischen Rotwein kam auch der Wildhüter dazu. Im Laufe der Unterhaltung brachte ich das Gespräch auf das Thema Wilddiebe. Aus berufenem Munde erfuhren wir, daß sie nur in seltenen Fällen wirklichen Schaden anrichten. Meist sind es Ovambos mit Pfeil und Bogen, die heimlich ins Reservat eindringen und hier einem Urtrieb des Menschen, der Jagd, nachkommen. Werden sie gefaßt, müssen sie allerdings mit strengen Strafen rechnen. Dagegen ist den hier lebenden ca. 1500 Buschmännern die Jagd auf kleine Tiere gestattet. Was diese zwergenhaften, mageren Urmenschen sich für ihren Eigenverbrauch nehmen, kann das Gleichgewicht der Natur nicht stören. Aus der Geschichte weiß man jedoch gerade auf diesem Sektor anderes zu berichten.

Da ist zum Beispiel Sir James Alexander, der 1837 nach einer Forschungsreise durch Südwestafrika schrieb: „Die Gebiete am Fischfluß und Swakop-River sind die besten Elefantenreviere der Welt, im Oranje wimmelt es von Flußpferden, und im Kuisebtal sah ich große Mengen von Nashörnern beiderlei Art. Allenthalben ist die Steppe von Wildbüffeln bevölkert, und sehr viele Giraffen ziehen durch das Gebiet am Schwarzrand." Damit hatte er ungewollt den Startschuß für eine bald darauf einsetzende Wildvernichtung gegeben.

Abenteurer und Erwerbsjäger aus allen Teilen der Welt kamen herbei und schossen die reichen Großtierbestände bis auf geringe Reste zusammen. Elfenbein, Straußenfedern und Rhinohörner brachten reichen Gewinn. Von den Stämmen der Ovambos, Hereros oder Buschmännern wurden diese „Jäger" nicht gestört, im Gegenteil, man labte sich an dem zurückgelassenen, herrenlosen Fleisch. Erst unter der deutschen Verwaltung erholten sich die Bestände wieder infolge der erlassenen neuen Schutzgesetze. Heute leben im Reservat alle einheimischen Tiere wieder in ausgewogener Zahl. Ein hoher Zaun soll sie vom Auswechseln in die umgebenden, landwirtschaftlich genutzten Gebiete abhalten. Leider ist die Einzäunung den Elefanten nicht gewachsen, die ihn immer wieder einmal niedertrampeln und dann im bewirtschafteten Land Schaden anrichten. Die Wildhüter stehen manchmal wütend vor Schneisen von mehr als fünfzig Metern, wo der Zaun wie von Panzern niedergewalzt wurde. Die Elefanten können zwar meist wieder zurückgetrieben und der Zaun wieder geflickt werden, aber inzwischen sind schon andere Tiere entwichen. Daher besteht auf dem jagdbaren Farmgelände in der Nähe der Etoschapfanne immer wieder die Möglichkeit, auch auf Löwen zum Schuß zu kommen. –

In der Nacht träumte ich nur von Löwen, wie sie sich in Rudeln um ein gerissenes Zebra scharten und immer wieder stritten. Selbst beim Frühstück hatte ich die Hoffnung nicht aufgegeben. Unschwer konnten wir die Engländer vor ihrem Rondavell-Haus beim Packen beobachten und fuhren dann auch anschließend direkt hinter ihnen her.

Schon von weitem konnte ich erkennen, wie ein männlicher Löwe behäbig das von Geiern und Schakalen umlauerte Zebraskelett verließ. Verzweifelt, alle Geschwindigkeitsregeln außer acht lassend, fuhr Hasso Becker auf ihn zu. Die Filmkamera schußbereit in der Hand, saß ich am offenen Wagenfenster. Aber wir hatten die Rechnung ohne den Wirt, sprich Wind, gemacht! Durch den Sucher der Kamera sah ich alles wie im Nebel, drehte verzweifelt an der Scharfeinstellung, bis ich merkte, daß der Löwe sich in dem von uns aufgewirbelten Staub davonmachte. Auf mein Rufen wendete er jedoch noch einmal sein mächtiges Haupt und ließ mit dumpfem Grollen seine Stimme hören. Er war der letzte seiner Gruppe. – So einfach war es also nicht, den König der Tiere auf die Platte zu bekommen.

Auf der Fahrt zur ersten Wasserstelle, an der wir uns heute länger aufhalten wollten, sahen wir Giraffen. Turmhoch ragten sie über Büsche und Bäume hinaus, überquerten ohne Hast die Pad und stelzten durch das jenseitige Gestrüpp. Amüsant anzusehen, wie der im Verhältnis zum Körper kleine Kopf auf dem langen Hals die schwankenden Bewegungen der übrigen Körperteile nicht mitmachte. Bald darauf sahen wir tatsächlich an einer größeren Bodenvertiefung, es konnte fast ein Tal sein, den ersten Elefanten. Wie ein Riese stand er vor einem kleinen Loch, in welches er immer wieder seinen Rüssel steckte, um ihn anschließend zu seinem Maul zu führen. In respektvollem Abstand stand eine Gruppe Strauße und eine Herde Zebras. Jeder wartet hier, bis seine Gattung oder sein Rang an der Reihe ist. Ich hatte mich an diesem Bild noch nicht satt gesehen, da machten wie auf Kommando alle Zebras Front zum rückwärtigen Talrand. Für wenige Sekunden sah ich dann dort auch das Haupt eines schwarzmähnigen Löwen auftauchen. Die Achtung vor dem stärkeren Elefanten ließ ihn wohl sofort wieder kehrt machen. Jetzt konnte mich so schnell keiner von dieser Wasserstelle weglocken, meiner Ansicht nach war mir dieser Löwe „sicher". Aber, um es vorwegzunehmen, nachdem der Elefant das Wasserloch freigab, alle Nachrangingen getrunken hatten und wir noch ca. eine Stunde an der verwaisten Wasserstelle gewartet hatten, fuhren wir enttäuscht mit unbelichtetem Zelluloid ab. Um so größer war meine Freude, als mir Diana am frühen Nachmittag einen Anblick und ein Löwenfoto bescherte, wie ich es an der Wasserstelle kaum hätte bekommen können. Fast am Wegesrand lag unter einer schattenspendenden Schirmakazie ein Löwenpaar. Sie schienen unser Fahrzeug gar nicht zu beachten und schauten sozusagen durch uns hindurch. Wie hatte ich auf diesen Anblick gewartet. Der Wunschtraum eines jeden Afrikajägers, den Löwen in freier Wildbahn zu erblicken, hatte sich erfüllt. Verblaßte Erinnerungen der Kindheit flammten wieder auf, der Löwe, „König der Tiere". –

In irgendeinem Buch hatte ich gelesen, daß nach Ansicht der Somalis der Mensch dreimal vor dem Löwen erschrickt. Zuerst, wenn er unvermutet sein Brüllen hört, gleichviel ob das bei Tag oder Nacht geschieht; größer ist der Schrecken natürlich im Dunkel der Nacht. Der zweite Schauer folgt beim Erblicken seiner Fährte. Selbst wer eigens dazu auszieht, seine Spur zu suchen, erbebt ein wenig, sobald er sie findet. Der dritte und letzte Schrecken soll den Menschen erfassen beim Anblick eines Löwen. Auch der tapferste Mann bekommt es da mit der Angst zu tun. Doch mit diesem Moment ist – nach Ansicht der Somalis – die Angst vor dem Löwen überwunden.

Keine fünfzehn Meter trennten uns von diesem Idyll, aber im Wagen ist man nach aller Erfahrung absolut sicher. Trotzdem konnte man sich eines beklemmenden Gefühls nicht erwehren.

Olifantsbad ist eine Wasserstelle, welche mir im Verlauf der nächsten Stunde die wohl schönsten Anblicke präsentierte. In dem sumpfigen Ufer dieses natürlichen Tümpels standen zwischen abgeknickten Ästen Trittsiegel aller Art. Die dem Auge offenbarten verschiedenen Spuren ließen so manchen Wunsch Hoffnung werden. Hasso Becker zeigte mir die deutliche Fährte eines Leoparden.

Nach einiger Zeit hatten wir unmittelbar vor uns die verschiedensten Vögel, sie badeten jeder für sich in den großen Trittsiegeln der Antilopen. Den auf der Farm so häufig bewunderten Rotbrustwürger konnte ich hier endlich aus der Nähe knipsen. Wegen seiner klaren Farbaufteilung, schwarz, weiß, rot, wird er auch Reichsvogel genannt.

Plötzlich flogen sie alle auf, und ganz unbekümmert kam ein herrliches Exemplar des Schabrackenschakals, Canis mesomelas, zum Wasser. Er schöpfte, ohne uns nur eines Blickes zu würdigen, und war nach wenigen Minuten wieder verschwunden. Von links, zunächst kam es mir vor, als wenn sich die Bäume bewegten, kamen äußerst vorsichtig zwei Giraffen der Gattung Giraffa camelopardalis. Die Zeichnung der Decke ist durch klar begrenzte kastanienbraune Flecken charakterisiert. Im Gegensatz zu den Giraffen der nördlichen Zonen haben diese hier helle Läufe mit dunklen Flecken. Sie sind Paarhufer, aber es fehlen ihnen die Afterklauen. Bei einer Scheitelhöhe bis zu 5,50 m erreichen sie ein Gewicht bis zu 1200 kg. Trotz der nur sieben Halswirbel, wie bei anderen Säugetieren, ist der Hals ausgesprochen lang. Mühelos können sie Zweige und Blätter bis zu einer Höhe von 6 Metern über dem Boden äsen. Deutlich konnte ich durch mein Glas beobachten, wie eine mit der sehr beweglichen Oberlippe und der herausgestreckten Zunge Blätter und Zweige aufnahm. Die andere Giraffe war inzwischen bis an den Tümpelrand gekommen. Wie ein Fotograf die Beine seines Stativs bewegt, wenn er die Höhe verändert, spreizte sie die Vorderbeine weit auseinander, um mit dem Äser ans Wasser zu gelangen.

Ich war noch ganz vertieft in den Anblick dieser interessanten Tiere, als mich der „Vater der elf Haare" anstieß und auf die rechte Seite zeigte. Hier stand ein Rudel Kudus, geführt von einem starken Bullen in dem schütteren Bewuchs. Mit äußerster Wachsamkeit kamen sie schrittweise dem Ufer näher. Sehr elegant wirkten die schlanken, graubraunen Körper mit den 8 weißen senkrechten Streifen. Der große Kudu, Tragelaphus strepsiceros, ist mit seiner Schulterhöhe von 1,60 m und einem Körpergewicht bis zu 300 kg eine der größten und mit ihrem herrlichen, in Spiralen gewundenen Kopfschmuck sowie ihrer braunen Halsmähne eine der schönsten Antilopen. Die weiblichen Tiere sind hornlos. Meist leben die Kudus in Familiengruppen von 4–5 Stück im Busch- bzw. lichten Waldland. Beliebt ist auch felsiges Berg- oder Hügelland, wie auf der Farm Chairos.

Zunächst schöpfte nur der Bulle, und man hatte den Eindruck, als wenn er die Wasserqualität prüfte, bevor die jungen und weiblichen Stücke zum Wasser gehen durften. Die jeweils nichttrinkenden Tiere äugten zwischenzeitlich äußerst wachsam nach allen Richtungen.

Ich war begeistert, hatte ich doch nicht erwartet, in diesem großen Reservat die Tiere der verschiedensten Arten auf so gute Fotodistanz zu bekommen. Vielleicht ist dies ein Geheimnis der Etoschapfanne. Die Tiere haben zwar keine Scheu vor den Menschen, aber das Vertrauen geht nur bis zu dem eingehaltenen Sicherheitsabstand. Dagegen haben in anderen Schutzgebieten die Wildtiere fast ihre Scheu vor den Menschen verloren. Im Krüger-Nationalpark sitzen die Affen auf den Fahrzeugen der Besucher, Giraffen beugen sich zu den Autofenstern, oder Leoparden laufen neben dem Fahrzeug her. Ich glaube daher, daß insbesondere der Jäger, der die Tiere mehr in ihrer angestammten Natur sehen möchte, hier in der Etoschapfanne seine Erwartungen optimal erfüllt bekommt.

Als wir uns schließlich zur Weiterfahrt entschlossen, waren Zebras und ein Kongoni als neue Gäste an der Wasserstelle eingetroffen. An der Pad bei Rietfontein lag die eigentliche Pfanne vor uns. Die flimmernde Mittagshitze ließ die riesige Salzfläche mit dem Himmel am Horizont eins werden. Wie unermeßlich groß muß vor Jahrtausenden der See wohl gewesen sein. Jetzt ziehen die Herden der Antilopen quer hindurch, wenn sie ihre Streifzüge in die nördliche Region des Tierreservates führen.

Im Spiel der Sonne tanzte der Horizont unscharf auf und ab. Wie durchsichtige Watte wabert die glühendheiße Luft über der trostlosen Ebene. Wir standen neben einem Salzbusch, in dessen Schatten es sicher 40 °C waren. In der Ferne sahen wir flimmernde Punkte, aneinandergereiht wie Perlen auf einer Schnur. Im Gänsemarsch kamen sie näher, wurden größer und ließen uns länger als gewollt verharren. Dann konnten wir eine große Anzahl Gnus erkennen, welche ich natürlich filmen wollte. Das Gnu, Connochaetes taurinus, ist allein schon durch seine Erscheinung eines der merkwürdigsten Tiere Afrikas. Das Vorderteil gleicht einem Rind, das Hinterteil einer Antilope und schließlich der Schwanz einem Pferd. Die Gattung selbst zählt zu den Antilopen. Die dunkelgrauen Tiere mit Mähne und rinderartigen Hörnern bei beiden Geschlechtern, die bis 65 cm lang werden können, leben meist in großen Herden auf den afrikanischen Steppen. Häufig vergesellschaften sie sich dabei mit Zebras, Thomson-Gazellen und auch anderen Huftieren. Bei ihren jahreszeitlich bestimmten Wanderungen legen sie große Strecken zurück, wobei sie 5 Tage ohne Wasser auskommen können.

Die Sonne neigte sich schon dem Horizont zu, und wir waren auf dem Weg nach Namutoni, als in einer Padbiegung kurz vor dem Wagen eilig zwei Elefantenkälber den Weg kreuzten. Beidseitig war etwas dichteres Buschwerk, und daher waren sie uns vorher verborgen gewesen. Erschrocken bremste Frau Becker, denn sie saß im Moment am Steuer des Fahrzeuges. Zuviel war schon gerade mit Elefanten passiert, wenn sie mit Touristen zusammentrafen. Eine Geschichte mit tragischem Ende, die mir berichtet wurde, ist mir sofort in Erinnerung. Ähnlich wie hier lief ein Elefantenkalb um ein geparktes Fahrzeug. Den Motor hatte man abgestellt, um sich an diesem Anblick ohne Störung ergötzen zu können. Der mutige Kleine tastete mit seinem Rüssel alles ab. Jedoch welch schmerzliche Erkenntnis, als er dabei das heiße Auspuffrohr berührte. Sein erschütternder Angstschrei rief blitzschnell die Mutter, eine alte resolute Elefantendame, auf den Plan. Wütend stürmte sie auf den vermeintlichen Angreifer zu, in ihrer Begleitung zwei, drei weitere Elefanten. Im Nu war das Fahrzeug umstellt, mit Rüsseln und Stempeln bearbeitet und schließlich umgestürzt. Die Insassen, teilweise schwer verletzt, waren noch glücklich, mit dem Leben davongekommen zu sein.

Nicht ganz so dramatisch verlief es bei uns in den folgenden Minuten. Frau Becker steuerte ängstlich um die Wegbiegung, und hier bot sich uns ein gleichermaßen grandioser wie furchteinflößender Anblick. Links des Weges öffnete sich eine größere Lichtung, und auf ihr standen schätzungsweise 50–60 Elefanten aller Größenordnungen. Ständig hatte ich die Kamera am Auge und filmte die kaum 50 m entfernt stehenden grauen Riesen. Wegen der Erschütterungen durch den laufenden Motor mußte ich Frau Becker immer wieder bitten, diesen für kurze Zeit abzustellen. Ob dieses Manöver der Anlaß für einen Bullen war, mit weitausholenden Schritten auf uns zuzulaufen, wußten wir nicht. Jedenfalls brachte die Fahrerin unseren Wagen schnell auf respektvollen Abstand, um von hier ruhig weiter beobachten zu können. Ganz schien dem Streithahn dies anscheinend nicht zu genügen, denn nach mehrmaligem Schütteln seines gewaltigen Hauptes gab er mit hoch erhobenem Rüssel Trompetenstöße von sich. Plötzlich spreizte er seine bisher angelegten Ohren und machte einen erneuten Ausfall in unsere Richtung. Staub wirbelte auf, und obwohl wir wieder fluchtartig das Feld räumten, war mir gar nicht wohl in meiner Haut. Ich versuchte mir vorzustellen, was passiert wäre, wenn der Motor plötzlich ausgesetzt hätte.

Um ein großartiges Erlebnis reicher, fuhren wir nun die letzten Kilometer bis zum Camp Namutoni. Eine zum Wohn-Schlafraum umfunktionierte Offizierskammer in dem ehemaligen Fort war für uns reserviert.

Wir erreichten die „Festung" Namutoni, die in der Geschichte Südwestafrikas einen besonderen Platz hat, rechtzeitig vor Sonnenuntergang. Von weit her war das weiße Bauwerk schon zu sehen. Wie eine Burg ragte es aus dem flachen Land. Die vier Türme an den Ecken sowie die Verbindungsmauern sind von Zinnen gekrönt, und statt der Fenster besitzt sie nach außen nur Schießscharten. Der Innenhof ist erstaunlich groß. Man kann sich gut das Bild vorstellen, wie Soldaten der deutschen Schutztruppe hier lagerten.

Bei der großzügigen Renovierung hat man weitestgehend den ursprünglichen Zustand erhalten. Die Offiziersräume und Stuben der Mannschaften dienen heute den Touristen als Schlafstätten. Im Kasino hängen zwischen verstaubten Gewehren, Säbeln und Pistolen Fahnen und vergilbte Bilder vergangener Zeiten. Schnauzbärtige Männer in ihren hellen Uniformen sowie Kaiser Wilhelm II. und seine Gemahlin schauen den eingekehrten Touristen über die Schulter. Mehr von alten Requisiten kann man sich in dem Museum anschauen, welches auf engstem Raum in einem der Türme untergebracht ist. Hier befinden sich Uniformen der Schutztruppen, vom Zahn der Zeit gezeichnet, neben vielen alten Dokumenten, Bildern und Wappen. Eine schwere Metalltafel trägt die eingravierten Namen der sieben siegreichen Verteidiger der Station Namutoni, zum Gedenken an den ereignisreichen 28. Januar 1904. Ich versuchte, mir das schon am Anfang meines Buches geschilderte Kampfgeschehen hier vor Ort noch einmal plastisch vorzustellen, und mußte der heroischen Leistung der sieben Soldaten bewundernde Anerkennung zollen.

Die Namen der deutschen Reiter sollen daher auch in meinen Zeilen Gedenken finden. Es waren: Unteroffizier Fritz Großmann, Sanitäter Bruno Laßmann, Gefreiter Richard Lemke, Gefreiter Albert Lier, Unteroffizier Jakob Basendowski, Gefreiter Franz Becker und Gefreiter Karl Hartmann.

Als am Abend mit militärischem Ritus von einem der Türme die Fahne eingeholt wurde und vor dem letzten glühenden Rot des Himmels eine Schar Vögel vorbeiflog, wurde mir sehr schwer ums Herz. Voll

Wehmut dachte ich an die vielen deutschen Männer, die in der Vergangenheit ihr Leben eingesetzt hatten für die Zukunft von Südwest. –

Am nächsten Morgen nahm ich vor der Weiterfahrt ein Bad in dem außerhalb des Forts angelegten, von Palmen umsäumten Swimmingpool. Auf der Fahrt bis zum Ausgang des Reservats erfreuten mich noch verschiedene gute Anblicke, aber ich war mir bewußt, daß unser „großer Tag" gestern war. Es hatte sich gezeigt, daß die Jagd mit der Kamera in diesem Reservat ebenso abhängig vom Glück und Zufall war wie die Jagd mit der Büchse in freier Natur.

Meine Reise neigte sich dem Ende zu. Ich wußte, daß mir der Abschied von hier nicht leicht werden würde, aber andererseits regte sich doch der Drang nach Hause und das Bedürfnis, all das Erlebte anderen mitzuteilen.

Auf der Farm Chairos verlebte ich noch in aller Ruhe herrliche Tage. Die ungezwungenen Pirschgänge, die gemeinsamen Teestunden am frühen Nachmittag auf dem grünen Rasen hinter dem Farmhaus und schließlich die Rekapitulierung am abendlichen Kamin waren beglückend und wohltuend.

Täglich schabte und putzte ich an meinen Trophäen. Die Schwarzen schmunzelten, weil sie dies nicht verstehen konnten. Vom „Vater der elf Haare" erhielt ich allerdings das Kompliment: „So sauber sind noch nie Trophäen von hier fort." – Mit vorhandenem Material und einigem Organisationstalent packte ich unter Zuhilfenahme von Wäschestücken mein Trophäenbündel. Grundlage war die auf 90 x 70 cm zusammengefaltete Zebradecke. Als „Nichtbegleitendes Reisegepäck" wollte ich alles sofort mitnehmen. Die sonst übliche Verschiffung und damit verbundene Wartezeit von sechs Monaten wäre mir sehr unangenehm gewesen. Hasso Becker war skeptisch: „Die einmotorige Cessna von Outjo nach Windhuk ist zu klein, das Veterinärzeugnis gilt nur bis Windhuk, der Aufenthalt in Johannesburg ist zu kurz, usw. usw.!" Aber Bloody Fox fand einen Weg. –

Am vorletzten Tag wollte ich mit dem guten Levi noch einmal zum Tal meines Kudubullen nach Klein Omaruru. In aller Stille wollte ich mir die Landschaft einprägen, wo er seine Fährte gezogen hatte. Früh ging es los, den Jeep stellten wir zeitig ab, und ich erlebte alle Phasen der Jagd vor drei Wochen noch einmal. Meine bewährte Repetierbüchse führte ich selbstverständlich mit, denn immer war da noch ein bißchen Hoffnung auf einen Leoparden.

Ohne etwas wissentlich gestört zu haben, erreichten wir unseren Ansitz, eine Steinmulde im Hang. Die Sonne stand noch nicht lange am Himmel, aber die im Gegenhang liegende Felsgruppe hatte schon Wärme gespeichert, denn ich konnte in aller Ruhe einige Klippschliefer beobachten. Die kräftig gebauten, graubraun gefärbten Tiere, Procavia capensis, sind in Größe und anderen Merkmalen unseren Murmeltieren sehr ähnlich. Ihre hervorragenden Klettereigenschaften haben sie den festen, gummiartigen Ballen unter den Fußsohlen zu verdanken, welche ständig durch ein Drüsensekret feucht gehalten werden. Das dichte, mit langen Grannenhaaren versehene Fell trägt auf der Rückenmitte um einen Drüsenfleck ein Büschel schwarzgelblicher Haare, die das Tier bei Erregung aufrichtet. Die vorwiegend in Familieneinheiten lebenden Kolonien haben einen Hauptfeind – den Leoparden.

Aber welch trügerische Hoffnung, daß „er" ausgerechnet hier und heute seinen Hunger stillen sollte. Zwei Stunden etwa hatte ich mich an dem Verhalten dieser Tierart erfreut, als plötzlich das Tal von vielstimmigem Gebell erfüllt war. „Bo-chum, Bo-chum", klang es immer wieder. Die Störenfriede waren eine große Pavianfamilie, die, über den Kamm ziehend, uns entdeckt hatte und nun mit ihrem Gezeter alles vergrämte. „Mister, wir jetzt gehen, Kudu nicht mehr kommen", die Stimme von Levi rief mich in die Wirklichkeit zurück. Naja, meinen Kudu hätte ich doch nicht mehr gesehen, er ist fester Bestandteil meiner Erinnerung, und sein Gehörn wird mir später zu Hause immer wieder jede Einzelheit dieser Tage vor meinem geistigen Auge abrollen lassen.

Am letzten Abend muß Levi, nachdem ich vorher meine restlichen Schrotpatronen auf hochgeworfene Blechbüchsen verschossen hatte, mit Tropenhelm und Waffe auf dem treuen Max für meine Filmkamera in den roten Abendhimmel reiten. Die Berge von Chairos bildeten bei diesem Schattenriß eine vorzügliche Kulisse.

Der Abschied auf der Farm war überaus herzlich, doch später, auf dem kleinen Rollfeld von Outjo, mußte ich den „Vater der elf Haare" in den Arm nehmen und schämte mich einer versteckten Träne nicht. Irgendwie hatte dieser Abschied für mich etwas Endgültiges.

In Windhuk änderte ich kurzerhand das Veterinärzeugnis für meine Trophäen, indem ich als Bestimmungsort Johannesburg eintrug. In Johannesburg traf ich bei der Luftfrachtabteilung „unserer" Lufthansa zum erstenmal nach vier Wochen wieder mit einem „Deutschen" zusammen. Es war ein freundlicher Kölner, dem es tatsächlich innerhalb der zur Verfügung stehenden Zeit gelang, meine für mich überaus wichtige Luftfracht aus der einen Maschine herauszuholen und für die Maschine nach Frankfurt wieder neu einzuchecken. Jedenfalls saß ich gleichzeitig mit Gepäck, Souvenirs und meinen Trophäen in demselben Flugzeug nach Deutschland.

Auf dem Flug und auch später noch erschien mir oft das Bild vor Augen, von der Weite der Savanne mit der krausen, lebendigen Schrift der vielen Fährten. Ebenso oft habe ich mir dann gewünscht, wieder dort zu sein, wo noch das Leben frei war und es die Widrigkeiten unseres Alltages nicht gab. Wo jeder Morgen voll Erwartung und jeder Tag voll Erleben war. Wo nach den Strapazen des Tages die Abende still und gemütlich und dem Nacherleben dessen, was er gebracht hatte, geweiht waren. Wo man sich, nur abhängig von der eigenen Kraft, noch als Herr über Busch und Steppe fühlen konnte.

◇◇◇

Eine Landschaft, von Elefanten gezeichnet.

Es war eine Freude, mit Max die Freiheit zu genießen.

Der Schabracken-
schakal, Canis
mesomelas,
würdigt uns
keines Blickes

Was für ein
Gefühl!
Mein erstes
afrikanisches
Wild, ein
Großer
Kudu…

Hartmann Bergzebra, Equus zebra, von den Eingeborenen Kwagga genannt.

Ich saß mit gekreuzten Beinen vor dem Haupt meiner Oryx-Antilope und betrachtete, wie immer mit gemischten Gefühlen...

31

„Reiter von Südwest".
Denkmal in Windhuk, erbaut 1910
zu Ehren der deutschen Gefallenen
im Hererokrieg.

Meine Jagdstrecke auf einen Blick.

Hasso Becker, links,
mit einem früheren Jagdgast.

Fast am Wegesrand lag unter einer schattenspendenden
Schirmakazie ein Löwenpaar.

Eine Familiengruppe des Großen Kudus,
Tragelaphus strepsiceros.

Plötzlich spreizte er die Ohren und machte einen erneuten Ausfallversuch; Staub wirbelte auf, und auch in dem laufenden Fahrzeug war mir gar nicht wohl...

Die Festung Namutoni, heute Touristenstation in der Etoschapfanne, hat ihren eigenen Platz in der Geschichte von Südwestafrika.

Als am Abend die Fahne eingeholt wurde, vor dem letzten
glühenden Rot des Himmels eine Schar Vögel vorbeiflog, wurde
mir sehr schwer ums Herz...

Auf dem Flug und später erschien mir oft das Bild vor Augen...

Jugoslawien – 1968

Dort wo die Hirsche röhren!

Aus tief verhangenem Himmel schneite es nun schon seit dem frühen Vormittag. Die schwarzen Wolken hatten ihre Last gleichmäßig auf die Landschaft verteilt, und es sah aus, als hätte die Natur sich ein Leichentuch übergezogen.

Ich saß auf einem Hochsitz am Waldrand in dem Revier meines Vaters, im Westerwald. Der scharfe Ostwind konnte mir nichts anhaben, denn die Kanzel stand im richtigen Winkel. Einen Fuchs wollte ich, wenn möglich, bei seinem abendlichen Streifzug abpassen.

Meine Gedanken wanderten von den vor mir äsenden Rehen, ein Bock zeigte schon ein Zukunft versprechendes Bastgehörn, zu den Landstrichen Osteuropas, wo die starken Rothirsche ihre Fährte ziehen. Zwei meiner Freunde waren schon mehrmals zur Brunftzeit dorthin gefahren.

Wenn vielleicht der Leser aus den einzelnen Kapiteln meines Buches den Eindruck bekommen könnte, ich sei ein Einzelgänger, der lieber seinen Weg alleine sucht, so will ich das revidieren. Gerne erinnere ich mich der vielen gemeinsamen Jagdtage mit echten Freunden. Denn bei manchen Erlebnissen war für die wahre Freude und den richtigen Eindruck einfach die Gemeinschaft erforderlich, während bei anderen die absolute Einsamkeit erst den wahren Höhepunkt setzte.

Bei nächster Gelegenheit wollte ich daher mit den Jagdfreunden sprechen und sie fragen, ob sie die Hirschbrunft in diesem Jahr nicht zu dritt erleben wollten.

Sie waren einverstanden, und Freund Norbert führte die Korrespondenz mit der jugoslawischen Forstverwaltung Nova Gradiska, Medtustrugovi. Im Juli lag die ordnungsgemäße Bestätigung vor.

Jetzt hieß es nur noch die Tage zählen, denn besondere Vorbereitungen waren nicht erforderlich. Ich träumte von einsamen Tälern und Hochmooren, wo uriges Wild seine Fährte zieht, von Gebieten ohne Landwirtschaft und Industrie, ohne Straßen und Siedlungen, von der Stille einer unberührten Natur.

Endlich war es soweit. Das Flugzeug verkürzte den Weg vom Traum zur Wirklichkeit auf wenige Stunden. Von Düsseldorf über München nach Zagreb wahrlich fast ein Katzensprung.

Nachdem unsere Waffen sehr sorgfältig überprüft und in den Paß eingetragen waren, empfing uns, den Freunden seit Jahren bekannt, Wojo Brenzanic, und weiter ging es mit dem Wagen in südöstlicher Richtung. Zeitweise säumten kilometerlang Maisfelder den Rand der Straße. Einfache bis primitive Dörfer wurden durchfahren, und nach etwa zwei Stunden verließen wir die geteerte Straße. War die Fahrt in dem mit fünf Mann und viel Gepäck vollgestopften Auto, bei fast noch hochsommerlicher Temperatur, schon auf der Asphaltstraße kein Vergnügen, so wurde sie auf dem jetzt folgenden miserablen Weg zur Qual. Wir zählten die Minuten bis zum Halt.

Schließlich fuhren wir auf den Hof eines Landwirtes, wo bereits drei Pferdefuhrwerke auf uns warteten. Diese waren schon mit Lebensmitteln aller Art und mit Stroh für die Pferde beladen. An den Seiten baumelten lebende Hühner, und die Bänke aus Brettern lagen quer auf den Abschlußbalken der Sprossen. Jeder von uns Freunden bekam einen Jäger und Kutscher zugeteilt, ehe es zusammen mit unserem Dolmetscher auf die letzten Kilometer ins eigentliche Jagdrevier ging. Unendlich kamen mir die größtenteils in flachem Land liegenden Eichenwälder vor. Mehrfach trafen wir auf Flußläufe, die wir entweder über abenteuerliche Brücken oder durch Furten passierten. Auf einer leichten Anhöhe stand dann unsere Behausung. Ein gemauertes Haus mit drei Räumen, in dem wir uns nun einige Tage aufhalten sollten. Zunächst erfolgte das Einteilen der Zimmer, wobei wir leichte Schwierigkeiten hatten, dem Dolmetscher klarzumachen, daß wir nachts gut ohne ihn auskommen würden. Beim obligatorischen Einschießen unserer Waffen lagen die Treffer richtig.

Die Nacht erschien mir kurz. Als die Sterne über den Wäldern verblaßten und leiser Wind durch Geäst und Laub ging, lag ich bereits wach auf meiner Pritsche. Durch das offene Fenster hörte ich plötzlich aus dem Innern des Waldes einen dröhnenden, harten Schrei. Im Nu war ich hellwach. Jetzt tiefes Orgeln, mächtig und drohend – öah – öh – öh – ua – ua. Das war der von mir zum ersten Male vernommene Schrei des Königs der Wälder. Er erinnerte in etwa an das Brüllen des Löwen, und längere Zeit lauschte ich gebannt und ergriffen seiner Urgewalt.

Es herrschte sonst vollkommene Stille, ja, ich hatte den Eindruck, daß sogar der kleine unweit liegende Fluß sein Murmeln gedämpft hatte, fast so als würde die Natur den Atem anhalten vor dem gewaltigen Geschehen in der Wildnis.

„Öah – oaaa", kam die Antwort eines nicht viel weiter stehenden Nebenbuhlers.

Langsam kam der Tag, und ich war so mit erwartungsvoller Spannung geladen, daß sie mich schier zerriß. Nach kräftigem Frühstück bestieg jeder von uns sein Gefährt zusammen mit seinem Kutscher und seinem Jäger. Mir war als Jäger Milan zugeteilt, ein prächtiger Naturbursche, der mir später in einer brenzligen Situation eine große Hilfe war.

Die mit je zwei Pferden bespannten Wagen zogen in verschiedene Richtungen davon. Die ganze Vielfalt eines schönen Herbstmorgens war leider bald vorbei, denn das Wetter schien umzuschlagen. Es wurde zunehmend warm und feucht, also nicht gerade günstig für den Verlauf der Brunft. Vorsichtshalber lag wohl deshalb hinter mir auch eine Regenplane, welche ich auch bald benötigte.

Mehrmals schon hatten wir Kahlwild in Anblick, während sich der Hirsch nur zeitweise durch knörende Laute bemerkbar machte. Ziel der Fahrt war ein kleiner Kahlschlag, wo sich angeblich zur Brunftzeit öfter Rotwild gezeigt hatte.

Als wir ihn erreicht hatten, merkte ich, daß der Wind ständig küselte und hatte deshalb für den folgenden Ansitz wenig Hoffnung. Trotzdem beobachtete ich die Ränder des Kahlschlages sehr aufmerksam. Mit dem Glas konnte ich deutlich Fährten und Himmelszeichen erkennen, untrügliche Hinweise, daß hier über Nacht ein reger Brunftbetrieb geherrscht haben mußte. Möglicherweise hatten wir das Wild bei unserer Annäherung vergrämt.

Fast gleichzeitig mit dem Laut eines Kugelschusses setzte ein leichter Regen ein, welcher in den nächsten Tagen nur mit wenigen Unterbrechungen anhielt und uns das Leben nicht gerade angenehm gestaltete.

Am Mittag erfuhr ich, daß Freund Heinz einen guten, alten Hirsch strecken konnte. Ich freute mich mit ihm.

Die zweite Pirschfahrt am frühen Abend über die vom Regen jetzt aufgeweichten Waldwege gab mir wieder etwas Mut, zumal Milan ständig sagte: „Micha, sei beruhigt, deinen Hirsch bekommen wir auch noch."

Trotzdem war es kein Vergnügen, bei strömendem Regen unter einer Zeltplane zu sitzen, vor mir Milan und den Kutscher in ständigem Gemurmel in ihrer slawischen Sprache zu hören, während der Wagen stoßend über verschlammte, ausgemergelte Wege rumpelte. Erstaunlich war es, daß die Pferde auch bei der kommenden Dunkelheit zwischen den Bäumen ihren Weg fanden, ohne daß der Wagen irgendwo aneckte.

„Micha, komm, wir trinken einen guten Sliwowitz", ständig wollten mich die trinkfesten jugoslawischen Jäger animieren. Aber wir drei Freunde hatten ausgemacht, erst wenn jeder seinen Hirsch hatte, wollten wir kräftig feiern.

Der nächste Tag begann wieder mit Regen. Manche Schneisen waren in der Nacht von den hier zur Herbstmast auf Waldweide befindlichen Hausschweinen umgepflügt worden. Zweimal hatten wir heute schon Hirsche in Anblick, aber einmal war es ein wirklich kapitaler Urhirsch mit etwa 20 Enden und armdicken Stangen, und der zweite war ein junger Hirsch, etwa vom vierten Kopf. Doch Diana hatte einen langen Atem, denn weiteren Anblick hatte ich nicht mehr.

Als wir Freunde am Abend unsere Erlebnisse austauschten, wurde es schon eine kleine Vorfeier, denn Freund Norbert war inzwischen auch zu Schuß gekommen und hatte einen Eissprossenzehner erlegt. Sicher freute ich mich mit meinen Freunden, aber angesichts der eigenen Erfolglosigkeit kamen doch fehlender Mut und so etwas wie Jagdneid hoch. Aber Neid sollte einem echten Jäger fehlen, denn er weiß am besten, daß bei der Jagd das Schicksal eine große Rolle spielt. Was dem einen heute vielleicht mit Hilfe der Jagdgöttin gelang, wird dem anderen morgen zuteil, und schließlich lagen ja noch weitere Jagdtage vor mir.

Der dritte Tag schien für mich bestimmt zu sein. Zwar hatte der Regen nicht aufgehört, und die Himmelsschleusen schienen einen unermeßlichen Vorrat zu haben. Was wären die Menschen im Sudan darüber glücklich, ging es mir durch den Kopf. –

Unsere Pirschfahrt dauerte jetzt schon einige Stunden, als wir am frühen Nachmittag ein Rudel Kahlwild mit einem ungeraden Zwölfer antrafen. Sie verhofften nach wenigen Fluchten und äugten aufmerksam aus dem Bestand eines Fichtenaltholzes. Der Hirsch stand etwas abseits, spitz zu uns. Kurzer Blickwechsel mit Milan, und der sagte: „Ein passender Hirsch, gut alt, schießen." Kniend ging ich auf dem Wagen in Anschlag. Der Hirsch zeigte mir den Stich, der durch eine starke Brunftmähne verdeckt war. Die Entfernung schätzte ich auf etwa 100 Meter. Einmal noch korrigierte ich das Absehen, hielt die Luft an, und dann brach der Schuß. Etwas tief schien ich abgekommen zu sein und hatte auch keinen Kugelschlag vernommen. Hochflüchtig ging das Kahlwild ab. Mein Hirsch stand zuerst wie angewurzelt, bis er, für mich zunächst nicht zu fassen, gesund seinem Rudel folgte.

Mein Blick zu Milan war wohl sehr deprimiert, bis seine Worte schließlich den Bann brachen und er sagte: „Wir wollen zunächst mal gründlich den Anschuß untersuchen."

So lange wir auch suchten, wir fanden weder am Anschuß noch auf der Fährte, der wir etliche 100 Meter folgten, weder Schweiß noch Schnitthaar. Kommentar Milan: „Glatter Fehlschuß!" –

Meine Stimmung kann sich jetzt jeder vorstellen. Die unbestimmte Sorge, ob ich nicht doch den Hirsch angeschweißt hatte, beide Freunde hatten Erfolg und wollten diesen auch begießen, immer noch Regen, Regen ohne Unterbrechung, und morgen war der letzte Tag.

Mit hängenden Lauschern kam ich schließlich in der Hütte an. Tiefe Enttäuschung stand mir auf dem Gesicht geschrieben. Meine Freunde, die den Schuß als gutes Zeichen gedeutet hatten, versuchten, mich zu trösten.

Der bei dunkler Nacht im Fackelschein erfolgte Probeschuß auf einen Bierdeckel gab mir auch keine Beruhigung, denn der Schuß saß gut. Hatte ich nun den Hirsch wirklich nicht getroffen? Es dauerte lange, bis ich schließlich Ruhe fand.

In dieser Nacht meldeten sie wieder, „ööh – ööh – öh – ua" aus wechselnden Richtungen. Ich wertete das als gutes Zeichen und hoffte auf den letzten Tag.

Zusätzlich fuhr noch der Jäger von Freund Heinz mit in unserem Wagen. Der treue Milan beteuerte

mehrmals: „Du Hirsch bekommen, Garantia." Tröstende Worte, die mir aber Aufschwung gaben.
Gegen Mittag, fast schon auf dem Rückweg, verweilten wir an einer Schneisenkreuzung, weil in dem rechten Schlag deutlich ein Hirsch meldete. „Wir hier warten, Jäger Stanislaw wird versuchen, den Hirsch herauszudrücken", sagte Milan.
Mit entsicherter Waffe und großer Aufregung harrte ich nun der Dinge. Plötzlich war das Röhren des Hirsches verstummt, und die Spannung wuchs. Ich hatte mit Milan verabredet, wenn der Hirsch schußbar wäre, möge er mir leicht auf die Schulter drücken. Die Schneise nach rechts, nur hier konnte der Hirsch kommen, ließ ich nicht mehr aus den Augen. Nach einiger Zeit hörten wir brechende Geräusche in der dichten Erlendickung, und kurz darauf flüchteten zwei Alttiere über die Schneise, von denen das letztere kurz verhoffte. Ich war sofort in Anschlag, und Milan hatte schon Sorge, ich könne auf das Tier schießen. Im nächsten Moment stand aber ein Hirsch breit auf der Schneise, Entfernung ca. 90 Meter. Sofort hatte ich die Waffe an der Backe und wartete nur noch auf den Druck von Milan.
Durch das Zielfernrohr erkannte ich einen starken Hirsch mit mindestens zehn Enden. Eine Krone erkannte ich trotz des diesigen Wetters an den blanken Enden.
Zwischen der leichten Berührung und den Worten „Hirsch gut, schießen" und dem Berühren des Abzuges waren nur Zehntelsekunden. Hochblatt war ich abgekommen, und der Hirsch zeichnete gut. Mit hoher Flucht, wie aus dem Lehrbuch, fiel er mit Wucht in die jenseitige Dickung.
„Schuß gut, Micha", rief Milan und war mit einem Satz vom Wagen. Er lief direkt zum Anschuß, was natürlich fehlerhaft war. Mein Hinweis auf unsere jagdlichen Bräuche, in diesem Falle die berühmte Zigarettenlänge, wurde mit einer Armbewegung abgetan.
Vom Anschuß, die Ausrisse waren recht deutlich sichtbar, gingen wir nun alle in breiter Front durch die sehr dichten, fast nur fingerdünnen Erlen Richtung Wagen. Nach wenigen Metern war ich durchnäßt bis auf die Haut. Meine Ohren wurden immer größer, hoffte ich doch von einem der Begleiter den erlösenden Ruf „Hier liegt der Hirsch!" zu hören.
Aber es tat sich nichts. Schließlich trafen wir uns alle auf der Schneise, in deren Verlängerung die Pferde mit dem Wagen noch auf der Kreuzung standen.
Stanislaw winkte mir zu und wollte mir ein Wundbett zeigen, von welchem er den Hirsch aufgemüdet hatte. Ich war tief erschrocken, als ich hörte, daß der Hirsch flüchtig geworden war, weil mir dabei einiges über angeschossene Brunfthirsche einfiel. Nicht mehr so zuversichtlich, gab ich Milan meine Waffe, um mit Stanislaw noch einmal in die Dickung zu gehen.
Nach wenigen Metern zeigte mir Stanislaw das Wundbett, und kniend ging ich an eine genaue Untersuchung. Im selben Moment, als ich auf einem Erlenblatt etwas Lungenschweiß fand, fiel draußen ein Schuß. Aufgeregt stürmten wir, wie es der dichte Bestand zuließ, auf die Schneise. Außer Atem, von Dreck und Nässe durchdrungen, waren wir bald bei den anderen. Ich vermutete, daß Milan auf meinen Hirsch geschossen hatte und ich ihn nun zu sehen bekam.
Aber welche Überraschung und vielleicht Enttäuschung. Milan hatte „nur" einen flüchtigen Fuchs mit der Kugel gestreckt.
Ich war über das nicht korrekte Verhalten der Jäger auf das höchste verärgert. Meine Nerven inzwischen bis zum Zerreißen gespannt und mein Blutdruck bestimmt nicht niedrig.
Nun ging ich zunächst daran, die Fluchtfährte des Hirsches systematisch zu suchen und alle gefundenen Zeichen zu verbrechen. Sie war verhältnismäßig gut zu halten. Der Hirsch war über die Schneise schräg nach rückwärts in den dichten Bewuchs einer Erlendickung geflüchtet. Dort aus seinem ersten Wundbett aufgemüdet worden, hatte er eine Querschneise überfallen und war zunächst in einer weiteren Erlendickung verschwunden.
Nach einer weiteren halben Stunde erneute Suche in breiter Front, wobei mir die Aufgabe zukam, an der Kreuzung beide Schneisen zu sichern, um notfalls schießen zu können. Plötzlich kam Milan aus dem Bestand hastig auf mich zugelaufen und rief: „Hirsch schläft, schnell Fangschuß!" Wie hypnotisiert folgte ich ihm in die Dickung, die Waffe schußbereit.
Bevor ich aber den Hirsch zu Gesicht bekam, prasselte er mit Gepolter und Krachen vor uns weg. Ich konnte mir dabei seinen verzerrten, irren Glanz in seinen Lichtern gut vorstellen.
Meiner Sinne kaum noch mächtig, konnte ich mich nicht durchsetzen, den Hirsch endlich in Ruhe zu

lassen, und als Milan meine Büchse haben wollte, um dem Hirsch allein zu folgen, ließ ich mich wieder verleiten, die Verfolgung aufzunehmen.

Jetzt nun vorsichtiger, folgten wir der deutlichen Spur, denn der flüchtende Hirsch hatte eine regelrechte Bresche in die noch junge Anpflanzung geschlagen. In mäßiger Entfernung, in einem dichten Eichenhorst, nahe einem Wildbach, war er zusammengebrochen. Als er unser Kommen vernahm, wollte er mit letzter Kraft noch einmal hoch. Schnell nahm ich meine Büchse, warf den Sicherungshebel herum, und da passierte mir noch das Mißgeschick, daß er Schuß brach, bevor ich noch in Anschlag war. – Einer labileren Natur hätte das wahrscheinlich den Rest gegeben. Trotz vorgespanntem Stecher habe ich diese Situation später niemals rekapitulieren können. –

Völlig entsetzt schaute ich zu Milan, repetierte und konnte dem im Wundbett liegenden Hirsch die Kugel auf den Träger setzen.

Noch ein letztes, verzweifeltes Aufbäumen, ein röchelndes Luftholen, quellendes Rot um den Äser, ein heftiges Zittern rann durch den urigen Körper, und dann lag er still.

Langsam sickerten die roten Perlen in das faulende Bodenlaub, während hoch oben dunkle Regenwolken zogen. Mir wurde dieser Septembermorgen zum unvergeßlichen Erlebnis, es war der 19. im Jahre 1968.

Während die anderen den Wagen holten, blieb ich allein beim Hirsch und hielt ihm die Totenwacht. Wie immer, angesichts eines von mir gefällten Wildes, kamen die Skrupel, warum hast du ohne Not dieses herrliche Tier getötet? – Die tief verwurzelte und unbezähmbare Gier, ein bestimmtes Wild zu töten, versetzt mich immer wieder in Erstaunen. Sicher waren die Motive unserer Urväter einleuchtend, es blieb schließlich nur die Erklärung: ... wir töten, um gejagt zu haben. –

Mit vereinten Kräften luden wir dann den edlen Hirsch, ein gerader zwölfer Kronenhirsch, auf den inzwischen durch den dichten Bestand herangekommenen Pferdewagen. Auf der für mich glücklichen Heimfahrt lief vor meinem geistigen Auge noch einmal das Gott sei Dank gut geendete Drama ab. Milan schoß noch mit meiner letzten Patrone ein Kalb für die Küche.

Meine Freunde waren schon ungeduldig und staunten nicht schlecht über unsere Strecke. Meinem Hirsch wurde besonders zugesprochen, und es blieb nicht aus, daß ich beim Erzählen immer wieder mit einem Slivovitz mit ihnen anstieß. Schnell hatten sich die Jäger und Kutscher dazugesellt, und es wurde ein fröhlicher Nachmittag. Bei der Überreichung der Grandeln wurde ich in feierlicher Zeremonie zum Hirschjäger geschlagen. Obligatorisch, daß jeder immer wieder einzeln mit einem vollen Glase vor mir stand.

Jede Sache hat ihre guten und schlechten Seiten. Als ich am späten Nachmittag meinen Rausch halb ausgeschlafen hatte, war der Schädel meines Hirsches inzwischen zu kurz gekappt und kochte in einer alten Benzintonne. Zu Hause habe ich später versucht, das Beste daraus zu machen. An seinem Ehrenplatz in meinem Jagdzimmer prahlt er heute mit seinen 5,5 kg und überdeckt damit den nicht korrekten Schädel.

Am Abend galt die kleine Feierstunde mit vorzüglichen Speisen nicht nur unserem Waidmannsheil, sondern auch dem Abschied. In dem größten Raum unserer Behausung bog sich fast die lange Tafel unter der Last der aufgetürmten köstlichen Fleischgerichte. An Getränken jeder Art war kein Mangel, und so blieb es nicht aus, daß wir bald alle mit Gesang unserer Freude Ausdruck verliehen. Die Kutscher und zwei der Jäger führten mit Vehemenz ihre Nationaltänze auf, daß die Holzdielen nur so krachten.

„He – ho – ha ha ha, He – ho – ha ha ha", tönte es diesmal durch die Nacht. Längst hatten wir alle viel zuviel über den Durst getrunken.

Laut klang es von unseren Lippen – ein Horrido, ein Waidmannsheil! Im Übermut hatte ich dabei meinen Arm zum deutschen Gruß erhoben und damit den betrunkenen und seiner Sinne schon nicht mehr mächtigen Wojo auf das äußerste gereizt. Er war offenbar ein linientreuer Kommmunist, vielleicht im Krieg Partisan gewesen. Ein paar Worte flogen noch hin und her, und plötzlich nestelte er an seiner Pistole herum.

Seine Augen waren verzerrt und blutunterlaufen, er schien zu allem fähig. Milan fiel im buchstäblich in die Arme und konnte ihn beruhigen. Er muß ihm wohl erklärt haben, daß wir auf diese Weise auch den erlegten Hirsch ehren. –

Der Abschied erfolgte am nächsten Morgen zwar nicht unter Tränen, aber irgendwie hatten wir diesen Landstrich und seine Menschen doch in unser Herz geschlossen.

Regen und Luftturbulenzen bescherten uns einen unruhigen Flug, was für Freund Heinz besonders unangenehm war, denn er war diesbezüglich empfindlich und flog nur, wenn es sich gar nicht vermeiden ließ.

Unsere Geweihe, als begleitendes Reisegepäck aufgegeben, konnten wir unbeschadet in Düsseldorf in Empfang nehmen.

Großer Bahnhof, da alle Familien durch einen Teil vertreten waren, und natürlich mußten wir alle Details erzählen. Mein Vater, dem ich stolz meine Trophäe zeigte, trug mit eigenen Erlebnissen zu diesem Abend bei. Weckte vielleicht unbewußt damit zu neuen Abenteuern.

◇◇◇

Das Wetter war umgeschlagen...

Milan mit meinem Hirsch in dem Erlendickicht.

Der „Kronenzwölfer" aus Novogradiska.

Trophäen-Bewertung									Datum 1968-09-19	
Angaben	Maße		Mittel	Koeffizient	Punkte	Angaben	Maße	Koeffizient	Punkte
Länge der Stangen	l	93 cm	9,0	0,5	45	Auslage	80 cm 88 %	0-3 P.	2
^	r	87 cm	^	^	^	Zuschläge für Schönheit			
Länge der Augensprossen	l	31 cm	32,5	0,25	8,12	Farbe		0-2 P.	1
^	r	34 cm	^	^	^	Perlung		0-2 P.	1
Länge der Mittelsprossen	l	29 cm	29	0,25	7,25	Spitzen der Enden		0-2 P.	2
^	r	29 cm	^	^	^	Eissprosse		0-2 P.	2
Umfang der Rosen	l	24 cm	23,5	1	23,5	Krone		0-10 P.	3
^	r	23 cm	^	^	^	Ermäßigung		0-3 P.	—
Umfang der Stangen zwischen Aug.-u. Mittelsprosse	l	14 cm		1	14	^			
^	r	13,5 cm		1	13,5	^			
Umfang der Stangen zwischen Mittelsprosse u. Krone	l	13 cm		1	13	Internationale Punkte			169,87
^	r	12,5 cm		1	12,5	^			
Zahl der Enden	l	6 Stück		1	12	Land / Revier	Jugoslawien	Međustrugovi	
^	r	6 Stück		^	^				
Gewicht des Geweihs Ermäßigung		5 kg — kg		2	10	Medaille —	Alter 8	Klasse —	

Kenia – 1971

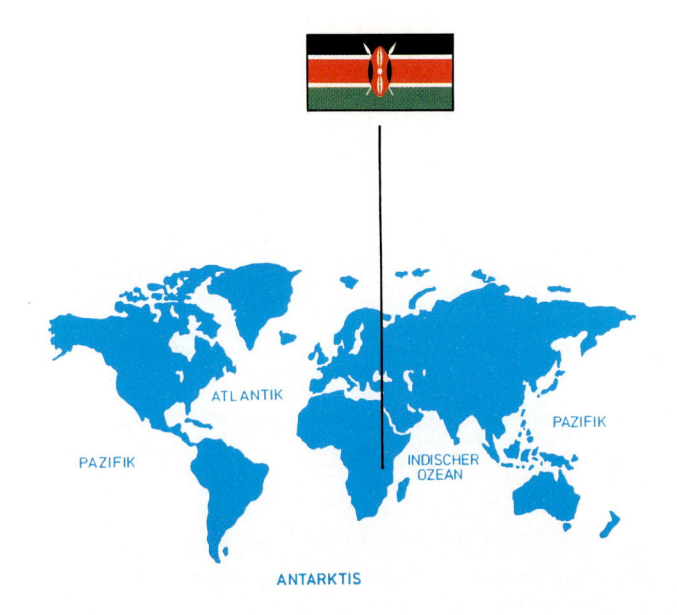

Ein Elefant greift an!

Sicher brauchte bei mir keiner die Liebe zum schwarzen Kontinent erst zu wecken, und so war es nur natürlich, daß ich Mitglied in einem Safari-Club wurde. Die angebotenen Reisen sowie die Kontakte zu einem ortsansässigen Professional Hunter führten folgerichtig schließlich zu einer Jagdsafari nach Kenia. Nach einem strapaziösen Nachtflug in einer unbequemen 4motorigen Viscount-Maschine, in der man eng zusammengepfercht saß und nur mühsam ein wenig Schlaf finden konnte, war ich am Morgen auf dem Flughafen Nairobi angekommen. Zum Glück dauerte die Abfertigung nicht allzu lange, weil Bwana Ndovu, mein afrikanischer Berufsjäger, gut vorgesorgt hatte. Die Formalitäten für die Einfuhr meiner Mauser 66, Kaliber 9,3 x 64, waren bald erledigt.

Auf dem Weg zum Hotel, durch eine Stadt, in welcher nur die schwarzen Menschen daran erinnern, daß man sich nicht in einer modernen europäischen Großstadt befindet, fuhren wir zum Polizeipräfekten. Meine Waffe wurde gegen Quittung sichergestellt, denn es ist nicht erlaubt, sie mit ins Hotel zu nehmen. Mein Zimmer war im Hotel Ambassador, und ich hatte zunächst den Nachmittag zur freien Verfügung. Abends wollten wir uns zum Drink treffen, um die Einzelheiten für den Aufbruch am nächsten Morgen zu besprechen. Ich bummelte etwa drei Stunden kreuz und quer durch die Stadt. Auffallend war, daß nur sehr wenige Weiße zu sehen waren. Von den zahlreichen Eingeborenen war etwa die Hälfte mehr oder weniger schäbig europäisch gekleidet. Ein anderer Teil trug afrikanische Trachten, oft in den grellsten Farben, die hier offenbar beliebt und auch gut anzusehen sind. An einer Straßenkreuzung entstand ein Auflauf. Aus Neugier reihte ich mich schnell in die wartende Menge ein. Ich konnte gerade noch eine schwere, offene amerikanische Limousine sehen, in welcher unverkennbar der große Nyomo Kenyatta saß, in einer Hand das Zeichen seiner Würde, den Häuptlingsstab mit dem Antilopenschwanzwedel. Die Schwarzen an den Straßenrändern klatschten, und kurz darauf war wieder alles beim alten.

Mit den ersten Souvenirs, einer ganzen Reihe hervorragender Schnitzereien aus schwarzem Ebenholz, traf ich wieder im Hotel ein. Schon bald nach dem Essen kam Sala ud Din, ein in Kenia geborener Pakistaner, von seinen Freunden Bwana Ndovu (Mister Elefant) genannt, und brachte noch zwei Kameraden mit. Eine gute Gelegenheit für mich, mein Englisch wieder aufzufrischen und gangbar zu machen.
Nachdem in Nairobi alle Formalitäten für Jagdschein und Abschußlizenzen erledigt, die nötigen Leihwaffen besorgt, der Einkauf von Frischobst, Gemüse und anderen Lebensmitteln getätigt und meine 9,3 x 64 von der Polizei abgeholt war, starteten wir gegen Mittag endlich mit einem Landrover.
Während ich bei Bwana Ndovu vorne meinen Platz hatte, saß Mwangani, einer der schwarzen Trecker, den ich an diesem Morgen kennenlernte, hinten. Einen schwarzen Jagdhelfer hatte ich mir allerdings anders vorgestellt. Er war von Gestalt feingliederig, westlich gekleidet mit Jeans und buntem Hemd und hatte sein Kofferradio immer zur Hand. Besonders fiel mir die nicht billige Armbanduhr auf, die bestimmt das Geschenk eines weißen Jägers war. Insgesamt sollten zu meiner Safari zehn Schwarze gehören. Ich machte mir Gedanken wie die anderen wohl aussehen würden. Jedenfalls war romantische Nostalgie fehl am Platz.
Mein Jagdgebiet sollte etwa 300 km südöstlich von Nairobi, in der Nähe des Tsavo-Parks, liegen. Die Strecke wurde relativ schnell zurückgelegt, anfangs auf fester Straße, die letzten 50 km auf einem Landweg, der nur aus einer Fahrspur bestand.
Kurz vor dem Dunkelwerden stießen wir im Busch auf unseren LKW mit den anderen Jagdhelfern. Sie waren vorausgefahren und hatten schon fast alle Zelte aufgebaut. Die kleine Lichtung, eng an einer Felswand gelegen, war in einer Landschaft, die sich stark verändert hatte. Hier war trockene, afrikanische Buschsteppe, in der es seit Wochen nicht mehr geregnet hatte.
Nachdem die Zelte fertig waren, aßen wir in der Messe, dem Speisezelt, zu Abend. Hier stand sogar ein Kühlschrank (Propangas), der mich noch oft in den nächsten Tagen mit erfrischenden Getränken die Strapazen der einzelnen Exkursionen vergessen ließ.
Später, auf dem Feldbett in meinem Zelt, genoß ich die Einsamkeit und konnte teilweise den Sternenhimmel sehen. Eine unbeschreibliche Stimmung, in der man in Erwartung der kommenden Ereignisse lebt, gespannt und aufnahmebereit für alles, was die nächsten Tage bringen würden, nahm von mir Besitz.
Das größte Erlebnis würde für mich der Elefant sein. Alle anderen Tiere kann man bewundern oder lieben. Der Elefant aber versetzt mich in die Atmosphäre ehrfurchtvollen Gebanntseins. Ich fühlte, daß ein Wesen vor mir stehen würde, welches nicht nur körperlich unendlich viel gewaltiger als der Mensch ist, sondern auch über eine einzigartige Ausstrahlung verfügt. Ein Tier aus der grauen Vorzeit, bis in unsere Tage erhalten.
In der Liste der jagdbaren Tiere, besser gesagt, der von mir zu jagen gewünschten Tiere, stand der Elefant an erster Stelle. Ihm galt daher zunächst alles Sinnen und Trachten.
Bei den nun täglich stattfindenden Pirschfahrten mit dem Landrover wurde folglich hauptsächlich nach aussagenden Fährten bzw. frischer Losung von Elefanten Ausschau gehalten. Die Fahrten gingen oft stundenlang durch endlose Savannen, bewaldetes Grasland mit fast durchweg gleichartigen Baumarten und Gräsern.
Der erste Tag neigte sich fast dem Ende, und wir hatten bereits die Rückfahrt angetreten, als wir ein steiniges Bachbett überquerten. Die Ränder des knochentrockenen Wasserlaufes waren mit dornigem Buschwerk bewachsen. Die Trecker, im offenen Wagen hinten ständig auf der Suche nach Wild, sahen ihn zuerst.
„Tandala mkubwa hapa", rief Wamunyu. Er meinte einen starken Lesser Kudubullen, für dessen Gattung ich auch eine Lizenz erworben hatte. Im gleichen Moment, als Bwana Ndovu den Wagen anhielt, sprang die Antilope mit leichten Fluchten durch den stacheligen Bewuchs und war dadurch zunächst unseren Blicken entschwunden. Schnell war ich aus dem Wagen, hatte meine Büchse zur Hand und lief mit Wamunyu dorthin, wo wir sie zuletzt gesehen hatten. Da ging plötzlich, viel weiter rechts als vermutet, der Kudubulle über eine schmale Lichtung flüchtig ab. Den buschigen Wedel aufgerollt, daß die weiße Unterseite warnend leuchtete. Soviel Zeit, daß ich erkennen konnte, welch starker Kudu uns da über den Weg gelaufen war, ließ er mir doch.

Schon war Wamunyu hinter ihm her, die Hände auf dem Rücken zusammenhaltend, damit die Armbewegungen nicht störend auffielen. Mit starkem Herzklopfen lief ich hinter ihm her, handelte es sich doch hierbei um die Verfolgung meines ersten ostafrikanischen Wildes. Unerwartet blieb er wie angewurzelt stehen und flüsterte mir zur „hapa piga", dort - schießen, dabei zeigte er auf einen Dornenbusch in ca. 50 Meter Entfernung. Schemenhaft sah ich dort die Umrisse eines grauen Wildkörpers, der etwa halbspitz zu uns herüber sicherte. Kniend ging ich sofort in Anschlag, um durch das Zielfernrohr weiter ansprechen zu können. Den Träger sah ziemlich frei und ließ auch kurz darauf der Kugel ihren Lauf. Wie vom Blitz getroffen, brach die Antilope am Anschuß zusammen. Wamunyu war sofort bei ihr, um sie, streng nach mohammedanischem Glauben, zu schächten. Davon konnte ich ihn gerade noch abhalten, denn unter Umständen wollte ich den Kopf des Wildes mit dem Träger präparieren lassen. Der Lesser Kudu ist eine sehr schöne, grazile Antilope, die im Aussehen mit ihrem Schraubengehörn dem Großen Kudu sehr ähnlich, aber wie der Name sagt, viel kleiner ist. Er bewohnt vor allem Ostafrika, während der große Vetter in Süd- und Westafrika beheimatet ist.

Als ich meine Hand auf den Kopfschmuck des gestreckten Wildes legte, durchlief mich ein Zittern, wohl das Jagdfieber, für das mir bei der Verfolgung keine Zeit blieb. Das Schraubengehörn zeigte zwei Windungen und bestätigte damit Stärke und Reife.

Freude spürte ich auch bei Bwana Ndovu, der schon bald querfeldein mit dem Landrover bei uns war. Nach dem Fotografieren im letzten Sonnenlicht des Tages erfolgte die rote Arbeit. Ich war zufrieden, denn sicher konnte ich von dem ersten Tag meiner Safari nicht mehr erwarten. -

Anderentags, es war 6.30 Uhr morgens, die Zeit zum Frühstück und zum Durchwischen der Büchsläufe. Am Äquator, und viel waren wir nicht davon entfernt, dämmerte es jahraus, jahrein kurz vor sechs Uhr. Dann ist es, als knipste jemand das Tageslicht an, ein paar Minuten nach sechs Uhr hell, und innerhalb einer Viertelstunde schießt die Sonne über dem Horizont hervor.

Afrika zeigte sich auch an diesem Tag, bei bestem Wetter, wieder so erregend schön, daß die letzten Zweifel vergingen, ob es richtig war, meine zweite Safari hier zu starten.

Bald hatten wir mit dem Landrover den Block erreicht, in welchem nach Meinung von Bwana Ndovu zu dieser Jahreszeit unbedingt Elefanten sein mußten. Wo es möglich war, ließ er von einer höheren Felskuppe, von der das Gelände gut übersehbar war, die Umgebung ableuchten. Das erleichterte die Jagd natürlich. Tatsächlich konnten wir auch schon bald von einem dieser Hügel, in einer Entfernung von 150 - 200 Metern, eine größere Elefantenherde ausmachen. Jedoch waren es fast ausschließlich ältere Kühe mit vielen Kleinen, welche immer artig neben der Mutter blieben. Besonders beeindruckte mich die Lautlosigkeit sowie die majestätische Ruhe, mit denen die Herde langsam äsend weiterzog. Ein alter Bulle, aber mit sehr schwachen Stoßzähnen, stemmte sich gegen eine voll ausgewachsene Schirmakazie, so daß die Krone stark hin und her schwankte, ohne daß er den Baum zu Fall bringen konnte. Erst beim zweiten Anlauf brach er krachend zusammen. Die Zerstörung, die dadurch von den Elefanten angerichtet wird, konnte ich mir bei entsprechenden Herden gut vorstellen.

Solchen Anblick hat man auch hier nicht jeden Tag, obwohl Elefanten, wie mein Jagdführer sagte, in dieser Gegend recht zahlreich sind. In der Regel halten sich Elefanten im Herdenverband auf. Da die Schußentfernung zweckmäßig bei etwa 30 Metern liegen sollte, war es sicher nicht leicht, einen ansprechenden Bullen, der im Schutze dieser Gemeinschaft war, anzupirschen. Aber zunächst galt es erst einmal einen Bullen zu finden, und so fuhren wir schließlich weiter.

Das Klima war sehr angenehm, die Landschaft ansprechend, aber der Wildreichtum für afrikanische Verhältnisse nicht übermäßig groß. Nach etwa zweistündiger Pirschfahrt, das Gelände war flacher geworden, kreuzten starke Elefantenfährten unseren Fahrweg. Aufgeregt wurde diskutiert, und ich entnahm aus dem Palaver, daß es sich erstens um Trittsiegel von Bullen handelte und zweitens die Spuren noch nicht sehr alt waren. Bwana Ndovu schickte zunächst Wamunyu und Mwangani voraus, um herauszufinden, ob ein jagdbarer Bulle unter ihnen war.

Nach endlosem Warten, es war zwar höchstens eine Stunde, aber mir kam es durch die Spannung und Hitze viel länger vor, kamen die beiden Schwarzen mit vielsagenden Blicken zurück. In diesem Moment hätte ich viel dafür gegeben, ihre Sprache, Kisuaheli, zu verstehen. Zwei Worte konnte ich allerdings auffangen, und die genügten mir.

„Tembo Makaba", großer Elefantenbulle.

Ohne nähere Erklärung drückte mir Bwana Ndovu die in Nairobi geliehene Doppelbüchse 375 Winchester Magnum in die Hand. Auf den Spuren der beiden Trecker ging es dann wieder in den Busch. Meine Filmkamera hatte ich über die linke Schulter gehängt, denn ich wollte von diesem Unternehmen nach Möglichkeit viel festhalten.

Als wir frische Losung fanden, prüfte auch der nun mitgegangene dritte Trecker mit dem Finger die Temperatur im Inneren des Ballens und schenkte seinen beiden Freunden zustimmende Blicke.

Der Wind stand ausgezeichnet, und nach ca. einer halben Stunde zeigte Bwana Ndovu mit ausgestrecktem Arm auf eine Gruppe von Schirmakazien, in deren Schatten sich 5 bis 7 Elefanten aufhielten.

Wir kamen, unter Ausnutzung jeglicher Deckung, auf ungefähr 50 Meter heran, und der Wind war immer noch bestens. Einige Meter Film konnte ich aufnehmen, dann wurde die Kamera mit der Büchse vertauscht. Die letzten Meter wurden zur Maßarbeit, mit äußerster Vorsicht suchten wir eine gute Schußposition. Obwohl ich auf jeden trockenen Ast achtete, ließ ich die Elefanten nicht aus den Augen. Jetzt gab mir Bwana Ndovu die letzten Anweisungen. Ein Bulle stand dösend spitz zu uns. Der rechte Stoßzahn war zum Teil abgebrochen. Bwana Ndovu hatte seine Büchse entsichert, zeigte nachdrücklich auf diesen Bullen und drängte zum Schuß. Ich vertraute seiner größeren Erfahrung und ging relativ ruhig mit der Waffe in Anschlag. Zwischen die Lichter, etwas tiefer zum Rüsselansatz, senkte sich das Korn. Einmal noch korrigierte ich die Lage zur Kimme, dann berührte ich den Abzug. –

Zunächst überrascht von dem starken Rückschlag der Doppelbüchse, sah ich, wie der Elefant sich leicht aufbäumte und in einer Schnelligkeit, welche man solch einem Koloß gar nicht zutraute, nach rechts schwenkte. Eine gute Position für die sofort von Bwana Ndovu abgegebenen zwei Schüsse. Ich war so verdutzt von dem Verhalten des Elefanten und „vergaß", daß ich eine Patrone im zweiten Lauf hatte. –

Die Elefanten flüchteten, wie mir schien, alle nach links. Blitzschnell hatte ich die Filmkamera bereit und den Sucher am Auge. Nur Sekunden betätigte ich den Auslöser, da hörte ich aufgeregte Rufe. Ich sah, wie Mwangani hastig nach rechts lief, während Wamunyu mit der dritten Waffe im Anschlag stand. Der Zielrichtung brauchte ich gar nicht mehr zu folgen, denn Brechen und dröhnendes Stampfen sowie ein wildes Trompeten vermittelten mir meine Ohren in dem Moment, als ich mit den Augen bereits den aufgebrachten, mit abgespreizten Ohren angreifenden Bullen, erfaßte. Ich war so fasziniert, daß ich im Augenblick gar nicht an die große Gefahr dachte und mit der immer noch halbhoch gehaltenen Kamera weiterfilmte. –

Leider zeigt das abfotografierte Bild meines 8-mm-Schmalfilmes nicht die heute gewohnte Schärfe, aber deutlich erkennt man in dem hier abgebildeten Foto die Situation. Der angreifende, wütende Elefant, davor Wamunyu kurz vor seinem Schuß und Mwangani auf der Flucht.

Alles das spielte sich in Bruchteilen von Sekunden ab, denn im selben Augenblick, als ich im Sucher den anstürmenden Bullen sah, hatte mich auch der Mut verlassen. Die Kamera in der einen und die Waffe in der anderen Hand, lief ich dem kurz vorher noch belächelten Mwangani nach.

„Du mußt aus dem Wind und hinter den nächsten stärkeren Baum", waren meine Gedanken. Nach einigen hastigen Schritten warf ich zunächst einen Blick zurück. Beruhigt konnte ich feststellen, daß der angreifende Elefant seine Richtung geändert hatte und der vorauseilenden Herde folgte.

Ob ihn die Kugel von Wamunyu getroffen oder nur erschreckt hatte, werde ich wohl nie erfahren.

Wie Küken um die Henne sammelten wir uns nun um Bwana Ndovu und schauten ihn fragend an. Sein Blick war gar nicht freundlich; was hatte ich, was hatten wir falsch gemacht? –

Nach kurzer Verschnaufpause untersuchten wir eingehend den Anschuß, um dann, etwas niedergeschlagen, den klaren Fährten zu folgen. Deutlich sahen wir nach etwa 500 Metern, daß eine Spur sich von den anderen trennte. Nach kurzer Beratung folgten zwei der Trecker, unter Mitnahme einer Büchse, der einzelnen Fährte, während wir uns zurück auf den Weg zum Landrover machten.

Bwana Ndovu hatte, wie er mir später sagte, mit den beiden Treckern verabredet, daß wir sie an dem sehr langen und geraden Weg, auf welchem wir die starken Fährten gefunden hatten, erwarten würden. Beim Landrover wurden alle Spuren, einschließlich der kreuzenden Elefantentrittsiegel, mit Astzweigen ausgewischt. Eine Vorsichtsmaßnahme, die vor evtl. Nachforschungen der Game Warden Station schützen sollte, denn der zweite, angreifende Elefant konnte ja auch ...

Mir wäre jedenfalls erst einmal wohler gewesen, wenn ich gewußt hätte, was mit meinem Elefanten los war.

Wir fuhren mit dem Landrover so weit, bis der einspurige Fahrweg über eine Höhe führte, und hielten an. Man konnte von hier aus gut beide Richtungen weit überblicken. Die Zeit lief zunächst unendlich langsam, um, je weiter die Sonne sank, schneller und schneller zu werden.

Ich hatte schon jede Hoffnung aufgegeben. Warum mußte ich auch dieses gewaltige Tier jagen und beschießen? Genügte nicht das Anpirschen und Sehen? Deprimiert und müde lehnte ich meinen Kopf an die Beifahrertür.

Schließlich mußte mich doch für einen Augenblick der Schlaf übermannt haben, denn Bwana Ndovu, das Fernglas am Kopf, rüttelte meinen Arm. Durch mein Glas konnte ich, unendlich fern, zwei Punkte auf dem Fahrweg erkennen. Wir fuhren sofort los und hatten sie noch lange nicht erreicht, da schlug mir Bwana Ndovu auf die Schulter, lachte und fing in seiner Muttersprache an zu singen. Das konnte nur ein gutes Zeichen sein. Augenblicklich überkam mich ein unbeschreibliches Glücksgefühl. Jetzt sah ich auch den Grund der frühen Freude bei meinem Jäger. Mwangani hielt in der Hand das Ende des Elefantenwedels und schwenkte ihn über seinem Kopf.

Dann mußten die Fährtensucher erzählen. Fast vier Kilometer waren sie noch der Spur gefolgt, bis sie vor dem längst verendeten Elefantenbullen standen. Alle drei Schüsse saßen genau an den tödlichen Stellen. Eine Erklärung, warum der Bulle nicht sofort am Anschuß zusammengebrochen war, hatten weder sie noch Bwana Ndovu.

Quer durch den Busch steuerte Bwana Ndovu nun den Geländewagen. Ein Strauch sah hier wie der andere aus, und es war mir fast unbegreiflich, wie die beiden Trecker hier uns den exakten Weg weisen konnten. Als wir schließlich den auf der rechten Seite liegenden Koloß von Elefanten erreichten, waren wir fast in gerader Linie gefahren.

Ich war überwältigt und stand ehrfürchtig vor dem gestreckten Riesen. Das Geschehen der letzten Stunden zog an mir vorbei, ich dachte an die Spannung, die Aufregung und auch die Angst, die mich angesichts des erbosten Bullen überfallen hatte. Nun lag das gewaltige Tier vor mir, gefällt von winzigen Stücken Stahl und Blei. Hatte ich das gewollt? Aber ja, denn es war die Krönung meines jagdlichen Lebens. Hier lag festgehalten und durch hautnahes Erlebnis mit mir verbunden, wovon ich so manche Stunde geträumt hatte. – Rote verbrannte Erde, hitzeflimmernde Mittage, in denen die Zikaden sangen, von Horizont zu Horizont menschenleere Wildnis, viele Meilen bis zur nächsten Ansiedlung, Urwüchsigkeit, Jagd! –

Schließlich wurde es Zeit für die Rückfahrt zum Camp. Vorher hatte Wamunyu noch einige von den langen Schwanzhaaren des Elefanten abgeschnitten. Am nächsten Morgen überreichte er mir ein daraus kunstvoll geflochtenes Armband.

Querbeet fuhren wir wieder durch die lichte, sehr trockene, dornige Buschsteppe. Es kommt, was kommen mußte, die zweite Reifenpanne durch die großen und sehr harten Dornen. Der Ersatzreifen war schon im Einsatz und die Luftpumpe defekt! Bwana Ndovu versuchte, mich schonend auf eine Übernachtung im Busch vorzubereiten, da schienen aber seine Schwarzen die Panne doch in den Griff bekommen zu haben. Es wurde später Abend, als wir im Camp eintrafen.

Nach der dringend nötigen Dusche setzte uns der Koch wie üblich ein ausgezeichnetes Essen vor, welches wir uns bei Grillen- und Heuschreckenkonzert bestens schmecken ließen. Die Funken des Lagerfeuers stiegen auf in den klaren, tropischen Sternenhimmel und verloren sich. Immer wieder erschienen vor mir die Bilder meines großen Jagderlebnisses. Es war der 1. Oktober 1971.

Zeitig war ich am nächsten Morgen wieder auf den Beinen, galt es doch heute die Stoßzähne des Bullen auszulösen. Mein Zelt war komfortabel und luftig; gegen Morgen wurde es allerdings sehr kühl. Die Temperatur lag dann um 7° Celsius, dafür waren es aber dann mittags bis zu 33° Celsius.

Die Sonne war als blutroter Ball aufgegangen und hatte bereits einen Teil ihres täglichen Weges zurückgelegt, als wir mit dem Geländewagen den Jagdblock erreichten. Die letzte Strecke bis zu meinem Elefanten, aus der Ferne sahen wir schon die Geier kreisen, legten wir zu Fuß zurück. Die schwarzen Trekker, mit Äxten und Beilen auf den Schultern, trotteten voran. Irgendwie mußte Bwana Ndovu eine gewisse Vorahnung an diesem Morgen gehabt haben, sonst wären wir mit dem Wagen bis an den Elefanten gefahren. Vielleicht 50 Meter vor dem Ziel sprang plötzlich, bis dahin von einem Kameldornbaum verdeckt, eine starke Elenantilope ab. Wamunyu ließ augenblicklich seine Sachen fallen und lief, gleichzeitig nach mir rufend, hinter dem Bullen her. Sofort war ich mit wachen Sinnen hinter dem Schwarzen. Wir hielten uns an einen dicht bewachsenen leichten Hang, ich achtete auf jeden Schritt und sah nur mit dem linken Auge unterhalb eine Bewegung. Wamunyu hatte mir vorher gestikulierend die Stärke des Bullen geschildert, und sein „piga" war kaum verklungen, als die Umrisse der Antilope hinter einem Dornbusch erschienen. Sofort riß ich die Büchse an die Wange und schoß. Der Bulle reagierte nicht, brach aber auf den zweiten Schuß in der Fährte zusammen. Die Verschnaufpause dauerte nur einen Moment, da sah ich plötzlich zu meinem Erschrecken, daß er wieder auf die Läufe wollte. Sie war noch in der Bewegung des Wiederaufrichtens, da traf sie mein dritter Schuß auf den Trägeransatz und ließ sie verenden. Wamunyu war sofort bei der Antilope, um sie zu schächten.

Es war wieder einer jener glücklichen Zufälle, die mir Erfolg brachten. Letztlich ist jedoch bei der Jagd in der Wildnis die Fähigkeit des schnellen Schießens ein wesentlicher Teil des Erfolges. Ich war dem Schicksal dankbar.

Bwana Ndovu war sehr erfreut und bewunderte die Stärke der Trophäe. Unklar blieb jedoch, warum die sonst hervorragende Wirkung der Patrone 9,3 x 64 TUG, die beiden ersten Schüsse saßen hochblatt, hier versagte und ein dritter Schuß auf den Träger erforderlich war.

Während die Antilope aufgebrochen und zerwirkt wurde, machte ich mich auf den Weg zu meinem Elefanten. Eine Unmenge von Geiern saßen auf den umstehenden Kameldornbäumen. Nachdem ich einige Fotos gemacht hatte, setzte ich mich etwas abseits in den Schatten einer Schirmakazie und genoß nach der Aufregung die Ruhe der Buschsteppe.

Das Bild der Landschaft hatte sich in den letzten Tagen durch einige nächtliche Regenfälle verändert. Von heute auf morgen waren bestimmte Baum- und Straucharten ergrünt, und aus dem roten Sandboden waren stellenweise Steppenlilien gewachsen, die ihren durchdringenden süßen Duft weithin verbreiteten.

Was nun weiter geschah, war entwürdigend. Es war geradezu häßlich anzusehen, wie die Schwarzen das schwere Haupt meines Elefanten zerhackten, um die Stoßzähne freizubekommen. Als endlich, die Geier wurden immer dreister und zudringlicher, die Zähne frei waren, hatte die Sonne den höchsten Punkt überschritten. Die Hitze hatte inzwischen ihre Wirkung getan. Es regte sich fast kein Lüftchen, und ein unerträglicher Aasgestank hatte sich verbreitet. Auch ein Mittagsschlaf in dem inzwischen herangeholten Landrover war nicht möglich, da die Geruchsnerven nicht abzuschalten waren.

Beim Anblick der bis zu einem halben Meter langen Zahnnerven, welche mir Mwangani entgegenhielt, nahm ich mir fest vor, bald mal wieder etwas für meine Zähne zu tun. Die Stoßzähne meines Elefanten wogen zusammen 58 kg. Es war kein Hochkapitaler, aber ein für heutige Verhältnisse jagdbarer Recke.

Auf der Fahrt zum Camp freute ich mich auf die Dusche, die frischen Kleider und auf das, was der Koch wohl heute servieren würde. Es war wirklich erstaunlich, was er aus seiner „Feldküche" alles hervorzauberte. Mehrere Gänge waren obligatorisch, aber wie er sie gleichzeitig auf seinem Aschenhügel garte und warmhielt, blieb sein Geheimnis.

Später auf meinem Lager, die Dunkelheit war längst hereingebrochen, zogen noch einmal vor meinem geistigen Auge die mannigfaltigen Eindrücke und Bilder dieser Jagd auf den gewaltigen Elefanten vorbei. Nochmals erlebte ich, auf wenige Sekunden zusammengedrängt, die Szenen des dramatischen Ablaufes. Erfüllt von der wiederum traumhaft schönen Nacht, empfand ich eine tiefe Befriedigung über mein Waidmannsheil.

Gerade glaubte ich noch das hysterische Lachen einer Hyäne zu hören und wollte mich auf die andere Seite drehen, da hörte ich jemanden etwas von Büffeln murmeln.

„Jambo abari", die Stimme von Mutome weckte mich ganz. Er war zuständig für meine Wäsche, frisches Wasser und Ordnung im Zelt. Es war früher Morgen. Die obligatorische Gaslampe vor dem Zelt war lange erloschen. Schnell war ich in meinen Kleidern, ohne dabei zu vergessen, meine Schuhe umzudrehen, bevor ich sie überstreifte. Mehrmals konnte ich dadurch schon Ungeziefer ans Tageslicht bringen. Die warmen Schuhe sind geradezu für Skorpione ein vorzüglicher Aufenthalt.

Voll Unternehmungslust erschien ich zum Frühstück in der „Messe", unserem Speisezelt. Bwana Ndovu sagte, als sei es das Selbstverständlichste der Welt, ein Trekker hätte nicht weit von hier, etwa drei Meilen, unten am Sabaki-River, eine Herde Büffel gesehen. Sie wären ruhig und hätten sich zum Teil niedergetan. Das waren Nachrichten, die das sonst ausgiebige Frühstück schnell auf das Nötigste beschränkten.

Schon bald waren wir mit dem Landrover unterwegs, um ihn nach kurzer Zeit stehen zu lassen. Mit dem Nötigsten versehen, ging es dann zu Fuß in Richtung Fluß. Ich führte die 450 Holland-Holland, die wir für diese Büffeljagd in Nairobi geliehen hatten. Bwana Ndovu hatte wohl irgendwann in seinem Leben mal schlechte Erfahrungen mit der von mir geführten „9,3 x 64" gemacht und bestand nun darauf, für Büffel „450 Holland-Holland" zu nehmen. Um ihn nicht zu verärgern, fügte ich mich in Nairobi seinem Wunsch, denn schließlich war er als Jagdführer verantwortlich.

Teilweise war das alte Gras verbrannt, in welches wir unsere Füße setzten, an anderen Stellen stand es wieder hoch zwischen Dornbüschen und Schirmakazien. Eine ganze Reihe von ihnen hatte sicher schon mehr als einem Buschfeuer die Stirn geboten. Es war eine typische Savanne und die Sicht gut.

Nach einer halben Stunde wachsamen Pirschens erreichten wir ein ausgetrocknetes Bachbett. Meine Erregung stieg ständig. Hier etwa hatte der Trekker die Büffel gesehen. Leise glitten wir die Böschung hinunter, sicherten dabei nach allen Seiten. Nichts war zu hören, obwohl ein Knistern in der Luft lag. Vorsichtig pirschten wir im Gänsemarsch weiter. Hundert Meter vor uns sahen wir plötzlich Kuhreiher einfallen. Aha, dort waren also die Büffel. Wenn wir nun aus dem Bachbett herauskrochen, mußten wir sie eigentlich sehen können. Der Wind stand gut. Von Zeit zu Zeit nahm Wamunyu ein Säckchen mit feinstem Sandstaub und prüfte, indem er damit leicht gegen seine Hand schlug, den Wind. Behutsam schoben wir an einer geschützten Stelle unsere Köpfe über den Rand der Böschung. Wie vermutet, standen sie in einer leichten Mulde und zeigten teilweise nur einen Teil ihres schwarzen Körpers. Also kletterten wir so leise wie möglich aus dem Bachbett. Bwana Ndovu machte einen ruhigen, wenn auch blassen Eindruck. Ich kam kaum dazu, dieses gewaltige Wild zu studieren. Die mächtig geschwungenen Hörner dieser Wildrinder mit ihrem bis zu 30 cm breiten, gerieffelten Helm glänzten zeitweise wie lackiert in der Morgensonne. Unter Ausnutzung der kleinsten Deckung, gebückt im Gänsemarsch, mit auf dem Rücken verschränkten Armen, teilweise auf allen Vieren über ausgebrannte Erde robbend, schoben wir uns Schritt für Schritt seitwärts an die wuchtigen Burschen heran. Eigentlich waren wir gut gedeckt, aber als wir etwa auf siebzig Meter herangekommen waren, warf mehrmals ein Bulle seinen Schädel auf und drehte ihn schüttelnd im Kreise. Durch mein Glas beobachtete ich besorgt die unter seinen weit ausladenden, geschwungenen Hörnern nervösen Bewegungen der gefranzten, nach unten abstehenden Lauscher. Hatte er wohl die nahe Gefahr gespürt oder vielleicht doch Wind bekommen? Jedenfalls stob im nächsten Moment die Herde auseinander und verschwand in einem dichten Staubschleier.

Eine kleine Gruppe von fünf Büffeln, darunter ein Bulle mit gewaltiger Ausladung, trennte sich fast im rechten Winkel von der Herde und preschte in unsere Richtung. Da wir uns seitwärts an die Büffel herangemacht hatten, lag es nun nahe, die Entfernung jetzt mit ein paar schnellen Sprüngen zu verkürzen. Kniend konnte ich dann dem im leichten Troll befindlichen starken Büffel etwas spitz von hinten die Kugel antragen. Er zeichnete leicht, wurde langsamer und blieb zurück. In leicht gebeugter Haltung schlichen wir hinterher. Bald blieb der Büffel stehen, wendete das schwere Haupt und sicherte zu seinen Verfolgern.

Viel hatte ich ja schon von angreifenden Büffeln gelesen, von eiskalten Jägern, die den auf sie zupreschenden Büffel mit einem Schuß auf den Stich sich vor die Füße legten. Soweit wollte ich es jedoch heute nicht kommen lassen. Auf der Schulter von Mwangani aufgelegt, zielte ich auf den sich breit anbietenden Träger. Die zweite Kugel aus der Doppelbüchse fand ihr Ziel. Nur noch wenige Fluchten machte der Büffel, aufgeschreckt durch das starke Vollmantelgeschoß, ehe er für immer zusammenbrach.

Kurz darauf stand ich vor diesem urigen Recken. Welch eine Masse! Kein Wunder, dachte ich, daß um diese wehrhaften Gesellen sogar hungrige Löwen einen Bogen machen. Voller Stolz betrachtete ich den gewaltigen Helm. Sein volles Alter, um kapital zu sein, hatte der Recke noch nicht erreicht, denn der Schild war noch nicht voll zusammengewachsen. Die gewaltige Ausladung hatte mich bei der Jagd alles vergessen lassen.

Die obligatorischen Fotos wurden gemacht, und dann waren die Skinner am Werk, denn ich wollte das volle Haupt präparieren lassen.

Wir saßen unter einer Schirmakazie, in der Ferne die Hügel der Taita Hills, und betrachteten unsere Schwarzen bei der Arbeit. Durch das Flimmern der warmen Luftschichten war mir zunächst nichts Besonderes an den Punkten aufgefallen, welche sich am Horizont und dann immer näher zeigten. Eine Herde Antilopen? Erst die ständigen Bewegungen ließen mich mein Glas nehmen. Mein Erstaunen wuchs, als ich Eingeborene erkannte, die aus verschiedenen Richtungen und Entfernungen auf uns zukamen. In den Händen trugen sie verbeulte Kanister und Blecheimer. Auf meine Fragen wurde ich von Bwana Ndovu schnell aufgeklärt.

Unsere Schüsse waren in einem nahegelegenen Dorf gehört worden. Die Verbindung zum inzwischen bekannten Jagdcamp war schnell geschlossen und die Kunde „Weißer Jäger jagt Büffel" verbreitet. Dann waren sie heran. Mit einer bewundernswerten Geschicklichkeit fielen nun etwa fünfzehn Eingeborene mit langen Messern über den Büffel her, nachdem Bwana Ndovu seine Einwilligung gegeben hatte. Männlein wie Weiblein, teilweise mit großem Umhang, teilweise nur mit kargem Lendenschurz bekleidet, hatten in kurzer Zeit die ca. 850 kg Büffelfleisch in handliche Portionen zerteilt. Für die eigene Küche hatten wir uns einige Filets reserviert.

Das Haupt meines Büffels wurde schließlich auf dem inzwischen herangeholten Landrover verstaut, und heimwärts ging es diesmal über passablere Wege zum Lager.

„Kawibo" – Irgendwie mußten die im Lager zurückgebliebenen Schwarzen schon von meinem Waidmannsheil erfahren haben. Denn lautes Lachen und Singen, durch rhythmisches Klatschen und Trommeln unterstützt, wobei der Koch einen Topf mit Löffel zu Hilfe nahm, empfingen uns. Ehe ich mich versah, hatten viele Hände mich aus dem Wagen gehoben und auf einen Stuhl gesetzt, auf dem sie mich ins Lager trugen. Mit einem Glas Bier in der Hand ging es dann in einer Polonäse zum Speisezelt.

Es wurde ein feuchtfröhlicher Abend. Bier, ein selbstgebrautes Getränk für die Schwarzen und die nächste Flasche Whisky für Bwana Ndovu, aus meinem zur Neige gehenden Vorrat, sorgten für die nötige Stimmung.

Bei der Unterhaltung streiften wir u. a. auch das Problem der Besiedlung weiter Landstriche sowie die dabei zurückgedrängte Fauna und Flora. Ganz besonders kam hierbei das Thema auf die Tsetse-Fliege, da sie schon oft als Beschützerin der Natur in Afrika bezeichnet wurde. Sie besitzt teilweise die Macht, den Mißbrauch des Bodens und der Vegetation sowie das wahllose Abschlachten wilder Tiere durch den Menschen zu verhüten. Dieses kleine Insekt, eine stechende, blutsaugende Fliege, nimmt mit dem Blut eines erkrankten Lebewesens Krankheitskeime auf, die es mit weiteren Stichen auf gesunde überträgt. Beim Menschen verursacht sie die Schlafkrankheit, die Siechtum und oft den Tod nach sich zieht. Auch fast alle Haustiere, so die Viehherden der Eingeborenen, erkranken daran tödlich, so daß in den gefährdeten Gebieten eine Viehhaltung unmöglich ist. Bisher waren alle Bemühungen, sowohl der Kolonialverwaltungen als auch der jetzigen Regierungen, vergeblich, die Tsetse-Fliege auszurotten.

Im Interesse des Naturschutzes, der Erhaltung der Pflanzen- und Tierwelt ist dies eigentlich zu begrüßen, denn wo die sich rasch vermehrenden Eingeborenen mit ihren teilweise unsinnig großen Viehherden hinkommen, müssen die Wildtiere weichen, und die Pflanzenwelt wird durch Überweidung geschädigt. Die Wildtiere der Savanne, wie Kaffernbüffel und Antilopen, die gegen die von der Tsetse-Fliege übertragenen Krankheitskeime immun sind, bilden daher auch heute noch eine zuverlässige Fleisch- und damit Eiweißquelle für die Bevölkerung. Es wäre daher offensichtlich ein Gebot der Vernunft, die Tiere zu erhalten, die den für das Hausvieh tödlichen Krankheiten widerstehen.

Als Jäger stellt man mit Genugtuung fest, daß die Natur hier selbst das Mittel hat, den Menschen am Vordringen zu hindern und so die frei lebenden Tierarten zu erhalten.

Am nächsten Morgen waren wir, trotz der abendlichen Feier, früh auf dem Weg und fanden schon bald Fährten von Elefanten, die bei näherer Betrachtung zu einer Verfolgung geradezu aufforderten. Durchaus nicht jede lohnt eine Verfolgung, nur eine sehr große Spurbreite läßt auf einen wirklich alten Elefanten schließen. Im Laufe seines Lebens, er wird bis zu neunzig Jahre alt, verbreitern sich seine Sohlen allmählich. Sind sie dazu noch nahezu rund, stammen sie gewiß von einem Bullen, denn die Abdrücke der Kühe sind mehr oval geformt. Noch ein Hinweis auf das Alter des Tieres sind tiefe Kerben an den Sohlen, welche sich natürlich nur im feuchten, sandigen Boden abzeichnen. Ein guter Fährtenleser kann darüber hinaus an den Trittsiegeln erkennen, ob die Stoßzähne besonders schwer sind. Das Gewicht solch überschwerer Waffen zwingt den alten Bullen zu einer gewissen Vorlage seines Hauptes, was sich dann auf die Vorderfüße überträgt. Mit viel Erfahrung kann nun ein Trecker im Spurenbild erkennen, daß die Stirnkanten der Vorderfüße etwas tiefer in den Boden gedrückt sind.

Obwohl ein guter Impalabock oder Warzenschweine auf dem Programm standen, ließen wir den Wagen stehen, beluden uns mit den Gewehren, und dann ging es mit geschwinden Schritten den Fährten nach. Wir brachen durch Dornen und über Wurzelwerk, roter, loser Sand oder sperrendes Geäst konnten uns nicht aufhalten. Meine schwarzen Begleiter Wamunyu und Mwangani liefen manchmal scheinbar planlos durcheinander, in Wirklichkeit stand aber hinter ihrem Tun ein oft erprobtes System. Hatten sie mal die Spur verloren, so folgte blitzschnell eine genau berechnete Quersuche, ähnlich wie bei unseren Jagdhunden. Als folgender Jäger brauchte man sein Tempo und die Richtung bei solchen Manövern nicht einmal zu verändern. Hier waren aber die Fährten fast nicht zu übersehen. Der Busch wurde immer dichter, und bald schon konnten wir Geräusche ausmachen, die nur eine Elefantenherde beim Äsen verursacht. Mit dem Rüssel reißen sie Äste von den Bäumen und streifen Rinde und Blätter ab, indem sie die Zweige durch den Äser ziehen.

Bwana Ndovu, bis jetzt voller Passion, mahnte jedoch zur Vorsicht. Unter Wind drangen wir vorsichtig und leise weiter in das Gebüsch. Nach wenigen Minuten standen wir etwa 50 Meter vor den Elefanten, deren Umrisse nur unklar durch das sehr dichte Blattwerk zu erkennen waren. Obwohl es fast windstill war, mußten die Elefanten etwas wahrgenommen haben, denn plötzlich sahen wir über den Büschen das Ende eines Rüssels, wie das Sehrohr eines Unterseebootes, hin- und herschwenken. Da in dem dichten Busch sich hier nicht vorherzusehende gefährliche Situationen ergeben konnten, veranlaßte Bwana Ndovu uns zu einem schnellen Rückzug. Um ein jagdliches Erlebnis und Erfahrung reicher, trottete ich meinen Schwarzen auf dem Weg zum Landrover hinterher.

An einer Öffnung des Geländes kreuzten zwei Warzenschweine unseren Weg. Einem davon, einem starken Keiler, konnte ich noch im letzten Moment eine Kugel antragen, die ihn in der Fährte verenden ließ. Meine Freude über die starken Waffen konnten die Schwarzen nicht teilen. Für sie stand im Vordergrund die Genießbarkeit, und als strenggläubige Mohammedaner war das bei einem Schwein nicht der Fall. Aber die gute Trophäe mußte ja geborgen werden.

„Harambee" - packen wir's an, mit einem Wort aus der Kikuyu-Sprache ging Mwangani widerwillig an die Arbeit. Mit dem Buschmesser schlug er den Wurf mit den Waffen ab. Weil er ein unreines Tier berührt hatte, wurde anschließend mit dem wenigen Wasser eine gründliche Säuberung der Hände vorgenommen. - Ich hatte jedenfalls mein Warzenschwein.

Das Gelände war freier geworden, nur wenige Bäume und Sträucher gaben dem Boden Schutz vor der prallen Sonne. Wir hatten mit dem Glase einen Sprung Grantgazellen ausgemacht. Mit dem Wagen versuchten wir, die große Distanz zu verkürzen. Die Tiere hielten aber konsequent einen Sicherheitsabstand von ca. 300 Metern und verhofften jeweils, wenn auch wir mit dem Wagen standen. Schließlich versuchte ich mit Wamunyu, trotz äußerst spärlicher Deckung näher heranzupirschen. Aber genau das gleiche Verhalten, die Tiere hatten uns bemerkt und entfernten sich mit einer kleinen Flucht, bis sie ihren alten Abstand wieder erreicht hatten.

Auch auf die große Entfernung war mir der starke Kopfschmuck eines Bockes aufgefallen. Deshalb wollte ich den Schuß probieren. Auf der Schulter von Wamunyu ging ich in Anschlag und ließ fliegen. Deutlich sah ich den Staub, den die Kugel beim Aufschlag emporwirbelte. Gefehlt! Erneute Flucht und erneutes Nachpirschen waren die Folge. Diesmal konnte ich in einer Astgabel auflegen und auf den verhoffenden, sichernden Bock ruhig abkommen. Aber wieder erfolgte ein Fehlschuß. Es ist eben schwierig, in der Steppe die Entfernung genau zu schätzen. Hochflüchtig gingen nun die Gazellen, einschließlich des offensichtlich unverletzten Bockes ab.

Total verschwitzt und verdreckt erreichten wir den Landrover. Bwana Ndovu war uns entgegengekommen. Auf dem Weg zum Camp wurde der Staub noch dichter, wir sahen aus wie gepudert. Haar, Augenbrauen, Wimpern waren mit einer dichten Schicht bedeckt. Dazu schwitzten wir, daß der Schweiß in Rinnsalen durch die Staubschicht lief.

Am späten Nachmittag hatte Diana wieder ein Einsehen. Ohne Schwierigkeiten konnte ich nach kurzem

Anpirschen von einer kleineren Impalaherde den Leitbock schießen. Durch den guten Schuß wieder rehabilitiert, freute ich mich über die interessante Trophäe einer Antilope, die meine Sammlung ergänzte. Die Impala- oder Schwarzfersen-Antilope, Aepyceros melampus, im Gewicht 30 - 50 kg, ist sehr schlank, ja fast zierlich gebaut und von leuchtend gelblich rotbrauner Färbung. Die Flanken sind hell, und am hinteren Keulenrand besitzt sie senkrechte schwarze Streifen. Einmalig unter den Antilopen sind die bürstenartigen schwarzen Haarbüschel an den Hinterläufen, die der Antilope auch ihren Namen gaben. Die leierartigen Hörner, im Mittel 50 cm lang, werden nur vom männlichen Wild getragen. Sie leben vorwiegend in Savannen und lichten Waldungen. Die kleinen Herden werden jeweils von einem Bock geführt. Vor ihren Feinden, Leopard, Gepard und Hyänenhund, rettet sich die sehr schnelle Impala durch 10 Meter weite Sprünge von über 3 Metern Höhe.

Im Camp angekommen, wurde das Wildbret versorgt, geduscht, und bald saßen wir in frischer Wäsche um das Feuer. Bei eisgekühlten Getränken wurden die Ereignisse des Tages noch einmal besprochen. So manche Erzählung reihte sich noch daran, bis schließlich die Gespräche verstummten und man nur noch ins Feuer starrte. Die Sterne schienen zum Greifen nahe, und um uns war der große faszinierende afrikanische Busch, der den, den er einmal gefangen hat, nie wieder losläßt. Nachtvögel ließen ihren Ruf erschallen, in der Ferne brüllten Raubtiere, und Hyänen, angelockt durch die Witterung der Jagdbeute, heulten um das Camp.

Das war die Stimmung, die ich erträumt, ja erhofft hatte und nun mit Freude und Dankbarkeit genoß. Ruhiger konnte ich den nächsten Jagdtagen entgegensehen, da ich auf die wichtigsten Wildarten, die ich jagen wollte, schon Erfolg gehabt hatte. Es war nicht mehr nötig, so früh aufzubrechen, und öfter strahlte die Sonne schon kräftig, wenn ich mein Zelt verließ.

Die nächsten Tage waren angefüllt mit ausgedehnten Pirschfahrten, bei denen wir so manches Wild zu Gesicht bekamen. Immer wieder beeindruckten mich die herrlichen Netzgiraffen, die mit ihren langen Hälsen weit über manche Schirmakazie reichten. Majestätisch war ihre Gangart und sehr amüsant mit anzusehen, wenn sie mit weitgespreizten Beinen etwas vom Boden aufnahmen.

Unbeschreiblich ist das orangefarbene Licht eines afrikanischen Morgens, ein Naturgenuß, der dem noch mehr zuteil wird, der mit Herz und Seele dabei ist. So war es wieder heute morgen. Wir hatten es auf Wasserbock und Kongoni abgesehen, zwei Antilopenarten, die in dieser Gegend zu Hause sein sollten.

Stundenlang waren wir schon unterwegs. Die Sonne stand mittlerweile im Zenit. Das weite, ausgedörrte Land schlief unter einer Glocke glühender Hitze, als plötzlich Wamunyu wie wild auf das Dach des Führerhauses klopfte. In einer kleinen, schwach bewachsenen Senke, oder etwas dahinter, hatte er einen guten Wasserbock gesehen. Schnell waren wir aus dem Wagen. Dann das bereits einstudierte Spiel, Wamunyu mit den Händen auf dem Rücken voraus, ich mit durchgeladener Büchse hinterher. Noch hatte uns der Bock nicht weg, weil wir geschickt jede Bodenvertiefung ausnutzten. Diese Deckung fehlte aber bald, und so versuchten wir, den jetzt sichernden Bock in der Art anzupirschen, daß wir ein Tier vortäuschten. Ganz dicht gingen wir hintereinander. Ich in leicht gebückter Haltung, während Wamunyu seine Arme in leichtem Bogen über dem Kopf hielt. Noch etwa 150 Meter, der Wasserbock schien auf den Trick hereinzufallen. Er stand spitz zu uns und konnte sich das merkwürdige Wesen nicht erklären. Ich wollte es nicht übertreiben, obwohl mir die Sache Spaß machte, und ging schließlich auf der Schulter von Wamunyu in Anschlag. Mir kam es vor, als schaute ich dem Bock genau in die Lichter, als der Zielstachel den tödlichen Punkt suchte. Auf dem Stich kam er zur Ruhe, und mein Finger berührte den gestochenen Abzug. In der Fährte brach die stolze Antilope zusammen und hatte den Knall sicher nicht mehr vernommen.

Hastig liefen wir die letzten Meter, dann stand ich vor meiner Beute, die in Figur und Deckenfärbung an unseren Rothirsch erinnerte. Nach deutscher Art brach ich den letzten Bissen aus einem Dornbusch, bevor ich zum Fotoapparat griff.

Wamunyu ging daran, die Keulen herauszulösen, denn in der Nähe hatten wir ein kleines Dorf gesehen, deren Bewohner sich über das Fleisch meines Wasserbockes freuen würden. Der Defassa-Wasserbock, Kobus defassa, ist eine kräftig gebaute, große Antilope mit bei den männlichen Tieren gut entwickelten Hörnern. Mit einem Körpergewicht bis zu 270 kg hat er eine rötlichbraune bis graubraune rauhe Decke, wobei die Halspartie länger behaart ist. Als vorwiegender Grasfresser lebt er gewöhnlich in Wassernähe, im Buschwald und in überflutetem Gelände in kleinen Rudeln. Der auch, vornehmlich Böcke, einzeln lebende Wasserbock wird durch seinen schwachen Geruchssinn häufig Beute des Löwen. Die Decke wird durch Hautdrüsen ständig mit einem öligen Sekret eingefettet und verbreitet einen gut wahrnehmbaren Moschusgeruch. Man tut daher gut daran, das Fleisch nicht mit dem Fell in Berührung kommen zu lassen.

Bei den Eingeborenen freute man sich sehr, als wir die Portionen Fleisch vorbeibrachten. Die Menschen machten einen armen, aber freundlichen Eindruck. In ihrem kleinen Kral hielten sie ein paar Ziegen, welche mit den vielen Kindern herumtollten.

Auf dem Weg zum Camp schossen wir aus einer kleinen Herde Zebras einen alten Hengst. Bwana Ndovu wollte für einen Löwen, den angeblich einer der Dorfbewohner in der Nähe gesehen hatte, einen Köder auslegen. Geschickt streiften die Schwarzen die Decke, bevor das Zebra, als solches nun nicht mehr zu erkennen, unter einen dichten Dornbusch gezogen wurde. Sorgfältig deckte man mit weiteren Dornenzweigen noch alles ab, um es vor Hyänen, Schakalen und Geiern zu schützen. Nachdem noch die groben Spuren beseitigt waren, setzten wir unsere Fahrt fort.

Unwillkürlich stellte ich dabei die Überlegung an, daß das Verwischen der Spuren eigentlich unsinnig war. Wild, insbesondere Raubwild, kann als Nasentier dadurch doch nicht getäuscht werden. Wenn also in der folgenden Nacht tatsächlich ein Löwe den Köder finden würde, würden ihn die sichtbaren Spuren, falls sie keine Witterung ausströmten, sicher nicht gestört haben.

Im Lager gingen die Vorräte allmählich zu Ende, und auch der Whisky für Bwana Ndovu wurde knapp. Aber Probleme gab es dadurch nicht, denn auch meine Jagdzeit näherte sich ihrem Ende. Noch zwei Tage standen zur Verfügung. Die Nacht verlief etwas unruhig, einmal weil die vielfältigen Geräusche der afrikanischen Nacht mich wach hielten, und vor allem wegen der großen Spannung, ob es mir gelingen würde, einen Löwen zu schießen.

Leider war das Luder am Morgen nicht angenommen und ich um eine Hoffnung ärmer. Wir konzentrierten uns deshalb auf eine gute Kongoni Antilope. Stundenlang fuhren wir durch die Landschaft. Größere Abwechslung brachten bisher lediglich ein geplatzter Reifen und das plötzliche Auftreten einer kleineren Herde starker Büffel. Die schwarzen Recken waren von imposanter Statur, und wenn es nach Bwana Ndovu gegangen wäre, hätte ich einen wesentlich stärkeren Bullen als den schon erlegten schießen können. Ich muß zugeben, mir juckte es auch in den Fingern, aber dann blieb ich doch meinem Grundsatz treu, ein Tier jeder Gattung ist genug.

Wenig später stießen wir auf eine kleine Gruppe Elefanten. Im Schatten einer uralten, breitastigen Schirmakazie pflegten sie der Ruhe. Sie standen so dicht nebeneinander, daß sie sich mit ihrer rauhen Haut berührten. Ihre großen Ohren bewegten sich sehr gemächlich, als Fächer wedelten sie ein bißchen frische Luft. Die mächtigen Tiere dämmerten im Halbschlaf, und so ließen wir sie auch, nachdem ich einige Fotos gemacht hatte, in Ruhe.

Dann kam meine Stunde. Wir passierten gerade einen fast tunnelartig bewachsenen Fahrweg, als kurz vor unserem Wagen ein Rudel Kongonis vorbeiflüchtete. Schnell verließ ich mit Wamunyu das Fahrzeug und hetzte hinter den Antilopen her. Fast eine Viertelstunde dauerte es, bis wir die Tiere für einen Augenblick zu Gesicht bekamen. Für einen Schuß war viel zu wenig Zeit. Weiter, beim dritten oder vierten Verhoffen kam ich mit der Waffe endlich in Anschlag und konnte einem Bullen die Kugel antragen. Trotz gutem Abkommen flüchtete die Antilope weiter. Wieder hetzten wir hinterher, um aber bald vor dem verendeten Kongoni zu stehen.

Voller Freude, doch noch diese Antilope bekommen zu haben, drückte ich Wamunyu mit meinem freien linken Arm kräftig an mich. Ein stechender Schmerz veranlaßte mich aber sofort, ihn wieder loszulassen. Verdutzt schaute ich auf meine stark blutende Hand. Was war geschehen?

Wamunyu trug wie immer ein großes Messer mit sich, um gegebenenfalls das geschossene Tier schächten zu können. Diesmal hatte er es geschickt zwischen Körper und Oberarm, fast in der Achselhöhle, mit der scharfen Seite nach hinten, eingeklemmt. Dorthin hatte ich im Übereifer voll gegriffen.

Notdürftig verbanden wir die stark blutende Wunde mit einem Streifen meines Hemdes und machten uns schleunigst auf den Weg zum Wagen, wo Verbandszeug vorhanden war.

Bwana Ndovu zeigte sich erschrocken und untersuchte sorgfältig die Wunde. „Lette Magi" - bring Wasser, sagte er zu Mwangani und begann, die Wunde zu reinigen. Der Schnitt wäre zu groß, er müßte genäht werden, meinte er. Wir müßten zum nächsten Krankenhaus nach Voi, etwa 150 km, auch müßte ich eine neue Impfung bekommen. Damit war der folgende letzte Tag programmiert.

In der Nacht hatte ich starke Schmerzen und machte mir auch schon besorgte Gedanken. Zeitig waren wir daher am nächsten Tag auf dem Weg und erreichten gegen 10.00 Uhr das kleine Krankenhaus in Voi. Fleisch war auch hier gern gesehen, und vorsichtshalber hatte Bwana Ndovu eine Keule meines Kongoni dem Arzt als Geschenk mitgebracht.

Vorbei an einer langen Schlange von wartenden Schwarzen, führte mich Bwana Ndovu direkt in den Operationssaal. Nach örtlicher Betäubung wurde die Hand genäht, wobei ich genug Zeit hatte, mir die Einrichtung sowie die verstaubten, offenen Fenster anzuschauen. Nach eingehender Beobachtung war ich dem Schicksal dankbar, daß nur meine Hand Schaden genommen hatte. Als ich schließlich wieder zusammengeflickt war, man hatte schwarzes Garn genommen, dankte ich dem Arzt mit meiner gesunden Rechten herzlich.

Voi bot die Gelegenheit, auch einmal den Markt aufzusuchen, einen typischen Markt in Ostafrika. Schon früh, mit den ersten Sonnenstrahlen, finden sich die Marktweiber auf dem Platz ein. Mit schweren Lasten, auf den Köpfen getragen, müssen sie oft einen weiten Weg zurücklegen, sagte Bwana Ndovu. Männer hatten ihr Vieh zum Platz getrieben, der überall mit geschäftigen Menschen angefüllt war. Die Frauen hatten ihre Waren auf Schilfmatten ausgebreitet. Man sah so gut wie alles, was in Ostafrika wächst. Bohnen, Erdnüsse, Kartoffeln, Kokosnüsse, Gewürze und natürlich Reis, Mehl und Maiskolben. Es fehlte auch nicht an Tabak in trockenen Blättern oder modernen Blechdosen oder an Obst. Neben ganzen Stauden großer, grüner Bananen saßen Kinder neben ihren Müttern. Ganze Körbe von goldenen Apfelsinen, Mpapaya oder Mangofrüchten warteten auf ihre Abnehmer. Überall entdeckte ich etwas anderes. Eine Gruppe feilschte lauthals an einem Stand irdener Töpfe in allen Größen, ein kleines Mädchen stand vor einem kleinen Haufen Feuerholz, unter einem Schirm bot ein alter Neger Rinden und Wurzeln an, wahrscheinlich als Medizin.

Mir gefiel diese bunte Mischung, und ich stellte Vergleiche mit den Märkten daheim an.

Auf dem langen Weg zurück zum Lager bekam ich noch einmal einen unvergeßlichen Eindruck von der Größe des Landes. Nach Stunden kam es mir vor, als hätte sich die Landschaft gar nicht verändert, und doch war die Vegetation beim Camp viel kärglicher.

Die Skinner hatten ganze Arbeit geleistet. Fein säuberlich waren die Schädel meiner Trophäen gereinigt, alle Decken gesalzen und gefaltet. Ein letztes Mal tönte an diesem Abend ein fröhliches „Harambe" - Prost, durchs Camp, ehe das Lagerfeuer verlosch. Die ereignisreichen Tage waren zu Ende. Sie waren angefüllt mit wundervollem Erleben. Jetzt war die Zeit, Rückschau zu halten und ein Resümee zu ziehen. Sicherlich war das ganze Unternehmen ein Abenteuer gewesen, denn Jagd in Afrika ist immer ein Abenteuer, weil man nicht weiß, wie es endet. Hatte ich bei dieser Safari auch nur zwei der „Großen Fünf" gestreckt, so tat das meiner Freude keinen Abbruch. Bwana Ndovu hatte sein Bestes gegeben, und ohne seine großartige Führung wäre ich sicher nicht zu der reichen Ausbeute gekommen. Löwe und Leopard sind hier in diesem Teil Afrikas nicht mehr so häufig, und das Nashorn ist mit Grund unter Schutz gestellt.

Viel hatte ich in diesen Tagen von Bwana Ndovu und seinen Leuten gelernt und angenommen. Afrikanisches Wild anzusprechen mit allem Für und Wider in der Beurteilung der Merkmale; das Ausgehen der Fährten und schließlich das Anpirschen bis zum Schuß. Trotz gewisser jagdlicher Erfahrung ist man hier auf das Können eines profilierten Jagdführers angewiesen, ohne den man kaum zum Erfolg kommen würde, abgesehen davon, daß die Jagd auf die gefährlichen Tiere ohne ihn gar nicht erlaubt ist.

Der letzte Morgen. Mwangani und Wamunyu saßen vor dem Zelt von Bwana Ndovu und reinigten die Waffen gründlich. Für's letzte Foto hatten die Skinner meine Trophäen zurechtgelegt. Überall herrschte Aufbruchstimmung, und die Schwarzen waren alle beschäftigt. Gegen Mittag sollte mich Bwana Ndovu mit allen Trophäen nach Nairobi zurückbringen, das Lager anschließend abgebrochen werden.

Auf der Fahrt ließ ich noch einmal in Gedanken all meine Erlebnisse der Jagd an mir vorüberziehen. Bei klarstem Wetter sah ich an der Grenze zu Tanzania den Mt. Kilimanjaro mit seinem schneebedeckten

Gipfel. Bwana Ndovu schlug vor, dort bei den Massai es später mal auf Mähnenlöwe und starke Grantgazellen zu versuchen. Das waren schon wieder neue Pläne, obwohl diese Safari gerade erst zu Ende ging. In Nairobi brachten wir die Trophäen zu der dortigen Niederlassung von Rowland Ward, welche die Überführung nach Europa vornehmen sollte.

Ein letzter gemeinsamer Abend mit Bwana Ndovu, dem sich noch eine Reihe seiner Freunde zugesellten, gab dem Unternehmen einen würdigen Abschluß.

Am nächsten Tag, als ich den Flugplatz von Nairobi vor mir liegen sah, überkam mich plötzlich eine mächtige Sehnsucht nach der fernen Heimat und der Familie. Aber wie sehr mir Afrika ans Herz gewachsen war, merkte ich erst, als die Maschine schon lange in der Luft war. Es war mir gar nicht so, als ob jede Drehung der Propeller mich der Heimat näher brachte, sondern eher, als ob sie mich einem liebgewonnenen Flecken unserer Erde entführte.

◇◇◇

Häufiger strahlte jetzt schon die Sonne,
wenn ich morgens mein Zelt verließ,
der Zeitfaktor war nicht mehr maßgebend...

Mein Gesichtsausdruck sagt eigentlich alles.

Defassa-Wasserbock, Kobus defassa, er war auf den Trick
hereingefallen...

Mwangani mit meiner Impala oder Schwarzfersenantilope.

58

Mein von der Auslage kapitaler Büffel.

Der angreifende Bulle und Wamunyu kurz vor seinem Schuß.
(Reproduktion vom 8-mm-Schmalfilm)

Bwana Ndovu freut sich mit mir über meinen guten Lesser Kudu.

Trotz bester Schüsse war er noch etwa 4 km gelaufen, bevor er sich auf die rechte Seite legte.

Starker
Impalla-Bock.

Kapitale
Büffel, aber
meinen hatte
ich zu der
Zeit schon.

Rumänien – 1973

Mein Lebensbock

Je mehr man von Osten nach Westen kommt, je mehr die Gebiete bevölkert und die Wälder forstwirtschaftlich rationell genutzt werden, je mehr die Reviere überstellt sind, um so schwächer werden in der Regel die Hirsche und Rehe in Wildbret und Trophäe.

Geht man daher den umgekehrten Weg, sollte man naturgemäß zu stärkeren Trophäen kommen und vielleicht seinen Lebensbock schießen können.

Solcher Art Träume werden wohl jedem Jäger in irgendeiner stillen Stunde mal gekommen sein. Bei mir wurden sie unterstützt durch sagenhaft starke Böcke, welche Jagdfreunde in Ungarn oder Rumänien gestreckt hatten. Warum sich also nicht mit dem Gedanken vertraut machen, dort auch mal einige Tage zu waidwerken, zumal ich noch einige Länder des Ostblocks bereisen wollte.

Rumänien, ein Land fast so groß wie die Bundesrepublik Deutschland, hat aber nur 20 Millionen Einwohner, welche zu über 60% landwirtschaftlich tätig sind. In großem Bogen durchziehen die Karpaten das Land und teilen es in zwei Hälften. Die südliche Hälfte, mit der Donau als Landesgrenze zu Bulgarien, ist das Tiefland der Walachei, das vorwiegend Steppencharakter aufweist. Dorthin hatte ich mich, nach einigem Abwägen, vermitteln lassen, in ein Gebiet, welches vordem nur politischen Funktionären zugänglich war. Ilfov/Balascuta – Bolintin, ein Revier in einer wenig romantischen Umgebung, sollte mir also den Lebensbock bringen. Aber ich will der Reihe nach erzählen.

Herrliches Wetter begleitete mich auf dem Direktflug Düsseldorf – Bukarest. Auf dem modernen Flughafen, dem jedoch so recht die Weltatmosphäre fehlte, empfing mich mein Dolmetscher und Begleiter für die nächsten Tage.

Nach der Regelung der Formalitäten für Waffeneinfuhr und Leihwagen war sein wichtigstes Anliegen, mich um die Erlaubnis zu bitten, seine Freundin mitnehmen zu dürfen. Eine Ablehnung zog ich erst gar nicht in Erwägung, um keine Mißstimmung aufkommen zu lassen. Beim späteren Anblick des schwarzhaarigen, in jeder Form Rasse vorweisenden jungen Mädchens, war ich über meine Entscheidung nicht unglücklich.

Zunächst ging die Fahrt über teilweise sehr schlechte Straßen durch meist flaches Land. Ich fuhr mit meinem VW-Mietwagen, er hatte einige technische Mängel, hinter dem Fahrzeug von Nik, meinem Dolmetscher, her. Es war Ende Mai, die Sonne schien schon recht warm, dazu arbeitete aber noch die Heizung des Wagens mit voller Leistung, so daß es auch bei geöffneten Fenstern des Guten zuviel war. Schließlich gab ich es auf, die Sache ändern zu wollen, und stopfte mit Tempotüchern alle Lüftungsschlitze zu.

Obwohl ich hinsichtlich der Landschaft keine großen Erwartungen gehegt hatte, war ich doch enttäuscht. Bohrtürme, wo man nur hinschaute, und trostlose Dörfer, deren Armut den kleinen Häusern buchstäblich aus den grauen Fenstern schaute, blieben hinter mir zurück. Ich hatte den Eindruck, daß so manches Entwicklungsland mehr Wohlstand besaß als diese Gegend. Manchmal sah ich winkende, ärmlich gekleidete Kinder, die mit ihrer Fröhlichkeit trotzdem nicht unglücklich wirkten.

Bei Anbruch der Dunkelheit, es hatte angefangen stark zu regnen, tauschten wir bei einem Bauern die Fahrzeuge gegen ein Pferdefuhrwerk, weil ein Weiterkommen auf den aufgeweichten Feldwegen sonst nicht möglich gewesen wäre.

Dann sah ich endlich Wald, eingefaßt von riesigen Kornfeldern, in einer Landschaft, die nicht mehr ganz so eben war. Wie zur Parade angetreten, standen an dem bald erreichten kleinen Steinhaus, Forstingenieur Marin, Förster Alecu, Oberjäger Tudor Vasile und eine alte Köchin zum Empfang bereit. Sehr freundlich und unterwürfig wurde ich mit einem „Buná Seara" - Guten Abend - begrüßt. Die mir zugewiesene Kammer in dem nur drei Zimmer besitzenden Haus war einfach, aber sauber.

Nach dem Essen, es gab einheimische Kost, konnte eine Unterhaltung nur durch die Vermittlung von Nik erfolgen. Ich erfuhr, daß die Behausung auch dem freundlichen Oberjäger Tudor als Wohnstatt diente. Die alte Köchin war seine Mutter. Von der augenscheinlichen Armut, die auch hier herrschte, war ich doch überrascht und nahm mir vor, bei der Abreise mit dem Trinkgeld großzügig zu sein. Man erzählte mir weiter, seit Jahren habe hier kein „Kapitalist" gejagt, sondern nur Funktionäre. Den Schilderungen entnahm ich interessiert, daß starke Böcke vorhanden waren, man müßte sie nur finden. Gejagt werden sollte vorwiegend vom Pferdewagen aus, Hochsitze waren nicht gebaut.

Die Nachtruhe hatte ich dringend nötig nach dem langen Tag, sollte es doch auch schon früh aus den Federn gehen. Durch mein großes, fast brüstungsloses Fenster sah ich mir noch einstimmend den jetzt wieder klaren Sternenhimmel an. Vor mir, im Halbschatten des aufgehenden Mondes, lag vor dem Haus ein kleiner Gemüsegarten, dahinter der typische Ziehbrunnen mit dem charakteristischen weitausladenden Hebebalken. Ich freute mich auf die bevorstehenden Ereignisse.

Die Sonne war noch lange nicht zu sehen, da waren wir schon auf der Pirschfahrt. Alle Pflanzen, Blätter und Gräser hatten ihre frühlingshaften Farben noch mit dichtem Tau überzogen. Auf Schneisen oder Lichtungen hätte man zu dieser Stunde im Tau Fährten von wechselndem Wild wahrnehmen müssen. Aber weder eine Spur noch vertrautes oder abspringendes Wild war zu sehen.

Schon bald hatte ich erkannt, daß „mein" Revier aus einem etwa 5 x 8 km zusammenhängenden Mischwald bestand, welcher allseitig von riesigen Getreidefeldern umgeben war. Hier einen passablen Bock zu finden, war sicher nicht einfach. Ohne Anblick, aber nicht mutlos kam ich mit meinen neuen Jagdfreunden Marin und Tudor gegen 10.00 Uhr zum Frühstück zurück.

Wolkenloser Himmel den ganzen Tag über, die Sonne schien mit aller Kraft, und längst war jede Pfütze der gestrigen Schauer aufgesogen. Am frühen Abend rüsteten wir zur zweiten Pirschfahrt, aber das gleiche Bild - nichts.

Schon etwas skeptischer geworden, nahm ich daher nach dem Abendbrot das freundliche „Noroc" - Prost, entgegen und hoffte auf den kommenden Morgen.

Aber auch am nächsten Vormittag stand Enttäuschung in meinem Gesicht. Die ersten Vorwürfe mußte Nik schon dolmetschen, aber Marin versicherte hoch und heilig, daß gute Böcke da wären. Ich nahm mir aber vor, an diesem Abend allein zu pirschen.

Das Wetter war unverändert, als ich von einem traumlosen Mittagsschlaf erwachte. Ein tiefblauer Himmel stand über dem Wald. Lautloses Pirschen war fast nicht möglich. Die Fichtennadeln knisterten, Äste knackten aller Vorsicht zum Trotz, Gras raschelte, wenn man darüber hinwegschritt.

Den Wagen mit Pferd und Kutscher hatte ich lange zurückgelassen. Allein wollte ich meinen ersten Bock finden. Aber weit und breit war von Rehwild keine Spur, wie vorsichtig ich auch zu Werke ging. Von Viertelstunde zu Viertelstunde wurde auch an diesem Abend meine Hoffnung kleiner.

Ich hatte gerade einen Graben übersprungen, der Wasser zu einem nahen Teich brachte. Hier wollte ich mich einmal näher umschauen. Tatsächlich, hinter einem umgestürzten, halbvermoderten Baumstamm sah ich einen roten Schatten. Mit dem schnell zur Hilfe genommenen Glas erkannte ich bald einen heißersehnten Bock. Obwohl der Wind gut war, wurde ich aufgeregt. Doch erstmal mußte ich ihn richtig ansprechen. Der Bock stand reglos hinter seiner Deckung, die knapp bis zur Mittellinie seines Körpers reichte. Sein Haupt war bis auf den Kopfschmuck durch Astwerk und Blätter verdeckt. Er war ein guter Sechser mit nicht allzu starken Stangen; allerdings waren die Vordersprossen ungewöhnlich lang, ich schätzte fast 10 cm.

Als ich die Büchse hob, bestand die ganze Welt für mich nur aus der Handbreit roten Lebens, welche aber immer noch durch das Ende des Stammes verdeckt war. – Dann war er, mit dem Äser hier und da noch ein Blatt der wilden Brombeere naschend, ein Stück nach vorne gezogen. Genau soviel, um dem jetzt reglos Verharrenden die Kugel auf das Blatt antragen zu können. Stechen, ein letztes Mal den Zielstachel korrigieren, und dann brach der Schuß.

Das nur mühsam gebändigte Jagdfieber kam jetzt mit aller Macht. Im Mund war ein schaler Geschmack, ein Zittern am ganzen Körper und ein Gefühl, als wenn alles Blut aus den Gliedern wich.

Der Bock war hinter dem Stamm verschwunden, und nach dem Schuß hatte ich keine Bewegung mehr wahrnehmen können. Er mußte eigentlich liegen, ging es mir durch den Kopf. Nach wenigen Minuten ging ich daher mit aller Vorsicht, die nachgeladene Waffe schußbereit, auf den Baum zu.

In seiner Fährte war der Bock mit abgezirkeltem Blattschuß zusammengebrochen. Er hatte wirklich nach unseren heimischen Begriffen ein starkes Gehörn, wenn ihm auch die Masse fehlte. Ich war noch ganz in Gedanken versunken, als ich von weitem den Wagen hörte. Der treue Marin ließ es sich nicht nehmen, mir nach deutscher Sitte den Bruch, welchen er unterwegs bereits gebrochen hatte, zu überreichen. Sichtlicher Stolz stand ihm dabei in den Augen. Schnell war die rote Arbeit getan, denn für einen richtigen Abendansitz oder Anstand war es noch nicht zu spät. Marin war sehr ehrgeizig, und ich spürte, daß er mich unbedingt persönlich zum Schuß bringen wollte. Hatte es ihm doch schon gar nicht recht gepaßt, als ich heute nachmittag unbedingt alleine pirschen wollte.

Pferd und Wagen brachten uns in die entfernteste Ecke des Waldkomplexes, nachdem Marin mehrmals die Windrichtung geprüft hatte. Am Waldrand glitten wir von dem fahrenden Wagen und schickten den Kutscher weiter. Bald hatten wir jeder einen guten Platz gefunden. Wir standen etwa 50 Meter auseinander und hatten vor uns die großen Kornfelder. Sollte der Traum wahr werden und der „ganz Starke" in meinem Blickfeld auswechseln, so war mein Schußfeld jedenfalls gut.

Es verging wohl eine Stunde, ohne daß sich etwas ereignete, wenn man vom lieblichen Gesang der Vögel absah. Dann hörte ich aus dem etwa achtzig Schritt seitlich von mir befindlichen Unterholz ein Knacken von Geäst. Ich suchte das Gebüsch mit meinem achtfachen Glase sorgfältig ab. Plötzlich sah ich eine Bewegung von Zweigen, so als ob dort ein Bock an einem Stämmchen fegte.

Das Glas nahm ich nicht mehr von den Augen. Sollte mir tatsächlich heute noch ein Bock, vielleicht ein wirklich kapitaler, in Anblick kommen? Bald zeigte sich an der Stelle etwas mehr, feuerrot leuchtete ein Stück Decke. Sie war von Gesträuch noch derart verdeckt, daß man kaum ein Reh erkennen konnte. Dann, nach bangen Minuten, lüftete sich der Schleier, eine Ricke trat aus dem Waldschatten, ihr Kitz hatte sie wohl an verdeckter Stelle abgelegt.

Die Spannung wich von mir, und viel konnte es heute auch nicht mehr werden. Immer länger wurden die Schatten, zum Ansprechen war es schließlich zu dunkel. Schwarz war die Nacht, und die Sterne blinkten, als wir wohlbehalten bei der Behausung wieder eintrafen.

Zum Abendessen gab es wieder Huhn, diesmal gekocht, dazu eine prächtige Hühnersuppe. Huhn war unsere Hauptspeise, denn der Kutscher hatte neben Bier, Mineralwasser und Gemüse auch einen Sack lebender Hühner mitgebracht. Diese liefen jetzt frei um das Haus herum, nur ihre Zahl nahm täglich ab.

Man konnte an ihrer Menge fast ablesen, wie lange der Aufenthalt noch dauern würde.

Später, bei den Getränken, wurden die Pläne für den nächsten Tag geschmiedet. Immer wieder wurde mir versichert, daß starke Böcke da wären. Auch Veronika, die Freundin meines Dolmetschers, nickte zustimmend und aufmunternd, obwohl sie mit Sicherheit nichts von der Materie verstand. Schließlich einigte man sich darauf, die ganze Mannschaft, d. h. Marin, Tudor, John, Nik, sollten gemeinsam mit mir in aller Frühe einen Bock suchen.

Die von allen mir immer wieder gemachten Zusicherungen gingen so weit, daß ich im Traum schon den Nagel in die Wand schlug, wo „er" einmal hängen sollte.

Zeitig brachen wir daher am nächsten Morgen auf, den Magen wärmte nur ein Schluck Kaffee. Eng gedrängt saßen wir auf dem Leiterwagen hinter John, dem Kutscher. Im Halbdunkel wurde Nik einmal fast durch einen taunassen, tief herunterhängenden Ast vom Wagen gestreift, ich konnte ihn gerade noch an seinen hochwippenden Beinen halten und wieder aufrichten.

Eine gute Stunde fuhren wir schon durch den Bestand, lange hatte die Sonne bereits ihre wärmenden Strahlen herabgesandt. Immer wieder kamen wir auf unserer Fahrt zum Waldrand und hatten die großen Getreidefelder vor uns, welche wir sorgfältig absuchten. Ich hatte schon fast alle Hoffnung aufgegeben, da sahen wir, als John den Wagen gerade wenden wollte, ihn, den ersehnten Kapitalen. Aufregung und helle Begeisterung waren allen anzumerken, aber der Bock war schon wieder in einer Senke des Getreideschlages verschwunden. Aber dann zeigte er sich wieder kurz. Was ich jedoch in diesem Moment sah, genügte mir auch auf die Entfernung von ca. 200 Metern mit bloßem Auge.

Mein Blut kam sofort in Wallung, und fieberhaft wurde überlegt, wie wir dem Burschen in der Getreidewüste näher kommen könnten. Schließlich entschied Marin - direkt auf ihn zufahren.

Ich setzte mich zu John auf den Kutschbock und lud meine Waffe durch. Kam der Wagen einmal zur Ruhe, konnte ich den Bock durchs Fernglas besser beobachten, dabei erschien mir das ausladende Gehörn fast unwirklich. Zunächst stand er unbeweglich und ließ uns die Distanz etwa 50 Meter verkürzen. Dann verschwand er im Halmengewirr, tauchte jedoch plötzlich links von uns wieder auf. John fuhr jetzt seitlich neben ihm her. Der Bock, der sicherlich schon spürte, was ich von ihm wollte, versuchte im Bogen den Wald zu erreichen.

Es wurde immer aufregender. Von allen Seiten wurden mir Ratschläge zugeflüstert, die Nik erst übersetzen mußte. Zeitweilig sprang ich vom Wagen, lief neben diesem her und versuchte, den Bock in eine Schußposition zu bekommen.

Schnell kam ich aber zu der Erkenntnis, daß ein Schuß nur vom Wagen aus möglich sein würde, weil seine Höhe mir mehr Blickfeld bot. Also wieder rauf auf den Wagen.

Dann war der Bock in einer Mulde ganz verschwunden, und John trieb die Pferde an, um ihm den Weg abzuschneiden.

Als der Bock, aus der Mulde kommend, eine kleine Anhöhe erreichte, alles in den wogenden Halmen, verhoffte er auf etwa 120 Metern und sicherte zu uns. John stoppte sein Gefährt, hielt die Pferde ruhig. Mich zur Ruhe zwingend, ging ich stehend in Anschlag, vermißte die Hilfe eines Zielstockes und versuchte, mit den Füßen in den Leitersprossen Halt zu finden. Als ich den immer noch ruhig äugenden Bock im Glase hatte, fuhr ich langsam mit dem Zielstachel von der braunen Decke des sichtbaren Trägers in das Grün der Halme. Hier müßte das Blatt sein - und schon berührte mein Finger den gestochenen Abzug.

Kugelschlag, Echo des Waldes und ein Zittern am ganzen Körper waren die Folge. Ich ließ den Punkt, wo ich „meinen" Bock zuletzt gesehen hatte, nicht aus den Augen, sprang vom Wagen und ging, immer den Platz fixierend, mit der repetierten Waffe darauf zu.

Dann sah ich zunächst eine freie Stelle, geknickte Halme, und meine Hoffnung, einen guten Schuß angebracht zu haben, stieg. Vorsichtig legte ich die nächsten Meter zurück. Noch etwa zwanzig Schritte, dann sah ich ein Stück der braunen Decke. Mein Herz klopfte wieder mal ganz oben im Hals. Nach wenigen Metern stand ich vor dem Bock, meinem Lebensbock. Wenn bei ihm auch die Masse fehlte, war ich doch überwältigt. Ein Griff in die leicht verschränkt stehenden, mindestens 30 cm langen Stangen gab mir Glückseligkeit.

Ich dankte Diana und konnte allein dem Bock einige Minuten der letzten Ehre widmen. Mein etwas gewagt und vielleicht auch leichtsinnig abgegebener Schuß saß hochblatt. Eine schlechte Kugel hätte dieser starke Bock auch nicht verdient.

Jubelnd kamen die Gefährten, sprangen vom Wagen und klopften mir kräftig auf die Schulter. Zufrieden mit mir und der Welt nahm ich schließlich meinen Platz wieder ein, konnte mich auf der Heimfahrt leider aber nicht an dem rumänischen Volkslied beteiligen, welches die anderen anstimmten.

Nicht ganz so trostlos schien mir auf einmal die Landschaft, verbanden mich doch jetzt auch hier zwei schöne Jagderlebnisse mit Menschen und Natur.

Wer nie vor der brodelnden Brühe eines kochenden Schädels gesessen hat, nie mit eigenen Händen das Haupt seiner erbeuteten Trophäe sauberschabte, der kennt nicht alle Freuden der Jagd. Es ist ein Genuß wie der erste Griff in die Krone des Geweihs oder Gehörns, wenn nach der richtigen Kochzeit – kommt auf das Alter an – und der mühevollen Säuberung, das Haupt zum ersten Male in der Sonne bleicht. Seit Stunden widmete ich mich jetzt schon dieser Aufgabe und hatte natürlich nicht eher Ruhe, bis alles fertig war. Mit freiem Oberkörper saß ich bei herrlichem Sonnenschein neben dem Ziehbrunnen und schabte und kratzte an den Schädeln meiner Böcke. Nicht von der Seite wich mir dabei die schwarzhaarige Veronika. Später hätte ich nicht mehr sagen können, wem sie mehr Aufmerksamkeit geschenkt hatte, den ansehnlicher werdenden Trophäen oder mir. –

Bis zum Mittagessen, es gab wieder mal Huhn in neuer Variation, hatte ich schon mehrmals mit klarem Wasser die sauberen Schädel besprengt und in der Sonne richtig bleichen lassen.

Die Männerwelt wollte geschlossen im nächsten Dorf an einem dortigen Fernseher einem internationalen Fußballspiel ihres Landes beiwohnen. Herzlich war ich eingeladen, herzlich lehnte ich ab, wollte ich doch versäumten Schlaf nachholen.

Die Überraschung am frühen Nachmittag war daher ganz auf meiner Seite, als plötzlich Veronika leicht bekleidet mit Kaffee und Gebäck in meinem Zimmer stand. Als einzige hatte sie mit mir die Stellung gehalten. Trotz Sprachschwierigkeiten war die Verständigung ausgezeichnet. –

Am Abend wurde mit Faden und Bandmaß eine erste Wertung meiner Böcke durchgeführt, wollten doch morgen, am letzten Tag, zwei Herren der Forstbehörde die exakte Punktung vornehmen.

„Bine odihni" – gut schlafen, konnte Tudor Vasile gerade noch klar aussprechen, nachdem wir gemeinsam den letzten Tropfen Alkohol zu uns genommen hatten und er in seine Kammer wankte. Mit schweren Gliedern grüßte ich die anderen und ging in mein Zimmer.

Mitten in der Nacht hörte ich ein Geräusch und hatte gleichzeitig das Gefühl, als wenn jemand am Fußende meines Bettes herumtastete. Mit einem Schlage war ich hellwach, wenn ich auch noch die Augen geschlossen hielt. Das sonderbare Geräusch hatte meine Sinne bis aufs äußerste gespannt, während wilde Gedanken durch meinen Kopf rasten.

Was war geschehen, war jemand in meinem Zimmer? Mein fast ebenerdiges Fenster hatte ich offen gelassen. Sollte Veronika oder gar ihr eifersüchtiger Freund? Wieder spürte ich etwas an meinen Füßen. Auf alles gefaßt, richtete ich mich plötzlich und ruckartig auf, bereit, sofort zuzuschlagen.

Der Himmel war ohne Mond, Wolken hatten ihn bezogen. Durch das Fenster, als blasses Viereck in der Schwärze sichtbar, huschte fauchend eine Katze. Ich hatte sie wohl auf der Suche nach einem gemütlichen Schlafplatz vertrieben. Beruhigt drehte ich mich auf die andere Seite.

Lange hatte ich geschlafen. Beim Frühstück sagte mir Marin, daß Nik mit seiner Freundin fort wäre und erst heute abend zurück sein wollte. Das hatte mir gerade noch gefehlt. Heute, wo ich ihn am nötigsten gebraucht hätte, wenn die Herren von Carpati zur Abrechnung kamen, fehlte mein Dolmetscher. Was hatte er für große Worte gebraucht, wie er mir dabei helfen würde.

Gegen Mittag waren sie da. Erster Eindruck – nicht unsympathisch, was sich im Lauf der Unterhaltung bestätigte. Unterhaltung konnte man es eigentlich nicht nennen, es war mehr ein Monolog auf jeder Seite. Die beiden Herren sprachen fast unentwegt, begutachteten meine Waffe eingehend und hätten auch sicher gerne mal geschossen. Aber die Patronen waren ja gezählt und im Paß eingetragen.

Ich versuchte, soviel wie möglich von ihren Reden zu verstehen, wobei es mir half, daß viele in allen romanischen Sprachen ähnliche Worte darin vorkamen. Rein gefühlsmäßig schwatzte ich viel einfach drauf los.

Wir lachten oft, und immer neue Argumente versuchte ich anzubringen, um die Punktzahl bei der Be-

Marin, Alecu und Tudor Vasile zusammen mit meinen Böcken.

Der stärkste Rehbock meines Lebens.

wertung niedrig zu halten. Einmal glaubte ich zu verstehen: „Germanski sympathikus", und damit hatte ich schon fast mein Ziel erreicht. Mit insgesamt 112 CIC-Punkten sicherlich stark unterbewertet, hatte mein Lebensbock einen immerhin noch vertretbaren Preis.

Auf den ausgestellten Papieren fehlte allerdings noch ein Stempel, den man aber morgen, auf der Fahrt zum Flugplatz, an der und der Forstbehörde bekommen würde.

Aber wie das Leben so spielt, nach herzlichem Abschied und versteckt übergebenem, großzügigem Trinkgeld – offiziell muß solches abgeliefert werden, sonst macht man sich strafbar – fanden wir die Forstbehörde geschlossen.

Mir schien der fehlende Stempel nicht so tragisch zu sein, doch Nik machte ein unglückliches Gesicht. Hätte ich in diesem Moment gewußt, welches Theater die Zollbehörde am Flugplatz machen würde, hätte ich den Forstdirektor unter allen Umständen gesucht.

Nach Bukarest zurückgekehrt, besichtigte ich kurz einen Teil dieser alten Stadt, die schon im 14. Jahrhundert erwähnt wird. Sie soll im 17. Jahrhundert bereits über einhunderttausend Einwohner gehabt haben und vor dem 2. Weltkrieg die sehr elegante Hauptstadt des Königreiches gewesen sein. Heute hat sie mehr als 1,5 Millionen Einwohner und nach der Zerstörung im Kriege wieder so manche Prachtstraße. Neben der Universität beherbergt die Stadt auch einen Bischofssitz.

Souvenirs für die Lieben zu Hause gab es jedoch für den Westreisenden nur in einem speziell dafür vorgehaltenen Laden in Dollar oder DM.

Am Flugplatz, nachdem der Leihwagen abgerechnet war, ging der Streit mit der Zollbehörde wegen des fehlenden Stempels soweit, daß ich fast mein Flugzeug verpaßte. Immer mehr Streifen auf der Schulterklappe ihrer Uniform hatten die einzelnen Herren, welche mich nacheinander ins Gebet nahmen. Ausgiebig wurde ich gefilzt, jede Patrone wurde dreimal gezählt, und schließlich reagierte ich auch nicht mehr freundlich. Nicht viel hätte gefehlt, und man hätte mich zu der Forstbehörde zurückgeschickt. Was endlich die Herren dazu bewog, mir meinen Paß doch noch abzustempeln, werde ich wohl nie erfahren. Im letzten Moment, mehrmals war ich schon aufgerufen worden, kam ich an Bord und konnte mich dort langsam beruhigen.

Getrübt wurde mein Erlebnis mit dem Lebensbock dadurch nicht. Immer werde ich an die nicht gerade reizvolle Landschaft denken, hatte sie doch das gebracht, wovon ich so manches Mal geträumt hatte. So strahlend wie der Sommertag schritt ich unangefochten durch die deutsche Zollsperre, von den Daheimgebliebenen herzlich empfangen.

◇◇◇

Persien/Iran – 1974

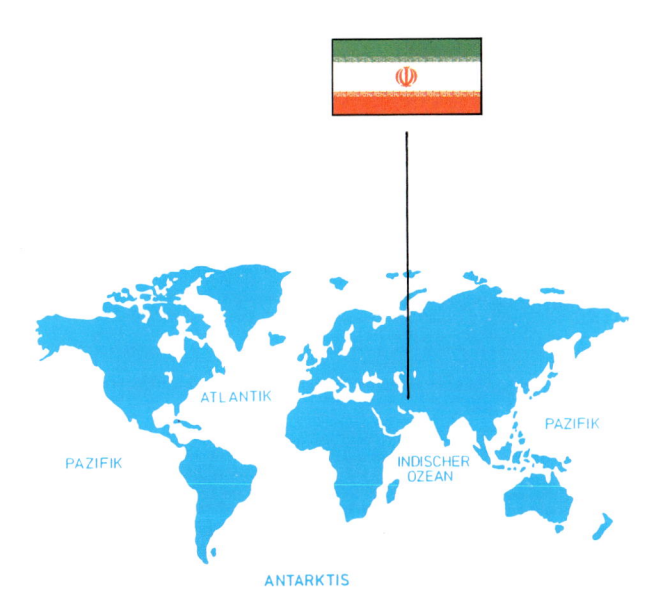

Dem Steinbock auf der Spur

Wo hatte mich der Wind nicht schon überall hingetrieben; in den verschiedensten Landstrichen hatte ich meiner Jagdleidenschaft gefrönt. Aber neben dem Jagdparadies Alaska, welches ich mir immer noch als Krönung zurückhielt, waren da noch der Himalaya und seine Ausläufer, die mich brennend interessierten. Länder wie die Mongolei, Afghanistan oder Persien hatten mich immer schon in ihren Bann gezogen, wenn ich Jagderlebnisse anderer nachgelesen hatte. Insbesondere aber hatte es mir Persien, der Iran mit seinem Reichtum an Wildarten, wie Steinbock, Urialschaf, Rotes Schaf, Armenisches Schaf, Goitered Gazelle, Braunbär, Wildschwein, Rotwild, Rehwild etc. angetan.
Irgendwie müßten doch mal einige Tage abfallen, um auf eines dieser Tiere waidwerken zu können. Seit ich in Afrika größere Strecken gemacht hatte, wollte ich nach dem Motto „the more I hunted, the less I killed" nach Möglichkeit nur jeweils einem besonderen Stück Wild meine ganze Aufmerksamkeit widmen.
Im Jahre 1974 machte ich mit Persien, welches durch den Ölboom einen ungeheuren wirtschaftlichen Aufstieg begann, gute Geschäfte. Eine Reise zu meinen Abnehmern sollte diese Verbindungen konsolidieren und intensivieren. Sicherlich war da auch im Hintergrund der Gedanke an einen Steinbock, den ich gerne bejagen wollte, der den Abschluß dieser Reise forcierte.
Die beste Jagdzeit waren nach Auskunft der sofort angeschriebenen staatlich organisierten Gesellschaft „Iran Shikar" die Monate Oktober/November. Entsprechend wurden die geschäftlichen Termine geregelt und darauf geachtet, daß diese vor der Jagd erledigt sein würden, um diese dann gegebenenfalls verlängern zu können. Alle weiteren Vorbereitungen waren schnell eingeleitet, unter anderen mußte ich allein für die Einfuhr meiner bewährten 7 x 64 Repetierbüchse acht Paßfotos einreichen.
Um es kurz zu machen, dieser erste Anlauf war zwar gut vorbereitet, aber das Schicksal wollte es anders.

Der Flug fand zwar statt, ebenso auch am ersten Tag eine Besprechung, aber bei der Rückkehr zum Hotel Intercontinental fand ich ein Telegramm mit folgendem Inhalt: „Sickness from father is very hard, come back as soon as possible." Es war keine Frage, mit dem nächsten erreichbaren Flugzeug ging's in die Heimat, und meinen Vater erreichte ich noch auf der Intensivstation. –

Vier Monate waren inzwischen ins Land gegangen, die Gesundheit meines Vaters den Verhältnissen entsprechend wieder hergestellt, so daß ich die Reise in das Land von Mohammed Reza Pahlevi Arjamehr zum zweiten Male antreten konnte.

Persien, ein Land mit 30 Millionen Einwohnern auf einer Fläche von 1 648 000 qkm, war nicht mehr nur ein Gebiet mit Hütten aus an der Luft getrockneten Lehmziegeln, sondern der Schah war mit Erfolg bemüht, durch entsprechende Reformen den Lebensstandard zu erhöhen und wirtschaftlich Persien der Gruppe der Industrienationen näherzubringen. Die Hauptstadt Teheran, die Perser schreiben Tehran, hat heute fast 4 Millionen Einwohner. 1925 waren es gerade 200 000. Dieses Wachstum kann man höchstens mit dem einiger japanischer Großstädte vergleichen, wenn überhaupt ein Vergleich hier möglich ist.

Das von Randketten eingeschlossene persische Hochland wird durch einzelne Gebirgszüge in zahlreiche Hochbecken gegliedert. Diese Lage hat gemäßigtes, subtropisches und kontinentales Trockenklima zur Folge. Wüsten, Steppen, Gebirgszüge prägen den Charakter vieler Teile des Landes. Nur die Nordseite des Alborzgebirges, ein Küstenstreifen am Kaspischen Meer, hat ein feuchtwarmes Klima. Hier findet man, abgesehen von wenigen Gebirgstälern in anderen Teilen des Landes, die einzigen Wälder. In den Hochbecken sind Salzseen häufig anzutreffen.

Die Bevölkerung besteht zu 65% aus Persern mit islamischem Glauben. Daneben gibt es Araber, Kurden, Belutschen und Aserbaidschaner. In der Landwirtschaft, der Ackerbau kann vielfach nur durch künstliche Bewässerung aufrechterhalten werden, sind etwa 60% der Menschen tätig. Hierbei ist die Haltung von Schafen und Ziegen eine unentbehrliche Stütze. Nach wie vor kann man aber auch immer noch Gruppen der Bevölkerung feststellen, welche als Nomaden ihr Leben fristen.

Mein Flug von München durchgehend bis Teheran war wieder ein Erlebnis. Niemals zuvor hatte ich einen so gewaltigen Einblick in die unendlichen Gebirgszüge der Türkei gehabt. Nach Stunden, als die Maschine gegen 22.30 Uhr in Teheran zur Landung ansetzte, war ich noch überwältigt von den schneebedeckten Bergmassiven. Aber schon wurde ich von einem neuen Anblick fasziniert: Teheran bei Nacht.

Ein Lichtermeer aus vielen hundert Straßenlampen in weiß und goldbraun, angestrahlte Moscheen und Verwaltungsgebäude, eingefaßt von dunklen Gebirgszügen, zauberte dem Anfliegenden den ersten „Perserteppich" vor.

Der Flughafen Mehrabad war für das Kaiserreich kein Renommee. – Auf der Fahrt zur Stadt wurde man allerdings entschädigt durch das hell angestrahlte, zur 2500-Jahr-Feier (1972) errichtete Denkmal, den Shayad-Turm. Dieses Gebäude enthält ein ansprechendes kulturhistorisches Museum. Sonst hat aber, das war mein persönlicher Eindruck nach einigen Tagen, das Stadtbild von Teheran, abgesehen von den vielen herrlichen Moscheen und selbstverständlich dem Golestan-Palast, wenig Schönes zu bieten. Aber ich will ja auch nicht von der Stadt, sondern vornehmlich von meiner persischen Shikar berichten.

Massih Kia, Chef und Jagdführer von Iran Shikar, hatte alles bestens organisiert. Schon die Abholung am Flughafen, die Zollformalitäten bezüglich meiner Waffe hatten mich in dieser Angelegenheit beruhigt. In Europa hatte man mich von verschiedenen Seiten darauf hingewiesen, daß es in dieser Richtung nicht immer 100prozentig klappen würde.

Am nächsten Morgen wurde ich pünktlich um 8.00 Uhr mit einem Landrover vom Parkhotel abgeholt, und Massih Kia stellte mir anschließend in seinem Büro meinen Jagdführer „Mahno" vor. In Englisch, unserer Umgangssprache, war keiner dem anderen groß überlegen, und bei mir fand er sofort Sympathie. Wie wichtig dieser erste Eindruck war, sollte sich später noch beweisen. Die anderen meiner Mannschaft, Mirsah, der Fahrer, Fatah Gabar, der Skinner und für meine persönlichen Dinge zuständig, sowie Scheich Omar (so nannte man ihn), unser Koch, waren dabei, den Landrover mit all den Dingen zu beladen, welche wir wohl in den nächsten fünf Tagen benötigen würden. Neben Zeltplanen, Bettgestellen und diversen Proviantkisten hatte jeder auch noch sein eigenes Gepäck unterzubringen. Nachdem dies endlich alles geschafft war, begann am späten Vormittag die Fahrt in das Jagdgebiet.

Die Wildreservate in Persien sind flächenmäßig sehr groß und werden durch Menschen oder menschliche Einrichtungen fast gar nicht gestört. Die Game Warden Stationen und ihre Wildhüter übernehmen weitgehend den Schutz der freilebenden Tiere.

Der Wildbestand hatte in den letzten Jahren, trotz karger Äsung, zugenommen, und eine begrenzte Bejagung war in vielen Reservaten aus hegerischen Gründen notwendig. Mir war das Mooteh Reserve zugeteilt. Das hieß, zunächst viele Kilometer auf der Nationalstraße nach Isfahan, Shiraz zu fahren. Stunde um Stunde ging es daher nach Süden. Die gut ausgebaute Straße war in beiden Richtungen sehr stark von Lastwagen, vornehmlich amerikanischer Herkunft, befahren. Die vegetationslose Landschaft zu beiden Seiten der Straße war, so erschien es mir, von riesigen Halden Abbrand einer unendlich großen Kupferhütte bedeckt. Unterstützt wurde dieser trostlose Eindruck noch durch den Anblick von in der Sonne kristallisch schimmernden Salzseen.

Nach fast sechs Stunden verließen wir die asphaltierte Hauptstraße, um nun einem zunächst geschotterten Nebenweg zu folgen. In der Ferne tauchte im verschwindenden Licht des Tages eine malerische Hügelkette auf. Mahno sagte, das seien die Black Hills vom Mooteh Reserve, unserem Jagdgebiet. Nach einer weiteren halben Stunde langsamer Fahrt im zweiten Gang, es wurde deutlich dunkler, fuhren wir auf einen Hügel und standen schließlich vor einem kleinen Gebäude mit großer Antenne, der Wildhüterstation. Ein uniformierter junger Mann eilte auf uns zu, und wir wurden herzlich begrüßt. Von den vorhandenen zwei Räumen neben der Küche bekamen Mahno und ich einen zugeteilt, denn hier sollte, wie ich bald darauf erfuhr, unser Standquartier sein.

Die Nacht war sternenklar und der Mond fast voll. Ein aufkommender ständiger Wind aus Nordwest heulte um das Gebäude und ließ mich zunächst keine Ruhe finden, bis schließlich die ruhigen Atemzüge von Mahno, unsere Feldbetten standen nur knapp zwei Meter auseinander, auch mir den sehr notwendigen Schlaf brachten.

Nach traumloser Nacht war der Himmel noch schwarz, als Scheich Omar, die Gaslampe in der Hand, uns zum Frühstück bat. Schnell war ich in meinen Kleidern und wurde gleichzeitig von einer inneren Unruhe erfaßt, die sicher dem aufkommenden Jagdfieber zuzuschreiben war.

Kurz nach einem einheimischen Frühstück mit Fladenbrot, brachen wir auf und hatten bald die ersten Ausläufer der Black Hills erreicht. Wir hatten etwa 25 Kilometer zurückgelegt, als wir den Landrover verließen. Die notwendigen Vorräte wurden in einer Zeltplane verpackt, und wir, das waren Mahno, einer der Wildhüter und ich, mußten nun zu Fuß weiter. Bald sahen wir Mirsah mit dem Wagen nur noch als Punkt am Horizont.

Dann begann der Aufstieg, von dem ich nicht wußte, ob ich als untrainierter Flachlandtiroler den Strapazen überhaupt gewachsen sein würde. Eine Mahnung von meinem Vater bedenkend, nahm ich mir vor, von Anfang an eine eventuelle Schwäche nicht aus falschverstandenem Stolz zu verschweigen, sondern, den jeweiligen Verhältnissen angepaßt, mich auszuruhen, wenn ich es für notwendig erachten würde. Mahno war gleich mit weitausgreifenden Schritten immer etwa 20 bis 30 Gänge voraus. Mit Argusaugen achtete ich darauf, daß der Wildhüter mit der Traglast auf dem Rücken nicht an mir vorbei kam, sondern immer hinter mir bleiben mußte. Dazu mußte ich manchmal ihm geradezu den Weg versperren. Dieser Trick sollte mich wenigstens nicht ganz so schwach erscheinen lassen.

Von Zeit zu Zeit verhoffte Mahno, und dann suchten wir mit den Gläsern, manchmal fast eine halbe Stunde lang, alle Berge und Schluchten in unserem Gesichtsfeld ab. Nach längerem Aufstieg konnten wir die ersten Capra-Ibex ausmachen. Es waren fast nur weibliche Stücke mit einigen jungen Böcken, die in einer Entfernung von vielleicht 1500 Metern spielerisch in den Felsen turnten. Mahno winkte jedoch ab, und wir stiegen weiter, bis wir den Bergrücken erreicht hatten und von droben in einen Talkessel schauen konnten, worin sich einige vielbegangene Wechsel von Steinböcken erkennen ließen. Wir lagen gut gedeckt und schauten, aber, obwohl uns der Wind ins Gesicht wehte, war nirgendwo das Haupt eines Steinbockes zu sehen.

Dieser weltentrückten Landschaft war statische Ruhe zu eigen. Unterhalb der Gipfelmassive, die alle noch ihre ausgedehnten Schneekuppen hatten, wuchsen kahle, schwarze Berge hervor, welche aus witterungszerspaltenen, vegetationslosen Schutthalden bestanden. Diese Gegend, abweisend und fast feindlich erscheinend, war das Reich des Big-Ibex, des persischen Steinbockes.

Unwillkürlich rollten die Bilder vor meinen Augen ab, die ich beim Hinflug über die Bergwelt der Türkei aufgenommen hatte. Wie viele kaum erfaßbare weite Gebiete befinden sich heute noch im Urzustand. Anders kann es vor ein paar tausend Jahren hier auch nicht ausgesehen haben. Aber sind die Menschen, die heute hier leben, verglichen mit ihren in unvorstellbarer Armut lebenden Vorfahren, glücklicher? Sicher hatte seinerzeit auch der größte Kritiker nicht an seinem Glauben zu Gott gezweifelt. Wenn man dann noch bedenkt, daß die wenige Habe dieser Menschen ständig durch räuberische Stammesfehden auf dem Spiele stand, war der Glaube einfach das höchste Gut.

Aus der türkischen Mythologie möchte ich an dieser Stelle König Antiochos, der etwa 80 vor Christus lebte, zitieren, der einmal sagte: „Ich bin zu der Ansicht gekommen, daß von allen Gütern für die Menschen der Glaube nicht nur der größte Genuß, sondern auch der sicherste Besitz ist." –

Gerade als wir aufbrechen wollten, erspähten wir auf dem gegenüberliegenden Grat, in sehr großer Entfernung, ein, das heißt zwei Stücke Wild. Als wir sie mit den Ferngläsern erfaßten, erschraken wir fast, denn es waren ein starker und ein etwas schwächerer Steinbock. Das war der langersehnte Anblick, und im gleichen Moment kam mir der Wunsch: den mußt du haben. Wir mußten allerdings sehr vorsichtig sein und unsere Bewegungen einschränken, denn die hervorragenden Augen der Steinböcke würden uns auch auf mehrere hundert Meter erkennen, selbst wenn wir nur die Köpfe zeigten. Dann wäre zunächst alle Mühe umsonst.

Noch immer stand der starke Bock mit seinem Begleiter gelassen und königlich auf dem Bergrücken. Wieviele Kämpfe mochte er in den letzten Jahren hier mit seinen Rivalen geführt haben, wie oft war er Sieger geblieben? Seiner Haltung nach kannte er keine Niederlagen, sicher aber kannte er alle Gipfel, Schluchten, Abgründe und Kessel und wußte, wo die Wechsel zu den besten Äsungsplätzen führten. Mahno riß mich aus meinen Träumen, wenn wir ihn heute noch haben wollten, stand uns noch einiges bevor. Wir mußten zunächst zurück, das bedeutete einen Abstieg von rund 300 Meter Höhenunterschied, und dann auf der anderen Seite wieder hinauf. Wo mochte dann der Steinbock sein? Nach einiger Zeit merkte ich, daß meine Kräfte nachließen. Es war mir auch jetzt am frühen Nachmittag, trotz der relativen Kälte, in meiner pelzgefütterten Jacke recht warm.

Mühsam stapfte ich hinter Mahno her, der treue Wildhüter mit dem Gepäck hinterdrein. Ich hoffte, wir würden, wenn wir den nächsten Grat erreichten, erst einmal richtig essen und seine Last etwas erleichtern. Dieser Gedanke gab mir neuen Schwung, denn weiter folgerte ich, dies wäre zwangsläufig auch eine längere Pause.

Plötzlich merkte ich, daß ich näher an Mahno herangekommen war, der offenbar absichtlich den Schritt verhielt, denn wir hatten den Kamm fast erreicht. Die nächsten Minuten mußten die Entscheidung bringen, und wir legten deshalb die letzten Meter bis zur Kammhöhe kriechend zurück. Mahno bewegte sich dabei wie eine Schlange und gab mir schließlich ein Zeichen, heranzukommen. Eine Schlucht mit schroffen Hängen tat sich vor uns auf. Zunächst suchte ich vergeblich mit meinem achtfachen Glas den gegenüberliegenden Bergrücken ab. Dem ausgestreckten Arm Mahnos folgend, sah ich drüben in vielleicht 500 Meter Entfernung die beiden Böcke. Mahno mahnte zur Ruhe, und wir hatten etwas Zeit, den Hunger zu stillen.

Während die anderen ihr Fladenbrot und die stark gewürzte Hartwurst verzehrten, beobachtete ich die beiden Böcke weiter und ließ insbesondere den starken nicht mehr aus meinem Gesichtsfeld entschwinden, bis mir die Augen zu brennen begannen. Ich glaube, das Aufgehen des Jägers in der Landschaft und tiefe Identifikation mit dem Wild in solchen Momenten, birgt einen hohen waidmännischen Genuß. –

Ich sah ihn, wie er gewandt auf den schmalen Bändern in der Steilwand dahinzog und mit elegantem Sprung eine Felsrinne nahm, die ich einem so schweren, kopflastigen Wild niemals zugetraut hätte. Auf unsichtbarem Felswechsel stieg der Bock nun schräg nach unten, gefolgt von seinem Begleiter. Es hatte den Eindruck, daß er uns dadurch näher kam. Mahno und ich versuchten, ihn durch unsere Gläser regelrecht zu hypnotisieren. „Komm doch, Capra Ibex, komm hierher, hierher!"

Aber es half nicht, schon bald waren die beiden wieder auf dem Weg nach oben. Aus den Blicken von Mahno entnahm ich seinen Zweifel, ob die Zeit für ein weiteres Nachsteigen noch reichen würde, denn mehr und mehr war der Tag dabei, sich dem Ende zuzuneigen. Trotz meiner brennenden Füße versuchte ich, Mahno aber zur weiteren Verfolgung zu bewegen, obwohl mich vor Erschöpfung der Wunsch beherrschte - ausruhen, schlafen.

Aber wir gingen weiter, der Bock hatte uns in seinen Bann gezogen, und eine Kraft ganz anderer Art übte einen ungeheuren Zwang aus. Man konnte sich wirklich fragen, wer hier eigentlich das gejagte Wild war, er oder wir. Bei weiterer Überlegung kommt man dann sicherlich zu dem Schluß, daß Jagd ohne die Herausforderung durch das Wild eigentlich gar keine Jagd ist. -

Mahnos Ziel war es, den braunroten Steinböcken den Weg abzuschneiden, was natürlich nur gelingen konnte, wenn sie ihre jetzige Richtung beibehielten. Also wurden die letzten Kräfte mobilisiert, um, jede Deckung nutzend, dem Wild näherzukommen. Mein Herz hämmerte, die Halsadern pochten, und die Lungen arbeiteten wie Blasebälge, als wir endlich hinter einem Steinriegel verhofften. Denn in der Wand gegenüber war Steinschlag zu hören und gleich darauf anhaltendes Geriesel. Durchs Fernglas konnte ich nichts sehen, aber Mahno drängte zur Eile und hatte schon seine Jacke als Auflage zurechtgelegt. Dann sah ich die beiden Böcke, es waren nach grober Schätzung etwa 300 Meter, und ich sollte schnell machen, gab Mahno zu verstehen.

Mein Blut pochte jetzt in den Adern, als wollten sie jeden Moment zerspringen. Endlich hatte ich ihn im Zielfernrohr, aber ehe ich den Gedanken über die leicht mögliche Verschätzung der Entfernung im Gebirge zu Ende gedacht hatte, waren die beiden Steinböcke in einer Mulde verschwunden. Es nützte nichts, daß ich mit gestochener Waffe im Anschlag lag und wartete, die beiden blieben verschwunden. Die Sonne neigte sich mehr und mehr dem Horizont, die Schatten wurden länger und länger, und meine Gedanken waren dementsprechend.

„We should be over them before daybreak!" Mahnos Worte brachten mich in die Wirklichkeit zurück. Die ganzen Strapazen umsonst? Mir wurde schwindlig, noch solch ein Tag mit seinem ständigen Auf- und Abstieg würde ich bestimmt nicht durchhalten. Und würden wir diese Böcke überhaupt wiedersehen? Da kam mir der Gedanke, warum sollte man nicht eine Nacht hier oben im Berg verbringen können? Wieviele Nächte hatte ich zu Hause schon auf Sauen durchgesessen? Wenn auch die Schlafsäcke fehlten, was soll's, ein Ab- und Aufstieg kostete mich sicher mehr Energie.

Ich weiß nicht mehr, wie ich ihn überzeugt habe, aber schließlich gab Mahno meiner Argumentation nach. Wir machten uns auf die Suche nach einem geeigneten Platz, welcher für die wenigen Stunden Unterschlupf gewähren konnte. Er mußte uns Schutz geben vor eventuellen Regenfällen und den schon jetzt aufkommenden scharfen Nachtwinden. Bald fanden wir eine geeignete Felsspalte, die uns für diesen Zweck ausreichend erschien.

Ehe die Dunkelheit voll hereinbrach, brannte ein kleines Feuer, und von dem restlichen Mundvorrat wurde etwas verteilt. Einträchtig saßen wir auf der einzigen Zeltplane, welche uns doch nur am Tage vor Regenschauern schützen sollte.

Eine merkwürdige Abendstimmung begann über den wilden Felsenkessel hereinzubrechen. Wir lagerten in etwa 1800 Meter Höhe, und je dunkler es wurde, desto unheimlicher standen die verwitterten Wände um mich herum. Kein Laut war zu hören, leblos wie eine Mondlandschaft ragten die nackten Felsen auf. Meine Gedanken wanderten zu dem verfolgten Wild. Was macht er jetzt? Hat er sich niedergetan? Ist er überhaupt schon einmal bejagt worden? Diese offenen Fragen ließen mich lange keinen Schlaf finden.

Ich lag auf der Seite; zwischen dem steinigen Boden und meinem Körper war nur die Zeltplane. Nach einer gewissen Zeit mußte man sich umdrehen, weil man die Schmerzen an den Druckstellen einfach nicht mehr aushalten konnte. Hierbei wurden die Jagdfreunde auch wach - oder ob sie vielleicht auch nicht schlafen konnten - denn unsere Körper lagen dicht beieinander, um wenigstens so etwas Wärme halten zu können. Mein Oberkörper war durch die dicke Jacke noch gut temperiert, aber von unten kroch die Kälte langsam, aber stetig herauf. Wenn der Schlaf mir doch nur einige Stunden genommen hätte. Immer wieder sah ich den alten Steinbock in der Wand. Zwanzig bis fünfundzwanzig Zentimeter schätzte ich den Umfang an der Wurzel seines Kopfschmuckes. Mindestens neunzig Zentimeter Hornlänge, hatte Mahno gesagt. Mit diesen Maßen wäre er kein übermäßig kapitaler, aber ein durchaus starker jagdbarer Bock, der nun, durch die Schwierigkeit seiner Verfolgung, einen ganz besonderen Reiz auf mich ausübte.

Die gleichmäßigen Atemzüge meiner Jagdgefährten zeigten mir, daß sie schliefen, woran bei mir immer noch nicht zu denken war. An meinen ohnehin lädierten Füßen fror ich ganz erbärmlich und machte deshalb in den Schuhen Zehengymnastik. Über mir am klaren Himmel, mit einem so ganz anderen Blau als bei uns in Europa, sah ich unendlich langsam den großen Bär, Orion und die Waage vorüberziehen. Wenn die Sonne doch bald diese Nacht ablösen wollte, ging es mir durch den Kopf. Ich wagte gar nicht, auf die Uhr zu schauen, vielleicht war Mitternacht noch nicht vorüber, oder es war schon später, als ich dachte.

Was wird Mirsah, der Fahrer, gedacht haben, als wir bei Einbruch der Dunkelheit nicht am vereinbarten Platz waren? Gedanken, Gedanken ...

„Did you sleep very well?" Die Stimme von Mahno, ich mußte also trotz der Kälte schließlich doch noch eingeschlafen sein. Ich war stocksteif, trotzdem fühlte ich, daß ich im Schlaf wieder Kräfte gesammelt hatte.

Dann brannte wieder unser kleines Feuerchen, genährt von dem spärlichen Bewuchs. Wir klopften uns gegenseitig warm und machten Freiübungen. Als wir den ersten Schimmer des herannahenden Tages sahen, waren wir froh, daß die Nacht vorbei war.

Schnell hatten wir die wenigen Habseligkeiten zusammengepackt, und schon ging es wieder herab über Steingeröll und spärliche Wechsel. An der anderen Seite hoch, um einen kleineren Steinkopf zu erreichen, den wir umklettern mußten. Wichtig war zunächst, wieder Kontakt mit unseren beiden „Freunden" zu bekommen. Nach fast zweistündiger, teilweise mühseliger Kletterei hätte ich vor Freude jubeln können, denn Mahno zeigte mit ausgestreckter Hand auf eine Felsgruppe in etwa gleicher Höhe mit uns. Schneller als sonst erfaßte ich die Situation und sah tatsächlich unsere beiden Steinböcke in ca. 800 Metern Entfernung vertraut äsen.

Ein langgestreckter, im Bogen verlaufender Bergrücken verband unsere Position mit der Felsgruppe von gegenüber. Wenn wir nun vorsichtig den Kamm überklettern und auf dem Rücken desselben vorgehen würden, könnten wir in guter Deckung und gutem Wind an die beiden herankommen. Unsere größte Sorge war natürlich, daß die Steinböcke weiterhin vertraut blieben und sich so wenig wie möglich von ihrem jetzigen Standort entfernen würden.

Als wir die Höhe des Rückens überstiegen hatten, mußte auf Lautlosigkeit nicht mehr so große Rücksicht genommen werden. Wir eilten, und wenn der Boden es zuließ, hasteten und liefen wir vorwärts. Durch unser Gepolter hatten wir unter uns ein Rudel Armenische Schafe aufgeschreckt. Zum erstenmal sah ich diese wilden Schafe. Ein Widder mit weitausladendem, geschwungenen Kopfschmuck, der von hinten, aus meinem Blickwinkel in der Draufsicht fast, wie ein großer breitrandiger Sombrero aussah, führte das Rudel aus dem Gefahrenbereich. Nur den einen starken Widder konnte ich ausmachen; sicher duldete er keinen gleichwertigen neben sich. –

Dann begann Mahno wieder zu steigen, er wollte zum Kamm. Sollten wir schon so weit sein? Mein Gefühl für Entfernungen hatte ich gar nicht mehr. Es war alles sehr anstrengend, ich stolperte fast nur noch hinter meinem Jagdführer her. Einmal hatte ich mich hingesetzt, aber schnell war der Wildhüter heran. Sollte ich ihn vorbei lassen? Nein, das wäre einer Kapitulation gleichgekommen. Darum auf und weiter, auch wenn es sehr schwerfiel. Mein Atem ging schwer, und mein Herz sprengte fast die Brust.

Inzwischen waren wir sehr vorsichtig über den Grat geklettert und pirschten, jede Deckung nutzend, schräg abwärts. Von unseren Steinböcken war nirgendwo etwas zu sehen. Mahno, etwa 30 bis 35 Schritte voraus, hatte einen über mir liegenden größeren Felsriegel umklettert und wartete dort auf mich. Mir schien, der bequemere Weg wäre etwas weiter unten, und fragte ihn durch Zeichensprache, ob ich diesen Weg nicht gehen könnte. Er aber winkte ab, ich sollte ihm folgen.

Von hier ab überschlugen sich fast die Ereignisse. Mühsam hatte ich Mahno endlich erreicht und prallte fast gegen seinen Körper, denn er war im gleichen Moment einen Schritt zurückgesprungen. „Quickly!" Mit diesem Wort drückte er mich an sich vorbei, und ich konnte, vorsichtig über einen Felsvorsprung schauend, ein Weiterkommen war gar nicht mehr möglich, die beiden verfolgten Steinböcke sehen. Es waren etwa 200 Meter in einem Winkel von ca. 30°. Jeden Moment konnten sie wieder hinter einem Felsvorsprung verschwinden.

Alle Anstrengung, Aufregung und Gefahr war in diesem Moment vergessen. Ich schob mich, die Waffe ruhig repetierend, auf den Felsen. Die dicke Jacke war hierbei von Vorteil. Meine Augenlider flatterten; sollte jetzt die Entscheidung fallen? Ruhig ging ich in Anschlag und hielt den Zielstachel dorthin, wo sein Herz schlagen mußte. Ich mußte dem noch vertraut spitz von uns fort ziehenden Bock die Kugel von oben zwischen die Blätter antragen, stach ein, hielt den Atem an ...

„Don't shoot, don't shoot!" Fast wollte ich die Worte Mahnos überhören, diese Gelegenheit zu verpassen, erschien mir unsinnig, mein Finger berührte schon den Abzug, da riß mich, fast rauh, seine Hand zurück. Ein Blick in seine Augen, ein paar geflüsterte Worte ließen mich augenblicklich die Gefahr erkennen. Die Mündung meiner Waffe zeigte auf einen Felsvorsprung, während ich durch das höher montierte Zielfernrohr den Bock klar im Blickfeld hatte. – Was passiert wäre, wenn Mahno mich nicht im letzten Augenblick zurückgehalten hätte, wagte ich mir gar nicht vorzustellen. Mit Sicherheit wäre die Kugel von dem harten Felsen zurückkatapultiert und hätte mich wahrscheinlich schwer verletzt. Noch heute bin ich Mahno dafür dankbar. –

Noch waren die beiden Steinböcke zu sehen. Ich verbesserte meine Position und zielte sorgfältig. Der Zielstachel tanzte jedoch jetzt regelrecht auf dem Bock. Im letzten Moment, bevor er hinter einer Felsbiegung verschwand, brach mein Schuß.

Alea jacta est! – Der Würfel ist gefallen – Aus – Vorbei. Ich war gut abgekommen, und anscheinend tödlich getroffen fiel der alte Steinbock über einen Vorsprung in die Tiefe. Jedenfalls hatte er Schuß!

Das Echo des Schusses hallte noch von allen Seiten, als mein fragender Blick zu Mahno ging. „Good shot", und dabei klopfte er mir, ich hatte mich inzwischen aus meiner nicht ganz ungefährlichen Lage zurückbewegt, auf die Schulter. Ganz glücklich war ich in diesem Moment nicht, zuviel hatte ich gehört von angeblich gut getroffenem Wild, das nachher nicht gefunden wurde. Wenn ich den Bock jetzt gesehen hätte, hätte ich den von Figur gerade nicht kräftigen Mahno sicher zu fest in meine Arme genommen. Der treue Wildhüter war schon mit leichten Sprüngen über Felsen, die ich kaum zu überklettern gewagt hätte, auf dem Weg zum Anschuß. Mein Fernglas trug er dabei in der Hand, denn vor dem Schuß hatte ich es ihm gereicht. Während Mahno strahlte, meine Freude noch gedämpft war, sahen wir den Wildhüter eine Zeitlang am Anschuß und dann verschwinden.

Ein Nachklettern wäre nicht nötig, und wir sollten ruhig warten, meinte Mahno. Als aber nach einer Dreiviertelstunde noch nichts zu sehen oder zu hören war, folgte Mahno, in seinem Ausdruck nicht mehr ganz so sicher, zum Anschuß. Ich sollte zunächst an der Stelle bleiben und ihn gegebenenfalls einweisen. Anschließend sollte ich über ein seitlich liegendes Geröllfeld geradewegs nach unten zur Talsohle gehen. Bald darauf war auch Mahno meinen Blicken entschwunden, ohne mir vom Anschuß irgendwelche Zeichen gegeben zu haben.

Nach kurzer Wartezeit begann auch ich mit gedämpftem Hochgefühl den Abstieg. An einer mir angegebenen Stelle hielt ich die erste Verschnaufpause, ohne die Gegend aus den Augen zu lassen, wo meine beiden Jagdgefährten sein mußten. – Mit Nachdruck nahm ich das Bild der Landschaft in mir auf, um immer die Heimat meines doch sicherlich tödlich getroffenen Steinbockes vor Augen zu haben.

Die Zeit lief dahin, inzwischen hatte ich mich weiter der Talsohle genähert, und bald hielt ich es nicht mehr aus. Laut rufend, wollte ich wenigstens akustischen Kontakt mit den Freunden haben.

Endlich sah ich oben eine Bewegung im Fels und erkannte Mahno mit zum Himmel ausgestreckten Armen, sicher ein Zeichen des Sieges. Ich war überwältigt und konnte in diesem Augenblick meine Freude leider mit keinem teilen. Langsam ging ich den beiden entgegen. Während der Wildhüter vorausgehend den Bock mit den Hörnern auf seinen Schultern trug, hielt Mahno die Hinterläufe. Mein Glas hatte der Wildhüter vor der Brust, ich konnte sie daher nur mit den bloßen Augen beobachten. Plötzlich hielt er eines der gebogenen Hörner in seiner Hand. Tief erschrocken hastete ich nun ihnen entgegen. Was war geschehen? War eines der Hörner beim Absturz des Bockes gebrochen?

Gott sei Dank, konnte ich mich bald wieder beruhigen, der Wildhüter fand beim Abstieg ein stark verwittertes Horn eines längst eingegangenen Steinbockes.

Meine Schwäche und Müdigkeit waren verschwunden. Stolz und gleichzeitig mit ein bißchen Wehmut kniete ich schließlich vor dem bereits aufgebrochenen Steinbock. Alle Strapazen waren im Moment in der seltenen Trophäe aufgegangen, sie sollte einen Ehrenplatz in meinem Jagdzimmer bekommen. Der letzte Bissen in Form eines Bundes des hier überaus spärlich wachsenden Grases wurde ihm gegeben,

Aufnahmen aus allen Lagen wurden gemacht, und die Filmkamera summte auf ihre Weise.

Es war jetzt 14.00 Uhr, und während der Wildhüter sich auf den Weg machte, Mirsah und den Landrover zu suchen, verzehrten Mahno und ich den Rest der Verpflegung. Wir teilten eine Apfelsine, ein bißchen Speck und die letzte Scheibe Fladenbrot. Aber was braucht der Mensch schon, wenn er glücklich ist? Essen? Ich jedenfalls verspürte in dem Augenblick keinen Hunger.

Hatte diese Jagd mir nicht wieder bewiesen, daß ein Schimmer von Hoffnung den Menschen befähigt, erstaunliche Strapazen auszuhalten? Ein Teil der Jagd ist die Hoffnung. Die Hoffnung, Wild zu sehen, einen guten Schuß anzubringen, etwas Außergewöhnliches zu erleben, gibt ihm die Energie und den Auftrieb, auch größere Strapazen zu überwinden. Die dabei entwickelten, teilweise unbekannten Kräfte sind vielfach ausschlaggebend für den Erfolg. Ich war glücklich.

Nach etlichen Stunden, ich hatte mir beim Mittagsschlaf im Gesicht einen starken Sonnenbrand zugezogen, hörten wir Motorengeräusch und sahen auch bald in dem für mich fast unpassierbar scheinenden Tal den Landrover von Mirsah. Wie er das geschafft hatte, wird mir immer ein Rätsel bleiben.

Der letzte Abstieg war ein Kinderspiel. Es dauerte keine Stunde mehr, bis wir bei Mirsah standen. Er freute sich mit uns und verstaute den König der Berge, meinen Steinbock, auf dem Dach des Landrovers. Bei der nun folgenden schweren und echten Geländefahrt, bei der wir noch einmal nach allen Regeln der Kunst durchgeschüttelt wurden, dachte ich immer wieder an die Trophäe meines Steinbockes. Ob auch nicht eines der Hörner von dem recht grob geschweißten Dachaufbau beschädigt werden konnte. Die Sonne hatte den Horizont erreicht, als wir beim Standquartier eintrafen. Meine Sorge war nicht berechtigt.

Eine Umarmung hätte ich fast erwartet, statt dessen kam Scheich Omar mit mürrischem Gesicht auf uns zu. Zwei Tage wäre er alleine gewesen, für wen sollte er denn kochen, all die Sachen, die er mit viel Sorgfalt eingekauft hatte. Zu seinem Lobe muß ich sagen, daß er unsere Gaumen an diesem Abend, wenn auch für mich sehr stark gewürzt, wirklich verwöhnte.

Trotz der Dunkelheit waltete Fatah Gabar noch seiner Aufgabe. In einem abgeschnittenen Benzinfaß wurde das Haupt des Capra Ibex gekocht, um es einmal zu säubern, aber auch, damit sich die Hörner besser ablösen ließen. Vorher hatte Mahno eine exakte Messung vorgenommen. An der Wurzel jeweils 24 cm Umfang, Hornlänge 96 und 95 cm. Eine Trophäe, auf die ich auch von der Stärke her mit Recht stolz sein konnte.

Leider war es mir an diesem Abend nicht möglich, meinen getreuen Helfern, ohne die ich sicher nicht das großartige Erlebnis gehabt hätte, mit ein wenig Alkohol Freude zu bereiten. Die streng gläubigen Mohammedaner lehnten jeden Alkohol ab und waren mit ein paar Runden Pepsi-Cola oder Ginger-Ale zufrieden. Trotz der Sprachschwierigkeiten wurde es noch spät, bis wir endlich unser Nachtlager aufsuchten. Traumlos schlief ich diesmal wie ein Bär.

Den noch freien Tag wollte ich nutzen, um mir das in der Nähe liegende Dorf Mooteh und seine Bewohner näher anzuschauen. In der schier endlosen, kalten, windgepeitschten Steppe, fast ohne jegliche Vegetation, lagen, von einer Mauer umgeben, 30 bis 35 „Häuser" in Reihenhaus-Bauweise. Es waren meist einräumige, niedrige Gebäude, aus an der Luft getrockneten Lehmziegeln errichtet. Mir schien, daß sie beim nächsten Regenguß wieder aufweichen würden. Die Dächer, in Form einer Halbkugel, bestanden aus dem gleichen Material. Innen befanden sich der offene Herd, meist eine vom Dach hängende Wiege, Betten aus Stroh mit wärmenden Decken aus Schafwolle, daneben unverkennbar Petroleumlampen. Den Verhältnissen entsprechend schien es sauber zu sein. Die Türöffnungen waren mit alten Säcken oder mit grob zusammengenagelten Bretterflügeln verschlossen. Die Bauten auf der nächsthöheren Stufe hatten teilweise einen Innenhof und manche sogar Räume im zweiten Stock. Zu den Kindern, welche langsam aus allen Ecken zunächst scheu hervorkamen, hatte ich bald solchen Kontakt, daß ich sie filmen und fotografieren konnte. Die Frauen saßen an einem kleinen Bach und klopften Wäsche auf großen, abgerundeten Steinen. Nach dem ersten Bakschisch kamen auch die Herren der Schöpfung zum Vorschein. Zwei trugen in ihren Händen eine wohl gerade gefangene tote Viper. –

Während vor dem Tor der Ortschaft der Friedhof, nur durch flach in der Wüste liegende Steine kenntlich, lag, befand sich mitten im Ort das sogenannte Badehaus. Ich konnte es mir von innen nicht ansehen. Das Ganze machte einen recht trostlosen Eindruck, den die beigegebenen Bilder sicher auch dem Leser vermitteln werden.

Die Menschen waren im Grunde alle recht freundlich, obwohl man deutlich merkte, daß von dem Reichtum des Landes, dem Öl, hier noch nichts „hingetropft" war.

Unwillkürlich zog ich Vergleiche zu den Rundbauten in den Negerkrals der Savanne Kenias und machte mir meine Gedanken. War die Kultur in dem persischen Kaiserreich nicht schon vor 2000 Jahren auf einer wesentlich höheren Stufe, als bei verschiedenen Bantustämmen in Ostafrika heute? Abgesehen vom Baumaterial, waren für mich die Hütten in Afrika schöner. Aber man soll nicht so schnell verallgemeinern, zu wenig hatte ich von dem großen Land gesehen, um mir ein abschließendes Urteil erlauben zu können. –

Am Nachmittag wurden die ersten Vorbereitungen für die Rückfahrt getroffen. Die Decke meines Steinbockes von Haupt und Träger war gut gesalzen und gefaltet; der Schädel war abgekocht, und die Hörner waren ordentlich gesäubert.

Bei dem Abendbrot, von Scheich Omar mit orientalischen Zutaten wieder köstlich zubereitet, hatte ich eine nette Unterhaltung mit Mahno. Angesprochen auf meine körperliche Schwäche bei dem Auf- und Abstieg, erzählte er mir folgende Geschichte:

Vor Jahren war einmal ein Amerikaner avisiert, welcher gleich seinen Professional Hunter, einen baumlangen, bullenstarken Neger, mitbrachte. Von Massih Kia war für diese Shikar ebenfalls Mahno als Jagdführer eingeteilt. Das Jagdgebiet war eine Gegend im Alborzgebirge, welche, das muß ich fairerweise anführen, bis zu Höhen von 4000 Metern bejagt wird. Irgendwo hatte man sich verabredet, und Mahno erwartete die Gäste mit einer kleinen Maultierkarawane. Bis hierher hatten die Jagdgäste den Weg mit dem Landrover zurückgelegt. Man stellte sich vor, und als der bärenstarke Neger hörte, daß der relativ kleine Mahno sie führen sollte, bekam er fast einen Lachkrampf. Dieser Schwächling soll doch direkt zu Hause bleiben, waren seine Worte. Der Amerikaner mußte seinen schwarzen Begleiter erst einmal beruhigen, bis man dann doch gemeinsam die Jagd begann. Zunächst traten keine Schwierigkeiten auf, weil die Pferde und Maultiere die Hauptlast zu tragen hatten. Als es dann endlich ernst wurde und der mühsame Aufstieg begann, war es mit dem starken Mann aus Afrika schon nach zwei Stunden vorbei. Er war dermaßen ausgepumpt, daß man seinen Rücktransport organisieren mußte. Jetzt war Mahno an der Reihe, zu lachen. –

Wenn ich mich von der Statur her auch nicht mit dem Neger vergleichen konnte, barg diese Story für mich trotzdem etwas Tröstendes.

Bei der Rückfahrt machten wir einen größeren Umweg über Isfahan, eine der schönsten Städte Persiens, wie Mahno sagte. Und wie Recht er hatte. Über eine fast staubfreie Asphaltstraße mit lebhaftem Verkehr erreichten wir am frühen Nachmittag Isfahan, das neidlos von allen anderen als schönste, wunderbarste, kunstreichste Stadt des alten Persien und des neuen Iran anerkannt wird. Es besitzt große Moscheen, Paläste, Basare, alle eingebettet in blumengeschmückten Parkanlagen mit Wasserspielen, Teichen und vielen mosaikausgekleideten Springbrunnen. Im ersten Hotel am Platze nahmen wir einen Drink. Unter den anwesenden Touristen schienen die Hälfte Deutsche zu sein, jedenfalls hörte ich meine Muttersprache sehr häufig.

Leider hatten wir nicht soviel Zeit, um alles eingehend zu besichtigen, denn der Weg nach Teheran stand uns noch bevor. Ohne Schwierigkeiten schaffte Mirsah auch dieses Stück, nur zweimal hielt er zum Tanken an den in regelmäßigen Abständen liegenden Petrolstationen.

Noch vor Einbruch der Dunkelheit erreichten wir Teheran und fuhren direkt zum Jagdbüro. Nach Abwicklung aller erforderlichen Formalitäten wurde ich, nachdem ich mich herzlich von allen Begleitern mit einem extra Bakschisch verabschiedet hatte, zum Hotel gebracht.

Obwohl die Sprachschwierigkeiten immens waren, entnahm ich den Gesten und Worten von Fatah Gabar, daß er mich noch im Hotel besuchen würde. Tatsächlich kam die treue Seele am späten Abend in gepflegtem Anzug in mein Hotelzimmer. In der Hand hatte er, in Zeitungspapier gewickelt, zwei sauber, mit kurzem Schädel präparierte Goitered-Gazellen.

Ich werde wohl niemals erfahren, ob er mir diese Trophäen verkaufen oder schenken wollte. Das letztere nehme ich an, denn nach meiner verständlichen Absage machte er ein unglückliches Gesicht. Eine längere Unterhaltung war schwierig, und als ich ihm in der Hotelhalle einen Whisky spendieren wollte,

77

lehnte er ab. Pepsi-Cola, damit konnte ich den Strenggläubigen erfreuen, der, des Schreibens nicht mächtig, vom Ober mir seine Adresse notieren ließ. Ob die Bilder angekommen sind? Fatah Gabar war ein guter Kerl. –

Bis zum Heimflug blieb mir noch ein Tag, den ich gründlich nutzen wollte, um die Stadt Teheran kennenzulernen. Neben mehreren prächtigen Moscheen, u. a. einer Privatmoschee für die kaiserliche Familie, beeindruckten mich besonders die Kronjuwelen. Vom Schah dem Staat geschenkt, kann man sie in der äußerst streng bewachten Staatsbank bestaunen.

Eine ausführliche Besichtigung des Gulestan-Palastes (zu deutsch: Rosengarten) ließ ich mir nicht entgehen. Bereits dem später entmachteten Ahmad Schah in den 30er Jahren als Residenz dienend, ist dieser heute ein für jedermann zugängliches Museum. Jedoch nur zum Geburtstag des Schah wird es mit prächtigem Fest aus seinem Dornröschenschlaf geweckt. Dann erscheint die Prominenz des Landes, um im Empfangssaal, der mit historischen Sehenswürdigkeiten, Staatsgeschenken aus dem vorigen Jahrhundert, kostbarem Porzellan, wildbewegten Schlachtgemälden, riesengroßen Kandelabern, wunderschönen Spiegeln, Teppichen und dergleichen geschmückt ist, dem Schahanschah ihre Ehrerbietung zu erweisen.

Nach Entrichtung einer Gebühr neben den Kosten für den Eintritt ist auch das Fotografieren in dem nun fast 300 Jahre alten Palast erlaubt.

Bevor ich im Teheraner Bazar für meine Lieben daheim Erinnerungen kaufte, hatte ich Gelegenheit, in einem Geschäft einer Teppichknüpferin bei der Arbeit zuzuschauen. Es ist durchaus möglich, daß sie z. B. an einem Teppich nach traditioneller Vorlage, der bis 800 000 Knoten pro qm haben kann, fast zwei Jahre arbeitet!

Der Teheraner Bazar umfaßt 30 000 Geschäfte. Der Käufer hat insofern eine Erleichterung, weil Händler und Handwerker mit gleichem oder ähnlichem Warenangebot, einer Vorschrift des Koran zufolge, in demselben Viertel vereint sein müssen.

Auf dem Heimweg zum Hotel konnte ich noch einmal den schier unbeschreiblichen Straßenverkehr von Teheran bestaunen. Keinem Vergleich mit Paris oder gar südamerikanischen Städten hielt er stand. Der Gipfel war dann noch in der Downtown, wo für unsere Verhältnisse auch alles zusammenbrach, aber schließlich kommt man durch.

Der getragene Gesang des Muezzins von dem Minarett der hotelnahen Moschee machte mir den Abschied schwer. Es war noch dunkle Nacht, als in den frühen Morgenstunden das Taxi mich zum Flughafen brachte.

◊◊◊

Von links Mirsah, der Fahrer, Fatah Gabar, der Skinner, und
Mahno S., mein Jagdführer.

Der Schuß erfolgt aus nicht ungefährlicher Lage.

Mahno leuchtet fast eine halbe Stunde alle Berge und Schluchten ab...

Meine Schwäche und Müdigkeit ist verschwunden. Stolz postiere ich hinter dem bereits aufgebrochenen Steinbock...

Das Badehaus.

Von dem Reichtum des Landes, Öl, hier keine Spur.

Der Friedhof.

...dann kamen auch die Herren der Schöpfung, in der Hand eine tote Viper...

Astane Razary Moschee, Isfahan.

Rhodesien/Zimbabwe – 1975

Der Leopard vom Kasibi-River

In Gedanken versunken, sah ich vor mir den azurblauen, leuchtenden Himmel, die unvergeßlichen Morgen- und Abendröten, die in der Mittagshitze flimmernden Weiten und sonnendurchglühten Steppen, die umherziehenden Wildherden und die Wildarten, deren erträumte Trophäen mir auf meinen ersten Afrikareisen nicht zuteil wurden. Sollte diese, meine dritte, Safari meinen größten Wunsch, einen Leoparden zu erlegen, erfüllen können?
Die Maschine brummte gleichmäßig Stunde um Stunde. Der Flug ging über Lissabon und Windhuk nach Johannesburg. Von hier wollte ich, nach ein paar Tagen geschäftlichen Aufenthalts, über Bulawayo nach Victoria Falls, Rhodesien, fliegen.
Während der herrlichen Wochen in Südwestafrika 1967 hatte ich nur Fährten von Leoparden gesehen, und auch in Kenia 1971 hatte ich ihr Vorhandensein nur durch deutliche Trittsiegel und dadurch, daß sie nachts das getrocknete Fleisch der Schwarzen raubten, feststellen können. Sollte es denn tatsächlich so schwierig sein, sie in Anblick zu bekommen? Den Text aus einschlägigen Fachbüchern kannte ich schon auswendig:
Leopard, Panthera pardus. Unter allen Großkatzen die weiteste Verbreitung. Er besiedelt in 21 Unterarten alle Landschaften Afrikas außer den echten Wüsten, ferner Klein- und Vorderasien, Indien, Ceylon, Sumatra und Java, weite Teile Chinas bis zur Mongolei und Mandschurei. Seine Körperlänge einschließlich Schwanz beträgt je nach Art 1,55 m bis 2,45 m. Die Leoparden der trockenen Savannen oder Felslandschaften sind blasser gefärbt und größer, die der feuchtheißen Urwälder und Gebirgswälder kleiner und dunkler in der Grundfarbe sowie reicher gefleckt. Bei dieser Großkatze bilden sich häufig Schwärzlinge aus, besonders auf Sumatra und Java, die sogenannten Schwarzen Panther.
Bei ausreichendem Nahrungsangebot ist der Leopard sehr standorttreu und bleibt viele Jahre im glei-

chen Revier. Er ist ein vorzüglicher Kletterer und jagt hauptsächlich nachts. Seine Beute besteht vor allem aus mittelgroßen Tieren, insbesondere Affen, Busch- und Warzenschweinen. Gern dringt er aber auch in menschliche Ansiedlungen ein und schlägt Haustiere. Hier und da werden Leoparden auch zu Menschenfressern, wobei es sich dann oft um alte oder verletzte Tiere handelt, die kaum in der Lage sind, wehrhafte, flinke Tiere zu erbeuten.

Leoparden leben gewöhnlich einzeln, und nur zur Paarungszeit jagen Männchen und Weibchen zusammen. Während der Ranz können unter den Männchen heftige Kämpfe entbrennen. Nach der Tragzeit von 90 bis 105 Tagen bringt das Weibchen meist 2 bis 4 Junge zur Welt. Gewöhnlich verlassen die Jungen die Mutter zur nächsten Paarungszeit. Voll ausgewachsen ist der Leopard erst nach drei bis vier Jahren. Er ist ... usw.

So träumte ich dahin und ließ die eigenen Erlebnisse sowie die Berichte berühmter afrikanischer Jäger, die mich immer faszinierten, an mir vorüberziehen.

Mein Nachbar zur Rechten war nicht sehr gesprächig, und der linke Platz war frei; so war ich der modernen Technik dankbar, als nach 14 Stunden der Flug zu Ende war und ich in Johannesburg wieder afrikanischen Boden betrat. -

Vier Tage später, Flughafen Victoria Falls, Rhodesien. Mein Prof. Hunter, Mike Robinson, ein großer, freundlich wirkender Mann, dem Aussehen nach mußte er irisches Blut in den Adern haben, holte mich ab. Sofort hatte ich zu ihm, er war in England geboren und in China aufgewachsen, ein besonderes Vertrauen, und es erwuchs, das kann ich ruhig vorwegnehmen, in den 15 Tagen unseres Zusammenseins eine gute Freundschaft.

Auf der Fahrt zu seinem Camp erzählte ich von meinem Wunsch, einen Leoparden zu jagen. Mike sprach von einer guten Chance, da große Buschfeuer unter Umständen gerade jetzt die Leoparden mehr in das Gebiet um den Matetsiriver gezogen haben könnten. Mein Jagdgebiet erstreckte sich hauptsächlich beidseitig vom Matetsiriver, bis zur Grenze nach Botswana, auf einer Fläche von 40 000 Hektar. Mit diesen guten Nachrichten wurde mir die Fahrt von ca. 80 Meilen durch Buschsteppe bis zum Basiscamp nicht lang.

Oberhalb einiger Strohhütten der Schwarzen standen auf einer Anhöhe drei Rondawell-Häuser. Runde Steinbauten mit hohen, spitzen Strohdächern. Das war eine Unterkunft mit eigenem Bad und elektrischem Licht vom Transformator, wie ich sie mir besser nicht hätte vorstellen können.

Traumlos verbrachte ich die erste Nacht, umgeben von der mir ans Herz gewachsenen afrikanischen Steppe, voller Erwartung der Dinge, die auf mich zukommen würden.

Gleich am nächsten Tag ging es um 4.30 Uhr aus den Federn. Ich sollte das Revier kennenlernen und Warzenschweine schießen, denn für insgesamt fünf Luderplätze wollte Mike Köder haben. Dies war eine interessante Jagd. Wenn vor unserem Landrover Schweine hoch wurden, stoppte Mike den Wagen, und zwei Schwarze versuchten mit mir, jede Deckung nutzend, auf Schußentfernung heranzukommen. Das hieß arbeiten. Bis 10.00 Uhr hatte ich drei Keiler erlegt, davon war einer hochkapital und kam später mit 14,5 inch (36,8 cm) in das Rowland Ward Book. -

In Abständen von 1000 bis 2000 Metern wurden nun Hälften dieser Warzenschweine auf passende Bäume gebunden. Passend hieß, daß bei Annahme des Kills, in 60 bis 100 Meter Entfernung ein Schirm gebaut werden konnte, der möglichst unauffällig in der Landschaft stand.

In den heißen Mittagsstunden war nicht mehr viel Wild zu sehen; mitunter sprangen Zwergantilopen, Steenbuck oder Duiker vor uns auf. Dann trafen wir eine Herde Zebras, die sich in ihren hellgestriften Decken wunderbar der Landschaft anpaßten.

Nach einer ausgiebigen Siesta war dann wieder plötzlich Leben in der im glühenden Sonnenbrand liegenden Buschsteppe. Da und dort sahen wir Wildgruppen. Eine größere Herde Gnus und Säbelantilopen ließen uns auf Schußentfernung heran, bevor sie prustend und schnaubend flüchtig wurden. Mit Luftsprüngen und Schütteln der Häupter machten sie ihren Unwillen über die Störung kund, bevor sie in breiter Front zu uns sicherten. Noch einmal kamen wir heran, ehe sie den Staub der Steppe aufwirbelten und davongaloppierten.

Plötzlich kreuzte hochflüchtig ein Riedbock unseren Fahrweg. Trotz des kurzen Momentes glaubte Mike, einen starken Bock gesehen zu haben. Schnell waren wir daher runter vom Wagen. Der staubtrockene Boden zeigte Fährte neben Fährte, doch schien das geübte Auge des schwarzen Fährtensuchers Unterschiede in dem Wirrwarr zu entdecken. Nach nicht allzu langer Fußpirsch hatten wir bei gutem Wind Kontakt mit dem Wild, und ich konnte einem starken Riedbock, Redunca redunca, durch Busch und Strauch eine saubere Kugel antragen. Er lag im Feuer, und meine 9,3 x 64, TUG hatte sich wieder bewährt. Die Trophäe einer interessanten Antilope bereicherte meine Sammlung.

Diese zierlich gebaute, etwa 50 kg schwere Antilope ist von rötlich-gelbbrauner Farbe und hat helle Ringe um die Lichter. Die an der Basis dicken Hörner sind geringelt, gleichmäßig und stark divergierend und im engen Bogen nach vorne gekrümmt, so daß die Enden Haken bilden. Ihr Aufenthalt ist nie weit vom Wasser.

An diesem ersten Tag hatte ich mit Ausnahme der großen Katzen fast alle hier vorkommenden Wildarten gesehen. Mike konnte anfänglich nicht verstehen, daß ich nur Tiere jagen wollte, die ich noch nicht geschossen hatte. – Bei Warzenschweinen war das etwas anderes; den starken Keilern war schlecht zu widerstehen, es war einfach eine Herausforderung, sie flüchtig gut zu schießen.

Ein besonderer Genuß war das im Beisein von Christine Robinson gemeinsam eingenommene Nachtessen. Wir saßen dabei auf einer Terrasse vor dem Rondawell-Haus, welches die Messe bildete. Von diesem Plateau hatte man einen weiten Blick über die Steppe und konnte traumhafte Sonnenuntergänge erleben. Mit einer leichten Brise, die von Zeit zu Zeit aufkam, schwebten Laute des Busches vom fernen Matetsiriver zu uns herüber. –

An dem überstehenden Dach meines Hauses sah ich häufig einen Gecko, eine kleine, fast durchsichtige Echse, auf der Jagd nach Insekten. Die Geckos sind die guten Geister der Tropenhäuser, und es ist eine alte Weisheit, nicht in einem Haus zu wohnen, welches von Echsen gemieden wird. – Vor dem Haus brannte eine Gaslampe, um Moskitos und fliegende Ameisen anzulocken und somit von uns fernzuhalten.

Josufat, Mikes Koch, war ein richtiger Künstler in seinem Fach. Heute übertraf er sich wieder einmal selbst, wie Mike sagte. Zuerst wurden kleine Fleischspießchen und Salzgebäck zur Appetitanregung gereicht. Dabei schlichen Mikes beiden Jagdhunde, eine Mischrasse zwischen Spaniel und Retriever, um uns herum, und selbstverständlich fiel dann und wann auch ein Brocken für sie ab. Als Vorspeise gab es Avocados mit Krabbenfleisch in einer pikanten Sauce, dazu gekühlten Wein oder Ginger-Beer. Dann wurden gebackene Streifen eines Warzenschwein-Überläufers serviert, der am Vormittag von mir erlegt worden war. Mit weißem Reis, kleinen gebackenen Vollkartoffeln und Gurkensalat war alles treffend abgerundet. Als nächstes auf offenem Feuer zubereitetes Riedbockwildbret, mit Knoblauch gewürzt, dazu gerösteter Yam und grüne Bohnen. Zum Dessert brachte Josufat frisches Eis, Ananas sowie in einer Kalebasse eiskalte Himbeersauce. – Die angenehmen, herrlichen Abende bekamen durch diese fürstlichen Essen noch zusätzlich etwas Herausragendes.

Zeitig waren wir am nächsten Morgen wieder auf den Läufen; es hieß die Luderplätze revidieren. Dabei konnte ich einen echten Hegeabschuß durchführen. Eine starke Säbelantilope hatte durch Löwenangriff den rechten Hinterlauf völlig zerfetzt bekommen und lag vor uns im Wundbett. Weit krümmten sich die Hörner über dem pechschwarzen Rücken, ohne die starke Mähne auf dem Träger zu verdecken. Nur wenige Schritte brauchte ich dem aus dem Lager aufgestandenen Bullen nachzueilen, um ihm aus nur ca. 20 Metern Entfernung die starke Kugel anzutragen. Wie vom Blitz getroffen schlug die Antilope um, war aber gleich darauf mit Haupt und Vorderhand wieder hoch. Ich schoß noch einmal, gezielt Blatt – keine Reaktion. Der Bulle äugte mich an, daß mir das Herz schwer wurde. Erst ein weiterer Fangschuß auf den Träger ließ diese stolze Rappen- oder Säbelantilope verenden.

Niemals mehr würde sie ihre Fährte durch die sonnendurchglühte Buschsteppe ziehen können. Ein Jäger auf der Jagd nach guten Trophäen hatte in Gemeinschaft mit einem wahrscheinlich älteren, nicht mehr in der Vollkraft stehenden Löwen diesem Leben ein Ende gemacht. Die überaus starke Resistenz oder Unempfindlichkeit gegenüber der Schußwirkung führte Mike auf den Schock durch den Raubtierangriff zurück.

Die Rappenantilope, Hippotragus niger, liebt trockenes, lichtes Busch- oder Grasland. Die bei den Männchen glänzend schwarze Färbung der Decke, welche sich scharf von der weißen Unterseite absetzt, hat bei den Weibchen einen dunkelbraunen Anflug. Das Körpergewicht liegt bei etwa 250 kg. Eine Verwechslung mit Pferdeantilopen ist möglich, jedoch sind bei dieser die Hörner wesentlich kürzer und nicht so im weiten Bogen nach hinten geschwungen.

Es ist schwer zu entscheiden, ob dem Großen Kudu oder der schwarzen Säbelantilope das Prädikat der schönsten Antilope zuzubilligen ist. Beides sind herrliche Geschöpfe, und mir fällt da auch eine Entscheidung schwer. Ich hatte ja bereits mit Erfolg in Südwestafrika auf den Großen Kudu gejagt und konnte jetzt meine Eindrücke vergleichen. Beide Antilopen möchte ich danach auf den gleichen Platz einstufen. Nachdem die notwendige Arbeit getan war, ging es weiter. Die Sonnenstrahlen hatten inzwischen alles in rotgoldenes Licht getaucht. Der dem afrikanischen Busch eigene, würzige Geruch, besonders stark am Morgen spürbar, stieg in die Nase. Es war direkt eine Lust, die unberührte Natur zu erleben. Frankoline, Perlhühner und die kleinen Sandhühner wurden immer wieder von dem Geländewagen aufgescheucht.

Ein Luderbaum nach dem anderen wurde abgefahren, aber keiner sagte etwas aus. Die auf dem Kill liegenden Äste und Blätter lagen unverrückt.

Der Kill in dem Baum am Kasibi-River war jedoch angenommen. Sofort ergriff mich eine innere Unruhe. Es war jetzt 9.00 Uhr. Schnell, aber sorgfältig bauten in einer Entfernung von 89 Metern, ich hatte die Entfernung genau abgeschritten, meine schwarzen Trekker Fryday, Champien, Bischopp und Richi einen Schirm für zwei Personen. Mike und ich wollten uns am frühen Nachmittag dort ansetzen.

Als wir jedoch gegen 16.00 Uhr zurückkamen, war der Leopard schon wieder dagewesen und hatte sicher zunächst seinen Hunger gestillt. Verzweifelt wurde überlegt und diskutiert, während ein gewisses Fieber von mir Besitz ergriff. Kommt er morgens, war er vielleicht sogar gerade durch uns gestört worden? – Wir setzten uns an.

Die Schwarzen waren mit dem Landrover so weit weggefahren, daß sie einen Schuß noch hören konnten, uns aber sonst nicht störten. Den Baum vor mir hatte ich ständig im Auge und wagte kaum irgendwoanders hinzusehen. Als die Aufdringlichkeit der lästigen Insekten langsam nachließ, begann die Dämmerung. Mit ihr stieg der fast volle Mond auf und erhellte die Landschaft so, daß ich einen Schuß hätte anbringen können. Erfolglos brach Mike jedoch gegen 20.00 Uhr unseren Ansitz ab, und wir schlichen, um nichts zu vergrämen, in großem Bogen durch den Busch. Bald sah ich die Scheinwerfer des Landrover aufleuchten. Wir hofften auf morgen.

Die Nacht erschien mir endlos. Die aufgestaute Hitze in mir und meinem Rondawell-Haus ließ vorerst nicht an Schlaf denken. Alle Gedanken und Träume drehten sich natürlich nur um ein Thema. –

„Vuka kuseni", aufstehen Mister! Es war 4.30 Uhr, die Sonne hatte gerade den Horizont überschritten, und schon ging die Fahrt zum Schirm am Kasibi-River. Ein schwacher Wasserlauf, stellenweise trocken, meistens zu überspringen, er mündet schließlich in den Matetsi. Womit zu rechnen gewesen war, der Leopard war entweder in der Nacht oder am frühen Morgen schon hier gewesen. Vom halben Warzenschwein fehlte schon fast die Hälfte. Mike schlug vor, es war jetzt kurz nach 7.00 Uhr, uns den ganzen Tag anzusetzen, warnte mich aber gleichzeitig vor der großen Hitze und den damit verbundenen Strapazen. Was gab es da zu überlegen, warum war ich hier? Wenn Mike auch indirekt die Entscheidung in meine Hände legte, selbstverständlich stimmte ich zu.

Fryday und Richi, beide vom Stamme der Sindabeli, banden auf das zum Teil bereits aufgefressene Schwein ein vorsorglich von einem anderen Luderbaum mitgebrachtes weiteres Stück eines Warzenschweines.

Champien und Bischopp, beide aus Botswana, erhielten den Auftrag, unseren Schirm von oben noch mit Buschwerk abzudecken, um wenigstens etwas Schutz vor der sengenden Sonne zu bekommen. Aber nicht zuviel, sagte Mike, denn es mußte natürlich aussehen.

Dann fuhren die Schwarzen ab, und Mike und ich nahmen wieder unsere Plätze ein. Jetzt, um 8.00 Uhr, ging es ja noch, die größte Hitze würde erst um 14.00 Uhr kommen. Bis dahin war noch viel Zeit. Ich richtete mich natürlich zuerst auf alle Möglichkeiten ein, brachte die Waffe mehrmals in Anschlag mit Zielrichtung auf das im Baum liegende Warzenschwein und entfernte jedes überzählige Blatt bzw. Ästchen. Wenn „er" heute kommen würde, müßte es eigentlich klappen – wenn ich nicht vorbeischieße. Dieser Gedanke machte mich ganz verrückt – wie war das bei dem ersten Rehbock in diesem Jahr? Schlecht saß der Schuß. Wie bei dem zweiten? Aber dann hattest du dich ja wieder gefangen. Hast du nicht die Warzenschweine und den Riedbock einwandfrei getroffen? Ich wischte mir durchs Gesicht, verscheuchte Gedanken und die immer lästiger werdenden kleinen Fliegen.

Mike stieß mich an, auch diese simplen Handbewegungen wären durch die Öffnungen im Schirm zu sehen. Ich nahm mich zusammen. Vor mir bis zum Baum war fast mannshohes, gelbes Steppengras, nur unterbrochen durch wenige kleine, grüne Büsche. Mike neben mir rauchte sein Pfeifchen und las eine Seite nach der anderen in seinem Krimi. Für ihn war das hier Alltag, ihn konnte nichts aufregen, außer, wie er mir später sagte, der hektische Betrieb einer Großstadt.

12.00 Uhr. Ich starrte manchmal ununterbrochen auf den nach links geneigten Teilstamm des Mukabi-Baumes. Entweder um diese Zeit oder erst gegen Abend würde er kommen, hatte Mike gesagt. Es hieß also Geduld haben. Plötzlich hatte ich Schwierigkeiten mit meinen Augen. Hatte das ständige Flimmern der Warmluftschichten mich schon halb blind gemacht, oder warum brannten und tränten meine Augen so heftig? Waren es die kleinen Fliegen oder die gespritzten Säuren der überall kriechenden Ameisen in allen Größen und Schattierungen? Zuerst konnte ich keine Erklärung finden, rieb und zwinkerte, drückte oder hielt zeitweise die Augen geschlossen, bis Mike sagte: „Too much sunoil, run in your eyes." Das war es, denn nachdem ich mit dem Taschentuch alles mehrmals saubergeputzt hatte, ging es wieder. Es war 14.00 Uhr, die Sonne schien jetzt genau von oben. Die über 40 °C in dem relativen Schatten des Schirms waren in der Sonne sicher 60 °C oder mehr. Müdigkeit überfiel mich, und immer häufiger spiegelte mir die Phantasie die Großkatze auf dem Baum. Ich mußte wohl doch eingenickt sein, denn der laute Schrei eines Babun (Affe), mit dem durchdringenden „oh ooh ohh oh o", erschreckte mich stark. Er war nahe an den Schirm herangekommen und sprang mit weiten Sätzen ab. Wo war der Schrecken größer? Bei ihm oder mir? –

Es wurde 16.00 Uhr, Mike hatte sein Buch aus, die Trinkvorräte gingen zur Neige, ich konnte bald nicht mehr sitzen. Wie gebannt starrte ich immer wieder auf den schrägen Stamm des Luderbaumes. Plötzlich, es mußte kurz vor 17.00 Uhr gewesen sein, sprang genau in meinem Blickfeld mit einem Satz, der an Leichtigkeit einem geworfenen Federball gleichkam, der Leopard auf den Baum. Ich stieß Mike an, mein Herz schlug wie wild ganz oben im Halse. Nur jetzt keine Fehler machen, hämmerte ich mir ein. Der Leopard sicherte nach allen Seiten und drehte stolz sein Haupt. Der Kopf erschien mir im Glas zunächst ganz grau. Vorsichtig rückte ich mich auf meinem Sitz zurecht, bis ich ihn klar im Zielfernrohr hatte. Er schien nicht stillzustehen, doch nein, es war meine Waffe, die nicht ruhig in der Hand lag. Zusammenreißen. Dann war ich sicher nur für Sekunden eiskalt, stach ein, der Zielstachel suchte den richtigen Punkt, nur nicht zu hoch, Schuß! –

Durchs Zielfernrohr sah ich genau, wie die herrlich gefleckte Katze hochfuhr und dann rücklings, mit den Tatzen nach oben, ins hohe Gras fiel. „Good shot", rief oder schrie Mike. Mir flatterten alle Glieder, mein Mund war pulvertrocken, sollte tatsächlich ... erst mußte ich „ihn" sehen, anfassen können, bevor die richtige Freude durchkommen konnte. Schon kamen wieder finstere Zweifel – gab es nicht bei Krellschuß ein ähnliches Zeichen? Aber ich war doch richtig abgekommen. Mike schnallte seinen Colt um, nahm seine mit starkem Schrot geladene Flinte, und vorsichtig gingen wir im Bogen, den leichten Wind von vorne, Richtung Baum. Mein Hinweis, daß wir in Old Germany 15 bis 20 Minuten warten, wurde abgetan. Kaum waren wir über den Kasibi gesprungen, kamen von links die Schwarzen mit dem Landrover. Äußerst behutsam liefen wir nun langsam weiter gegen den Wind auf den Mukabi-Baum zu. Mein Zielfernrohr hatte ich inzwischen abgenommen. Die Spannung stieg unaufhaltsam. Etwa 10 Meter vor dem Baum sahen wir plötzlich eine Bewegung im Gras. Waren das die letzten Zuckungen, oder wartete er vielleicht nur auf uns?

Mike war die Sache zu gefährlich. Er ließ den Wagen holen. Wir beide und noch ein Schwarzer mit den Gewehren in der Armbeuge, hinten drauf, fuhr Fryday nun langsam heran. Plötzlich ein Fauchen, und ich sah gleichzeitig hinter dem Baum ein Stück des herrlichen Fells und das Haupt meines Leoparden. Mike und ich schossen fast gleichzeitig, ein kurzes Aufbäumen, und dann war es aus. Nach qualvollen Minuten Wartezeit, wurde durch Steinwürfe von Fryday und Champien noch einmal die Reaktion geprüft. Alles blieb ruhig, und ich trat schließlich vor meinen Leoparden, faßte ihn an, das Haupt, die Tatzen; wußte nicht, ob ich lachen oder weinen sollte. Wie lange hatte ich auf diesen Moment gewartet. Aber wieder einmal hatte sich ein Jäger als Herr über Leben und Tod aufgespielt. Dann aber brach doch meine Freude durch. Impulsiv umarmte ich Mike, und er schlug mir auf die Schulter. Die Schwarzen strahlten alle, und ich drückte jeden einzelnen, denn Rassengegensätze gibt es schon gar nicht bei der Jagd. Mike kommt mit dem letzten Bissen und einem Bruch des Luderbaumes nach deutscher Art. Ich war glücklich. –

Mein erster Schuß saß zwei Finger breit über dem Blatt, und trotzdem schlug sein Herz noch, als wir mit dem Wagen kamen. Zweifellos wäre er aber nicht mehr hochgekommen, und die Fangschüsse wären nicht nötig gewesen. Dabei hatte meine 9,3 den Träger getroffen, während Mikes Schrote teilweise die Reißzähne trafen.

Etliche Aufnahmen wurden gemacht, die Filmkamera mußte laufen, und dann ließ ich es mir nicht nehmen, den Leoparden vom Kasibi-River selbst auf den Landrover zu legen. Es wurde eine stolze Heimfahrt, bei der ich die einzelnen Passagen noch einmal Revue passieren ließ. Am Abend gab es reichliche Sonderportionen von Bier und Schnaps für die Schwarzen sowie Whisky für Mike.

Lange saß ich noch bei hellstem Vollmond unter dem Kreuz des Südens, um mich herum die Stimmen der Buschsteppe. Ich dankte Diana für mein Waidmannsheil. Mein Leopard hatte zwar „nur" die Maße 6 foot 7 inch (ca. 2,03 m), war aber für mich der „Größte". Meiner Ansicht nach ist der Leopard von allen Großkatzen die interessanteste und in den Augen der meisten Afrikajäger die begehrenswerteste Trophäe.

Der Tag war warm und etwas diesig gewesen, man spürte deutlich die kommende Regenzeit. Mike und ich entschlossen uns noch zu einer Pirschfahrt, aber bald bat ich ihn, einem inneren Gefühl gehorchend, mit dem Wagen und den Schwarzen zurückzubleiben. Ich wollte an diesem Abend allein sein. Der Himmel hellte sich etwas auf, war aber zum Horizont hin immer noch vom Dunst eines vorher niedergegangenen Gewitterregens erfüllt, der sich nach dem Untergang der Sonne tiefrot färbte. Jetzt mußten mich etwa 2 km von dem Landrover trennen. Ein wunderschönes Bild tat sich vor mir auf. Glühende Wolkenränder zogen sich durch das riesige Rot, welches über der schmalen, schwarzen, gezackten Linie des fernen Busches stand. Unterbrochen wurde diese quer durch das Bild verlaufende Linie durch einen sanften Hügel, welcher mit sperrigen Baumresten, der Visitenkarte von durchziehenden Elefanten, bedeckt war. Diesen Hügel hinan zog langsam eine starke Rappenantilope. Ich hätte sie trotz des schwindenden Lichtes gut schießen können, ihre Hörner waren stark und weit geschwungen, aber ich wollte nicht. Die von mir geschossene Säbelantilope, wenn auch durch Mithilfe eines Löwen erbeutet, war mir stark genug.

Auf der Höhe des Hügels verhoffte der Bulle und sicherte in die Ferne. Tiefschwarz ragte seine Gestalt über den kleinen Berg in den glühenden Abendhimmel empor. Noch ein paar Sekunden, und er würde in der jenseitigen Tiefe verschwunden sein, noch ein paar Minuten, und das Abendrot würde verlöschen. – Da ritt mich der Teufel. Einem unwiderstehlichen Zwang folgend, nahm ich die Büchse hoch und schoß. Die Antilope, die diesem Bild das Leben gab, brach in der Fährte zusammen und verendete. Nach dem Schuß war ich verwirrt und beschämt zugleich. Weshalb hatte ich die Säbelantilope geschossen? War es nur um des Schusses willen, war die Trophäe wirklich so stark, oder wurde das Wildbret im Lager benötigt?

Die Antwort liegt, wie im Vorwort erwähnt, sicher in den weisen Worten des Philosophen y Gasset: ... sondern wir töten, um gejagt zu haben.

Bald schon hörte ich das Motorengeräusch des Landrovers und ging ihm, es war fast dunkle Nacht geworden, etwas entgegen. Mike hatte mich schnell gefunden und freute sich über die starke Trophäe. Das kam mir dabei erst richtig zu Bewußtsein, und selbstverständlich erzählte ich nichts von meinen inneren Gefühlen. Mit 43 1/4 inch kam diese Trophäe später in das Rowland Ward Book. An diesem Abend wurde es noch sehr spät und anregend bei der Unterhaltung.

Der nächste Tag war ein Sonntag, und ich hatte Mike gesagt, daß ich mal wieder länger schlafen wollte. Aber schon seit 5.00 Uhr saßen die Schwarzen vor meiner Tür und palaverten. So wurde die Abfahrt doch zeitiger, trotzdem lag bereits eine drückende Schwüle über dem Land. Unsere Absicht war es, einen Mähnenlöwen zu finden, und dazu ging die Pirschfahrt durch immer neue Gefilde. So sehr sich auch die Trekker Mühe gaben, war die Suche vergeblich, und wir mußten schließlich aufgeben. Mike kam dann auch langsam damit heraus, daß die Jagd auf Löwen hier meist nur im Juni von Erfolg gekrönt wird.

Ehrlich gesagt, war mir der Mißerfolg auf den Löwen gar nicht einmal so unangenehm. Das große Erlebnis mit meinem Leoparden vom Kasibi-River wäre geschmälert worden und hätte an Glanz verloren. Am späten Nachmittag sahen wir eine starke Büffelherde, unter ihnen kapitale Bullen. Ich machte Filmaufnahmen, und langsam folgten wir der Herde, welche bald im dichteren Busch verschwand. Plötzlich sahen wir auf etwa 200 Meter zwei starke Warzenschweinkeiler. Einen Kapitalen wollte ich ja gerne noch haben. Schnell war ich mit Champien runter vom Wagen, um in weitem Bogen die Schweine bei richtigem Wind anzupirschen. Manchmal waren sie durch Bodenwellen verdeckt. Als wir sie wieder richtig zu Gesicht bekamen, standen sie vor einer Herde Zebras. Sie hatten den Boden schon ganz schön zerfurcht und wurden plötzlich unruhig. Es waren ca. 120 Meter; hinter einem Dornbusch ging ich kniend in Anschlag. Als der stärkere Keiler mir sein Blatt zeigte, ließ ich fliegen. Der Keiler lag, war aber noch nicht verendet. Im nächsten Moment war der zweite Keiler da und nahm seinen Gefährten an. Laut schreiend versuchte dieser, sich zur Wehr zu setzen. Mein zweiter Schuß auf den im Wundbett liegenden Keiler ging fehl, veranlaßte aber das andere Warzenschwein zur Flucht. Im nächsten Augenblick kam mein Keiler auf die Läufe und direkt auf mich zu. Es sah aus, als ob er mich annehmen wollte. Hastig fingerte ich die dritte Patrone aus meiner Brusttasche, lud nach und konnte dem tapferen Recken auf 20 Meter eine zweite, jetzt tödliche Kugel antragen. Es war mein zweitstärkster Keiler aus Afrika.

Vergeblich schaute ich mich nach Champien um, er hatte rechtzeitig die Flucht ergriffen und saß auf einem der nächsten Bäume. –

Wenn der Wind nicht gewesen wäre, ich hätte es kaum ausgehalten. 45°C im Schatten, Vitamin A für die Haut, Tabletten gegen Malaria, Salztabletten für den großen Wasserdurchsatz, so begann fast jeder Tag. Gestern hatte ich einen Buschduiker geschossen. Diese zierlichen, kastanienroten Antilopen sind kleiner als unser Rehwild. Das Gewicht liegt bei 13 kg, und die genaue Bezeichnung ist Rotducker, Cephalophus natalensis.

Heute galt die Jagd den Krokodilen. Nach längerer Fahrt mit dem Landrover hatten wir einen Fluß erreicht, wo Krokodile sein sollten. In einer schmutzig-braunen Brühe konnte ich auch bald eins sehen. Die Lichter und die Nasenspitze ragten eben aus dem Wasser. Mike hielt es für einen Ast und stellte seinen Irrtum erst fest, als nur noch Wasserringe anzeigten, daß ich recht hatte. Ich hätte auch nicht schießen können, weil in dem krokodilverseuchten Wasser ein Bergen äußerst schwierig geworden wäre. Man mußte warten, bis ein Krokodil auf einer Sandbank lag, und dann genau zwei Fingerbreit hinter dem Auge treffen, damit es auf der Stelle verendete. –

Wir fischten und faulenzten den ganzen Tag und hofften auf ein Auftauchen dieser Riesenechsen. Die Hitze wurde immer unerträglicher, und ich suchte schon nach einer geschützten Stelle, um vielleicht doch noch eine kurze Abkühlung im Fluß zu finden, da fielen mir die Warnungen über die Bilharziose ein.

In diesem Gebiet sind fast alle Flüsse und Tümpel mit Bilharzia verseucht, sagte Mike. Gegen diese heimtückische Krankheit kann man sich nicht durch eine Impfung schützen, und mit ihr ist nicht zu spaßen. Infiziert kann der Mensch nur werden durch direkte Berührung des verseuchten Wassers. Die frei schwimmenden Larven der Schistosoma-Mansoni dringen durch die Poren und Haarkanäle in die Haut ein, erreichen innerhalb von zwei Tagen die Lunge, wandern dann über die Bronchien und Blutgefäße in die linke Herzseite und schleusen sich von dort in die Arterienzirkulation ein. In der Leber, der Milz und der Bauchspeicheldrüse wird dann campiert und auf die Geschlechtsreife gewartet. Ist die Hochzeit gefeiert, verziehen sich die befruchteten Weibchen in die Venen zur Eiablage. –

Nach einem Monat ist das ganze Verdauungssystem verseucht. Der Kranke fühlt sich elend, matt, hat oft Fieber, mit der Zeit blutigen Stuhl und Harn. Wenn zu diesem Zeitpunkt nicht ein Arzt zu Rate gezogen wird, ist das Ende nicht mehr weit.

Verschiedene Professional Hunter haben mich auf diese Miniegel und ihre verheerenden Folgen hingewiesen. Bisher bin ich aber von einer Bilharziose verschont geblieben, weil ich mich strikt an die Weisungen – nicht in fremden Gewässern baden, kein ungekochtes Wasser trinken, Eiswürfel vermeiden, wenn man nicht weiß, woher sie kommen, etc. – gehalten habe.

Diese Gedankensprünge brachten mich schnell wieder in die Wirklichkeit zurück und ließen mich mein Vorhaben bald vergessen.

Gegen Abend hatte ich trotz Öl und Creme einen starken Sonnenbrand, ließ mich aber doch noch zu einem Ansitzbaum fahren. Hier erlebte ich wieder einmal einen zauberhaften Untergang der Sonne, der nur von einem Dichter in passende Worte gefaßt werden könnte. Die Zeit des Wartens wurde mir nicht lang. Eine Vielzahl von Vögeln, unter ihnen Frankoline, Perlhühner, Leilabrustroller, Wachteln, um nur einige zu nennen, konnte ich bei ihrem Tun beobachten. Ein Schwarm aufgeregter Affen schien mir schon das Kommen eines Raubtieres anzudeuten, aber zu Gesicht bekam ich nichts. Ein Muttertier mit unter dem Bauch hängenden kleinen Äffchen kam mir in meinem Baumansitz ziemlich nahe, hatte mich auch bald weg und sprang unter großem Gezeter ab.

Ein aufkommendes Gewitter verdunkelte den Himmel derart, daß Mike gegen 23.00 Uhr den Landrover schickte. Von Ferne sah ich bald die Lichter des Camps leuchten, es schien mir, als winkten sie mir mit den Worten „Lemon with ice... Lemon with ice..." zu.

Wenn auch die Gewitter und die heftigen Regengüsse an den Spätnachmittagen eine gewisse Abkühlung brachten, so waren die Nächte doch erdrückend schwül. Nicht zuletzt kam durch den Regen auch allerlei Ungeziefer aus dem Boden. Fliegende Ameisen zu Tausenden waren dabei noch harmlos, heute morgen jedoch fand ich in meinem Rondawell-Haus zwei Skorpione unter der Fußmatte im Bad.

Mehrmals hatten die Schwarzen jetzt auch Schlangen gesehen, zweimal war es die schwarze Mamba, ein äußerst giftiges und angriffslustiges Reptil. Die drei Meter lange, blauschwarze Schlange, mit 10 cm breitem Kopf, ähnelt der Brillenschlange und bevorzugt Termitenbaue als Wohnung. Seit Tagen fuhren wir deshalb wieder mit montierten Türen im Landrover.

Eine Fahrt zum Wankiepark, ohne Büchse versteht sich, stand noch auf dem Programm. Ich machte herrliche Beobachtungen und filmte, was die Kamera hergab. Auf ca. 40 Meter kamen wir an zwei Spitzmaulnashörner, Diceros bicornis, heran. Die Mutter, ein pralles Weibchen, ging dem Kalb voraus. Deutlich hörten wir die brummenden, grunzenden Quieklaute, die in keinem Verhältnis zur Größe der Tiere stehen. Das prustende Schnauben, welches die Dickhäuter bei Beunruhigung und vor einem Angriff von sich geben, bekamen wir zum Glück nicht zu hören. In Gegenden mit häufiger Beunruhigung kann es gelegentlich zu Angriffen auf Menschen kommen. Besondere Vorsicht ist daher bei diesen massigen, gewaltigen Tieren immer geboten. Sie können sich auf der Stelle drehen und erreichen im Galopp Geschwindigkeiten von über 50 km/h, da ist auch ihr schlechtes Sehvermögen kein Trost.

An einer Wasserstelle sah ich einen 1,50 Meter langen Leguan, der mich zunächst erschreckte. Unter den vielen Vögeln gefiel mir ganz besonders ein Sattelbillstorch, Ephippiorhynchus senegalensis, mit seinem rotgoldenen, abgesetzten Schnabel. Er ist der größte lebende Storch.

Unvergessen bleibt mir der Anblick einer Herde Elefanten, welche sich fast eine Stunde in einer Entfernung zwischen 20 und 30 Metern vor uns suhlten, tranken und spielten.

Die Wolken zogen sich jedoch immer mehr zu einer schwarzen Front zusammen. Mike riet daher zum zeitigen Aufbruch. Als wir losfuhren, kamen wir in einen Regen, wie ich ihn noch nicht erlebt hatte. Buchstäblich aus Eimern wurde das Wasser über uns entleert. Für Mike waren das immer noch kleine Fische, im März, April sollte ich einmal die Regenzeit mitmachen, meinte er. Ich glaubte aber, die für Dezember angesagte Regenzeit hatte schon angefangen. Es regnete in dieser Stärke mehrere Stunden, und mit der Jagd würde es wohl zu Ende sein. Am späten Abend im Camp, der Regen hatte aufgehört, begannen die Termiten ihren Hochzeitsflug. Hunderttausende flogen zu der einzigen freien Lampe im Lager, verloren ihre Flügel und krabbelten überall herum. Man watete förmlich durch Leiber von Termiten und anderen Käfern aller Art. Ich war an diesem Abend froh, als ich mir die Decke über die Ohren ziehen konnte.

Die Safari näherte sich ihrem Ende. Als die Trophäen abgekocht, vorbehandelt und teilweise schon verpackt waren, Aufnahmen von dem nahegelegenen Dorf gemacht waren, der Backschisch an die treuen Gefährten verteilt war, regte Mike die Beobachtung eines ihm bekannten Flußpferdpaares an. Wir fuhren daher zu einem toten Seitenarm des Kasibi-Rivers. Schön wie immer ging der Tag zur Neige. Film- und Fotoapparat lagen griffbereit neben mir, als wir, zwei Schwarze waren mitgekommen, an dem schilfbedeckten Ufer auf das Auftauchen der Wasserpferde warteten. Drei Uferschnepfen kamen durch den Himmel gezogen. Ich hörte ihr Rufen, lehnte mich an den dicken Baumstamm, welcher hinter mir lag, zurück und konnte nun bequem ihren Flug verfolgen. Als sie aus meinem Blickfeld verschwunden waren, blieben meine Augen an dem jetzt wolkenlosen Himmel haften. Dieser Himmel war leer. Meine Blicke lösten sich von seiner blassen, kühlen Bläue. Unser Himmel in Europa erschien vor meinem geistigen Auge. Der war anders, ich möchte fast sagen, beseelter, belebter. So etwas wie Heimweh keimte in mir. Ich richtete mich auf, warf einen Blick in die Runde. Auch dieser Busch, die ganze Gegend erschien mir plötzlich fremd. Noch nie hatte ich dies so deutlich gespürt und gesehen. Diesem Land fehlte die reiche geistige Belebung Europas, die große Kultur des Abendlandes. – Ich freute mich auf zu Hause. Wir kehrten zurück, nachdem die Flußpferde sich nur einmal prustend gezeigt hatten.

Anderntags versuchten wir noch einmal, Löwen zu finden, aber auch eine lange Pirschfahrt entlang der Grenze Botswanas zeigte keinerlei Spuren von ihnen. Zum ersten Male sah ich dafür Sassaby- oder Halbmondantilopen, Damaliscus lunatus. Die rötlichbraunen Steppenbewohner ähneln stark der Leierantilope und sind eine der schnellsten Antilopen Afrikas. Die Hörner sehen von vorne halbmondförmig aus und gaben so dem Tier seinen Namen. Es ist nur am Sambesi und nördlich davon anzutreffen.

Als wir kreisenden Geiern folgten, fanden wir ein in einer Drahtschlinge gewildertes Gnu. Mike gab später entsprechende Meldung an das Game Department in Victoria Falls. Hier bekam ich auch mein Ausfuhrpermit für den Transport meiner Trophäen.

Wir hatten diesen Ausflug nach Victoria Falls gemacht, um an einem Essen der Professional Hunter des Matetsidistrikts teilzunehmen. Ich lernte viele interessante Leute kennen und schätzen. Es waren durchweg freundliche Rhodesier, von denen viele schon seit mehreren Generationen hier lebten und ihr Eigentum hatten. Ich gewann den Eindruck, daß bei eventuellen politischen Auseinandersetzungen, die meiner Ansicht nach nur von außen lanciert werden könnten, die Weißen ihr Land bis zum letzten verteidigen würden.

Das Hotel war sehr nett und entsprach hinsichtlich Komfort durchaus den verwöhntesten europäischen Ansprüchen. Die schmetternden Froschkonzerte vom nahen Sambesi übertönten noch das Dröhnen der ferneren Victoria-Fälle.

Diese Wasserfälle, eine der vielen Naturschönheiten des Landes, waren, obwohl der Sambesi im Moment wenig Wasser führte, sehr beeindruckend. Auf einer Länge von mehr als 1000 Metern stürzt das Wasser 100 Meter in die Tiefe. Der dadurch entstehende Wasserdunst erreicht Höhen von über 450 Metern. – Bei der Besichtigung einer Krokodilfarm, in der alle Entwicklungsstadien vom Ei bis zum 500 kg schweren Krokodil zu sehen waren, erfuhr ich, daß 10 % der Zucht wieder in der freien Wildbahn ausgesetzt werden müssen. Anschließend traf ich mich mit Mike, und wir fuhren zurück zum Camp.

Am letzten Tag bat ich um eine Pirschfahrt zum Kasibi-River, dem Platz der Erlegung meines Leoparden. Alle Einzelheiten der Gegend und des Erlebnisses versuchte ich mir noch einmal unauslöschbar einzuprägen, denn wie hatte ich mich in Mikes Gästebuch verewigt: „My greatest African desire has been filled."

Mit Wehmut verabschiedete ich mich von meinen schwarzen Freunden und stieg zum letzten Male in den Landrover von Mike. Unter mir zog der rote Lehm der Straße dahin, an deren Ende in Europa die Familie und der Alltag auf mich warteten. Würde ich diesen Flecken Erde noch einmal wiedersehen?

◆◆◆

Oberhalb einiger Strohhütten der Schwarzen standen auf einer
Anhöhe drei Rondawell-Häuser.

Eine große Herde weiblicher Säbel- oder Rappenantilopen.

Ich trete vor meinen Leoparden, fasse ihn an, das Haupt, die Tatzen, weiß nicht, ob ich lachen oder weinen soll...

Mein starker Riedbock,
Redunca redunca.

Mike, Richi, Champien und Bisschopp mit meinem
ausgesprochen starken Warzenschwein und dem „kleineren"
Keiler.

Meine Rappenantilope mit 43¼ inch kommt ins Rowland Ward Book.

Hier stürzt der Sambesi über 100 Meter in die Tiefe, die Victoria-Fälle.

Alaska, USA – 1978

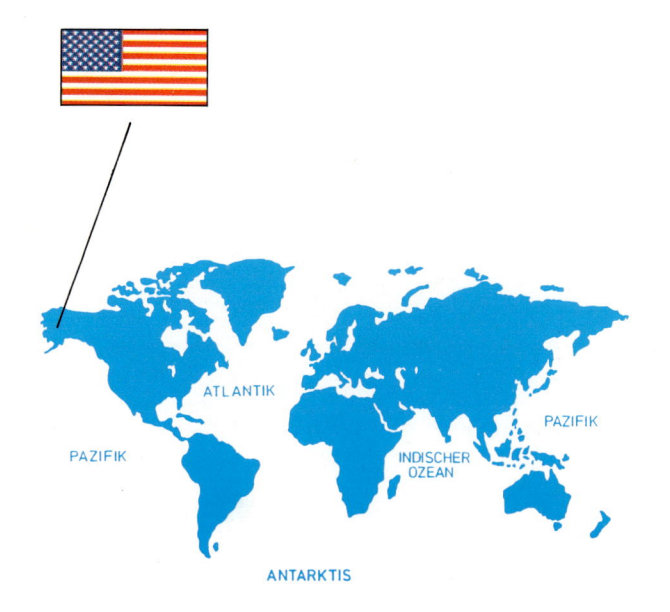

„Sein Schaf haben, ehe man 35 wird"

Alaska, das Traumland für einen Jäger, hatte mich aufgenommen. Seit zwei Tagen war ich bei Freunden in Anchorage, um mich zunächst zu akklimatisieren und den Zeitunterschied zu Europa zu egalisieren. Rührend kümmerten sich Marlene und Eddi um mich. Die letzten Vorbereitungen für meine bevorstehende Jagd wurden getroffen, Lizenzen, Tags etc. besorgt, und dabei bekam ich den ersten Eindruck von der Größe des Landes. Anchorage, die größte Stadt Alaskas, dehnt sich auf einer sehr weiten Fläche aus. Wo 1920 nur wenige Hütten standen, leben heute im Einzugsbereich dieser Metropole etwa 175 000 Menschen, das sind mehr als die Hälfte aller Einwohner des 49. Staates der USA. An allen Ecken spürte man noch immer den Pioniergeist früherer Jahre. Die Wohnhäuser sind größtenteils 1- oder 2stöckig und vorwiegend aus Holz gebaut. In manchen Vierteln fühlt man sich in eine europäische Feriensiedlung versetzt. Zu den meisten Häusern gehört ein Grundbesitz von mehr als 1000 qm, auf dem meist alte knorrige Fichten stehen. Bei meinen Freunden sollen die Elche angeblich bis vor die Türe kommen. Der Hinflug über Amsterdam mit der KLM dauerte mit Zwischenaufenthalt fast zwölf Stunden. Er ging über die Shetlandinseln, Grönland und dann direkt über den Nordpol. Dabei konnte ich mir einen Eindruck von dem ewigen Eis der Arktis verschaffen. Ich versuchte mir vorzustellen, was passieren würde, wenn wir in dieser Wüste aus Treib- und Packeis notlanden müßten. Wie schnell geht die Phantasie da mit einem durch.

Dann kam bei herrlichem Wetter und praktisch gleichbleibender Zeit, denn wir flogen ja mit dem Tag, die Küste von Alaska in Sicht. Immer wieder hatte ich meine Kamera am Auge und versuchte, die beeindruckenden Bilder festzuhalten. Das ganze Land wurde von Nord nach Südwest überflogen. Als das gewaltige Bergmassiv des Mt. McKinley, die Spitze von 6200 Metern war eingehüllt in einer kleinen Wolkendecke, erschien, wußte ich, daß die Landung bald erfolgen mußte. Nach einer großen Schleife über der Cooks-Inlet setzte der Kapitän die vollbesetzte DC 10 sanft auf. Ich betrat zum ersten Male nordamerikanischen Boden.

Schon bald hieß es wieder Abschied nehmen von den lieben Freunden, die, wie sie sagten, nie wieder in der Enge Europas leben möchten. Ich versprach, auf dem Rückweg noch einmal für wenige Tage vorbeizukommen.

Meine Reise ging weiter mit einem Flug nach Iliamna, denn hier wurde ich von meinem Outfitter Denny Thompson erwartet. Er stand auch schon mit seiner einmotorigen Piper, Modell Super Cup, auf dem Flugplatz bereit, und wir schlossen schnell Freundschaft. Eilig schien man es hier nicht zu haben, denn Denny hatte noch hier und da etwas zu erledigen, kannte alle möglichen Leute und mußte jedem Rede und Antwort stehen.

Nachdem mein Seesack und der Waffenkoffer in der kleinen zweimotorigen Maschine verstaut waren, zwängte ich mich hinter den Sitz von Denny und schnallte mich an. Relativ kurz war der Start, Flugrichtung Basiscamp. Unendlich war dabei der Weitblick über die menschenleere Einsamkeit. Das Laub der zwischen den Fichten vereinzelt stehenden Birken war schon goldgelb. Wir flogen in geringer Höhe, und überall sah man Wechsel von Elch und Caribou. Entlang dem Newhalen-River, in welchem ich eine Unmenge von Lachsen sehen konnte, waren die Ufer gesäumt mit vielen toten Fischen, welche ihre Laichgründe nicht mehr erreicht hatten. Nach etwa zwanzig Minuten erreichten wir den Sixmale Lake. Hier stand, neben einigen Hütten der hier lebenden Indianer, das große Blockhaus von Denny Thompson und seinem Partner Bill Sims, direkt am Ufer. Die Rollbahn für Flugzeuge war nicht mehr als 200 Meter entfernt.

Der inneren Ordnung und Sauberkeit dieses Blockhauses stand ein äußeres wüstes Durcheinander gegenüber. Neben diversen Benzin- und Öltonnen lagen ausrangierte und neue Boote, Außenbordmotore, Holz, Werkzeuge etc. am Boden. In den Sträuchern lagen Geweihe von Elchen und Caribous. Daneben standen kleine Schuppen für Werkzeug, Fleischvorräte, Felle und dergleichen sowie das Salzhaus. Dieses war ebenfalls ein primitiver Schuppen, in welchem die Felle gesalzen werden und gleichzeitig gegen Wildtiere und streunende Indianerhunde gesichert sind.

Nach kurzem Umsehen und Einrichten, ich hatte einen kleinen Raum für mich, schlug Denny einen „kleinen" Erkundungsflug vor. Die Pflicht rief ihn auch zu einem seiner Außencamps, um nach dem Rechten zu sehen und eventuell Fleisch und Trophäen abzuholen.

Nach „nur" etwa 120 km über menschenleerem Busch erreichten wir das Camp. Aus der Luft konnten wir vorher zwei Jäger erkennen, die, bepackt mit Elchgeweih und Wildbret, auf dem Weg zum Zelt waren. Die Landung auf dem in keiner Weise vorbereiteten Boden erzeugte mir ein Unbehagen, gab mir aber andererseits Vertrauen in das fliegerische Können von Denny.

Kurze Begrüßung durch einen Jäger, und dann erfolgte, aufgelegt auf Bergen von Wildbret, ein Probeschuß mit meiner bewährten Mauser 9,3 x 64, TUG, der mich befriedigte. Das Camp bestand aus einem großen Zelt mit Holzboden, Yukonofen und drei Holzpritschen. Da die anderen Jäger, die wir vom Flugzeug aus gesehen hatten, wohl noch einige Zeit brauchen würden, um das Camp zu erreichen, schlug Denny einen weiteren Erkundungsflug vor. Insgesamt habe ich auf diesen beiden Flügen einen Braunbär, sechs Schwarzbären, zwei starke Elche sowie diverse Caribous gesehen. Ich war begeistert, wenn auch das stark versumpfte und von kleinen Wasserstellen unterbrochene Gelände mir mit Sicherheit bei den Pirschen noch viel zu schaffen machen würde.

Nach wieder erfolgter Landung wurden Wildbret und Elchgeweih, die Beute der hier hausenden Jäger, verladen. Letzteres wurde einfach unterhalb der Tragflächen angebunden, und dann machten wir uns auf den Rückflug. In stockdunkler Nacht, Denny schaltete erst kurz vor der Landung die Scheinwerfer ein, erreichten wir wieder den Sixmale Lake. –

„Bei gutem Wetter jagen wir morgen auf Dallschaf", sagte Denny nach einem kräftigen Abendbrot. Diese freudige Ankündigung ließ mich die Nacht traumlos durchschlafen, nachdem ich die trüben Gedanken wegen eines mich seit Wochen bedrückenden persönlichen Problems verscheucht hatte. –

Ein scharfer Wind, der mir direkt ins Gesicht blies, weckte mich schon zeitig. Richtig, als mir in der Nacht das Heulen der Indianerhunde zu laut wurde, wollte ich das Fenster schließen. Da der Rahmen klemmte, packte ich kräftiger zu, und die bereits gesprungene Scheibe zerbarst und fiel dabei mit lautem Gepolter

auf vor dem Fenster stehende Benzinfässer. Die Hunde waren dadurch zunächst ruhig.
Selbstverständlich hatten Denny und Bill auch fließendes Wasser aus eigenem Brunnen, nur klappte es an diesem Morgen nicht, denn die Leitungen waren eingefroren. Nach einer darauf erfolgten zünftigen Morgenwäsche in dem kalten See, bekam mir das Frühstück, vorwiegend Eier und Speck, hervorragend. Mit zwei Flugzeugen flogen wir anschließend zu den Bergmassiven der Alaska Range. Wir, das heißt Denny, mein Guide Earl, Bill und ich. Unsere Ausrüstung bestand aus einem kleinen Zelt, Schlafsäcken und etwas Proviant. Unser Ziel war ein Gletscher in ca. 2000 Meter Höhe.

Nach ca. 100 km hatten wir das Bergmassiv erreicht. Ungeheuerlich war für mich diese riesige, schneebedeckte Bergwelt. Namenlose Gebirgszüge auf einer Fläche von der Größe Hessens. In meinem Blickfeld lagen die gewaltigen Spitzen des Mt. Ridojbt und des Mt. Ilamna, jeweils über 3500 Meter hoch. Immer neue Gletscher konnte ich erkennen, bis Denny nach einiger Zeit einen direkt ansteuerte. Etwas komisch war mir doch zumute beim Anblick der vielen Gletscherspalten. Unwillkürlich mußte ich an die gewagten Flüge des Mussolinibefreiers Skortzeni denken. Denny schaffte aber auch dieses Problem ohne Schwierigkeiten. Kurz darauf landete auch Bill, der ebenfalls eine Piper flog. Wir, Earl und ich, sowie die spärliche Ausrüstung wurden ausgeladen, und dann verabschiedeten wir uns von unseren Freunden, welche auch bald mit ihren „Vögeln" im Blau des Himmels verschwanden. Ja, blau war der Himmel in der Tat, kein noch so kleines Wölkchen war zu sehen. Die zarten Wolkenschleier des frühen Morgens hatten sich in der Wärme der Sonne aufgelöst, der Himmel sah aus wie ein Tuch, das sich seidig blau über die Berge spannte. –

Vor der Sonne hatte ich Respekt, denn, verstärkt durch die Reflexion des Schnees, mußte ich mit einem Sonnenbrand rechnen. Denny wollte am Frühnachmittag des nächsten Tages wiederkommen. Ob wir bis dahin schon mit einem Erfolg aufwarten konnten?

Nachdem unser kleines Zelt aufgebaut war und die Schlafsäcke ihre ganze Länge zeigten, gingen wir auf den ersten Erkundungsgang. Im Schnee konnte ich dem stark ausschreitenden Earl ja noch gut folgen, aber im Gewirr des scharfkantigen Steingerölls wurde es schon etwas schwieriger. Meistens entlang der Grate pirschten, besser gesagt, kletterten wir nun Stunde um Stunde dahin. Earl, der mir mit seinen 34 Jahren immer etwas voraus war, gab mir von Zeit zu Zeit durch Handzeichen zu verstehen, daß ich mich ducken und äußerste Ruhe bewahren sollte. Insgesamt konnten wir, teilweise auf große Entfernungen, dreimal Dallschafe ausmachen. In den zerklüfteten Hängen sahen wir weibliche Schafe und einmal einen noch nicht jagdbaren Widder. Full Curl sollte er schon haben, und viele gab es davon sicher auch hier nicht.

Mit hoffnungsvollem Optimismus machten wir uns schließlich auf den Rückweg. Nach einem spärlichen Mahl krochen wir in unsere Schlafsäcke. Die erste Nacht auf ewigem Eis war für mich angebrochen. Die fast unheimliche Stille wurde einige Male durch Steinschlag unterbrochen, ein untrügliches Zeichen, daß Schafe unterwegs waren. Die Nacht war klar und hell; durch das dünne Zeltdach konnte ich die Sterne erkennen. In Erwartung des neuen Tages und der damit verbundenen Jagd schlief ich schließlich ein. Ich weiß nicht mehr, war es die innere Unruhe, die Kälte des Eises, die langsam alle Knochen erreicht hatte, oder Earl, der mich weckte. Der Tag war schon angebrochen, und nach kurzem, trockenem Frühstück machten wir uns erneut auf den Weg. Oberhalb des Gletschers angekommen, zog es uns heute nach links. Dem Grat eine zeitlang in Deckung folgend, dabei jeglichen Steinschlag tunlichst vermeidend, warf Earl ab und zu einen Blick in den jenseitigen Hang.

Gegen 9.00 Uhr, Earl war wie immer voraus, machte er mir plötzlich aufgeregt Zeichen, mich äußerst still zu verhalten. Er hatte seinen Tragbord abgelegt und kroch jetzt, auf dem Bauch liegend, Richtung Grat, bis er, gedeckt durch große Felsbrocken, mit seinem Glas die andere Seite beobachten konnte. Mir schien es eine Ewigkeit, bis er schließlich vorsichtig zurückkroch und mir sagte: „Dort unten in ca. 500 Meter Entfernung und im oberen Drittel des Hanges sind zwei Schafe, davon ein jagdbarer Widder." Die Position der Tiere war für sie selber sehr günstig. Wir konnten von oben wegen des Steinschlages nicht heran, und quer durch den Hang war es nicht möglich, denn die Schafe hätten uns, weil jegliche Deckung fehlte, mit ihren scharfen Augen sofort erkannt.

Earl entschloß sich schließlich, unseren Standort, wir waren beide inzwischen zum Grat gekrochen, zu verbessern und abzuwarten. Endlich konnte ich die beiden Schafe, sie hatten sich inzwischen niedergetan, in Ruhe beobachten. Trotz der Entfernung von sicher mehr als 500 Metern, erschien mir allein von der Statur her der Widder mit den Full-Curl-Schnecken gewaltig. Mein Herz schlug und pochte, mein Mund wurde ganz trocken, obwohl an einen Schuß gar nicht zu denken war. Sollte ich tatsächlich der begehrten Trophäe schon so nahe sein? Von dem König dieser einsamen Wildnis nur 500 Meter getrennt? Aufmerksam beobachtete ich jede seiner Bewegungen, wenn er sein schweres Haupt von Zeit zu Zeit hob und seinen stolzen Kopfschmuck präsentierte. Wieviel Gegner wird er damit schon in die Flucht geschlagen haben, wieviele Jahre wird er hier schon seine Fährte gezogen haben? Neben den Gefahren der Natur hat er praktisch nur einen Feind, den Menschen. –

Meine Augen schmerzten, und ich mußte das Glas absetzen. Wenn die Schafe ihren Weg in unsere Richtung nehmen sollten, mußte ich meine Schußposition noch verbessern. Vorsichtig wurden daher einige der überall lose liegenden Steine verlegt, eine Auflage geschaffen sowie ein Sehschlitz hergestellt. Nach etwa 1 1/2 Stunden kam Bewegung in die beiden, und tatsächlich, mir stockte fast der Atem, zogen sie direkt auf uns zu. An dem spärlichen Bewuchs äsend, verringerten sie die Entfernung mit jedem Gang. Der starke Widder etwa 20 Meter vorweg, kletterten sie, in gleicher Höhe bleibend, durch den Hang. Bei etwa 250 Metern bekam ich Jagdfieber, so daß Earl beruhigend auf mich einsprach. Von einem voreiligen Schuß hielt er nichts, denn die Schafe kamen ständig näher. Langsam ging ich schließlich mit der Waffe in Anschlag, denn die Distanz verringerte sich mehr und mehr. Sie befanden sich jetzt etwas unterhalb von uns, so daß ich schräg von oben schießen mußte. Bei etwa 110 Metern konnte ich das Blatt nicht mehr bezielen und entschloß mich deshalb zum Schuß zwischen die Hörner, praktisch auf den ersten Nackenwirbel.

Laut hallte der Schuß, verstärkt durch vielfaches Echo von den Bergen und Schluchten. Tödlich getroffen, rollte mein Dallschaf-Widder, sich immer wieder überschlagend, in die Tiefe. Earl schlug mir auf die Schulter, sagt „Good shot", und dann drücken wir uns beide. Mein Mund war fürchterlich trocken, dafür blutete die Nase aber stark, denn in der etwas ungünstigen Lage hatte mein Zielfernrohr dagegengeschlagen. Mein Schaf aber rollte immer noch weiter, jetzt über eine sanfte Steinhalde, nach unten. Ich konnte es noch gar nicht glauben, da ich eine Woche dafür eingeplant und Strapazen noch und noch befürchtet hatte. Und nun wäre alles überstanden? Bis dahin wußte ich noch nicht, was mir noch bevorstehen sollte.

Endlich, das zweite Schaf war inzwischen weitergezogen, blieb der König dieser Bergwelt liegen. Nur auf Grund seiner Farbe war er als kleiner weißer Punkt tief unten im Tale auszumachen.

„We go away for pictures and so on", Earl rief mich in die Wirklichkeit zurück und war schon mit schnellen Schritten auf dem Weg. Noch war es auch für mich ein reines Vergnügen, in dem losen Schotter in die Tiefe zu steigen. Man rutschte so schön und nahm den halben Berg gleich mit. Es waren etwas mehr als 1000 Meter Höhenunterschied zu überwinden. Die Investition für meine besonders hohen Bergstiefel machte sich schon bezahlt.

Schließlich stand ich vor meiner durch Nackenschuß verendeten Beute. Mit Stolz und zugleich Wehmut kehrte ich eine Weile in mich. Dann wurde der Widder untersucht und mit Freude festgestellt, daß durch den langen Sturz weder die Hörner noch die Decke nennenswert beschädigt wurden.

Es war jetzt 13.00 Uhr. Nach den üblichen Fotos ging Earl an die Arbeit. Das über zehn Jahre alte Tier wog ca. 150 kg. Leider konnte nur ein Teil des Wildbrets verwertet werden, weil die Bergung in diesem Gelände zu schwierig war. Vorsichtig schärfte Earl zunächst die Decke ab, danach wurde der Schädel durchsägt und die Keulen herausgelöst. Haupt, Decke und Keulen wurden auf seinem Tragbord verschnürt, der Rest blieb liegen. Nach kurzem Lunch machte ich Earl den Vorschlag, schon vorauszugehen, da er ja sowieso schneller war und noch eine Weile zu tun hatte. Er erklärte mir den Weg – erst ganz hinab zur Talsohle, dann rechts weiter über ein Schneefeld bis zur halben Höhe und danach über Geröllhalden versuchen, den Grat zu erreichen.

Frohgelaunt stapfte ich daher abwärts, um dann allmählich mit dem Aufstieg zu beginnen. Was zunächst wie ein Kinderspiel begann, wurde für mich zur Knochenarbeit ohnegleichen. Fast senkrecht mußte ich über das Geröll nach oben. Zwei Schritte auf allen Vieren vorwärts, einen Schritt zurück, immer ängstlich darauf bedacht, nicht weiter abzurutschen oder gar mit einer Steinlawine unten zu landen. Der Grat kam gar nicht näher, und immer häufiger mußte ich Pausen machen. Es gab nur einen Weg und eine

Möglichkeit, den Grat zu erreichen. Die bis dahin gehegte Hoffnung, Earl mußte noch hinter mir sein, wurde durch einen scharfen Pfiff zerstört. Er war quer durch den Hang mit seiner Last gestiegen und bereits auf dem Grat. Von dort aus beobachtete er die mühsame Kraxelei des Europäers. Nun wurden bei mir die letzten Kräfte mobilisiert. Meter für Meter erkämpfte ich mir auf Händen und Füßen. Irgendwie schaffte ich es schließlich dann doch und folgte Earls Spuren, denn er hatte nicht auf mich gewartet. Es ging wieder entlang dem Grat, eine Anhöhe mußte umklettert werden, und dann auf der anderen Seite in Richtung Gletscher. Von weitem erkannte ich mit bloßem Auge Denny, er stand mit seiner Piper neben unserem Zelt. Das gab Auftrieb. Auf dem Hosenboden, die Waffe geschützt vor mir haltend, rutschte ich einen Teil des Schneefeldes bis zum Gletscher hinunter. Es war mir nun schon alles egal. Die letzten Schritte bis zum Zelt waren dann schnell zurückgelegt. Es folgte die Gratulation von Denny zu dem recht guten Schaf und dann die wohlverdiente Pause.

Denny wollte uns in zwei Etappen vom Gletscher bringen, weil der Schnee durch die Sonneneinwirkung zu weich geworden war. Zunächst sollte ich in die Maschine und Earl beim Wenden helfen. Aber aus dem Start wurde nichts, denn fast bis zur Hälfte sanken die Räder in den Schnee.

Kurze Beratung, und dann erklärt man mir zwei Möglichkeiten. Entweder blieben wir bis zur Nacht – der Schnee wäre dann wieder gefroren –, oder die Räder wurden gegen die mitgeführten Schneekufen gewechselt. Denny entschloß sich zur zweiten Lösung, mußte uns dann allerdings einzeln zu einem festeren Gletscher fliegen und hier die Kufen wieder gegen die Räder vertauschen. Es wurde so gemacht, nur wurde jetzt Earl zunächst weggeflogen.

Einsam saß ich nun mit meinem Dallschaf auf dem Gletscher. Versuchte mir vorzustellen, was geschehen würde, wenn aus irgendeinem Grunde Denny nicht zurückkommen könnte. Fast kein Proviant, 6 Patronen in der Tasche, im Umkreis von 100 km kein Mensch, nur Berge, Schnee und Wasser. Wasser, im tiefen Tal sah ich einen in der Sonne glitzernden Fluß. Dort würde ich zunächst versuchen hinzukommen, um dem Ufer flußabwärts zu folgen. – Letztlich waren Menschen schon mit ganz anderen Situationen fertig geworden, tröstete ich mich.

Es verging eine halbe Stunde, als ich das Geräusch eines Flugzeuges hörte, weitere fünfzehn Minuten, bis Denny gelandet war. Schnell waren die Habseligkeiten verstaut, und bald waren wir wieder auf dem anderen Gletscher vereint. Die Kufen wurden gegen die Räder vertauscht, alles kunstgerecht an Bord verstaut, und, mit „Dreien" leicht überladen, starteten wir zum Rückflug. Ohne Komplikationen errcichten wir nach einer weiteren Stunde unser Basis-Camp, wo wir freudig begrüßt wurden.

Das reinweiße Dallschaf lebt in den Bergmassiven der Chugach-Mountains, den Wrangells, der Alaska Range und der Brooks Range. In älteren Beschreibungen sind sie nicht nur als Dall-Sheep, Ovis Dalli, aufgeführt, sondern auch als Thinhorn-Sheep, im Gegensatz zu den Dickhornschafen, den Big Horns in den Rocky Mountains und den Desert-Sheep in Kalifornien und den angrenzenden Staaten. Diese reinen Bergbewohner machen es dem Jäger überall schwer. Sie leben hoch oben außerhalb der Baumgrenze, im Sommer wie im Winter. Die Struktur der Berge ist meistens schieferig und nicht fußfest. Die durch die Erosion lose gewordenen Platten geben dem Fuß nach, sind also in keiner Weise mit Urgestein bzw. Kalkgestein in den Alpen zu vergleichen. Wege oder gar Hütten in diesen Bergmassiven gibt es so gut wie nicht. Jeder Jäger muß sich selbst sein Schaf suchen und angehen. Wenige werden den Vorteil eines Flugzeuges haben und müssen die Berge erst ersteigen. Das ist, was das Jagen auf Schafe so schwierig macht und den besonderen Reiz bietet. Eine gute Kondition sollte Voraussetzung sein. Die Jagdzeit beginnt normal am 1. August und endet am 20. September. Aber die Berge können ab Mitte August in den Hochlagen schon so viel Schnee tragen, daß das Jagen dann mehr oder weniger aussichtslos wird. Weißes Wild im Schnee zu finden, ist schon schwierig, ganz zu schweigen, wenn man es dann noch angehen muß. Dazu kommen die unsicheren Wetterverhältnisse insbesondere in Küstennähe, wo das Wetter ganz plötzlich umschlägt und dann tage- oder wochenlang tiefhängende Wolken die Berge verhüllen. Ohne Zweifel eine schwierige, echte Jagd, die bei den Amerikanern auch obenan steht. Daher das Sprichwort in Alaska: „Sein Schaf haben, ehe man 35 wird." Damit wird eigentlich alles gesagt. –
Meinem geplagten Körper kamen die folgenden Tage mit Sturm und Regen eigentlich ganz gelegen, trotzdem wurde ich bereits am zweiten Tag ungeduldig. Denny konnte bei dem Wetter mit seiner leichten Piper absolut nicht fliegen, und so lungerte ich mit zwei Amerikanern im Camp herum. Meine bei-

den Leidensgefährten bastelten immer wieder an einem Außenbordmotor herum, den sie dann bald in alle Einzelteile zerlegt hatten. Ich versuchte bei diesem Sauwetter mein Waidmannsheil mit einer von Denny geliehenen Flinte auf Grouse. Aber denen war das Wetter wohl auch zu ungemütlich, ich traf keine an.

Am dritten Tag hatte sich der Sturm gelegt, und in aller Frühe flog mich Bill zusammen mit meinem Indianerguide Sam zu einem Außencamp in den Busch. Hier wollten wir, völlig auf uns allein gestellt, einige Tage auf Elch und Schwarzbär jagen. Das Camp lag geschützt im Hang eines großen, romantischen Tales. In der Nähe konnte man mit den leichten Maschinen von Bill und Denny gut landen.

Jagen in Alaska heißt laufen, laufen und nochmals laufen. Einfach unbeschreiblich die Weite dieser unberührten Natur. Ich bin sicher, daß an manchen Stellen noch kein Mensch gewesen ist. – Meistens ging die Pirsch entlang der hier nicht allzu hohen Berge. Gedeckt durch Erlenbüsche oder Fichten- und Birkengruppen, suchten wir immer wieder die weiten Täler mit unseren Gläsern ab. Öfter kamen wir bei unseren „Wanderungen" bis auf Schußentfernung an einzelne oder mehrere Caribous heran. Ich hätte auch einen starken Hirsch gut schießen können, aber einmal hatte ich dafür keine Lizenz erworben, und dann fehlte mir auch das richtige Interesse. Im Basiscamp hatte ich das vielendige Geweih, ein Amerikaner hatte einen 60-Ender erlegt, eines Caribous gesehen und konnte Vergleiche mit unserem edlen Rothirsch ziehen. Nein, mir fehlte einfach das Verhältnis zu diesen Tieren.

Am zweiten Tag konnten wir in der Nähe eines gerissenen Caribous eine kapitale Braunbärin mit zwei Jungen beobachten. Es war faszinierend. Obwohl die Entfernung zu ihnen als gewisser Sicherheitsabstand zu sehen war, wirkten die Bären respekteinflößend.

Etwa 15 km hatten wir auf diesem Pirschgang zurückgelegt und meine Füße schmerzten in den Gummistiefeln, als Sam sagte: „Nothing everywhere." Dies bedeutete Rückmarsch, der aber nicht ganz so weit war, da wir einen großen Bogen beschrieben hatten. In unserem kleinen Camp fiel ich todmüde auf meine Pritsche, während Sam den Yukonofen entfachte und Bratkartoffeln, Fleisch und Eier zubereitete. – Die Eindrücke der Natur waren vielfältig und wirkten auf mich ein. Trotzdem beschäftigten sich immer wieder meine Gedanken mit den Problemen zu Hause, bis der Körper sein Recht forderte und die Ruhe der Nacht sich auch darüber senkte.

Wer kennt nicht das Geräusch von brutzelndem Speck mit Eiern und dem damit verbundenen, durchaus angenehmen Geruch? Schon lange hörte ich Sam rumoren, hatte mich jedoch noch einmal gedreht, zumal die Uhr erst kurz nach 5.30 Uhr zeigte. Es wurde an diesem Morgen nichts, denn der aufkommende Nebel verbarg jede Sicht. Mir war es recht, denn mir fehlten auf Grund der Anstrengung des Vortages noch ein paar Stunden Schlaf. Erst gegen 10.00 Uhr klarte der Himmel auf, und wir konnten zu neuen Taten aufbrechen.

Laufen, laufen, nicht auf vorbereiteten Pirschsteigen oder gar Wegen, nein, durch Wildnis, wobei bei jedem Schritt der Fuß in dem weichen, moosbewachsenen Boden tief einsank. Stellenweise konnte man festeren Halt in den kleinen Sträuchern der Blaubeeren finden. Manchmal war da auch ein ausgetretener Wechsel von Caribou oder Elch, dem man folgte, wenn die gewünschte Richtung stimmte. Bergauf, bergab, Verweilen und gründliches Ableuchten der näheren und weiteren Umgebung. Am schlimmsten waren in den versumpften Ebenen die sogenannten „Niggerheads", inselartige Grasbüschel, die einen durchaus vertrauenswürdigen Eindruck machten. Hatte man sich zum Sprung auf einen dieser Köpfe konzentriert, so mußte man sofort für den anderen Fuß den nächsten anpeilen, weil garantiert der erste Fuß nach irgendeiner Seite abrutschte. Ohne Stiefel wäre diese Pirsch nicht möglich gewesen. Immer wieder sahen wir Caribous, einmal einen schön gezeichneten, starken Rotfuchs, der allerdings für einen Schuß zu weit gewesen wäre.

Der scharfe Wind wurde von Zeit zu Zeit durch Regenschauer untermalt. Deshalb hatte ich meine Windjacke stets griffbereit, die ich dann schnell über meine Pelzjacke zog. Am frühen Nachmittag sah ich den ersten Elch. In einer Entfernung von vielleicht 2000 Metern blitzten in der auch mal durchkommenden Sonne seine beiden hellen Schaufeln. Dichter Fichtenwald und Busch trennten uns von der Lichtung, auf welcher er ausgetreten war, und machten ein Angehen unmöglich. Für den Weg vom Berg durch den dichten Wald würden wir mindestens 1$^1/_2$ Stunden unter Berücksichtigung des Windes gebraucht haben, und dann wäre der Elch sicher nicht mehr an seinem Platz gewesen. So begnügten wir uns mit der Beobachtung, ehe wir nach einem erneuten heftigen Regenschauer zum fernen Zelt aufbrachen. Wir hatten sicherlich mehr als 20 km zurückgelegt, und ich merkte, wie sich allmählich mein Körper an die Strapazen gewöhnte. Wir hofften auf den nächsten Tag.

Sonnenschein, ein kräftiges Frühstück, bestehend aus Blaubeerpfannkuchen, geröstetem Speck, 3 Eiern, Brot, Thunfisch, Sirup und Kaffee, beflügelten uns zu neuen Taten. So manche Meile hatten wir inzwischen hinter uns gebracht, als in den Mittagsstunden ein guter Schwarzbär in unser Blickfeld geriet. Ein Anpirschen war möglich, würde aber etliche Mühe und Zeit kosten. Schon waren wir auf dem Weg. Des Windes wegen pirschten wir ihn im „Schatten" eines größeren, langgestreckten Hügels an. Schwarzbären können nämlich nicht besonders gut sehen, aber sie winden hervorragend. Mit äußerster Achtsamkeit wurden die letzten Meter in halber Höhe des Hügels zurückgelegt, und dann schlichen wir im lichten Bestand von Baumgruppe zu Baumgruppe. Hier müßte er doch irgendwo sein? Hatten wir uns etwa in der Richtung vertan? Schon waren wir resignierend auf dem Rückweg, da sah ich einen schwarzen Fleck, etliche hundert Meter von der Stelle entfernt, wo wir ihn gesucht hatten. Der Wind war gut, und schnell versuchten wir, dem nach Blaubeeren suchenden Bären näherzukommen. Er ahnte nichts von der Gefahr. Auf den letzten Metern blieb Sam zurück, denn nur noch eine schüttere, kleine Fichtengruppe gab Deckung. Von dieser waren es vielleicht noch 150 Meter. Vorsichtig, jedes Geräusch vermeidend, erreichte ich die eben mannshohen Fichten. An einem Stämmchen konnte ich anstreichen und dem Bär die Kugel halb spitz von hinten antragen. Wie vom Blitz getroffen haute es ihn um. Schnell hatte ich repetiert, und da kam auch schon Sam gelaufen. Im Gras und kleinen Strauchwerk der Blaubeeren konnte man kurze Zeit noch das Bewegen der Tatzen sehen, dann war er wohl verendet. Mit schußbereiter Waffe ging ich nun auf meine Beute zu. Auf zehn Metern testete Sam durch Würfe mit Holzstücken eine eventuelle Reaktion. Mein Schwarzbär war aber schon in den ewigen Jagdgründen. Stolz und freudestrahlend trat ich vor ihn hin, hatte sich doch ein weiterer Traum von mir erfüllt.

Sam war auch voll Freude, und er sagte mit einer gewissen Hochachtung: „Only one shot!" Mein Schuß saß wie angetragen, links hinter dem Blatt, Ausschuß rechts genau Blatt. Sam mußte nun mit der Kamera einige Aufnahmen schießen, damit auch der „Nachwelt" dieser für mich denkwürdige Tag erhalten blieb. Während Sam anschließend vorsichtig die dichte, blauschwarz schimmernde Decke abschärfte, prägte ich mir gründlich die urige Landschaft ein, um immer wieder vor Augen zu haben, wo mein Bär seine Fährte gezogen hatte.

Der Schwarzbär, Ursus americanus, kommt, mit Ausnahme der Inseln Kodiak und Afognak, in ganz Alaska sowie Kanada und vielen Staaten der USA, wenn auch stellenweise vereinzelt, vor. Im Normalfall ist er rein schwarz, bis auf einen braunen Streifen rund um den Fang. In manchen Gegenden kommen allerdings Farbabweichungen vor, so daß der Name eigentlich nicht mehr paßt. Die Abweichungen gehen so weit, daß es auf einer British Columbien vorgelagerten Insel sogar rein weiße Schwarzbären gibt, die streng geschützt sind.

Der hiesige Schwarzbär wird nicht so groß und schwer wie in manchen Südstaaten der USA, erreicht aber doch Längen von 2,5 Meter. Das hängt mit dem längeren Winter, den damit längeren Schlafzeiten und dadurch verkürzten Nahrungsaufnahme zusammen. Fälschlich sagt man, daß nur Braun- und Grizzlybären gefährlich seien, der Schwarze nicht. Das stimmt aber in keiner Weise, denn Bären sind immer unberechenbar. Zwar hört man von wesentlich weniger Attacken durch Schwarzbären, aber wer in Alaska lebt, weiß, daß auch mit ihnen nicht gut Kirschenessen ist.

Schwarzbären sind gute Kletterer. Bärinnen pflegen durch ein Signal ihre Jungen zum Aufbaumen zu veranlassen, wenn Gefahr droht. Der erwachsene Braunbär kann das auf Grund seines Körpergewichtes nicht mehr.

Die Decke eines Schwarzbären in gutem Haar ist eine echte Trophäe und wert, mühsam verdient zu werden. Ich freute mich über meinen Erfolg. Bald war auch Sam mit seiner Arbeit fertig und schnallte die gefaltene Decke auf seinen Tragbord. Der Weg zurück zum Zelt fiel mir natürlich, in Anbetracht meines Waidmannsheils, leichter, und noch vor Einbruch der Dunkelheit hatten wir es erreicht.

Die Wärme aus dem Yukonofen, dazu ein würziges Abendessen, schafften richtiges Behagen. Im Schein der Gaslampe saß ich noch einige Zeit, um über „meine" Jagd zu schreiben.

In der Nacht träumte ich von wüsten Zweikämpfen mit Bären, die ich natürlich alle siegreich bestand. –

Morgen müßte eigentlich Denny oder Bill kommen, um nach uns zu schauen. Er könnte dann die Decke meines Bären mitnehmen, damit sie gesalzen werden kann.

Für die kommenden Tage war nun mein ganzes Sinnen und Trachten jetzt nur noch auf Elch gerichtet. Aber schon die Frühpirsch des nächsten Tages wurde wegen des starken Nebels gestrichen. Nach dem Frühstück ging jeder daher seinen eigenen Dingen nach. Sam holte vom nahen See frisches Wasser und ergänzte den Holzvorrat. Ich las und träumte vor mich hin, von urigen Schauflern und wilder Einsamkeit. Naturgemäß waren meine Gedanken immer wieder bei der Familie in Europa, die sich jetzt langsam auf die Nachtruhe vorbereiten würde.

Gegen 10.00 Uhr, der Nebel hatte sich größtenteils aufgelöst, hörten wir Motorengebrumm. Bald danach landete Bill auf dem flachen Berghang in der Nähe unseres Lagers. Er freute sich über meinen Erfolg und ließ sich kurz berichten. Anschließend wurde unser Proviant ergänzt, dabei meine Bärendecke im Flugzeug verstaut.

Die wichtigste Nachricht aber, die er mitbrachte, war: er hatte nicht weit von hier, nur etwa 3 Meilen entfernt, in einem kleinen Tal einen ruhenden Elch gesehen, der nach den Schaufeln durchaus jagdbar wäre. Das ließen wir uns nicht zweimal sagen, schulterten Rucksack und Gewehr und machten uns auf den Weg. Bill sahen wir noch zum Abschied mit den Flügeln seiner Piper winken, dann waren wir wieder alleine.

Bei inzwischen herrlichem Wetter, die Sonne ließ die unberührte Natur erscheinen, als wenn sie gerade erschaffen worden wäre, erlebte ich wieder wunderbare Stunden.

Die Vorboten des herbstlichen Sterbens, Farborgien in grellen Kontrasten, zeichneten immer neue Bilder am Rande unseres Weges. Es waren teilweise zauberhafte Symphonien, wenn in den grünblauen, kristallklaren und stillen Winkeln des kleinen Flusses sich Berge und Wälder in klaren Tönen wiederspiegelten. Es wäre vermessen, mit meinen Worten zu versuchen, diese Bilder zu beschreiben.

Bergauf, bergab führte der Weg über graue, gestürzte Baumleichen, durch Sümpfe und Wildwasser und Wechsel der Wildtiere. Längst mußten wir in dem Tal sein, wo Bill „the big Moose", so wird der Elch in Alaska genannt, gesehen hatte. Aber soviel wir auch mit unseren Gläsern die Umgebung absuchten, nirgendwo sahen wir die Schaufeln eines Elches in der Sonne aufleuchten. Vielleicht lag er im dichten Busch und war nur aus der Luft zu sehen.

Immer wieder kreuzten Caribous unseren Weg, starke Hirsche waren darunter. Was wir aber suchten, blieb uns verborgen. Immerhin war es beruhigend für mich, daß wir uns einmal auf Schußentfernung an eine Elchkuh mit Kalb heranpirschen konnten.

Zwei weitere Tage waren inzwischen ins Land gegangen. Bei einem Routinebesuch von Bill hatte er die für mich bestürzende Nachricht gebracht, daß laut Radiomeldung in Teilen Ostdeutschlands und Bayerns ein ziemlich schweres Erdbeben stattgefunden habe. Einige Schlösser hätten Schäden zu vermelden, Sachschaden in Millionenhöhe wäre entstanden. Es hätte viele Verletzte, jedoch nur wenige Tote gegeben. Wenn man viel Zeit zum Nachdenken hat, keine noch so kleinste Störung ablenkt, plagen einen solche Nachrichten besonders.

Die vielen Caribous veranlaßten mich, später einmal darüber nachzulesen. Caribou, Rangifer Arcticus, ein von vielen europäischen Jägern nicht richtig eingeschätztes Wild, ich hatte, wie gesagt, ja auch kein Verhältnis dazu, kommt fast in ganz Alaska vor. Man schätzt den Gesamtbestand der ständig wandernden Tiere heute auf 900 000 Stück. In den Tundralandschaften sind ihre Hauptäsung Flechten. Die großen, weit ausladenden Geweihe werden, jedoch in recht schwacher Ausführung, auch von den weiblichen Tieren geschoben. Bemerkenswert gegenüber vielen anderen Cerviden, daß Caribous keine Mehrfachgeburten zur Welt bringen. Das Geweihgewicht, man hat bis zu 10,5 kg gewogen, kann sich also auch mit einem kapitalen Rothirsch messen. Ein ausgewachsener Caribouhirsch ist ein eindrucksvolles Wild. Sein vielendiges Geweih kann außerordentlich gleichmäßig sein, wie beim Rothirsch, es gibt aber auch große Unterschiede. Wichtig für die Beurteilung ist, daß das Geweih zwei oder mindestens eine Vorschaufel trägt, das ist eine über den Rosen nach vorn wachsende kleine Schaufel, vergleichbar etwa mit der Augsprosse des Rothirsches.

Caribouwildbret schmeckt vorzüglich und ist im Campleben sehr erwünscht. Nach meinem Geschmack ist es dem des Elches bei weitem vorzuziehen. Ein alter, gut verfegter Hirsch mit langer weißer, fast bis auf den Boden herabhängenden Mähne bietet in dieser Urlandschaft einen unvergeßlichen Anblick. Sehr angenehm war mir in diesen Tagen auch der wortkarge Sam. Ein Indianer vom Stamm der Athapasken, nicht sehr groß, dafür aber überaus zäh und ausdauernd. Er war mir gegenüber immer höflich und hilfsbereit; bei einem Scherz zum Lachen aufgelegt. Nach seinen ausgeprägten Backenknochen und den leicht geschlitzten Augen hätte man ihn vom Aussehen her zu den Aleutenindianern rechnen können. Aber daraufhin angesprochen, wies er dies mit einem gewissen Stolz weit von sich. In seiner Familie lebten acht Kinder, und er arbeitete seit vielen Jahren für Denny und Bill. Er war, das spürte ich, bei seinen Landsleuten angesehen und genoß auch meine Sympathie.

Überhaupt sind diese Indianer, in der Mehrzahl Trapper und Jäger, Naturmenschen. Selten wird man eine Klage aus ihrem Munde hören, sie sind stets hilfsbereit und zeigen einen frohen geraden Blick. Häufig allein in der Wildnis lebend, können sie mit der Axt ebenso geschickt umgehen wie mit der Nähnadel und den Lederpfriemen. Sie verstehen es, bei Regen und Schnee mit nassem Holz ein Feuer anzufachen und darauf schmackhafte Speisen zu bereiten. Das erlegte bzw. gefangene Wild kann kunstgerecht zerwirkt und die Decken behandelt werden. Heute sind die meisten des Schreibens mächtig, da sie Schulen besuchen können. -

An einem Morgen unserer täglichen Wanderungen hatte Diana ein Einsehen mit dem Manne aus Old Germany. Nicht nur, daß das Wetter phantastisch war, sondern wir fanden auch das Ziel meiner Wünsche, das wir so lange gesucht hatten. In einem weiten Tal mit wenig Baumbestand, jedoch stellenweise dichtem, etwa mannshohem Buschwerk sahen wir zunächst einen starken Braunbären. Als ich noch bei der Beobachtung mit dem Glase war, rief Sam: „There is a big moose!" und zeigte mit seinem ausgestreckten Arm in eine bestimmte Richtung. Richtig, da lag, auch auf diese Entfernung gut erkennbar, ein wahrhafter Koloß von Elch. Sehr starke Schaufeln mit gut ausgeprägten Vorderschaufeln, fast pechschwarzer Decke und schwerem Körper.

Es hatte den Anschein, als ob der Braunbär sich an den im Randstreifen eines Buschfeldes liegenden Elch heranmachen wollte. Da dieser, mit dem Haupt von uns weggewandt, niedergetan war, verkürzten wir die Distanz, ohne zunächst auf besondere Deckung zu achten. Der Bär hatte uns jedoch schon bald weg und verdrückte sich in den gegenüberliegenden Berghang. Um guten Wind zu haben, mußten wir jetzt einen kleinen Umweg machen.

Auf der Talsohle angekommen, zeigten uns die in der Sonne leuchtenden Schaufeln immer noch die Richtung, obwohl der Wildkörper nicht zu sehen war. Plötzlich stand der Elch auf und zog langsam äsend weiter. Er war nun besser sichtbar, und man konnte sich bei der Pirsch besser auf ihn einstellen. Als mich noch etwa 300 Meter von ihm trennten, gab ich Sam meinen Rucksack und das Fernglas und versuchte, Sam zu verdeutlichen, daß er zurückbleiben sollte. Während der Elch sich nur langsam weiterbewegte, legte ich die letzte Strecke, wo nur noch wenig Deckung vorhanden war, schnell, aber äußerst vorsichtig zurück.

Hinter dem Elch war eine Senke in der Ebene, wenn er dahin ziehen würde, hätte ich zunächst keine Schußmöglichkeit. Vor mir war jetzt eine freie Fläche, auf der ich unbemerkt nicht weiterkommen konnte. Deshalb entschloß ich mich, trotz der fast 200 Meter, zum Schuß. An einer kleinen, einsam stehenden Fichte konnte ich anstreichen. Der Zielstachel suchte den tödlichen Punkt, der durch loses Strauchwerk leicht verdeckt war, und dann ließ ich die mir vertraute 9,3 x 64, TUG, 19 gr., fliegen.

Wie vom Blitz getroffen fiel der Recke um, ich sah nur noch eine sich bewegende Schaufel. Sam stand bereits neben mir, und obwohl er mich beruhigen wollte, lief ich mit der durchgeladenen Waffe auf meinen Elch zu. Noch trennten mich 20 Meter, und ich überlegte mir einen Fangschuß, da sah ich ein letztes Zittern und Schlegeln der Läufe.

Meine erste Freude bekam Sam auf seiner Schulter zu spüren, dann trat ich vor meine Beute. Ein fast pechschwarzer Riese lag vor mir, und ich erwieß ihm die letzte Ehre. Einen schweißgetränkten Zweig einer Blaubeere teilte ich mit ihm. Dann betrachtete ich eingehend die Schaufeln, an denen noch Reste des Bastes hingen. Sie sind stark, haben zwei bullige Vorschaufeln, 20 Enden und, wie wir später messen, 1,57 Meter Auslage. Das Alter wurde auf 10-12 Jahre geschätzt.

Während Sam daranging, den ca. 800 kg schweren Hirsch zu zerlegen, schritt ich die Schußentfernung ab. Ich kam auf 230 Schritte. Trotz einiger dazwischenliegender Zweige saß die Kugel da, wo ich abgekommen war und hatte bei dem starken Wildkörper noch guten Ausschuß gegeben.

Immer wieder konnten wir den Braunbären beobachten, der sich anscheinend nicht in seiner Ruhe stören lassen wollte. Sicher würde er sich von dem, für den Abtransport mit dem Flugzeug lagernden, Fleisch seinen Teil in der Nacht holen.

Sam arbeitete fast 2 Stunden, wobei ich ihm nur teilweise helfen konnte, bis das Elchgeweih, welches wir selbstverständlich nicht zurücklassen wollten, fachgerecht auf sein Tragbord verpackt war. Wir hatten noch einen weiten Weg vor uns, und fast unvorstellbar erschien mir die Zähigkeit, mit welcher Sam die sicherlich mehr als 50 kg auf seinem Rücken vor mir her trug. Immer wieder mußte ich meine Trophäe anschauen und mir vorstellen, wie sie im Jagdzimmer wirken würde.

Den Braunbären bekamen wir noch einmal auf etwa 300 Meter zu Gesicht, und ich beobachtete ihn auch durch mein Zielfernrohr. Der Finger blieb jedoch gerade, denn zum einen war der Braunbär erst in 10 Tagen zur Jagd frei, und zum anderen hatte ich keine Lizenz. Außerdem war es gut, noch einen Wunsch offen und einen Grund zu haben, in dieses herrliche Land zurückzukehren.

Mit Sicherheit freute sich Sam mehr auf sein Bett als ich, denn er hatte wirklich schwere Arbeit geleistet. Im Zelt rollte immer wieder der Ablauf des Tages vor meinen Augen ab, bis ich endlich auch Ruhe fand.

Der Elch, Alces gigas, Alaskas ist der größte Cervide der Welt. Er gehört neben dem in unseren Breiten vorkommenden Rothirsch zu dem begehrtesten Wild des europäischen Jägers. Die gewaltigen Schaufeln werden bei normal getragenem Haupt immer nach rückwärts liegen. Zu sehen sind dann nur die Vorschaufeln oder Augsprossen. Er ist daher meist schwierig anzusprechen. Der Elch erreicht eine Schulterhöhe von bis zu 2,30 Meter und ein Lebendgewicht von etwa 800 kg.

Das Geweihgewicht eines guten Alaska-Elches liegt in der Regel über 30 kg. Als Vergleich: das Höchstgewicht eines Elches aus Ostpreußen beträgt 15 kg. Die Auslage der Schaufeln der Alaska-Elche übertrifft die aller übrigen Vorkommen beträchtlich. Der Weltrekord liegt bei 2,04 m, da konnte ich mit 1,57 m mich schon sehen lassen.. –

Zur Abwechslung regnete es am nächsten Tag, was uns nichts ausmachte, weil wir beide Erholung brauchten. Wie schnell sich das Wetter hier ändern konnte, hatte ich ja bereits mehrmals kennengelernt. Vereinbarungsgemäß sollte heute ein Flugzeug kommen. Stunde um Stunde döste ich im Zelt vor mich hin, immer mit einem Ohr auf ein Flugzeuggeräusch wartend. Ich war voller Spannung, was Bill oder Denny zu meinem Elch sagen würden. Erst gegen Abend kam eine Maschine, Bill war an Bord. Voll Anerkennung lobte er meinen starken Elch, obwohl es für ihn sicher etwas Alltägliches war. Fachgerecht wurde das Geweih unterhalb des rechten Flügels angebunden, unsere persönlichen Dinge wurden eingeladen, und dann zwängten wir uns alle drei in die zweisitzige Maschine. Wir wollten im Basiscamp zuerst einmal ausruhen, mal wieder baden, die Trophäen vorpräparieren und hören, was in der Welt los war.

Das Jagdgebiet von Denny und Bill hat ungefähr die Größe von NRW, und so flogen wir wieder über eine Stunde. Entlang dem Mulchatna-River, überquerten den Nikabuna Lake, folgten dem Lauf des Chulitna-River und hatten schließlich die Hoknede Mountains vor uns, hinter welchen unser See, der Sixmale Lake, lag.

Im Camp selber war inzwischen etwas mehr Betrieb. Zwei Deutsche aus Bayern waren von einem Außenposten zurück und hatten gute jagdliche Erfolge vorzuweisen. Die Amerikaner waren abgereist, dafür aber Mexikaner gekommen. An der gemeinsamen Tafel ging es daher international zu. Jeder hatte noch eine interessante Jagdgeschichte zu erzählen, und so blieb nach einem „Vivat Mexiko" der Tequila nicht aus, dem bald Whisky und deutscher Wein folgte.

Obwohl der Abend eine nette Abwechslung gebracht hatte, sehnte ich mich wieder nach der Einsamkeit eines Außenpostens. Noch sollte es jedoch einen Tag dauern.

Aus den Gesprächen konnte ich entnehmen, daß es hier ziemlich selten vorzukommen schien, ein Stück Wild mit einem Schuß zur Strecke zu bringen. Earl verpaßte mir daher den Namen „One-shot-Heinz", auf den ich dann doch im Kreise der anderen Jäger etwas stolz war. Ein Blick zum vollen Patronengürtel eines Mexikaners zeigte mir dann auch am nächsten Tag, wie hier teilweise geschossen wurde.

Ein Gespräch wird mir immer in Erinnerung bleiben. Als einer der Deutschen von einem Mexikaner gefragt wurde: „You come from Germany?", antwortete dieser: „No, I am from Bavaria." – Ich mußte doch heftig lachen und habe diesen Urbayern in der nächsten Zeit häufig damit gefrotzelt. Im großen und ganzen waren aber die hier kampierenden Jäger ganze Kerle. –

Grau und verhangen war der Tag gewesen. Es hatte geregnet, und allerlei Widerwärtigkeiten brachten die Stunden mit. Ein Ärger hatte den anderen abgelöst. Der Schädel meines Bären war zu lange gekocht worden, so daß er sich fast in seine Bestandteile auflöste; Robert, der eine Bayer, hatte tief in die Whiskyflasche geblickt und hatte sich nicht mehr in der Gewalt; ein Indianer wollte den Elchschädel samt der Verpackung, die ich fachgerecht für das Haupt konstruiert hatte, abkochen. Einige Jäger meinten, das Wetter habe die menschlichen Gemüter durcheinandergebracht und sei schuld daran, daß die einen wie von der Tarantel gestochen um sich schnaubten, während andere melancholisch vor sich hin brüteten. Mochte es sein, wie es wollte, keinen Tag länger wollte ich mich ärgern und lieber draußen den Regen durch die Kleider ziehen lassen. Sollten andere ruhig in bequemen Sesseln fruchtlose Reden führen. Denny mußte mich unbedingt mit Sam morgen rausfliegen.

Meine Arbeit war getan. Den ganzen Tag hatte ich den Elchschädel nach dem Abkochen bearbeitet und ihn fast sauber. Ich wollte versuchen, ihn mit Hilfe von Eddi in Anchorage, er war dort bei der Lufthansa beschäftigt, direkt mit nach Hause zu bringen.

Endlich saß ich dann mit Sam wieder in Dennys Maschine, und ab ging es zu einem Außencamp. Noch drei Tage wollte ich mir hier die Landschaft einprägen, auf Wolf und Fuchs jagen und damit auf den Abschied vorbereiten.

In der ersten Nacht regnete es fast ununterbrochen. Wenn auch einerseits das gleichmäßige Trommeln auf dem Zeltdach beruhigend wirkte, so hatte man doch andererseits die Befürchtung, morgens als Arche Noah irgendwo angeschwemmt zu sein. Es war aber doch nicht so schlimm, denn die Sonne kam mit ihrer Kraft noch richtig durch. Die Nächte waren jetzt schon empfindlich kalt, und es konnte morgens schon mal vom ersten Schnee alles weiß sein. Sam trug jetzt auch immer Handschuhe.

Die Morgenpirsch zog mich zu den Resten eines gerissenen Caribous. Vielleicht schnürte da ein Fuchs oder gar ein Wolf vorbei. Nach einer guten Stunde hatten wir das Tal erreicht, mußten aber zu unserer Enttäuschung feststellen, daß das Caribou nicht mehr da war. Bär oder Wolf mußten es verschleppt haben. Trotzdem konnten wir einen Fuchs ausmachen, der zwar auf uns zuschnürte, aber bald von uns Wind bekam und noch außerhalb der Schußweite von dannen eilte.

Immer wieder sahen wir Caribous, deren bizarre, vieleckige Geweihe mich an Korallenriffe erinnerten. Zweimal war ich so nah, daß ich sie fotografieren konnte. Gegen Mittag machten wir uns auf den Rückweg, denn ich wollte noch vor dem Zelt etwas schreiben, während Sam das Essen zubereiten konnte.

Nach einem geruhsamen Mittagsschlaf wollte ich heute meine letzte Abendpirsch alleine machen. Ich versprach dem sorgenvollen Sam, daß ich nicht weit gehen würde, aber erst etwa eine Stunde nach Einbruch der Dunkelheit zurück wäre. Zunächst ging ich in der mir vertrauten Umgebung zielstrebig los. Solange ich noch von weitem das Zelt sehen konnte, war die Welt noch in Ordnung, aber als ich die ersten Hügel hinter mir hatte, kam mir gar nicht mehr alles so vertraut vor. Eine Ecke glich der anderen, und für den längeren Abendansitz nahm ich mir vor, dies im Blickbereich des auf einer Anhöhe liegenden Camps zu tun.

Der Mond war zwar noch nicht voll, sollte aber die Wolkendecke einmal aufreißen, wäre vielleicht die Chance gegeben, einen Wolf zu sehen – ich wollte ja gar nicht von „schießen" sprechen.

Es war für mich ein schier unbeschreibliches Gefühl, zu bedenken, daß ich, mit Ausnahme von Sam, im Umkreis von ca. 100 km wahrscheinlich der einzige Mensch war.

Meinen Ansitz würde hier bestimmt kein Spaziergänger stören, wie das im heimatlichen Revier so oft der Fall war. – Die Wolkendecke riß später tatsächlich vollständig auf, aber in meinem Blickfeld, wie oft ich auch mit dem Glas alles ableuchtete, konnte ich kein Wild ausmachen. Dafür erregte aber ein seltsames Leuchten am Horizont meine Aufmerksamkeit. Es war ein Nordlicht, das den ganzen nördlichen Himmel überspannte und in allen Farben spielte.

Während das ruhige, weiße Nordlicht meist große Kälte anmeldet, ist das strahlenförmige der Vorbote warmen Wetters und Schnees. Es ist ein grandioses Schauspiel, wenn am Horizont alle Farben des Regenbogens in riesigen Zacken aufsteigen und wieder fallen, durcheinander wogen wie Nebel, bald hier, bald da aufs neue hervorschießen, mit rasender Schnelle sich zu gewaltigen Spitzen hochtürmen und langsam wieder zurücksinken, um in einem wallenden Lichtermeer zu verschwimmen.

Matter und matter wurde schließlich der Schein, trüber und trüber der Himmel, bis ihn dunkle, schneebringende Wolken ganz verdunkelten.

Der Weg zurück zum Zelt machte mir noch etwas Schwierigkeiten, denn wenn man in der Dämmerung den Wechseln der Elche folgt, kommt man nicht immer in der vorgesehenen Richtung aus, weil der Busch oft die Weitsicht versperrt. Wie beruhigend war es dann, in der Ferne das erleuchtete Zelt zu sehen. – Sam hatte schon das Essen zubereitet und war sichtlich froh, als ich wieder da war.

Am nächsten Morgen holte uns Denny ab. Ich hatte noch einmal Gelegenheit, den Abend im Kreise gleichgesinnter Jäger zu verbringen. Die Mexikaner hatten teilweise sehr beachtliche Trophäen erbeutet, und die Fachsimpelei wollte natürlich kein Ende nehmen.

Dann hieß es packen und schließlich Abschied nehmen. Mir wurde das Herz schwer, denn sicher würde ich manchen von ihnen nicht mehr wiedersehen; Sam, den treuen Weggefährten; Earl, den Führer in den Bergen; Roys, den Skinner, und schließlich Denny und Bill.

Zum letzten Mal stieg ich zu Denny in die Maschine, der er für etwa 30 000 km im Jahr sein Leben und das seiner Gäste anvertraute. Er war schon ein Könner in diesem Fach. Wir flogen wieder entlang dem Newhalen-River nach Iliamna, wo ich in zwei Stunden Anschluß an eine Verkehrsmaschine nach Anchorage haben sollte. Selbstverständlich hatte ich meinen gut verpackten Elch bei mir, der zunächst seine Reise unterhalb des Flügels der Piper begann. Später wollte ich ihn als Zusatzgepäck in der Linienmaschine aufgeben.

Die verbleibende Zeit nutzte ich, um mal wieder zu schreiben. Wie groß aber mein Erstaunen war, als Denny, von welchem ich mich besonders herzlich verabschiedet hatte, plötzlich wieder vor mir stand, wird jeder verstehen. – Ich hatte „nur" meinen Brustbeutel unter dem Kissen in meinem Zimmer vergessen. Dafür flog der liebe Denny, seine obligatorische, halbzerkaute Zigarre im Mundwinkel, mal eben 20 Minuten hin und wieder 20 Minuten zurück.

Meine Dankbarkeit hat er sicher gespürt, und lange schaute ich seinem Flugzeug noch nach, bis es als kleiner Punkt am Horizont verschwand.

In Anchorage, bei meinen Freunden Marlene und Eddi, nahm ich zunächst telefonisch Kontakt mit der Heimat auf.

Mein Problem hatte sich noch verschärft, und so buchte ich den nächsten freien Flug nach Deutschland. Leider blieb dabei ein Teil meines Programms, eine Woche Nationalpark, Mt. McKinley etc., auf der Strecke.

◆◆◆

Sixmale Lake, hier war auch das Basiscamp.

Das Zelt lag geschützt im Hang eines romantischen Tales...

Das weiße Nordlicht verkündet den nahen Winter...

Ungeheuerlich war für mich die riesige, menschenleere, schneebedeckte Bergwelt der Alaska Range...

Alle Strapazen waren vergessen, als ich schließlich bei meiner Beute bin...

Earl beim Zerwirken des über 1000 Meter abgestürzten
Dallschafes.

Stilleben vor dem Zelt auf dem Gletscher.

Die Räder müssen gegen Schneekufen ausgetauscht werden.

...wo mein Schwarzbär, Ursus americanus, seine Fährte gezogen hat.

Sam, ein Athapasken-Indianer.

Am Ziel meiner Träume...

Endlich war das Elchgeweih auf dem Tragboard verpackt, einen weiten Weg hatten wir noch vor uns...

Bill und Denny vor ihrer Piper, mein verpacktes Elchgeweih unter dem Flügel.

Mongolei – 1980

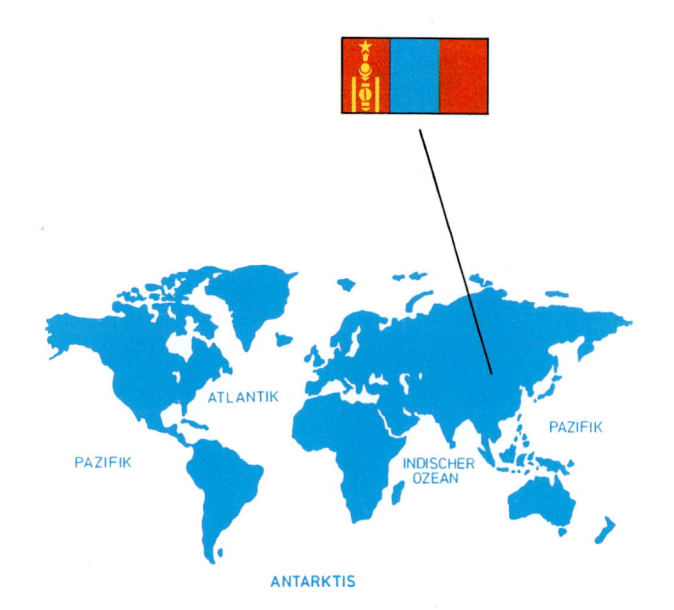

– Auf Argali im Lande Dschingis-Khans –

Bordlautsprecher der Lufthansa LH 342: „Hier spricht der Kapitän. Wir haben jetzt unsere normale Flughöhe von 10 200 Metern erreicht; die Geschwindigkeit beträgt 980 km/h; in ca. zwei Stunden werden wir unser Ziel, Moskau, erreichen; das Wetter dort ist trocken, die Temperatur liegt bei – 4° Celsius. Gegen Abend wird allerdings mit Schneefällen gerechnet."

So begann mein Abenteuer Mongolei. Gleichmäßig brummte die Boeing 727 und gab mir Zeit, mich in Gedanken auf ein fremdes Land vorzubereiten.

Ein Gespräch mit dem Chefsteward klärte die Verspätung beim Abflug. Das Gesamtgewicht der Boeing 727 von 84,0 t mußte verringert werden, weil am Zielort Eis und Schnee und durch die Vereisung des Flugzeuges überhöhtes Gewicht zu erwarten waren. Dies führe zu überhöhtem Benzinverbrauch, und auch die Landung würde schwieriger. Um den Ausgleich beim Gewicht zu bekommen, wurde kurzerhand ein Teil des Fracht- und Postgutes wieder ausgeladen.

So näherte ich mich dem Ende der ersten Etappe. Bis auf die Verspätung war bisher alles planmäßig verlaufen. Die Verladung meines Waffenkoffers, einen ganz gewichtigen Akt, hatte ich in Frankfurt beobachten können. Auf alles hätte ich verzichten können, aber nicht auf meine Sauer 80, Kaliber 300 Win. Magnum.

Planmäßig? Wollte ich mich von dieser Vokabel nach allem, was ich über Reisen in den Osten gehört hatte, nicht freimachen? Wollte ich mich nicht anpassen und mich gleichsam mit asiatischem Gleichmut treiben lassen, Unerwartetes mit mehr Gelassenheit hinnehmen, vor allem auch in kritischen Situationen nicht gleich aus der Haut fahren? Ich wußte, daß das schwer sein würde, denn selbstverständlich durfte ich dabei mein Ziel nicht aus den Augen verlieren.

Das Ziel der Reise war klar; den Schwerpunkt sollte die Jagd in der Mongolei auf das größte Wildschaf der Erde, das Argali, bilden.

Beim Blick aus dem Fenster mußte ich unwillkürlich an die grenzenlose Weite denken. Wenn diese doch auch auf der Erde herrschen würde; ein Europa ohne Grenzen, ohne Schlagbäume und Stacheldrähte, ohne Paßkontrollen – und dazu im herrlichen Sonnenschein. Ein Leben wie im Paradies!

Anflug auf Moskau. Die Landung bei heftigem Schneetreiben war für die Passagiere etwas aufregend. Angeschnallt in meinem Sitz, verließ ich mich auf die moderne Technik und das Know-how des Flugkapitäns. Dieser schaffte es aber spielend, und nach amerikanischem Brauch hätte man sicher geklatscht. Notdürftig hatten die Schneepflüge die Landebahn freigemacht und den Schnee rechts und links zu kleinen Bergen zusammengeschoben. Dann kam eine arge Geduldsprobe. Sage und schreibe drei Stunden brauchte ich für Paßkontrolle, Auschecken des Gepäcks, Zollformalitäten für Waffe und US-Dollars, bis ich wieder, diesmal in einer Tupolev-154, saß.

Was für komische Fenster, war mein erster Gedanke, sollte man hier Ornamentglas in differenzierten Farben verwendet haben? – Die ganz natürliche Erklärung fand sich schnell. Der Schnee war teilweise in Regen übergegangen, und alle Scheiben wie das ganze Flugzeug waren vereist. Die rote und gelbe Flugplatzbeleuchtung tat ihr übriges. Das konnte ja heiter werden.

Trotzdem rollte die Maschine bald zur Startbahn, die Düsen heulten auf, verstummten wieder, und ein Zittern ging durch den Rumpf des Flugzeuges. Noch einmal, laut die Düsen, um aber schnell wieder leiser zu werden. Die Maschine rollte jetzt lange, und ich glaubte schon, wir wollten zu „Fuß" nach Irkutsk, da standen wir wieder vor dem Abfertigungsgebäude. Nach zwei Stunden Wartezeit mußten alle Passagiere aussteigen, offenbar ließ das schlechte Winterwetter den Abflug nicht zu. Ich allerdings mußte als einziger an Bord bleiben.

Es war unerfreulich und unverständlich für mich, daß ich die Wartezeit nicht gleich den übrigen Passagieren in den vermutlich bequemeren Räumen des Flughafengebäudes verbringen durfte. Nun saß ich in dem von Schneewinden umtobten Flugzeug und hatte Zeit, über Mütterchen Rußland und die Überraschungen, die es für mich noch bereit haben würde, nachzudenken.

Rußland nimmt rund die Hälfte von Eurasien, dem größten Kontinent der Erde, ein. Als weltgrößter Staat umfaßt die UdSSR ungefähr $1/6$ des bewohnten Festlandes. Das Territorium erstreckt sich von Norden nach Süden über mehr als 4500 km, von West nach Ost beträgt die Ausdehnung mehr als 10 000 km. Ganze elf Zeitzonen trennen die westlichen Gebiete von den östlichen; die eben erst in Ushgorod untergegangene Sonne sendet ihre ersten zarten Morgenstrahlen den Bewohnern von Nachodka. Noch erstaunlicher sind die Kontraste der Klima- und natürlichen Bedingungen. Während z. B. an der Schwarzmeerküste die Rosen blühen, reift gerade der Weizen in den Steppen Nordkaukasiens, in der gemäßigten Zone wird der Ackerboden eben für die Aussaat bestellt, in den Nordbezirken liegt das Land noch unter einer blendend weißen Schneedecke.

Zum Landschaftsmosaik gehören die hellen Birkenhaine um Moskau, die blauen Seen Kareliens, die gigantischen Waldmassive der sibirischen Taiga, die gewaltigen Gebirge und fruchtbaren Täler des Kaukasus und Pamirhochlandes, die weichen Konturen der verschiedenen Wolgastrecken, die gelben Wüstendünen in Mittelasien, die endlosen Weiten der ukrainischen Steppen sowie die sattgrüne subtropische Flora des Schwarzmeergebietes.

Planmäßiger Abflug sollte 21.15 Uhr sein, tatsächlicher Abflug war 5.00 Uhr morgens. Die ganze Nacht hörte ich die Schneepflüge fahren, gegen Morgen wurde das Flugzeug durch warmes Wasser von Schnee und Eis befreit. Der von mir beobachtete Arbeiter spritzte zum Spaß gegen mein Fenster und rutschte dabei auf der Tragfläche aus, das hätte schiefgehen können. Dann kommen mit müden Gesichtern die Passagiere wieder. Auffallend viele Soldaten – überhaupt habe ich auf keinem Flugplatz der Erde so viele Soldaten gesehen wie hier in Moskau-Sheremetymro.

Endlich waren wir wieder in der Luft. Die Maschine war mit Sitzreihen so vollgestopft, daß es sogar Fensterplätze ohne Fenster gab. Beim Verstellen der Rückenlehnen fiel man dem Hintermann fast in den Schoß. Falls man nicht züchtig mit angelegten Ellbogen saß, fegte man dem Nachbarn die Kaffeetasse vom Tablett. Schließlich wurde es sogar für einen Schlangenmenschen zum Problem, wenn er abgestreifte Schuhe wieder anziehen wollte.

Nach sieben Stunden Enge dachte man befreit an Sokrates, der, als ihm die Fesseln abgenommen wur-

115

den, sagte: „Das wahre Glück besteht in der Aufhebung von Leid."

Die Gesamtstrecke Moskau - Irkutsk beträgt 5340 km, aber noch waren wir nicht da. In Omsk erfolgte außerplanmäßig eine Zwischenlandung. Aus der Luft war erkennbar, daß es sich unzweifelhaft um eine Industriestadt handelte.

Wir mußten diesmal alle aussteigen, und im Gang und im total vereisten Bus roch es stark nach Fusel. Kein Wunder, denn die Temperaturen lagen schon bei minus 20° Celsius. Mein Gleichmut wurde zum zweiten Mal auf eine harte Probe gestellt. Eine leidlich englischsprechende Stewardeß kam, als wir nach einer weiteren Stunde wieder unsere Plätze eingenommen hatten, zu mir mit den Worten: „Irkutsk kann aus wetterbedingten Gründen nicht angeflogen werden; ob ich hier warten wollte? - Morgen vielleicht..."

Was war zu tun? Ich hatte geplant, von Irkutsk einen Abstecher zum Baikalsee zu machen. Ganze zehn Stunden hatte ich schon verloren, Wagen und Fahrer von Irkutsk zum Baikalsee waren für morgen bestellt, einen Tag später wollte ich nach Ulan-Bator. Diese Maschine hier flog mit einer weiteren Zwischenlandung nach Ulan-Bator. Kurz entschlossen blieb ich sitzen und flog direkt mit in die Mongolei. Hatte ich die Reise etwa zu früh geplant? Wie mochten die Temperaturen im Altaigebirge sein?

Ein Sprichwort der russischen Pioniere sagt: Tausend Kilometer sind keine Entfernung, minus 50° Celsius keine Temperatur, 90 Jahre kein Alter, 40 Prozent Alkohol kein Wodka. Man sollte sich schnell diesen Einstellungen anschließen, um das richtige Phlegma zu bekommen.

Der Teil Rußlands, der Sibirien genannt wird, ist so groß, daß z. B. Frankreich sechsmal hinein paßt. Das größte Wasserkraftwerk der Erde bei Brask hat hinter sich einen Stausee von 700 km Länge. Die Bodenschätze sind so gigantisch, daß man gegenwärtig eine 3100 km lange Eisenbahnlinie, die Baikal-Amur-Magistrale, baut, welche letztlich sicher auch strategische Bedeutung hat. Die Industrialisierung hinterläßt auch Spuren am tiefsten Süßwassersee der Erde, dem Baikalsee. Aber zurück zu den Temperaturen. Es ist eine permanente Herausforderung für alle Zweige der Wirtschaft, unter diesen harten klimatischen Verhältnissen Befriedigendes herauszuholen. Das russische Volk hat diesen Kampf aufgenommen.

Der Flug, der sich nun Stunde um Stunde hinzog, ging leider noch nicht nach Ulan-Bator. Weit über den Baikalsee, dessen vereiste Fläche, mit der darin liegenden Gebirgsinsel, ich aus 10.200 Metern Höhe gut sehen konnte, ging der Flug zunächst für eine weitere Zwischenlandung nach Cita. Ich war bestürzt, du großes Mütterchen Rußland, was würde das wieder geben, hier bahnte sich sicher wieder eine lange Nacht an.

Es war inzwischen später Nachmittag geworden, und die Herren Offiziere meinten, nach der Paßkontrolle wäre es zu spät für einen Weiterflug nach Ulan-Bator. Über diese Möglichkeit wurde fast drei Stunden beraten. Während ich mich nur noch mit Gewalt zur Ruhe zwingen konnte, immerhin saß ich jetzt bereits 26 Stunden im Flugzeug, hatte meine Mitreisenden stoische Ruhe ergriffen. Alle, ob Russen, Mongolen, Bulgaren, Ostdeutsche, Tschechen usw., saßen in ihren dicken Mänteln, mit dem Handgepäck auf dem Schoß und warteten in ihr Schicksal ergeben. Mehrere Kleinkinder plärrten, wen wunderte es, dazwischen; die Stewardessen machten sich etwas zu essen, und die Sonne ging langsam unter.

Doch auch diese Wartezeit ging zu Ende, und alle Passagiere folgten artig in Kolonne einem Wachtposten zum nächsten Aeroflot-Hotel.

Mein dürftiges Zimmer genügte zum Schlafen! Die Toilette war so sehenswert, daß ich sie fotografiert habe! 2.00 Uhr Moskau-Zeit sollte es weitergehen - ich wollte es erst glauben, wenn es soweit war. Wieder trat eine unvorhergesehene Verzögerung ein. Die Ursache war für mich nicht erkennbar. Waren die Flugverhältnisse auf der weiteren Strecke so, daß ein Weiterflug nicht verantwortet werden konnte? Oder war es am Ende Willkür oder Unfähigkeit, die diese Zwangspause bewirkte? Ich träumte vom Westen!

Volle drei Stunden, wir waren um 5.30 Uhr Ortszeit geweckt worden, saß ich schon mit den anderen Passagieren in der Halle des „Flughafens der Freundschaft". Es erfolgte eine ausführliche Paßkontrolle, und man verlangte mein Visum für Cita. Natürlich hatte ich keines, da ich nicht beabsichtigte, diesen Ort zu besuchen. Kurzerhand wurde dafür mein Irkutsk-Visum festgehalten. Meine vorsichtigen Beteuerungen, auf dem Rückflug mein Programm Baikalsee abwickeln zu wollen, wurde nur mit dem Lächeln der diversen Natschalniks beantwortet. Die hinzugezogene Dolmetscherin übersetzte: „Ich könnte ja in der Mongolei versuchen, ein neues Visum zu beantragen!"

Kaum hatte ich diese Zwangskürzung meines Rußlandaufenthaltes verdaut – folgte die Zollkontrolle. Eine Filzung bis ins kleinste. Ich mußte meine Habseligkeiten neben meinem nicht gerade kleinen Päckchen US-Dollarnoten vor allen Reisenden sorgfältig ausbreiten. Dann kam die Frage: „Was haben Sie hier alles fotografiert? Ihren Film bitte." Meinen Beteuerungen wurde keine Beachtung geschenkt. „Ihr Fotografieren ist von uns beobachtet worden." – Sicher war der Beobachter der ältere Offizier mit dem undefinierbaren Gesichtsausdruck. – Ich hatte einige Bilder vom Baikalsee gemacht, als wir ihn überflogen.

Der Sonderfilm Kodak-Ektacrome wanderte in die Hände der Miliz. Der russische Bär zeigte auf höchst ärgerliche Weise seine Krallen. Eine ohnmächtige Wut erfaßte mich, und mein Körper zitterte. Trotz allem versuchte ich zu lächeln und zwang mich, an meine Frau Lisa zu denken, was hatte sie noch beim Abschied gesagt: „Dies wird Deine schönste Reise." Aber noch war ich ja gar nicht am Ziel.

Endlich, ich hatte meine Sachen wieder beisammen und saß im Flugzeug, als der Bordlautsprecher den Flug ansagte: „Ulan-Bator erreichen wir nach 1300 km voraussichtlich in zwei Stunden. Unsere Flughöhe beträgt 10000 Meter", usw.

Nicht ein einziges Mal war bei allen Starts in Rußland ein Wort der Entschuldigung für die inzwischen zweitägige Verzögerung gesagt worden, auch keine Hinweise auf Sicherheitsvorkehrungen wurden gegeben. Soweit ist man hier leider noch nicht, bzw. man hält es nicht für notwendig. Gleichmut, Heijo!

Unter uns zog die Landschaft dahin. Die Bäume an den leichten Bergrücken waren kahl. Zeitweise konnte man in dieser abgelegenen Taiga Sibiriens Industriekomplexe oder auch landwirtschaftliche Anlagen erkennen. Alles in allem, von oben sah es kalt und unwirtlich aus. Die gefrorenen Flüsse zogen sich in großen Schleifen dahin, man konnte Autos darauf erkennen, denn sicher waren die Eisflächen bequemer als manche Straße zu befahren. Dann kam eine geschlossene Wolkendecke – ich träumte wieder von der grenzenlosen Weite.

◇

Ulan-Bator, 13.00 Uhr Ortszeit, ich konnte es kaum glauben, aber wir waren gelandet. Es herrschte herrlicher Sonnenschein, die Temperatur war leicht auf +10° Celsius gestiegen, und die Formalitäten waren nicht übermäßig streng. Keiner erwartete mich, denn ich war ja wesentlich früher hier als angegeben. So stand ich mit Seesack und Waffenkoffer auf der Straße, und mir fehlte jede Orientierung. Auf den Schrifttafeln konnte ich noch nicht einmal die Buchstaben erkennen, und einheimische Währung fehlte mir ebenso. Ein freundlicher Zollbeamter setzte mich in einen Staatsbus, und der brachte mich zu einem Hotel.

Zum Glück kam schon bald mein neuer Begleiter und Dolmetscher „Luta" ins Hotel. Er sprach sehr gut Deutsch, war in meinem Alter und stolzer Vater von fünf Söhnen. Schnell kamen wir uns näher, und seine Ansichten waren vernünftig und akzeptabel. Viel wurde erzählt, am liebsten hätte ich mitschreiben mögen. Nahezu die ganze Geschichte der großen Mongolei, wenn auch aus bolschewistischer Sicht, erfuhr ich an diesem Nachmittag. Beschämt mußte ich gestehen, daß bei mir Dschingis-Khan, Marco Polo, Karakorum, Altaigebirge und vielleicht noch der moderne Ministerpräsident Tsedenbal die einzigen Kenntnisse waren.

Die Erben Dschingis-Khans gründeten, angeführt von dem Volkshelden Suche Bator, nach der Revolution 1921 die Mongolische Volksrepublik.

Vor der Revolution war die Mongolei einer der rückständigsten Feudalstaaten der Erde, war sie der Inbegriff für Weltabgeschiedenheit und geheimnisvolles Objekt abenteuerlicher Reisebeschreibungen. Aus den ehemaligen nomadisierenden Hirten und Lamas der buddhistischen Klöster, die Industrie, Ackerbau und moderne Verkehrsmittel kaum oder gar nicht kannten, die zu 99% des Lesens und Schreibens ihrer eigenen Muttersprache unkundig waren, sind heute erfolgreiche Tierzüchter, Agronomen, Industrie- und Bergarbeiter, Lehrer, Ärzte und Wissenschaftler geworden.

Es leben, nachdem sich zuletzt die Bevölkerung nach der letzten Zählung 1963 verdoppelt hatte, auf 1,56 Millionen Quadratkilometern 1,6 Millionen Menschen.

Die Bevölkerung besteht zu 87% aus Chalch-Mongolen, 3,1% Durbets, 2,8% Burjaten, 4,7% Kasachen sowie Minderheiten von Chinesen, Bajatis, Darigangas, Torguten und Uletis. – 46% davon sind heute unter 30 Jahren.

Das mongolische Volk gehört zur Gruppe der Mongoloiden, die sich durch hellbraune bis dunkelbraune Hautfarbe mit teilweise ockergelber Tönung und durch schwarzes Haar auszeichnen. Ein typisches Merkmal ist auch die sogenannte Mongolenfalte, eine Hautfalte des oberen Augenlides, die Schlitzäugigkeit hervorruft.

Viele Kriege wurden im Laufe der Jahrhunderte geführt, sie brachten Siege und Niederlagen, wovon heute noch Spuren zeugen. Das Joch der mandschurischen Dynastie, d. h. 200 Jahre chinesisches Besatzungsregime, war eine der schwersten Zeiten der mongolischen Geschichte. Der Haß gegen die Chinesen, geschürt durch völlige Rechtlosigkeit, Fron- und Kriegsdienste, führte letztlich zur engen Bindung an Rußland.

Die Religion im Lande war früher vorherrschend der Buddhismus lamaistischer Prägung. Die kommunistische Revolution vernichtete ihn nahezu und ließ von den ca. 100 000 Lamas des einstigen Mongolenreiches bis auf ca. 200 alle sterben. Unter diesen wenigen sieht man runzlige Greise mit verstaubten Ansichten, aber auch aktive, energische junge Männer. Sie alle tragen die traditionellen langen hellroten Gewänder. Viele damals zerstörte Tempel werden heute wieder aufgebaut.

Der Ministerpräsident Tsedenbal verfolgt derzeit, allein schon aus der geografischen Lage heraus, eine flexible Politik gegenüber der Religion der Lamas sowie gegenüber den in der Mongolei lebenden Chinesen. Nichts kann aber darüber hinwegtäuschen, daß die Freundschaft zur Sowjetunion, wenn auch aus Gründen der Zweckmäßigkeit, echt ist und ihren Rückhalt in allen Schichten der Bevölkerung hat. China ist nun einmal der Gegner seit Jahrhunderten.

Als das Wort Mongole noch Angst und Schrecken verbreitete, reichten die Eroberungen Dschingis-Khans und seiner Söhne von Zentralasien nach Osten bis China, nach Westen über Persien und Rußland bis nach Mitteleuropa.

Dieses riesige Mongolenreich zerfiel allerdings sehr rasch, und die Mongolen, die auf diese ihre Zeit stolz sind, geben in einer Sage die Schuld daran den Söhnen Dschingis-Khans, die den Rat ihres Vaters mißachteten.

Die Sage berichtet, daß der Begründer des Reiches, Dschingis-Khan, auf dem Totenbett 1277 seinen versammelten Söhnen folgendes Beispiel zeigte: Der 72jährige nahm einen Pfeil aus einem Köcher und zerbrach ihn ohne Anstrengung. Dann zog er die übrigen Pfeile heraus, faßte sie zu einem Bündel zusammen und sagte: „Versucht, diese Pfeile zu zerbrechen, wenn sie gebündelt sind ... Ihr könnt es nicht! So wird es mit Euch sein. Wenn jeder für sich ist, kann man Euch leicht zerbrechen, bleibt Ihr vereint, seid Ihr unbesiegbar."

Bis heute ist das Grab dieses ebenso grausamen wie weisen Mannes nicht gefunden worden. Liegt es in der alten Hauptstadt Karakorum oder in Har Horin, etwa 400 km westlich von Ulan-Bator?

Einer seiner Söhne, Kublai Khan, machte noch Geschichte durch seine Freundschaft und weitsichtige, lange Verbundenheit mit Marco Polo. Fast 21 Jahre lebte der venezianische Kaufmann in der Mongolei und begründete große Handelsbeziehungen mit Europa.

Marco Polo hatte als erster Europäer den ungeheuer langen und schwierigen Landweg quer durch Asien, der sonst nur von örtlichen Karawanen benutzt wurde, zurückgelegt, als er vom Mittelmeer durch Arabien, Persien, Afghanistan, Kaschmir und die Mongolei nach China reiste.

Mein erster Spaziergang durch die moderne Hauptstadt Ulan-Bator und der erste Drink hinterließen bei mir markante Eindrücke; die gleichen Spatzen wie bei uns saßen auf der meiner Meinung nach einzigen in der Welt noch stehenden Statue Stalins; in den Bars der großen Hotels trinkt man neben Wodka wie selbstverständlich Whisky, Martini und Bier, während aus den Lautsprechern westliche Schlager jeder Couleur plärren; die jungen Paare schwingen ihre Beine wie in deutschen Diskotheken. Auf den Straßen schließlich mischen sich in der Menschenmenge Bauern in traditionellen braunen, blauen und schwarzen Kitteln mit gelben Bindegürteln mit Lamas in roten Gewändern und mit der Jeans tragenden Jugend, die die schwarzen Haare lang oder kurz geschnitten trägt.

Das freudigste Erlebnis war für mich aber gelegentlich bei einer Unterhaltung mit zwei Studenten, die einwandfrei Englisch sprachen und unbedingt Tutrug – die Einheit der mongolischen Währung – gegen DM tauschen wollten, der Griff in eine meiner Jackentaschen. Hier fand ich einen schnell geschriebenen Brief meiner Lisa, in welchem sie beteuerte, daß sie mir trotz der großen Entfernung sehr nahe sei. Schöner hätte der Tag nicht enden können, und in freudiger Dankbarkeit stellte ich fest, daß Zuneigung eines der beglückendsten Phänomene im menschlichen Leben ist.

Leider ging mein Flugzeug in die Gobi erst Freitag; so war noch eine ausführliche Besichtigung der Stadt am nächsten Tag möglich.

Entweder hatte sich mein Körper noch nicht an die neue Zeit (sieben Stunden vorverlegt) angeglichen, oder die Räume waren überheizt, jedenfalls hatte die Nacht mir keine Erholung gebracht.

Luta kam mit Wagen und Fahrer, um mir stolz die Hauptstadt des Landes zu zeigen. Hier im südlichen Chentij-Mittelgebirge – in einem grabenartig verbreiterten Abschnitt des von der Steppe beherrschten Tuul-Tales in etwa 1350 Metern ü. M. – leben rund 400 000 Menschen. Südlich der Stadt erheben sich die bis 2257 Meter aufragenden Bogd uul-Berge. An der Nordflanke sind diese noch mit der sibirischen Fichten- und Lärchentaiga bedeckt, während die andere Seite schon vollständig der Gebirgssteppe angehört. Ergiebige Grundwasserströme haben für die Wasserversorgung der Stadt große Bedeutung. Ulaanbaatar (mongol.) ist nicht nur die größte Stadt des Landes, sondern auch das politische, kulturelle und wirtschaftliche Zentrum.

Augenscheinlich ist auf dem gestreckten Grundriß von etwa 10 km Länge in den letzten Jahren sehr viel gebaut worden.

Neben der großen Universität gibt es Staatspaläste, Verwaltungen, eine Nationaloper, ein Mausoleum für Suche-Bator, Museen, Bibliotheken, jeweils in klassischem oder modernem Baustil. Große Wohnblocks kommunistischer Prägung fehlen ebensowenig wie vier große Kohlekraftwerke, welche der Stadt die ersten Probleme mit dem Umweltschutz bringen. Aber „Umweltschutz" hat man hier, wie mir gesagt wurde, schon vor 300 Jahren praktiziert. Große Flächen der umliegenden Berge sollen seinerzeit zum Naturschutzgebiet erklärt worden sein. Im Winter kommen die Tiere bis in den Stadtpark.

Die Krone der alten Gebäude ist das erhaltene Kloster, der Bogdo-Gegen-Palast. 1586 wurde es als erstes von nahezu 700 nach und nach im ganzen Land entstandenen Tempeln und Klöstern auf den Ruinen des legendären Karakorum erbaut und erhielt den Namen „Erdene dsuu", was übersetzt „Kostbarer Herr" bedeutet. Von diesem Kloster aus begann sich die lamaistische Religion über die ganze Mongolei auszudehnen. Das Hauptkloster des mongolischen Lamaismus, das innerhalb kurzer Zeit zum religiösen und politischen Zentrum des Landes wurde, entstand 1639 an den Ufern des Tuul gol im südlichen Chentij und bildete den Kern der sich hier allmählich entwickelnden Stadt Urga (Ulan-Bator). Es wurde vom Bogdo-Gegen, dem Oberhaupt der lamaistischen Kirche der Mongolei, bewohnt.

Der Bogdo-Gegen von Urga ist nach dem lamaistischen Glauben die ständige Wiedergeburt des heiliggesprochenen tibetischen Lamas Taranatha. Der erste mongolische Großlama als Wiedergeburt des Taranatha war nach der Überlieferung 1630 der fünfjährige Sohn einer großen mongolischen Fürstenfamilie. Er soll später ein sehr gelehrter Mann mit großen künstlerischen Fähigkeiten geworden sein.

Hat die Seele des jeweils verstorbenen Bogdo-Gegen die irdische Hülle verlassen, dann irrt sie in unbekannten Räumen umher, bis sie in einem neuen, neugeborenen oder minderjährigen Knaben wieder ihre Ruhestätte findet. Das war dann der neue, wiedergeborene Bogdo-Gegen, der in das Hauptkloster Urga (Ulan-Bator) gebracht wurde. Die lamaistische Religion, die den bis dahin unter den Nomaden verbreiteten Schamanismus ablöste, trug durch ihre weltabgewandte, zur Inaktivität und Bedürfnislosigkeit erziehende Lehre zur vollständigen Stagnation in der Entwicklung bei. In seinen Ritus hat der Lamaismus besonders viele Formen vom alttibetischen Schamanismus übernommen. Kennzeichnend sind Zauber, Gebetsmühlen, Fahnen, Posaunen, Trommeln und dergleichen.

Ein wichtiges Mittel zur religiösen Beeinflussung der nomadisierenden Viehzüchter waren die zahlreichen Feste, die zu Ehren der unzähligen buddhistischen Gottheiten alljährlich veranstaltet wurden. Eine besondere Rolle spielten dabei die mysteriösen Tänze der maskierten Lamas, die von furchterregender Musik begleitet wurden. Die Tänze sollten den Kampf der Götter gegen die Feinde des lamaistischen Glaubens symbolisieren.

Durch die Zunahme der Mönche und Klöster geriet das Land in eine unglaublich wirtschaftliche und kulturelle Rückständigkeit. Die früher bereits genannten 100 000 Mönche entsprachen etwa einem Sechstel der damaligen Bevölkerung. Da nicht alle in Klöstern lebten, sondern als Nomaden durchs Land zogen, fielen sie den Bauern zur Last, die die Lamas unentgeltlich aufnehmen mußten.

Die Ausbreitung des Lamaismus wurde von den Chinesen mit allen Mitteln gefördert, denn er verwandelte die Steppe des Krieges in eine Steppe der Klöster und Gebetsmühlen. Ein ganzes Volk wurde durch die Religion in den Glauben an eine Belohnung im zukünftigen Leben versetzt. Die Rechnung der Chinesen ging auf, sie hatten dem mongolischen Volk jene Kraft genommen, vor der ehemals Völker Asiens und Europas gezittert hatten.

Die Lamas, im Zölibat lebend, gaben sich nur dem Gebet und der Herstellung von ausgezeichneten Wandteppichen, Holzschnitzereien, Bronze-, Messing- und Goldarbeiten hin. Vieles davon ist bis heute erhalten.

Eine besondere Kostbarkeit der lamaistischen Kunst ist, um wieder zu meiner Stadtbesichtigung zurückzukommen, dieser Tempel des Bogdo-Gegen. Einmalige Schätze des Buddhismus birgt er in seinen Räumen. Gleich das Haupttor ist neben vielen Schnitzereien verziert mit großen Bildern aus der buddhistischen Literatur. Die aus Holz gearbeiteten Inschriften geben die Darstellungen in mongolischer, tibetischer, chinesischer und sanskritischer Schrift wieder.

Im Haupteingang wird man von vier übergroßen Figuren begrüßt. Viel Beiwerk und grelle Farben sollen nicht nur die vier Kontinente, sondern auch Reichtum, Glaube, Freude und Krieg symbolisieren. Die unter den großen Füßen zerdrückten Menschen stellen Ungläubige dar, die zertreten werden.

In den anderen Räumen immer wieder große Wandteppiche aus feinster Seide, oft auch kunstvoll bemalt. Dargestellt wird immer wieder Buddha, alleine, mit seinen 16 Schülern, sein Leben usw. Daneben wieder Götter, welche die fünf großen Fehler – Habsucht, Geiz, Überheblichkeit, Untreue und Eifersucht – darstellen

Eine grüne Buddha-Figur „Dari Echi" hilft Frauen bei der Geburt; der Gott der Medizin ist dunkelblau mit doppeltem Heiligenschein; der in rot gehaltene Gott, der über Leben und Tod richtet, entscheidet gleichzeitig darüber, ob das Leben des Abgeschiedenen nach dem Tode in der Hölle oder im Paradies stattfindet. Eine Figur mit vielen Armen, jeder stellt einen Monat dar, jeder Fingernagel einen Tag, ist im Ausdruck am stärksten.

Ein typisches Zeichen ist immer wieder das Hakenkreuz. Besonders beeindruckend ist der Wandteppich, auf dem das ganze Leben Buddhas dargestellt ist. Beginnend mit der im Traum durch einen Elefanten geschwängerten Mutter, seiner kurz darauf erfolgten Geburt (in Indien, 500 vor Chr.), über sein Leben im Paradies, die Züchtigung der Ungläubigen, bis hin zu seinem Tode, wie er in einer Rauchsäule in den Himmel aufsteigt.

In einer anderen Halle befinden sich Kutschen, Sänften, eine Jurte aus Fellen von 100 Schneeleoparden, kostbare Tanzmasken sowie viele Gegenstände des täglichen Lebens, wie Gebetsmühlen, Donnerkeile, Waffen, Sattelzeug für Elefanten und dergleichen.

Ich konnte gegenüber meinem Begleiter nur immer wieder meine Bewunderung darüber ausdrücken, daß die Vorfahren seines Volkes mit sicher sehr einfachen Werkzeugen solcher Leistungen fähig waren. Am Nachmittag zeigte mir Luta noch das Kunstmuseum mit vielen guten Bildern, Wandteppichen, Figuren und Bildhauerarbeiten aus alter und neuer Zeit.

Dann wurde Proviant für die nächsten Tage gekauft, denn am nächsten Morgen starteten wir unsere Jagdsafari in die Gobi und die Ausläufer des Altaigebirges. Zunächst hieß das aber, mit dem Flugzeug nach Dalandzadgad, der südlichsten Stadt am Rande der Wüste, etwa 300 km vor der chinesischen Grenze, zu fliegen.

Der Himmel hatte sich gegen Abend frühzeitig mit schwarzen Wolken verhängt. In der Nacht war ich einmal auf. Die schweren Wolken hatten sich entladen. Die Landschaft war weiß, so weit das Auge reichte. Schneepflüge fuhren über die nächtlichen Straßen. Mir schwante nichts Gutes.

Früh waren wir am Flugplatz; es herrschte dichtes Schneetreiben. Zunächst warteten wir, ich hatte inzwischen unseren Koch „Magwan" kennengelernt, als Luta mit der Meldung kam: „Schneestürme über der Gobi, Windgeschwindigkeiten 16 m/sek." Das bedeutete, daß der Flug nicht möglich war und wir zum Hotel zurückfahren mußten. Ich war in Sorge; das verspätete Nachwinterwetter dieses unwirtlichen Landes schien meine Jagdpläne vereiteln zu wollen.

Gegen 12.00 Uhr machten wir einen zweiten Versuch. Das Wetter war etwas besser geworden. Bis 16.30 Uhr hielten wir uns am Flugplatz auf, dann stand fest – an einen Start war nicht zu denken, weil laut Meldungen der Sturm in der Gobi nicht nachgelassen hatte. Das hieß warten auf den nächsten Tag und brachte eine neue Geduldsprobe.

Als am nächsten Morgen die Sonne glutrot hinter den Chentij-Bergen aufging, versprach der Tag Sonnenschein im doppelten Sinne. Luta machte zwar ein trauriges Gesicht, weil er seine Brille zerbrochen hatte, brachte aber die Nachricht, daß der Sturm in der Wüste Gobi sich beruhigt hatte.

Am Flugplatz fanden wir die gleichen Menschen, die mit uns gestern gewartet hatten. Nach dem Aufruf durch den Lautsprecher ging alles in großem Strom zum Flugzeug. Es war erstaunlich, was sie alles mit sich trugen; von undefinierbaren Paketen jeder Größe, über Kannen, Geflügelkäfige, Leuchtstoffröhren bis zu dickvermummten Kindern. Teilweise waren die Passagiere in die landesüblichen roten, blauen oder braunen Umhänge (Deel genannt) gekleidet. Sie sahen aus wie Menschen ohne Hände, weil diese von den langen Ärmeln verdeckt waren, wodurch sie allerdings die Handschuhe ersparten. Auffallend die manchmal feinen und ausdrucksvollen Gesichtszüge, reizend oft die der Kinder. Ich hätte gerne fotografiert, aber nach der Erfahrung mit der Beschlagnahme meines Filmes in Cita war ich vorsichtig geworden.

Im Flugzeug JL 14 waren die Reihen noch enger als in der Tupolev 154. Es herrschte ein wildes Stimmengewirr. Jetzt hörte ich auch deutlicher die von Luta berichtete Verwandtschaft mit der finnischen Sprache.

Vor mir saß eine stramme Bäuerin im charakteristischen Deel, bei der mir, ohne daß sie zur Seite blickte, die markanten, hervorstehenden Backenknochen auffielen. Als Ohrringe trug sie einfachen, 1,5 mm starken Messingdraht in der Form eines S. Dieser zunächst nicht ungünstige Eindruck wurde aber erheblich beeinträchtigt, als sie später ohne Scham wie ein derber Fuhrmann ungeniert durch die Hand auf den Boden schneuzte.

Wir überflogen zunächst eine verschneite Landschaft, die Flüsse waren teilweise schon eisfrei, denn man konnte das Wasser klar erkennen. Nach einer Stunde etwa folgte trockene, windgepeitschte Steppenlandschaft mit kleinen Gebirgszügen. Alles war baumlos, und an den Nordhängen lag immer wieder Schnee.

Ich dachte mir: anders wird es vor 700 Jahren hier auch nicht ausgesehen haben, als Marco Polo mit seiner Karawane, beladen mit kostbarem Handelsgut, hier entlangzog. Seine dreieinhalbjährige Reise quer durch Asien und sein langer Aufenthalt bei Kublai Khan waren zu seiner Zeit aufsehenerregende Neuigkeiten. Schließlich hatte er die legendäre, abenteuerumwitterte Reiseroute vom Mittelmeer bis Peking als erster Europäer wiederentdeckt.

Als er 1295 nach Venedig zurückkehrte, waren seine Erzählungen so unglaublich, daß sie manchem als Phantasiegebilde erschienen. Er mußte sogar für einige Zeit ins Gefängnis. Nichts hat er aber von allem widerrufen, im Gegenteil mit der Feststellung geantwortet, er habe überhaupt nur einen Bruchteil dessen erzählt, was er erlebt und gesehen habe.

Erst viel später haben Kaufleute und Wissenschaftler, die diesen vieltausend Kilometer langen, uralten Karawanenweg, dessen Bewältigung im Kamel- bzw. Pferdesattel viele Monate, ja selbst Jahre erforderte, selbst bereist hatten, seine Angaben in Einzelheiten bestätigt. Alexander von Humboldt konnte schließlich Marco Polo als „den größten Landreisenden aller Jahrhunderte" bezeichnen und seinen Bericht wegen seiner Wahrheitsliebe als „vortreffliches Werk" preisen.

Wie leicht ist es nun heute, diese ungeheuere Strecke an Bord eines Flugzeuges in Bruchteilen der damaligen Zeit zurückzulegen.

◇

Endlich setzte die zweimotorige Propellermaschine der Mongol-Air zur Landung an. Auf der heruntergeklappten Treppe schnupperte ich Wüstenluft, während gleichzeitig noch der aufgewirbelte Pistenstaub mir um die Ohren flog.

Unsere Truppe formierte sich, denn vereinbarungsgemäß wurden wir von dem Fahrer Gombosuren und dem Jäger Dagiidawaa abgeholt. Letzterer war schlank, schmalschultrig, und seine schräggestellten Augen schauten listig, aber vertrauenerweckend aus einem vom harten Wetter gegerbten Gesicht. Gombosuren sah aus wie ein Sohn Dschingis-Khans, klein, stämmig, mit rundlichem Gesicht und Mongolenaugen, gekleidet mit lilafarbenem Deel mit gelbem Gürtel.

Sie begrüßten uns mit: „Sain Baina uu" – Guten Tag, wie geht's? Wir waren jetzt vollzählig und fertig zur Weiterfahrt zu unseren Jurten.

Magwan, der Koch, hatte seine Mühe, alle Proviantkisten und das persönliche Gepäck im Jeep zu verstauen. „Nur noch etwa 50 km", sagte Luta, als wir losfuhren. Es ging über sehr, sehr einfache Wege oder Pisten, und große Staubwolken blieben hinter uns, während Gombosuren seine Fahrkünste zeigte.

Unterwegs sahen wir häufig Skelette von Wild und von Pferden und einmal auch eine Herde der kleinen, struppigen Mongolenpferde, welche ungewöhnlich widerstandsfähig und genügsam sind. Mit den kleinen Hufen scharrten sie den vereinzelten Schnee beiseite und fanden so ihre karge Nahrung.

Kameldung am Wege machte mich aufmerksam, und bald sah ich auch einige von diesen großen, doppelhöckerigen Tieren, die weit stärker behaart sind als ihre einhöckerigen Brüder in Nordafrika und Vorderasien, die Dromedare.

Bald darauf sah ich von weitem unsere Jurten, der Mongole nennt sie „Ger". Es waren insgesamt drei, und auf dem gelben Gras der Steppe glichen sie großen, runden, weißen Käselaiben. Es empfingen uns ein alter dünn bebarteter Mongole und seine Frau, die hier als Wächter fungierten und eine der Jurten bewohnten.

Die Jurte ist ein Abkömmling der Nomadenzelte, ihr Holzgestell läßt sich schnell auseinandernehmen oder zusammensetzen. Das leichte Holzgerüst wird mit Filzmatten belegt, mit weißem Leinentuch bespannt und mit Roßhaarleinen befestigt. Der Durchmesser liegt zwischen 3 und 6 Metern. Allerdings bietet die Jurte keinen Schutz gegen Sandstürme. Ist der Wind sehr stark, kann er eine Jurte manchmal von ihren Pflöcken reißen. Dennoch kann ein Mongole nirgends so behaglich wohnen wie in seiner Jurte. Sie stehen manchmal einsam in der Steppe zerstreut, und nur der Rauch ihrer Feuer ist ein Hinweis auf ihre Bewohner.

Eins dieser „Zelte" war für mich bestimmt, und ich richtete mich sofort häuslich ein.

Später, nachdem ich zunächst einige Polaroid-Fotos gemacht und verteilt hatte, machte ich mich mit den Hunden des Alten vertraut. Ein junger, schwarzer mit struppigem Fell hatte es mir besonders angetan. Seine Läufe waren gelbbraun, ein weißer Brustfleck reichte bis zum Unterkiefer, und der Kopf mit den glänzenden Augen war schon breit und wuchtig.

◇

Gegen 13.00 Uhr waren die Vorbereitungen für die erste Pirschfahrt beendet, und ich hatte im Wagen wieder meine Waffe zwischen den Beinen. Diesmal war der Jeep zur Abwechslung sowjetischer Bauart. Es sollte zunächst auf den Steinbock, den mongolischen Capra ibex sibirica, gehen. Wir mußten daher ca. 50 bis 60 km bis zu den „Govi Gurwan Saichan", den „drei schönen Bergen in der Gobi", Ausläufern des Altai-Gebirges, fahren. Die Räder des Wagens ließen den Rand der Wüste vor den Bergen hinter sich, alles baumlose Steppe. Trotzdem war für mich die trostlose Weite einer Wüste immer wieder faszinierend.

Die meisten Menschen stellen sich unter Wüsten immer nur gelbe Sandmeere und wellige Dünenfelder vor. Tatsächlich können sich Wüsten aber in vielen verschiedenen Erscheinungsformen darstellen. Selbst in der Sahara, einen Teil hatte ich unlängst in Tunesien sehen können, betragen die reinen Sandflächen nur etwa 10 Prozent. Gemeinsam ist ihnen die grenzenlose, lebensbedrohende Einsamkeit.

Sahara, Atacama, Namib und Kalahari, Thar, Gobi, um nur die großen zu nennen, sind Sammelbegriffe für örtlich fixierte Wüstenvielfalt, wie rauhe, gratige Gebirge, pastellfarbene, sanfte Hügel, unwegsame Felsplateaus, flimmernde Sand- und Dünenfelder usw. Der Fachmann, der das Wüstengefüge unserer Erde, das etwa ein Fünftel unseres Festlandes umfaßt, kennt, erklärt wie folgt:
„Wüsten folgen den astronomisch bedingten, ganzjährigen Glutzonen der Wendekreise des Krebses und des Steinbockes; sie begleiten, nebelverhüllt, die von kalten Meeresströmungen bespülten Wüstenküsten Südamerikas und Afrikas, und sie überziehen die unendlichen Weiten der von hohen Gebirgsmauern abgeschirmten Regenschattengebiete Innerasiens."
Eine Wüste ist nicht menschenleer, und es fehlen in ihr weder Pflanzen noch das Tier, wohl aber sind sie selten. In ihr toben Stürme, doch Wind muß nicht sein, sie glüht in stickig wabernder Hitze unter erbarmungslos strahlender Sonnenglut. Doch es kommt auch eisiger, schneidender Frost, der mit Reif und Taufall die Wassermengen eines Jahres im Laufe einer wolkenlosen Nacht überschreiten kann. Ebenso kann die Wucht des Wassers, wenn der Himmel sich zu schwarzen Klumpen ballt, fernes Grollen zum peitschenden Donner wird, lange Blitze gleißende Helle bringen, zu Walzen werden, die das ausgedörrte Land überrollen. Braune Brühe stürzt sich dann in jahrelang trockene Wadis, preßt sich durch Canyons und Schluchten und ersäuft alles Leben. Schnell verzieht sich das Wasser wieder, bleibt u. a. in abflußlosen Salzseen und läßt lehmiges Erdreich zu Schollen zerreißen. Teilweise Jahre gewartet haben viele kleine Samenkörner auf die Gunst dieser Stunde. Halme auf Dünen, Disteln in Felsspalten etc. ... erwachen zum Leben und fügen sich in die Ordnung der Welt, die auch im Mangel herrscht. Keiner kann der Wüste die grandiose Stille oder die tiefblau blinkende Sternennacht nehmen.
Zurück zur Fahrt durch die Gobi. Plötzlich sahen wir in großer Ferne sich bewegende Punkte. Fünf weiße und zum Schluß einen dunkelbraunen, hochflüchtig wie an einer Perlenschnur. Unsere Neugier war geweckt, und schon ging die wilde Fahrt los, Gombosuren war ganz in seinem Element. Bald erkannten wir Schwarzschwanzgazellen, welche von einem größeren Hund gejagt wurden. Da wollten wir uns anschließen, zumal auch eine Gazelle auf meinem Abschußplan stand.
Wie ein Teufel jagte nun Gombosuren hinter den Tieren her. Jeden Augenblick, meinte ich, würde der Wagen umschlagen, denn gefährlich waren die Sprünge über die ausgewaschenen Vertiefungen. Ich mußte mehr auf meine Büchse zwischen den Knien achten als auf meinen Kopf, der oft heftig gegen das Dach gestoßen wurde.
Den Hund hatten wir schon abgedrängt, da trennte sich, immer noch 300 bis 400 Meter voraus, ein guter Bock von dem Rudel. Als er uns gewahr wurde, sprang er, einer afrikanischen Impalla gleich, mehrmals federnd senkrecht in die Höhe, um anschließend seine Flucht fortzusetzen.
Jetzt wurde auch ich von dieser, unseren waidmännischen Begriffen nicht entsprechenden Jagd gepackt. Ich war mit ihr einverstanden, weil in diesen Weiten eine solche Gazelle sonst kaum zu bekommen wäre. Während der rasenden Fahrt wurde die Frontscheibe nach oben geklappt, ich lud durch und schob die Waffe nach außen. Jeden Moment konnte das Zielfernrohr irgendwo anschlagen. Als die Gazelle nach links schwenkte, blieb Gombosuren ruckartig stehen, und Dagiidawaa rief: „Odoo Buud – Jetzt schießen!"
Als ich endlich die Gazelle im Glas hatte, war die Distanz wieder größer geworden, trotzdem fuhr ich mit und ließ fliegen; aber nur eine Staubwolke in der Steppe war das Resultat.
Schon ging die rasende Fahrt weiter, unaufhörlich flüchtete das Tier in schneller Gangart, kein Verhoffen, kein seitliches Ausbrechen. Endlich wendete es, so daß ich es einigermaßen breit vor mir hatte. Das gleiche Spiel wiederholte sich noch einmal, doch diesmal war die Staubwolke oberhalb des Tieres zu sehen. Die ausrepetierte Hülse hallte gegen die Karosseriewand – weiter. Wir hatten nur Augen für den Bock. Plötzlich mußte Gombosuren hart bremsen, denn das Wadi vor uns hatte zu steile Ufer. Ich erhoffte schon einen Abbruch der Jagd, da wendete er wie wild seinen Wagen und suchte einen Übergang. Dabei war uns die Gazelle aus den Augen gekommen. Wenn sie ihre Richtung beibehielt, müßte sie oberhalb des von uns jetzt umfahrenen Hügels wieder hervorkommen.
Da kam sie auch, auf fast nur 100 Metern, aber als sie uns eräugte, flüchtete sie sofort spitz von uns weg. Ich entschloß mich, ihr von hinten die Kugel anzutragen, denn so brauchte ich in der engen Fensterluke nicht seitlich mitzufahren. Wie vom Blitz getroffen, brach sie zusammen und blieb am Anschuß liegen.

Es waren ca. 150 Meter.

Gleich am ersten Tage zum Schuß zu kommen, hatte ich nicht erwartet. In meine Freude mischte sich der Unmut über diese bei uns nicht übliche Jagdart. Die besonderen Umstände mögen den unwaidmännischen Schuß entschuldigen. Aber hätte ich sonst eine Gazelle dieser Art bekommen? Ich machte Aufnahmen, Haupt und Decke wurden geborgen, der Rest blieb für die Geier. Die Fahrt ging weiter.

Als wir schließlich die Berge erreichten und einem Taleinschnitt folgten, konnte mir Dagiidawaa bald wieder Wild zeigen. Durch die flimmernde Warmluft sah ich über einem Schneefeld, kaum für das Auge erkennbar, ein Rudel von fünf weiblichen Argalis. Überhaupt sahen wir bei der sich immer tiefer in die Berge quälenden Fahrt noch mehrmals Wild der Gattung Steinbock oder Argali. Leider war es immer zu weit und kein Bock oder Widder dabei.

Wir überquerten bei unserer Fahrt oft die von schweren Schmelz- bzw. Regenwassern zu Tal geschobenen Geröllbahnen. Je höher wir kamen, desto mehr Schnee hatte sich vor allem an den Schattenseiten angesammelt. Es kam, was kommen mußte, der Jeep steckte schließlich in über einem Meter tiefen Schnee und kam weder vor noch zurück. Viel Arbeit hat es gekostet, bis wir endlich wieder frei waren. Das Tal wurde immer enger und winkeliger. Plötzlich schoß aus kaum 20 Metern Höhe ein Raubvogel auf uns zu. Als er abdrehte, erkannte ich seine große Spannweite und glaubte ihn als Steinadler ansprechen zu können.

Etwas später zeigten in einiger Entfernung eine ganze Anzahl Geier an, daß sich ein Aas in der Nähe befinden müsse – und richtig, wir fanden dann an unserem Weg einen offenbar vor kurzem verendeten, kapitalen Steinbock. Er war noch verhältnismäßig frisch, lediglich die Lichter waren ausgehackt, und an der Rumpfseite zeigten sich Rupfungen. Wir konnten die Ursache für sein Verenden nicht feststellen. Es war schade, daß wir ihn nicht lebend angetroffen hatten, seine Trophäe hätte mich hoch befriedigt.

Das Gelände wurde nun so unwegsam, daß auch die Fahrkunst von Gombosuren zu Ende ging und wir den Aufstieg zu Fuß beginnen mußten. An sich war der Berg leicht zu besteigen. Er zeigte schwarzes Gestein und relativ wenig Bewuchs, aber für mich wurde er doch zur Bewährungsprobe. Während ich mich bemühte, mit der neu von mir geprobten ruhigen Gelassenheit hinter dem Jäger Dagiidawaa herzusteigen und mich von Luta nicht überholen zu lassen, merkte ich bald, wie mir das Herz bis zum Halse schlug. War das vielleicht die Quittung für mein zu geringes Training oder eine natürliche Reaktion am ersten Tag?

Eine übersichtliche Höhe wurde erstiegen, und dann wurden mit aller Sorgfalt Täler, Bergeinschnitte, versteckte Winkel und Schluchten abgeleuchtet. Mehrmals sahen wir teilweise auf sehr große Entfernungen Wild. Aber weder unter den Steinböcken noch unter den Argalis befand sich ein nennenswerter Trophäenträger.

Da hieß es nun, ohne Müdigkeit zu zeigen, weiter, mehrmals rauf und runter zum nächsten Aussichtsplatz. Diesmal hatten wir wohl den Ruhesitz eines großen Greifvogels erwischt, denn das Weiß seines Schmelzes lag überall. Auch hier zeigte sich in verschiedenen Richtungen Wild, aber auf sehr große Distanz. Luta und Dagiidawaa waren anscheinend nicht zufrieden, ich konnte das aus ihrem Palaver und ihren Gesten entnehmen. Wir blieben, bis die untergehende Sonne die Bergspitzen in Rot tauchte – und machten uns langsam auf den Weg zum Wagen. Eine Zieselmaus sprang mir fast über den Schuh und warnte ihre Artgenossen mit hellem Pfiff.

Lang war die Fahrt, und als wir schließlich die Jurten erreichten, war es dunkle Nacht. Magwan waltete seines Amtes und servierte in mehreren Gängen das Abendessen. Die Kerzen fehlten auch hier nicht, obwohl es kein Dinner im Hilton war.

Was wollte ich mehr von diesem Tag. Glücklich trank ich mit meinen Begleitern ein paar Gläser Wodka und legte mich zeitig nieder. Noch bollerte der Ofen, aber auch hier wurde es dunkler, und nur der sternklare Himmel leuchtete durch das offene Rund im Dach der Jurte. Als die Stimmen meiner Freunde in der Nachbarjurte verstummt waren, merkte ich, wie still es hier war. Ich wollte diese Stille in vollen Zügen genießen und lauschte in sie hinein, bis mich der Schlaf unmerkbar umfing.

◆

5.30 Uhr: „Nojon ta bosooroi", aufstehen, mein Herr! Kurze Morgentoilette, kräftiges Frühstück - und dann ging die Fahrt wieder Richtung Berge. Als die Sonne am Horizont erschien, hatten wir die ersten kleineren Erhebungen erreicht. Aber es sollte noch mehr als eine Stunde dauern, bis der Jeep nicht mehr weiter konnte.

Heute wollten wir von der anderen Seite an die Berge heran, daher die lange Fahrt. Immer wieder kurvte Gombosuren fachmännisch um Schneeverwehungen, er wollte nicht noch einmal mit seinem Wagen steckenbleiben.

Die Berge, diesmal von roter Farbe, erinnerten an Abraumhalden einer Kupferhütte, während das sehr spärliche Steppengras durch den schrägen Sonneneinfall eben noch wie ein wogendes Weizenfeld Nordamerikas ausgesehen hatte.

Dann mußten wir das Fahrzeug zurücklassen, und Gombosuren hatte wieder Zeit für die Wagenpflege. Wir machten uns erneut an den Aufstieg. Dagiidawaa, wie immer voraus, sank plötzlich hinter einem Schneefeld in die Knie. Vom Kamm des erstiegenen Hügels war die Sicht frei auf ein Rudel Argalis, die Entfernung betrug vielleicht 1000 Meter. Luta strahlte und machte mir schon hoffnungsvolle Zeichen. Wir schlugen einen Umweg ein, um gedeckt hinter einem rauhen Felsen die Tiere beobachten zu können. Leider sah auch ich schon bald, daß es sich bei den Widdern nur um „Halbstarke" handelte. Nicht mehr ganz so vorsichtig, ging es nun weiter in der ursprünglichen Richtung. Wie scharf die Tiere äugen, merkte ich sehr rasch. Es waren mindestens noch 500 Meter - und schon flüchteten sie alle bergan. Der weitere Anstieg war sehr anstrengend. Obwohl mein Herz rasend schlug und ich oft meinte, nicht mehr weiter zu können, bemühte ich mich, Schritt für Schritt dem Jäger zu folgen.

Der Punkt, dem Dagiidawaa zusteuerte, war ein wahrer Feldherrnhügel. Über viele Bergrücken, Täler und Schluchten hatte man eine ausgezeichnete Fernsicht.

Der Wind pfiff uns eiskalt um die Ohren. Längst hatte ich alle Reißverschlüsse und Knöpfe meiner Jacke zu, die Kapuze über den Ohren, und meine behandschuhten Finger führten das Glas. Mein Beobachtungsplatz lag zwar windgeschützt, aber im Schatten. Es war hier so kalt, daß ich trotz Thermounterwäsche bald die Sonne aufsuchte. Auch hier sahen wir wieder auf große Distanz Wild, aber leider keinen Trophäenträger.

Ich erfreute mich am Flug eines Steinadlers, der sich mit spielerischer Eleganz von den Aufwinden der Bergrücken tragen ließ, da schrie schrill und häßlich eine sich mit heftigem Flügelschlag nähernde Krähe. „Khiltei shobo", sagte verhalten Luta auf meinen fragenden Blick. „Wenn Khiltei shobo, die Krähe, so schreit, ist das Sterben nicht weit - es bedeutet Tod ... aber das ist ein alter Aberglaube unserer Nomaden."

Dagiidawaa machte nun einen Vorschlag. Er wollte alleine den Kamm eines etwa 3 km entfernten Berges angehen, um das dahinterliegende Tal einsehen zu können. Luta und ich sollten auf unseren Posten bleiben, immer im Blickkontakt mit ihm. Im gegebenen Fall wollte er Zeichen geben - und wir sollten folgen. Blickkontakt war natürlich nicht ständig möglich, mehrmals war Dagiidawaa in einem Kar oder einer Schlucht verschwunden. Seine weitausgreifenden Schritte ließen ihn immer kleiner erscheinen. Manchmal ging er in die Hocke und beobachtete länger in eine Richtung. Geschickt führte er dabei sein Fernglas, indem er die Ellenbogen auf seinen Knien abstützte.

Die Zeit nutzend, ließ ich mir von Luta wieder einiges erzählen. Meine Fragen waren gezielt auf den mongolischen Aberglauben: „Luta, stimmt das mit dem alten mongolischen Aberglauben Deiner Väter, Wasser bringe Unglück? Und warum in diesem Zusammenhang hat der Fisch in der mongolischen Küche noch keinen richtigen Eingang gefunden?"

„Das Gegenteil kann ich Dir zu Deiner ersten Frage sagen, sieh mal, in unserem trockenen Land war Wasser immer knapp und wurde als kostbares Gut behandelt. Wenn unsere Jurten an den Flüssen immer entfernt vom Ufer stehen und sehr wenig Boote fahren, so deshalb, weil man eine Verschmutzung des Wassers vermeiden will. Nicht, weil es gefährlich wäre, wäscht man sich selten, sondern um das kostbare Wasser zu sparen. Übrigens: die meisten Mongolen können nicht schwimmen. Nun zur Antwort Deiner zweiten Frage. Viele Mongolen essen keinen Fisch, weil in früherer Zeit der Fisch als König des Wassers galt und die Funktion eines Wächters innehatte. Sogar in unserem Fahnensymbol kannst Du inmitten von abwehrenden Balken in alle Richtungen zwei Fische sehen. Die Erklärung liegt darin, daß der

Fisch niemals seine Augen schließen kann und er daher der beste Wächter ist."

„Bajarllaa, danke Luta, keiner hätte es besser beantworten können."

Bezüglich der Nahrung kann ich noch hinzufügen, daß Lamm und Schaf seit Jahrhunderten die Hauptspeise der Mongolen sind und auch heute noch meistens auf dem Tisch stehen.

Nach einer guten Stunde sahen wir Dagiidawaa wieder zurückkommen. Er hatte keine Zeichen gegeben, und man sah auch an seinem lustlosen Schritt, daß der Weg vergeblich war.

In der Talsohle trafen wir uns wieder und gingen gemeinsam zum Wagen. Es war wahrscheinlich notwendig, ein anderes Jagdgebiet aufzusuchen. Dazu mußte allerdings vorerst wieder eine größere Strecke gefahren werden. Hierbei überquerten wir unter anderem ein riesiges dünenartiges Vorgelände, schattenlos und ohne größeres Pflanzenleben, welches sich auf der einen Seite bis zum Fuße der gelben Sandsteppe hinabzog, während die andere Seite die Verbindung zum nächsten Gebirgszug herstellte.

Unverhofft sahen wir plötzlich in einer Senke drei starke Argali-Widder, die durch uns wohl in ihrer Siesta gestört worden waren. Sicherlich wollten auch sie das „Revier" wechseln, denn zielstrebig, ohne zunächst zu verhoffen, strebten sie den Bergen zu. Immer wieder tauchten sie aus einer neuen Senke auf, exakt von Dagiidawaa mit dem Glas verfolgt.

Als sie aus dem Troll fielen und vereinzelt zu äsen begannen, gab es bei uns zur Stärkung erst einmal Eier und Brot, denn ein langer Marsch sollte uns anschließend bevorstehen.

Tatsächlich setzten wir uns bald in Bewegung, denn mein Jäger hatte einen wohldurchdachten Plan. Die Argalis hatten jetzt schon eine etwas größere Höhe erreicht, was uns aber wegen der notwendigen Deckung nicht unangenehm und die Möglichkeit des Anpirschens gegeben war.

Dagiidawaa, wie immer voran, legte ein Tempo vor, daß ich mich sputen mußte, um den Anschluß nicht zu verlieren. An einer Stelle sah ich Geier an einem Aas und wollte eben Luta um die Kamera mit dem Teleobjektiv bitten, die dieser freundlicherweise trug, als Dagiidawaa winkte.

Er saß in der Hocke, und als ich zu ihm kam, flüsterte er mir zu: „Die Tiere äsen hinter dem nächsten Kamm, zu weit von hier." Wir konnten sie aber von hier nicht direkt angehen, da wir den Wind im Rücken hatten. Deshalb mußten wir, einer Senke folgend, um den Berg herum und dann vorsichtig auf den nächsten Berg hinauf. Luta und ich beobachteten danach aufmerksam, wie Dagiidawaa, einer Katze gleich, sich auf den Kamm zu bewegte. Seine braune, fellgefütterte Jacke schob er, zu einem Bündel gerollt, vor sich her. Immer wieder lugte er vorsichtig über die Rolle und rutschte dann bäuchlings weiter. Dann winkte er mir, zu folgen.

Wie außergewöhnlich gut Argalis äugen können, war mir mehrfach gesagt worden, darum übte ich jetzt bei meinem Kriechgang doppelte Vorsicht. Der Jäger gab mir laufend entsprechende Winke, und ich schob mein Gewehr Stück für Stück vor mir her. Endlich war ich soweit, um vorsichtig über den Sichtschutz blicken zu können. Die drei Widder ästen vertraut am Fuße des nächsten Hügels. Welcher war der Stärkste? Fragend schaute ich Dagiidawaa an, denn mein Glas hatte Luta. Mit Steinchen, mit denen wir die Standpositionen der Schafe darstellten, und Gesten überwanden wir die Sprachschwierigkeiten. Ich machte mich fertig. Auf der zusammengerollten Jacke weich aufgelegt, visierte ich auf ca. 300 Metern den bezeichneten Widder an, ging hoch hinein, stach – und schon brach der Schuß. Kugelschlag - Zeichnen, glaubten die beiden Begleiter gesehen zu haben, trotzdem flüchteten alle drei Widder zur Höhe. Schnell hatte ich repetiert, kam aber nicht zum zweiten Schuß. Dagiidawaa lief nach rechts, um aus höherer Position einen besseren Überblick zu haben. Jetzt sahen wir die Widder auch wieder aus einer kleinen Senke kommen. Einer blieb auffallend zurück, da, jetzt tat er sich nieder, während die beiden anderen verhofften, ein Stück zurückkamen und dann unruhig umhertraten.

Dagiidawaa riet, erst einmal alles in Ruhe zu lassen. Das Glas ging nicht mehr von meinen Augen. Das schwere Haupt noch aufrecht, saß mein Argali vor einer Schneewehe. Die Entfernung betrug etwa 1000 Meter. Daß er der Stärkste von den dreien war, zeigte sich auch dadurch, daß die beiden anderen immer noch nicht wußten, was sie machen sollten. Der sichtlich Kranke hatte sie wohl bisher geführt. Ich wurde immer unruhiger, wo mochte der Schuß sitzen, warum mußte er jetzt leiden, waren es vielleicht doch mehr als 300 Meter?

Als sich nach einer halben Stunde nichts an der Situation geändert hatte, drängte ich auf den Fangschuß. Doch die Position der drei Argalis war jetzt bedeutend besser, von oben übersahen sie alles. Es würde sehr schwer sein, auf Schußentfernung heranzukommen. Nervös, mit trockenem Mund und heftigem Puls folgte ich in gebückter Haltung Dagiidawaa. Am letzten Kamm hatten wir keine Deckung mehr, und schon sprangen die gesunden Argalis ab. Der Kranke wollte auf die Läufe, tat sich aber gleich wieder nieder. Laufend verkürzten wir die Distanz, und dann konnte ich dem im Wundbett sitzenden Recken den Fangschuß spitz von hinten geben.

Ein letztes Zittern ging durch seinen Körper, er war verendet.

Befreit und glücklich schlug ich meinem Jäger auf die Schulter, und dann gingen wir zu meiner Beute, die der größten Wildschafart der Erde angehörte.

Mein erster Schuß saß sehr tief Blatt, und dieses Wild ist überaus zäh. Urig sind die Schnecken, die etwas später von Luta fachmännisch vermessen wurden und trotz abgestoßener Spitzen 99/96 cm Länge aufwiesen. Ich konnte auf die Trophäe mit Recht stolz sein.

Nach dem Fotografieren und der roten Arbeit hatte ich ein wenig Zeit, in mich zu gehen. Wiederum mischte sich in meine Freude Wehmut, wie immer, wenn ich vor einem erlegten edlen Wild stehe. – Wie sagte noch José Ortega y Gasset: „... wir töten, um gejagt zu haben."

Argali ist das mongolische Wort für Wildschaf. Inzwischen wird dieser Ausdruck aber für die gesamte Ammon-Gruppe, also für alle Wildschafe Zentral-Asiens, verwendet. Diese stattlichen Tiere der Hauptgruppe Ovis Ammon bevölkern mit mehreren Unterarten die höchsten Gebirge Zentral-Asiens. Sie sind hinsichtlich Wildbretstärke und Schneckengröße die mächtigsten Wildschafe der Erde.

Zentral-Asien ist eine riesige Landmasse mit weiten Ebenen, Hochflächen, alten und erdzeitgeschichtlich gesehen auch jungen Gebirgen. Einige Gebirge sind sehr alt und wurden im Laufe der Erdgeschichte zu großen, hügeligen Bergketten, die außer in gelegentlich steil einschneidenden Schluchten keine oder wenig Felsen zeigen. Mit nahrhaftem Gras bewachsen und frei von Bäumen und Sträuchern, sind diese Hügel das bevorzugte Biotop der Argalis. Hier bietet sich ihnen die unendliche Weite für ihre außergewöhnlich guten Augen und die Möglichkeit, sich bei Gefahr mittels ihrer schnellen Läufe in Sicherheit zu bringen. Sie reagieren in so einem Fall außerordentlich schnell und flüchten erhebliche Strecken, oft über mehrere Bergzüge, eine Eigenschaft, die für sie zum Überleben nötig ist, um ihren Feinden bzw. Verfolgern, es kommen in erster Linie Wölfe in Betracht, zu entgehen.

Neben dem gewaltigen Körpergewicht, ca. 150 bis 200 kg, einer Schulterhöhe von ca. 1,50 Metern, sind die im Querschnitt ungleichschenklig dreieckigen, stark gewellten Hörner die wichtigsten Merkmale. Die Farbe der Decke ist am Haupt und an der Trägerpartie gräulich-braun, leicht mit Weiß gesprenkelt, Nacken und Rücken sind gelblich-braun. Die vorderen Flanken zeigen ein einheitliches Braun, das nach hinten in ein leichtes Gelb übergeht. Der Wedel ist ledergelb mit einer braunen Mittellinie und einigen weißen Haaren. Die Läufe sind weiß und braun gemischt, und der Bauch ist weiß.

Unter den Argalis ist das Ovis ammon Hodgsoni (Tibet-Argali) das stärkste hinsichtlich des Körpergewichtes. Nach der Länge der Hörner und der Auslage hält das Ovis ammon Poli (Marco-Polo-Schaf) den Rekord. Während die Hörner des Ovis ammon Darwini (Gobi-Argali) weniger große Längenabmessungen erreichen, besitzen sie die mit den stärksten Querschnitten. Der größte Hornumfang wurde mit 55 cm notiert. Zu dieser Spezies gehört der von mir erlegte Widder.

Sicherlich hängt die Stärke der Hörner aber auch mit einer guten Äsung zusammen. Schädel und Hörner eines Argalis wiegen 25 bis 30 kg. Das ist ein sehr beachtliches Gewicht, welches mit Stolz getragen wird. Wenn die Tiere mit bauchhohem Schnee zu kämpfen haben, kann es unter Umständen aber auch ein gefährliches Hindernis darstellen.

Das Ovis ammon ammon ist der König unter den Wildschafen und mit Recht nach dem ägyptischen Gott Amen (Amon) benannt, der häufig auch mit Widderkopf dargestellt wird.

Es gibt nur wenige Wildarten, die das Herz eines Jägers so hoch schlagen lassen wie beim Anblick eines alten Widders in seiner Hochland-Einsamkeit. Um ihn zu erbeuten, muß der Jäger sein ganzes Können, seine ganze Kraft und Ausdauer einsetzen, und er muß natürlich auch etwas Glück dabei haben. Die unvergleichliche Vorsicht des Widders will überlistet werden.

Dieses Wildschaf ist über ein sehr weites Landgebiet verbreitet. Ich konnte von diesem nur ein kleines Stück bei meiner Jagd kennenlernen. Mit Sicherheit sind die weitaus größten Gebiete aus verkehrstechnischen und politischen Gründen unzugänglich. Man kann nur hoffen, daß diese Tatsache dazu beiträgt, das Überleben dieses herrlichen Wildes zu begünstigen.

Gegen 16.00 Uhr waren wir wieder im Lager, freudig begrüßt von Magwan und dem Alten. Jeder bekam ein Polaroid-Foto von meinem Argali, und sie waren, wie es schien, mit mir glücklich.

Magwan sorgte nicht nur für mein leibliches Wohl, sondern war auch für die Ordnung in den Jurten und für die Öfen zuständig. Oft kam er zu mir herein, um eine Kleinigkeit zum Essen zu bringen oder Holz nachzulegen. Den Ofen heizte er manchmal so stark, daß ich mir die Kerzen hätte sparen können, so glühte er. Es waren aber auch, obwohl Mitte März, nachts immer noch einige Grade Frost.

Gombosuren bedeckte deshalb abends seinen Jeep vorsorglich mit einem starken Segeltuch.

Wenn Magwan mich morgens weckte, blieb ich noch so lange im Bett, bis sich die erste Wärme des neuen Feuers bemerkbar machte. Der Gang zum Zähneputzen vor die Jurte ließ mich meist noch vor Kälte zittern.

An diesem Abend, nach meinem beglückenden Jagderfolg, erlebte ich auf meinem Lager jede Phase des Tages noch einmal nach. Dann zog der Teil des sternenübersäten Himmels mich in seinen Bann, den ich durch das offene Dach der Jurte sah. Die Sterne zitterten und bebten, man hatte den Eindruck, den Pulsschlag des lebendigen Alls zu sehen. Das dunkle Blau des Himmels und das Weiß der Sterne ergaben einen Kontrast, der fast die Augen brennen ließ. Ich hatte ihn nie so offen, so prächtig und klar gesehen, wahrscheinlich tat der Frost seinen Teil dazu.

Ich war müde, konnte mich aber nicht von dem Anblick losreißen. Das weiße Flimmern – wie Diamantfeuer – faszinierte mich, so erregend und feierlich war es mir bisher nur bei dem Nordlicht in Alaska ergangen.

Die letzten Gedanken in dieser windlosen Stille – würdest du hier nichts anderes Großes mehr gewahr, diesen Winterabend würdest du nicht vergessen, er wird in dir bleiben wie alle wirkliche Schönheit.

◇

Die Mongolei wird von einem extrem kontinentalen, winterkalten Trockenklima beherrscht. Hervorstechendes Merkmal ist ein langer und sehr kalter, meist schneearmer Winter mit Tagesmitteltemperaturen von oft weit unter $-30°C$; und ein kurzer, aber relativ niederschlagsreicher, warmer Sommer mit Temperaturen im Mittel um $23°C$, jedoch kann das Quecksilber an besonders heißen Tagen in den Kernwüstengebieten der Gobi bis zu $45°C$ ansteigen. Die Übergangszeiten – Frühjahr und Herbst – dauern jeweils kaum länger als 5 bis 6 Wochen, was sich besonders in dem starken Anstieg bzw. Abfall der Temperaturen äußert. Ich steckte also noch mittendrin, denn der Winter kann bis Mitte April anhalten.

Dann kam der Tag der „ersten" Niederlage. Wir waren nicht allzuzeitig aufgestanden, denn die Sonne war bereits aufgegangen, und der Jeep warf auf der Fahrt zu den Bergen lange Schatten. Gombosuren war ein langes Tal hinaufgefahren, und wir kletterten seit etwa einer halben Stunde, als Dagiidawaa mit ausgestrecktem Arm auf den Gegenhang wies. Spielerisch kamen zwei Steinböcke, davon einer mit guter Trophäe, gerade über den Kamm gewechselt. Wie angewurzelt beobachteten wir sie, ohne jegliche Deckung, um jedoch, sobald wir annehmen durften, nicht eräugt zu werden, vorsichtig wieder zur Talsohle zu rutschen. In der Mitte des Tales war noch einmal ein felsiger Kamm, der uns jetzt als natürliche Deckung gelegen kam. Die Steinböcke hatten sich in der warmen Morgensonne niedergetan. Geschickt und vorsichtig führte uns Dagiidawaa an die felsigen Zinnen des Mittelkammes. Er machte seine Jacke fertig, und ich beobachtete flach auf dem Bauch liegend „meinen" Steinbock. Sollte ich tatsächlich so schnell zum Erfolg kommen? Ich hatte die Rechnung ohne den Steinbock gemacht. – Der lag in knapp 200 Metern Entfernung auf fast gleicher Höhe spitz zu mir. Sein Haupt war uns immer zugewandt, der Körper teilweise von Felsen verdeckt. Lange schaute ich mir seine vollen, langen Hörner an und machte Vergleiche mit meinem persischen Steinbock.

Ich wollte warten, bis er wieder hoch wurde. Vom dauernden Schauen in der nicht bequemen Lage wurde mein Hals ganz steif. Nach etwa einer halben Stunde pfiff der Jäger zaghaft. Nichts. Immer wieder ahmte Dagiidawaa einen bestimmten Warnpfiff nach.

Plötzlich, dem Steinbock war es wohl zu bunt geworden, sprang er auf, wendete und war mit einem Satz hinter dem nächsten Felsen verschwunden. Später tauchte er unten noch einmal kurz mit seinem Freund auf und war dann weg. Alles war so schnell gegangen, daß ich einfach nicht fertig wurde. Meine Enttäuschung war groß, und die langen Gesichter meiner Begleiter stimmten mich nicht fröhlicher. Wir stiegen dann noch lange in diesem Teil der Berge herum und bekamen tatsächlich die beiden Böcke noch einmal in einer Entfernung von vielleicht 800 Metern zu sehen. Dagiidawaa versuchte, die ungefähre Richtung ihres Wechsels zu erraten und kletterte auf teilweise halsbrecherische Weise mit uns um einen Berg. Wilder, rauher Fels war es, in dem wir uns schließlich niederließen. Ein Rudel weiblichen Steinwildes zog auf Steinwurfentfernung vorbei. Ich wagte, trotz mitgebrachtem Teleobjektiv, keine Aufnahme, denn die Böcke konnten auf dem gleichen Wechsel kommen. Leider habe ich diesen, von Hubertus offenbar besonders geschützten Steinbock nie mehr gesehen.

Nachmittags nahmen wir einen Revierwechsel vor. Gombosuren fuhr wie ein Wahnsinniger, so als wollte er quer durch die Berge. Selbst in meiner kühnsten Phantasie hätte ich mir nicht vorgestellt, daß so etwas möglich wäre. Geröllhalden, ausgetrocknete, metertiefe Bäche, Schneewehen, 45-Grad-Hänge und dergleichen nahm er wie mit einem Panzer. Auch für ein Pferd wäre die Tour schwierig gewesen, mal überspitzt formuliert.

Mehrmals sahen wir noch Rudel weiblicher Argalis und Steinböcke, aber Träger jagdbarer Trophäen fehlten.

Auf der Heimfahrt sah ich zum erstenmal eine Herde Yaks. Die schon vor vielen Jahrzehnten aus Tibet eingebürgerten Tiere sind für die Landbevölkerung in vieler Hinsicht hervorragend nützlich. Sie liefern nicht nur Wolle, Fleisch und Milch, sondern sind auch Last- und Reittier und dabei ungeheuer genügsam.

Durch das offene Jurtendach schien am Abend der Vollmond, während ich versuchte, die Erlebnisse eines anstrengenden Jagdtages niederzuschreiben.

Am nächsten Tag waren wir wieder in den Bergen und beobachteten im weiten Rund, was sich da tat. Lange wurde alles abgeleuchtet und besprochen. Schließlich übersetzte Luta: „Siehst Du dort oben, nein, ganz da hinten, die Punkte auf dem Schneefeld? Dagiidawaa meinte, gute Böcke zu erkennen. Würdest Du Dir diesen Weg zutrauen? Es sind in der Luftlinie vielleicht 3 km, mehrere Täler liegen dazwischen, alles in allem schätze ich 6 bis 7 km Fußmarsch." Ich sagte: „Ich will es versuchen."

Dann begann ein Marsch, wie ich ihn noch nicht mitgemacht hatte. Ständig ging es bergan, zunächst einem Tal folgend. Immer, wenn wir die Sicht auf das bewußte Schneefeld frei hatten, meinte ich, wir wären noch nicht näher gekommen.

Mechanisch setzte ich einen Fuß vor den anderen. Schon längst hatte ich aufgegeben, weiter darüber nachzudenken, zu welchen Leistungen der Mensch unter bestimmten Bedingungen fähig ist. Ungeheuere Kraft schöpft er mit Sicherheit aus dem Zwang zur Jagd, wenn er von dem Gedanken beseelt ist, ein bestimmtes Tier zu bekommen.

Immer weiter, immer höher ging es durch das Tal. In manchen Schluchten, wo die Felsen glatt abfallen und die Sonne niemals hinscheint, hatten sich regelrechte Gletscher gebildet. Wir faßten uns an den Händen, halfen uns gegenseitig, um nicht auf dem Hosenboden zurückzufahren. Es war nicht zu vermeiden, daß dann und wann einer ausrutschte. Bei dieser Gelegenheit mußte wohl Luta ein Okular seines Fernglases verloren haben.

Längst trug der freundliche Dagiidawaa mein Gewehr; das erleichterte mich und gab neue Kraft, neuen Aufschwung. Die Hänge waren teilweise so steil, daß ich mich lieber nicht umschaute. Wir kamen, zunehmend vorsichtiger steigend, immer höher. Die drei Steinböcke waren noch immer an ihrer alten Stelle zu sehen. Meine Lungen hämmerten wie Blasebälge in dieser dünnen Luft, und ich konnte nicht begreifen, wie meine Begleiter noch rauchen konnten.

Jetzt mochten es vielleicht noch 250 Meter bis zur Höhe sein, und ein Felsen gab uns Sichtschutz. Aber leider – dahinter stand ein Rudel weiblichen Steinwildes, so daß wir vorläufig nicht weiter konnten. Verzweifelt warteten wir, als plötzlich Steinschlag hörbar wurde und wir gerade noch sahen, wie das Wild flüchtete und sich alles wie ein Spuk auflöste.

Für Dagiidawaa und Luta war das alles sicher nichts Ungewöhnliches, aber für mich war es niederschmetternd nach all der Anstrengung.

Auf meinem Nachtlager in der Jurte machte ich diesen Hin- und Rückweg im Traume sicher noch mehrmals.

Der Tag der zweiten Niederlage bahnte sich an. Am Abend hatten wir beobachtet, daß sich an einer Steilwand im Tal der „Weißkopfgeier" starke Steinböcke eingestellt hatten. Sie waren am Morgen noch da, und schon hatten wir heute ein neues Ziel.

Meine Zuversicht und Kondition waren wieder gestiegen, und mit neuem Mut und neuer Kraft machte ich mich mit meinen Freunden auf den Weg. Ähnlich wie am Vortage führte uns Dagiidawaa hervorragend. Unter Berücksichtigung des Windes und aller Deckungsmöglichkeiten – wir gingen teilweise auf der anderen Seite des Berges – kamen wir fast bis an das begehrte Wild.

Ca. 400 Meter trennten uns noch von den gut ansprechbaren, insgesamt 13 Böcken. Verkürzt werden konnte diese Distanz allerdings nicht mehr, und schon setzte sich das Wild langsam in Bewegung. Der Jäger ermunterte mich zum Schuß.

Auf der Jacke von Dagiidawaa sorgfältig aufgelegt, ging ich behutsam ins Ziel. Ich überlegte: bei 400 Metern fällt das Geschoß ..., also den Zielstachel über den Ziemer, stechen – und dann brach der Schuß. Laut hallte es von den Talwänden wider, Staub wirbelte nicht nur da auf, wo mein Geschoß eingeschlagen war, nämlich oberhalb des Bockes, sondern auch da, wo die Schalen des abspringenden Rudels ins trockene Erdreich griffen.

Keinem mochte ich in diesem Moment in die Augen schauen. Fliegt die Kugel in dieser dünnen Luft gestreckter? Ist vielleicht mit dem Zielfernrohr etwas nicht in Ordnung? In solchen Augenblicken kommen einem immer die gleichen Fragen.

Wir sahen unser Rudel im beständigen Troll im Gegenhang. Alle 13, zum Teil starke Böcke waren zweifellos gesund! – Nach einer Verschnaufpause versuchte Dagiidawaa, mich erneut in die Nähe des Wildes zu bringen. Aber auch forcierte und anstrengende Klettereien konnten die Distanz nicht mehr verkürzen. Die Tiere waren offenbar immer noch beunruhigt.

Niedergeschlagen begann ich den Abstieg, der, wenn auch teilweise in der alten Fährte, nicht weniger strapaziös war. Ich bat Luta, einen Kontrollschuß auf 200 Meter machen zu dürfen, um meine Zweifel zu beseitigen und die eigene Sicherheit wieder zu erlangen. In einem Wadi, exakt auf 215 Schritte, traf ich, auf dem Jeep aufgelegt, die Mitte der kleinen, improvisierten Scheibe wie abgekommen. Das Schätzen der Entfernung ist im Gebirge recht schwierig; wahrscheinlich hatte ich sie beim Schuß auf den Steinbock unterschätzt. Zufrieden wenigstens mit dem Ergebnis des Kontrollschusses, erreichten wir total verschwitzt und verdreckt unser Camp.

✧

Auch bei dieser Jagdreise näherte sich allmählich das Ende. Am vorletzten Abend merkte ich durch dauerndes Zischen auf dem Ofen, daß es durch das offene Jurtendach schneite, und am Morgen traute ich kaum meinen Augen, denn so weit das Auge reichte, war die Landschaft weiß. Weit reichten die Augen allerdings nicht, weil dichter Nebel die Landschaft verhüllte. Luta war darüber recht unglücklich und empfahl, zunächst die unterbrochene Nachtruhe fortzusetzen.

Hatten sich denn alle Mächte gegen mich verschworen? Sollte ich ohne Steinbock nach Hause fahren müssen? Schon machte ich mich mit diesem Gedanken vertraut. Gegen 9.00 Uhr kam die Sonne schwach durch, man konnte in der Ferne die Berge sehen, und alles war weiß vom Schnee.

Schließlich machten wir uns doch auf den Weg. Gombosuren gebührte ehrliches Lob, denn fahren konnte der Bursche, ohne Zweifel, sind doch die immer wieder zu überquerenden, tiefeingewaschenen Geröllfurchen voll Altschnee, der jetzt natürlich durch den Neuschnee nicht mehr zu erkennen war.

Immer wieder quälte sich der Jeep über Steine, Hänge, Geröll und den Schnee ein bestimmtes Tal hoch. Später erfuhr ich seinen Namen: „Hun Tolgoit", Menschenkopftal. Wir wurden durchgeschüttelt wie bei einer Vollmassage. Nach einiger Zeit war dann auch beim besten Willen die Möglichkeit, mit dem Auto weiterzukommen, zu Ende.

Wir formierten unseren Trupp, ich wie immer am Schluß. Das war heute von besonderem Vorteil, weil die Fußstapfen von Dagiidawaa, Luta und Gombosuren mir den Weg im Schnee leichter machten. Eisiger Wind peitschte uns ins Gesicht, längst hatte ich meine Kapuze auf und die Sonnenbrille auf der Nase. Immer häufiger wurden in Hockstellung die nahen und fernen Hänge abgeleuchtet. Dann hatte Dagiidawaa unterhalb einer Bergspitze, in für mich „wahnsinniger Entfernung", ein Rudel Steinböcke ausgemacht.

Der lange Marsch begann, und wenn ich mir bis heute unter dem Begriff „Jagd" nichts hätte vorstellen können, hier hätte ich sie kennengelernt, hier begann echte, natürliche Jagd, die den ganzen Einsatz eines Mannes erforderte. Solche Jagd gibt es in unseren europäischen Jagdgründen nicht mehr. Hier muß Wild überlistet werden, welches die Einsamkeit gepachtet hat.

Fast schuldbewußt stapfte ich hinter meinen Freunden her. War ich es nicht, der ihnen diese zusätzliche Arbeit aufbürdete? Dagiidawaa hatte mir zweimal die Möglichkeit, zum Erfolg zu kommen, geboten, ob ihm dies noch einmal gelingen würde? Die große Anstrengung und die sich einstellende Müdigkeit demoralisierten. Es kam mir sogar der Gedanke: „Hätte ich doch nur die Trophäe des gefundenen Steinbockes mitgenommen." Aber der Schneeleopard, der hier zweifellos beheimatet war, Dagiidawaa hatte mir einmal seine Spuren gezeigt, hatte den Bock sicherlich schon verschleppt.

Also weiter. Immer kürzer wurden die Entfernungen zwischen den immer länger werdenden Verschnaufpausen. Der Berggipfel, auf dem, sicherlich windgeschützt, die Steinböcke in der Sonne ästen, kam nicht näher.

Bei dieser Jagd hatte ich, abgesehen von der körperlichen Anstrengung, nur eine Aufgabe – den Schuß abzugeben. Alle jägerischen Fähigkeiten, Instinkt, Können und Erfahrung, die das Auffinden und Überlisten des Wildes verlangten, wurden von meinem Führer geleistet, ich hatte nur zu folgen. Und doch meine ich, daß nur die unbändige Jagdpassion mir die Fähigkeit gab, mich selbst, meine Müdigkeit, den inneren Schweinehund zu überwinden und nicht aufzugeben. Diese Jagd hier, der Kampf mit der Natur, war ein Erlebnis, wie ich es noch nicht mitgemacht hatte.

Längst trug Dagiidawaa meine Waffe, als er zum Einstieg in einen steilen Hang ansetzte. Ich nahm alle Kraft zusammen und folgte ihm. Schneeweiß im weiten Rund, dazu biß uns grimmige Kälte in die Ohren. Des Windes wegen hatten wir den Aufstieg im Gegenhang genommen. Plötzlich, an einer Felsnase, drückte sich Dagiidawaa wieder zurück. Ein anderes Rudel Steinböcke versperrte uns den weiteren Weg. Würden sie uns äugen und abspringen, wäre es eine Warnung für die von uns angepirschten Steinböcke. Deutlich konnte ich diese jetzt erkennen, zum Teil niedergetan an der gleichen Stelle, aber es war nur ein jagdbarer Bock dabei. Die Entfernung betrug in der Luftlinie ca. 1000 Meter, dazwischen lag noch ein tiefes Tal.

Zunächst aber hieß es warten, bis das andere Rudel aus unserem Sichtfeld gezogen war. Die ließen sich aber Zeit. Nahezu zwei Stunden standen wir in einer schattigen Felsnische. Der eisige Wind, immer wieder mit aufgewirbeltem Schnee vermischt, zerrte an unseren Nerven. Mein Oberkörper war, dank der neuen Tenson-Jacke, hervorragend geschützt, und meine Thermounterwäsche sorgte für das andere, nur die Füße wurden kälter und kälter.

Anders kann es am Nord- oder Südpol auch nicht sein, schweiften meine Gedanken ab. Endlich setzte sich das Rudel in Bewegung, langsam, aber stetig zog es über eine Falte im Hang, und als das letzte Stück außer Sicht war, begann für uns der Abstieg.

Blut schoß jetzt wieder durch den Körper, die Sonne wärmte, und auch der Aufstieg brachte pulsierendes Leben. Diese Jagd hatte mich mit allen Fasern gepackt, und ich würde sie mit oder ohne Beute nicht vergessen. Was hatte Luta eben noch gesagt: „Du wirst Deinen Steinbock bekommen, ich bin sicher, denke nur an den Pfeil Dschingis-Khans!"

Noch wenige Meter waren es bis zur letzten natürlichen Deckung. Wind, Schnee und Frost von Jahrtausenden hatten dem Fels eine scharfkantige Rauheit gegeben. Mein Puls schlug mir oben im Halse. Dagiidawaa lugte bereits vorsichtig über den Rand, Luta sprach beruhigend auf mich ein. Nur jetzt keinen Fehler machen. Aus Erfahrung wußte ich, hastige Bewegungen lösen beim Wild sofortige Reaktion aus. Ruhe und Regungslosigkeit bemerken sie nicht.

Dagiidawaa zog vorsichtig seine Jacke aus, rollte sie zu dem bekannten Bündel und klemmte sie zwischen die Felsen. Langsam und äußerst behutsam reichte ich ihm meine Büchse. Den letzten halben Meter kletterte ich nach und sah nun „unser" Rudel in ca. 200 Metern vertraut. Aber wo war der starke Bock? Mein fragender Blick ging zu Dagiidawaa. Wieder erklärte er mir mit Steinchen die Position der einzelnen Tiere. Hinter einem zu uns äugenden weiblichen Stück hatte sich der Bock niedergetan. Jetzt sah ich ihn auch, aber nur den Kopfschmuck. Die Spannung wuchs bis ins Unerträgliche. Eingeklemmt in den Felsen, an den Schuhen durch Gombosuren gehalten, beobachtete ich durchs Zielfernrohr meiner gestochenen Büchse. Plötzlich kam Unruhe in das Rudel, das weibliche Stück trat zwei Schritte vor, und gleichzeitig sprang der Bock auf die Läufe.

In der nächsten Sekunde brach der Schuß, der den Bock nach zwei Fluchten zusammenbrechen ließ. Jubel und Freude auf der ganzen Linie. Ich drückte meine Begleiter, sie lachten und konnten den verrückten Deutschen vielleicht gar nicht verstehen.

Die ungeheure Spannung war von mir genommen, aber mein Körper zitterte noch an allen Gliedern. Auf den letzten Metern bis zu meinem Steinbock rupfte ich ihm unterwegs den letzten Bissen - und dann stand ich vor ihm.

Noch nie, glaube ich, habe ich mir ein Stück Wild so hart erkämpfen müssen, aber es war herrlich, und ich habe es erlebt in allen Phasen.

Nun stand ich vor diesem edlen Recken, welcher bis vor kurzem noch sein Rudel in dieser weltentrückten Einsamkeit geführt hatte. Mit überquellender Freude griff ich in seine Hörner. – Herzlicher Waidmannsdank an meine mongolischen Jagdfreunde.

Während Dagiidawaa an die rote Arbeit ging, hatte ich Zeit zur Besinnung. Ruhig setzte ich mich in einen Winkel und prägte mir die urige Landschaft ein. Genau will ich später seine Wechsel vor Augen haben, wenn ich mir die Trophäe anschaue.

Nach dem Aufbrechen und den obligatorischen Fotos begann der Abstieg. Für mich mit einem befriedigenden Hochgefühl, und selbstverständlich trug ich jetzt meine Waffe wieder selbst.

Sollten nun tatsächlich die Tage der Mühsal, der ständigen Märsche, des Kletterns über Berge und durch wilde Schluchten vorbei sein? Wenn nach all der Plage verständlicherweise auch die Sehnsucht nach Ruhe groß war, wollte ich mir vor dem Abschied doch noch die grandiose Landschaft auch in ihren Details einprägen. Plötzlich sah ich vieles, was mir bisher im Drang der Jagdleidenschaft völlig entgangen war. Sah hier und da in sonnigen Lagen Vorboten des Frühlings. Unter kleinem Gesträuch im Gras öffnete das Altaistiefmütterchen seine Blüten gleich bündelweise. Im Leben hatte ich keine so schönen Blüten wilder Stiefmütterchen gesehen. Aus dieser wildwachsenden Altaisorte haben Gärtner - durch Kreuzungen - unsere handelsüblichen, großblütigen Abarten gezüchtet. Aber das Altaistiefmütterchen gefiel mir besser in seiner Bescheidenheit und Einfachheit.

Nun etwas zu meiner letzten Beute. Der sibirische Steinbock, Capra ibex sibirica, lebt vornehmlich in den weitläufigen, dünn besiedelten Gebirgsmassiven Asiens. Das ist eine ideale Landschaft für die Entwicklung der an ein Leben in großen Höhen angepaßten Hornträger.

Sicherlich liegt die Wiege aller „Ziegenartigen" (Capra) in den zentralasiatischen Gebirgen des Himalaja. Von hier verbreiteten sie sich bis ins nördliche Afrika und nach Europa. Man unterscheidet vier Hauptgruppen, die alle wieder Unterarten haben. Den iberischen Steinbock (Capra pyrenaica), den Alpensteinbock (Capra ibex), hier den von mir erlegten der Gattung Capra ibex sibirica, die Bezoarziege (Capra aegagrus) und den Markhor (Capra falconeri). Ein starker Steinbock kann bis zu 160 cm lang und etwa 90 cm hoch werden. Die Farbe der Winterdecke ist sehr dunkelbraun, ins Hellere übergehend, im Sommer fahlgelb. Kopfseite und Kinn sind hell, mehr gelblich, Läufe oben heller, unten dunkler, aber nicht schwarz. Die Winterdecke ist rauh mit viel Unterwolle.

Mein Steinbock trug einen Bart, der in der Größe aber nicht an den meines Bockes aus Persien heranreichte.

Das Gewicht eines starken Bockes der Gattung Ibex kann bis zu 100 kg und mehr betragen. Die bis zu 9 kg schweren Bockhörner haben einen trapezförmigen Querschnitt und werden etwa 1,0 Meter lang. Die Hörner meines Bockes waren 93 cm lang, stellten also eine recht starke Trophäe dar. Die weiblichen Stücke sind bedeutend schwächer, tragen aber auch kleine, säbelartige Hörner.

Dem Bock dienen die Hörner zum Imponiergehabe, im Ernstfall aber auch zum Kampf unter Geschlechtsgenossen und zur Abwehr von Feinden. Die stämmigen Läufe haben stahlharte Sehnen und Hornhufe. Die Auftrittsfläche besteht aus einer überraschend weichen und elastischen Fußsohle, die es dem Wild ermöglichen, auf schmalstem Fels Halt zu finden. Weniger finden sie sich in Eis und Schnee zurecht. Das Steinwild ist sehr genügsam und äst je nach Jahreszeit eigentlich alles; Knospen und Blätter aller Pflanzen, Gräser, Zweige, Stachelkräuter, ja sogar Nadeln, Moose und Flechten.

Meist lebt das Steinwild gesellig in Rudeln. Im Sommer bilden dann bis zur Brunft die älteren Böcke eigene Rudel. Erst beim Kampf um die Vormachtstellung im Rudel ändert sich dieses Verhalten.

Mein Schuß fiel um 13.00 Uhr – gegen 16.00 Uhr waren wir wieder bei den Jurten, hatten also genügend Zeit zum Abkochen des Schädels und Salzen der Decke.

Die Sonne hatte längst allen Schnee in der Steppe wieder aufgeleckt, und Magwan kochte vor dem Zelt ein Festmenü. Beim Essen leistete mir Luta Gesellschaft, und es war nur natürlich, daß ich auf seinen Hinweis: „Denke an den Pfeil Dschingis-Khans" zurückkam. Er erzählte mir eine weitere Sage, die über ihn berichtet und die den geheimnisvollen Beginn seines Aufstieges sowie sein Lebensende schildert.

„... Ein Mongolenknabe ritt mutig und furchtlos einen steinigen Pfad durch den Winterwald empor zur geheimnisvollen Festung des ‚Alten vom Berge', um einen verlorenen Pfeil zu suchen. Als er zurückkehrte, trug er, ohne es zu ahnen, einen Pfeil in seinem Köcher, der niemals sein Ziel verfehlen sollte..."

Eines Tages erkannte er das Wunder dieses Pfeils, als ihm ein Lämmergeier ein junges Tier aus seiner Herde raubte und schon weit über dem Berg davonflog, zu weit, um noch schießen zu können. Zorn und Wut stiegen in dem Jungen auf; er hatte die Todesschreie des geschlagenen Tieres zu spät vernommen.

„Du willst den Geier töten?" fragte plötzlich eine dunkle Stimme hinter dem überraschten Hirtenjungen. Ein Jäger trat neben ihn und deutete auf den verschwindenden Vogel.

„Er ist zu weit, ich will meine Pfeile nicht nutzlos verschwenden."

„Doch, Du willst den Räuber töten?"

„Wenn ich es noch könnte, ja!"

„Dann schieß..."

Ungläubig und wie im Spiel straffte der Knabe die lederne Sehne seines Bogens, der Pfeil schwirrte davon und traf tatsächlich den mächtigen Raubvogel, daß der wie ein Stein, mit seiner Beute in den Fängen, zu Boden stürzte.

Der Jäger war verschwunden, und erst am letzten Tag seines Lebens, als er längst der mächtige Dschingis-Khan geworden war, begegnete er ihm wieder.

„Du hast den Pfeil noch, den ich Dir vor sechzig Jahren gab?"

„Ja, ich habe mich nie von ihm getrennt."

„Laß uns zu Deinem Lieblingsplatz gehen, Dschingis-Khan, dorthin, wo Du einmal zu ewigem Schlaf gebettet liegen willst", forderte ihn der Jäger auf.

Sie ritten und wanderten viele Tage und Nächte über die Berge des Altai – bis zu den Steppen seiner Kindheit. Ringsum weite, unendliche Steppe, über ihnen der gestirnte Himmel Asiens. „Schieß", forderte der Jäger. Es war der letzte Pfeil, den der greise Khan auf die Sehne seines Bogens legte; er durchbohrte ihm das eigene Herz...

Bei dieser Schilderung Lutas mußte ich unwillkürlich an unsere Sagen, an Siegfried, Kriemhild usw., denken.

Alles war plötzlich in Aufbruchstimmung, denn Luta wollte morgen zurück nach Ulan-Bator (samstags geht kein Flugzeug). So pflegten und putzten wir Körper und Waffen, nicht ohne zwischendurch immer mal wieder einen Wodka zu nehmen.

Luta sagte: „Wodka ist Gift, und Gift muß vernichtet werden!"

Traumlos verbrachte ich die letzte Nacht. Noch einmal sog ich die phantastische Stille in mich hinein. Der jetzt fast volle Mond leuchtete die ganze Nacht.

Am Morgen verabschiedete ich mich von dem Alten und seiner Frau, später am Flugplatz in Dalandzadgad auch von Dagiidawaa und Gombosuren.

Sie waren mir in den wenigen Tagen alle ans Herz gewachsen, bestimmt würde ich keinen von ihnen in diesem Leben wiedersehen: „Bajarllaa", ich danke Euch!

Auf dem Flugplatz wartete schon die zweimotorige JL 14 an der Rollbahn zum Flug nach Ulan-Bator. Die Rollbahn war so, wie die Natur sie geschaffen hatte. Man darf diese Dinge hier nicht zu kritisch betrachten und nicht mit europäischen Maßstäben messen. Hätte ich nicht Luta bei mir gehabt, es wäre manchmal schwierig geworden.

Ein letztes Mal warf ich beim Start einen Blick auf die Berge, in denen ich gejagt hatte. Es war eine anstrengende Jagd gewesen, kein Vergleich mit einer Safari in Afrika, kein Vergleich mit den Pirschgängen in den teils bewaldeten Weiten Alaskas, kein Vergleich mit der Hirschbrunft in Osteuropa und schon gar nicht mit der Rehbockjagd im heimischen Revier. Es war jagdlich eines meiner schönsten Abenteuer.

◇

Kurz war die Nacht in Ulan-Bator, und was Gombosuren bei seiner wilden Fahrweise in der Steppe und in den Bergen nicht gelungen war, der Fahrer mit dem Wagen zum Flugplatz am nächsten Morgen schaffte es. Panne! Er war sowieso schon eine halbe Stunde zu spät dran, und Luta wurde ungeduldig. Fast hätte ich dadurch den Abflug verpaßt.

Luta hatte mir beim Versand der von uns gut eingepackten Trophäen geholfen, dann drückten wir uns wie zwei alte Freunde. Er versprach, einmal nach Deutschland zu kommen.

Der Sprung nach Irkutsk war kurz. Entlang der Flüsse Tuulgol und Selenga, dem größten Fluß der Mongolei, kamen wir schnell zum Baikalsee, dem tiefsten See der Erde. Er war noch vereist und lag unter einer weißen Decke. Da unfreundliches Wetter herrschte, hatte ich hier wohl nicht viel versäumt.

Irkutsk bot aus der Luft das Bild einer typischen Industriestadt. Stahlwerke, Erzhalden, ja deutlich sah ich im Hafen eine große Zahl eingefrorener Lastkähne, wie sie von Schubschiffen gefahren werden. Ein Eisbrecher bemühte sich, einige frei zu bekommen. Alles sah aus der Luft aus wie bei einer Modelleisenbahn.

Irkutsk ist gewiß noch heute die einst gerühmte „Perle Sibiriens", auch wenn die 500 000-Einwohner-Stadt als Wirtschafts- und Verwaltungszentrum Ostsibiriens nicht mehr viel Ähnlichkeit mit dem Irkutsk der Zarenzeit hat. 1879 bereits hatte eine Feuersbrunst, die zwei Tage lang wütete, die Stadt fast völlig zerstört, was zur Folge hatte, daß der ehedem doch primitive Ort großzügig und der Zeit entsprechend modern wieder aufgebaut wurde.

Kosaken hatten an der Angara 1652 ein Winterquartier eingerichtet, aus dem später ein befestigter Handelsplatz wurde. Die Geschichte von Irkutsk erinnert aber auch daran, daß Sibirien schon unter den Zaren ein Sinnbild für Verbannung war. Die ersten Lehrer und Wissenschaftler waren Deportierte, die zum Teil freiwillig nicht mehr heimkehrten. Aber auch junge adelige Offiziere, die 1825 am Dekabristen-Aufstand gegen den Zaren beteiligt waren, waren unter den Verbannten.

Das Flugzeug der Mongol-Air machte eine große Schleife und setzte zur Landung an. So wie sich die Höhe verringerte, erkannte ich immer deutlicher die „Datschas", die Landhäuser am Rande der Stadt, sowie die Kirchen mit den bekannten Zwiebeltürmen. Eine Kirche war sichtlich ganz aus Holz gebaut, wie man mir sagte, soll sie ohne einen Nagel zusammengefügt sein (russische Holzbaukunst). Der Kopfputz der Moskauer Frauen gab den Rundbögen ihren Namen: Kokoschnik.

In Irkutsk hieß es dann umsteigen in ein Düsenflugzeug der Aeroflot. Es erfolgte genaueste Kontrolle meiner Waffe, meiner Gelder und natürlich der Trophäen. Das Veterinärzeugnis wurde für richtig befunden und bekam seinen Stempel. Im Transitraum wurde ein Imbiß gereicht, und ich saß mit einem Mongolen am Tisch. Er flog zum Studium nach Leipzig. Als einzigem hatte man mir bei der Kontrolle den Paß abgenommen und dem Flugkapitän der Aeroflot JL 14 ausgehändigt!

Der Weiterflug erfolgte planmäßig, und meinen Paß bekam ich auch wieder. Bis zur Zwischenlandung in Omsk waren es „nur" 2300 km.

Auch dieser Flug verlief ohne besondere Vorkommnisse. Die Betonbahnen für Start und Landung sahen in Omsk so zerrissen aus wie ein von einer Trockenperiode heimgesuchtes Wattenmeer. Sicherlich hängt dies mit der Kälte zusammen. – Alle Passagiere, außer mir, wurden per Bus in den Transitraum gebracht.

Warum ich das Flugzeug nicht verlassen durfte, ist mir bis heute ein Rätsel geblieben.

Es wurde nun schon etwas westlicher, abgesehen von den Temperaturen, die immer noch einige Grade unter Null lagen. Die Menschen waren vom Aussehen her – Reinigungsfrauen und Zollspezialisten kamen an Bord – von Mitteleuropäern nicht zu unterscheiden. Nach einer guten Stunde kamen die Fluggäste zurück. Voran der in Leipzig studierende Mongole. „Warum Du hier?" fragte er. Ich konnte ihm diese Frage nicht beantworten. – „Wie ist Westdeutschland?" Meine Antwort: „Das Beste", machte ihn stutzig. „Warum?" „Weil in Deutschland ein Russe sicherlich nicht bei einer Zwischenlandung im Flugzeug festgehalten wird", war meine Antwort. Nachdenklich nahm er seinen Platz ein und schnallte sich an.

Bald waren wir wieder auf normaler Flughöhe. Unter mir sah ich in der tiefverschneiten Landschaft eindeutig einen Militärflughafen. Geräumte Startbahnen und eine große Zahl MIG-Jäger, jeweils in eigenen, von Bulldozern geschobenen „Tiefgaragen".

Stunde um Stunde stand die Sonne jetzt schon an derselben Stelle, wir flogen ja mit der Zeit. Planmäßige Landung in Moskau war für 15.25 Uhr vorgesehen. Es klappte auch, und ich war bis dahin schon 14 Stunden hintereinander im Flugzeug. Ab Moskau benützte ich die Lufthansa, und in 12 000 Metern Flughöhe überflog die LH 341 die sowjetisch-polnische Grenze – Europa hatte mich wieder.

Fast zwei Stunden war permanenter Sonnenuntergang; die Zeit schien stehenzubleiben. Beim Abflug in Moskau hatte die Sonne sich gerade hinter den Wolken am Horizont versteckt. Ihr Rot färbte noch den oberen Wolkenrand, während der Himmel in einem Azurblau leuchtete, wie ich es nur in den Vollmondnächten in der Gobi gesehen hatte. Wie ein Film lief in meinen Gedanken noch einmal meine Jagd in der Wüste Gobi ab.

Die Formen der Berge, die Rauheit der Gebirge, die Felseinsamkeiten, die unendliche Weite und Öde der Steppen, die Tiere und Pflanzen und die sympathischen Menschen, die mit wachsendem Erfolg sich der modernen Entwicklung anpassen, haben bei mir Eindrücke hinterlassen, die ich nicht vergessen werde.

◇◇◇

Karte der Mongolischen Volksrepublik

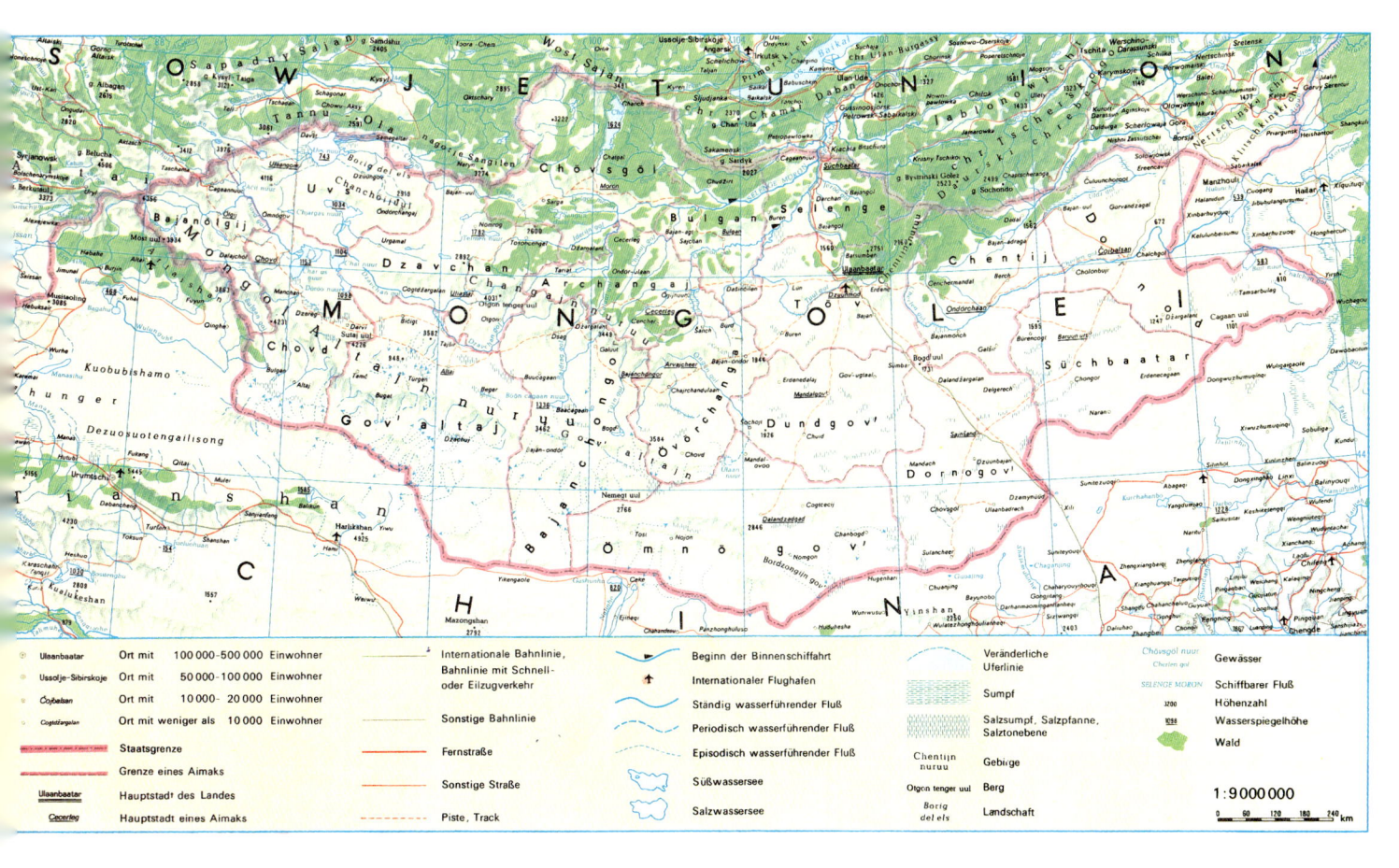

Der Bodgo-Gegen-Palast in Ulan-Bator.

Junger Mongole auf einem Kamel bewundert das sich entwickelnde Polaroidfoto.

Dagiidawaa mit seinem Silberzahn konnte immer lachen.

Viele Eier und Speck hielten mich fit.

...Wind, Schnee und Frost von Jahrtausenden hatten dem Fels eine scharfkantige Rauheit gegeben.

Gombosuren, mein Fahrer. Er fuhr wie der „Teufel".

Die Schwarzschwanzgazelle aus der Gobi.

Der schwere Argali vorne, im Hintergrund die Ausläufer des Altaigebirges.

Mein Argali (Ovis ammon Darwini), das größte Wildschaf der Erde.

Der sibirische Steinbock (Capra Ibex sibirica)...man sieht mir nicht
die Mühsal und das Klettern in den Bergen an.

Von links: Magwan der Koch, Luta, der Alte mit dem dünnen Bart,
Dagiidawaa, Gombosuren, vor der Jurte und dem russischen Jeep.

Nepal – 1981

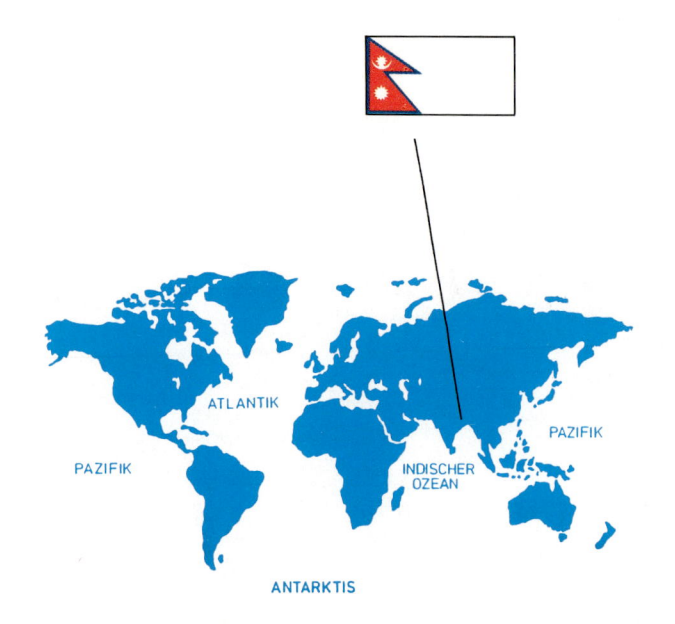

– Expedition Dhaulagiri Himal –

Wer beim Lesen der vielen Städtenamen wie Khartum, Manila, Montevideo, Johannesburg, Vancouver, um nur einige zu nennen, kein Fernweh bekommt, hat sicher kein Abenteuerblut in den Adern. Fast zwei Stunden Wartezeit auf dem Frankfurter Flughafen gaben mir Gelegenheit, die Abflugtafel und die Menschen aus allen Teilen der Erde zu studieren. Mein Abenteuer begann beim Check-in. Jeder Passagier mußte sein Gepäck selbst identifizieren und zur Beförderung freigeben. Den schon arg strapazierten Seesack fand ich sofort, aber verzweifelt suchten meine Augen den Waffenkoffer. Sollte er hier schon auf Irrwegen sein, wie würde es erst in Delhi oder in Kathmandu werden? Ich fand ihn durch persönlichen Einsatz im Gepäckcontainer nach Bangkok und konnte mir somit viel Ärger ersparen.
Kathmandu war mein Ziel. Ich wollte im Schatten der höchsten Berge der Welt jagen, jagen auf das sagenumwobene Blauschaf oder Bharal.
Der Flugkapitän sagte über den Bordlautsprecher die genaue Flugroute an: „In 9500 Metern fliegen wir über Warschau, einen großen Teil Rußlands, das Kaspische Meer, Kabul, Lahore nach Delhi."
An Bord waren Fluggäste aller Schattierungen. Neben Alten und Jungen auch einige Säuglinge; neben Geschäftsleuten, Urlaubern, Künstlern und Bergsteigern auch schöne Frauen aus Indien und Thailand. Kurzum, eine höchst heterogene Gruppe. Der Gestreßte will seine Ruhe haben, der Entspannte möchte einen Film sehen – mir stand der Sinn nach etwas Schlaf. Gegen Morgen färbte sich der Himmel erst grau, dann in ein leichtes Rot. Bei uns zu Hause gingen jetzt die Leute zu Bett – es war Samstag. Nach einem Flug von mehreren Stunden konnte ich schließlich mit nur 60 Minuten Verspätung den Fuß auf Indiens Boden setzen. Arg enttäuscht war ich von dem Flughafen Delhi; immerhin leben in Indien die meisten Menschen nach China – und hier war die Hauptstadt. Schmutz, unzumutbare Toiletten, genaue und langwierige Kontrollen in viel zu kleinen Räumen. Der vorgesehene Aufenthalt von ca. fünf Stunden war

genau die Zeit, die ich für das Umsteigen in eine Boeing 737 der Indian Airways brauchte. Mein Waffenkoffer sollte schon wieder einen anderen Weg einschlagen.

Die schwüle Wärme und der bedeckte Himmel blieben schnell hinter uns. Kathmandu, die Hauptstadt Nepals mit 1 Million Einwohnern, strahlte in frühlingshaftem Sonnenschein. Aber auch hier herrschten nicht die Ordnung und Sauberkeit wie auf unseren Flughäfen. Sicher sind wir da auch sehr verwöhnt, und man muß diesen Ländern einfach noch etwas Zeit geben. Bei der Paßkontrolle hatte ich die erste Begegnung mit meinem Jagdführer Shanti Basnyat. Er strahlte Ruhe und Vertrauen aus und wurde auch bevorzugt behandelt. Aber – auch hier nützten die besten Kontakte nichts, da die Papiere für die Einfuhr meiner Büchse Sauer 80 fehlerhaft waren. Meine acht Paßfotos waren nicht eingetroffen, und der zuständige Beamte kannte kein Pardon. Gegen ordnungsgemäße Quittung kamen Waffe und gezählte Patronen unter Verschluß. „Morgen mit neuen Bildern, neuen Papieren..."

Vor dem Haupteingang des Airports lag behindernd ein festgetretener Schutthaufen, der sicher schon Geburtstag hatte. Auf dem Weg zum Landrover sah ich die ersten „heiligen Kühe". Mitten im Verkehr, sich durch nichts aus der Ruhe bringen lassend, gehen oder liegen sie auf der Straße. Etwa 20°C schätzte ich und empfand dankbar den Fahrtwind auf meinem durchschwitzten Hemd auf der Fahrt zur Stadt. Neue Eindrücke strömten auf mich ein: Mit viel Lärm, Auspuffgasen, Hupen wird gefahren; die durchweg hübschen Menschen haben auch Zeit zum Lächeln; Rikschas, effektvoll bemalt, fahren natürlich auch links. Dann die vielen Bauten, Tempel, Pagoden etc...., aber die wollte ich mir morgen genauer anschauen. Erst einmal Paßfotos – acht und in Farbe. Vor der Türe des Fotogeschäftes am Straßenrand Schuhputzer, Teekocher, Obstverkäufer... Ein kleines Mädchen, nur mit einem Hemdchen bekleidet, machte während des Spiels ihr „Geschäft". Als die Mutter ihre Arbeit unterbrach und den Po abwischte, hatte ein streunender Hund die „Sache" schon wieder im Magen.

Das Wetter war herrlich, und es ist bemerkenswert, daß Kathmandu, auf einer Höhe von 1350 Metern gelegen, nur im Winter seine niedrigste Temperatur bei + 3 bis 4 °C hat. Dafür kommt's im Sommer aber dicker, und in wenigen Wochen bringt der Monsun den Regen, der sich bei uns auf das ganze Jahr verteilt. Der Neuankömmling wird sich zuerst von der eigenartigen Mischung zwischen oberflächlicher Freundlichkeit und spürbarer Gefühlskälte – die die Nepalesen dem Fremden entgegenbringen – eigentümlich berührt fühlen. Vielfach kann man aber dazu schnell eine Einstellung bekommen und gewöhnt sich daran. Man begrüßt sich allesamt mit dem Sherpa-Wort „Namasde" – „die Lotusblume soll deine Wege begleiten".

Nur wenige sprechen englisch, und wenn dann die Sprachkenntnisse fehlen, helfen Gesten und „immer nur Lächeln" weiter. Aber nichts gegen den Fotografen, die Bilder waren gut.

Nach einer Stunde Ruhe in meinem Hotel SHANKER, einem Prachtbau aus der Kolonialzeit, bummelte ich wieder durch die Stadt. Ich lief über Straßen und Gassen, die mit runden Steinen gepflastert waren, und zwängte mich zwischen Autos, Rikschas und dem Menschengewühl dieser alten Stadt voran. Händler saßen in Häusern so alt wie die Zeit. An von der Sonne gepeinigten Wänden hingen neben orientalischen und typisch nepalesischen Teppichen, Blue Jeans, Schuhe neben Pelzjacken, Spitzendecken neben Gebetsmühlen, Jakobskaffeedosen neben Rosenkränzen. Touristen versuchten, ärmlich gekleidete, dünnbärtige Männer zu fotografieren, die wiederum lautstark abwinkten und auch nach den Aufdringlichen spuckten. Alte Männer trugen mit einem starken Stirnband große Lasten auf dem gebeugten Rücken. Esel, vollgepackt mit Kupferkesseln und ziselierten Messinggefäßen, schoben sich achtlos durch eine buntgekleidete Menschenmenge. Alles und alle drängten da durcheinander: Europäerinnen in Shorts, zerlumpte Bettler, Mönche, Inder, Chinesen, Lamas; man sah hagere Hälse mit vielreihigen Perlenketten, vermummte Frauen, Landbewohner mit Gemüsekisten, teilweise auch sehr hübsche junge Mädchen. Über allem lag schwer der Duft von Leder, Holzkohle, Knoblauch, Zimt und Räucherstäbchen.

Das Königreich Nepal ist bei uns noch wenig bekannt. Um es dem Leser näherzubringen, ist es notwendig, außer den Schilderungen der eigenen Erlebnisse auch einen Einblick in die geografischen und topografischen Gegebenheiten, die Geschichte und Religion sowie die wirtschaftliche Lage dieses Landes zu geben.

Auf Schritt und Tritt begegnet man nicht nur einer großartigen Natur, sondern auch den Zeugen einer von tiefer Religiosität geprägten Kultur. Das Land selbst ist von der Fläche her – 144 000 qkm – etwa halb so groß wie die Bundesrepublik Deutschland, liegt auf demselben Breitengrad wie Ägypten und Florida und hat als Nachbarn die beiden bevölkerungsreichsten Länder der Welt: China im Norden und Indien im Süden und Westen. Die größte Ausdehnung beträgt 800 km, während die breiteste Stelle 245 km und die schmalste 144 km mißt. In nordsüdlicher Richtung durchschneiden vier große Flüsse das Land und bringen ihre gewaltigen Wassermassen zum Ganges.

Man unterscheidet drei Landschafts- und Klimazonen. Zwischen dem Terai, dem Dschungel im Süden, und der Hochgebirgskette des Himalaya mit allein acht Bergen über 8000 Metern Höhe im Norden, liegt schließlich der schmale Streifen der Vor- und Mittelgebirge mit seinem subtropischen Klima und den ausgedehnten Reisterrassen und Maisfeldern. Hier ist gleichzeitig das Hauptsiedlungsgebiet und in der Mitte das Kathmandutal mit den wichtigsten Baudenkmälern. Durch diese geografische Gliederung und die äußerst unterschiedlichen Seehöhen treten alle Klimastufen – von den feuchtheißen Tropen bis zum extrem kalten und trockenen Hochgebirge – auf. Die Niederschläge werden in erster Linie vom Monsun gesteuert, der seinen Ursprung im Indischen Ozean hat und von Juni bis Anfang September große feuchtwarme Luftmassen vom Süden her gegen die Berge führt. Dort steigt die Luft entlang der Berghänge auf und kühlt ab, so daß gewaltige Wassermassen niederregnen. In den Vorbergen des Himalajas, östlich der nepalesisch-indischen Grenze, fallen dadurch die höchsten Regenmengen der Erde – bis zu 12 m. An der anderen Seite der Himalajaberge ist es dagegen trocken, und es führt dort, am tibetischen Hochplateau, verstärkt zur Bildung wüstenähnlicher Gebiete.

80 % des Jahresniederschlages fallen also in den Sommermonaten Juli bis September. Die Temperaturen sind verhältnismäßig mild. In dem 1350 m hohen Kathmandutal liegen sie auch im Sommer nicht über plus 30° Celsius, und der Gefrierpunkt wird selbst im Winter nie erreicht. Im Winter beträgt die Temperatur durchschnittlich plus 10° Celsius. Eine Schneedecke tritt nur in Höhen ab 2000 Metern auf. Die ideale Reisezeit sind die Monate Oktober bis Ende April. Es ist dann trocken, die Sichtverhältnisse sind ausgezeichnet, und der morgendliche Nebel löst sich in der Regel auf und macht einem strahlend schönen Tag Platz.

Genug zu Landschaft und Klima, aber einige Worte zur recht wechselhaften, so gut wie nicht bekannten Geschichte. Die Zeit vor dem 5. Jahrhundert n. Chr. ist auf keinerlei Inschrifttafeln überliefert; man weiß nur von mehreren sich ablösenden Dynastien. Vom 5. bis zum 8. Jahrhundert, der Regierungszeit der Licchavis, erlebte Nepal seine erste Blüte, und es entstanden kulturelle Kontakte zu Indien. Im 7. Jahrhundert wurden politische Beziehungen zum chinesischen Kaiserreich geknüpft – und es entstand der für die Entwicklung Kathmandus so wichtige Handelsweg Indien – Nepal – Tibet. Aus den Jahren bis 1000 n. Chr. ist wiederum nur überliefert, daß das festgefügte Reich der Licchavis zerbrach, Nepal unter fremde Herrschaft fiel und selbst die Städte in viele eigenständige Fürstentümer zersplitterten.

Erst die Malla-Zeit führte wieder in mehreren Jahrhunderten bis 1768 zu den selbständigen Königstümern Kathmandu, Bhaktapur und Patan. Das 14. Jahrhundert war dabei gekennzeichnet von zahlreichen Raubzügen, die allerdings die Heiligtümer meist unberührt ließen, da die einfallenden Inder der gleichen Religion angehörten. Der mohammedanische Überfall des Bengalen Shams ud-din Ilyas hingegen machte 1349 alle Städte und Heiligtümer fast dem Erdboden gleich.

Die Jayasthitimallas führten das strikte Kastensystem ein und brachten Nepal zur neuen Blüte. Die kulturellen Früchte sind heute noch aus den Bauwerken im Kathmandutal sichtbar.

1768 eroberten Gurkha-Krieger unter Prithvi Narayana Shah das Kathmandutal und dehnten die Grenzen des Reiches bis Sikkim und Kashmir aus. Nepal war wieder eine Einheit, und es entstand ein funktionierendes Staatsgefüge mit Rechtsreformen und allgemeiner Disziplin. In diese Zeit fielen auch 1814 bis 1816 die ersten Zusammenstöße mit der Britischen Ostindiengesellschaft.

Im Jahre 1846 machte sich Jang Bahadur Rana durch das Kot-Massaker zum allmächtigen Premierminister und riegelte Nepal hermetisch von der Außenwelt ab. Mehr als hundert Jahre lang wurden die Mitglieder der königlichen Dynastie wie Gefangene gehalten, während die Ranas das Amt des Ministerpräsidenten innerhalb ihrer Familie weitervererbten. Dabei wurde Nepal über mehrere Generationen konsequent ausgebeutet.

Erst 1950 gelang es König Tribhuvan, dem Großvater des derzeit regierenden Monarchen, nach Indien zu fliehen und von dort den Umsturz herbeizuführen. Die Herrschaft der Ranas war gebrochen, und die Shah-Dynastie führte wieder die Geschicke. Die völlige Isolation vom Ausland wurde aufgehoben, und der Aufbau eines modernen Staates begann. Viele Klippen waren noch zu umfahren, und 1979 bot der heutige König Birendra eine Volksabstimmung über die Frage des Regierungssystems an, selbstverständlich innerhalb der Monarchie. 55% votierten für die Beibehaltung des bestehenden Panchayats – des Einparteiensystems. Das ist verständlich für ein Land, in dem der König immer noch als Inkarnation des Hindugottes Vishnu bzw. als buddhistischer Bhodisattwa verehrt wird.

Nepal zählt heute noch zu den ärmsten und am wenigsten entwickelten Ländern, trotz immenser finanzieller Hilfen aus der ganzen Welt. Nach der strengen Isolation von über hundert Jahren stand Nepal vor 30 Jahren plötzlich völlig veränderten Handelsbedingungen gegenüber. Die nepalesischen Erzeugnisse waren nicht mehr gefragt und nicht konkurrenzfähig. Die wichtige Rolle als Handelszentrum zwischen Indien, Tibet und China entfiel durch die Schließung der chinesischen Grenze nach der Annexion Tibets durch China. Es geriet in fatale Abhängigkeit von Indien, der starke Bevölkerungszuwachs machte zu schaffen, Holz wurde knapp, denn nur noch 25% des Landes sind bewaldet, und die Bodenerosion schreitet fort. Durch viele Faktoren verschlechtert sich die wirtschaftliche Lage des Königreiches von Jahr zu Jahr. Armut, Schmutz, Krankheiten und Unterernährung gehören heute zum Alltag.

◆

Die Staatsreligion in Nepal ist der Hinduismus, dem 85% der Bevölkerung angehören. Der Rest sind Buddhisten und kleine Splittergruppen. Die beiden großen Religionen, Buddhismus und Hinduismus, deren Glaubensrichtungen und Lehren in Indien nicht miteinander in Einklang zu bringen sind, haben sich im Laufe der Geschichte in Nepal so weitgehend miteinander verschmolzen, daß sie heute kaum zu unterscheiden sind – Buddha ist z. B. aus der Sicht der Hindus die neunte Wiedergeburt des Gottes Vishnu. Die große Mehrzahl der Nepalesen gehört somit einer gemischten Volksreligion an, feiert dieselben Feste, betet in gleichen Tempeln und verehrt mit gleicher Inbrunst die alten wie auch viele neu entstandenen Mischgottheiten, vielleicht unter anderem Namen.

Der Hinduismus hielt seinen Einzug vor etwa tausend Jahren, als sich verschiedene indische Volksgruppen in nördlicher Richtung ausdehnten und im heutigen Südnepal niederließen. Der Vormarsch des Islams in Indien im 12. Jahrhundert brachte noch einmal einen großen Zustrom Hindus, die vor den Schwertern der fanatischen Moslems flohen.

Wenn der Hinduismus mit den vielen, im Volksglauben sehr wichtigen Göttern in unterschiedlichen Verkörperungen sowie seinen zahllosen Riten auch sehr verwirrend erscheint, so ist er in seiner reinsten Form doch sehr nüchtern und einfach. Der Kern der Lehre: Alles Entstandene ist auch vergänglich; alles mit unseren Sinnen Wahrnehmbare ist im wesentlichen nur Illusion. Ziel ist die letzte Erkenntnis, die Erlösung aus dem Irrgang des Lebens und der ständigen Wiedergeburt. Grundlage der Religion sind die vier Veden, die heiligen Schriften der Inder.

Für das Volk stehen neben dem mythischen Inhalt der Lehre mehr die vielen Riten und die große Zahl der verschiedenen Götter im Vordergrund. Sie werden heute als echte Gottheiten angesehen und verehrt.

Neben dem Schöpfer „Brahma", dessen Verehrung heute stark zurückgegangen ist, kennen die Hindus zwei Hauptgötter, nämlich „Vishnu" und „Shiva".

Vishnu ist der große Bewahrer und Erhalter, das statische Element. Durch seine verschiedenen Inkarnationen – Gautama Buddha an neunter Stelle – befreit er die Welt vom Bösen. Er wird immer vierarmig dargestellt: mit Lotosblume, Muschel, Keule und einer Diskusscheibe. Sein Reittier ist der Vogel Garuda. Seine Frau ist die Göttin der Schönheit und des Glücks „Lakshmi".

Auch der jeweilige König Nepals ist für die Hindus eine später rangierende Inkarnation Vishnus. (Christus und Mohammed stehen übrigens nach ihrer Ansicht noch weiter hinten.) Für die Buddhisten ist wiederum der nepalesische König ein „Bodhisattva", ein Mensch auf der letzten Stufe vor der Erleuchtung und Buddhawerdung.

„Shiva" ist der höchstverehrte Gott, er verfügt über zerstörende und aufbauende Kräfte. Shivas dynamische Wesenszüge haben den militanten Gurkhas immer besser entsprochen, und so ist er auch der Gott des nepalesischen Nationalheiligtums Pashupatinath. Er wird vierarmig dargestellt und hält in seinen Händen den heiligen Dreizack, einen Bogen, ein Seil und eine Trommel. Sein Reittier ist der heilige Stier „Nandi". Die schaffende Kraft Shivas wird vor allem durch den Lingam (auch Linga), den immer wieder dargestellten Phallus, symbolisiert, der meist auf Yoni, der Vagina, ruht. Shiva wird auch öfter in einer weiblichen Form dargestellt, und deren Sohn ist der in Nepal allseits beliebte elefantenköpfige Gott der Weisheit „Ganesh", der zur Beseitigung aller möglichen Schwierigkeiten von Gläubigen angerufen werden kann. Man sieht immer nur einen Stoßzahn, um seinen Bauch ist eine Schlange gewickelt, und er reitet auf einer Ratte.

Nach dem Karma gibt es nichts Männliches ohne Weibliches, so werden den drei Hauptgöttern drei Göttinnen zugeschrieben. „Saraswathi" für die Schöpfung, „Lakshmi" für die Erhaltung und „Parvathi" für das Vergehen.

Außerdem gibt es zahllose andere Götter, und ich will den Leser nicht noch mehr verwirren und zähle nur einzelne auf. „Garuda", halb Mensch, halb Vogel – Reittier von Vishnu. „Pashupati", Herr der Tiere, „Bhairav", der Schreckliche. „Hanuman", der General der Affen, die blutlechzende „Kali" und Jungfräulichkeit „Kumari".

Die heiligen Kühe sind ein besonderes Phänomen des Hinduglaubens. Als Symbol der Mütterlichkeit und des Friedens hoch verehrt. Es gibt auch heute noch hohe Strafen bis zu mehreren Jahren Gefängnis, wenn man eine Kuh tötet. Auch Ochsen sind heilig, nicht aber Stiere und Büffel. Die in den Straßen der Städte herumstreunenden Kühe sind meistens untaugliche Tiere, die auch von den Anwesen nicht verjagt werden dürfen. Oft werden die Rinder aber doch des Morgens zur Nahrungssuche auf die Straße getrieben.

Die Wiedergeburt im Kreislauf des Lebens beruht nach dem Hinduismus auf der Tatsache, daß die Welt ständig im Entstehen und Vergehen begriffen ist. Alle Lebewesen stehen auf einer Stufe, die bei den Pflanzen beginnt und über Tier und Mensch bis zu den Göttern reicht. Die Menschheit ihrerseits hat wieder verschiedene Stufen, deren höchste die der Brahmanen ist. Die Zugehörigkeit zu einer Kaste ist kein Zufall, sondern das Ergebnis guter oder böser Handlungen im vorherigen Leben. Je höher die Kaste ist, um so mehr muß man sittliche Vorschriften achten. Zu den jeweiligen beiden Namen einer Person wird als dritter der der Kaste beigefügt.

Die Hindu-Ethik verlangt Reinheit, Selbstbeherrschung, Abgeklärtheit, Wahrheit, Gewaltlosigkeit, Barmherzigkeit und Mitleid gegenüber aller lebenden Kreatur.

Was der Ganges für Indien, das sind Pashupatinath und der Bagmati für Nepal. Von weit her lassen sich Kranke und Sterbende transportieren, um möglichst im Heiligtum Shivas zu sterben. Hier ist die große Möglichkeit zur neuen Wiedergeburt, zum Kreislauf des Lebens.

Tieropfer werden den Göttern an vielen Stellen dargebracht. Handelt es sich heute um Hühner und Ziegen, so waren es aber auch bis ins 20. Jahrhundert an wenigen Orten menschliche Opfer. So wurden den tantrischen Göttinnen in den kleinen Städtchen Harisiddhi und Khokana regelmäßig Menschenopfer dargebracht und auch Gefangene geopfert.

Der Buddhismus verschwand in Indien vor rund 600 Jahren fast vollständig, blieb aber in Nepal, dank der Abgeschiedenheit des Landes, lebendig.

Der Ausgangspunkt der buddhistischen Lehre ist der Grundsatz vom Leiden. Buddha verkündete in Benares die „Vier Wahrheiten".

1. Alles Leben ist dem Leiden unterworfen.
2. Ursache des Leidens sind die Leidenschaften.
3. Die Befreiung von den Leidenschaften und auch vom Willen zum Leben hebt das Leiden auf.
4. Der Weg zur Aufhebung des Leidens ist ein achtfacher: rechte Anschauung, rechte Gesinnung, rechtes Reden, rechtes Handeln, rechtes Leben, rechtes Streben, rechtes Denken und rechtes Sich-Versenken.

Alle Wesen unterstehen zwar dem Gesetz der Wiedergeburt, doch kann durch strikte Befolgung der Leh-

ren und Regeln Buddhas jeder einzelne direkt aus dem Kreislauf der Wiedergeburt in das Nirwana, in den Zustand des Erlösens und der Glückseligkeit, hineingeführt werden.
Der Buddhismus hat sich im Laufe der Jahrhunderte stark gewandelt und aufgespalten. Die vier buddhistischen Religionsformen sind:
„Hinayana", das Kleine Fahrzeug;
„Mahayana", das Große Fahrzeug;
„das Diamantene Fahrzeug" als alte Naturreligion
und schließlich der
„lamaistische oder tibetische" Buddhismus,
wie ich ihn auch in der Mongolei-Reise beschrieben habe.

◇

Ich hatte mir ein Fahrzeug mit Fahrer und Fremdenführer besorgt, um mir die besonders interessanten Pagoden, Shikaratempel und Stupas des Kathmandutals zeigen zu lassen.
Der erste Weg führte zur Stupa (Grabmal) von Bodnath, etwa 8 km östlich von Kathmandu. Um den achteckigen Unterbau herum sind Hunderte von Gebetsmühlen in besonderen Nischen eingelassen. Der sich bildende halbkugelförmige Unterbau hat keinen Hohlraum, enthält aber viele Reliquien in vielen fensterartigen Nischen. Der große Hügel stellt Wasser in Form eines Tropfens dar. An der Spitze des aufragenden Turmes sieht man den durchdringenden Blick der Buddha-Augen in alle vier Himmelsrichtungen, er gilt als immerwährend und allessehend. Der Punkt zwischen den Augen ist das ins Jenseits schauende „innere Auge", auch das „Dritte Auge" genannt. Die Abwesenheit von Mund und Ohren bedeutet, daß es nach der Verkündung der Lehre nichts mehr zu sagen gibt und, da Buddha kein Gott ist, er auch keine Gebete hört. Ebenfalls haben die dreizehn Stufen, die den Hügel hinanführen, ihre besondere Bedeutung. In Bodnath haben tibetische Lamas in einem Kloster eine Heimstätte gefunden.
Auf dem Rückweg nach Kathmandu kamen wir zu dem großen Hindutempelbezirk von Pashupatinath. Die heilige Stätte ist dem Gott Shiva geweiht und liegt an einer Verengung des heiligen Flusses Bagmati. Sie besteht aus dem Haupttempel, den nur Hindus betreten dürfen, und zahllosen weiteren kleinen Pagoden, Chaityas und Lingatempeln. Am Flußufer sah ich mehrere Ghats - Verbrennungsstätten; auch eine zur Bestattung von Königen bestimmte Plattform. Der Haupttempel mit dem vergoldeten Pagodendach geht auf das Jahr 1655 zurück. Alljährlich findet hier das große Shivatrifest statt, zu dem Tausende von Pilgern aus Nepal und Indien kommen.
In der Stadt Bhadgaon zeigte man mir den Tempel- und Palastkomplex des Durbar Square. Die mit viel Schnitzereien versehene Anlage enthält heute noch Bauwerke aus der Zeit des Malla-Königs, Bhupatindra Malla, 1696 bis 1722. Zerstörungen durch das Erdbeben 1934 sind zum Teil beseitigt, führten aber auch zu endgültigen Verlusten historischer Substanz. Bekannt ist auch der Flügel mit den berühmten 55 holzgeschnitzten Fenstern. Dazwischen befindet sich eines der berühmtesten Meisterwerke nepalesischer Kunst, das Goldene Tor mit hervorragenden Metallskulpturen. Vor dem Tor ist auf einer hohen Säule eine Statue des Malla-Königs Bhupatindra Malla zu sehen. Daneben eine Gruppe von Tempeln - u. a. der Vatsala-Steintempel im Shikhava-Stil aus dem Jahre 1736 - und eine zweistöckige Pagode.
Natürlich kamen wir auch zur Stadt Patan oder Lalitpur, das bedeutet „Schöne Stadt". Sie ist vermutlich die älteste Stadt im Tal, gegründet etwa um 300, und liegt nur durch den Fluß Bagmati von Kathmandu getrennt. Der ursprüngliche Grundriß der Stadt ist kreisförmig. Im Mittelpunkt liegt der Basar und der Durbar Square von Patan. Hier ist auch heute noch das Zentrum des einheimischen Kunsthandwerkes. Etwas abseits vom Hauptstrom der Geschäftigkeit liegt die einzige fünfdächige Pagode Patans. Sie vermittelt mit ihrem weiten Innenhof, den Quellen und Wasserplätzen eine angenehme friedvolle Stimmung. Auch hier ist die Pagode dem Gott Shiva geweiht.
Immer wieder war ich von der Pracht und Schönheit der Gebäude sowie des kostbaren Kunsthandwerks überrascht und gleichermaßen enttäuscht von dem Elend und dem Schmutz, der sie umgab und einem

überall ins Auge fiel.

In der Stadt Kathmandu sind die Sehenswürdigkeiten und Eindrücke so zahlreich, daß ich mich auf eine der ältesten buddhistischen Tempelanlagen der Welt, den Swayambunath, beschränken will. Etwa 4 km vom Stadtzentrum im Westen, auf der Spitze eines kleinen Hügels gelegen, bietet sie schon von weitem einen prächtigen Anblick. Über einer großen steilen Treppe mit zahlreichen Buddha- und sonstigen Statuen erhebt sich auf einer halbkugelförmigen Basis in dreizehn Stufen aus vergoldeten Kupferplatten der Turm. Auch hier wieder die allgegenwärtigen Augen Buddhas, nach Norden, Süden, Westen und Osten blickend. 211 Gebetsmühlen umgeben den unteren Teil der Stupa. Neben dem Hauptbau machen zahllose kleinere Stupas, Chaithyas, Lamaklöster sowie Buddhastatuen und eine Pagode den Besuch zum Höhepunkt. Für mich war ganz besonders interessant noch der Teil eines Maskenfestes zu Ehren des neuen Jahres, welchem ich zufällig und unprogrammgemäß beiwohnen konnte.

Die Maskentänze und Mysterienspiele der Lamas und Laien sind immer große Ereignisse, an dem hier auch viele Einwohner teilnehmen. Zu Ehren der Götter tragen die Frauen ihren besten, mit farbigen Mustern versehenen, handgewebten Kira, die Männer den in der Taille gegurteten Bohn. Frauen und Mädchen haben kostbaren Familienschmuck angelegt.

Maskentänze gehören zu den Reinigungs-, Opfer- und Beschwörungszeremonien, und sie sind aus dem Leben eines frommen Nepalesen nicht wegzudenken. Durch sie kommuniziert der Mensch mit der Überwelt, mit seinen Göttern. Nur wenige wissen, was sich hinter den Tier- und Totenmasken, den Teufels- und Engelsgesichtern, hinter den bizarren Gesten und Rhythmen verbirgt.

Die Stimmen der Lamas klangen wie Musik von Instrumenten, wie tiefes Brausen einer Orgel. Erst allmählich konnte ich vier Laute „Om - mani - padme - hum" unterscheiden. Später ließ ich mir erklären: „Om" bedeutet das Unendliche, „Hum" ist nach dem Glauben der Lamas das Unendliche im Endlichen, das Zeitlose im Zeitlichen, das Ewige im Augenblick.

Das stundenlange Om - ah - hum der Mönche wirkte wie ein musikalisches Perpetuum mobile. Über allem der blaue Rauch der Räucherkerzen.

Hinter den flackernden Öllichtern am Altar war die buntbemalte, überlebensgroße Statue Buddhas zu sehen. Leider hatte ich von den Maskentänzen nicht mehr viel mitbekommen, war aber trotzdem von diesen Eindrücken so benommen, daß ich erst spät zur Ruhe fand.

◆

Während ich mir die Sehenswürdigkeiten angeschaut hatte, waren mein Jagdführer Shanti Basnyat und sein Begleiter Kishor-Thapa den ganzen Tag damit beschäftigt, die Zollpapiere für meine Waffen, die Jagdlizenz und Abschlußlizenzen zu erwirken. Gegen Abend kamen sie zum Hotel, um mir zum einen mit Stolz alle erforderlichen Papiere zu zeigen, zum anderen aber, um eine weniger erfreuliche Mitteilung zu machen. Welche, das sollte ich bald erfahren. Das für den Flug nach Dhorpatan vorgesehene Flugzeug war nicht einsatzfähig. Shanti hatte schon Kontakt mit der Royal Army aufgenommen, welche uns am frühen nächsten Morgen mit einem Helikopter zum Ausgangspunkt meiner Jagd bringen wollte. Der „einzige" Nachteil bestand im Preis. Als ich hörte, daß zwei Amerikaner schon drei Tage auf den Rückflug aus dem Jagdgebiet warteten, stimmte ich zu.

Bei der Bezahlung am anderen Morgen verschlug es mir allerdings fast die Sprache: Einen großen Teil meines Geldes – mehr, als mein ganzer Flug aus Europa gekostet hatte – mußte ich hinblättern und war damit gleichzeitig fast meiner gesamten Barschaft entledigt.

Ein weiteres Problem war unser Gesamtgewicht. Etliche der eingekauften Lebensmittel, unnütze Verpackung, ja mein Waffenkoffer (ohne Gewehr!) blieben zurück. Danach durften Shanti, Kishor und ich zu den beiden Soldaten in die Maschine.

Das erste Mal saß ich in einem Hubschrauber, ein ganz anderes, neues Gefühl beschlich mich. Dazu eine eigenartige Hochstimmung, begleitet von einem Quentchen Beklommenheit: Die Fahrt bzw. der Flug in das große Abenteuer hatte begonnen.

Die nach allen Seiten mit Glas eingefaßte Kanzel bot einen großartigen Rundblick. Fast zwei Stunden flogen wir über das Himalaja-Vorgebirge, immer rechts die schneebedeckte Gebirgskette vor Augen. In den entlegendsten Tälern waren noch Terrassenfelder der Bergbauern sichtbar, ab und an wasserführende Flüsse, nur selten eine Straße. Die Menschen sind hier hauptsächlich auf ihre Gehwerkzeuge angewiesen.

Sogar Service an Bord wurde geboten. Der Leutnant gab mir aus einer Thermosflasche Kaffee.

Immer häufiger nahm jetzt der Pilot seine Karte zu Hilfe, sahen doch ein Tal oder Bergrücken, fast alle bewaldet, wie die nächsten aus. Endlich zog er seine Maschine nach rechts, und ich konnte mehrere Häuser, besser gesagt Steinhütten, erkennen. Weiße Fahnen wehten im Wind, und ca. 20 Menschen standen beisammen an einer Stelle, wo auch kleine Flugzeuge landen konnten. Die Rotorblätter wirbelten noch viel Staub auf, bis sie verstummten. Ich erkannte bei den Einheimischen zwei bärtige Weiße, wie sich später herausstellte, waren es die Amerikaner. Ein Sherpa kam mit einem Tablett mit Tee und Gebäck. Alles strahlte, und schnell wurde aus- und wieder eingeladen.

Die beiden US-Bürger aus Texas wollten am nächsten Morgen über Bombay nach Hause. Sie hatten beide ihre Schafe bekommen und saßen hier am Ende der Welt seit drei Tagen fest. – Gute Reise wünschte ich den beiden, „luck to you" war ihre Antwort, und dann hob der Hubschrauber ab.

Nun war ich auf der Höhe unserer Zugspitze und mußte meine Jacke trotz Sonnenscheins zuknöpfen. Die hier lebenden Menschen waren zumeist Tibeter, die nach der chinesischen Annexion Tibets als Flüchtlinge hierher gekommen waren. Aus ihnen setzte sich teilweise meine Mannschaft zusammen. Zunächst aber war Akklimatisierung wichtig, und zu diesem Zweck wurden Zelte aufgeschlagen. Am nächsten Morgen sollte es gemächlich einige Stunden zum nächsten Camp gehen.

In der Nacht fühlte ich mich wie zu Hause! Die Matte auf dem Boden hatte für mich genau die richtige Härte – und dann der Regen, ich glaube, er prasselte fünf Stunden auf mein Zeltdach. Stimmen am anderen Morgen ließen mich zu meinen Sachen greifen, waschen am nahen Bach und danach Frühstück mit Ei. Unterdessen kamen aus allen Richtungen die Sherpa. Genau 25 sollten mit Shanti, Kishor, den beiden Jägern Gyalchan und Chiring, dem Koch und Boy mit in die Berge ziehen. Es war unwahrscheinlich, was alles verpackt und auf die einzelnen Lasten verteilt wurde. Etwa 25 bis 30 kg hatte jeder Sherpa zu tragen. Sie waren im Alter von etwa zwanzig Jahren, aber auch alte Männer um die 60 waren dabei. Ihre Schuhe sahen recht abenteuerlich aus; in der Regel einfache Turnschuhe, aber auch einfache Schlappen, wie wir sie am Strand anziehen, um uns vor den Seeigeln zu schützen. Wer fertig bepackt war, marschierte los, sicher auf vertrauten Pfaden von Camp 1 bis Camp 4, dem Basis-Camp.

Schließlich setzten wir uns auch in Bewegung. Vom Tal konnten wir in der Ferne eine schneebedeckte Höhe sehen. „Da müssen wir drüber", sagte Shanti. „Und wie hoch?" war meine sofortige Frage. „Etwas mehr als 4000 Meter", gab er zur Antwort. Nun wußte ich Bescheid!

Recht mutig zunächst, schritt ich in den Fußstapfen meiner Begleiter bergan. Der Boden war von dem vielen Regen der letzten Nacht sehr aufgeweicht, und der leicht erkennbare Pfad war stellenweise ein Bach. Mir fiel das Steigen schon bald schwer, aber ich riß mich zusammen, wollte ich doch nicht in den ersten Stunden meine Schwächen zeigen. Ab und an überholten wir eine Gruppe rastender Sherpa, die uns dann später wieder überholten.

Immer an den Hängen der reißenden Wildbäche entlang schlängelte sich unsere Gruppe. Stellenweise bildeten die hier überall wachsenden Rhododendren wahre Haine. Ich konnte Stämme sehen, die es leicht mit einer starken Buche aufnahmen. Wie herrlich müssen die Berghänge im April bei der Blüte aussehen.

Der Sherpa vor mir – er trug meine Waffe – paßte sich meiner Gangart an und blieb folglich auch immer sofort stehen, wenn ich eine Verschnaufpause einlegte. Die kamen bei den Steigungen in regelmäßigen Abständen, wenn mein Herz zu stark schlug.

Um 6.30 Uhr etwa waren wir losmarschiert, und um 10.00 Uhr kam die große Pause. In einem wilden, steinigen Bachtal hatten die Träger schon etliche Feuer entzündet, und ich fiel todmüde auf die bereits ausgerollte Matratze.

Nach einem Lunch mit Suppe und Tee ging es weiter. Bald hatten wir die Schneegrenze erreicht, und ich dachte an die Sherpa mit den Sandalen. Wenn an einer Biegung mein Blick auf den schneebedeckten

Kamm frei wurde, glaubte ich manchmal, aufgeben zu müssen. Aber war es nicht erst der Anfang? Die Pausen zwischen den immer kürzer werdenden Strecken wurden immer länger. Ich konzentrierte mich jetzt voll auf die Paßhöhe. Schon lange war die Baumgrenze überschritten, wir wateten im Schnee, und stellenweise sank ich bis zu den Knien ein. Dann sah ich den Gipfel mit dem Steinhaufen vor mir – und das gab neue Kraft.

4300 Meter waren erreicht, und der Ausblick bei strahlender Sonne war einfach überwältigend. Im Moment waren alle Strapazen vergessen.

Vor mir lag die ganze Kette des Dhaulagiri Himal, überragt von den Spitzen des Putha Hiunchuli (7239 Meter), des Churen Himal (7363 Meter) und des Dhaulagiri mit 8172 Metern, den Reinhold Messner 1977 von der Südwand her bestiegen hat. Zwei gewaltige Bergzüge lagen noch davor – und nur die wären noch zu übersteigen, dann wären wir in dem Revier der Blauschafe, sagte Gyalchan, der erste Jäger! Ich ahnte, daß mir noch viel bevorstehen würde. Doch zunächst sehnte ich mich nach dem Camp 2, aber es sollte noch einmal vier Stunden dauern, bis wir es erreichten. Weite Schneehänge wurden durchquert, wobei mir die ausgetretenen Pfade der Sherpa sehr nützlich waren. Ohne Brille und Kopfbedeckung ging es jetzt gar nicht mehr; der Schnee blendete sehr stark.

Zum erstenmal in meinem Leben hatte die Sonne meine Hände total verbrannt.

Am Morgen hatte ich mich über den Sherpa mit den Strandsandalen gewundert, aber jetzt kam uns ein ärmlich gekleideter Bergbauer sogar mit nackten Füßen durch den Schnee entgegen, die Hände zum Gruß gefaltet erhoben – Namasde, guten Tag, und er zog weiter.

Bei uns ging es jetzt ständig bergab, die unter Qualen gewonnene Höhe wieder hinter uns lassend. Beim Aufstieg hatte mir der Pulsschlag Schwierigkeiten gemacht, jetzt waren es die Knie. Besonders das linke machte mir sehr zu schaffen. Es dämmerte, als wir das bereits von den Sherpa aufgebaute Lager am Fluß Thankur erreichten.

Nur schlafen war mein einziger Gedanke: Ich wechselte nur meine durchschwitzten Kleider, zog die total durchnäßten Schuhe aus und kroch in den Schlafsack.

Erst später, als Shanti mich zum Essen an das wärmende Feuer holte, erfuhr ich, daß wir ca. 1500 Meter abgestiegen waren. Zum Essen gab es übrigens meistens recht schmackhafte Gemüse-Reisgerichte, auf Porzellan serviert. Sauberkeitsfanatiker durfte man allerdings nicht sein, wenn man beim Kochen und Spülen zuschaute. Spät in der Nacht massierte ich mein schmerzendes Knie noch mit Japanöl, das ich immer mitführe.

Als ich geweckt wurde, hätte ich gerne noch einige Stunden geschlafen, aber Gyalchan drängte zum Aufbruch. Zum Waschen hatte man mir warmes Wasser vors Zelt gestellt. Das war sehr angenehm, aber ich dachte mit Unbehagen an meine kalten, von innen immer noch nicht trockenen Schuhe und rieb sie, besonders an den Nähten, mit viel Fett ein. Anschließend ging ich ans Feuer, um zu frühstücken.

Es mag etwa 8.00 Uhr gewesen sein, als wir bei gutem Wetter aufbrachen. Langsam setzte ich meine Gehwerkzeuge wieder in Bewegung. Bergab hieß die Devise.

Der „Weg" führte stellenweise so nah am Hang neben einem breiten Bach vorbei, daß man schon schwindelfrei sein mußte. Umgestürzte wahre Baumriesen mußten in einem urwaldähnlichen Gebiet überstiegen werden. Der Wald war voller Windbrüche, die Wurzelteller der im Hang umgelegten Bäume waren ganz flach und besaßen ein dichtes Wurzelnetz, das knapp unter der Oberfläche des jetzt teilweise gefrorenen Bodens wuchs. Die umherliegenden Stämme zeigten alle Stadien der Vermoderung, und große, von schwarzen und grünen Flechten überwucherte Steine lagen überall herum. Zwischen den ausladenden Stämmen der Rhododendren wuchsen Farnkräuter, die jetzt, Anfang November, nur noch braun gefärbt waren.

Es ging immer weiter abwärts. Nach dem Geräusch, das dem einer Brandung glich, vermutete ich, daß die Schlucht bald enger würde und dort ein Übergang kommen mußte. – Dann kam er, keine Hängebrücke, wie sie in den Anden gebräuchlich sind, sicher aber genau so abenteuerlich. Etwa 15 Meter über dem zwischen urigen Steinen schäumenden Wasser waren zwei starke Stämme über die Schlucht gelegt. Auf diesen Stämmen lagen allerlei Geäst, Sand und Steine. Folglich mußte der Wasserspiegel manchmal diese Höhe erreicht haben.

Nach der „Brücke" ging es wieder aufwärts. In Serpentinen wand sich der Pfad nach oben, so weit das

Auge reichte. Es gab für mich nur noch einen Gedanken - alles das mußt du eines Tages wieder zurück!

Aufwärts, aufwärts. Die dünne Höhenluft machte mir zu schaffen. Jeder zu schnelle Schritt kostete mich ein langes, bewußtes Atemholen. Längst hatte ich meine Feldflasche - Chiring trug sie für mich - mit dem ungesüßten Tee ausgetrunken. Die Flüssigkeit schoß durch meinen Körper und legte sich in Sekundenschnelle als kalter Dunstfilm auf meine Haut. Die Höhenluft mit ihrem geringen atmosphärischen Druck pumpt geradezu die Flüssigkeit aus dem Körper - gleich einer Dehydrierung.

Bis zur großen Pause gegen 10.00 Uhr hatte ich mich einigermaßen gehalten. Dann, mit zunehmender Ermüdung, kam plötzlich die Gunst der Stunde. Etwa 5 km ging es in fast gleicher Höhe einen Kamm entlang. Meine Augen schweiften immer wieder zum Dhaulagiri-Massiv - „da mußt du hin, wenn du dein Blauschaf haben willst!" Wenn ich gewußt hätte, was mir noch alles bevorstand, vielleicht hätte ich die Expedition abgebrochen.

In schöner Regelmäßigkeit ging es bald wieder bergab. Hier heizte nicht nur die Sonne den Körper auf, sondern auch mein linkes Knie brannte wie Feuer - und schließlich ging es nur noch unter Zuhilfenahme eines Stockes weiter. Wir erreichten ein neues Tal an dem Wasserlauf Seng Khola. Hier lebten - ich traute meinen Augen nicht - Menschen. In den Hängen waren Terrassenfelder angelegt, und zwei Bergbauern bestellten ihr Feld wie vor zwei- oder dreitausend Jahren. Hinter zwei Ochsen oder Kühen wurde ein Balken mit einem senkrecht stehenden Querholz in den Boden gedrückt, indem ein Bauer und sein vielleicht fünfjähriger Sohn sich in gebückter Haltung darauf stützten. Der andere Bauer hatte Mühe, die Tiere in dem Hang richtig zu halten.

Nur noch mit äußerster Mühe schleppte ich mich weiter. Wir kamen nahe an einigen Häusern vorbei, Steinbauten mit flachen Dächern, auf denen in der Sonne Getreide und Früchte trockneten. Die vielen Kinder, die davor herumliefen, waren in Lumpen gehüllt und sahen krank aus. Meinen Fotoapparat hatte ich ständig in Aktion, und eine „Schöne" konnte ich mit ihrem selbsthergestellten Schmuck festhalten. Sogar ihren Namen ließ ich mir sagen: Rakumaya.

Die Ursache für den relativ mäßigen Bevölkerungszuwachs ist in der hohen Sterblichkeitsziffer zu suchen und bleibt nur durch die hohen Geburtsraten noch im Plus. Viele Söhne zu haben, ist für den Hindu wichtig als eine soziale Sicherheitsfunktion für spätere Fürsorge bei Arbeitsunfähigkeit.

Die Gesamtbevölkerung Nepals liegt heute bei schätzungsweise 16 Millionen Menschen und die durchschnittliche Bevölkerungsdichte bei 95 Personen pro Quadratkilometer. Mehr als 65 % sind Analphabeten.

Diese hier lebenden Menschen haben sicher noch kein Auto gesehen, aber sie werden deshalb nicht unglücklicher sein.

Unwillkürlich fällt mir ein Leserbrief aus einer Illustrierten ein: Reinhold Messner hatte einmal geschrieben: „Ich habe dort Menschen getroffen, die seit zwanzig Jahren keinen Europäer mehr gesehen hatten", worauf ein Leser schrieb: „Und ich habe in der Eifel Menschen kennengelernt, die seit Generationen keinen Tibeter gesehen haben!"

Fast im Tal, direkt gegenüber einer mehr als 1500 Meter hohen Felswand, erreichten wir das bereits aufgebaute Lager. Während ich den Pfad an der anderen Seite des Tales vor Augen hatte, massierte mir ein Sherpa eine besondere Paste in das bereits geschwollene linke Knie. Dann wickelte ich mir noch meine elastische, immer griffbereite Binde darum und legte mich zur Ruhe.

Es war noch nicht fünf Uhr, als die Sonne verschwand und sofort eine merkliche Kühle einsetzte. Alle Fliegen und sonstigen tagsüber lästigen Insekten waren auf der Stelle verschwunden. Wenn man nicht in den Schlafsack wollte, zwang die Kälte einen zum wärmenden Feuer. Nach dem Abendessen beobachtete ich in der Einsamkeit noch ein schönes Naturschauspiel:

Die aufkommende nächtliche Szenerie hatte etwas Phantastisches, ja Unwirkliches. Der Mond, leicht umnebelt, glich einem trüben, rosafarbenen Flecken. Der Himmel ringsum war von einem Graurosa überzogen, welches zu verlaufen schien. Es war, als lodere in der Ferne ein riesiges Feuer, welches seinen runden Widerschein ans Firmament warf. Außerhalb dieser rosafarbenen Rundung war es dunkle, schwarzblaue Nacht; man sah hier die flimmernden, zitternden Sterne. Aus der Tiefe der Finsternis kamen plötzlich zwei Vögel, flogen durch das halbe Rund des Mondes, um wieder in das Dunkel der

Nacht einzutauchen.

Mein linkes Knie machte mir weiter zu schaffen, es war derart geschwollen, daß Shanti es einem der Sherpa zeigte, mit der Aufforderung, es zu behandeln. Und ich muß sagen, daß sich Wonko und Birnha in den nächsten Tagen immer wieder rührend darum kümmerten. Mit heißen Salzwasser-Umschlägen, mit dem Einmassieren von spezieller Salbe bis zur gekonnten Massage. Überhaupt kann ich von den vier Wochen meines Zusammenlebens mit den Sherpa nur Positives berichten. Sie waren höflich, zurückhaltend, jederzeit hilfsbereit und ehrlich.

Die Sherpa sind international wohl die bekannteste nepalesische Volksgruppe und haben sich durch ihre Zuverlässigkeit als Bergführer und Träger bei vielen Himalajaexpeditionen einen Namen gemacht. Die ersten sollen vor ca. 600 Jahren aus Tibet eingewandert sein, und sie zählen heute über 20 000 Menschen. Sie leben hauptsächlich südwestlich des Mount Everest. Meine Sherpa der Jägergruppe kamen alle aus dem Ort Lukla, während ein Teil der Träger, wie bereits erwähnt, aus Dhorpatan kam.

Sicher haben die Bewohner der leichter zugänglichen Ansiedlungen sich mit anderen Volksgruppen vermischt, aber die meisten Sherpa sind in Lebensweise, Sprache und Religion rein tibetanisch geblieben. Sie sind ein lebensbejahendes Volk, singen und tanzen gerne und haben eine leichtere Moral.

Das Volk der Sherpa, der „Menschen aus dem Osten" – wobei „Sher" für Mensch und „Pa" für Osten steht – lebt in kleinen Bergdörfern, deren Zugangspfade durch viele, von hohen Stangen wehende bunte Tücher gekennzeichnet sind. Diese buddhistischen Gebetsfahnen findet man auch vor ihren niedrigen Häusern, deren Holzdächer durch Steine beschwert sind. Ihre traditionellen Haupteinkommensquellen sind der Ackerbau, die Yakzucht und der Karawanenhandel.

Neben den Sherpa hat sich eine andere Volksgruppe von Nepalesen einen internationalen Ruf erworben, die Gurkhas. Durch ihre Anpassungsfähigkeit, Härte und Tapferkeit werden sie als Soldaten sehr geschätzt.

Zu erwähnen wären noch einige der vielen Stämme der Tamangs, Magars, Gurungs, Rai, Limbu Bhotivas, Thakali u. v. m. Alle diese Stämme haben örtliche Dialekte, und eine Verständigung zwischen den Angehörigen verschiedener Stämme ist fast unmöglich. Letztlich läßt sich die Zugehörigkeit zu zwei großen Sprachfamilien unterscheiden, zur tibeto-birmanischen, vor allem im Norden, und zur indo-germanischen im Süden. Die Schrift hat nichts mit unserem Alphabet zu tun, sondern stammt aus dem Sanskrit. Hätte ich also Shanti mit seinen englischen Kenntnissen nicht, würde es manchmal kritisch. Die beiden Jäger Gyalchan und Chiring sprechen allerdings auch einige Worte Englisch.

Trotz schmerzendem Knie und einer inzwischen eingetretenen Entzündung meiner Oberlippe ging es am nächsten Morgen weiter zum Basiscamp. Man versprach mir für dort einen Ruhetag. Stark bandagiert und unter Zuhilfenahme des Stockes ging es zunächst eine halbe Stunde bis zu einer Schlucht, wieder über eine abenteuerliche Brücke und dann aufwärts.

Es mochten ca. 1800 Meter Höhenunterschied sein, für die ich fast drei Stunden, teilweise unter Benutzung meiner Hände, brauchte. Wir, das waren die beiden Jäger, Shanti, ein Sherpa und ich – die anderen waren längst weit voraus –, passierten dabei noch einmal ein Bergbauerndorf (vier Häuser). Alle Bewohner saßen während dieser Zeit auf ihren Flachdächern und betrachteten das für sie sicher nicht alltägliche Schauspiel. Ich legte zum Zeichen der Begrüßung meine Handflächen in Höhe des Mundes flach zusammen und verbeugte mich leicht. Einige Bauern erwiderten den Gruß. Für Fotos brauchte man hier noch nicht zu zahlen.

Weiter ging es unter sengender Sonne, Schritt für Schritt, dem nächsten Kamm zu, und ich glaubte schon, aufgeben zu müssen. Ich mußte alle Willenskraft zusammennehmen, und irgendwie gab auch die großartige Natur, der Einblick in die vor mir liegenden Schluchten und tief eingeschnittenen Täler vor dem Hintergrund des Dhaulagiri-Massivs, neue Kraft.

Ein Schweizer und guter Kletterer sagte mir einmal: „Als ehemaliger Bergsteiger glaubte ich, Berge gewohnt zu sein, doch als ich nach einer Woche Himalaja von meinem letzten Lager in über 4000 Meter Höhe zurückkehrte, wußte ich, wie voreilig mein optimistisches Selbstbewußtsein gewesen war."

Um wieviel mehr mußten die Anforderungen, die das extreme Gebirgsgelände und die große Höhe stellten, mich überbeanspruchen. Ich bin zwar durchaus nicht unsportlich, aber für die hiesigen Verhältnisse war mein Training unzureichend.

In ähnlicher Weise mußte Marco Polo 1271 die Strapazen meistern, als er mit seinem Vater über den westlichen Himalaja zog. Was hatte ich für Vorteile ihm gegenüber? Eigentlich nur die bessere Kleidung, einen wärmeren Schlafsack und ein windgeschützteres Zelt. In dieser unaufgeschlossenen Hochgebirgswildnis ist der Mensch auch heute noch auf seine eigene körperliche Leistungsfähigkeit angewiesen und muß sich den Weg, wie vor Jahrhunderten, selbst erkämpfen.

Erst fast 700 Jahre nach Marco Polo erfuhren diese Wege des wirtschaftlichen Austausches auch in politisch-strategischer Hinsicht eine starke Bedeutung. 1933 hatte Sven Hedin, der große schwedische Asienforscher, für die chinesische Regierung Pläne zum Bau einer festen Autostraße entworfen. Einer französischen Expedition gelang es zwar, etwa zur gleichen Zeit mit ungeheurem Aufwand Autos über den Karakorum und die 5000 Meter hohen Pässe des Pamir zu schaffen, aber dies wurde nur als eine sportliche Leistung angesehen, ohne verkehrspolitische Bedeutung. Der Plan, von Indien her einen Weg für den modernen Verkehr neu zu erschließen, wurde schließlich für undurchführbar erklärt. 30 Jahre später sah die Welt schon wieder anders aus. Mao Tsetung gelang es, auf dem Höhepunkt des chinesischen Streites mit der Sowjetunion, das ehrgeizige Unternehmen in einem Teilprojekt zu realisieren. 1962 begannen die Chinesen mit dem für unrealisierbar gehaltenen Ausbau der Karawanenstraße zwischen Sinkiang über die pakistanische Grenze nach der nordkaschmirischen Stadt Gilgit.

Aus politischen Gründen ist eben vieles möglich, und prompt bauten die Inder parallel dazu die vornehmlich gegen China gerichtete 450 km lange Straße von Srinagar in Kaschmir über die schwierigen Pässe des westlichen Himalaja nach Ladakhin (Westtibet).

Für mich galt es jetzt, nicht zu verzagen – und mit welcher Strategie ich meine Gehwerkzeuge einsetzte und meine Kräfte rationell verteilte. Wieviel Mühe und Schmerzen mir bis zum Abend noch bevorstanden, war mir noch nicht klar, als wir die Feuer der Sherpas etwa um 11.00 Uhr erreichten. Die nun bereiteten Mahlzeiten gaben das Zeichen für zwei Stunden Ruhe. Danach hieß es wieder abwärts.

Ich schäme mich fast, denn wie ein alter Mann mußte ich mir jetzt jeden Schritt ertasten. – Basiscamp – Basiscamp war ein Wort, auf das ich wie auf Balsam hoffte, ohne zu bedenken, daß es von da erst richtig losgehen sollte. Wir kamen in ein enges Tal, und fast erinnerte mich der Bewuchs an heimische Gefilde. Immergrüne Wälder mit Eichen, Ahorn und Kastanien, dazwischen Bambus, aber auch Kiefern und dann wieder höher die – in der Blüte sicher herrlichen – Rhododendren. Farne und auch die für die Herstellung des nepalesischen Papiers so bedeutenden Seidelbastarten in mannshohen Sträuchern lenkten mich etwas ab von meinen quälenden Schritten. Die Sonne verschwand für uns, und dann ging es in einer Klamm hoch, wie man sie in ihrer Ursprünglichkeit nur hier erleben kann. Immer häufiger mußte ich stehenbleiben und täuschte so manche Aufnahme vor. Endlich, ich wagte es kaum zu glauben, sah ich in dem aufsteigenden Tal am Hang mein blaues Zelt. Auch qualmten schon einige Feuer. Das Basiscamp war erreicht. Höhe 3800 Meter. Total erschöpft fiel ich auf mein Lager. Morgen wollte ich mich nur meinem Knie widmen, ein bißchen schreiben und sonst richtig ausruhen, nur an keine Klettereien denken.

Das Lagerleben und seine Routine waren mir nun zur Genüge bekannt. Für Pfadfinder mag das unter anderen Umständen eine romantische Angelegenheit sein, aber nach einigen Tagen, d. h. nach einer Woche, zeigte es sich als ziemlich gleichförmig. Man lebt buchstäblich mit der Natur, die auf- und untergehende Sonne bestimmt den Rhythmus des Tages. Nur gelegentlich verlängert sich der Tag im Licht von ein paar Kerzen oder einer Petroleumlampe. In der Regel liegt man fast zwölf Stunden – von Sonnenuntergang bis Sonnenaufgang – in den Schlafsäcken. Meistens wartet man aber nicht darauf, bis die Sonne ihre Strahlen voll auf die Zeltdächer wirft, und wagt es schon früher, aus den Schlafsäcken zu kriechen. Gegen den Frost und die Bodenkälte schützt eine dünne Gummimatte; im Schlafsack muß man sich meistens noch warm anziehen.

✧

Der Ruhetag und die fürsorgliche Behandlung der Sherpa hatten mich soweit hergestellt, daß nun die Tage der Entscheidung beginnen konnten. Als ich im Zelt mit den Vorbereitungen für den Aufstieg begann, graute der Morgen erst ganz schwach. Ein leises Rütteln der Zeltwände zeigte an, daß Wind aufkam.

Nach kräftigem Frühstück ging es mit stark verkleinerter Mannschaft – Shanti, Gyalchan, Chiring und zwei Trägern – los. Nur die nötigste Ausrüstung wurde mitgenommen.

Stunden um Stunden ging es wieder bergan; außer einem Adler und einigen Krähen war mir bisher nichts zu Gesicht gekommen. Ich nahm mir fest vor, den ersten, einigermaßen passenden Trophäenträger zu schießen, denn mehrere Tage hier oben würden für mich im Hinblick auf meine körperliche Verfassung zuviel sein.

Die wilden Schluchten mit den vielen steilen Graten sowie auch die Höhe bereiteten mir Schwierigkeiten, wie ich sie nicht erwartet hatte. Dazu kam ein Gefühl großer Einsamkeit. Ich war mit Shanti und den Sherpa alleine, und die Verständigung ging eben nur über Shanti. Die hohen Berge schienen mich manchmal erdrücken zu wollen, und ich mußte meine ganze Willenskraft aufbieten, um nicht aufzugeben.

Dhanyabad – Dank meinen Sherpa, ohne ihre Rücksichtnahme wäre ich sicher nicht zum Ziel gekommen. Sicherlich wäre es schneller gegangen, wenn ich bergab nicht solche Schwierigkeiten gehabt hätte. Der Tag neigte sich, und wir suchten einen passenden Lagerplatz. Das Einschlagen der kleinen Heringe in den gefrorenen Schnee machte keine Mühe, und wir waren froh, daß vor der schnell hereinbrechenden Dunkelheit die kleinen Zelte standen. Zwei Sherpas waren auf Holzsuche, und dann brannte bald ein wärmendes Feuer. Mein Zelt teilte ich, nach einem diesmal nicht so üppigen Mahl, mit Shanti. Dann schlief ich unruhig ein, konnte ich doch nicht das Gefühl verdrängen, daß so oder so morgen die Entscheidung fallen würde.

Zum ersten Male hatte ich in der Nacht gefroren, wohl, weil ich die verschwitzte Thermowäsche des Tages nicht gewechselt hatte.

Am Morgen überdeckte weißer Reif Zeltdach und Boden, aber unsere Zelte standen Gott sei Dank der Sonne aufgehenden Seite gegenüber. Wie wohltuend die wärmenden Strahlen empfunden werden, kann man eigentlich erst in dieser Situation beurteilen. Meine Oberlippe war immer noch dick angeschwollen, ich vermutete die hohen Tagestemperaturen als Ursache, Shanti meinte, es wären Insektenstiche, na ja. Wir zogen los.

Gyalchan stieg wieder aufwärts; seitdem ich einmal gestrauchelt war, hielt sich einer der beiden Jäger immer an meiner Talseite. Die beiden Sherpa waren bei den Zelten zurückgeblieben, denn Gyalchan wollte unbedingt am Abend dorthin zurück, um nicht im Schnee ein neues Lager rüsten zu müssen, ohne Holz etc.

Manchmal stieg ich schon wie im Nirwana, um einen landläufigen Ausdruck zu benutzen. Mein Herz hatte bis jetzt durchgehalten, also würde auch in dieser Richtung hoffentlich alles o. k. sein. An den schnellen Pulsschlag hatte ich mich inzwischen gewöhnt.

Plötzlich, hoch im weit entfernten Gegenhang – wir hatten gerade eine Nase umklettert – das erste Wild. Die Sherpas hatten Augen wie Luchse; bis ich es endlich ausmachen konnte, vergingen einige Minuten. Mit dem Glase sah ich schließlich meine ersten Bharale. Es zogen zwölf Widder und dazu noch weibliches Wild wie an einer Schnur in einer Entfernung von vielleicht 1000 Metern den Hang entlang. Die Farben der Felsen und die der Tiere schienen miteinander zu verschmelzen. „Der Wind ist günstig, und die Tiere kommen näher", sagte Gyalchan und suchte nach einer etwas gedeckteren Stelle.

Ich wußte nicht mehr, wie mir geschah. Plötzlich spürte ich wieder meinen nun rasenden Puls. Nur jetzt keinen Fehler machen. Ruhe ist das Wichtigste! Meine Hände waren steif gefroren, würde ich überhaupt den Finger krumm bekommen?

Immer wieder kamen uns die Tiere aus den Augen. Jetzt, wo wir standen, nahm die Kälte zu, und ich konnte mein Glas nicht stillhalten. Ich zitterte an allen Gliedern. Aufregung und Kälte hatten sich addiert.

Irgendeine Berggottheit hatte ein Einsehen mit dem Nimrod aus Germany. Tatsächlich waren die Blauschafe zu Tal gezogen und jetzt etwa auf unserer Höhe. Entfernung – mir wurde ganz übel – geschätzt etwa 400 Meter. Dem Druck von Gyalchan und Chiring folgend und auch meinen Zustand berücksichtigend, entschloß ich mich zum Schuß. Weich auf einen Rucksack aufgelegt, kamen erst wieder die zweifelnden Fragen hinsichtlich der Höhe des Haltepunktes, ist die Entfernung richtig geschätzt? Wie ist der Einfluß der dünnen Luft?

Etwa einen halben Wildkörper hielt ich dem vorausziehenden Bharal über den Widerrist. Laut hallte der Schuß, alle Tiere verhofften, nichts tat sich. „Too high", rief Gyalchan, „shoot again!" Schon hatte ich repetiert und visierte erneut den immer noch verhoffenden Widder an. Etwas tiefer, stechen – und heraus war der Schuß. Jetzt sprangen die Tiere alle auseinander, nur der beschossene Widder tat sich im Schnee nieder. Wie ausgetrocknet kam ich mir vor, unfähig, eine Reaktion zu zeigen. Die Jäger blieben ebenfalls ruhig, schauten aber nicht unglücklich drein. Fast zehn Minuten tat sich gar nichts; alle anderen Blauschafe waren längst aus unserem Blickfeld.

Plötzlich neigte sich das Haupt, und der Widder legte sich zur Seite, ein Freudenschrei wollte über meine Lippen, aber es wurde nur ein Aufschrei. Der Widder, nun vollends des Lebens beraubt und vollständig ohne Widerstand, legte sich nicht nur zur Seite, sondern rutschte auch über eine Felskante und fiel fast senkrecht einige hundert Meter in die für uns nicht einsehbare Tiefe.

Glückselige Freude und todunglückliche Stimmung im selben Moment. Nur mit Mühe konnte ich meine Tränen unterdrücken, während Gyalchan und Chiring sich ganz munter verhielten.

Es war der 8. November 1981, 10.15 Uhr, und etwa 0° Celsius. Die Gedanken, die einem in solchen Momenten durch den Kopf gehen, sind so vielseitig, daß man Mühe hat, sie im nachhinein wiederzugeben. –

Schnell erfaßte Gyalchan die Situation. Shanti sollte mit mir vorsichtig den Rückzug antreten, während er mit seinem Gefährten zu Tale steigen wollte. Auf dem Kamm eines von hier zu sehenden Bergrückens wollten wir uns treffen. Ein kurzer Blick noch – und wir waren alleine. Ich vor allen Dingen mit meinen Gedanken: Liegt der Widder zerschmettert auf der Talsohle, hat er sich evtl. an einem Felsvorsprung verfangen, finden die beiden ihn überhaupt – und wenn, was ist von der stolzen Trophäe noch übrig? Meine Frau Lisa würde jetzt sagen: „Du mußt glauben, warte." In solchen Momenten ist das immer sehr schwierig. Wieviel Strapazen und Qualen hatte ich bisher durchgemacht, doch alles nur mit dem einen Ziel, eine Trophäe des Blauschafes zu erbeuten. Hatte ich mir bei diesem ganzen Unternehmen vielleicht zuviel zugetraut? War das die Quittung?

Es fehlte nur noch, daß wir jetzt den Weg verlieren und nicht zum Zelt finden würden. Ohne Zelt und Schlafsack möchte ich hier oben keine Nacht verbringen. Mit diesen Gedanken kam ich, auch in Anbetracht meiner vielen anderen Erlebnisse in ähnlichen Situationen, zu folgendem Schluß: Die Natur läßt letztlich immer den am Leben, der sich ihr ergibt. Ihm eröffnet sie sich, läßt ihn ihre Schönheiten sehen und zeigt ihm auch manchmal Geheimnisse. Wer gegen sie ankämpfen muß und sie dabei besiegen will, der wird von ihr vernichtet. Mit ihr leben, sie schützen und gleichzeitig von ihren großen Schätzen sich nur soviel nehmen, wie man braucht, führt letztlich zum Erfolg. Hatte ich mich nicht so verhalten?

Mit diesen Gedanken im Kopf stapfte und kletterte ich hinter Shanti her, der auch zum erstenmal im Dhaulagiri Himal war. Ab und an warf er ein paar beruhigende Worte hinter sich. Dann hatten wir den vereinbarten Platz erreicht und setzten uns erst einmal in die wärmende Sonne.

Nach einer guten Stunde sahen wir unsere Freunde unterhalb unseres Platzes im Hang. Und – sie trugen das Schaf, als hätten sie einen Sack zwischen sich. Ich muß hierbei erwähnen, daß dieser Hang nicht so steil und leichter begehbar war. Der Weg führte direkt aus dem bewußten Tal, in das der Widder gestürzt war, zu dem Hang. Nur hatte der Bach noch etliche Biegungen gemacht. Nichts, nicht mal mein schmerzendes Knie konnte mich davon abhalten, den beiden entgegen zu eilen.

Sie strahlten und lachten übers ganze Gesicht. In der Tat hatten sie allen Grund dazu.

Der total zerschmetterte Wildkörper trug ein nahezu unverletztes Haupt und die Trophäe keine größere Schramme. Glücklich griff ich meinem Bharal in den Kopfschmuck und hatte alle Mühsal vergessen.

Das Bharal oder Blauschaf, Pseudois nayaur, ist eigentlich eine sehr seltene Ziegenart und lebt nur in den höheren Regionen der Randgebirge Tibets, Kaschmirs und Westchinas. Der Name „Blue sheep" wird letztlich auf die Blaufärbung des ersten Winterkleides der Lämmer zurückzuführen sein.

Die Gefährten erzählten: Der Wildkörper müßte mit dem hinteren Teil kurz vor einer Geröllhalde aufgeschlagen sein, denn dieser war stark beschädigt, er war dann sanfter weitergerutscht und schließlich an einer schattigen Stelle auf einem Schneefeld liegengeblieben.

Rasch wurden einige Aufnahmen gemacht, ehe Chiring mit der roten Arbeit begann. Haupt und Decke bis zur Körpermitte, einige Stücke guten Fleisches, der umgestülpte Magen voller Fett, das war's, was Chiring auf seine Schulter nahm.

Und dann ging es mit einem Hochgefühl Richtung Hochlager; hatte ich doch mein Ziel erreicht. Kein Gedanke mehr an mein Knie oder die geschwollene Lippe, jetzt nur noch eins, zum Camp. In bewährter Reihenfolge, vor mir Chiring mit der verschnürten Trophäe, hinter mir Gyalchan, der immer sofort da war, wenn der Weg etwas schwieriger wurde, und zuletzt Shanti.

Wieder ging es über Geröllhänge, wo der Fuß kaum Halt fand. Der Schnee war hier fast zur Gänze verschwunden, da die Sonne ohne Wind noch viel Kraft hatte. Wir marschierten hangabwärts, und dann erkannte ich in der Ferne den Bergrücken, hinter welchem unsere Zelte standen. Es dauerte allerdings noch fast zwei Stunden, bis wir bei den wartenden Sherpa ankamen. Sie hatten Holz gesammelt, was hier oben gar nicht einfach ist, und ein kleines Feuer brannte. Der heiße Tee erreichte, so schien es mir, fast alle Glieder meines Körpers.

Viel Zeit blieb nicht mehr, um nach dem kärglichen Mahl in die Schlafsäcke zu kriechen. Neben Shanti liegend, der bald Bäume sägte, ließ ich den Tag Revue passieren. Fast ohne Hoffnung war ich heute morgen hinter den Gefährten auf schlimmen Pfaden hergekraxelt und hatte im stillen an unsere heimischen Reviere gedacht, wo wir teilweise unsere Pirschpfade harken. Ich nahm mir fest vor, dies alles nicht mehr so selbstverständlich zu nehmen, sondern bewußter und dankbarer diese Annehmlichkeiten zu genießen. Ein weiterer Gedanke: Wie großartig und weitläufig war hier die Natur, wieviel Äsung wurde im Vergleich zum Altai-Gebirge in der Mongolei geboten, und wie wenig Tiere hatte ich in den letzten Tagen gesehen. Eigentlich nur die Blauschafe von heute morgen. In unserem dichtbesiedelten, industrialisierten Lande kann man doch im Endeffekt überall Wild sehen.

Shanti schob alles auf die häufige Wilderei und daß dadurch die Tiere sehr scheu wären.

Überglücklich dachte ich trotz aller gehabten Strapazen an meine Beute. Zwar war ich noch nicht zurück, konnte aber schon behaupten: solche „Arbeit" hat mir noch kein Wild gemacht. Selbst die Jagd auf das Dallschaf in den Bergen Alaskas oder auf Argali und Steinbock im mongolischen Altai waren leichter, obwohl sie auch kein Kinderspiel darstellten. Hier im Himalaja sollte man schon Bergsteiger sein oder wenigstens vor der Jagd ein ausreichendes Training gemacht haben.

In der Nacht rüttelte der Wind so heftig an dem Zelt, daß ich schon dachte, wir würden gleich fortfliegen. Der Mond war voller geworden, und ein wolkenloser Himmel brachte hier oben entsprechend heftigere Winde.

Noch im Dunkeln schlüpften wir in die steifen Kleider – und wieder ging es bergab. Unser Hochlager lag bei 4200 Metern, das Blauschaf war in ca. 5500 Metern Höhe erlegt worden. Der Weg zum Basiscamp (3800 Meter) wäre nun einfach bergab gegangen. Das wäre aber zu schön gewesen. Ein Berg mußte noch umgangen werden, einmal 1000 Meter runter und auf der anderen Seite, dem Ziel entsprechend, wieder hoch. Heute muß ich mich tatsächlich fragen, wie hast du das eigentlich geschafft, ja wie eigentlich? An anderer Stelle habe ich schon einmal darauf hingewiesen, daß die Jagd Kräfte mobilisiert, an die man vorher selbst nicht glaubte; etwas zu erbeuten, ein bestimmtes Tier zu erlegen, ein bestimmtes Ziel vor Augen zu haben, ist der innere Ansporn, der alle Schwierigkeiten überwinden hilft.

Vor dem Basislager kamen uns schon einige Sherpas entgegen, lachten und freuten sich mit mir. Schnell stand mein Zelt, und noch vor dem Kaffee hatte ich meine feuchten, durchschwitzten Kleider gewechselt. Chiring begann sofort mit den Vorbereitungen zur Präparation. Die Decke des Bharals wurde fein säuberlich von den letzten Fleischresten gereinigt und danach stark gesalzen. Der Schädel kam in den großen Reistopf der Sherpas und wurde gekocht.

Ich konnte zwischenzeitlich meine Wunden pflegen. Das Knie wurde mit Japanöl behandelt und neu bandagiert. Shanti tupfte eine besondere Emulsion, angerieben mit einer Penicillintablette, auf meine Oberlippe, und schließlich gönnte ich meinen stark strapazierten Füßen ein Bad in der Waschschüssel. Meine Schuhe würden sicher nicht noch einmal zwei Wochen halten, denn an dem linken lösten sich einige Nähte; trotzdem nahm ich eine sorgfältige Pflege vor. Dann hieß es nur noch essen und nichts wie in den Schlafsack. Morgen sollte es nach Dorpathan zurückgehen. Dafür waren vier bis fünf Tage vorgesehen – mit mehrmaligen Einlagen von Drückjagden auf Ghoral und Baarking Deer.

Shanti schickte einen Läufer voraus nach Dorpathan und weiter zur nächsten Polizeistation mit Funkkontakt. Er sollte den Hubschrauber für den 14. November anfordern. Diese Strecke legte der Sherpa in gut vier Tagen zurück, für mich hatte man für den etwas kürzeren Weg bis Dorpathan gleich die doppelte Zeit festgesetzt.

◇

Schon um fünf Uhr hörte ich die Sherpa rumoren, die Zelte wurden abgebaut und die Lasten wieder gleichmäßig verteilt. Birtemar, der erste Sherpa, hatte seine Leute fest im Griff. Zum Frühstück bekam ich die frische Leber meines Blauschafes, sie schmeckte ausgezeichnet. Und dann ging es wieder los. An einer Bergstrecke glaubte ich, in der Steinwüste Südamerikas, der Atacama, zu sein, Steine über Steine; man mußte schon dann und wann stehenbleiben, sonst hätte man mit Sicherheit seine Füße in einer der zahllosen Spalten gebrochen.

Zur Mittagszeit – das war bei uns etwa immer gegen zehn Uhr – machten wir Rast in der Nähe eines einsamen Bergbauern und seiner Familie. Ausschlaggebend war frisches Wasser – und das kam hier aus einer Quelle. Wie das Umfeld aussah, wieviel Kuhmist da herumlag, störte den Kochtopf nicht, der daneben stand. Wie bereits gesagt, für Sauberkeitsfanatiker würde es Probleme gegeben haben.

Von der Familie, die in äußerst primitiven Verhältnissen lebte, konnte ich viele gute Bilder machen. Alle waren offenbar krank und hatten einen tiefsitzenden Husten. Der Vater mußte schon länger verstorben sein, denn der älteste von drei Brüdern war unzweideutig das Oberhaupt. Geschickt schlug er mit seinem Haumesser aus einem Baumstück einen neuen Pflug. Den Kindern liefen die Nasen, und sie lutschten die Bonbons, die ich ihnen gab, zwischen den Fingern. Freundlichkeit und Zufriedenheit mit ihrem Dasein schaute aus ihren Augen.

„Namasde – Auf Wiedersehen."

Die zweite Hälfte des Tages wurde einer der härtesten Tests für mein Knie. 2000 Meter sollte es an einem Stück abwärts gehen, natürlich über „Wege", die von Steinen übersät waren.

Schritt für Schritt, besser wäre Stufe für Stufe, gestützt auf einen Stock, war es für mich die reinste Tortur. Im unteren Drittel passierten wir das Dorf Yamakhar. Die wenigen Häuser waren nicht ganz so primitiv, sie waren größer und mit flachen Dächern versehen. Reichlich viele Kinder schauten mit staunenden Augen unserem vorbeiziehenden Trupp nach.

Shanti sagte mir, diese Bauern würden alle zur Kaste der Magar gehören und wären privilegiert, Angehörige als britische Soldaten zur Schloßwache zu senden. Das Dorf im Gegenhang – selbstverständlich ging es nach Überquerung eines größeren Gebirgsbaches auf der anderen Seite mal eben wieder 1500 Meter hoch – hieß Pelma. Hier waren die Einwohner vornehmlich Angehörige der Kaste Kami (Blacksmith), deren Tätigkeit neben der Landwirtschaft vornehmlich in der Herstellung von Dingen aus Eisen bestand.

Diese beiden Kasten sind wiederum nur zwei von vielen Untergruppierungen. Das von Indien übernommene, äußerst komplizierte Kastensystem hat seinen Ursprung in grauer Vorzeit. Als die ersten Arier die Bewohner des Indus-Tales unterwarfen, stuften die hellhäutigen Eroberer die dunkelfarbigen Einheimischen in eine niedrigere Gesellschaftsordnung mit zahlreichen Untergruppen ein und nannten dieses neue System Varna, das Sanskritwort für Kaste, gemeint war Farbe oder Teint.

Dieses System brachten die ersten indischen Einwanderer mit nach Nepal, und einige hundert Jahre später wurde es von König Jayasthiti Malla, wie vorher bereits erwähnt, im Jahre 1395 zum erstenmal gesetzlich verankert. Die vier Hauptkasten sind die Brahmanen – hauptsächlich Priester und Religionslehrer, die Kshatriyas – die Kaste der Herrscher und Krieger, die Vaisyas – Händler und Landwirte, und die Sudra, die nur niedrige Dienste verrichten. Außerdem gibt es noch die Kastenlosen, die Unberührbaren, heute unter dem Namen Harijans bekannt. Das Kastensystem wurde in Nepal nie so ganz fanatisch befolgt wie in Indien. Bereits früher wurde von den Tibetanern und anderen rein buddhistischen Stämmen, wie z. B. den Sherpa, die dem neuen Gesetz zufolge auf einer der niedrigsten Stufen standen, das Kastensystem, welches ohnehin mit der buddhistischen Lehre nicht zu vereinbaren war, nicht akzeptiert. Verstöße gegen den Rechtskodex der Kastenregeln wurden in bestimmten Fällen mit dem Tode oder auch Versklavung der ganzen Sippe bestraft.

Verstöße sind und waren zum Beispiel: Beischlaf eines Mannes niedriger Herkunft mit einer Frau höheren Standes, das Schlachten und Essen einer heiligen Kuh oder auch simple Fälle wie die Annahme von Reis vom Angehörigen einer bestimmten anderen Kaste, das gegenseitige Berühren zweier Personen unterschiedlicher Kasten, usw.

Mit der Verfassung von 1963 sind die Kastengesetze außer Kraft gesetzt, und jegliche Diskriminierung auf Grund von Kastenzugehörigkeit ist streng untersagt. Es wird aber sicherlich noch Generationen dauern, bis diese Neuerung von allen anerkannt wird.

Wir näherten uns dem vorgesehenen Lager. Von weitem sah ich schon den Rauch der Feuer. Die vorausgelaufenen Sherpa hatten schon die meisten Zelte aufgebaut, und der wärmende Tee war fertig. Heute brauchte ich allerdings nichts Warmes. Der letzte Berg und dann noch einmal ca. sechs Kilometer bei strahlender Sonne hatten keinen trockenen Faden an meinem Leib gelassen. Das neue Camp lag auf dem Sattel eines langgezogenen Bergrückens. In beiden Randtälern sollte gejagt werden auf Ghoral und Baarking Deer. Deshalb war vorgesehen, hier zweimal zu nächtigen.

Gegen Abend erfolgte das erste Drücken. Aber, was ich befürchtet hatte, traf zu, Wild war keines zu sehen. Das war bei dem, im Vergleich zu unserem Land, reichlichen Äsungsangebot nicht zu verstehen. Auch am nächsten Tag kam mir bei zwei großen „Treiben" kein Wild zu Gesicht. Ich muß hier allerdings sagen, daß die Abstände der Sherpa sehr groß waren, und ich konnte - ich saß im oberen Drittel eines Hanges - durch den stellenweise dichten Bewuchs auch nicht sehr viel einsehen.

Bewundern mußte ich allerdings die Sherpa, die manchmal auf halsbrecherische Art und Weise quer durch den Hang kletterten.

Der Tag hatte Entspannung, aber leider keinen jagdlichen Erfolg gebracht. Ich hatte aber wieder Kraft gesammelt, um den letzten Marsch nach Dorpathan zu überstehen. Kurz vor dem Paß wollten wir noch einmal campieren.

Bis dahin war es aber noch ein gutes Stück. Wieder ging es zunächst als Auftakt und für mein Knie beschwerlich, stundenlang bergab bis zum reißenden Gebirgsbach. Dort, an einer passenden Stelle, wurde „Lunchtime" gehalten. Es war immer herrlich, aus einem stillen Winkel die Sherpa bei ihrem Treiben zu beobachten.

Man stelle sich vor, auf verhältnismäßig engem Raum waren 29 Menschen am Wasser beschäftigt mit Holz holen, Feuer machen, Reis lesen, Fleisch schneiden. Zusätzlich hatte jeder für sein persönliches Wohl zu sorgen. Da kümmerte es zum Beispiel Wonko nicht, wenn er spülte oder frisches Wasser holte, daß über ihm am Bach sich ein anderer wusch, ein weiterer seine Zähne putzte oder gründlich seine Nase hineinschneuzte. Daneben saß wieder einer in der Hocke und scheuerte die großen Kochtöpfe vom schwarzen Ruß. Gekocht wurde in einer Partie von den Träger-Sherpa, und es war erstaunlich, was für Mengen an Reis diese zweimal am Tage verzehrten, dann von den Jäger-Sherpa mit Gehilfen, Koch und Shanti und zu guter Letzt für mich. Während mir immer auf Porzellan mit entsprechendem Besteck serviert wurde, aßen die Sherpa mit den zum Trichter geformten Fingern der rechten Hand aus ihren Aluminiumtellern. Die linke Hand gehört dort zum Reinigen der anderen Körperöffnung. Man wird daher auch auf den wenigen öffentlichen Toiletten dieses Landes nie Papier, aber meistens Wasser finden.

Kalbfleisch aus der Dose mit reichlich Reis, dazu einen Obstsalat als Dessert, wie ich ihn auch im Hilton nicht besser bekommen hätte, stand heute auf dem Programm. Nach dem Essen ging es weiter. Wir passierten wieder den „Urwald". Die gestürzten Baumriesen und die Steine waren stellenweise ganz von grünem Moos bewachsen. Es war völlig still und schattig. Die Sonne hatte dem Reif noch nichts anhaben können, wie ausgestreute Perlen hing er jetzt wie Tau an den Farnen, Gräsern und Sträuchern. Der weiche Waldboden roch fast wie zu Hause, herb nach Pilzen, verfaulendem Laub und dürren Nadeln der Kiefern.

Es ging stetig wieder bergauf; wir erreichten die Lichtung des zweiten Camps, wollten aber noch bis auf etwa 1000 Meter unter die Paßhöhe. Zeit hatten wir genug, so blieb ich auch wieder häufiger stehen, um mein Herz zu beruhigen. Es wurde merklich kühler, und die umliegenden Bergspitzen hüllten sich in dunkle Wolken. Das gab wahrscheinlich neuen Schnee. Weit zurückgefallen mit den mir nicht von der Seite weichenden Sherpa Gyalchan und Chiring, sah ich endlich den kräuselnden Rauch der Lagerfeuer auf einem breiten Einschnitt des Bergkammes. Zwischen den Wolken zeigte der Mond jetzt sein volles Rund, und man merkte auch am aufkommenden Wind eine Wetteränderung. Ganz eng rückten wir am Feuer zusammen, denn es wurde kalt. Ich versuchte noch einige Aufnahmen bei offener Blende und kroch dann zeitig in den Schlafsack, die Kapuze übergezogen und nur ein kleines Loch zum Atmen offenlassend.

Der Wind wurde immer stärker, an einschlafen war nicht zu denken. Die Zeltwände flatterten wie Wimpel an einer Fahnenstange. Kalt lief es mir über den Rücken, als ein Schakal sein unbeschreibliches Geheul und Gewinsel dazu gab. „Wo wirst Du gleich mit dem Zelt landen, die Stangen können gar nicht halten", dachte ich. – Aber sie hielten, und bereits gegen 5.00 Uhr hörte ich die Sherpa. Die Zelte wurden abgebrochen, und das Feuer knackte. So schälte ich mich aus meinem Schlafsack und griff nach meinen Kleidern. Sie waren steif vom Frost. Aufgewärmt in meinem Schlafsack, zog ich sie dann über und öffnete mein Zelt. Eiskalter Wind schlug mir entgegen, die Gegend war weiß bis zum letzten Winkel. Trotzdem bekam ich, mit Pelzmütze und dicker Jacke am Feuer sitzend, mein ordnungsgemäßes Frühstück. Dann wurde die letzte Hürde angegangen, der Paß in 4200 Metern Höhe. Der Schnee knirschte bei jedem Schritt; wenn man den Pfad verfehlte, sank man bis zu den Knien ein. Meter für Meter kämpften wir uns voran. Der Anblick der Bergriesen bei strahlend blauem Himmel war grandios. Im Schnee waren immer wieder Spuren von Fuchs und Pfeifhase, den wir in etwa mit unserem Murmeltier vergleichen können, zu sehen. Meine Kräfte hatte ich wohl dosiert und blieb ungeniert stehen, wenn ich das Bedürfnis hatte. Gegen 9.00 Uhr war die Paßhöhe zu sehen, was mich natürlich beflügelte. Ein letzter Rundblick aus 4200 Metern Höhe – dann sagte ich den, trotz aller Strapazen, liebgewonnenen Bergen des Dhaulagiri Himal: Namasde – Auf Wiedersehen.

Abwärts, abwärts ging es, einem Gebirgsbach folgend, welcher durch seitliche Zuläufe immer breiter wurde. Stellenweise konnten wir nur durch das Wasser selber weiterkommen, stellenweise mußten auch echte Klettereien in Kauf genommen werden. Immer wieder bewunderte ich dabei die Sherpa, wie sie mit ihren schweren Körben auf den Rücken die Passagen meisterten. Nach einer Rast mit warmer Mahlzeit sahen wir dann bald das große Tal mit dem sich schlängelnden Fluß Utta Gangar und den verstreut liegenden Häusern von Dorpathan.

Trotzdem dauerte es noch nahezu zwei Stunden, bis wir endlich auf dem Hof des Bauern standen, der wohl mit den Jägern eine Vereinbarung hatte.

In meinem Zelt fiel ich zunächst auf meine Matratze und hatte Zeit, ein Resümee über die bisherige Reise zu ziehen: Alles in allem war es eine sehr interessante Expedition, aber man sollte die Kräfte bzw. Schulung eines Bergsteigers haben. Das Hochland des westlichen Himalajas mit seinen kargen, einsamen, grandiosen, zugleich abweisenden und anziehenden Bergen ist sicher schon manchem Besucher zum Verhängnis geworden.

Nur im ruhigen „Tempo" läßt sich die Schwelle des Sauerstoffmangels ohne physische und psychische Schäden überwinden.

Ich kam mir vor wie in Iquitos am Oberlauf des Amazonas. Seit drei Tagen wartete ich nun auf mein Flugzeug. Es gab keine Verbindung zur Außenwelt. Zum nächsten Funkkontakt waren es vier bis fünf Tagesmärsche. Ich war also sozusagen am Ende der Welt zum Nichtstun verurteilt. Nach einem Tag der Muße war ich soweit wieder fit, daß ich ungeduldig wurde, denn es sollte ja noch nach Indien, zum Terai, gehen – zur Jagd auf andere Wildarten. Aber zunächst hieß es warten, warten und nochmals warten, und kostbare Tage gingen verloren.

Die paar Hütten kannte ich jetzt schon alle. Eine Bäuerin lud mich in ihre einfache, rußgeschwärzte Hütte, machte mir über dem Feuer ein Spiegelei und rollte schließlich einige Schmuckstücke aus einem Stück Sackleinwand. Zuerst dachte ich, sie wollte mir ihre Schätze zeigen, dann merkte ich, daß sie mit mir ins Geschäft kommen wollte. Wir feilschten mit halben und ganzen Fingern, bis ich ihr schließlich einen für die dortigen Verhältnisse schön eingefaßten Türkisstein für 300 Rupien abkaufte.

Mit einem Lama kam ich mit Zeichen ins Gespräch, interessiert beobachtete er die am Zelt liegende Büchse. Ich ließ ihn durchs Zielfernrohr schauen, unbeholfen hielt er die Waffe. Das hätte ein interessantes Foto gegeben! Als ich ihn darum bat, lehnte er ab. Ohne Waffe ließ er sich allerdings auf den Film bannen.

Eine alte, sehr runzelige Frau, sie hätte auch in Nevada sitzen und vom Stamme der Apachen sein können, spann Schafswolle. Die Spindel wurde in einer gebrochenen Tasse geführt, und geschickt drehte sie die lose Wolle zu einem starken Faden.

Die einzige „Industrie" am Ort war eine Teppichknüpferei. Zehn bis zwölf Mädchen saßen in einer primitiven Bude vor Webstühlen und knüpften Teppiche nach Muster. Der Inhaber lud Shanti und mich zu einer Tasse Tee. Zum erstenmal trank ich Tibettee mit ranziger Butter, Salz und Milch. Er wird in einer Art Butterkanne geschlagen. Er war nicht unbedingt mein Geschmack, aber höflich trank ich zwei Tassen.

Warten, warten, die Sherpa spielten Karten, solange die Sonne schien. Am vierten Tag hörte ich die Sherpa jubeln.

Sie hatten den Hubschrauber eher gesehen als gehört, und Shanti rief: Micel, Micel! Alles wirbelte durcheinander wie in einem Ameisenhaufen. Ich hatte noch nicht gepackt, aber das ging schnell. Waffe, Trophäe, meine und Shantis Sachen wurden ergriffen, und ehe der große Hubschrauber der Royal Army landete, waren wir fertig. Ausgerechnet Prinzessin Anne von England hatte ich diese Tage der „Ruhe und Entspannung" zu verdanken. Sie war auf einem Staatsbesuch in Nepal, und selbstverständlich stand für sie ein Hubschrauber bereit. Der andere war „out of order", und der dritte und letzte stand ja nicht nur für mich zur Verfügung.

Schneller als gedacht waren wir, Gyalchan, Chiring, der Koch, Shanti, Kishor und ich, wieder in der Luft. Die Soldaten konnten uns nur eben nach Pokhara bringen und mußten dann weiter nach Westen.

Es war ein phantastischer Flug bei herrlichem Wetter entlang der höchsten Berge der Welt. Ich hatte die Kamera häufig am Auge, und dann kamen der Mt. Annapurna und die Stadt Pokhara, mit einem großen See, in Sicht. Zum erstenmal seit zwei Wochen sah ich wieder Autos. Aus der Luft gesehen ist es eine sehr schöne Stadt, die bessere Aussicht auf die Berge des Himalaja bietet als Kathmandu.

Auf dem Flugplatz standen zwei Maschinen. Eine der Thailand-Airways, sie schien auf uns zu warten, und die Privatmaschine der Queen of Great Britain, streng bewacht, Prinzessin Anne war also hier! Auf dem Rollfeld wechselten wir, mit der Waffe über dem Arm, von dem Militärhubschrauber zur Verkehrsmaschine um. Es war ein reibungsloser Übergang, wie ich ihn mir wünschte. Ich verabschiedete mich von den Sherpa, denn diese machten von hier den Weg nach Kathmandu mit dem Bus.

Noch einmal Flug entlang der gewaltigsten Berge der Erde bis zur Hauptstadt.

Franz Petrak, der mir bei der Vermittlung dieser Reise geholfen hatte, sagte einmal zu mir: „Für mich gibt es kein schöneres Gebirge auf der Welt als den Himalaja." Dem kann ich, wenn ich an die Flüge denke, zustimmen, aber natürlich kann man auch anderer Ansicht sein, wenn man diesen Superlativen an Höhe die Schönheit unserer Alpen und der Rocky Mountains gegenüberstellt.

Eine Nacht schlief ich in Kathmandu im gleichen Hotel wie bei der Ankunft, danach hieß es Revierwechsel. Vorher aber war noch einiges zu erledigen, Souvenirs für zu Hause mußten beschafft werden, Rückflüge mußte ich bestätigen lassen etc. Ich hatte dabei noch einmal die Möglichkeit, an dem unbeschreiblichen Gewühl in der Altstadt teilzunehmen. Man kann schlecht einen Vergleich ziehen, jede Großstadt ist anders, jede hat ihren eigenen Flair. Im Gegensatz zu afrikanischen oder südamerikanischen Städten fühlte ich mich hier, auch bei einem Spaziergang spät am Abend, nicht unsicher.

Der Markt am Morgen war sehr interessant. In den Basarstraßen lagen die Geschäfte für bestimmte Artikel zusammen. Einige Läden mit Teppichen, dann Spezialläden für Fahrräder, Kessel und Kannen. Dazwischen stand ein kleiner Tempel, auf dessen Stufen die Händler ebenso ihre Waren anpriesen wie auf der nackten Straße. Dann wieder saßen Familien da, die ihren Hafer auf dem offenen Pflaster trockneten.

Neben Papayas und Pfeffer, geflochtenen Matten, Reis, Hühnern, getrockneten Fischen konnte man Silber- und Kupfergegenstände, Buddhas in allen Formen und Metallen, Perlen und Kalender finden. Kleine Küchen boten Speisen an. Zwischen den schwertragenden Männern mit dem Stirnband und dem gebeugten Rücken, Lamas und staunenden Sherpa, kam einer mit einem großen Bund handgeschnitzter Blockflöten. Alles war in grelle Farben getaucht, die die Augen blendeten. Stimmen der unterschiedlichsten Dialekte gaben das ihrige dazu. Mit einer sanften Handbewegung deutete eine Frau auf die Stoffe, welche sie zu ihren Füßen ausgebreitet hatte. Kein Wort kam über ihre Lippen, und ihre dunklen, schö-

nen Augen blickten voller Verachtung auf eine Nachbarin, die lauthals ihre Ware anpries.
Auf dem Weg zum Hotel, vorbei am Royal-Palast, sah ich zum erstenmal bei Tage Fledermäuse. Die großen Bäume an der stark befahrenen Straße waren in dichten Trauben von Hunderten dieser Tiere besiedelt. Ständig pfeifende Laute von sich gebend, streckten die großen Fledermäuse oder fliegende Hunde hier und da ihre gespenstischen Flügel.

◇◇◇

Ein Mönch, fotografiert beim großen Hindutempelbezirk von Pashupatinath.

Beichte auf offener Straße, die „blanken" Gebetsmühlen
werden oft benutzt.

Neben kleineren Tempeln wird das Getreide zum Trocknen
ausgebreitet.

Das berühmteste Meisterwerk nepalesischer Kunst, das goldene Tor in Bhadgaon, Durbar Square.

Stupa, Pagode und Steintempel im Bezirk Swayambunath, Kathmandu.

Teilansicht des Hindutempelbezirks von Pashupatinath.

Steinstandbild des Kalo Bhairab in Kathmandus Durbar Square.
Diese Statue wurde einst als eine Art primitiver Lügendetektor
für verdächtige Verbrecher benutzt. Die Menschen glaubten,
daß bei einer Lüge der sofortige Tod eintrat.

Die Alte aus den Bergen hätte auch eine Indianerin aus Nevada
sein können...

In Steinplatten gemeißelte Gebete, nepal. „Mani".

Kurz vor dem Aufbruch in Dorpathan.

Chiring, mein Waffenträger, war mir immer zur Seite und in den vier Wochen zum Freund geworden.

Insgesamt waren es 25 Sherpa, die solche Lasten trugen.

…Mit den Fingern aßen sie ihren Reis.

Trotz Armut – unglücklich schauten die Menschen nicht.

Von frühester Jugend an lernt man hier, die Last über das Stirnband zu tragen.

Auch ich versuchte es, zur Freude der Sherpa.

Rast vor dem ersten Paß.

Meine Augen schweiften immer wieder zum Dhaulagiri-Massiv –
„da mußt Du hin, wenn Du Dein Blauschaf haben willst..."

Steinbauten mit flachen Dächern, auf denen in der Sonne Getreide und Früchte trockneten.

Über abenteuerliche Brücken ging es jeweils in den Schluchten.

Das Lager am Fluß Thankur.

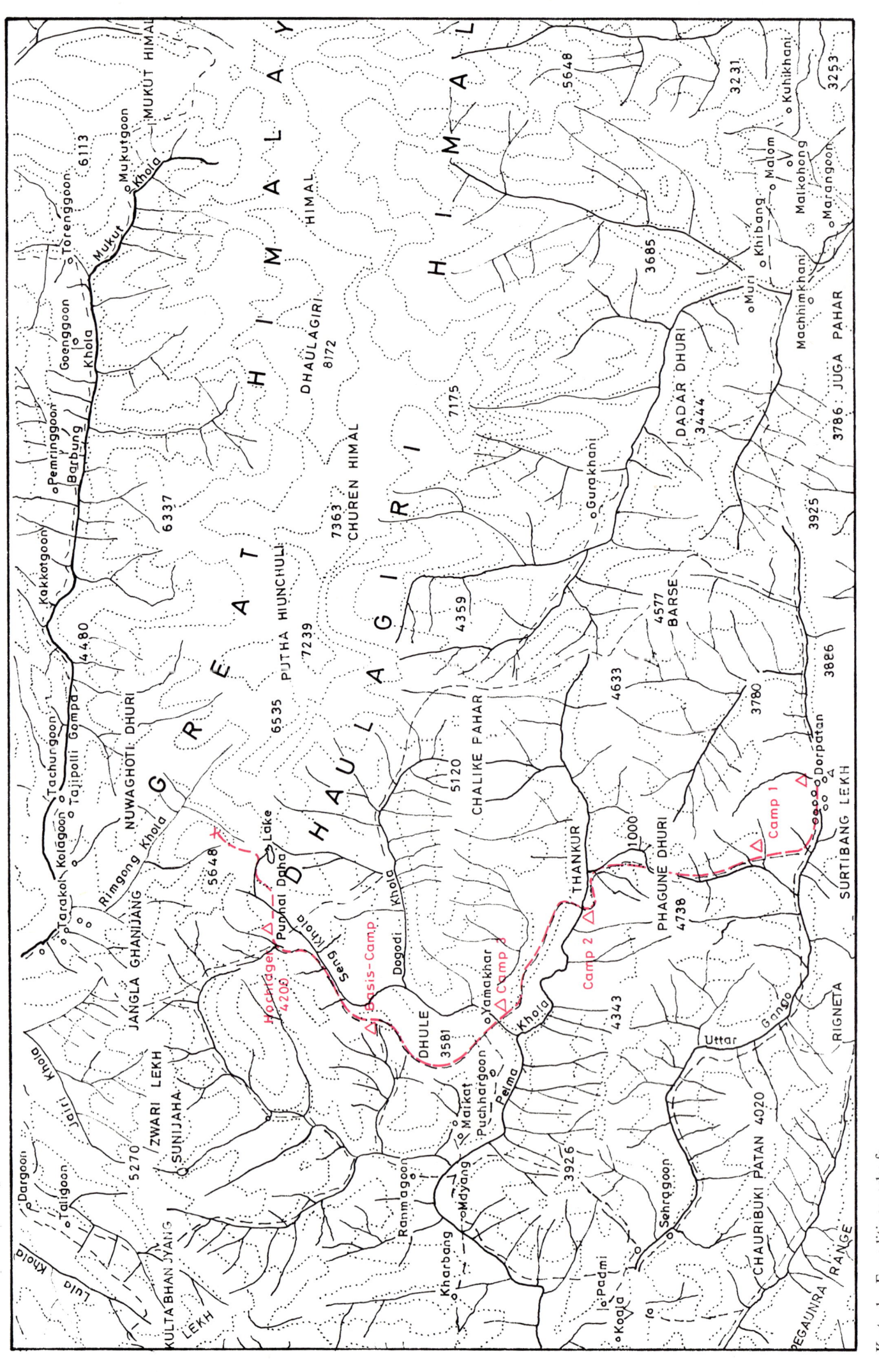

Karte des Expeditionsverlaufs.

Wieder hatten wir einen Paß geschafft.

Das Hochlager in etwa 5000 Metern Höhe.

Chiring mit meinem Blauschaf.

Der Schuß erfolgte in einer Höhe von 5500 Metern.

Stolz postiere ich mich mit der Trophäe des Bharals im Basiscamp.

Chiring reinigt den abgekochten Schädel.

…dann ging es durch eine klammartige Schlucht.

Der einsame Bergbauer.

Geschickt konnte er mit dem Haumesser umgehen.

Für die Kinder gab es Apfelsinen…

…für den Vater Salz.

Indien – 1981

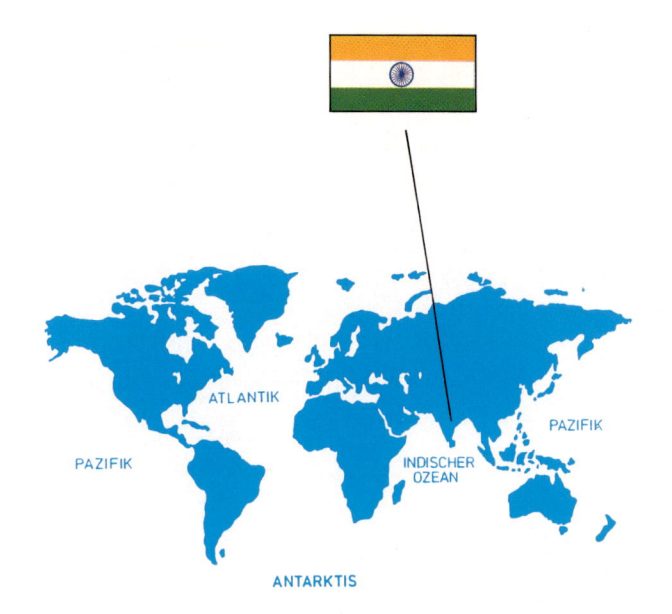

Dschungeljagd im Terai

Revierwechsel hieß das für mich. Aus dem Norden, wo sich die mächtigen Gipfel des Himalaja türmen, wo ich Nächte mit mehr als minus 10°C erlebt hatte, zum Süden, wo die Hügel mit fast undurchdringlichem, tropischem Wald bedeckt sind, wo Tiger, Elefanten, Schlangen und Blutegel zu Hause sind und die Temperaturen tagsüber bei plus 35°C liegen. Außerdem mußte ich noch 350 km in der Luftlinie von West nach Ost zurücklegen.

Das Terai erstreckt sich beidseitig der Grenze Indien/Nepal und ist tatsächlich auf dem asiatischen Kontinent eines der letzten Großwildgebiete. Hier gibt es: Elefanten, Nashörner, Tiger, Leoparden, Büffel, Hirsche, Antilopen, Hyänen, Affen usw. und daneben sehr viele Vogelarten. Hier leben, auf die Fläche bezogen, prozentual gesehen die meisten Tiger, ihre Zahl schätzt man auf ca. 200 Stück. Nach dem Vorbild des Tree-Tops-Hotels im Aberdarepark in Kenia hat man hier im Chitawan Valley, ebenfalls in den Ästen großer Bäume, das „Tiger-Tops-Hotel" gebaut.

Im ziemlich geschlossenen Dschungel gibt es wertvolle tropische Naturhölzer. Besonders bekannt ist der Salbaum (Shorea robusta), aus dessen eisenhartem Holz die prächtigen Pagodenbauten hergestellt wurden. Der Baum sieht unserer Eiche sehr ähnlich. In großer Zahl sah ich diese Bäume in ganzen Wäldern in der Nähe von Biratnagar. Daneben gediehen eine Vielzahl tropischer Pflanzen, hauptsächlich auch Orchideen- und Farnarten. Die Banyan-Bäume mit ihren Luftwurzeln gelten in Südnepal und Indien als heilige Bäume und beherrschen meist den Dorfplatz.

Mein Jagdgebiet lag direkt vor dem Terai, in der Nähe von Rajbiraj, und dort mußte ich erst noch hin. Bei einem Gespräch mit Mahesh Busynat, der mich statt Shanti jetzt begleiten sollte, lehnte ich einen Flug ab und wollte mit dem Wagen fahren, um Land und Leute hautnah kennenzulernen. Hautnah wurde es allerdings im wahrsten Sinne des Wortes, aber ich will der Reihe nach erzählen.

Zur vereinbarten Zeit stand Mahesh mit einem russischen Jeep und Anhänger vor dem Hotel, um mich abzuholen. Wie erfreut ich war, als drei Sherpa meiner alten Truppe ausstiegen, wird der Leser verstehen. Gyalchan, Chiring und der Koch, sie waren ja mit mir in dem Hubschrauber nach Pokhara geflogen und dann rechtzeitig nach Kathmandu gekommen, um mir auch in den nächsten zehn Tagen zu Diensten zu sein. Shanti brachte noch neue Lizenzen, und dann verabschiedeten wir uns; er wollte mir aber bei der Rückreise am Flugplatz noch behilflich sein.

Durch das Stadtgewühl von Kathmandu ging es noch einigermaßen, aber dann wurde es schlimm, und mit Kummer mußte ich feststellen, wie verwöhnt wir doch mit unseren Straßen sind.

Aus dem Kathmandu-Tal heraus, ging es über einbahnige Serpentinenwege, die vor dreißig Jahren einmal ausgebaut waren, aber jetzt total zerstört sind. Über tiefe Löcher, Schotter, Sand, große, rundgewaschene Steine, über alles holperte der Wagen fast anderthalb Stunden zunächst zu meinem Erstaunen wieder Richtung Westen. Die Stoßdämpfer knarrten, die Reifen sprangen, tief sackten die Räder in Schlaglöcher, und der Wagen wurde nach allen Seiten geworfen. So erlebte und hatte ich wahrhaft „hautnahen Kontakt" zum Lande!

Immer wieder las ich Schilder „Pokhara", und das lag im Westen, aber wir wollten doch nach Osten. Mahesh erklärte auf meine Frage: „Wir müssen der besseren Straßen wegen erst nach Westen, dann nach Süden und danach erst in Richtung Osten." Was hatte er gesagt? „Der besseren Straßen wegen", kann es denn noch schlimmere geben?

Ab und zu hatten wir Gegenverkehr, und das führte auf dem schmalen Weg, auf dem die Bergfahrt bevorrechtigt ist, naturgemäß zu Schwierigkeiten. Wir begegneten Lastkraftwagen, die mit Kohle aus Indien beladen waren, und überfüllten Autobussen, die auch noch auf den Dächern Menschen beförderten. Die Orte, die wir nacheinander passierten, sahen alle gleich aus. Armselige Strohhütten am Straßenrand, wenig oder gar nicht bekleidete Kinder, Hunde, Ziegen, Kühe, alles Leben spielte sich an oder auf der Straße ab. Ständig war etwas im Wege, Mahesh konnte die Hand auf der Hupe lassen.

Die Straße schlängelt sich längs des Flusses Trisuli, welcher durch immer weitere Zuläufe schließlich zu einem gewaltigen Wasserlauf anschwillt. Er ist allerdings wegen einiger Stromschnellen sowie nicht immer genügendem Tiefgang nicht schiffbar.

Stunde um Stunde fuhr Mahesh; die Sonne war lange versunken, als wir endlich zum Süden abzweigen konnten. Diese neue Straße war als Entwicklungshilfe von den Chinesen gebaut worden und ohne Tadel. Aber leider hatten die letzten Monsunregengüsse sie schwer beschädigt. Stellenweise war die ganze Straße wie weggespült, dann lag sie wieder völlig unter Geröllawinen begraben. Daß wir nicht in das Tal des unten dahinrauschenden Flusses Navayani, dem wir jetzt folgten, gerutscht sind, ist letztlich der Fahrkunst von Mahesh zu verdanken.

Die uns nun in völliger Dunkelheit abenteuerlich überholenden LKW hatten teilweise überhaupt keine Rücklichter, selbstverständlich auch nicht die von Ochsen gezogenen großrädrigen Karren. Einmal erfaßte der Scheinwerfer ein schnell über die Straße huschendes Stachelschwein. Die schwarz-weißen Stacheln waren zur Warnung großbuschig auseinandergestellt.

Ab Bharatpur ging es dann endlich Richtung Osten, ich war schon ganz verzweifelt. Gegen 22.00 Uhr hielt Mahesh, wir hatten bisher zweimal getankt, vor einem „Hotel" in Hetauda.

Für die dortigen Verhältnisse war das Hotel noch ganz in Ordnung. Ich hatte ein Zimmer für mich, und mir fehlte eigentlich unter der speckigen Decke nur ein Bettuch. Na, die Nacht war ja nicht kalt. Auf der Toilette gab es Wasser statt Papier; mittlerweile hatte man sich daran gewöhnt. Die Sherpa schliefen im Wagen und auf dem Anhänger, somit konnte auch nichts gestohlen werden.

Um 5.00 Uhr waren wir schon wieder fahrbereit, zum Frühstück gab es eine Tasse Tibettee aus einem der „Strohhüttenrestaurants" von der anderen Straßenseite. Ich verwendete den Tee, um den Mund zu spülen, und spuckte ihn aus, denn die Zähne mit dem Wasser im Hotel zu putzen, hatte ich nicht gewagt. – Alle die armseligen Gestalten von gestern saßen um diese Zeit schon wieder bei einem kleinen Feuer, vor oder in ihren primitiven Hütten.

Dabei kam mir der Gedanke: Man kann auch so leben, und unsere Frauen überlegen, ob sie zwei- oder dreimal in der Woche zum Friseur gehen sollen. –

Langsam wurde es heller, und wir fuhren inzwischen auf der Straße, welche die Russen als Entwicklungshilfe gebaut hatten. Das wollten sie aber auch deutlich zeigen, denn an all den vielen Brücken, welche die ausgetrockneten Flüsse überspannten, die nur beim Monsun die mächtigen Wasser des Himalaja zum Ganges bringen, standen Schilder mit dem Hinweis: „Cooperation Nepal – UdSSR."

Beidseitig der Straße hatten wir stellenweise dichten Dschungel, und Mahesh versuchte, mit dem Kleinkalibergewehr den Küchenvorrat zu ergänzen, indem er Buschhühner schoß.

Hier im Süden war der Einfluß der Inder mehr und mehr erkennbar. Häufiger sah man Menschen mit Turban bzw. Sari. Kinder verrichteten ihre Notdurft am Rande der Straße wie Hunde. Mehrmals sah ich Geier und Marabus, die sich meistens an einem überfahrenen Hund gütlich taten, welcher natürlich bestialisch stank. In einer belebten Ortschaft mußten wir um einen in der Mitte der Straße parkenden LKW fahren. Dahinter lag, mit Steinen abgeschirmt, ein toter Mann in einer großen Blutlache am Kopfende – und Tausende Fliegen stoben von hier auf. Von den unweit davon ihrem normalen Tagewerk nachgehenden Menschen kümmerte sich keiner darum.

Dann kam wieder dichter Dschungel beiderseits der Straße, und es konnte einen das Traumbild überkommen von versunkenen, längst überwachsenen Tempeln, von einer zarten Inderin mit langen schwarzen Haaren und dem Tonkrug auf dem Kopf, die von einem Tiger, der im Schatten an der Wasserstelle lauerte, beobachtet wurde. –

Aber die Realität sah anders aus. Immer wieder erschienen die armseligen, primitiven Strohhütten mit den Menschen in ausgefransten T-Shirts oder ähnlichen Errungenschaften westlicher Zivilisation. Den wasserführenden Brunnen habe ich einmal an einer Tankstelle fotografiert. Mit weiten Armbewegungen holten die Menschen aus großer Tiefe das Wasser, und sie mußten lange Lederseile aufrollen, ehe der Eimer sichtbar wurde.

Endlich erreichten wir die nepalesisch-indische Grenze. Wir konnten ohne Schwierigkeiten, auf Grund der gut vorbereiteten Papiere, passieren. Ich war wieder in Indien, ein Land, welches sich im Grenzbereich gar nicht von seinem Nachbarn Nepal unterscheidet, zumindest von einem Laien nicht erkennbar. Die Fahrt ging vielleicht eine Stunde in südliche Richtung, und die Verhältnisse hatten sich nicht geändert.

◇

Dann etwa gegen 11.00 Uhr bogen wir von der Straße ab. Jetzt zeigte der russische Jeep sein wahres Können. Durch Schlamm und Wasser, ja durch ganze Flußläufe stand er brav seinen „Mann". Wir erreichten dann bald ein gut vorbereitetes Camp. Einige Bewohner des in der Nähe liegenden Dorfes waren als Treiber engagiert und im Moment dabei, den Zeltplatz noch mit Bambusstangen und Grasmatten zum Busch hin abzuschirmen. Eine Strohhütte, sie war noch grün, für den Koch war bereits fertig. Innerhalb meiner Umzäunung befanden sich eine abgeteilte Toilette – ein Loch in der Erde – und eine improvisierte Brause, es sah vielversprechend aus. Mein Zelt wurde aufgebaut, und ich stellte mit Befriedigung fest, es war begehbar und recht komfortabel.

Der erste Jagdtag hatte begonnen. Schon um 5.00 Uhr hörte ich Stimmen. Ich hatte wunderbar geschlafen, nachdem ich mich gestern abend fast nicht hatte losreißen können von dem unwahrscheinlich klaren, tiefen und aussagenden Sternenhimmel. Über zwanzig Treiber wurden eingeteilt, und dann zogen wir in drei Gruppen los. Das vor uns liegende Gelände hatte hier etliche Erhebungen von etwa 100 bis 300 Metern. Diese zeigten in den höheren Regionen nackten Fels und spärlichen Bewuchs. Sonst aber bedeckte sehr hohes Gras alles, bis auf die steil abfallenden Felswände.

Wir marschierten etwa eine Stunde, überstiegen zwei Bergzüge und folgten im tieferen Wald dem Bett eines fast kein Wasser führenden Baches. Nur stellenweise kam die Sonne mit ihren Strahlen bis auf den Grund. Eine angenehme Kühle gegenüber den mindestens 30 °C auf den Bergen. Farne, verschiedene Palmarten und Lianen machten die Ufer grün. Dann und wann sahen wir rote oder blaue Orchideen. Schließlich hieß es noch einmal kräftig aufsteigen, und dann hatten wir einen Platz erreicht, wo wir einigermaßen Sicht hatten zum Gegenhang und zu unseren Füßen. Dort sollte ich bleiben. Die Büchse wurde durchgeladen, und ich wartete der Dinge, die da kommen sollten.

Eine Unzahl in allen Farbschattierungen flatternder Schmetterlinge, kreischende und wild in den Bäumen springende Weißkopfaffen, hellgrüne Vögel mit weiten, wallenden Schwanzfedern vertrieben mir die Zeit. Die Sonne prallte inzwischen unbarmherzig auf uns herab. Fast zwei Stunden hörte ich die Treiber aus allen Richtungen immer wieder ha totoro-to rufen. Aber nichts regte sich sonst, und als die Treiber angekommen waren, ordnete Mahesch, er saß direkt bei mir, das nächste Treiben an.

Hier war die Position anscheinend besser. Direkt unter meinem Felsensitz schien ein Zwangswechsel entlangzuführen. Wenn in diesem Bereich Wild kommen sollte, dann könnte die mit starkem Schrot geladene Flinte von Mahesh nützlich sein, denn bis zum abfallenden Rand waren es nur fünfzehn bis zwanzig Meter.

Deshalb nahm ich die geladene Flinte, und Chiring, er war immer noch mein Waffenträger, hielt die geladene Büchse.

Es kam leider so wie oft in solchen Fällen. Die Treiber hatten tatsächlich ein Serau – eine Antilopenart – auf die Läufe gebracht, die ihr Kommen durch Fluchtgeräusche in einem Bereich von 15 Metern anzeigte. Aber sie schwenkte, bevor ich sie sehen konnte, ab und erschien auf größere Entfernung in dem sehr lückenhaften Strauchwerk im abfallenden Hang. Zum Waffenwechsel war überhaupt keine Zeit, und ich warf verzweifelt zwei Schüsse auf den sich nur kurz zeigenden Wildkörper. Die Entfernung war dafür viel zu weit – leider.

Die Treiber suchten alles gründlich ab und fanden im Bachbett die frische Fährte des Wildes auf dem Weg zum Gegenhang. Das wäre ja auch zu schön gewesen, gleich am ersten Tag Erfolg zu haben, und ich merkte, es würde schwierig sein, hier zum Schuß zu kommen.

Beim Abstieg griff ich immer wieder, um besseren Halt zu haben, in das scharfkantige Elefantengras oder auch mal in einen Dornenast. Total verschwitzt und verdreckt, teilweise blutend, erreichten wir gegen 16.00 Uhr wieder das Camp. Das warme Wasser, von Gyalchan in der „Brause" über meinen Rücken gegossen, war ein Hochgenuß.

Das Safarilied „Wie oft sind wir geschritten auf schmalem Negerpfad?" paßte hier bei der brennend heiß scheinenden Sonne genausogut wie in Afrika. Natürlich folgten wir, wenn möglich, auch hier zunächst den Fluß- und Bachläufen. Stellenweise waren sie ausgetrocknet, manchmal standen noch algige Pfützen, aber oft ging es auch durch fließendes Wasser. Wenn die Ufer enger wurden, kam die Sonne nicht mehr durch, und es war recht angenehm zu laufen. Hatten wir einen günstig scheinenden Platz in den oberen Höhen erreicht, welcher auf Grund des bergigen Geländes einen Zwangswechsel vermuten ließ, richteten wir uns für ein Treiben ein. Manchmal verglich ich die Situation mit zu Hause, und ich stellte mir vor: Eifeljagd – in den 300 ha ist ein Hase, dieser wird mit vielen Treibern hoch gemacht – und du müßtest aus einer Anhöhe von oben in den Hochwald schießen. – Natürlich war hier kein Forst, und die Aussaat durch Anflug ließ schon mal hier und da eine freie Fläche.

Einmal hörten wir deutliche Fluchtgeräusche, und wie elektrisiert folgten wir den Lauten, die sich auf uns zubewegten; nur Bruchteile einer Sekunde sahen wir einen der Weißkopfaffen, und die Spannung löste sich wieder.

Bei der Mittagspause im tiefen kühlen Grund eines Bachbettes beobachtete ich die Treiber. Einer trug den ganzen Tag einen Jutesack voll Reis auf seinem Rücken. Jeder hatte sich kurz vor dem Abstieg ein großes Blatt eines Baumes mitgenommen. Dieses formten sie jetzt alle geschickt zu einem breiten Trichter mit flachem Boden. Der Reisträger gab jedem ein bis zwei Hände voll Reis hinein, man ging zum spärlich rinnenden Bach, träufelte Wasser darauf, und schon war die Mahlzeit fertig. Mit Genuß aßen die Naturkinder mit den Fingern der rechten Hand und tranken, nachdem sie Wasser damit geschöpft hatten, aus dem gleichen Gefäß. Ich saß auch in der Nähe eines natürlichen kleinen Wasserreservoirs in dem Fels des Bachbettes und konnte deutlich über und unter verfaulendem Laub kleine Fische, Frösche und Mückenlarven sehen. Mir drehte sich der Magen um, die Männer hatte das nicht gestört.

Es ist angesichts der Unbekümmertheit der Menschen in hygienischer Hinsicht kein Wunder, daß hier erst in jüngster Vergangenheit u. a. die Malaria so gut wie ausgerottet wurde. Erst danach konnte sich in diesem Landesteil, der praktisch die Fortsetzung der ausgedehnten Gangesebene Nordindiens darstellt, eine anhaltende Besiedlung durchsetzen. Heute leben in dem schmalen subtropischen Tieflandstreifen, welcher zu Nepal zählt, etwa ein Drittel aller Nepalesen. Gleichzeitig findet man hier zwei Drittel allen Ackerlandes Nepals, und naturgemäß bedeutet eine weitere Urbarmachung des Terais die Lösung der Ernährungsprobleme. Aber ich war ja auf dem indischen Teil.

Lang wurde heute der Tag. Im letzten Treiben – ich hatte unter mir schon zwei der einheimischen, dunklen Gestalten in dem hohen Gras gesehen – stupste mich Mahesh aufgeregt an die Schulter, deutete auf die Treiber und erkannte im gleichen Moment seinen Irrtum! – –

Es wurde bereits dunkel, als wir das Camp erreichten. Auf dem Nachtlager suchte ich nach Formulierungen für einen Artikel unter dem Motto: „Jagen ohne Beute."

◇

Früh am nächsten Morgen: „Tapain Uthnu Hos" – aufstehen, Mister; die Sonne war noch nicht zu sehen, und schon wurde ich aus den Federn gejagt. Heute sollte es zu den östlicheren Bergen gehen.

Die weich gekochten Eier – vier Minuten waren hier genau richtig – schmeckten ausgezeichnet. In den Bergen bei 4000 Metern hatte der Koch wegen des niedrigeren Siedepunktes damit immer Schwierigkeiten! Es ging wieder los, Mann hinter Mann, vor mir Mahesh und hinter mir Chiring mit meiner Büchse. Neue Gefilde mögen es ja sein, dachte ich, aber für mich sieht alles genauso aus wie an den Vortagen. Hügel wurden erklommen, verbindende Kämme ausgenutzt und Meter für Meter vorangearbeitet. Es geschah nicht selten, daß der vorausschreitende Eingeborene sein Haumesser zu Hilfe nehmen mußte. Die Treiber hatten sich schon von uns getrennt, und Mahesh suchte nach einem geeigneten Ansitzplatz. Mir kam das heute morgen verdammt eng vor. Tief unter uns zog durch dichten Wald ein Wasserlauf. Im Gegenhang – Entfernung ca. 150 Meter – zunächst dichter Bewuchs an einer Felswand, die anschließend nackt, fast senkrecht, nach oben weiterverlief. Darüber, jetzt auf unserer Höhe, befand sich eine bewachsene Stufe mit zwei bis drei kleinen freien Stellen. Vor mir lagen etwa zehn Meter abfallender Hang mit hohem Elefantengras und Sträuchern. Links von mir war ein freier Streifen von etwa dreimal zwanzig Metern, ähnlich einer Schneise, aber auch diese war hoch mit Gras bewachsen.

Ich hockte mich auf die von Chiring ausgerollte Matte und beobachtete, die geladene Waffe auf den Beinen, die Umgebung. Neben den von weitem zu hörenden Stimmen der Treiber viele Laute von Vögeln und Affen. Wunderbare Vögel flogen im Laufe der nächsten Stunde an mir vorbei. Neben grünen Papageien, Sittichen, kleine feuerrote oder samtschwarze Akrobaten der Lüfte. Zum Fotografieren ließen sie mir keine Zeit. Im Formationsflug kam eine Schar Tauben. Schmetterlinge – in einer Größe, wie ich sie noch nie gesehen hatte – flatterten vorbei.

Die Felswand gegenüber war bewachsen mit Lianen, und in den Spalten sah man Palmenschößlinge, ja sogar ein Bananenbaum wuchs heraus. Es ist doch merkwürdig, daß alle Bäume und Sträucher zum Licht wachsen, während die hängenden, großblättrigen Schlinggewächse nach unten streben. Alles sah so natürlich und unberührt aus.

Das Ha tototo-to der Treiber kam immer näher, da, plötzlich rechts von uns Fluchtgeräusche in den auch hier jetzt langsam fallenden braunen Blättern. Ich war wie gelähmt, mein Puls raste. Mein fragender Blick ging zu Mahesh – er zeigte mit dem Finger auf den geschlossenen Mund.

Dann wieder die Geräusche, jetzt unter mir in dem nicht ganz einsehbaren Streifen. Für Bruchteile einer Sekunde sah ich etwas Dunkelbraunes und dachte: – es ist ja heller Wahnsinn, hier etwas zu schießen, geschweige denn ansprechen zu wollen. – Wieder waren Fluchtgeräusche zu hören, ich hatte die Waffe entsichert und saß im Voranschlag, jetzt kamen die Laute höher, ich sah, wie ein Schatten links von mir quer über den Streifen huschte, schwang mit und warf den Schuß in das grüne Gesträuch, hinter dem der Schatten verschwand.

Es war mehr oder weniger eine Reflexbewegung gewesen. Aber ich traute meinen Ohren nicht, die brechenden Fluchtgeräusche verstummten, und man hörte röchelnde Laute. – Sollte tatsächlich? – Ich war wie benommen, da kamen aus der ersten Richtung wieder Fluchtlaute. „Don't shoot!" rief Mahesh, „Your animal will be killed." Schon waren Chiring und ein paar andere Eingeborene auf dem Weg. Nach der „Schneise" fiel der Berg wieder stark ab.

Als wir Rufe hörten, lief ich, so schnell mich die Füße trugen, darauf zu, bahnte mir einen Weg durch Gesträuch und Astwerk.

Dann stand ich vor meinem gestreckten Wild. Ein Serau - eine Art Antilopenziege. Ich konnte es noch gar nicht fassen. Der Schuß saß im Bereich des Trägeransatzes, und die Trophäe war recht ordentlich. Mein erstes Stück Wild aus dem Terai Indiens. Ich gab ihm den letzten Bissen und steckte mir selbst einen Bruch an den Hut. - Hättest Du das gedacht, fragte ich mich selbst und klopfte den lachenden Eingeborenen auf die Schultern, drückte Chiring und sagte Mahesh ein Waidmannsdank.

Zuerst mußten natürlich Aufnahmen gemacht werden, obwohl das Dunkel des Waldes dafür nicht günstig war. Dann wurde das Tier an eine starke Bambusstange gebunden, und mit viel Palaver ging es Richtung Camp. Unterwegs, ich hatte mal gerade die Augen auf dem Boden, sah ich plötzlich in der ausgetretenen Fußspur eine Schlange, die geschwind dem nackten Fuß meines Vorläufers nacheilte. Laut rief ich, und der Mann sprang zur Seite, während Mahesh mit dem Haumesser nach der Viper schlug, welche sich aber seitlich ins Gebüsch retten konnte.

Der Serau, Capricornis sumatraensis, bevorzugt dichtbewaldete, dschungelartige Felslandschaft. In zahlreichen, sehr verschiedenen Formen ist er von Kaschmir bis Japan, in Ostchina und Sumatra verbreitet. Die von mir erlegte Art hat eine Schulterhöhe von bis zu 105 cm und wiegt bis 140 kg. Sie ist dunkelbraun, fast schwarz gefärbt und hat manchmal eine kleine weiße Halsmähne. Der Körper ist stämmig, mit langem Kopf, kurzen, nach hinten gekrümmten, sehr spitzen, bis 25 cm langen Hörnern. Die Lauscher sind relativ lang. Die Tiere stehen meist einzeln oder zu zweit. Das weibliche Stück wirft nach einer Tragzeit von sechs Monaten ein bis zwei Junge.

So früh hatte uns Gyalchan, der „Stubendienst" hatte, nicht zurück erwartet. Um 8.30 Uhr war der Schuß gefallen, und jetzt war es noch nicht 11.00 Uhr. Wieder mußte der Fotoapparat her, bevor die Beute zerwirkt wurde. Mahesh brachte mir einen Teil der Kugel und sagte: „Good shot." - Na, man wird ja auch mal Dusel haben dürfen. - Trotzdem, wem gefällt ein Lob nicht?

Am Nachmittag ließ ich mich so richtig verwöhnen. Gutes Essen, ein Mittagsschläfchen, ein bißchen Schreiben, dann wieder Gyalchan mit einem warmen „Brausebad". Mit dem Ausklingen des Tages bei den letzten Sonnenstrahlen träumte ich von meiner Frau Lisa. Wie gerne möchte ich ihr alles erzählen. Der November ist die Zeit der Treibjagden, aber so viele wie hier hatte ich wirklich noch nie mitgemacht. Jeden Tag vier bis fünf große Treiben - und alle nur für mich. Zweiundzwanzig Eingeborene versuchten, aus dichtem Busch mir Wild zuzutreiben, Wild, welches ich noch nie gesehen hatte.

Heute wollte mir Mahesh schon vor den Bergen, ja teilweise gleich angrenzend an den Feldern der Dorfbewohner „Wild Boars" oder Sauen vor die Büchse bringen. Er tat sein Bestes. Zunächst gab es einen langen Anmarsch, fast zwei Stunden liefen wir an den Bergen entlang und querten immer wieder die kleinen, akkuraten, durch Wälle eingedämmten Felder. Man will mit den Wällen den nicht oft fallenden Regen „festhalten", legt deshalb auch in der Ebene quasi Terrassenfelder an.

Das Buschwerk stand mannshoch, so weit das Auge reichte. Irgendwo darin hätte man auf 20 bis 30 Meter Schußfeld, wenn ausgerechnet da die Sauen kämen!? Unter brennender Sonne stand ich mehrmals wie ein Zinnsoldat, und der Schweiß rann mir nur so den Rücken herunter.

Zweimal wurde das Ha totoeo der Treiber vielstimmig lauter und aufgeregter, aber zweimal waren die Sauen nach hinten ausgebrochen.

Plötzlich, an einem Stand, waren hinter Mahesh und mir Geräusche vernehmbar. Wie elektrisiert wandten wir uns um, erkannten einen Schatten, ich fuhr mit, konnte aber im letzten Moment den Schuß festhalten, denn es war nur ein aufgeschrecktes Stachelschwein, das vorüberflüchtete. Nichts tat sich mehr, und als wir schließlich bei Dunkelheit im Camp waren, glaubte ich, daß wir mehr als zwanzig Kilometer gelaufen waren.

Die Kleider waren am Morgen immer ganz feucht und klamm. War die Sonne erst mal am Horizont versunken, kam die Feuchtigkeit mit Macht aus dem Wald. Man tat gut daran, sein Zelt zu dieser Zeit geschlossen zu halten, was natürlich die Feuchtigkeit nicht hinderte, durch die zur Ventilation offenen Fliegenfenster zu kriechen. Tagsüber konnte man es vor Hitze in dem Zelt nicht aushalten. Hoffentlich haben meine Filme keinen Schaden erlitten, war meine Sorge.

Während ich in den Bergen Nepals meine Spezialunterwäsche erst gar nicht ausgezogen hatte, so lief ich hier am liebsten in Shorts. Längst hatte ich meine Lederbundhose gegen Jeans getauscht, weil die Strümpfe stets hoffnungslos voll mit Samen der verschiedensten Gräser behangen waren. Alle hatten merkwürdige „Pfeilspitzen" mit echten, fein behaarten Widerhaken.

Heute wollte Mahesh mit mir in den tieferen Dschungel, um es auf Axishirsche zu versuchen. Das klang verlockend. Zunächst hieß es aber eine Stunde Autofahrt in Richtung Kanchanpur, unweit der indischen Grenze. Die Treiber wurden kurzerhand in den Anhänger gepfercht. An der Teerstraße herrschte wieder das bekannte Leben. Auffallend war, wie - man könnte sagen - alle zu solch früher Stunde schon tätig waren. Kinder führten Kühe und Ziegen zur Weide; Frauen, die geschickt eine Last, sei es ein Krug oder ein Ballen Stroh, auf dem Kopfe balancierten, hatten zusätzlich ihr Kleinkind in der Taille sitzen; Bauern schnitten im weiten goldenen Rund der Felder ihr Getreide; Busse, voll beladen bis auf die Dächer, kamen uns entgegen. Alles in allem - trotz sichtbarer Armut - Fleiß auf der ganzen Linie.

Bald ging es von der Straße ab und über abenteuerliche Wege bis zu einem Dorf am Dschungelrand. Das war ein Erlebnis für die dortigen Kinder! Laut kreischend liefen sie neben dem nicht schnell fahrenden Fahrzeug her oder versteckten sich hinter den Schürzen ihrer Mütter.

Den meist vom Aussehen her netten Kindern lief die Nase, und fast alle husteten. Auffallend viele hatten Augenfehler, was natürlich neben der spärlichen oder ganz fehlenden Kleidung, den triefenden Nasen auf mich einen traurigen Eindruck machte.

Mahesh stoppte außerhalb der primitiven Strohhütten seinen Wagen. Etliche ortskundige Treiber wurden noch dazu engagiert, man teilte Gruppen ein - und ab ging es in den Dschungel.

Die Bäume erreichten hier eine Höhe von 30 Metern und mehr, Lianen und Schlinggewächse gaben ihnen ein gespenstisches Aussehen. Strauch und Buschwerk waren überall dazwischen, aber das Gelände war flach.

Wieder folgten wir den ausgetrockneten Bachläufen oder den Pfaden der Einheimischen. Wegen der Enge und Dichtheit des Waldes hatte ich hinsichtlich des Schußfeldes Bedenken, aber Mahesh fand immer wieder ein gutes Plätzchen.

Die Treiben waren sehr groß. Durch die fehlenden Berge ergaben sich hier keine Zwangspässe, und man brauchte eine Portion Waidmannsheil, um an der richtigen Stelle anzusitzen.

Nach der Mittagspause bezogen Mahesh, Chiring und ich unseren Ansitz unter einem Baum - inmitten eines etwa 30 Meter breiten, trockenen Flußbettes. Man hatte hier Schußfeld nach beiden Seiten in ausreichendem Maße.

Die Rufe der Treiber wurden schon lauter, da sah ich direkt in meinem Blickfeld am Ufer in den grünen Blättern etwas Braunes, das sich bewegte. Die Büchse an der Wange, beobachtete ich das übervorsichtige Austreten eines weiblichen „Barking Deers" oder Muntjaks. Wie ein Storch stakste es hochbeinig durch den hellen Sand direkt auf uns zu. Wir saßen bzw. ich stand wie angewurzelt, und man hätte es fast anfassen können. Sage und schreibe drei Meter neben uns wechselte es durch das Flußbett, ohne uns zu bemerken. - Der Fotoapparat sollte auch in solchen Momenten bereit sein!

Wenigstens Anblick hatten wir, und ich war schon ganz zufrieden, als wir uns wieder auf den Weg zu „Suppe und Kartoffeln" machten. (Suppe bekam ich grundsätzlich und Kartoffeln, wenn ich nicht ausdrücklich Reis forderte.)

Beim Essen am Feuer hörte ich plötzlich einen Schuß, später noch einen Knall. Fragend schaute ich Gyalchan an, aber der hatte auch keine Erklärung.

Als später die Vögel ihr Abendkonzert einstellten, der Schleier der Nacht alles überdeckte und nur noch die Grillen und sonstigen Insekten zirpten, lag ich wach auf meinem Lager. Ich dachte über dieses Land nach, über die Menschen, zog Vergleiche mit Europa und kam letztlich zu dem Schluß, daß bei uns trotz allem Wohlstand mehr unglückliche und unzufriedene Menschen leben als hier.

Dann wieder ein Schuß oder eine Explosion, vier- oder fünfmal in dieser Nacht - ich konnte mir keinen Reim darauf machen.

Am frühen Morgen gab es großes Palaver, Stimmengewirr schon um fünf Uhr. Schnell machte ich mich fertig, um nichts zu verpassen. Das Geheimnis der Nacht lüftete sich, im Kreise der Treiber, zu Füßen von Mahesh, saß ein mir nicht bekannter Inder. Neben ihm lag eine schwere Tibetkatze mit zerschmettertem Kopf. Vor Mahesh stand in einem kleinen Jutebeutel eine offene Konservendose.

Nach und nach bekam ich alles heraus. Unsere Eingeborenen hatten einen Profi-Wilderer zur „Strecke" gebracht. Er wilderte auf sehr gemeine und gleichzeitig gefährliche Art – mit selbstgefertigten „Tellerminen". In der Dose vor Mahesh konnte ich sie in Augenschein nehmen. Sprengstoff und kleine Steine waren mit einem Fleischteig umwickelt in der Größe eines Apfels. Diese wurden verstreut ausgelegt, und jedes nachtaktive Tier fand schließlich eines dieser Mordinstrumente, biß darauf – und schon zerriß es ihm den Kopf.

So mußten also letzte Nacht einige Tiere ihr Leben lassen bzw. liefen nun grausam verstümmelt herum. Mahesh wollte den Burschen zur Polizei bringen, doch dieser küßte ihm die Füße, jammerte von seiner Familie usw., so daß es Mahesh nicht übers Herz brachte, ihn auszuliefern. Er mußte aber seine restlichen „Minen" in eine nahe Felswand stellen, wo wir sie dann unter dem Gejohle der Treiber durch Kleinkaliberschüsse nacheinander zur Explosion brachten. Mahesh nahm den Inder noch einmal ins Gebet und entließ den anscheinend reuigen Sünder. Er zog mit seiner Tibetkatze von hinnen, und ich war überzeugt, daß er zu Hause gleich wieder mit der Produktion dieser Mordwerkzeuge beginnen würde.

✧

Wir hatten damit etwas Zeit verloren, wollten wir doch heute versuchen, ein Barking Deer zu finden. Die Tage meines Aufenthaltes näherten sich ihrem Ende, und Mahesh setzte seinen ganzen Ehrgeiz daran, mich noch einmal zu Schuß zu bringen. Von Treiben zu Treiben spornte er seine Leute zu immer neuen Leistungen an. Kurz vor Mittag, wir saßen mal wieder auf einem Berg, und die Eingeborenen durchkämmten den Wald, huschte doch tatsächlich für den Bruchteil einer Sekunde etwas Braunes in unmittelbarer Nähe über den Kamm ins nächste Tal. Das Treiben war fast zu Ende, und schnell ließ Mahesh das neue Tal einkreisen.

Wir gingen seitlich bis hinunter zum Wasserlauf. Mahesh war ungeduldig, alles dauerte ihm viel zu lange. Endlich hatten wir eine Stelle erreicht, wo die steilen, bewachsenen Uferfelsen auf einem längeren Stück in einen flacheren Hang übergingen. Nur hier konnte das hoffentlich noch im Busch steckende Tier herüberwechseln. Etwa eine halbe Stunde horchten wir auf die Treiber mit gespannten Sinnen. Jedes Rauschen der Blätter ließ uns aufmerksamer werden. Das Geflatter der vielen Vögel zerrte an unseren Nerven. Da, direkt über mir – das war kein Vogel –, das konnte nur unser Wild sein. Tapp – Tapp – Tapp, dann war wieder Stille. Aufs äußerste gespannt, hielt ich die Büchse im Anschlag, mein Puls jagte. Würde er – wie selbstverständlich dachte ich nur an einen Bock – jetzt versuchen, hier den etwa sieben Meter breiten, nur schwach rinnenden Bach zu überqueren?

Und da kam tatsächlich, jetzt aber schon sechzig Meter weiter, kurz vor der Biegung des Wasserlaufes ein Bock aus dem Grün des Waldes, um in hastigen Fluchten die freie Stelle zu passieren.

Mitfahren, vorne anpacken, und dann bellte der Schuß, kurz bevor das Barking Deer das rettende Ufer erreichte. Im Sprung riß es ihn aus der letzten Flucht zurück, sich überstürzend, wild mit den Läufen schlagend, fiel es in das seichte Bächlein, dessen Wasser sofort mit dem Schweiß eine hellrote Farbe annahm.

Noch hatte ich alles gar nicht richtig registriert. Solltest Du tatsächlich mit zwei Trophäen aus dem Dschungel Indiens nach Hause kommen?

Dann stand ich vor meiner Beute, und während die Treiber laut johlten, brach ich ihm in aller Stille den letzten Bissen, während Mahesh mir den Bruch in Form eines Palmzweiges überreichte.

„Good shot in the last moment", waren seine Worte, und sichtlich zufrieden nahm er meinen Waidmannsdank entgegen.

Es war der 24. November um 12.30 Uhr; am 27. würde mein Flugzeug in die Heimat starten. Es war alles zu schön, um wahr zu sein.

Bevor die Kamera in Aktion trat, schaute ich mir meine Beute genau an. Sie hatte viel Ähnlichkeit mit unserem Reh, die weiße Bauchseite war schwarz eingefaßt; sie besaß einen Wedel wie Damwild und zwischen den Lichtern mit ausgeprägten Tränengruben eine doppelte, unten spitz zulaufende Stirnfalte. Die Trophäe war ein kurzes Gabelgehörn (Geweih) von ca. 6 cm Länge auf behaarten Rosenstöcken von 15 cm. Schon recht eigenartig. Am interessantesten waren die beiden oberen „Eckzähne", welche sichtbar 2 bis 3 cm herausschauten wie bei unseren Sauen.

Der Muntjak, Muntiacus muntjak, oder Barking Deer bewohnt Südasien von Vorderindien bis China, Borneo und Bali. Er bevorzugt dichtes Unterholz oder Dschungel, durch das er gewandt schlüpft. Er ist bis 35 kg schwer, bis 65 cm hoch, gedrungen und kurzbeinig. Hervorstechende Merkmale sind bei den Männchen einmal das Geweih und die bereits beschriebenen hauerartig verlängerten oberen Eckzähne, die bei den Weibchen nur kurz sind. Je nach Herkunft zeigt die Decke gelblichbraune, rotbraune oder schwarzbraune Färbung. Der weibliche Muntjak wirft nach 180 Tagen Tragzeit ein geflecktes Kitz.

Nach kurzem Lunch ging es in Richtung Camp. Die Eingeborenen hatten das Tier an eine Bambusstange gebunden und marschierten vorweg. Gyalchan, heute mein Waffenträger, mußte mir immer wieder den Fotoapparat aus dem Rucksack holen, kam ich doch hierher nicht mehr zurück und wollte genügend Bilder mitnehmen.

Der heute zum Campdienst „verurteilte" Chiring freute sich mit, als wir ankamen, und sofort ging er mit Gyalchan an die Arbeit des Abhäutens.

Für mich ergab sich wieder viel Zeit zum „Brausen", Schreiben und zu sonstigen Beschäftigungen.

Am letzten Tag wollte Mahesh es noch einmal auf einen Axishirsch versuchen. Wir mußten daher zunächst wieder etliche Kilometer fahren, um in den Distrikt zu kommen, wo Axishirsche vorkommen sollten. Ich hatte noch einmal Gelegenheit, mir ein Bild von dem Vogelreichtum dieser Gegend zu machen, für den Ornithologen wäre sie das reinste Paradies. Neben den mir bekannten Vögeln wie Reiher, Sumpfschnepfe, Nebelkrähe, Eisvogel, Wiedehopf, Königsfischer usw. gab es weitere Arten in allen Größen und Farben. Elsternartige so groß wie Spatzen, Eisvögel auch in Krähengröße, große Marabus und dann, meist in der Luft, eine Unzahl Geier.

Nicht weit von uns saßen einige von ihnen um den abgehäuteten Kadaver einer Kuh. Nach der Religion des Landes darf Kuhfleisch nicht gegessen werden; stirbt eine der vielen, von den Bauern gehaltenen Kühe, so wird sie außerhalb des Dorfes geschleift. Jetzt konnte ich mir auch die öfter gesehenen Skelette erklären. Die Kühe werden nur als Zugtiere für den Pflug und wegen der Milch gehalten. Die außerdem häufig zu sehenden Blaubüffel werden allerdings auch verzehrt.

Wieder waren viele Menschen in den frühen Morgenstunden unterwegs. Alle von dunkler bis teilweise schwarzer Hautfarbe, mit dunklen Augen und pechschwarzen Haaren.

Als wir das vorgesehene Dorf erreicht hatten, sammelten sich schnell wieder eine Anzahl Treiber, denn für sie gilt als Lohn das erbeutete Wildbret. Mit den im Anhänger mitgebrachten elf Leuten waren es über vierzig Menschen, welche nun ihren großen Kreis zogen. Mahesh, Chiring, ein ortskundiger Nepalese und ich drangen diesmal von der anderen Seite in den Dschungel vor. Tau lag noch auf vielen Blättern, es sah aus, als hätte der Urwald seinen ganzen Schmuck angelegt, und an den vielen Spinnweben glänzte er wie aufgereihte Perlen. Immer tiefer stießen wir vor, immer dichter standen Bäume und Sträucher, so daß teilweise das Haumesser der Eingeborenen in Aktion trat. Plötzlich wurde es hell unter den 30, ja bis über 40 Meter hohen Bäumen. Ein breites, trockenes Flußbett durchschnitt den Urwald. Eine Zeitlang folgten wir ihm, und unsere Füße wühlten sich durch den weißen Sand. – Dann bezogen wir unseren Ansitz inmitten des Flußbettes im Schatten eines großen Salbaumes hinter einer umgestülpten Wurzel. Meine Kamera stellte ich ein und gab sie Chiring. Es waren noch keine 30 Minuten vergangen, man hörte die Treiber noch gar nicht, als links von uns auf etwa 60 Metern zwei weibliche Axishirsche vorsichtig aus dem Wald wechselten. Ich hatte sofort die Büchse hoch, beobachtete durchs Zielfernrohr und wartete mit klopfendem Herzen auf den vermutlich folgenden Hirsch. Er tat uns aber den Gefallen nicht, und als ich dessen sicher war, vertauschte ich vorsichtig die Büchse mit der Kamera. Die Tiere hatten bereits das andere Ufer erreicht und kamen dabei in unseren Wind; erschreckt wendeten sie und flüchteten etwas näher zu uns in den Bestand, aus dem sie gekommen waren, zurück. Für mich war es eine gute Gelegenheit, ein Foto zu machen. Auch ein zweites Treiben brachte keinen Erfolg, und weil die Treiben sehr lang waren, erfolgte danach bereits die große Reisausgabe.

In der Pause, ich hatte mich etwas auf den Rücken gelegt, fiel mir beim Betrachten der Bäume auf, daß genau, wie oft bei uns, fast jedes Blatt von Raupen durchlöchert war. Also, auch im Urwald ist nicht alles Gold, was glänzt.

Im letzten Treiben, wir drei hatten uns im Bestand hinter zwei dicken Bäumen verschanzt, hatte ich ein sehr schönes Erlebnis. Geräusche ankommenden Wildes hatten meine Sinne mal wieder bis zum äußersten gespannt, als etwa vier Meter rechts hinter mir sich die Blätterwand teilte und eine Hirschkuh mit Kalb mir einige Sekunden in die Augen blickte. Die Waffe lag zwar auf meinen Knien, aber die Kamera war im Rucksack. Dann sprang das Stück erschrocken zwei bis drei Meter zurück, um nach wenigen Sekunden einen pfeifenden Schrecklaut von sich zu geben und mit dem Kalb durchs Holz davonzubrechen. Ich dachte gar nicht mehr an Hirsch und Trophäe, sondern war glücklich über diesen Anblick. Der Axishirsch, Cervus axis, lebt vornehmlich in den Wäldern Vorderindiens und Ceylons. Er wechselt sein Geweih, meistens sechs Enden und relativ schlank gestreckt wie der Schweinshirsch, nicht zu einer bestimmten Zeit, sondern über alle Jahreszeiten verteilt. Die Farbe der Decke ist ein warmes Rotbraun, das Tier ist über und über weißgefleckt mit dunklem Aalstrich und großem, weißem Kehlfleck. Der Axis lebt in der Nähe von Gewässern in größeren oder kleineren Rudeln. Die Jungen werden nach 220 Tagen Tragzeit das ganze Jahr über geboren. Seine Schulterhöhe erreicht bis 95 cm, sein Gewicht bis 100 kg. Die bald kommenden Treiber waren zwar enttäuscht, kein „Fleisch" zu sehen, für mich schien aber der letzte Anblick ein gelungener Abschluß zu sein.

Es folgte ein längerer Fußmarsch, und dann ging es mit dem russischen Jeep ins Camp zu Gyalchan und seiner Brause. Es hieß packen, Waffe versorgen, Schuhe pflegen, denn morgen wollte Mahesh mich rechtzeitig über die Grenze zurück nach Nepal zum Flughafen Biratnagar bringen.

Der nächste Tag wurde noch einmal eine Strapaze für Mensch und Fahrzeug. Etwa 2$^{1}/_{2}$ Stunden ging es über relativ gut ausgebaute, einspurige Straßen. Einspurig heißt, bei Gegenverkehr mußte der jeweils „Schwächere" auf die Sandspur rechts oder links, die ansonsten den Ochsenkarren vorbehalten waren, ausweichen. Noch einmal sah ich in den primitiven Dörfern den für unsere Augen ungeheuren Schmutz, das Elend und die Primitivität. Wie sonst nur Kinder und Hunde, sah ich hier auch mehrere Männer, knapp neben der Straße in der Hocke sitzend, ihrem „Geschäft" nachgehen.

Die Auffassungen von Sitte und Anstand sind hier doch sehr von den unserigen verschieden. So war es mir in den zurückliegenden vier Wochen immer wieder sehr unangenehm, ja Brechreiz erregend aufgefallen, wie ungeniert sich die Menschen in die Hand schneuzten, frei weg husteten, ihren Auswurf mit viel Geräusch aus tiefster Brust herausholten und neben einen hinspuckten.

Ich tröstete mich damit, bei vielen Asiaten gehört das „Rülpsen" nach dem Essen zum guten Ton – so ist vielleicht das Husten, Spucken und Schneuzen für den Nepalesen eine normale Sache!?

Ohne weitere Probleme erreichten wir die Grenze, passierten und fuhren weiter nach Biratnagar. – Zwischen Hunderten primitiven Strohhütten befanden sich auch einige Steinbauten, ja eine Schule, wo die Kinder sogar Schulkleidung trugen. Immerhin ein Anfang. Aber sonst viel Schmutz und viel Lärm. Die wenigen Autos schlängelten sich mit wildem Gehupe durch eine Unzahl Rikschas.

In einem „Hotel" bestellte mir Mahesh noch etwas zu essen. Es gehörte meine ganze Willenskraft dazu, den Ekel zu überwinden und brav zu essen. Immerhin, es gab Huhn und Ei, da konnte nicht allzu viel schiefgehen.

Der Flugplatz war ganz annehmbar, gemessen an den sonst herrschenden Zuständen. Ich hatte noch etwa drei Stunden Zeit, wenn das Flugzeug pünktlich um 14.00 Uhr abging, und so verabschiedete sich Mahesh jetzt schon. Er war ein guter Organisator, in allen Punkten überaus korrekt, dazu ein zäher Bursche. Wir waren viele Stunden zusammen gewesen, hatten auch hier und da mal gelacht, aber es fehlte ihm die Herzlichkeit.

Während ich Chiring, der auch mitgefahren war, an meine Brust drückte und er es kameradschaftlich erwiderte, war der Händedruck mit Mahesh eher dem zwischen zwei englischen Geschäftsleuten zu vergleichen. Immerhin, Mahesh hatte mit unter manchmal schwierigen Verhältnissen jagdlichen Erfolg gebracht, dabei mit allem möglichen Komfort geholfen, und das andere war vielleicht auch eine Mentalitätsfrage.

Das Flugzeug der Royal-Nepal-Airlines, sauber und modern, flog mit einer Stunde Verspätung. Bei strahlendem Wetter, die Sonne neigte sich schon langsam, flogen wir jetzt von Osten nach Westen an der Himalaja-Kette vorbei. Zum ersten Male sah ich „Tschomolungma", den Mount Everest, den höchsten Berg der Erde mit 8848 Metern. Er fällt kaum auf in der langen Reihe der Sechs-, Sieben- und Achttausender.

Alleine von den Achttausendern sah ich den Kauchen-Junga (8598 Meter), den Makalu (8475 Meter), den Lhotse (8501 Meter), den Mt. Everest, den Cho-Oyu (8153 Meter) und den Gosainthan (8013 Meter). Von den Siebentausendern sind es mehr als sieben und von den Sechstausendern mehr als acht – nur bis Kathmandu.

Immer wieder gab es neue, interessante Motive zu fotografieren. Mit Gewalt mußte ich mich hier zur Ordnung rufen.

Das Kathmandu-Tal – aus der Luft gesehen wohlgeordnet mit den unzähligen Terrassenfeldern und vielen Häusern – kam in Sicht. Weich setzte der Kapitän die Maschine auf, und dann war da wieder Shanti, die treue Seele, der mir mein Gepäck versorgen half.

Ich mußte natürlich ausführlich erzählen und lud ihn zum Essen ein. Durch unsere Diskussionen in den Bergen angeregt, hatte er einen Gedanken zu Papier gebracht, den er mir jetzt überreichte. Sie machten seine, trotz moderner Weltanschauung, tiefe Religiosität offenkundig. Gleichzeitig erhielt ich dadurch ein Dokument nepalesischer Schreibweise.

Morgen blieb mir noch ein langer Vormittag, denn der Flug über Delhi zurück in die Heimat war erst für den Abend des nächsten Tages vorgesehen.

Noch einmal bummelte ich durch die engen Gassen Kathmandus, feilschte hier und dort, kaufte für die Lieben daheim Andenken und prägte mir das Bild der Stadt ein, deren Lebensweise so gar nicht der unserigen entspricht.

Shanti besorgte unterdessen die nötigen Papiere, um mit meinen Trophäen ungehinderten Weg durch den Zoll zu haben.

Dann waren wir wieder am Flugplatz von Kathmandu, und zu meiner großen Überraschung war Mahesh noch einmal gekommen. Die ganze Nacht waren er und seine Leute mit dem Wagen unterwegs gewesen, um ihren Gast zu verabschieden.

Alles früher Gesagte mußte ich zurücknehmen. Mit einer von mir nicht vermuteten Freundlichkeit und Herzlichkeit leisteten mir Mahesh, Shanti und Kishor bis zum Abflug Gesellschaft und halfen bei den nicht unproblematischen Zollformalitäten.

Ein letztes Mal winkten wir uns durch die Scheiben der Abfertigungshalle zu – und dann waren die Jagdfreunde entschwunden. Mir stand ein langer Flug und viel Wartezeit in Delhi noch bevor. Ich hatte genug Zeit, über die vergangenen Wochen nachzudenken, und auch darüber, daß es doch gerade die aufgewendeten Mühen und Strapazen sind, die die Freude über den Erfolg und die errungenen Trophäen hervorbringen.

So sehr ich mich auf Frau und Kinder freute und mich zurücksehnte nach europäischer Lebensweise und Ordnung, so sehr waren auch meine Gedanken bei den Menschen in Nepal. Vielleicht haben sie durch ihre Religion und ihren festen Glauben an die Wiedergeburt ein leichteres Leben als wir?

Werde ich diesen Teil der Erde noch einmal wiedersehen? Jedenfalls haben sich mir die Erlebnisse fest eingeprägt und werden mich Land und Menschen nicht vergessen lassen.

◇◇◇

Am vierten Tag kam endlich der große Hubschrauber der
Royal Army...

Auf dem Weg an die indische Grenze mit dem russischen Jeep –
Begegnung mit indischen Reitelefanten.

Der Wilderer mit den „Tellerminen" und seiner Beute – einer Tibetkatze.

Ein Treiber aus dem Terai.

Rakumaya aus dem Himalaya.

Manchmal war der Dschungel sehr dicht...

Wer wird da nicht zufrieden sein?

Nach dem glücklichen Schuß, der Serau (Capricornis sumatraensis).

Abtransport der Jagdbeute.

Mit Mahesh, dem Organisator, vor meinem Muntjak oder
Barking Deer.

Meist wurden für An- und Abmarschwege ausgetrocknete Wasserläufe benutzt...

Wenn die Sonne auch oben brannte, längs des Wassers war es angenehm kühl. Vorneweg Gyalchan.

Canada – 1983

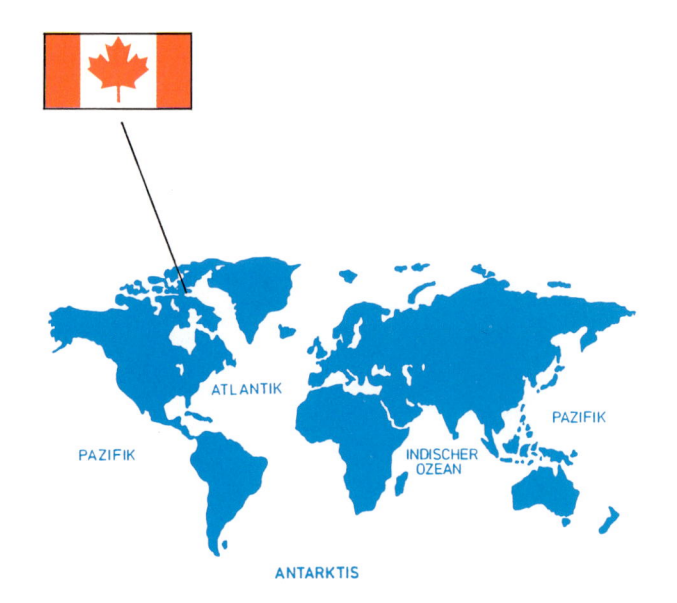

Arktis – Traum oder Hölle?

Die Sitze waren bequem in der DC 10 - 30. Neben mir saß meine Frau, und die Lufthansa brachte uns in ruhigem Flug von Europa nach Montreal. Meine Gedanken beschäftigten sich begreiflicherweise mit den vor mir liegenden Ereignissen. Ich hatte mir vorgenommen, mit Eskimos im arktischen Gebiet Canadas auf Eisbären zu jagen und mich deshalb eingehend über dieses Land, seine Bewohner sowie über die Verhältnisse, die mich dort erwarten würden, informiert. Die Arktis - die nördliche Kappe unseres Erdballes - bekommt nur Teile von den belebenden Wohltaten der Sonnenstrahlen zu spüren. Auch in den Sommermonaten erhebt sich der Sonnenball nur wenig über den Horizont und in den Wintermonaten bleibt er ganz darunter. Das ist eine Folge der Neigung der Erdachse zur Ebene der Umlaufbahn um die Sonne. Demgemäß sind die Temperaturen niedrig und die Bedingungen für pflanzliches, tierisches und menschliches Leben vom Polarkreis ausgehend, nach Norden zunehmend schwieriger. Zwar bringt der kurze arktische Sommer, dort, wo es die Bodenverhältnisse zulassen, für einige Wochen eine niedrige, aber vielfältige und vielfarbige Vegetation hervor, jedoch insgesamt gesehen ist die Natur - durch das harte Klima - abweisend und lebensfeindlich.

Umsomehr muß man sich wundern, daß ein Volk sich diese unwirtschaftlichen Landstriche als Lebensgebiet gewählt hat. Seine Kultur mußte und hat sich in einer der rauhesten Umgebungen der Welt entwickelt, denn nur die großen Wüsten stellen eine solch lebensfeindliche Umgebung dar, wie die Arktis. Es sind die Eskimos, die sich selbst Inuit, d. h. in ihrer Sprache Menschen, nennen. Sie gehören der mongolischen Rasse an und sind, beginnend vor mehreren Jahrtausenden, in einigen Wellen aus Asien über das Eis der Beringstraße zum nordamerikanischen Festland gekommen. Hier besiedelten sie im wesentlichen die nördlichste Region dieses Kontinentes und einen Teil der großen vorgelagerten Inseln.

Die harten Zwänge der Natur und des Klimas, die keinerlei Landwirtschaft zuließen, brachten es mit sich, daß sie nur die Lebensweise von Jägernomaden führen konnten, d. h. sie mußten so, wie es die Jahreszeit zuließ, ihren Beutetieren folgen. Wenn Tundra, Küste, Fjorde und Flüsse eisfrei waren, wurde durch Fischfang und Jagd auf Caribous, Robben und Wale die Nahrung nicht nur für den augenblicklichen Bedarf, sondern teilweise auch Vorräte für den langen Winter geschaffen, welcher oft schon im September mit barbarischer Kälte und schrecklichen Stürmen hereinbricht.

Wir können es uns kaum vorstellen, wie ein Volk unter diesen Verhältnissen überleben und dabei eine einzigartige Kultur entwickeln konnte, denn es gab in diesem Gebiet so gut wie kein Holz und bis die Weißen kamen, kein Metall. Alle Gegenstände des täglichen Gebrauchs, Kleidung, Waffen usw. mußten aus den Teilen ihrer Beutetiere hergestellt werden. Aus Knochen, bevorzugt aus den Rippen von Walen, bestanden die Gerippe der Zelte und Boote, die außen mit Tierhäuten bespannt waren. Ebenso aus Fellen wurden Kleidung und Schuhwerk gefertigt, und das Nähgarn lieferten Tiersehnen. Aus Häuten wurden Riemen geschnitten und aus Knochen, Geweihen, Zähnen sowie geeigneten scharfen Steinen, Werkzeuge und Waffen hergestellt. Hervorragendes Anpassungsvermögen und großer Erfindungsreichtum befähigten die Eskimos, diese Leistungen zu vollbringen.

Natürlich bewirkten die harten Lebensumstände auch harte Lebensauffassungen. Wer alt, schwach oder krank war, auf den Wanderungen nicht mehr mit konnte, also hinderlich und belastend war, wurde entweder getötet oder zurückgelassen und damit dem sicheren Tode ausgesetzt. Dieser Brauch war aber bei vielen Nomadenvölkern zu finden.

Das erste Zusammentreffen mit Europäern dürfte um das Jahr 1000 n. Chr. stattgefunden haben, als Wikinger, von Grönland kommend, sich im Osten des amerikanischen Kontinentes in Neufundland ansiedelten. Darüber ist nicht viel berichtet worden. Spätere Begegnungen mit Seefahrern und Robbenschlägern im 18. und 19. Jahrhundert wirkten sich für die Inuit recht verhängnisvoll aus. Diese meist rohen und rücksichtslosen Abenteurer terrorisierten dank ihrer überlegenen Bewaffnung die Eingeborenen, nützten sie aus und betrogen sie bei Tauschgeschäften. Vor allem aber brachten sie ihnen ansteckende Krankheiten und den Schnaps. Besonders durch diese Geißeln, die schon auf viele Naturvölker verheerend gewirkt haben, sank die Zahl der Eskimos so, daß man am Anfang unseres Jahrhunderts ihr Aussterben befürchten mußte. Inzwischen haben sich aber, durch die sehr fürsorgliche Gesetzgebung Canadas, die Verhältnisse grundlegend geändert und die Zahl der Eskimos nimmt wieder ständig zu. Sie haben sich weitgehend der Zivilisation angepaßt, dadurch allerdings ihre Ursprünglichkeit zum großen Teil aufgegeben. Zweifellos leben sie jetzt besser und sorgloser als ihre Vorfahren; sie brauchen nicht mehr nomadisierend herumzuziehen, sondern wohnen in Ansiedlungen von Häusern, die vom canadischen Staat aufgestellt werden, besuchen Schulen und erlernen Berufe. Wohl sieht ein Teil der Bevölkerung den Nahrungserwerb auch heute noch in der Jagd und im Fischfang, aber man bedient sich dabei moderner Gerätschaften und Waffen.

Wichtig für mich war auch zu wissen, daß gerade der Eskimo die Motivation für das Jagen oder Fischen, die die Menschen auch immer zum Jagen oder Fischen treibt, besser versteht als die nicht jagende Bevölkerung der westlichen Gesellschaft. Für den Eskimo gibt es Wild, um gejagt zu werden und Fische, um gefangen zu werden. –

Was die Wesensart der Eskimos angeht, so sind sie wie die meisten Asiaten ruhig, sprechen monoton und sie neigen nicht zu heftigen Gefühlsausbrüchen, sondern zeigen in allen Lebenslagen große Gelassenheit. Diese Eigenschaften waren wichtig für das enge Zusammenleben großer Familien auf kleinem Raum – ein Iglu ist nicht größer, als eine Küche unserer modernen Wohnungen – während der langen Winternacht; aber auch für die lebenswichtige Zusammenarbeit in gefährlichen Situationen, z. B. bei der Jagd auf Wale oder Bären.

Daß diese Gelassenheit nach unseren Begriffen manchmal allzuweit geht, so daß Zeit überhaupt keine Rolle mehr zu spielen scheint, habe ich später zu meinem Leidwesen öfter erfahren müssen, wenn meine Eskimobegleiter sich so spät vom Lager erhoben. Man muß allerdings zugeben, daß dies in der Praxis keine große Rolle spielte, weil das Tageslicht sehr lange anhält und man auch dann noch ein umfangreiches Programm bewältigen kann, wenn man spät beginnt.

Der Begriff Zeit sagt dem Eskimo einfach nicht viel. Auch längerfristig, also für die Zukunft zu planen, ist schwierig für ihn. Er lebt für heute; er nimmt jeden Tag, wie er kommt.

Sicher ist jedenfalls, daß die Eskimos als altes Jägervolk mit scharfen Sinnen und untrüglichen Instinkten für die Jagd begabt sind und diese Eigenschaften – die ich auch bei meinen Begleitern voraussetzte – sollten mir, so hoffte ich, zum Erfolg verhelfen.

Mit solchen Gedanken war ich noch beschäftigt, als wir Montreal erreichten. Dort mußte ich mich von meiner Frau verabschieden, was mir nicht leichtfiel, denn ich wußte, daß mir ein anstrengendes und nicht ungefährliches Abenteuer bevorstand.

Das Programm meiner Frau war ausgefüllt mit Besuchen bei Freunden und Verwandten, sie war in ihrem Geburtsland.

Mein Ziel war Pond Inlet, die nördlichste Ansiedlung auf Baffin Island. Von hier sollte die Jagd mit den Eskimos mit Hundeschlitten auf Nanook, den Eisbären, starten. Baffin Island ist fast so groß wie Schweden und Norwegen zusammen und gehört zur canadischen Provinz „Nordwest-Territories", die flächenmäßig etwa die Hälfte von ganz Canada ausmacht und sich von Ost nach West über 3200 km und vom 60. Breitengrad bis zum Polarmeer erstreckt. In dem riesigen Gebiet von 3,3 Millionen Quadratkilometern wohnen nur 46 000 Menschen. Hiervon sind 22 500 Eskimos (Inuit), die übrigen Indianer (Dene), Weiße und Mischlinge.

Von Montreal sollte mich eine Boeing 737 der Nordair über Ottawa zunächst nach Frobisher Bay auf Baffin Island bringen. Bei strahlendem Sonnenschein und azurblauem Himmel startete das Flugzeug von Montreal Dorval. Die Maschine war bis auf den letzten Platz besetzt – es waren allerdings nur knapp 50 Plätze eingebaut – der Rest des Raumes war Frachtgut vorbehalten, und hiervon gab es genug. Ja, sogar auf meinem Platz 14 F. lagen große Kartons, festgeschnürt über drei Plätze. Die Stewardess hatte einige Mühe, für mich einen anderen Platz zu finden.

Unter mir zeigte sich zunächst immer das gleiche Bild. Die Landschaft mit nur stellenweisem Schneeanflug und daneben die karge, vertrocknete Vegetation ohne jedes Grün. Ortschaften oder Farmen konnte ich keine erkennen. Mit der Zeit wandelte sich der Anblick. Die erst schütteren Schneeflecken wurden dichter, und bald war keine dunkle Stelle mehr zu sehen. Dann war deutlich an der bläulichen Färbung die Hudsonstreet in festem Eis erkennbar.

Die Maschine flog in günstiger Höhe und immer wieder nahm ich die Kamera ans Auge. Alle größeren landschaftlichen Veränderungen – ob Gebirge, Eiswüsten oder Schneefelder wurden fotografiert. Als die Nase des gleichmäßig brummenden Flugzeugs sanft nach unten zeigte und den wolkenlosen Himmel verließ, hieß das „Anflug auf Frobisher Bay". Der Kapitän meldete sich und dann hörte ich – „bei mittleren Temperaturen von −34° Cels. ..."

„Das fängt ja gut an", dachte ich, „noch habe ich den Polarkreis gar nicht erreicht, – soll das vielleicht ein kleiner Vorgeschmack sein?"

Bei der Landung wurden wir von dem durch den Wind aufgewirbelten Schnee auf der spiegelblanken Startbahn überholt. Männer in dicken Schuhen und bepelzten Parkas winkten den Kapitän ein. Dann machte ich meine ersten Schritte auf dieser großen Insel – der fünftgrößten der Erde.

Dicht hatte ich die Kapuze geschlossen, zum Glück waren es nur wenige Schritte bis zum schneeumtobten Abfertigungsgebäude. Im Nu legte sich mein Atem als Eisschicht auf meinen Bart unter der Nase. Ich sah die ersten Inuit. Sie sind von gedrungener Statur, gut genährt und haben dunkle Hautfarbe, sowie pechschwarze Haare.

Vereinbarungsgemäß traf ich Jim Nobel, den Wildlife-Offizier vom zuständigen Game-Department, welcher mir meine Eisbär-Lizenz ausschrieb.

Mit leichter Verspätung ging es dann mit einer kleinen Boeing weiter. Ich war ja erst im Süden dieser großen Insel, und die Maschine der First Air landete noch zweimal, in Broughton Island und Clyde River, bevor sie dann endlich, es war bereits seit Stunden dunkel, in Pond Inlet eintraf. Ich war jetzt auf 72° 41' nördlicher Breite und 78° westlicher Länge.

Das Gepäck wurde unter der Maschine in den Schnee gelegt, und die wenigen Passagiere, meist Eskimos und einige rauhe Burschen mit dichten Bärten und einer Kleidung, die darauf hinwies, daß sie hier Bescheid wissen, nahmen es dort weg. Ich schloß mich an, und voll beladen ging ich zu einer kleinen, hell erleuchteten Baracke. Nach wenigen Fragen erfuhr ich, daß mein Jagdführer erst morgen Abend kommt, da er noch unterwegs ist. So hatte ich meine erste Begegnung mit der Eskimomentalität.

Ein, nein zwei andere Eskimos brachten mich und mein Gepäck mit ihren Skidoos, das sind auf Kufen und Ketten fahrende Krafträder, zum „Hotel". Es waren nur wenige Minuten, aber ich fror trotzdem jämmerlich, als mein Inuit mit mir durch den Schnee fegte, denn die bestellte, nach meinen Maßen angefertigte Pelzkleidung einschließlich Schuhen und Handschuhen hatte ich ja noch nicht erhalten.

Im Hotel – eine leidlich ausstaffierte Baracke – wurde mir ein Bett in einem 5-Mann-Raum zugewiesen. Rauhe Burschen lagen zum Teil schon in ihren Kojen und begrüßten mich kurz nach amerikanischer Art. Die zweite Überraschung an diesem Abend wurde mir beim Sortieren des Gepäcks zuteil. Meine neue Gewehrtasche zeigte mehrere Risse und Beschädigungen. Nach näherem Hinsehen kam ich zu dem Schluß, das sind keine Transportschäden, sondern die Kunststoffummantelung ist von der Kälte – es herrschten –40° C – gerissen und gesprungen. Das konnte ja heiter werden.

Ich hatte eine schlimme Nacht hinter mir. Mein Bett war zwar gut, aber meine Zimmergenossen schnarchten, als hätten sie ganze Wälder abzusägen, und zwar in einer fürchterlichen Lautstärke, so daß ich mehrmals in den Fernsehraum – das Programm lief die ganze Nacht – flüchtete.

Ein erzwungener Ruhetag, der naturgemäß keine Entspannung bringen konnte, stand bevor. Warten, warten auf meinen Guide.

Im Laufe des Tages machte ich mich – trotz der noch fehlenden Arktis-Kleidung – zum Besuch des Ortes auf. Alle vorhandenen wärmenden Sachen am Leib, stapfte ich durch den knirschenden Schnee.

Sicher werden viele Europäer die Vorstellung haben, man könne in den Eskimodörfern noch eine Lebensweise wie in alten Zeiten vorfinden. Nichts davon! Schon nach den ersten Schritten wird man gewahr, daß auch hier eine neue Ära angebrochen ist. Es gibt vorfabrizierte Holzhäuser, Raupenfahrzeuge, Lastwagen, Müllfahrzeuge, Skidoos – ich glaube, zu jedem Haus gehören mindestens zwei – Kirchen, Hospital, Schulhaus und natürlich einen Flugplatz. Trotz der verschneiten Abfallhalden vor den Türen, macht Pond Inlet mit seinen 652 Einwohnern einen freundlichen, aufgeräumten Eindruck.

Die Vorstellung von der isolierten Arktis ist Vergangenheit. Die Anbindung durch die Flugzeuge, hier an die größeren Ansiedlungen Resolute und Frobisher Bay, bringt die Erkenntnis, daß die Eskimos buchstäblich von der Urzeit ins 20. Jahrhundert gestoßen wurden. Durch den immer stärkeren Einfluß der Zivilisation, die ihnen von Missionaren, Polizei und der Hudson Bay Company, den „Big Three of the North", gebracht wurde, verloren im Laufe der Jahre die Eskimos nicht nur ihre Unabhängigkeit, sondern viele auch die Fähigkeit, aus eigener Kraft zu überleben. Und, je abhängiger sie von der Zivilisation wurden, desto mehr schwand ihre Selbstachtung. Sie tragen Jeans, Nylonanoraks und Baseball-Kappen. Nur Winterschuhwerk und Handschuhe, die in Ihrer Zweckmäßigkeit auch von modernen Erzeugnissen nicht übertroffen werden, halten die Verbindung zur alten Tradition aufrecht.

Der Bau von Militärbasen und wissenschaftlichen Stationen brachte den Eskimos in vielen Gegenden zwar vorübergehend neue Einkommensquellen, erzwang aber auch den Wechsel ihrer Lebensgewohnheiten. Wenn dann die Militärbasen wieder geschlossen wurden, fehlte die wirtschaftliche Basis und man war arbeitslos. Für die Canadier aus dem Süden, wie z. B. meine Zimmergenossen, meist Lehrer, Techniker, Polizisten oder Verwaltungsbeamte, Krankenschwestern und Flugpersonal, bedeutet der Aufenthalt in der Arktis nur ein Zwischenspiel von ein paar Jahren oder weniger. Um sich mit den Problemen des Nordens, mit der Identitätskrise der Eskimos näher zu befassen, fehlt es oft an Zeit und Interesse.

Beim Besuch eines deutschstämmigen Händlers, der seit 1951 in Canada lebt, lasse ich mir erklären, daß Pond Inlet für hiesige Verhältnisse schon eine kleine Metropole ist. Im Sommer wirke der Ort manchmal gespenstisch leer, sagte er, weil fast alle Erwachsenen zum Fischfang fort sind. Wegen des hier vorkommenden Eislachses hat Pond Inlet als Ausgangspunkt bei Sportfischern aus aller Welt einen Namen. Der damit verbundene Touristenbesuch und der Souvenirhandel machten die Eskimos teilweise zu gutsituierten Leuten.

Hunde auf dem Eis – man kann den Übergang vom Ufer zum „Wasser", das jetzt noch Eis ist, kaum erkennen – machten mich neugierig. Es waren Schlittenhunde, die an Pfählen angebunden, sich im Schnee eingebuddelt hatten. Unweit ragte aus der Eisfläche ein kleiner Eisberg, in allen Schattierungen von märchenhaftem Weiß bis Türkis und Dunkelblau schimmernd, mit Türmen, Zacken, Graten und glitzernden Wänden. Sollte er auf seiner Wanderung von der grönländischen Westküste, auf die canadische

Seite wechselnd, hier in der Bucht von Pond Inlet hängengeblieben sein? Er mußte dann seit etwa November in einer zwei bis drei Meter dicken Eisschicht stecken. Befreit wird er frühestens im Mai und kann dann bis Mitte August seinen Weg fortsetzen.

Weit über dem Eis, hinter blauen Dunstschleiern, wuchsen senkrecht teilweise nackte Felswände hoch wie eine Mauer aus dem Meer. Es ist Bylot Island, die vorgelagerte Insel. Dahinter liegt der Lancaster Sound, die Einfahrt zu der legendären Nordwest-Passage, dem etwa 6000 Kilometer langen Seeweg vom Atlantik zum Pazifik, der seit dem 16. Jahrhundert in der arktischen Inselwelt gesucht und erst im 19. Jahrhundert entdeckt wurde. Die Erforschung der Nordwest-Passage war von Fehlschlägen und tragischen Unglücksfällen begleitet. So segelte 1845 Sir John Franklin mit zwei Schiffen und 134 Mann Besatzung nach Westen, um die Passage zu bezwingen. Das Ergebnis, so wird berichtet, „war tragisch und jammervoll". Franklins Expedition verschwand spurlos, erst Jahre später fand man bei den Eskimos Gegenstände, die von Franklin und seinen Leuten stammten. Dem norwegischen Südpol-Bezwinger Amundsen gelang es dann zwischen 1903 und 1906 zum ersten Mal, diesen schwierigen Seeweg zu befahren. Praktische Bedeutung erlangte er nicht, weil er die längste Zeit des Jahres von dickem Eis bedeckt ist. Durch große Erdgasfunde auf Melville Island ist die Nordwest-Passage wieder ins Gespräch gekommen. Entscheidend für die Nutzbarkeit ist dabei, ob sie auch bei extremen Eisverhältnissen das ganze Jahr über mit eisbrechenden Tankern befahren werden kann. Weiter ist noch ungeklärt, ob eine ständig offene Rinne im Eis klimatologische Veränderungen, zum Beispiel Erhöhung der Luftfeuchtigkeit, Verstärkung des Schneefalls, bewirken würde. Auch könnte die Fahrrinne für die Eskimos von Resolute bei der Jagd auf dem Eis ein Hindernis darstellen.-

Mittlerweile war es dunkel geworden, aber die Straßenbeleuchtung wies mir den Weg zum Hotel. An einem der Häuser sah ich eine gespannte Eisbärdecke, und wertete das als gutes Zeichen. Ich brauchte jetzt nur meinen Guide und die Sonne, die wolkenlos morgen über Grönland aufgehen mußte. Übrigens „direkt" gegenüber in etwa 750 Kilometer Entfernung, liegt an der Küste Grönlands, am Rande von Meer, Eis und Fels - T h u l e -, benannt nach dem Königreich, das nach der Sage der Antike ein mythischer Platz weit im Norden war. Ein amerikanischer Militärflugplatz, als Teil eines Frühwarnsystems, hat seit dem 2. Weltkrieg Thule wieder näher an die Gegenwart herangebracht.-

Der Zeiger meiner Uhr zeigte auf 22:15 Uhr, als an meinem Zimmer - die „Holzfäller" waren schon abgereist - geklopft wurde. Vor mir standen zwei Inuit, Jacobip Awa, genannt Jake und Lott Attagotak, meine beiden Guides. Wir tauschten einige Worte, und morgen sollte es losgehen.

Meine Polarkleidung war inzwischen auch eingetroffen, so daß ich der Nacht mit Ruhe entgegensehen konnte. Diese bekam ich auch, in Bezug auf den Schlaf, welchen ich sehr nötig hatte. Wenn aber das Gebläse der Klimaanlage verstummte, hörte ich draußen den Sturm heulen. Mir schwante nichts Gutes, und als ich am Morgen aus dem Fenster schaute - so gut es bei den vereisten Doppelscheiben eben ging - sah ich, wie der Sturm den Schnee vor sich her blies.

Was ich befürchtete, traf ein - Jake und sein Begleiter ließen sich den ganzen Tag nicht blicken; auch der Sturm ließ in seiner Heftigkeit nicht nach.

Ein weiterer Tag der Untätigkeit und eine Nacht verkürzten meine Expedition abermals.

◆

Aber dann kam bei strahlender Sonne der Aufbruch. Elisah Kasarnak, Jake hatte einen anderen Begleiter vorgezogen, holte mich mit dem Skidoo ab. Seesack und Waffenkoffer hatte ich zwischen den Beinen, als er mit mir durch die Siedlung auf waghalsigen Pisten zur Küste hinunter brauste. Und dann stand ich neben Schlitten, Hunden, Proviant und allem, was für unsere Expedition nötig war. Auch ein ganzes Faß Sprit für den Skidoo gehörte dazu.

Die Hunde, noch an Ketten im Eis an starken Pflöcken festgemacht, heulten wie Wölfe. Sie waren außer Rand und Band, da half auch keine Peitsche, die Autorität wiederherzustellen. Unter den Hunden waren zum Teil wahre Prachtexemplare. Im Verlauf der nächsten Tages stellte ich fest, daß alle ihre ausgeprägte

Eigenart hatten. In einem Punkt stimmten sie aber überein - in ihrem unüberwindlichen Widerwillen gegen den Schlitten.

Es kostete Kraft und Arbeit, bis man die ungebärdige Gesellschaft endlich an den Leinen festgeschirrt hatte. „Gu, gu Haui - i - i - i" rief schließlich Jake, ließ die Peitsche knallend durch die Luft sausen, und ab ging die Fahrt. Aber nicht immer ging alles so glatt ab. Es brauchte einem Hundegehirn nur einmal aufzugehen, daß sein Nebenhund sich lange nicht so kräftig ins Zeug legte, wie er selber. Das verdient Strafe, dachte er, und schnell packte er den Sünder beim „Kragen" und schüttelte ihn, je nach Temperament. Das wiederum war das Signal für einen wilden Kampf aller gegen alle. Wie auf Kommando liefen und sprangen mit einem Male alle Hunde über- und untereinander und machten aus Geschirr und Leinen einen gordischen Knoten. Für eine Weile sah man nur noch ein wirres Knäuel zottiger, blutbefleckter Felle, weiße Reihen fletschender Zähne und dazwischen zahllose Hundepfoten, die wild durcheinanderwirbelten.

Unsere Sachen waren alle kunstvoll verpackt, mit Cariboufellen abgedeckt und an den Querspanten fest verzurrt. Mein Sitz war obenauf, die Beine hingen beidseits herunter, und zunächst war es recht bequem. Bei strahlender Sonne hatten wir die Küste verlassen und entfernten uns nordöstlich. Der Skidoo von Elisah mit dem Proviant und Versorgungsschlitten folgte mit einigen Stunden Abstand. Hin und wieder ließ Jake kunstvoll seine Peitsche durch die Luft sausen, um sie dann wieder neben sich herschleifen zu lassen. Nicht immer war das Eis eben, in der Hauptsache glich es aufgewühlter See mit gewaltigen Eisbrüchen und Schneewehen. Von Zeit zu Zeit verfingen sich die Seile der Hunde an einer Eisscholle, und der Schlitten blieb ruckartig stehen. Jake lief bei schwieriger Eisfläche meist schon vorher neben dem Schlitten her, und ein kurzes Anziehen machte die Leinen wieder frei. Wie ein Fächer liefen die Hunde dann auseinander, und ab ging wieder die Fahrt.

Gegen Mittag kamen wir in die Nähe der Küste von Bylot Island. Eine gewaltige Felsenlandschaft bietet sich hier dar. - Sie steht unter Naturschutz, weil viele Vögel hier ihr Brutgebiet gefunden haben. Ja sogar im tiefsten Winter sollen hier bestimmte Arten brüten.

Um 14:00 Uhr hatte uns Elisah erreicht, und die beiden Eskimos legten eine Pause ein. Im Handumdrehen hatten sie den Spirituskocher herausgeholt, Tee wurde gekocht und Wasser für Brühwürstchen aufgesetzt. „Nur" etwa 25 Würstchen warf Jake ins heiße Wasser, ich dachte mir meinen Teil - hatte ich doch gelesen, daß der Eskimo nichts von Einteilung hält.

Ich griff daher selbst kräftig zu und machte gleichzeitig erste nähere Bekanntschaft mit - 40° Celsius. Als ich mir mit Daumen und Zeigefinger eine Wurst aus dem kochenden Wasser holte und sie verzehrte, fror mir mein kleiner Finger ein und wurde schneeweiß bis zum Handgelenk. Mit viel Mühe massierte ich wieder Leben hinein und wußte gleichzeitig, daß ich nur wenige Sekunden ohne Handschuhe sein konnte. - Die Fahrt ging dann weiter die Küste entlang, und mehr und mehr verloren sich im lichten Dunst die Konturen von Bylot Island. Jake hielt jetzt mehr auf die Eisfläche des „offenen" Meeres zu, und ich bekam gewaltige Eisberge zu sehen. Die Größe wirkte noch beeindruckender, wenn man bedachte, daß nur 1/8 eines Eisberges herausragte und 7/8 sich unter Wasser befand.

Einmal drehte Jake sich auf dem Schlitten um und deutete aufgeregt auf meine linke Wange, sie wäre weiß und erfroren! Schnell massierte ich die bereits härtere Stelle mit etwas Schnee und legte anschließend, um sie zu erwärmen, die bloße Hand darauf. Schnell mußte ich aber erkennen, daß das ohne Handschuhe nur sehr kurze Zeit möglich war. Sozusagen mit fliegendem Start erfolgte jetzt: linker Handschuh aus, massieren, Handschuh an, rechter Handschuh aus, massieren usw. Schließlich merkte ich deutlich, wie wieder Leben in die erfrorene Stelle kam.

Im gleichmäßigen Trab waren die Hunde Stunde um Stunde gelaufen. Das unterschiedliche „Werfen" ihrer Hinterbeine erinnerte mich unwillkürlich an meine Freunde, wenn wir gemeinsam unsere Waldläufe machen. Ich beobachtete, wie einer mit der Pfote stets noch einen Schlenker machte, ein anderer die Läufe eng zusammenhielt - man hat eben Zeit auf dem Schlitten, um über so manches nachzudenken. Meine Kamera hatte ich bei all den vielen Eindrücken am liebsten ständig im Einsatz, doch auch hier bremst die Kälte. Maximal zwei Bilder konnte ich ohne Handschuhe machen, danach wurde es einfach zu kalt.

Wildzerklüftetes Eis zwang uns schließlich, vom Schlitten abzusteigen. Die Hunde brauchten unsere

Hilfe. Immer wieder stützten wir den Schlitten oder hielten ihn fest, damit er nicht umschlug. Gegen 17:30 Uhr hatten wir die Landzunge erreicht und bogen ab in eine Bucht. Alles war weiß und mit Eis überzogen, es war kaum feststellbar, wo das Land anfängt und das Meer aufhört. Ich erkannte neben zwei total verfallenen Hütten eine noch leidlich aussehende. Von den anderen stand nur noch das Gerippe inmitten von viel Gerümpel. Bestenfalls einige alte Ölfässer konnten noch brauchbar sein. Auch die beste Hütte war ein windschiefes Gebäude aus Sperrholzplatten und Dachpappe, welche sicher schon bessere Tage gesehen hatte.

Nachdem die Hunde ausgeschirrt waren, das Kabel fürs Funkgerät gespannt und unsere Habe im Inneren der Hütte verstaut war, begann Jake mit der Vorbereitung der Mahlzeit. Mehrere Steaks und Pommes Frites brutzelten schon bald in der Pfanne, aber ich hatte Probleme mit meiner Kamera. Die durch den Temperaturwechsel sich niederschlagende Feuchtigkeit versuchte ich durch Plastikbeutel abzufangen. Meine Waffe blieb selbstverständlich draußen, denn mit ihr durfte ich auf keinen Fall Schwierigkeiten haben. Bekanntlich laufen die Metallteile von Gewehren, wenn sie aus der Kälte in warme Räume gebracht werden, an. Kommt man dann wieder in die Kälte, gefriert die Feuchtigkeit, und das kann bei den extremen Temperaturverhältnissen in der Arktis verderblich werden, wenn z. B. die Sicherung oder der Schlagbolzen festgefroren ist.

Nach dem Essen nahmen sich Jake und Elisah ihre Schuhe vor, hier und da mußte eine Naht geflickt werden, oder die Fellinnenseite war feucht. Ich kramte in einer alten Kiste die vermutlich einem Trapper gehörte. Neben vielen Bildern des wahrscheinlich längst in den ewigen Jagdgründen weilenden Jägers, fand ich eine alte Bibel, Quittungen der Hudson-Bay-Company von 1954 und Familienfotos. Was mochte der Mann hier alles erlebt haben?

In dem doppelten Schlafsack liegend, zog ich ein Fazit des ersten Tages: Neben der Frostbeule an meiner Wange, den erfrorenen Fingerspitzen, wäre zu erwähnen, daß der Waffenkoffer aus Plastik zusehends zerfällt, daß die Hunde kein Futter bekommen – dann laufen sie besser und schneller, wenn wir einen Bären treffen, sagt Jake – und daß mir wahrscheinlich noch einiges bevorstehen würde.

In der Nacht hörte ich Jake rumoren und mit dem Ofen hantieren. Ihm war es zu kalt in dem großen Raum. Um 8:00 Uhr war ich auf und hatte meine Sachen in Ordnung, während Jake und Elisah noch tief unter ihren Decken vergraben schliefen. Unausbleiblich war, daß ich auch meinen natürlichen Bedürfnissen nachgehen mußte. Dabei hatte ich bis auf die Reinigungsprozedur keine Probleme. Die dicke und voluminöse Kleidung ist eben nicht für alle Zwecke gut.

Draußen herrschten bei herrlichem Sonnenschein -40° Celsius. Langsam kamen auch meine Eskimos in Trab. Meine Backe war hart gefroren und alle Fingerspitzen der rechten Hand waren ohne Gefühl. Da half nur massieren, was ich auch unentwegt machte, während Jake Speck und Koteletts fürs Frühstück zubereitete. Mit einem braven „Qujanamik" bedankte ich mich.

Trotz besten Sonnenscheins blieb die Temperatur um -40° C., als Jake daran ging, die Kufen des Schlittens mit „neuem" Profil zu belegen. Er nahm dazu Schneewürfel, tupfte sie in erwärmtes Wasser und pappte den Schneematsch auf die Kufen. Mehrmaliges Glattstreichen und auch Abkratzen gaben der Holzkufe einen blanken Überzug. Er würde gerade bis zum Abend halten. Elisah versuchte unterdes, die Hunde wieder einzufangen. Zwei Leinen waren zerbissen, und ein Hund hatte es vorgezogen, mit den gestern freiwillig mitgekommenen zwei Invaliden, in der Nacht zurück zur Ortschaft zu laufen.

Endlich, es war bereits 11:00 Uhr, ging es nun mit 8 Hunden los. Zwei junge, noch nicht einjährige, liefen nebenher. Stunde um Stunde gings über rauhes, welliges Eis, Eisspalten mußten oft umfahren werden, wir befanden uns in der Baffin Bay.

Grandiose Eisberge leuchteten in der strahlenden Sonne in vielen Farbabstufungen und zeigten die verschiedensten Formen. Ohne große Phantasie glaubte ich deutliche Bildwerke zu erkennen, z. B. Schiffe, ein auftauchendes U-Boot, eine ägyptische Sphinx, sogar menschliche Gesichter, ja einmal meinte ich Washington zu sehen, genau wie in den Felsbildern des Mt. Rushmore Nat. Memorial in Süd-Dakota.

Gegen 14:30 Uhr hatte uns der nachkommende Elisah mit seinem Skidoo erreicht. Das große Ölfaß auf dem Schlitten leuchtete schon von weitem. Bisher hatte keiner meiner Eskimos Eisbärfährten gesehen. Etwas niedergeschlagen schlürften wir unsere Mittagssuppe, wobei die Toastschnitten mit daumenstarken Butterscheiben belegt wurden. Elisah hat eine gebrochene Kufe an seinem Skidoo kunstvoll geflickt

– improvisieren können die Eskimos, das hatte ich schon festgestellt.
Die Sonne wurde langsam milchiger und der Wind spürbar schärfer. Die Eisberge leuchteten auf einmal gespenstischer in der Ferne, und Jake wirkte zunehmend unruhiger. Er schlug die Hunde öfter als sonst und trieb sie so zur Eile an. Es blieb nicht aus, daß in diesem unebenen Gelände der Schlitten manchmal umschlug und wir in hohem Bogen in den Schnee flogen. Mein Waffenkoffer natürlich auch. Das Zielfernrohr war aufgesetzt und die Waffe war unterladen – hoffentlich nahm sie keinen Schaden.
Elisah war voraus gefahren, hatte einen Eisberg bestiegen und war dann, wie wir sehen konnten, ohne Schlitten in eine bestimmte Richtung gegangen. Wir warteten inzwischen bei dem Proviantschlitten, und mein Herz begann zu klopfen – sollte er Bärenfährten gesehen haben? Aber schon bald war er zurück – nichts. Jake trieb zur Eile, denn der Wind wurde immer stärker. Wir mußten noch einen Iglu bauen für die Nacht. Beim Versuch, noch ein Foto zu machen, gab meine Leica auf, sicher mußte ich sie später erst einmal auftauen.
Gegen 17:00 Uhr konnte ich mich gegen den scharfen Wind kaum noch schützen. Offenbar hatten auch die Eskimos genug, denn ich merkte, daß Jake passenden Schnee für unseren Iglu suchte. Die Sonne war inzwischen ganz verschwunden, man konnte nur ahnen, wo sie stand, und der Wind trieb den Schnee wie feine Geschosse übers Eis. Ich mußte daran denken, daß die Eskimos seit Jahrtausenden hier leben. Leben? Es war ja heller Wahnsinn und für einen Menschen aus unseren Breitengraden fast unvorstellbar.

◇

Endlich hatte Jake einen Platz gefunden, wo der Schnee die richtige Festigkeit hatte, denn dies ist die erste Vorbedingung bei dem Bau eines Iglus. Während nun der Wind immer stärker heulte und ich nicht mehr wagte, meine Hände aus den Handschuhen zu holen, um mir das viele Eis aus den Augenbrauen zu knibbeln, sägten meine Inuits die ersten Schneeblöcke. Der weitere Verlauf des Iglu-Bauens ging mir leider durch Sturm und Dunkelheit in vielen Phasen verloren, und so werde ich darüber später genauer berichten. Beim Versuch, mit der Pentax mit offener Blende zu fotografieren, ließ diese mich auch im Stich. Der Sturm wurde meiner Ansicht nach immer verrückter, und während die Hunde heulten und sich bissen, half ich meinen Begleitern so gut es ging.
In Spiralform hatten die beiden die Blöcke aneinander und übereinander gereiht und eine Art Kuppel gebildet. Bei diesem „sportlichen" Abenteuer ging es mir aber nicht mehr ums Erleben, sondern ich dachte schon ans Überleben.
Felle und leichte Dinge wehte der Sturm weg, die Hunde deckte inzwischen dicker Schnee, und über uns war dunkle Nacht, als die beiden mit ihrem Bauwerk fertig waren. Die Spalten und Ritzen waren zwar noch nicht verfugt, aber die leuchtende Gaslampe schien dem Iglu eine einladende Wärme zu geben, die einen im Moment die rauhe Wirklichkeit vergessen ließ.
Es verging trotzdem noch fast eine Stunde, bis wir alle drei den letzten Spalt abgedichtet hatten und ich auf dem Bauch durch den niedrigen Eingang kroch. Keiner bekam mich da jetzt mehr heraus. Es wirkte direkt gemütlich, und gerne half ich beim „Einrichten". Felle und Decken kamen auf den erhöhten Schlafteil, welcher etwa 2/3 des etwa 3,5 Meter im Durchmesser großen Iglus ausmachte.
Bald waren alle Sachen bis auf Ölkanister und Waffenkoffer im Innern, und das Heulen des Sturmes wurde schlagartig leiser, als Jake den Eingang mit einem Schneeblock dicht verschloß. Zuvor hatte er mit dem Beil von der steinhart gefrorenen Robbe den Hunden noch Teile abgeschlagen. Elisah half mir aus der Kleidung, denn alleine war es mir nicht möglich, das vereiste Cariboufell über den Kopf zu ziehen. Auf engstem Raum war ich nun mit meinen Inuit beisammen. Teewasser kochte und Steaks brutzelten in der Pfanne – denn noch hatten wir Fleisch – während Jake über Radiofunk die neuesten Wetternachrichten erkundete. Noch schlechter sollte es werden – doch im Moment kümmerte mich das nicht.
Der Spirituskocher und die Gaslampe brachten mit unserer Körpertemperatur den Iglu schnell auf einige Grade über Null. Es war fast 24:00 Uhr, und ich fühlte mich beim Verzehr meines starken Steaks recht wohl. Nur wenige Worte wurden in Englisch gewechselt, denn meist sprachen die beiden in ihrer Sprache.

Für die Nacht wechselte ich meine ganze Kleidung und nahm die Nylonwäsche als Schlafanzug. In eine leere Spiritusdose wurde die kleine Notdurft verrichtet, und dann kroch ich in meinen Schlafsack. Draußen heulte der Sturm, trotzdem schlief ich tief und fest.

Dritter Tag in der Arktis. Meine ersten Gedanken beim Erwachen waren: wie ist es möglich, daß Menschen Jahrtausende in dieser Umgebung leben, die, trotz aller Anpassung, eine ständige Gefahr für Gesundheit und Leben darstellt. Ich bin für kurze Zeit freiwillig hier, fand es aber unvorstellbar, ständig so zu leben. Dann machte sich bei mir ein menschliches Rühren bemerkbar. Jake zeigte auf die leere Dose, aber das konnte ich nun doch nicht.

Schließlich schnitt er an der windabgewandten Seite ein kleines Loch in die Schneewand, um nach dem Wetter zu sehen. Kopfschüttelnd dreht er sich um mit den Worten „We must stay one day on this place". Das konnte ja heiter werden, aber zunächst mußte ich mein dringendstes Problem lösen. Ich zog mich also an, packte mir mit den Handschuhen einige Papierservietten und wartete, bis Jake den Eingang freigeschnitten hatte. Dick verschneite Hunde lagen direkt davor. Auf dem Bauch kroch ich hinaus und wurde vom Sturm wie von einer Faust in dieser Position festgehalten. Jake verschloß sofort den Eingang, und ich richtete mich vorsichtig gegen den Wind auf. Das hatte ich wirklich noch nicht erlebt. Vor lauter Schnee konnte ich kaum etwas erkennen und suchte den Windschatten. Der war aber nur da, wo die Hunde lagen, direkt vor dem Eingang. Es schneite waagerecht, stellte ich fest, aber auch lange Gedankensprünge verbesserten die Lage nicht. Ich mußte meinen Po aus den dicken Fellen schälen – bisher waren mir ja erst die Fingerspitzen erfroren – wer bloß das Toilettenpapier erfunden hat – die Hunde waren die Nutznießer, sie klebten förmlich an mir – ohne Handschuhe ging es wirklich keine Minute... Nach meinen lauten Rufen öffnete sich der Iglu, und Jake erschien mit der Büchse – aha! – Nichts wie rein, und keiner bekam mich jetzt so schnell wieder heraus.

Auch das Leben im Innern normalisierte sich. Durch unseren Atem, den Kochdunst und die Verbrennungsgase des Spirituskochers hatte sich Kondenswasser gebildet, und die Schneeblöcke in der Kuppel unseres Iglu waren vereist. Die Innentemperatur lag bei etwa +5 bis 8°C, dadurch tropfte das Kondenswasser in Verbindung mit dem schmelzenden Eis immer häufiger herunter. Das war nicht eben angenehm, und mit Schnee und Servietten versuchten wir, das Gröbste aufzufangen. Von Zeit zu Zeit bildeten sich auch in den Fugen zwischen den Blöcken kleine Löcher, durch die der Sturm heftig eindrang. Draußen mußte die Temperatur durch den starken Wind unter -50°C sein. Der Kühleffekt des Windes, Chill-Faktor genannt, erhöht die Abkühlwirkung tiefer Temperaturen beträchtlich und ist daher bei den Polarbewohnern sehr gefürchtet.

In Fachbüchern findet man folgende Erklärung:

Unter dem Chill-Faktor versteht man den Auskühlungseffekt des Windes. Dieser Effekt läßt sich am besten an einem Beispiel erklären. Ist es z. B. sehr warm, empfindet der Mensch oder ein Tier es als angenehm, wenn ein Ventilator angeschaltet wird und einen kühlen Zug aufkommen läßt. Mit sinkender Temperatur kehrt sich dieses „angenehme Empfinden" in das Gegenteil um und wird ab einer bestimmten Schwelle im höchsten Grade unbehaglich. Schon bei Null Grad Celsius empfindet der Mensch einen kalten Wind als schneidend und unangenehm. Physikalisch ist dies nicht verwunderlich, da der kalte Wind die Körperwärme schneller ableitet. Man kühlt aus und friert. Fällt die Temperatur jetzt beträchtlich unter den Gefrierpunkt, kann diese Wärmeabfuhr derart rapide vonstatten gehen, daß der Betroffene in sehr kurzer Zeit in eine lebensbedrohliche Situation geraten kann, sofern er sich nicht richtig dagegen zu schützen weiß.

Der Chill-Faktor ist in arktischen wie natürlich auch antarktischen Regionen bekannt und gefürchtet. Eine reine Temperaturangabe als Beurteilungskriterium reicht daher nicht aus. Man muß die Windgeschwindigkeit in die Beurteilung mit einbeziehen, erst dann ergibt sich ein repräsentativer Wert. Aus nachstehender Tabelle lassen sich die aus dem Verhältnis Wind und gemessener Temperatur resultierenden „wahren Werte" ermitteln. Der Tabelle liegen Forschungswerte zugrunde.

Die Temperaturen innerhalb des stark umrandeten Feldes sind gefährlich. Innerhalb einer Minute gefriert Fleisch. Die Temperaturen rechts davon sind äußerst gefährlich. Fleisch gefriert innerhalb von 30 Sekunden. Beispiel: Bei einer Lufttemperatur von -15°C und einer Windgeschwindigkeit von 40 km/h empfindet der Mensch Kälte von -37°C!

Wir müssen den Männern, die sich der Erforschung der Polargebiete widmeten, wie Amundsen, Nansen, Scott u. a. m., aber auch den Seefahrern und Abenteurern, die diese Gebiete aus materiellen Gründen aufsuchten, größte Hochachtung zollen. Sie mußten, oft unzulänglich ausgerüstet, hier viele Monate - auch über den Winter - zubringen und groß ist die Zahl derjenigen, die in der Arktis ihr Grab fanden.
In diesem Zusammenhang mußte ich an unsere Lebensmittelvorräte

KÜHLEFFEKT DES WINDES

Windgeschwindigkeit in km/h	Temperatur in -°C														
0	9	12	15	18	21	24	26	29	31	34	37	40	42	45	47	51
8	12	15	18	21	24	26	29	31	34	37	40	42	45	47	51	54
16	18	24	26	29	31	37	40	42	45	51	54	56	60	62	68	71
24	24	29	31	34	40	42	45	51	54	56	62	65	68	73	76	79
32	24	31	34	37	42	45	51	54	60	62	65	71	73	79	82	84
→40	29	34	37	42	45	51	54	60	62	68	71	76	79	84	87	93
48	31	34	40	45	47	54	56	62	65	71	73	79	82	87	90	96
56	34	37	40	45	51	54	60	62	68	73	76	82	84	90	93	98
64	34	37	42	47	51	56	60	65	71	73	73	82	87	90	96	101

denken. Wir hatten von allem noch etwas, nur Obst und Gemüse fehlten. Das lenkte meine Gedanken auf die Geißel früherer Expeditionen und Seefahrten, den Skorbut. Die Ursache dieser entsetzlichen Krankheit ist der Mangel an frischen vitaminhaltigen Nahrungsmitteln, aber günstigen Nährboden findet sie vor allem in dem strapazierten Blut eines durch ungenügende Tätigkeit erschlafften Körpers. In der Tat ist eine geregelte Beschäftigung, welche darüberhinaus die Gemütsruhe bewahrt, eine sehr wichtige Vorbeugung. Sie wirkt auch der nervösen Gereiztheit entgegen, die durch die langen dunklen Tage in den gleichmäßig dahinfließenden Monaten unweigerlich auftritt.
Zu erwähnen wäre an dieser Stelle, daß die Eskimos, wenn man von manchen Zivilisationseinflüssen absieht, teilweise auch heute noch tadellose Zähne haben. Dies ist zurückzuführen auf den sehr hohen Vitamin- und Eiweißgehalt ihrer natürlichen Nahrung, die aus Robben-, Walroß-, Fischfleisch und ähnlichem besteht, während sie von süßen Naschereien nur wenig genießen.
Zurück zu unserem Iglu. Das Innere sah im Laufe des Tages aus wie ein „Schweinestall". Neben dem schmutzigen Geschirr, aus welchem immer wieder gegessen wurde, lagen wild verstreut: abgenagte Knochen, Teebeutel, Papier, Kippen, schmutzige Kleenex-Tücher, Kannen für Tee oder Spiritus, Pinkelbecher usw. Ich hatte viel Zeit zum Schreiben, aber irgendwie war die Situation deprimierend. „Sleep as much as you can, you will need it", sagte Jake. Das ist Eskimoeinstellung, ohne Gemütsbewegung immer das zu tun, was man gerade kann.
So werden Zwangspausen eingelegt, welche oft wetterbedingt sind, aber andererseits auch jagdliche Gründe haben können. Der Eskimo zeigt einen gewissen Fatalismus gegenüber der Jagd. Sollte in einem sonst bevorzugten Gebiet während einiger Jagdtage kein Wild gefunden werden, zieht er es vor, eine Jagdpause einzulegen. Er glaubt, daß nach ein oder zwei Tagen des Wartens das Wild erscheinen wird und behält damit auch oft Recht.
Aus diesem Grunde zeigt er eine unglaubliche Geduld. Wenn er etwas vor hat, kann er darüber die Zeit vergessen, auch wenn andere Interessen dadurch beeinträchtigt werden; denn „er" hat ja genug Zeit. - Der Wind heulte um unseren Iglu. Er fand im Sog der inneren Wärme die kleinste Ritze und nagte daran ohne Unterlaß. Immer häufiger mußte ausgebessert werden. Gegen 14:00 Uhr mußten die beiden Eskimos von außen die Fugen abdichten. Sie sprangen dabei auf den Iglu, der das ohne weiteres aushielt und keine Instabilität zeigte. Es war erstaunlich, wie fest der „Dom" aus Schnee geworden war.
Ich war unterdes allein, und meine Gedanken wanderten zu meiner Frau, welche in Montreal bei ihrem Vater war, von dort zu meinen Kindern nach dem fernen Deutschland. Heute war Samstag, was mögen sie tun? Ich lag, versuchte zu schlafen, während Jake und Elisah, wie ich aus den Geräuschen hörte, eine neue Igluhälfte an der Windseite vor unsere Behausung setzten.
Das kreisrunde Loch im Scheitel der Kuppel erregte meine Phantasie. So sieht sicher die Robbe aus der Tiefe des Meeres ihr Luftloch, welches sie im Eis immer wieder freihält und benutzt. Vielleicht wird aber ihr Tun schon von einem Eisbär beobachtet, der nur aufs nächste Auftauchen wartet, um mit seiner Pranke zuzuschlagen.-

Auch die Fische suchen diese Stellen auf, wo Licht in die Tiefe dringen kann, und das wieder machen sich die Bewohner kalter Zonen zunutze, indem sie hier Angeln auslegen. Vorwiegend ist das bei den Eskimos die Aufgabe der Frauen. Warum?
Die Beteiligung der Wahinis (Frauen) an der Jagd verstieß von jeher gegen bestehende Tabus. Ausnahmen wurden schon eher geduldet beim Fischen. Sobald es die Witterung daher zuließ, wurde ein Loch in die Eisdecke geschlagen – oder man suchte ein Robbenloch.
Starr und regungslos, wie tibetanische Götzen, saßen nun die Eskimos am Rande eines Loches und ließen mit nie versiegender Ausdauer die Angelleine auf und ab tanzen. Es ist auch zweifellos ein gar eigentümlich, aber ein genial ausgedachtes Ding, so eine Eskimofischleine. Sie hat in der Regel vier Haken, die an je einem Elfenbeinstückchen befestigt sind, dem man die Form eines kleinen Fisches gegeben hat. Um die Täuschung vollständig zu machen, werden diesen künstlichen Fischen oft noch Augen aus Glasperlen oder Muschelstücken eingesetzt. (Heute sind solche Köderfischchen als Souvenir zu kaufen.)
Zurück zur Wirklichkeit; meine Inuit waren inzwischen wieder im Iglu und gaben sich der Ruhe hin. Der Radiofunk lief jedoch den ganzen Tag. Was für mich nervtötend war, wurde für die beiden zur Unterhaltung. Sie hörten in ihrer Sprache alle Funksprüche der anderen Eskimos mit. Vereinbarungsgemäß mußte sich auch Jake zweimal täglich melden.
Gegen Abend mußten erneut die Fugen abgedichtet werden, ehe Jake mit seinen Töpfen das Essen herbei zauberte – noch gab es Fleisch!
Es gehörte schon einiges dazu, auf solch engem Raum zusammenzuleben, und mich schauderte es, wenn ich daran dachte, daß die Vorfahren meiner Inuit Wochen, ja Monate mit einer ganzen Familie in einem Iglu verbringen mußten. Dabei wurde ich unwillkürlich an die Bombennächte im Krieg erinnert, wo wir oft Stunden auf engstem Raum zusammengepfercht waren.
In der Nacht heulte der Wind nicht mehr so stark, dafür hörte ich immer wieder die Hunde, wie sie um den Iglu liefen. Plötzlich dachte ich an meinen Waffenkoffer; die Hunde werden doch nicht wie gestern Jakes Parka, heute meine Tasche zerreißen? Mit diesen Gedanken werde ich wohl eingeschlafen sein. Als ich erwachte, kam ich mir vor wie in einem Tiefkühlfach. Die Wände des Iglu waren pures Eis. Jake war gerade dabei, den Spirituskocher anzustecken. Es verging einige Zeit, bis die Temperatur soweit gestiegen war, daß man sich an- bzw. umziehen konnte. Jake stach ein kleines Sichtfenster in die Wand, und mit Erleichterung stellten wir fest, daß das Wetter besser geworden war. Man fühlte sich befreit. Ohne Schwierigkeit trat Elisah einen ausreichenden Ausgang an der dem Eingang gegenüberliegenden Seite des Iglus. Die allgemeine Aufbruchstimmung übertrug sich auch direkt auf die Hunde.
Der Wind hatte sich ziemlich gelegt, die Sonne sah man aber nur schwach im Dunst und Nebel am Himmel stehen. Während Jake und Elisah, die vorher total eingeschneit und jetzt aber in großer Aufregung umhereilende Hunde einfingen, machte ich die ersten Aufnahmen mit den im Iglu aufgetauten Kameras. Es klappte, nur mit meinen Fingerspitzen war noch nicht wieder alles in Ordnung. Schließlich war der Schlitten gepackt, die Hunde angeschirrt, und es ging neuen Zielen entgegen.

◇

Aber wo war jetzt die Sonne? Besser hätte ich diesem Kapitel den Titel geben können „Als Himmel und Erde eins wurden". Tatsächlich zeigten Himmel und Erde ein völlig gleiches Grau. Fast nur durch die Anziehungskraft der Erde konnte ich mich orientieren. Zum ersten Male hatte ich das Erlebnis, daß mir die unendlich graue Linie, die Meer und Himmel zerschneidet, fehlte. Ich erlebte diese Erscheinung, die etwas Beklemmendes hatte, tiefgreifend und konnte mir gut vorstellen, daß sie Unkundige verwirrt und auch in die Irre gehen läßt. Sie wird als „Whiteout" bezeichnet.
Der Hundeschlitten und der Skidoo, die nur noch in Sichtkontakt fuhren, blieben immer häufiger stehen, und die Eskimos berieten. Ich fragte Jake, wie sie unter diesen Umständen ihre beabsichtigte Richtung beibehalten können. Er zeigte mir im Schnee die Zeichen, die der Wind in seiner Hauptrichtung

zurückgelassen hatte. Diese würden in unserem Falle rechtwinklig gequert. Wenn man das weiß, ist es nicht nur einleuchtend, sondern man ist auch etwas beruhigter.

Es kam wieder stärkerer Wind auf, blies den Schnee vor sich her und erschwerte, bzw. verhinderte praktisch die Suche nach den Fährten Nanooks. Trotz des Windes und ungemütlichen Wetters wurde am frühen Nachmittag die Tee- und Suppenstunde eingehalten. Jake sägte schnell einige Igluquader und baute sie als Windschutz auf. Ich versuchte gar nicht mehr, mir den Tee oder die Suppe ohne Handschuhe einzuverleiben und nahm dabei leichtfertig in Kauf, daß immer wieder Haare des dichten Cariboufelles in meinen Magen wanderten. Fingerdick wurde die Butter abgeschnitten und zwischen Toastscheiben – wir hatten noch ein Paket! – gelegt. Als ich einmal mit dem Suppenlöffel ein Stück Butter abbrach und ihn zum Munde führte, fror er sofort an meinen Lippen fest!

Wir fuhren weiter auf der mehrere 100 km breiten Baffin Bay, welche Baffin Island und Grönland trennt. Die Geräusche, welche die Holzkufen des Schlittens auf dem teilweise glatten Eis erzeugten, erinnerten mich immer wieder an eine Staffel Starfighter, wenn sie im Tiefflug über bewaldetes Gebiet flogen. Gegen 16:00 Uhr kam bei anhaltendem Wind die Sonne stärker durch. Die Hunde leisteten sehr viel und waren jetzt seit sieben Stunden im Einsatz. Manche Strecken waren durch Packeis einfach halsbrecherisch. Jake, der sehr geschickt den Schlitten durch Drehen und Wenden seines Körpers lenkte, dabei die Hunde immerwährend anfeuerte, konnte nicht vermeiden, daß sich manchmal die Leinen in den Schollen verfingen. Behende sprang er dann ab, ein kurzes Anziehen, und weiter ging es mit oh – iud, oh – iud.

Es zeigte sich, daß die Hunde hier einfach lebensnotwendig waren. Heute sind Hundeschlitten-Rennen in vielen Ländern aber zum Sport geworden. Auch bei uns in Deutschland sind sie eine Attraktion. Während hier das längste Rennen über 20 km geht, reicht es in Alaska über 1000 Meilen von Anchorage nach Nome. Diese Strecke muß in 2 Wochen von den Gespannen bewältigt werden.

Ein Wort zu unserem Schlitten. Die beiden Kufen sind vergleichbar mit einem starken Gerüstbrett, welches in der Länge geteilt ist. Die vorderen Enden sind leicht nach oben gebogen oder schräg gesägt. Darauf sind starke Querhölzer gebunden, ja gebunden. Keine einzige Schraube und kein Nagel

Canadischer Kamotik

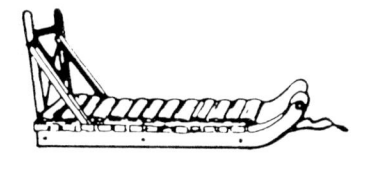

Grönland-Schlitten

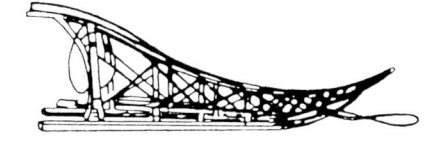

Alaska-Schlitten

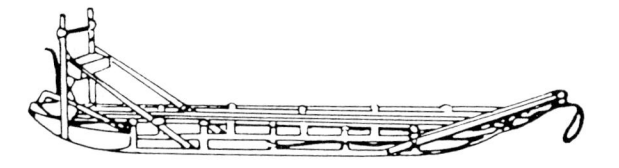

Moderner „Nansen"-Schlitten

finden Verwendung. Alles ist daher sehr elastisch und nachgiebig, ächzt und stöhnt aber bei jeder Bewegung. Die Kufen erhalten von Zeit zu Zeit ein neues „Profil" aus Eis. In heißes Wasser - besser ist Urin geeignet, sagte Jake - werden Schneeballen getaucht und dieser Matsch wird aufgepappt. Man muß sich mit dem Glattstrich beeilen, da ja alles blitzartig wieder friert. Dann gleitet für einige Stunden Eis auf Eis, bis die scharfen Eiskanten der Aufbrüche das „Profil" wieder zerstört haben.

Jake hatte mir beim Tee gesagt, daß wir heute eine Hütte an der Küste der Bylot Island aufsuchen würden, folglich keine Zeit für den Bau eines Iglus brauchten.

Endlich, man spürte schon den kommenden Abend, wurde durch den Dunst in der Ferne die vorgelagerte Insel sichtbar. Eine Stunde später sah ich auf dem flachen Strand, der vor den Erhebungen lag, in dem Weiß des Schnees, etwas Schwarzes, welches nicht zur Natur gehörte. Das mußte die Hütte sein. Es war kalt, und ich lief streckenweise neben dem Schlitten her, was allerdings sehr anstrengend war, da die Hunde ihr Ziel ahnten und daher stärker ausgriffen. Es dauerte noch einmal fast eine Stunde, bis wir das Camp erreichten.

Noch auf dem Eis waren neben einigen Ölfässern und neueren Eisspalten starke Ketten verankert, an welche jetzt die ausgeschirrten Hunde gebunden wurden. Ich nahm meine Büchse und die Fototasche und stieg die kleine Anhöhe hinauf.

Der Anblick, der sich mir bot, war schauderhaft. Unrat, wohin das Auge sah: Ausgediente Skidoos, Ölfässer, ein alter Herd, Schaumgummimatten, Dosen, Knochen, Pappkartons usw. Weil hier nur zwei Monate im Jahr die Temperatur Plusgrade erreicht, kann so schnell nichts verwittern, und aller Unrat bleibt in Eis und Frost praktisch für viele Jahrzehnte erhalten.

Die Hütte selbst war von außen noch ganz ansehnlich - vielleicht einer altgedienten Baubude vergleichbar. Aber innen - bei allem Wohlwollen den Eskimos gegenüber -, so einen Dreck und eine Unordnung habe ich bei meinen vielen Jagdreisen in der ganzen Welt noch nicht gesehen. Die Eskimos, die hier zeitweise hausten, hatten nicht das mindeste Gefühl für Sauberkeit. Ich stapfte durch den überall liegenden Schmutz und Unrat, bestehend aus Skidooersatzteilen, Verpackungsmaterial, Erdnußschalen, Papier, Werkzeug, Knochenresten, Büchsen, Zeitungen, unzähligen Kippen, Urinbehältern und dergleichen. Man mußte sich schon zusammennehmen, um in dieser Herberge zu bleiben. Als dann später die Gaslampe und der Spirituskocher mit Geschirr gebracht wurden, sah ich, daß die Wände mit Namen vollgeschmiert waren. Es sah aus wie auf Toiletten in Fabrikhallen.

Zunächst versuchte ich, es etwas wohnlicher zu gestalten und fegte den Dreck einfach vor die Tür. Dann suchte ich mir eine Ecke auf der erhöhten Bretterlage, richtete mich ein und genoß die Wärme des bollernden Ölofens.

Am Morgen waren meine Eskimos schon früh wach und von reger Betriebsamkeit. Langsam packte dann auch ich mich wieder in die Kleider und Felle und verzehrte beim Frühstück den letzten Speck. Dabei fragte ich mich gleichzeitig, was wir in der nächsten Woche wohl essen würden und fand meine Vermutung bestätigt, die ich schon vor Beginn unserer Schlittenreise hatte, nämlich, daß die Eskimos keine Einteilung kennen. Solange sie etwas haben, leben sie unbekümmert darauf los. Es fehlt aber auch den modernen Eskimos voraussehender Materialismus. Sie sammeln keine Besitztümer um des Besitzes willen, und nur Dinge, wenn diese nützlich sind. Das ist ein verständliches Erbe ihres früheren Nomadenlebens. Die Nomadenfamilie mußte ihre gesamte Habe bei den Wanderungen mittragen, bzw. auf Schlitten oder in Booten befördern. Es ist klar, daß man sich dabei auf das Nützliche, das Notwendige beschränkte. Ebenso wird man selten einen Eskimo treffen, der so sorgfältig mit seiner Büchse umgeht, wie wir weiße Jäger das in der Regel tun. Der Eskimo sagt, eine Büchse ist ein Werkzeug, welches ersetzt werden kann, wenn es zerbrochen oder durch Salzwasser verrostet und unbrauchbar ist. Diese Unbekümmertheit zeigten meine Inuits leider auch im Hinblick auf unsere Verpflegung. Sie lebten, für mich unverständlich, einfach in den Tag hinein.

Eigentlich dürften wir Christen aber an solcher Einstellung keine Kritik üben, sagt doch Jesus in der Bergpredigt, deren reiner Klang die Jahrhunderte überdauert hat: „Darum sorget nicht für den anderen Morgen, denn der morgendliche Tag wird für das Seine sorgen. Es ist genug, daß ein jeglicher Tag seine eigene Plage habe".

Ohne zu planen, vorzusorgen und einzuteilen ist es aber uns modernen Menschen hingegen nicht möglich zu leben. Es ist daher äußerst schwer, sich den Gegebenheiten anzupassen. Nun waren manche Lebensmittel knapp geworden. Seit Tagen sah ich die Situation kommen und hielt es trotzdem mit den Eskimos, indem ich aß, soviel ich vermochte, weil ich mir sagte, auch wenn ich Zurückhaltung üben würde, kämen wir doch nicht weiter.

Diese mißlichen Gedanken mußte ich jetzt zurückstellen, und bald war ich mit Jake wieder auf dem Schlitten. Wir wollten eine große Schleife ziehen und am Abend Elisah wieder an der Hütte treffen. Er sollte versuchen, mit einer raffinierten Harpune, Robben zu jagen, um unseren Fleischvorrat aufzubessern.

Stunde um Stunde fuhren wir durch teilweise sehr unwegsames Gelände und beschrieben dabei einen großen Bogen. Ich merkte dies u. a. an dem Stand der Sonne, die heute bei herrlichem Wetter am Himmel stand.

Die Eislandschaft, die wir durchquerten, war großartig. Eisberge mit ihren Höhen von 100 Metern gaben einen überwältigenden Anblick mit ihren tiefen Einschnitten, Türmen und Zacken. Das Eis der Gletscherkälber erschien in so viel abgestuften Blautönen, daß man in dem Weiß der Weite gar keine Farben vermißte.

Jake bestieg manchmal einen kleinen Eisberg, um aus der Höhe die Umgebung abzuleuchten nach Nanook, dem Fabelwesen dieser Märchenlandschaft. Wir waren vielleicht 20 Kilometer gefahren, als Jake die erste Pause, für Suppe und Tee, einlegte, weil die Hunde Zeichen der Ermüdung zeigten. Sie rollten sich auch sofort nach dem Halt dort ein, wo sie gerade standen. Jake nützte die Gelegenheit, um die Kufen mit neuem Eis zu belegen. Alles Momente, die von mir im Bild festgehalten werden mußten. Mit meinen Fingern, welche heute besonders kalt waren, konnte ich kaum fotografieren. Die Kamera war ein metallener Eisblock, und mein Daumen war plötzlich schneeweiß. Ich massierte, knetete und nahm ihn in den Mund, wie ein kleines Kind. Auf Grund der geringen Luftfeuchtigkeit war der nasse Daumen in Sekundenschnelle wieder trocken. Es dauerte lange, und ich bekam schon Angst, bis langsam wieder Leben, Gefühl und Farbe in ihn kamen.

Dann ging es weiter, diesmal zur Abwechslung über spiegelglattes Eis. Es war ein Vergnügen, den Hunden zuzuschauen, wie sie darauf achteten, vom eigenen Schlitten nicht überholt zu werden. Jake trieb sie mit Rufen und Schlägen unaufhörlich an.

Am Nachmittag hatte ich mein erstes Erfolgserlebnis. Wir fanden Fährten von Nanook; sie waren etwa 2 Tage alt. Es handelte sich zwar um eine Bärin mit Jungen, aber wenigstens war es ein Anfang.- Hier muß ich etwas über den heutigen Bestand an Eisbären und die gesetzlichen Bestimmungen, die hinsichtlich seiner Bejagung gelten, einfügen.

Auf der Erde leben nach neuester Schätzung etwa fünfzehn- bis zwanzigtausend Polarbären. Hiervon wiederum die Hälfte in der canadischen Region der Arktis. Folglich müßte, auch wenn man berücksichtigt, daß eine Bärin nach der Geschlechtsreife (3 - 4 Jahre) nur alle zwei bis drei Jahre ein oder zwei Junge wirft, bei einer Jahresstrecke von ca. 500 Bären in Canada, - der Bestand gesichert sein.

Nachdem die Jagd auf den Eisbären vom Gesetzgeber ganz eingestellt war, - die Bejagung vom Flugzeug aus hatte diese Maßnahme gefordert, - fiel man bei der erneuten Freigabe in ein anderes Extrem.

In den Küstengewässern Alaskas hat der Bestand tatsächlich stark abgenommen, aber in Canada werden, wie oben erwähnt, immer noch jährlich etwa 500 Eisbären erlegt.

Die Jagd auf den Eisbären ist in Canada folgender Regelung unterworfen. Sie ist hier ausschließlich den Eskimos und einigen im Verbreitungsgebiet der Bären lebenden Indianern vorbehalten. Den einzelnen Eskimosiedlungen bzw. den Jägern und Fallenstellern dieser Region, wird von der Regierung eine bestimmte Quote von Bären zur Jagd zugeteilt. Um nun den Eskimos eine zusätzliche Möglichkeit des Erwerbs zu geben, ist es diesen gestattet, von ihrer Quote eine ihnen genehme Anzahl interessierten Jägern gegen Entgelt zum Abschuß freizugeben.

Inzwischen hatte der Schlitten eine gute Strecke zurückgelegt und es war mal wieder soweit, verdrehte Leinen zu entwirren. Ich ließ mir von Jake die Richtung weisen und lief voraus.

Die unendliche Einsamkeit in dieser Eiswüste war gleichzeitig schön und grausam. Sie versteckte hinter einer märchenhaften Fassade eine unerbittliche Härte, und unwillkürlich stellte ich mir die Frage: Möchtest du, vor die Wahl gestellt, lieber in einer Sandwüste unter der Glut der Sonne verdursten, oder hier im ewigen Eis erfrieren? - Als Jake mit den Hunden nachkam, schwang ich mich auf den Schlitten, und es ging nach Hause. Nach Hause? Was für ein Wort. Aber in dieser Umgebung verdient auch die erbärmlichste Hütte diese Bezeichnung.

Wir hatten Besuch bekommen! Jake hatte über Radiofunk einen neuen Ski für den zerbrochenen an Elisahs Skidoo angefordert. Imok, ein Bruder Jakes, brachte gleich zwei. Selbstverständlich schlief er bei uns, um morgen den langen Weg wieder gestärkt zurückfahren zu können.

Trotzdem er ein schlechtes Englisch sprach, diskutierten wir noch lange. Ich spürte seine Wißbegierde, war aber von seiner Unwissenheit enttäuscht.

Leidenschaftlich vertrat er die Meinung, daß die USA unter ihrem Präsidenten Reagan einen Krieg beginnen würden, wußte aber weder etwas von Afghanistan noch von Polen. Ich versuchte ihm zu erklären, daß wir - der Westen - alle in einem Boot sitzen, ein Krieg keinen Sinn hätte und nur die Politik der Ausgewogenheit der Mächte Frieden und Sicherheit garantierte.

Der sechste Tag begann mit einem Sturm, der die Wände der Hütte erzittern ließ. Der Wind fegte waagerecht den Schnee vor sich her, es war unerbittlich kalt. Die Jagd fiel aus, denn wenn auch die Sonne schien, die Temperaturen waren einfach zu niedrig. In dieser deprimierenden Lage lag der Gedanke nahe, und ich machte mich mit ihm auch schon langsam vertraut, ohne Eisbär nach Europa zurückkehren zu müssen.- Meine Frau, die in Montreal ihr Programm bestimmt abgewickelt hatte, würde sagen: Akzeptiere es für etwas Besseres! Es liegt oft viel Wahres in diesen Worten - aber zunächst trieb mich der Wille, den Erfolg zu erzwingen, weiter.

Als gegen 10:00 Uhr die strahlende Sonne am azurblauen Himmel stand, der Wind ruhiger geworden war, drängte ich Jake zum Aufbruch. Er winkte ab, denn über Radiofunk habe man ihn vor großen Eisbrüchen und Spalten gewarnt, die durch die starken Winde aus Nordosten hervorgerufen wurden. Auch wäre das Wetter dort, wo wir hin wollten, schlechter!?

Für mich bedeutete das wieder ein großes Fragezeichen. Ich konnte es kaum glauben, denn hier herrschte gutes Wetter, die Hunde legten pro Tag höchstens 35 bis 40 Kilometer zurück, und soweit kann man schauen! Langsam kam mir der Verdacht, daß meine Begleiter an einem Erfolg gar nicht interessiert waren und glaubte, daß sie mich die „teuersten" Tage meines Lebens in der „erbärmlichsten" Hütte bei lausiger Kälte absitzen lassen wollten. Das Öl für den Hüttenofen war in der Nacht verbraucht; vom Essen waren nur noch Trockensuppen da, Fleisch und Brot waren verzehrt; nur rohes Robben- und Cariboufleisch, als Futter für die Hunde, das wir später auch selbst aßen, war noch vorhanden. Ich hatte aber vertragsgemäß noch 6 Jagdtage vor mir.

Während die Stunden des Tages langsam dahinzogen, werkten meine Eskimos sehr geschickt. Für den Robbenfang wurden Haken gemacht, als Speerschaft diente ein altes Schlittenquerholz, als Haken irgendein Metallstück von den zu Hauf liegenden alten Skidooteilen.

Ein Bohrer wurde hergestellt, und es wurden Löcher gebohrt. Ein zunächst plattgeschlagener Nagelkopf, scharf zum gleichschenkligen Dreieck gefeilt, wurde in einen runden Stab eingelassen. Die andere Seite des Stabes wurde geschickt zu einem spitzen Ei gefeilt. Dieses Ende kam in die Höhlung eines Caribouwirbels, der das Lager bildete und den Jake gekonnt zwischen seinen Zähnen hielt. Der spitz gefeilte Nagelkopf kam auf die zu bohrende Stelle, Jake gab mit seinem Kopf den entsprechenden Druck, und mit einem um den Stab geschlungenen Lederriemen wurde dieser als Drillbohrer hin und her gedreht. Es ist überflüssig zu erwähnen, daß alles zusätzliche Werkzeug sowie alle Hilfsmittel und Abfälle später da liegen blieben, wo sie hinfielen.

Gegen 14:00 Uhr wollten die drei Inuit mit mir auf die im Rücken der Hütte liegenden Berge „fahren". Ich willigte ein und saß bald dick verpackt auf einem Skidoo. Die Berge hätte ich mir ganz gerne zu Fuß vorgenommen, aber sicher, wie ich jetzt feststellte, einige Stunden dafür gebraucht. Die Entfernungen erschienen in der Luft der Arktis alle wesentlich kleiner.

Was den Skidoos abverlangt wurde, ging über mein Vorstellungsvermögen. Über Fels und Stein, Schnee und Eis, Sand und kärgliche Vegetation, klapperte und schepperte das Gefährt. Es war daher kein Wunder, warum die Skidoos so oft repariert werden mußten.

Die letzten Meter der Anhöhe wurden zu Fuß zurückgelegt. Bei der dicken Kleidung und der Steigung kam man dabei richtig ins Schwitzen! Endlich waren wir oben und wurden durch eine herrliche Aussicht belohnt. In der weiten Ferne – vielleicht 100 Kilometer – konnte ich offenes Wasser erkennen. Bekannt kamen mir allerdings auch verschiedene Eisberge vor, die wir gestern passiert hatten. Es sah so aus, als lägen sie direkt vor der Küste, aber wieviele Stunden hatte uns die Fahrt dorthin gekostet! Hier sollte ich also einen der fünfhundert jährlich in Canada freigegebenen Eisbären finden? Dazu brauchte ich aber nach den bisherigen Erfahrungen noch eine gewaltige Portion Waidmannsheil. Bis zur planmäßigen Abreise waren es allerdings noch sechs Tage, also durfte ich den Mut noch nicht sinken lassen. Morgen ging es weiter in Richtung Nordwest-Passage, und wir würden wieder einen Iglu bauen. Hoffentlich spielte das Wetter mit.

✧

Ein penetranter Gestank nach faulendem Fleisch, Urin und Männerschweiß weckte mich am folgenden Morgen. Wir hatten in der Hütte zu vieren geschlafen, und Jake hatte die halbe Robbe mit hereingebracht, damit die Hunde sie nicht bekamen. Das Wetter hatte sich gebessert, aber ehe wieder alles in Gang kam, verging viel Zeit und ich wurde richtig nervös. Natürlich waren die gleichen Arbeiten wie an den Vortagen nötig. Schlittenkufen wurden mit neuem Eis versehen, dazu mußte warmes Wasser bereitet werden, um den Schnee aufzupappen. Die Hunde mußten teilweise eingefangen werden. Dann wurden die Schlitten sorgfältig beladen und verzurrt, und dann konnte es endlich losgehen.

Bei strahlendem Wetter verließen wir die Hütte am „Müllplatz". Beim Frühstück hatte sich keiner um mich gekümmert. Vielleicht war es Jake nicht recht gewesen, daß ich mir buchstäblich das letzte Stück Speck in der Pfanne gebraten hatte. Jetzt war er wieder freundlicher. Sicher war auch ihm klar, daß unsere Vorräte verzehrt waren. Toast, Butter und Fleisch waren alle. Reichlich dagegen hatten wir noch eine Art „Pfadfindersuppe" nach Maggi-Art.

Die gleichgültige Verhaltensweise meiner Begleiter hinsichtlich unserer Versorgungslage ist im Grunde nicht verwunderlich. Darin drückt sich jahrtausendealte Lebenserfahrung der Eskimos aus. Irgendein Beutetier, sei es eine Robbe, ein anderes Wild, oder einen Fisch, wird der geschickte Jäger immer erreichen. Er braucht keine Angst haben zu verhungern, und mit Vorräten will sich der Nomade nicht belasten.

Jake hielt Richtung Nord-Westen. Kein noch so kleines Wölkchen störte das Blau des Himmels. Es war nahezu windstill und die Sonne schien mit fühlbarer Kraft. Der Weg des Schlittens ging wieder teilweise durch unwegsames Packeis, vorbei an immer gewaltigeren Eisbergen, wie mir schien. Ihre Formen erinnerten immer wieder an Figuren, Schiffe, menschliche Gesichter oder dergleichen.

Man kann das Eismeer, auch mit noch so viel schmückenden Beiworten nicht vollständig beschreiben. Es ist phantastisch großartig, aber zugleich grausam und unerbittlich; einmalig schön, aber kalt und erbarmungslos; märchenhaft, aber heimtückisch. Das „Weiß" so vielfarbig sein konnte, fiel mir erst hier auf. Man durfte wirklich die Frage stellen: „Traum oder Hölle?"

Wir fuhren und hielten die Augen offen, aber leider kreuzten wir keine Bärenfährten. Jake bestieg von Zeit zu Zeit einen Eisberg und suchte mit dem Glas alles lange ab. Ich fror mir, wenn ich durchs Fernglas schaute, dabei fast die Finger ab, trotz der guten Handschuhe.

Häufiger als sonst lief ich vor, wenn Jake mal wieder die Hundeleinen entwirrte. Die beiden freilaufenden jungen Hunde begleiteten mich dann, da wir uns schon ganz gut angefreundet hatten. Wenn man einem kleinen Bedürnis nachkommen muß, müssen notgedrungen die Handschuhe ausgezogen werden. Wie sonst auch, ließ ich sie auf den Boden fallen, und mein Erschrecken war gewaltig, als einer der Hunde spielend mit einem Handschuh davonlief. Im Eskimoparka sind keine Taschen, und verzweifelt lief ich hinter dem Hund her, was diesen wiederum erst recht herausforderte. Länger als eine Minute, das wußte ich, konnte ich es bei den mehr als - 35° C nicht aushalten.- Doch schließlich erwischte ich den Missetäter noch rechtzeitig.

Da heute ein neuer Iglu gebaut werden mußte, bat ich meine beiden Inuit - Elisah war inzwischen mit seinem Skidoo bei uns - dieses Vorhaben nicht zu spät zu beginnen, damit ich alles fotografieren konnte.

Gegen 15:00 Uhr, Elisah war voraus gefahren, hielten wir an einem Eisberg. Guter Schnee, um daraus Blöcke für den Iglu zu sägen, und ein Robbenloch an einer Eisspalte waren die Veranlassung.

◇

In allen Einzelheiten konnte ich nun den Bau eines Iglus verfolgen, der etwa zwei Stunden dauerte. Wenn heute der Anblick eines Schneehauses immer seltener wird, da auch die Eskimos ihre festen Häuser haben, so sind sie doch auf Reisen noch darauf angewiesen.

Der große Vorteil liegt wohl darin, daß man das Baumaterial nicht mit dem Schlitten von Ort zu Ort transportieren mußte, sondern es überall in der Wildnis vorfindet, wobei wie schon gesagt, nicht jeder Schnee dafür geeignet ist.

Für den, der sich auf die Kunst des Bauens versteht, und das ist bei fast allen Stämmen der Eskimos der Fall, ist die Erstellung eines solchen Hauses viel einfacher und weniger zeitraubend, als man allgemein denkt.

Wenn zwei Mann sich daran begeben, einen Iglu zu bauen, so schneiden sie zuerst aus einer entsprechenden Schneebank eine genügende Anzahl von Schneeblöcken heraus. Dann stellt sich einer der Leute auf den erwählten Hausplatz und reiht die Blöcke, die ihm der andere zuträgt, ringförmig auf. In Form einer Spirale folgt nun jeder weitere Ring, der gegenüber dem vorhergehenden weiter nach innen geneigt ist, so daß das Gebäude eine Kuppel bildet. Die Hauptkunst besteht nun noch darin, das Mittelstück, den Schlußstein, richtig an der Spitze einzusetzen. Solange dies nicht geschehen ist, kann das mühsam errichtete Gebäude in jedem Augenblick wieder wie ein Kartenhaus zusammmenstürzen. Vor der anschließend geschnittenen Türöffnung wird manchmal ein Tunnel gebaut, welcher gegen Wind Schutz bieten soll.

Die Kuppel hatte heute eine Mittenhöhe von etwa 2,50 Meter. Auch vom Durchmesser her versprach der Iglu, gemütlicher zu werden. Ich träumte schon von den weichen Cariboufellen auf der Schneebank, aber vorher mußten noch die Fugen abgedichtet werden.

Dann kroch ich auf dem Bauch in die Höhle. Keiner sollte mich heute mehr heraus bekommen. Wegen der Luft, die in einem so kleinen Raum nicht immer gut ist, hatte Jake wieder ein kleines Loch in die Decke, zwecks Ventilation, geschnitten. Ich hatte die verschiedenen Phasen des Iglubauens im Bilde festgehalten. Jetzt bedauerte ich, noch einmal den Iglu zu verlassen. Ich hatte bis zur Dunkelheit gewartet, um von außen mit der Pentax eine Aufnahme zu versuchen, wenn das Lampenlicht im Iglu durch die noch unverschmierten Fugen nach außen schimmerte. Das sah nämlich ungemein reizvoll aus. Aber es klappte wieder nicht. Die offene Blende schloß nicht mehr. Bei der Leica war etwas mit dem Tiefenschärfenhebel nicht in Ordnung. Sicher mußte erst einmal alles wieder auftauen!

Inzwischen waren alle unsere Sachen innerhalb des Iglus, und Jake schloß mit einem Schneeblock den Eingang. Elisah hatte einen Eisblock neben die Türe gelegt, der uns mit Wasser versorgen sollte. Frisches Wasser aus Schnee ist viel umständlicher zu erschmelzen und dauert länger, als wenn man Eis hat. Wie selbstverständlich ist doch in unseren Breitengraden die Wasserfrage. Mit dem Gang zum Wasserhahn ist sie erledigt. Ganz anders hier in der Arktis. Es ist fast unglaublich, wie viele Arbeiten im Winter hier mit dieser Frage zusammenhängen. Auf dem Eismeer ist das Problem schnell gelöst, wenn ein Eisberg - (Süßwasser) - in der Nähe ist. Auf dem Festland muß man von einem Binnengewässer mit möglichst glatter Eisfläche Würfel sägen, die, oft nach langem Transport, neben der Behausung bis zum Gebrauch gestapelt werden.

Am späten Abend, ich hatte meine Kameras, in Plastikbeutel gepackt, wieder aufgetaut, funktionierte die Pentax, aber die Leica - die bis auf - 45° C frostsicher sein sollte, versagte erneut ihren Dienst. Alles Neue ist zunächst zufriedenstellend, so auch ein Iglu. Die erste Nacht im Schneehaus ist die wärmste - relativ gesehen, in der zweiten ist durch Kochdunst, Atem und sonstige Wärmespender der Schnee der Wände schon zu Eis geworden. Es wird kalt, ungemütlich, und es tropft. Die Innentemperatur darf daher nur wenig über dem Gefrierpunkt liegen.

Zum ersten Male wurde ich wach, weil es mir kalt war. Mein Daunenschlafsack war noch eingeschlagen in eine Art Steppdecke von Jake. Meine Luft holte ich mir auf Umwegen, damit sie schon etwas angewärmt war und die volle Kälte nicht so auf die Lungen schlagen konnte.

Am Morgen die übliche Routine, bis wir erst mal fertig waren. Die Kufen mit neuem Eis aus Schnee und Urin belegen! Hunde einfangen etc... Es wurde wieder 10:00 Uhr, obwohl nur Kleinigkeiten verladen wurden, denn Jake wollte zum Iglu am Eisberg zurückkommen.

Den ganzen lieben Tag fuhren wir durch die Eiswüste. Die Bahn war wie immer, einmal eben, einmal total aufgeworfen, manchmal zeigten sich neue Eisspalten. Die Hunde leisteten enorm viel.

Daß das Eis arbeitet, hatte ich in der Nacht gemerkt, immer wieder hörte ich es krachen und knacken, auch waren die Hunde unruhiger als sonst gewesen.

Zweimal hatten wir Fährten gekreuzt, einmal die einer Bärin mit Jungen, einmal die eines starken Bären, aber sie waren mindestens eine Woche alt. Dann gegen 14:00 Uhr eine frische Fährte, allerdings wieder eine Bärin mit Jungen. Jake meinte, man dürfe Bärinnen schießen, wenn der Nachwuchs mindestens vier Jahre alt sei.

Er prüfte exakt die Breite des Trittsiegels, fühlt mit dem Finger, wie hart der Schnee darin war und verglich damit die Härte des Schnees seiner eigenen Spur. Schließlich meinte er: „Erst wenige Stunden alt, der Jungbär wäre schon vier Jahre, willst Du auch eine Bärin schießen?!" Zumindest sehen will ich die Bärin und mich dann entscheiden, war meine Antwort.

So begann die Jagd auf den Polarbären.

Auf Grund der frischen Fährten war ich der Meinung, die Hunde würden nun unruhiger, oder hätten die Nase nur noch auf dem Boden, aber nichts dergleichen. Teilnahmslos hörten sie auf die Befehle ihres Herrn, bzw. parierten erst nach der Peitsche. Zunächst war die Fährte noch gut auszumachen; die Bären hatten keine bestimmte Richtung eingehalten, sondern bummelten regelrecht an einer Eisspalte entlang, vermutlich auf der Suche nach einem Robbenloch.

Waren Eisaufwürfe größeren Ausmaßes im Wege, wurden diese umschlagen. Wir folgten natürlich in möglichst hohem Tempo. Dabei gebärdete sich Elisah geradezu verrückt, und was er seinem Skidoo abverlangte, war haarsträubend. Es blieb daher nicht aus, daß das Gefährt mal wieder Bruch machte. Das Gelenk der Führung am linken Ski war gebrochen. Aber die Inuit sind ja Meister im improvisieren, und im Handumdrehen hatte Jake aus dem Schlitten ein Querholz gebrochen und band damit die beiden Führungsski starr zusammen. Weiter ging's!

Plötzlich hatten die Bären die Hauptrichtung gewechselt. Die Fährten wiesen jetzt nicht mehr zur Küste, sondern aufs offene Meer. Als sie nach einiger Zeit in ein gewaltiges Packeisfeld führten, brach Jake die Verfolgung ab mit den Worten: „Das Junge ist doch noch keine vier Jahre!" Ich war maßlos enttäuscht, aber mir blieb nichts anderes übrig, als mich zu fügen. In einem großen Bogen zogen die treuen Hunde den Schlitten dann wieder durch die grandiose Landschaft in Richtung „Iglu am Eisberg".

Ich war froh, daß wir heute nicht die langwierige Arbeit eines Neubaues vor uns hatten; es vergehen darüber doch immer Stunden des Wartens.

Froh war ich eigentlich auch, daß wir die Bärin nicht gefunden hatten, denn eine Bärin wollte ich doch nicht gerne schießen.

Am Abend machte mir Jake noch eine Freude. Nicht nur, weil auch der Spiritus zu Neige ging, nein, er wollte mir auch so gerne zeigen, wie seine Vorfahren ihre Iglus beheizt und beleuchtet haben.

Zunächst trennte er mit dem Beil den Boden eines kleinen Ölfasses ab. Dann teilte er diese Scheibe mit Rand wieder mittig, wobei mir das Beil leid tat. Diese neuen Schnittkanten wurden etwas nach oben geschlagen, aber nicht höher als der äußere Rand. Die Ecken wurden nach Möglichkeit zugeklopft. Die Halbschale wurde nun auf drei Holzleisten, (aus einem Schlittenquerholz gespalten!) die senkrecht in den Schnee gesteckt wurden, so ausbalanciert, daß die leicht gebogene mittlere Schnittkante etwas nach unten zeigte. Jetzt wurde Fett und Tran von der Robbe aufgefüllt. An die Schnittkante kam ein Tuchstreifen, (aus dem Schlafsack geschnitten!) der vorher durch Tupfen mit Tran getränkt war. Dieser Docht wurde angezündet. Ehe nun die ganze Schnittkante brannte, mußte Jake noch eine Weile mit Feuerzeug und Kienspan nachhelfen.

Rechts und links des Igluausganges, sozusagen im Wirtschaftsteil, standen nun die brennenden Halbscheiben des Ölfasses, und das gar nicht so trübe Tranlicht verbreitete seinen matten Schein und Wärme. Es wirkte recht behaglich und gemütlich, und ich bat Jake, mir in Ermangelung eines eigenen Erlebnisses, ausführlich seine letzte Bärenjagd zu schildern. Er kam meiner Bitte nach, und ich will hiermit seine Geschichte wiedergeben, wobei ich sie in der Übersetzung vielleicht ganz frei noch mit eigenen Attributen gewürzt habe.

Jake war mal wieder auf einem seiner Streifzüge, um Robben zu jagen, und passierte dabei mit seinem Hundeschlitten einen größeren Eisberg. In dem stark zerklüfteten und mit zahlreichen Spalten und Höhlen versehenen Berg hatte sich wohl ein Bär zur Ruhe begeben. Aufgeschreckt durch die ungewohnten Laute suchte er das Weite, wurde dabei aber von Jake und seinen Hunden gesehen. Wie von der Tarantel gestochen, jagten diese nun laut aufheulend hinter dem Bären her, kreuz und quer durch unwegsames Eis. Jake hatte Mühe, nicht mit dem Schlitten umzuschlagen. Er weiß eigentlich heute nicht mehr, wie er die Bande beruhigen konnte und einen Hund nach dem anderen von seiner Leine befreite. Die Leinen hatten sich wohl dermaßen in den Eisaufwürfen verfangen, daß der Schlitten schließlich stehenblieb. Wie die Furien sausten nun die freigelassenen Hunde hinter dem Bären her.

Diesen kümmerte das zunächst nicht, und er flüchtete in dem noch übersichtlichen Eis, was seine Läufe hergaben. Schließlich waren die Hunde schneller und hatten den schweren Bären eingeholt. Verhoffend und knurrend vermochte er sich diese ausgelassenen Teufel zunächst vom Leibe zu halten, aber es wurden immer mehr. Auf dem hier sonst flachen Schollengebilde hatten sich einige Eisplatten hochgeschichtet, sie dienten dem Bären jetzt als Verteidigungsplattform.

Inzwischen hatte sich Jake natürlich aufgemacht und war mit der durchgeladenen Waffe hinter seiner Hundemeute hergelaufen.

Auf gute Schußentfernung, – etwa 30 Meter – sah er nun Nanook in seinem langen weißbehaarten Gewand wie ein Fabelwesen und doch so wirklichkeitsnah stehen. Umrahmt von dem blassen Blau des nördlichen Firmaments, leuchtete er geradezu.

Der Bär schlug von Zeit zu Zeit mit seinen Pranken nach den Hunden. Jake wartete einen günstigen Moment ab und trug ihm die Kugel aufs Blatt an. Er brauchte nicht ein zweitesmal zu schießen, denn der Bär brach in seiner Fährte zusammen und stürzte die Eisschollen hinunter. Fast purzelten die Hunde aus allen Winkeln hinterher und zerrten wie wild an ihrem verhaßten Gegner. Den störte allerdings nichts mehr, denn er war in den ewigen Jagdgründen.

Beim Verenden des Bären wenden sich die Eskimos in Ehrerbietung ab. Sie glauben an die Wiedererstehung des Königs des Eises und hoffen, ihm eines Tages wieder zu begegnen. Bevor sie ihn aus der Decke schlagen, schärfen sie ihm die Kehle auf, damit die Seele aus dem Körper entweichen und in die Ewigkeit eingehen kann.

◇

In der Nacht hörte ich wieder öfters das Eis brechen. Am Morgen brannte tatsächlich noch die eine Hälfte der Tranlampe, die Kuppel des Iglus war allerdings schwarz berußt. Dann hieß es aufbrechen, diesmal weiter nach Norden zu neuen Jagdgebieten. Aber erst gegen 10:00 Uhr rumpelte der Schlitten wieder seinen Weg. Die Temperatur war heute, bei nahezu Windstille, grausam niedrig. Gleißend stach das fahle Licht der Sonne auf die beiden Schlitten in der Eiswüste. Jake schätzte – 38° bis – 40° C.

Ich atmete nur noch durch meinen Schal, den ich vor Mund und Nase gebunden hatte. Im Nu waren meine Augenbrauen dick vereist. Wenn ich, auf dem Schlitten sitzend, einmal die Augen etwas länger geschlossen hielt, was nach Stunden der Fahrt schon vorkam, konnte es sein, daß die Augenwimpern zusammengefroren waren.

Wir hatten jetzt März, und man sagt, im April wären die Temperaturen in der Regel nicht mehr viel tiefer als minus 30° C, es könne aber auch mit einem Anstieg, vor allem in der zweiten Monatshälfte, bis auf minus 15° C gerechnet werden. Der März ist der für die Jagd bevorzugte Monat, weil dann das Tageslicht am längsten ist; er setzt aber beste körperliche Verfassung voraus. Die Anforderungen an den Körper, bei

Temperaturen, die bis zu minus 70° C gehen können, sind so gewaltig, daß nur beste Ausrüstung, Kleidung und der Verzicht auf jeglichen Komfort, ein Überleben garantieren.

Auch wenn ich hier, im Vergleich zu Jagden in den Bergen des Himalaja, der Alaska Range oder im Altai in der Mongolei, körperlich viel weniger leisten mußte, so stellte diese Jagdexpedition, wegen der enormen Kälte, alles was mir bisher an Durchstehvermögen abgefordert wurde, bei weitem in den Schatten. Diese Kälte, verbunden mit den primitiven Lebensumständen, stellt starke Forderungen an Geist und Körper und brachte gleichzeitig einen außerordentlichen Energieverbrauch mit sich. Daher mußte man täglich überreichliche Essensportionen, die zu Hause für zwei Tage reichen würden, zu sich nehmen. Jake zauberte zum Essen, neben den obligaten Suppen und dem rohen Fleisch einer Robbe, doch noch einige Trockensteaks her, was recht schmackhaft war. Eine große Hilfe waren mir mit Sicherheit meine Vitamintabletten.

Die Landschaft, die wir heute durchfuhren, war eintönig. Wenn ich die Brille abnahm, war es anstrengend wegen des Windes, mit Brille aber umständlich, weil die seitlich geschlossene Brille immer wieder beschlug. Einmal sahen wir in der Ferne einen schwarzen Punkt, welcher natürlich in dem Weiß der Weite ins Auge fiel. Es dauerte aber noch etwa eine Stunde, bis man ihn identifizieren konnte. Es war ein Skidoo mit Schlitten, wie wir schließlich auf 500 Meter erkannten. Mein fragender Blick zu Jake „Skidoo broken, man is going by feet". Es war also besser, sich wie seit Urzeiten auf Hunde zu verlassen! Diese wiederum taten heute bei uns recht und schlecht ihre Pflicht. Immer wieder, vor allem, wenn sich mal die Leinen im Eis verfangen hatten, versuchten sie, eine Pause einzulegen. Oft mußte Jake dann mit seiner Peitsche hart durchgreifen. Oft wurde aber auch unmotiviert auf sie eingeschlagen.

Jeder Hund hatte seine Eigenarten, die ich ja genügend lange Zeit studieren konnte. „Oho" schaute sich alle zehn Sekunden um, wahrscheinlich war er schon zuviel geschlagen worden; „Papti", ein schwarzweißer Huskie, zog immer nach außen, war aber sonst ein fröhliches Mädchen; „Lafko", der Führungshund, ein schneeweißer, bulliger Wolfsspitz, war immer zu einer Beißerei aufgelegt; ein brauner Hund, dessen Name mir entfallen ist, jaulte bei jedem Peitschenknall und auch sonst, wenn er sich mal in den Zugleinen verfangen hatte; „Nago" war bei der Abfahrt immer so nervös, daß er sich während des Laufens mehrmals lösen mußte. Mit allen acht hatte ich aber Freundschaft geschlossen und durfte sie auch anfassen. Sie erwiderten die Streicheleien, indem sie bei jeder Gelegenheit ihre „Visitenkarte" auf Waffenkoffer, Seesack oder Fototasche hinterließen!

Immer weiter quälte sich der Schlitten durch das Eis, von Bärenfährten aber keine Spur. Die Sonne meinte es allerdings gut, sie schien mit all ihrer Kraft, was die Temperaturen bei etwas Wind aber nicht viel über minus 40° C bringen konnte. So ging es Stunde um Stunde dahin, und unwillkürlich kommt man dabei ins Sinnieren.

Irgendwie vermißte ich bei meinen Eskimos den Ehrgeiz, mich zum Erfolg zu bringen. Ich hatte das Gefühl, sie karrten mich durch die Eiswüste und zählten dabei die Stunden bis zum Vertragsende. Ich hatte gelesen, daß Eskimos beim Jagen hartnäckig und zäh ihr Ziel verfolgen, bis sie ihr Wild haben. Sie dürfen nicht mit leeren Händen nach Hause kommen, weil das ihr Ansehen als Jäger schwer schädigen würde. Dies hatte ich als gute Voraussetzung mit Befriedigung zur Kenntnis genommen, vermißte allerdings hier die Bestätigung. Gut, Jagd ist Jagd, und ich wußte als Jäger, daß man nichts erzwingen kann, aber sollten diese Burschen, die hier zu Hause waren, denn ihre Jagdgründe nicht besser kennen?

Vielleicht bezieht sich das mit dem Ehrgeiz und dem Ruf, ein gewaltiger Jäger zu sein, mehr auf frühere Generationen, und der moderne Skidoo-Eskimo nimmt das alles nicht mehr so ernst.

Inzwischen war es später Nachmittag geworden und langsam Zeit, einen neuen Iglu zu bauen. Wie bereits gesagt, nicht jeder Schnee ist geeignet. Meist sind die Schneewehen im Windschatten der Eisberge, welche flach und gut begehbar sind, verwendbar. Sie haben genügend Festigkeit. Zur Probe wurden jeweils einige Blöcke geschnitten. Ich bat Jake, mir frühzeitig zu sagen, wo wir ungefähr bleiben würden, um dann den Schlitten zu verlassen und später in Ruhe seinen Spuren bis zum Bauplatz zu folgen. Die Zeit des Iglu-Bauens wollte ich benützen, einmal allein zu sein.

Bei mir blieben die beiden jungen Hunde, die mir richtige Freude machten. Meine Eskimos waren in der Ferne nur als dunkle Punkte sichtbar, und mich überkamen ganz neue Gedanken. Die schweigsame und stille weiße Weite machte demütig, und man bewegte sich in ihr fast untertänig. Ihre Herausforderung zwang zur Erkenntnis der eigenen Grenzen und hinterließ einen Reichtum völlig neuer Eindrücke und das Gefühl beglückender Zufriedenheit. Trotz aller Strapazen und schließlich der fehlenden Begegnung mit Nanook fühlte ich mich glücklich, dies alles erleben zu dürfen.

Ich machte mich schneller auf den Weg zu meinen Gefährten, aber die „Punkte" wollten nicht näher kommen und waren schließlich hinter einem Eisberg verschwunden. Als ich endlich, die Sonne neigte sich bereits dem Horizont, den Schlittenspuren folgend meine Inuit erreichte, hatten sie schon einen großen Teil Schneeblöcke geschnitten und der erste Kreis des Iglus stand. Es war abzusehen, daß die Fertigstellung erst bei Dunkelheit möglich sein würde. So freute ich mich einerseits, weil ich noch einmal eine Aufnahme bei offener Blende von dem von innen erleuchteten Iglu bei noch „unverputzten" Fugen machen konnte. Andererseits bedeutete das Warten auch wieder „Kälte". Probleme hatte ich eigentlich nur mit den Fingern, denn es gibt nun mal einige Tätigkeiten, welche nur mit bloßen Händen möglich sind. Dazu gehören das Fotografieren, das Losknibbeln von Eis aus Augenbrauen und Schnurrbart, und schließlich verlangt der Körper auch sein Recht - wer viel trinkt…

Leider funktionierte die bisher noch tauglichePentax diesmal auch nicht. Bei Temperaturen um minus 40° schloß die Blende nach zwei Sekunden Belichtung nicht mehr. Es blieb mir nur möglich, das herrliche Bild gegen das dunkle Blau des Himmels mit dem vollen Rund des Mondes in mich aufzunehmen. Es war vielleicht ein Geschenk der Natur, welches nur für mich bestimmt war. Ich kann es zu jeder Zeit abrufen, Außenstehenden kann ich es nicht vermitteln.

Die feierliche Stille, in welcher selbst die Kamera mit ihrem Verschlußgeräusch nicht stören wollte, war wie ein tiefes, andächtiges Schweigen, in dem selbst die Natur voll Staunen den Atem anzuhalten schien. Der Himmel war rein und klar. Nicht das kleinste Wölkchen, nicht der feinste Nebel wagte die kalte Schönheit der flimmernden Sterne zu trüben. Es war, als ob die Winternacht mit dem geisterhaften Mondschein einen lähmenden Bann über alles Leben geworfen hätte.

Später im Iglu, er war heute kleiner als am Eisberg, war es wieder ganz gemütlich. Der Schneeblock verschloß den Eingang, der Eisblock signalisierte Getränke, die Gaslampe erhellte den Raum bis in jeden Winkel, und auf den Kochern summte das schmelzende Eis für Suppe und Tee.

Immer wieder hackten sich die beiden Inuits ein Stück Eisfleisch von dem Rest der Cariboukeule. Roh mochte ich es nicht unbedingt und aß es deshalb gekocht in meiner Suppe.

Das Kampieren im kalten Schneehaus ist zwar nicht zu vergleichen mit dem Sitzen um das lodernde Lagerfeuer in gemäßigten Zonen, aber bei moderner Beheizung wird man auch hier gesprächiger, wenn man die frostige Nacht draußen gelassen hat. Leider war es für mich nicht verständlich, wenn Jake und Elisah sich in ihrer Sprache unterhielten. Trotzdem lag ein eigentümlicher Reiz in diesen Erlebnissen. Eine Frage lag mir noch auf der Zunge, die ich heute Jake stellen wollte. „Sein Name hat noch keinen Leib gefunden, der ihn warmhält". Diesen Ausspruch hatte ich irgendwann mal vernommen und wollte mir nun von Jake den Sinn des vermutlichen Eskimoglaubens erklären lassen. Er tat das, wie folgt: „Die Seele eines Inuit sieht aus wie ein kleiner Mensch, aber mit Flügeln behaftet. Ihres Körpers beraubt, schlüpft die Seele in das erstbeste Neugeborene. - Ein Name ähnelt einer Seele, ist aber noch kleiner. Wenn der Körper stirbt, muß sein Name in der Kälte umherschweben, einsam und elend, bis er einem neuen Wesen zugeteilt wird, das ihn warmhält. Seele und Name sind geschlechtslos, sie können sowohl männlichen als auch weiblichen Wesen innewohnen, Menschen oder Tieren", sagte Jake.

Das war sehr interessant, ich meinte aber doch aus dem Unterton Skepsis herausgehört zu haben, daß dieser Glaube der Vergangenheit angehörte. Man spricht zwar darüber, aber so ganz fest glauben nur noch wenige daran.

Morgen mußte unbedingt frisches Fleisch her. Wenn ich schon keinen Bären bekam, sollte Elisah wenigstens eine Robbe erjagen. Zu diesem Zweck wollte Jake darum morgen einen großen Bogen schlagen und dann zurück zum Iglu am Eisberg fahren.

Die Hunde waren in der Nacht ausgesprochen unruhig, aus welchem Grund, war für mich nicht erkennbar. Ihr Heulen erinnerte teilweise an Wölfe, und meine Gedanken wanderten. Hattest du nicht daran gedacht, auch einmal Wölfe zu jagen? - Aber jetzt ging es schließlich nicht um Wolf, sondern um Eisbär, und so war ich schnell wieder in der Wirklichkeit.

Am Morgen wie immer Frühstück, Durchstich des Iglus, auf den Kufen Eis auftragen, Packen, Hundefangen, und dann ging's wieder los. Vorher hatte Jake von einem Eisberg die Umgebung im weiten Rund abgeleuchtet, ohne Erfolg.

Beim Fahren kam mir der etwas absurde Gedanke: Wo liegt die Glückseligkeit – auf dem Rücken eines Pferdes oder auf dem cariboufellbespannten Hundeschlitten in der Weite des Eises der Arktis? Der Vergleich ist natürlich widersinnig, und wenn ich ehrlich sein soll, habe ich noch nie soviel an die Freuden der Jagd in heimischen Gefilden oder an meine Safaris im heißen Afrika gedacht, wie bei diesen Schlittenfahrten.

Die Spitzen meiner Finger waren seit Tagen ohne Gefühl, und ich knetete sie ständig in den Fäustlingen, um sie nicht ganz absterben zu lassen. Diese Sorge bereicherte meinen Wortschatz, ich kenne nun neben Eisberg, Eisbär usw. auch den Begriff „Eisfinger".

Stunde um Stunde zogen die Kufen unseres Schlittens ihre Bahn. Jake lief heute häufiger als sonst neben dem Schlitten her, um sich aufzuwärmen. Die Sonne stand wieder in ihrer ganzen Pracht am Himmel – ohne zu wärmen. Aber, ich fragte mich, wie kalt wäre es wohl, wenn sie auch am Tage nicht scheinen würde?

Während der zuweilen eintönigen Fahrt beschäftigen sich meine Gedanken mit der hier heimischen Tierwelt. An Großwild ist neben dem Polarbär, dem Wolf und dem Karibou, der Moschusochse zu nennen. Dieses Wild bewohnte während der Eiszeit auch Mitteleuropa und hat sich mit dem Rückgang der Vereisung in die Arktis zurückgezogen. Hier fand es seine Lebensbedingungen und blieb, auch als die Eskimos vor rund 4000 Jahren in die weite, vereiste Landschaft der Nordwest-Territorien sowie der Arktis vordrangen.

An ihrem Bestand änderte sich kaum etwas. Erst die Einfuhr der Feuerwaffen brachte dieses wenig scheue Urwild an den Rand der Ausrottung.

Ausgrabungen und zufällige Funde beweisen, daß die Eskimos den Polarbüffel bereits vor einigen 1000 Jahren bejagten. Man nimmt als sicher an, daß sie nie tief in die Bestände eingegriffen haben, bzw. eingreifen konnten. Die primitiven Waffen und die stets geringe Anzahl der Inuits haben das verhindert. Die Eskimos mußten ständig darauf bedacht sein, daß die Kopfzahl ihres Stammes nicht zu stark anwuchs, weil das Land, bzw. das Meer nur eine beschränkte Bevölkerung ernähren konnte.

Somit waren sie gezwungen, sich durch Selbstregulierung der Umwelt anzupassen. Kindesmord, vor allem bei erstgeborenen Mädchen, und Umbringen von Gebrechlichen und Altersschwachen zeugen von diesen uns grausam erscheinenden, bevölkerungspolitischen Maßnahmen. Dazu kamen natürlich noch Krankheiten und Unfälle bei der Bejagung von Walroß, Eisbär oder Moschusochse, sowie Unfälle, die das Eismeer und die Witterung hervorriefen. Es war eine schwierige Aufgabe, in dieser Umwelt zu überleben. Einerseits galt es, den Menschenzuwachs zu regeln, um keiner Hungersnot ausgesetzt zu sein; andererseits mußte gewährleistet sein, daß genügend Jäger heranwuchsen, um ausreichend Beute zu machen. Auf diese Weise blieb das Verhältnis Mensch – Großwild ausgeglichen.

Gegen ihre Erzfeinde, die Wölfe, haben die Polarbüffel eine unfehlbare Abwehrstrategie entwickelt. Bei drohender Gefahr schließt sich die Herde eng zu einer Igelstellung zusammen und wendet dabei dem Feind die wehrhafte Hörnerfront zu. Kälber und Jährlinge werden in die Mitte genommen. Kein noch so hungriger Wolf kann diese Schutzmauer durchbrechen; die geschwungenen, spitzen Hörner sind tödliche Abwehrwaffen.

Aus solchen Überlegungen wurde ich auf einmal aufgeschreckt, denn mir kam die Gegend plötzlich bekannt vor. Mir fielen mehrere Eisberge durch ihre Größe und ihre markanten Profile auf. Wenn jetzt auch von einer anderen Seite gesehen, waren sie doch unverkennbar. Richtig, mir fiel ein, Jake wollte ja zurück zum „Iglu am Eisberg". In einem großen Bogen war er bis auf Sichtweite an das offene Wasser herangekommen. Auch von einer erhöhten Position, es waren vielleicht noch 1000 Meter, konnten wir mit dem Glas bis zu dem deutlich dunklen Streifen des offenen Wassers sehen, aber kein Zeichen von Nanook entdecken.

Dichter Nebel lag wie grauer Dunst über dem Wasser, welches wie eine besonders breite Eisspalte aussah. Zahlreiche kleinere Adern zweigen davon ab. Aus Gründen der Sicherheit wollte Jake nicht näher heran und nahm daher direkten Kurs auf den Iglu.

Ich hatte diese Behausung aus unerklärlichen Gründen ins Herz geschlossen und freute mich direkt dar-

219

auf. Es sollte allerdings noch Stunden dauern, bis wir sie erreichten.

Bei einer Pause verbrannte und erfror ich mir fast gleichzeitig die unbehandschuhte Rechte beim Suppefassen. Da Brot und Butter fehlten, war Suppe mit rohen Stücken der Robbe die einzige Nahrung. Man kann sich aber auch an diese Speise gewöhnen, bringt sie doch wenigstens das Gefühl von Wärme. Unbeirrt zogen die Hunde wieder ihre Bahn. Es war unklar, ob sie nur weiter vom offenen Wasser weg wollten oder ob sie den Weg genau kannten. Trotzdem mußte Jake manchesmal wieder mit der Peitsche nachhelfen. - Zunächst aufkommender leichter Wind ließ die Temperatur sofort merklich absinken, dann aber wurde er stärker und peitschte den aufgewirbelten Schnee vor sich her. Nur noch mit zur Fahrtrichtung abgewandtem Gesicht konnte man es aushalten. Die Sonne verschwand immer mehr hinter einem Dunstschleier, und die Schollen des Packeises wurden gröber. Es war, ich konnte keinen besseren Vergleich finden, wie die Fahrt zur Hölle, und es konnte einem angst und bange werden. Aber mit dem unbeugsamen Willen zum Durchhalten versuchte ich, die Situation zu überspielen. Krampfhaft hielt ich mich an dem schleudernden Schlitten fest, aber es kam, was kommen mußte - die Hunde gehorchten Jakes Befehlen nicht, zogen in verkehrte Richtungen, und über eine Schneewehe und zugefrorene Eisspalte schlug schließlich der Schlitten um, und ich flog in hohem Bogen in einen etwa zwei Meter tiefen Schneegraben. Zum Glück ohne Schaden, konnte ich mich sofort wieder aufraffen und mich auf den bereits wieder von Jake aufgerichteten Schlitten schwingen. Hoffentlich hatte meine festverschnürte Waffe in dem lädierten Koffer keinen Schaden genommen. Ob sie ihre Schußleistung noch unter Beweis stellen mußte, hielt ich immer mehr für zweifelhaft.

Elisah war inzwischen in dem aufgewirbelten Schnee verschwunden, er wollte voraus, um unbedingt an dem in der Nähe des Iglus bekannten Robbenloch einen dieser Meeresbewohner zu schießen. Die Hunde brauchten Futter. - Nur die Hunde?

Bei dieser enormen Kälte hatte ich nur den einen Trost, daß der Iglu schon fertig war und der Spiritusofen die Temperatur schnell in den Nullbereich bringen würde.

Obwohl die Sonne inzwischen den Dunstschleier wieder durchbrochen hatte, blies der Wind weiter aus „allen Rohren". Es war, als ob die Heimat der Kälte und Stürme mir noch einmal zeigen wollte, wer hier das Sagen hat. Längst konnte gar nicht mehr nach Fährten Ausschau gehalten werden. Dann wußte ich nicht, ob die Augen mir einen Streich spielten oder ob ich richtig sah. Ich erkannte den Eisberg, wo unser Iglu stand, freute mich, aber aus der Erfahrung der letzten Tage weiß ich auch, wie leicht Distanzen in dieser Region unterschätzt wurden. Meist, ja zu 90 % verschätzte man sich. Gerade bei sonnigem Wetter lag die Fernsicht bei nahezu 100 Kilometern. Das Ziel schien so nahe, und trotzdem brauchte man noch Stunden, um es zu erreichen. - Aber auch diese Fahrt ging zu Ende, und noch vor der Dunkelheit erreichten wir unser Iglu am Eisberg.

Nach erster Besichtigung fuhr mir ein gewaltiger Schrecken in die Glieder. Nur wenige Meter neben dem Iglu hatte sich ein neuer „Crack" - eine Eisspalte - gebildet.

Sie war etwa 20 - 30 cm breit, jetzt natürlich wieder zugefroren und nur durch eine Vertiefung von 40 cm erkennbar.

Was wäre gewesen, fragte ich mich, wenn diese Eisspalte sich in der Nacht und genau durch unser Lager gebildet hätte? Fürchterliche Gedanken, was alles hätte passieren können, plagten mich noch eine ganze Zeit - von Erfrierungen, oder Einquetschen von Gliedmaßen, bis zu einem erbärmlichen Ende. -

Schnell waren unsere Sachen in der Behausung, die Leitung für unser Funkradio wurde gespannt, und dann wurde mit einem frischen Schneeblock der Iglu verschlossen. Trotz aller Mühsal kam ein wenig Gemütlichkeit auf. Tee, Suppe und etwas Cariboufleisch weckten die Lebensgeister, und ich hatte wieder Zeit, meine Gedanken zu Papier zu bringen. Von Jake hörte ich während all dieser Stunden kein Wort des Bedauerns wegen des bisherigen Mißerfolges, des Fehlens frischer Bärenfährten. Ihn schien es keineswegs zu bekümmern, ob mir das Ziel meiner Expedition versagt bliebe. Als ich meine Unterlagen wegpackte, schliefen die Inuit bereits.

Über Funk waren alle Neuigkeiten ausgetauscht, und wenn es nichts mehr zu erzählen gab - wurde geschlafen!

Nur zögernd errang anderntags die Sonne die Kraft, um die Morgendämmerung zu verdrängen. Ich lag wach in meinem Schlafsack, hatte den Kopf aus Decken und Fellen geschält und beobachtete das langsame Hellerwerden im Inneren des Iglu. Meine Inuit schliefen den Schlaf der Gerechten und machten sicherlich noch nicht so bald Anstalten, mit dem Tagesablauf zu beginnen.

Es war der vorletzte, praktisch der letzte Tag, wenn man die Fahrt entlang der Küste nach Pond Inlet unberücksichtigt ließ. Sollte mir tatsächlich noch Diana hold sein? Der Glaube versetzt Berge, und diesen hatte ich – aber leider zur negativen Seite. Ich war jetzt nahezu überzeugt, ohne Eisbär nach Europa fliegen zu müssen.

Jake wollte heute abend die Hütte am „Müllplatz" erreichen, und das waren etliche Kilometer, d. h. für ein Schlittengespann viele Stunden. Daher zeigten meine Begleiter auch eine bemerkenswerte Betriebsamkeit, und früher als sonst ging die Fahrt los.

Zunächst strahlte die Sonne in ihrer ganzen Kraft und gab der Landschaft wieder einen zauber-, ja märchenhaften Glanz. Später, nachdem wir mit vielen Mühen einen in seiner Breite schier nicht mehr aufhörenden, wild zerklüfteten Streifen Packeis überquert hatten, kam wieder dieser schneidende Wind auf. Die Eisschollen, Spalten und Verwehungen hatten Ausmaße, wie sie mir vorher noch nicht zu Gesicht gekommen waren. Mit gewandter Geschicklichkeit meisterte Jake auch diese schwierige Situation. Alle Sinne schienen jetzt nur noch auf Richtung „Heimat" und nicht mehr auf Eisbären ausgerichtet zu sein.

Am frühen Nachmittag kam zunächst verschwommen die Küste mit ihren Gebirgsformationen in Sicht. Elisah war inzwischen voraus gefahren, aber bei uns dauerte es noch nahezu drei Stunden, bis wir der Hütte so nahe waren, um Einzelheiten erkennen zu können. Ich dachte an den Schmutz, die Unordnung und die verschmierten Wände, aber trotzdem freute ich mich, am Abend wieder ein festes Dach über dem Kopf zu haben.

Die Hunde hatten einen der längsten und schwierigsten Tage hinter sich, sie waren müde, man merkte es bei genauer Beobachtung, aber sie spürten die Nähe der Behausung, und das gab ihnen neue Kraft. Mehrmals, häufiger als sonst, liefen Jake oder ich hinter oder neben dem Schlitten her, um die treuen Begleiter zu entlasten.

Endlich war die Hütte am „Müllplatz" erreicht. Seesack und Waffenkoffer über die Schulter gehängt, stapfte ich die Anhöhe hinauf, vorbei an dem bereits beschriebenen Gerümpel, und dann stieß ich die vereiste Tür der Hütte auf.

Elisah lag faul auf den etwas erhöhten Brettern inmitten von Lumpen, Fellen, Dreck und Skidoo-Ersatzteilen. Ihn störte das natürlich nicht. Aber der Ofen brannte, und das gab dem ansonst häßlichen Raum ein wenig Behaglichkeit.

Ohne Kommentar machte ich mich an die Arbeit, öffnete so weit es ging die Türe und warf bzw. fegte allen mir in die Augen fallenden Unrat vor die Türe. Elisah wies ich an, unser gesamtes Geschirr, Teller und Tassen zu spülen, denn auf Jake mußten wir sicher noch warten, da er die Hunde versorgte und fütterte.

Einigermaßen mit meiner Arbeit zufrieden, schälte ich mich dann aus der schweren Pelzkleidung, legte mich auf die inzwischen hereingeholten Felle und wollte in Ruhe die Expedition vor meinem geistigen Auge Revue passieren lassen. Ich hatte eine, von vornherein risikoreich eingeschätzte Jagdreise gemacht, und der Erfolg war mir versagt geblieben. Damit muß man als Jäger rechnen. Sicherlich würde eine zweite Expedition nötig sein, um mein Ziel zu erreichen. Sicher würde es auch richtig sein, die begleitenden Eskimos besser zu motivieren. Alles in allem hatte ich diverse Erfahrungen gesammelt, war um viele Erkenntnisse reicher geworden und hatte etwas erleben dürfen, was vielen Menschen versagt bleibt. Meine Blicke schweiften dann an den verschmierten Wänden entlang. Viele Inuit hatten sich dort verewigt, und weil die Namen für manchen aus unseren Breitengraden nicht uninteressant sind, habe ich sie aufgeschrieben.

Simon Inootik, Jayko Ootoowak, Boazie Ootoka, Lamech Sangoya, Joeli Koonark, James Angwetsiak, Imok Kackkiak, Andy Attagutalukutak, Lecy Kaolloo, Akoda Kautainuk. –

Zu diesem Zeitpunkt konnte ich nicht ahnen, daß ich viele von ihnen an diesem Abend noch kennenlernen würde!

Nach dem Essen, das aus Suppe mit Robbenfleisch und dem üblichen Tee bestand, wollte ich den nächtlichen Himmel der Arktis bei fast vollem Mond fotografieren. Vor der Hütte, in meine Felle verpackt stehend, suchte ich nach bekannten Sternbildern. Ein Stern fiel mir etwas sehr tief auf dem Eis auf, einen

Moment stutzte ich, bis mir klar wurde – das muß ein Skidoo sein. Dann weiter rechts noch einer, weiter hinten noch einer ...

Langer Rede kurzer Sinn – bis etwa 24:00 Uhr hatten sich in der Hütte etwa 14 Robbenfänger versammelt.

Sie erzählten, reparierten Vergaser, aßen auf dem Boden sitzend mit verschmierten Ölfingern rohes Fleisch und waren, meiner Ansicht nach, mit sich und der Welt zufrieden.

Mir schenkten sie kaum einen Blick, ja ich schien für sie nicht da zu sein. Meine Grüße wurden von den in Abständen eintreffenden Eskimos kaum erwidert. Ich war darüber etwas verstimmt, schrieb es aber der Eskimomentalität zu und blieb in meiner Ecke. Gegen 02:00 Uhr nachts verließen sie einer nach dem anderen den Raum und fuhren Richtung Pond Inlet.

Eins wurde mir klar, wenn die Burschen, die mit ihren Skidoos weit größere Strecken zurücklegen können, als wir mit dem Hundeschlitten, hier gleichzeitig nach Robben jagten, konnte meine Jagd kaum Erfolg haben. Durch sie mußten die Bären ja vergrämt werden. Nicht gerade glücklich darüber, schlief ich schließlich ein.

◇

Die letzte Etappe nach Pond Inlet verlief ohne nennenswerte Zwischenfälle. Stundenlang ging es an der Küste entlang. Am Nachmittag versuchte noch einmal schneidender Wind, uns das Leben sauer zu machen, doch als der Skidoo von Elisah seinen Geist aufgab, konnte ich schon die ersten Hütten von Pond Inlet erkennen.

Ich freute mich vor allem auf ein Bad und auf ein vernünftiges Bett. Jake versprach mir, von einem Freund Elfenbeinschnitzereien zu besorgen, und zwar rechtzeitig vor meinem Abflug. Leider habe ich ihn nicht mehr gesehen.

Als Weißer sollte man es sich allerdings überlegen, Versprechungen zu machen, denn man verliert sehr viel in den Augen der Eskimos, wenn sie nicht eingehalten werden.

Am späten Abend konnte ich noch einige Einkäufe machen und entdeckte dabei eine „Schneiderei" oder besser gesagt, Eskimofrauen bei der Kleider-Herstellung.

Es war höchst interessant, den Frauen bei ihren Näharbeiten zuzusehen. Das eine Ende des zu nähenden Fellstückes wurde mit den Zähnen festgehalten, die eine Hand spannte die Stücke straff, und die andere nähte mit Caribousehnen die beiden Teile Kante an Kante zusammen. Die Zähne sind überhaupt das Universalwerkzeug der Eskimofrau. Eine große Rolle spielen sie auch bei der Anfertigung der Kumaks (Stiefel). Die Winterstiefel sind aus Caribufell, an dem die Haare belassen werden, wogegen das für die Sommerstiefel bestimmte Seehundfell mit den Zähnen so lange geschabt und geknetet werden muß, bis es zu einem haarlosen, wasserdichten Leder geworden ist. Die Sohlen dieser Stiefel bestehen in der Regel aus dem dicken Fell der Walrosse.

Im Hotel war ich nun schon bekannt und fühlte mich zu Hause. Mit der Crew „meines" ankommenden Flugzeuges hatte ich interessante Gespräche. Der Kapitän versprach mir für morgen einen Platz im Cockpit und wollte mir Bären zeigen!

In meinem Bett – wie herrlich – nahm ich in Gedanken Abschied von diesem eigenartigen Streifen unserer großen Erde. Rückschauend, alles in allem betrachtend, mußte ich zugeben, daß ich von dem allerdings sehr schmerzlichen Mißerfolg meiner Jagd einmal abgesehen, mit den Eskimos hochinteressante Tage verlebte. Wie früher erwähnt, darf man eben ihr Verhalten nicht mit dem uns gewohnten vergleichen, denn sie gehören einer Rasse anderer Mentalität an. Dann erkennt man, daß sie in ihrer Art freundliche und unverdorbene Menschen sind. Manchmal noch unter den allerarmseligsten Verhältnissen lebend, sind sie im Grund zufrieden und unverdrossen.

Mir wird sicher so manches Erlebnis mit ihnen unvergeßlich bleiben, und ich werde lange davon zehren.

Fast pünktlich hob die Maschine der „Bradley Air Services" vom Eis ab. Über Broughton Island und Frobisher Bay sollte sie mich nach Montreal bringen, wo meine Frau wartete.

So lange es ging, ruhten meine Augen noch auf der sich entfernenden Siedlung Pond Inlet und schweiften dann über die braunen und schwarzen, scharf gezackten Umrisse der Berge Baffin Islands hinweg, weiter und weiter in die Ferne, in die Heimat Nanooks, wo sich grau in grau am nördlichen Horizont der düstere Eismeerhimmel zeigte.

◇◇◇

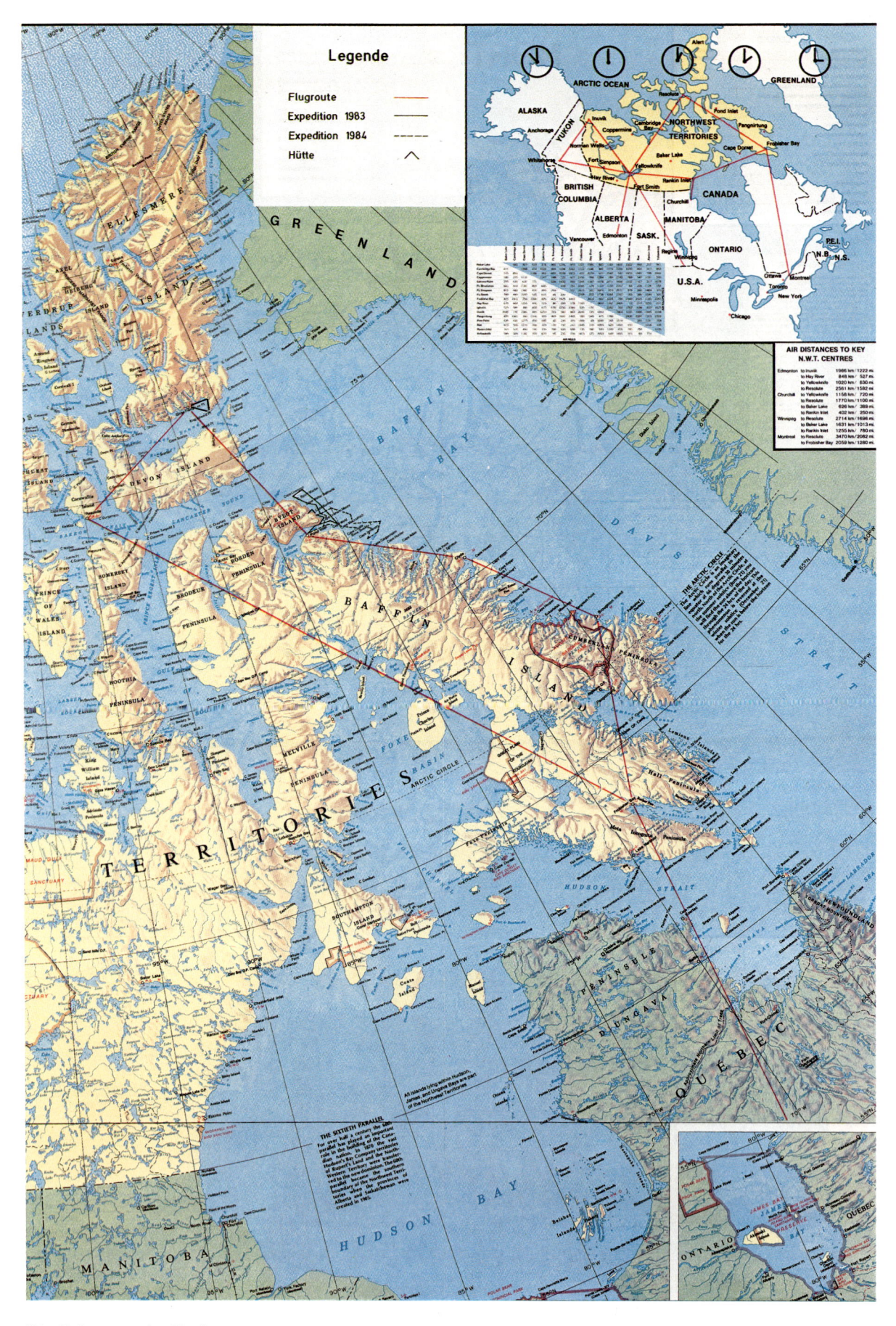

Die Reiseroute des Verfassers.

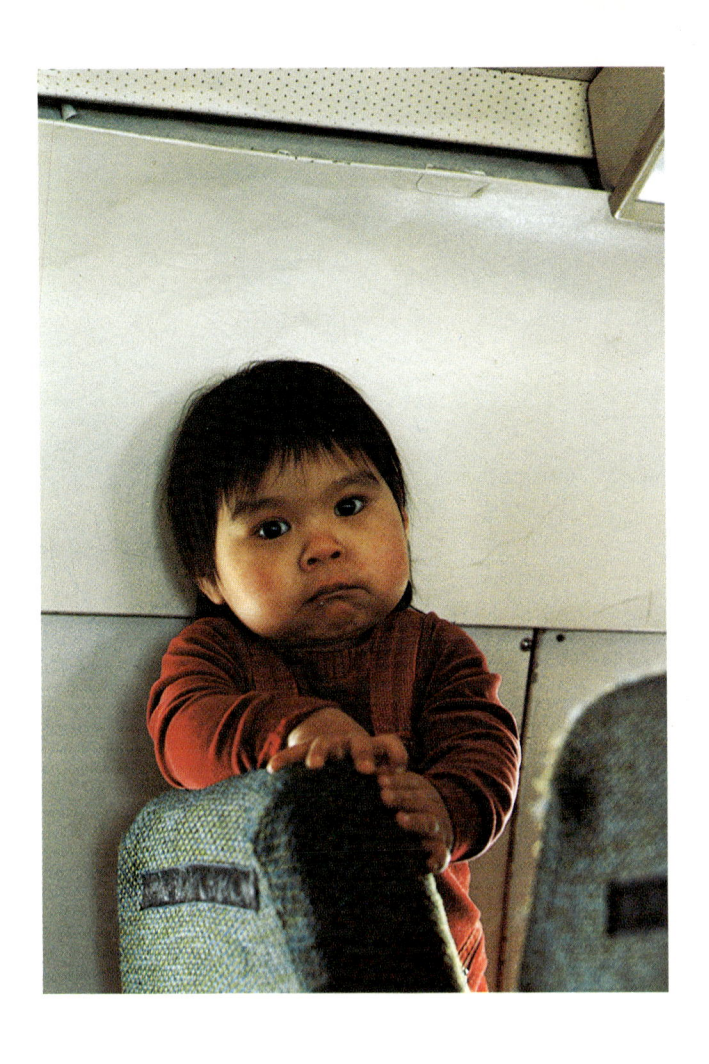

Große und kleine Inuit.

Charlie Inupaq aus Frobisher Bay.

Nunatakker im Nationalpark „Auyuittunq" – „der Platz, der nicht schmilzt", Baffin Island.

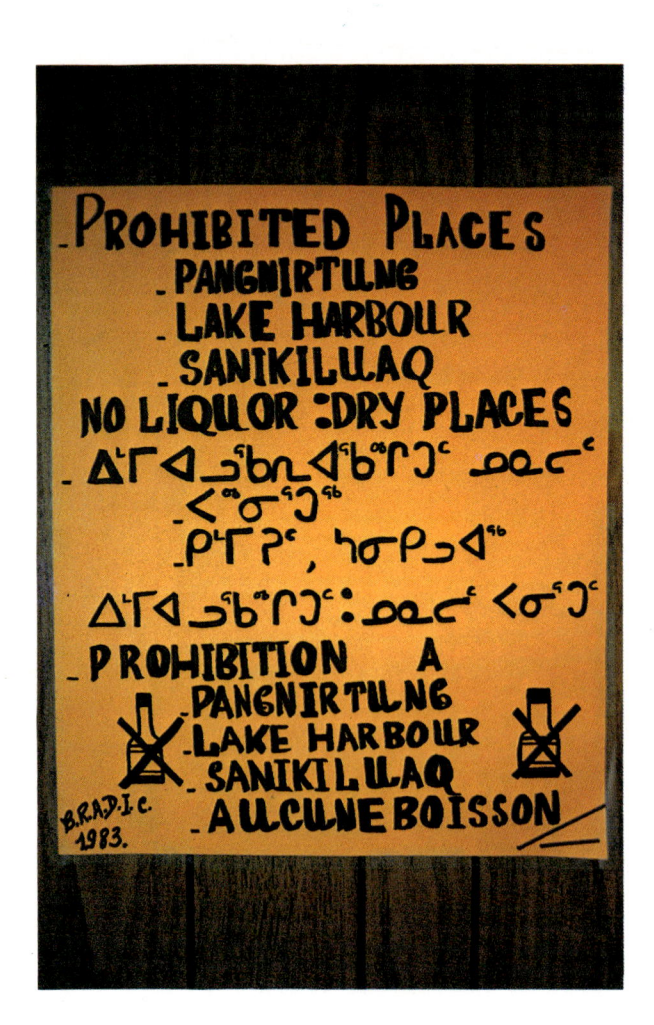

Das Gelenk der Führung an Elisah Skidoo war gebrochen, mit einem Querholz des Schlittens wurde der Schaden behoben.

Alkoholverbot.

Noch ist mein Gesicht nicht von der Kälte gezeichnet.

...für die Hunde willkommener Anlaß für ein Nickerchen.

...Jake nützt die Gelegenheit, um die Kufen mit neuem Eis zu belegen.

Vor einem Eisberg hat Jake den Schlitten gewendet, um ihm ein neues „Profil" zu geben...

Traum oder Hölle?

Zuerst wird eine Anzahl Schneeblöcke gesägt.

Der erste Ring ist bald gesetzt.

Die Spirale schließt sich langsam.

Noch müssen die Fugen mit Schnee abgedichtet werden.

Vor dem Eingang lagen die jungen Hunde, als wir ihn öffneten.

So sah der „Wirtschaftsteil" unseres Iglus aus.

Wenn die Temperaturen bei −40° C liegen, sieht man schon so aus.

233

Eisberge von mehr als 100 Metern Höhe hatte ich gesehen.

Alle Teile sind mit Eis überzogen, trotzdem heißt es „Packen".

Man brauchte keine große Phantasie, immer wieder erkannte ich Figuren, Schiffe etc....

Teilansicht der Häuser von Pont Inlet mit der Küste von Bylot Island im Hintergrund.

Eisblöcke vom Eisberg (Süßwasser) werden bis zum Gebrauch vor der Behausung gestapelt.

Junge Robbe.

Schnee-Eule.

Ptarmigan oder Schneehuhn.

Caribou.

Canada – 1984

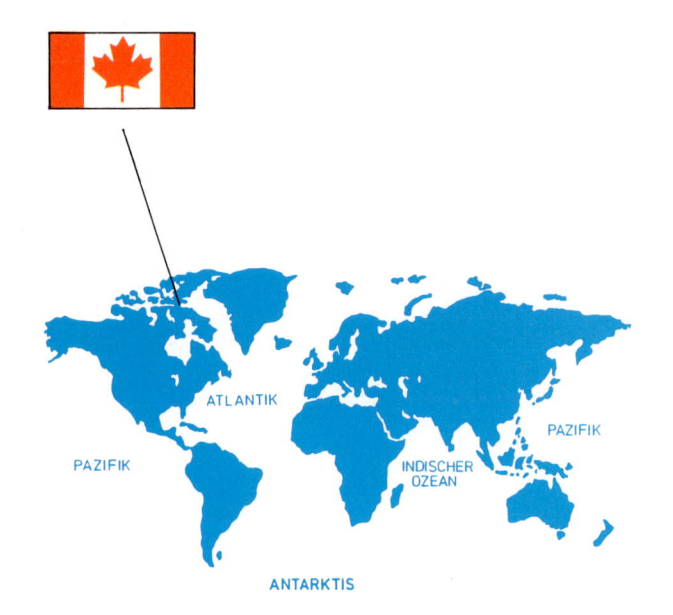

Auge in Auge mit Nanook, dem Polarbären

Ein Jahr war ins Land gegangen, viel hatte ich an meine erste, vom Ziel her erfolglose, Expedition gedacht. Mehr und mehr war im Laufe der Monate der Gedanke verwässert: „In diese Hölle fahre ich nicht noch einmal". Aber ist es nicht eine wunderbare Einrichtung des Geistes – je mehr man Abstand gewinnt, je mehr verblassen die unsympathischen Erinnerungen, und nur das Schöne bleibt erhalten! In einer Boeing 737 der Nordair hatte ich einen Fensterplatz und flog in wenigen Stunden wieder in eine für uns fremde Kultur, zu den Eskimos nach Pond Inlet, Baffin Island. Die Korrespondenz hatte sich gehäuft in den letzten Monaten. Die ursprünglich von mir vorgesehene neue Region wurde fallengelassen, nachdem mir ein Kontrakt geboten wurde mit dem maßgebenden Satz „... until he get's a bear without extra cost".

Das war so richtig nach meinem Geschmack. Ohne drängende Zeit und mit einer dadurch bedingten Motivation für meine Inuit. Noch nie, kam es mir in den Sinn, hatte ich eine Jagdexkursion unter solchen Bedingungen gestartet. Was konnte da noch schiefgehen?

Nach meiner Jagd war noch eine weitere Expedition auf Ellesmere Island vorgesehen. Wollte ich doch in einem Gebiet, welches nicht weiter als 2000 km vom Nordpol entfernt ist, Moschusochsen (Muskox) beobachten und fotografieren.

Die Lautsprecheransage des Flugkapitäns stimmte mit der unter mir herziehenden Landschaft überein. Wir flogen in einer Höhe von 1000 Metern und in Frobisher Bay, meiner ersten Station, erwarteten mich – 20° C. Aus den ursprünglich in Montreal vereinzelten Schneeanflügen war inzwischen eine durchgehende Schneedecke geworden. Kein offenes Wasser war erkennbar, die weißen Bänder der vereisten Flüsse sahen aus wie Autobahnen. Ruhig, bei strahlender Sonne zog die Boeing ihren Kurs.

Meine Frau, die meine Reise nutzte, um mal wieder ihre Verwandtschaft und Freunde zu besuchen,

wußte ich in guten Händen. Sie hielt sozusagen das „Basiscamp" in Montreal. Für zunächst vier Wochen hatte ich ihr Lebewohl gesagt, das war die Zeit, die ich mit den Eskimos leben und jagen wollte.
In meinem Reisegepäck, neben der Mauser 9,3 x 64, eingeschossen mit TUG 19,5 gr., meine auf Maß geschneiderte Eskimokleidung aus Cariboufell. Ungegerbt hatte sie, wenn auch gekühlt, die 12 Monate überstehen müssen. Ich hoffte, daß die langen, dichten Haare des Caribou erst nach der Expedition gänzlich ausfallen würden. Denn eines war mir klar – nur zweckmäßige Kleidung ist in der Arktis ein Garant für das Überleben.
Schon eine Absenkung um 5° Cels. unserer normalen Körpertemperatur von 37° bringt unseren Wärmehaushalt durcheinander. Einer Unterkühlung zu trotzen, ist daher ohne entsprechende Kleidung kaum möglich. Ein Mensch würde bei – 49° Cels. und einer Windgeschwindigkeit von 40 km in der Stunde – für Polargebiete ein normales Wetter, ich hatte es ja bereits mehrmals erlebt – höchstens 15 Minuten überleben, wenn er mit der nackten Haut sich der Witterung aussetzen würde.
Die aus Asien über die Beringstraße eingewanderten Eskimos haben sich bestmöglich der neuen Heimat angepaßt, und sie lieben ihr Land, in dem die Sonne im Oktober untergeht und erst Mitte März wieder scheint.
Der Inuit nimmt im Vergleich zu den Weißen, wohl fettreichere Nahrung zu sich und hat einen deutlich beschleunigten Stoffwechsel; zwar ist er von Statur kleiner, seine Hände und Füße sind zierlicher und besser durchblutet – aber auch diese günstigen körperlichen Eigenschaften würden ihn nicht schützen vor der grausamen Kälte und den schneidenden Winden. Die erforderliche Anpassung suchte er daher folgerichtig durch intensive Nutzung der der Kälte angepaßten Tiere. Das Wild des Nordens diente ihm von jeher sowohl als Nahrung als auch als Lieferant lebenswichtiger Materialien. Felle, Knochen, Sehnen, Eingeweide, Hörner, Zähne, Fischbein usw. waren Grundlage für Kleidung, Jagdwaffen und Behausung.
Wir landeten planmäßig in Frobisher Bay. Sonnenschein, aber kalter Wind zeigte mir, wo ich in den nächsten Wochen zu Hause sein würde. Erst in drei Stunden startete ein Flugzeug der Bradley Air, um mich dann über Broughton Island und Clyde River nach Pond Inlet zu bringen.

◆

Zeit genug, um mich umzuschauen und Kontakt zu suchen. Den fand ich schon bald bei Jan Duvekot, einem Unterhändler der Eskimos, der sie in Rechtsfragen, was den Landbesitz betraf, gegenüber der Regierung in Ottawa vertrat. Er war Holländer und wartete wie ich auf den Weiterflug. Spontan schlug er vor, mich zu einem kurzen Gespräch ins Büro des „Baffin Regional Council" mitzunehmen. Mir war im Moment nichts lieber, erfuhr ich doch bei der Unterhaltung so manch Wissenswertes.
Frobisher Bay in der Eskimosprache Iqaluit, auf deutsch einfach Fisch, liegt malerisch in einer Bucht, die von mittleren Bergen eingesäumt ist. Der erste Kontakt zwischen Europäern und Eskimos war hier 1576 durch den Pirat, Abenteurer und Entdecker Sir Martin Frobisher.
Auf der Suche nach der nordwestlichen Durchfahrt des Polarmeeres landete Frobisher auch an der Nord-Ost-Spitze von Baffin Island. Bei Kampfhandlungen mit den Eskimos fanden 5 seiner Leute den Tod. Ihm gelang jedoch die Gefangennahme eines Inuk, den er im Kajak – so die Überlieferung – zu seinem Schiff und später mit nach England nahm. Der Eskimo wurde regelrecht zur Schau gestellt und Frobisher erreichte, daß Queen Elizabeth I. Soldaten nach Baffin Island schickte. Frobisher fand bei späteren Reisen hier angeblich Gold, gründete Minen-Kolonien und kam mit einer Armada von 15 Schiffen wieder. Hiervon verlor er vor der Landung die meisten. –
Im 18. und 19. Jahrhundert trafen Walfänger häufig hier mit Eskimos zusammen und hatten entsprechenden Einfluß. Durch die Tätigkeit der Hudson-Bay Company, die Anlage der großen Luftbasis 1942/43, der späteren Canadien Air Force Base und schließlich der großen Radarstation der USA, sowie die Aktivitäten der Anglo-Missionare und dem Bau der ersten Schule 1955, wurde der Ort zur heutigen Hauptstadt der Baffin Region der NWT. Das Durchschnittsalter der 2500 Einwohner liegt heute bei 20

Jahren. Die Bewohner setzen sich zusammen aus 66 % Inuit (Eskimos), 0 % Dene (Indianer) und 34 % anderen. Die durchschnittlichen Temperaturen betragen im Januar: hoch - 22,5° C; tief - 30,1° C. Im Juli: hoch + 11,9° C; tief + 3,9° C.

◇

Frobisher Bay, den Ort meiner ersten direkten Berührung mit den Eskimos, möchte ich zum Anlaß nehmen, um kurz auf die durch Funde zur Geschichte gewordene Entwicklung der Eskimos einzugehen. Die canadischen „Inuit" nehmen diese Bezeichnung, die in ihrer Sprache „Menschen" bedeutet, ausschließlich für sich in Anspruch, obwohl der Name Eskimo seit vielen hundert, ja tausend Jahren gilt. Er wurde ihnen der Überlieferung gemäß von den Indianern gegeben und bedeutet: „Esser von rohem Fleisch".

Die Menschen der ersten Eskimokultur kamen, wie bereits gesagt, über die Beringstraße und dem heutigen Alaska. Einige Hinweise ihrer ersten Lebensweise wurden bei Cape Denbigh, Alaska, gefunden, daher trägt diese erste Kulturstufe den Namen Denbigh. Man glaubt, daß in diesem Zeitraum eine wärmere Klimaperiode herrschte. Dies schaffte naturgemäß bessere Voraussetzungen für die Jagd und das Trappen schlechthin. Die Menschen der Denbigh-Kultur folgten der Küste Alaskas und Canadas bis Grönland. 4500 Jahre – eine lange Zeitspanne – weisen die Funde und Zeichen auf Ellesmere Island nach. Vielleicht sind diese Menschen schließlich den Caribouherden gefolgt und haben sich im Süden etabliert, oder sie haben eine größere Kälteperiode nicht überstehen können, denn ihre Kultur verlor sich wieder.

Die ersten Zeichen der zweiten Eskimo-Kulturstufe wurden in Cape Dorset auf Baffin Island entdeckt. Der Name Dorset-Kultur war damit gegeben. Aber auch hier sind keine Anzeichen entdeckt worden, welche auf eine längere Besiedlung von mehreren hundert oder tausend Jahren hindeuteten.

Die Thule-Kultur begann vor etwa 600 bis 1000 Jahren. Die heutigen canadischen Inuit der NWT sind die direkten Nachfahren der Thule-Kultur. Die ursprüngliche Heimat dieser Menschen war die Nordküste von Alaska und wahrscheinlich auch weiter östlich das Mackenzie-Delta. Nach einer klimatisch wärmeren Periode breiteten sich diese Eskimos, wie schon die der Denbigh-Kultur vor ihnen, weiter ostwärts aus. Sie hatten Hunde, welche ihren Kamotik (Schlitten) zogen, Kajaks, und generell ging es ihnen besser als den Menschen der Denbigh- oder Dorset-Kulturen. Den Überlieferungen zur Folge hatten die Thule Inuit die ersten Kontakte mit Wikingern und lernten das Eisen als Material für Jagdwaffen, für Pfeilspitzen, Harpunen und Lanzen kennen.

Schwer gemacht wurde es den Altertumsforschern allerdings in der letzten Zeit durch neueste Funde im Yukon. Gebeine von Menschen mit einem Alter von 27 000 Jahren!!

Die Eskimos lebten um 1920 mit etwa 50 000 Köpfen in der canadischen Arktis. Bis 1940 nahm diese Zahl bis auf 12 000 ab. Heute ist sie allerdings mit 25 000 durch einen ständigen Babyboom im Aufwärtstrend. Sicher trägt dazu auch das aus der Frühzeit beibehaltene Sozialgefühl bei. Der Inuit kennt kein Mischlingsproblem, das gibt es einfach in seinen Augen nicht. Man ist „Eskimo" auch als Weißer. Keine Probleme gibt es aber auch in großen Familien oder mit Kindern von Kindern. Man gibt oder überträgt Kinder an andere Familien, wenn man selber in Schwierigkeiten ist. Begründet liegt dies wohl auch in der uralten Nomadenkultur. Jede Familie der nomadisierenden Eskimos brauchte, um zu überleben, Jäger. Fehlte der männliche Nachwuchs, bekam man einen Jungen einer anderen Familie, welche zuviele „Männer" hatte.

Daher gehört eine Adoption heute noch zum Alltag, wobei es kein Tabu gibt, wer Vater oder Mutter ist! Jan Duvekot: „Ich kenne keine Familie, welche nicht andere Kinder hat oder eigene Kinder abgegeben hat."

Sicherlich auch für uns, unter Berücksichtigung der dort herrschenden harten Lebensbedingungen, eine verständliche Sache. Die Gemeinschaft, das Kollektiv, steht über allem. Ein Einzelner kann nicht überleben. Genau wie beim Caribou – Einzahl gibt es weder in der Sprache noch in der Natur, sie kommen und gehen auch bei der Jagd immer in großen Herden.

Im Laufe der Jahrzehnte haben die Inuit mehrere eigene Volksgruppen gebildet. Man unterscheidet heute:

        Karngmalit Inuit (Mackenzie-Delta);   Copper Inuit;
        Netsilik Inuit;   Caribou Inuit;
        Iglulik Inuit;   Salliq Inuit;
        South Baffin Island Inuit;   Ungava Inuit;
        Labrador Inuit.

Die Sprachenbezeichnung der Eskimo – Inuktitut – wird hergeleitet aus einem Eskimo – Inuk und mehreren Eskimos – Inuit. Die eigentlichen Schriftzeichen sind erst vor etwa 100 Jahren von französischen und belgischen Missionaren entwickelt worden. Hierbei wurden Zeichen aus dem Indianischen verwandt. Einer der frühen Sprachwissenschaftler, der Missionar van der Velde, heute 80jährig, hat über Inuktitut ein Lexikon herausgebracht, welches heute noch Gültigkeit hat.

Mit Jan trank ich noch ein Bier in der, jetzt noch nicht voll besetzten, einzigen Diskothek im Umkreis von mehr als 1000 km, und dann mußten wir schnell zum Flugplatz.

Von der Unterhaltung im Büro des „Chief of Council" hatte ich nichts verstanden, weil teilweise die englische Sprache mit Worten des Inuktituts versehen war.

Während des Fluges wurde es nicht dunkel, die Sonne blieb fast am Horizont, nur bei den einzelnen Zwischenlandungen war sie nicht zu sehen. Lange Schatten warfen die Berge der grandiosen Gebirgslandschaft unter mir. Ich schaute auf die Karte, richtig, wir flogen über den Nationalpark Auyuittuq. Nur wenige Parks der Welt bieten solch eine elementare Wildnis. Ein Reservat jenseits des Polarkreises mit arktischem Klima und Bergen von mehr als 2000 Metern. Ihn zu durchwandern erfordert eine große Vorbereitung und absolute körperliche Fitness. Ein großer Teil des Areals ist überdeckt von dem Penny Ice Cap. Man schätzt das Alter dieses Eispanzers auf mehr als 18 000 Jahre.

Die Gletscher, welche sich auf ihm gebildet haben und diese Eiskappe darstellen, gaben dem Park den Namen „Auyuittuq" – „der Platz, der nicht schmilzt". Die vorwiegende Tundravegetation ist charakterisiert durch Kriechgewächse, Moose und die untersten Stufen der Baumarten. Die hauptsächlichen Tiere sind Polarbär, Caribou, arkt. Fuchs und Hase sowie Lemminge. Von dem relativ vielen Flugwild wären zu nennen: Gänse, Enten, Küsten- und Seevögel, Geier, Falken, Schnee-Eule, Ptarmigan, Raben und viele Spezies kleinerer Vogelarten. Auch hier fand man Spuren unterschiedlichster menschlicher Kulturen. Neben den bereits erwähnten Dorset-und Thule-Perioden traten hier besonders die Netsilik Inuit – Menschen der Robben – in Erscheinung.

Nur 12 Passagiere saßen in der mit Fracht voll beladenen 2 motorigen 748 Hawker-Sidley. Ich versuchte trotz der starken Motorengeräusche ein wenig von dem verlorenen Schlaf nachzuholen. In Broughton Island stieg Jan aus, und nur noch in Begleitung von 6 Passagieren kam ich langsam meinem Ziele näher.

Recht vertrauenserweckend sah die betagte Maschine nicht gerade aus. Wenn man, bei einem Blick aus dem Fenster, gleichzeitig die öl- und rußverschmierten Motoren und die wilde Gebirgslandschaft Baffin Islands sah, konnte man schon auf andere Gedanken kommen. Jan hatte mir kurz vor seinem Ausstieg noch eine Geschichte erzählt, die heute sicher auch zum Repertoire eines jeden gerne erzählenden Eskimos gehört.

Es war in einem Monat mit kurzen Tagen. Gleichmäßig brummte eine Propellermaschine auf der Strecke Frobisher Bay – Pond Inlet. Besorgt schaute schon der Pilot auf die Treibstoffanzeige. Irgendetwas gefiel ihm nicht. Entweder war hier ein Defekt, oder er hätte doch besser bei der letzten Zwischenlandung getankt. Die Schatten der Bergspitzen schimmerten im fahlen Mondlicht, noch waren es vielleicht 50 km. Sich selbst beruhigend, glaubte der Kapitän schon gewonnen zu haben. Da! War das nicht ein erstes nicht normales Geräusch in einem der Motoren? Dann das erste „Spucken", ein deutliches Zeichen, daß die Instrumente in Ordnung waren, aber der Brennstoff zu Ende ging.

Ein Eskimo mit seinem Hundegespann auf dem Heimweg von der Jagd auf einem Hochplateau, schaute auf. Deutlich nahm er die Unregelmäßigkeiten des sonst so vertrauten Flugzeuggeräusches wahr.

Im Flugzeug selber merkten jetzt auch die Passagiere – etwas ist hier nicht normal. Sich der Ungewißheit fügend, blieben sie auch noch verhältnismäßig ruhig, als der Motor an der linken Seite ausfiel und der Kapitän die Tafel „Fasten seat belt" einschaltete.

„Noch 20 km, wieviele sind schon mit einem Propeller gelandet!" dachte der Kapitän. Verzweifelt fingerte er an verschiedenen Knöpfen, während die Maschine mehr und mehr an Höhe verlor.

Geisterhaft wirkte der Riesenvogel, der dem Eskimo jetzt, auch durch die Positionslichter, im Rücken sichtbar wurde. „Der kommt ja direkt auf mich zu", waren seine Gedanken. Obwohl technisch unbegabt, merkte er, hier stimmt etwas nicht. Unwillkürlich trieb er seine Hunde zur schnelleren Gangart an, viel Fläche blieb ihm nicht mehr hier oben. Gleich mußte er links, einem langgezogenen Gletscher folgend, ins Tal.

In dem Flugzeug selber war inzwischen jedem die Situation bewußt. Frauen weinten; Männer redeten aufgeregt aufeinander ein; Gebete wurden hörbar.

Der Kapitän, sich noch in der Gewalt habend, bereitete sich auf eine Notlandung vor. In dieser Gebirgslandschaft war das fast gleichbedeutend mit dem Tod. Er dachte an Frau und Tochter. Gab per Funk die letzten Positionsangaben durch.

Tiefer und tiefer fiel die Maschine, während jetzt auch der andere Motor spuckte.

Die Passagiere nahmen nach Vorschrift die nach vorne gebeugte Haltung ein, den Kopf auf die Armbeugen gegen den Sitz des Vordermannes.

Das ausgefahrene Fahrwerk schien schon die Bergspitzen zu berühren, welche unter dem Flugzeug vorbeirasten.

Der Kapitän begann leise zu beten. Mit schweren Selbstvorwürfen bat er um Gnade, da er so verantwortungslos den Passagieren gegenüber gehandelt hatte. - Es konnte alles nur im Chaos enden -.

Das danach folgende Geräusch von berstendem Stahl auf einem Geröllfeld mit felsigen Quadern, gedämpft durch aufstiebenden Schnee und Eis, blieb nicht nur den Insassen der Maschine als Ouvertüre zur Hölle im Bewußtsein, auch dem Eskimo schien sein letztes Stündchen gekommen.

Kurz vor einem Abgrund blieb das Flugzeug mit einem scharfen Ruck in einem tiefen Graben hängen, der Bug wurde nach rechts geschleudert, während die linke Tragfläche abbrach.

Das Flugzeug stand ... mit Totalschaden!

Trotzdem keiner ernsthaft zu Schaden gekommen war, blieb es in dem Passagierraum beängstigend ruhig. Die Stille der Ohnmacht wirkte geisterhaft.

Erst ein Klopfen an dem Notausstieg der rechten Tragfläche von außen brachte wieder Leben. Verzweiflungsschreie mit lauten Gebeten gemischt, schlagen durch den von innen geöffneten Ausstieg dem auf der Tragfläche stehenden Eskimo entgegen.

Was nun folgte, gehört zur Eigenart der Eskimos. Ihre Gedankenspiele - gemischt aus Hoffnung, Wahrheit, Zweck, Gefühl und einem gewissen Zynismus. .... Der Inuk begrüßte jeden Passagier mit Handschlag und hieß ihn im Lande der Eskimos willkommen!

Diese mit sehr viel Glück verbundene Notlandung war im Jahre 1980.

⬥

Gegen 21:00 Uhr erschien mir bei einem Blick aus dem Fenster die Landschaft bekannter. Pond Inlet in Inuktitut - Mittimatalik -, an der nördlichsten Spitze Baffin Islands liegend, ist die Heimat der Nord Baffin Inuit. Ein reiches Gebiet für archäologische Studien der Thule-Kultur. Schottische und amerikanische Walfänger erreichten schon vor 1820 dieses Inlet und machten im Laufe des 19. Jahrhunderts hier oft Station. Den Namen der Ansiedlung gab der Seefahrer John Pond durch John Ross 1888.

Im vorigen Jahrhundert hörte der Eskimo angakok Kridlak von Walfängern, daß, weit, weit nördlich über der Baffin Bay, in Grönland auch Inuit leben würden. Er und seine Leute fuhren von ihrem Heim in der Nähe von Bylot Island, Region Pond Inlet, los, um diese Menschen zu suchen. Nach vielen Strapazen und 8 Jahren Fahrt durch den Lancaster Sound, Devon Island und entlang der Küste von Ellesmere Island erreichten sie Smith Sound. Hier trennen nur 30 Meilen Wasser Canada und Grönland.

Auch diesen Kanal überquerten sie noch und stellten das erste Mal seit vielen Zeitperioden den Kontakt her zwischen Inuit beidseitig der Baffin Bay. Die grönländischen Eskimos hatten gerade eine schwere Epidemie hinter sich, welche viele Tote gefordert hatte. Kridlak's Gruppe vermischte sich mit ihnen und gab das notwendige frische Blut. –
Die Geschichte erzählt weiter, daß 1870 der inzwischen alte Kridlak wieder nach Hause wollte. Er starb auf dem strapaziösen Rückweg. Seit dieser Zeit besteht ein besonderes Verhältnis zwischen den Inuit aus Thule, Grönland, und Pond Inlet.
Zu erwähnen wäre aus der langen Geschichte noch das Jahr 1921. Mit der Syllabic Bibel des Reverenden Peck wollte der Inuit Umik eine neue christl. Version einführen. 1922 gründete die Hudson-Bay Company ihre Niederlassung in Pond Inlet. Eine Poststation folgte, anglikanische und römisch-katholische Missionsstationen etablierten sich 1926. Die meisten hiesigen Inuit sind erst seit 1960 hier, auch erkennbar an dem Durchschnittsalter von 17 Jahren. Schulen wurden 1960 und 1966 gegründet. Die Einwohner bestehen aus 94 % Inuit, 0 % Dene und 6 % anderen.
Durch Bodenschätze wie Erz, Zink, Uran und Gas, sowie die Ölexploration ist der Wohlstand deutlich sichtbar gestiegen. Der Lebensstandard ist höher als in den meisten arktischen Wohnsiedlungen.
Wir setzten zur Landung an. Im Gegensatz zum letzten Jahr, es war damals etwa 2 Wochen früher, war es heute noch taghell. Weich, wie auf einer Asphaltbahn, setzte der Kapitän auf und rollte die Maschine bis zu dem kleinen Abfertigungsgebäude.
Simon Idlaut, der mir für die kommenden Wochen zugeteilte, englisch sprechende Inuk, sollte mich abholen.
Aber trotz der Fragen an die hier stehenden Eskimos war ich allein. Aus dem Flugzeug ließ ich mir Seesäcke und Waffenkoffer anreichen, und ein junger Inuk brachte mich auf seinem Skidoo zum Hotel. Bekannte Gesichter traten mir entgegen, begrüßten mich zaghaft nach Eskimoart. Der Manager Joe Enook – das Hotel wird als Gemeingut der hier lebenden 650 Inuits geführt – wies mir ein Bett in dem bekannten 5-Mann-Raum zu.
Kurz darauf kam Simon, ein gedrungener, stämmiger, schwarzhaariger Eskimo. Seine asiatischen Vorfahren konnte man deutlich in seinem freundlichen Gesicht erkennen. Er hieß mich willkommen, entschuldigte sein Fehlen am Flugplatz, und wir unterhielten uns kurz. Morgen früh 9:00 Uhr wollte er mit dem Jäger Gamail Kilukishak vorbeikommen. Nach Lösung meiner Jagdlizenz beim Wildlife Service sollte unsere Jagdexpedition mit Hundeschlitten gegen 11:00 Uhr starten.
Nach einer traumlosen Nacht mit der Crew des Flugzeuges, sie schliefen, einschließlich Stewardess, mit in meinem Raum, war Simon auf die Minute pünktlich. Alles lief wie geplant. Einen guten Eindruck machten mir beide Männer. Leider sprach Gamail kein englisches Wort, dafür hatte er aber ein geradezu phantastisches Hundegespann.
Vor einem langen Schlitten wurden 14 bullige, vor Kraft strotzende Huskies in die Geschirre gelegt. Ihre Aufregung brachten sie durch Bellen, Heulen und Beißen zum Ausdruck. Gamail brachte sie, zu meinem Erstaunen ohne Peitsche, nur mit ein paar Worten zur Ruhe.
Meine Seesäcke und der Waffenkoffer wurden verschnürt, und dann zeigte Gamail auf den Schlitten. Ich schwang mich auf die cariboufellbedeckte Ladung, und mit Bravour und Leichtigkeit brachten die Hunde den schweren Schlitten in schnelle Fahrt. Simon wollte in wenigen Stunden mit dem Skidoo und Proviantschlitten, auf welchem Zelt und Petroleumfaß verzurrt waren, folgen.

✧

In schneller Gangart zogen die Hunde weit gefächert den Schlitten. Ab und an nur ein leises Wort von Gamail. Es schien, daß sich hier Tier und Mensch genauestens kannten und dadurch eine Vertrauensbasis da war, die im Vorjahr bei Jake fehlte.
Ich saß bequem, freute mich des sonnigen Wetters und spürte die heute morgen am Hotel gemessenen −27°C. gar nicht. Meine neuen Handschuhe hielten die Finger besser warm. Etwas wie know how, Erfah-

rung, machten mich stolz. Den mir zeitweise ein Lächeln zukommen lassenden Gamail mußte ich nicht nach Details fragen.

An der Küste von Bylot Island, die wir bald erreicht hatten, ging es Stunde um Stunde entlang. In einer Entfernung von vielleicht 500 Metern schienen die Berge der wild zerklüfteten Gebirgsinsel mit dem Schlitten zu wandern. Unendlich langsam verschwanden einzelne Strukturen aus dem Blickfeld. Gegen 15:00 Uhr bezog der blaue Himmel sich mit Wolkenstreifen. Erst vereinzelt, dann stärker werdend, verbanden sich die Streifen schließlich mit dem aufstiebenden Schnee an den Berghängen. Wie Nebel wirkte der Schneestaub, der nun langsam die unteren Regionen erreichte.

Dann war er da! Ein Sturm, wie er zur Begrüßung nicht schlimmer hätte ausfallen können. Wie mit der Faust wurde ich auf den Schlitten gedrückt. Der Wind, mit scharfen Eiskristallen vermischt, fand die kleinste Öffnung an meiner Kleidung. Meine Kapuze hatte ich am Hals nicht verschnürt, was im Moment natürlich auch nicht möglich war. Den Rollkragen meines Pullovers zog ich vor Mund und Nase. Spürte dabei festes Eis an und in meiner Nase. Sie war an der Spitze taub. Mit den Fingern versuchte ich zu massieren, bis es auch diesen zu kalt wurde.

Direkt von vorne kam der Wind. Ich wagte einen Blick in diese Richtung, konnte aber über Gamails Schultern keinen Hund erkennen, doch der Schlitten bewegte sich.

„Hölle, du hast mich wieder", sinnierte ich, zusammengekauert auf dem Schlitten. Solch ein Sturm kann von kurzer Dauer sein, kann aber auch Tage anhalten.

Nach vielleicht 2 Stunden, seit sechs und mehr Stunden zogen die Hunde pausenlos unseren Kamotik, ließ der Wind etwas nach. Ein Blick zurück zeigte Berge und Eismeer im gleichen Grau. Dort hinten müßte Simon mit Proviant und Zelt sein. Würde er es schaffen? Konnte ich mit Gamail alleine einen Iglu bauen? Seit dem Frühstück hatten wir beide nichts mehr gegessen.

Erstaunlich, wie wir Kulturmenschen schnell in Panikstimmung zu bringen sind. Bei meinen vielen Reisen hatte ich jedoch entsprechende Erfahrungen sammeln können. Ich wußte, daß es Augenblicke im Leben gibt, wo es einfach das Beruhigendste ist, nichts zu tun. Die Dinge, die einem widerfahren, läßt man einfach sich widerfahren.

Der scharfe Wind nahm an Intensität wieder zu. Stunde um Stunde zog der Schlitten seine Bahn. Man verlor bei der Helligkeit jedes Zeitgefühl. Es mußte jedoch schon später Nachmittag sein, und ich ahnte fast, wo Gamail hin wollte. Zu einer Hütte an der Küste, welche man normal an einem Tage nicht erreicht. Ich war ihm dankbar, denn egal, wie sie aussah - ein Königreich für ein festes Dach!

Wieder und wieder schaute ich durch den schmalen Schlitz, den mir die ins Gesicht gezogene Mütze und der vereiste Kragen meines Pullovers ließen, zurück, suchte einen Punkt, der Simon sein könnte. - Nichts!

Wir kamen der Küste von Bylot Island näher, und gegen 20:00 Uhr konnte ich auf einer vorgelagerten Landzunge eine Hütte erkennen. Lange brauchten wir noch, bis die Hunde, jetzt schneller werdend, den Schlitten sogar den kleinen Berg hochzogen. Mit wildem Gebell stürmte eine Meute anderer Huskies auf uns zu. Ein - zwei Eskimos kamen aus der leidlich aussehenden Behausung. Wir hatten unser Ziel erreicht.

Während Gamail die Hunde losschirrte, sauber die Leinen aufrollte und auf das Dach der Hütte legte, brachte ich unsere Sachen hinein.

Zwei Spirituskocher hatten in dem Raum die Temperatur in einen annehmbaren Bereich gebracht. Einer der beiden hier auf Robben jagenden Inuit konnte Englisch. Er übersetzte die später über Radiofunk eingeholten Neuigkeiten.

Simon war noch in Pond Inlet; der Sturm hatte sich in der Ortschaft noch fester ausgewirkt, und er konnte erst morgen nachkommen. In unserem Gepäck war doch ein Teil der Verpflegung. So kam ich noch zu einem bescheidenen Mahl, mußte aber selber kochen, da Gamail nicht wollte oder konnte.

Langsam tauten nach dem Tee die Eskimos auf und sprachen nicht nur über Funk mit Gott und der Welt. Durch den Englisch beherrschenden Inuk kam sogar eine richtige Unterhaltung zustande.

Es ist eine der Merkwürdigkeiten der Eskimos. Sie benötigen meistens eine etwas längere Zeit, bevor sie sich anderen Menschen gegenüber aufschließen. Haben sie aber dann Vertrauen gefunden oder sogar einen in ihr Herz geschlossen, kommen sie aus dem Erzählen nicht mehr heraus. Und sie können erzählen! Manchmal sind es Geschichten, die unglaubwürdig klingen, aber man bekommt sie immer wieder bestätigt. Mag sein, daß sie durch ständige Übermittlung teilweise zum Allgemeingut geworden sind, mag sein, daß an den langen Winterabenden sie immer wieder erzählt werden, weil doch bestimmt einer im Kreise ist, der sie noch nicht gehört hat.

Leider ist die Art der Unterhaltung heute nicht mehr auf das Geschichtenerzählen beschränkt, denn auch hier sind die Segnungen der Zivilisation allzu deutlich. Auf den Wohnbaracken fehlt nirgendwo die Fernsehantenne, und auf den entlegensten Inseln flimmert Denver, Dallas oder Kojak auf dem Bildschirm.

In ihrer Sprache waren die drei noch lange dran, und viel wurde auch gelacht, während ich so langsam in das Reich der Träume entschwand.

Schlecht konnte ich schlafen. Der Sturm, immer noch nicht zur Ruhe gekommen, heulte mit aller Macht um die Hütte, daß sie in allen Fugen ächzte. Die Eskimos schnarchten und husteten um die Wette. Um 1:00 Uhr war es schon so hell wie am Tage.

Wenn ich auch froh war, daß sich am Morgen so langsam etwas rührte, so mußte ich doch bald feststellen, daß heute gar nichts laufen würde, denn der Sturm fegte immer noch um die Hütte, und, wie mir schien, noch stärker; Simon war, wie wir über Funk hörten, immer noch in Pond Inlet. Ruhetag! Aber die Zeit war diesmal nicht mein Gegner, ich hatte mich mit ihr verbündet. In Ruhe brachte ich meine Dinge in Ordnung, schrieb und schlief.

Den nächsten Morgen konnte ich kaum erwarten. Nahezu windstill war es und dazu strahlende Sonne. Um 8:00 Uhr war Gamail mit allem fertig. Mein Frühstück war reichlich, und nun konnte es eigentlich losgehen. Aber – uns fehlte Simon. Er hatte das Zelt, den Hauptteil des Proviantes und den Brennstoff für unseren Spirituskocher. Wir warteten noch, obwohl die Hunde ungeduldig in ihren Geschirren zerrten. Ein Spezialanker hielt den Schlitten jedoch auf dem Eis fest.

Dann sahen wir in der Ferne Skidoo und Schlitten von Simon. – Wie er sagte, brauchte er allein eine Stunde, um seinen Skidoo aus dem Schnee zu graben, und etwa zwei Stunden für die 80 km, für die die Hunde vorgestern den ganzen Tag benötigten.

Einiges wurde noch umgepackt, und dann ging es endlich los. Gleißend hüllte die Sonne die Landschaft geradezu ein. Kräftig legten sich die Hunde ins Zeug. Es war eine Freude, mit ihnen zu fahren; kein Vergleich mit dem Hundeteam von Jake. Fast ohne Zuruf von Gamail fanden sie den Weg durch Eisaufwürfe und Schneewehen.

Gegen Mittag kam Simon mit dem Skidoo nach, wechselte einige Worte mit Gamail und fuhr voraus. Nicht mehr lange folgte Gamail seiner Spur, sondern suchte einen eigenen Weg. Ich verstand, zwei Jäger sehen mehr!

Die Sonne ohne Wind brachte die Temperatur auf –16° C., so daß ich auch mal in Ruhe ohne Handschuhe fotografieren konnte. Und was für Motive, ständig wollte ich Momente festhalten.

Es schien, als wenn das schlechte Wetter mehr als doppelt wieder gut gemacht werden sollte. Eine seltsame, geisterhafte Spannung lag über der Szenerie. Am Mittag die erste Spur eines Polarbären. Gamail konnte die Hunde nur mit dem Anker stoppen, sie waren fast nicht zu bändigen. Wenn er sie auch meist nur durch Zurufe steuerte, so konnte seine Peitsche aber auch ganz gezielt den „Bösewicht" treffen, auch wenn er mitten unter seinen Gefährten war.

Mit dem plötzlich heranbrausenden Simon wurde beraten. Die Fährte eines männlichen Nanook war zwar erst von gestern abend und ziemlich stark, aber sie führte in Richtung offenes Meer. Mein Herzschlag konnte sich in der anschließenden Pause wieder beruhigen.

Die Kufen von Gamails Schlitten, einem typischen canadischen Kamaotik, waren mit einer Art Teflonstreifen belegt, mußten also nicht wie bei Jake öfter mit neuem Eis wieder fahrtüchtig gemacht werden. Der Schlitten, wie früher ausführlich beschrieben, war gut einen Meter länger als im vergangenen Jahr. Er war der bei den canadischen Eskimos gebräuchlichste. Im Unterschied zum grönländischen Schlitten fehlte der hintere Aufbau. Die Inuit von Grönland lieben den Schlitten kürzer und steuern ihn am hinteren Aufbau durch das schmelzende Eis der Fjorde. Bei dem See-Eis der canadischen Arktis ist häufiger mit größeren Entfernungen zu rechnen, dadurch bedingt sind schwerere Ladungen.

Bei dem Schlitten der Inuit in Alaska findet man die Kufen nach hinten freistehend mit einem Querbrett zum Auf- und Abspringen. Der hintere Aufbau ist wie bei dem grönländischen Schlitten, jedoch sind beidseitig lange Steuerarme, die dem Eskimo auch Halt und Stütze sind. An beiden Seiten zieht sich ein nach vorne abfallendes Geflecht hin, welches Passagier und Ladung schützt.

Aus diesen drei Schlittenarten hat der Polarforscher Nansen einen Schlitten modifiziert, dessen Art vorwiegend in der Antarktis Verwendung findet. Die Schlittenarten sind auf Seite 209 abgebildet.

Der Nachmittag brachte, abgesehen von einer Fahrt durch eine bizarre, jedoch durch die Sonneneinwirkung traumhafte Landschaft, nichts Besonderes. Zeitig begannen wir am frühen Abend mit dem Aufbau des Lagers. Das Zelt wurde zwischen den beiden Schlitten so aufgebaut, daß die Zugleinen gut daran befestigt werden konnten. Das Zelt war geräumig, entbehrte aber der Romantik und Wärme eines Iglu. Die Hunde liefen natürlich frei herum, nur der Leithund wurde mit einer Kette am Eis befestigt. Gamail zerteilte für seine „Freunde" mit der Axt noch kunstgerecht eine halbe Robbe, bevor er sich mit dem Fernglas auf einen Eisberg zur Beobachtung zurückzog.

Im Zelt sagte mir Simon, Gamail wäre ein Jäger durch und durch. Immer unterwegs und in keinem Jahr ohne einen Polarbär nach Hause gekommen. Für mich alles goldene Worte. Mit Simon entwickelte sich im Laufe des Abends ein richtig nettes Gespräch. Mit 37 Jahren hat er acht Kinder, und voller Stolz erzählte er, daß seine Frau die einzige im Ort war, die bereits einen Eisbär geschossen hatte. Er selber hatte im letzten Monat zwei Bären geschossen!

Bei der Unterhaltung fiel mir auf, daß er trotz seiner gedrungenen, breitschultrigen Figur im Munde lauter schwarze Stummel hat. Ich sprach ihn daraufhin an. Er sagte, früher waren zumindest bei den männlichen Inuit die Zähne besser. Doch die heutige, weniger proteinhaltige Nahrung, früher zum Beispiel aß der Eskimo grundsätzlich seinen Fisch mit Kopf und Darm und löste damit auf natürliche Weise seinen Vitaminbedarf, einmal und zum anderen das ständige Lederkauen tragen zu den schlechten Zähnen bei. Viele Eskimos suchen daher heute möglichst frühzeitig in ihrem Leben einen Zahnarzt auf und lassen sich direkt alle Zähne ziehen. Auch eine Art, sich viel Schmerzen und Ärger zu ersparen, aber es ist nicht unbedingt eine „Erfindung" der Eskimos, sondern wird auch anderwärts praktiziert.

Um zwei Uhr wurde ich wach. Die kleine Öffnung meines Schlafsackes, im Durchmesser einer Konservendose etwa, war an den Rändern dick vereist. Draußen war es immer noch oder schon wieder hell, drinnen war es sehr kalt. Meine beiden Inuit schnarchten unter ihren Fellen und Decken.

Die Hunde heulten bereits eine ganze Zeit wie Wölfe. Das konnte durchaus ein Zeichen sein, daß ein Bär in der Nähe war. Unruhig wälzte ich mich von der einen auf die andere Seite. Viel Zeit, um Kräfte zu sammeln, blieb nicht mehr, denn wir hatten Wecken um fünf Uhr vereinbart.

Strahlender Sonnentag, wobei das Packen des Schlittens eine Freude war. Im Gegensatz zum Iglu erfordern natürlich der Abbau von Zelt und die damit verbundenen Aufgaben mehr Zeit. An Simons Schlitten wurden die Zerrleinen an der oben offenen Kiste so stark angezogen, daß sie wie Saiten einer Gitarre wirkten. Ich zupfte daran und ahmte im Übermut nur kurz den klagenden Gesang eines Indianers nach. Bei meinen Inuit zunächst Lachen und dann in ihrer Sprache einige mir im Ton und vom Mienenspiel her nicht freundlich erscheinende Worte. Hatte ich etwas verkehrt gemacht?

Am Abend meine bohrenden Fragen in dieser Richtung an Simon. Er erzählte mir einiges über das Verhältnis zwischen seinem Volk und den Dene, den Indianern.

Wenn die Weißen im Norden von Eingeborenen sprechen, dann meinen sie ausschließlich Indianer. Eskimos sind für Bewohner der Gebiete jenseits des 60. Breitengrades eine besondere Sorte von Menschen, manchmal unheimlich, mystisch in ihren Sitten und Gebräuchen. Man beobachtet sie in schweigender Bewunderung, schüttelt den Kopf und kann ihren Jahrtausende alten Kampf des Überlebens in ihrer Landschaft nicht begreifen.

Bekannt ist seit jeher, daß der Eskimo eine große Abneigung gegenüber dem Indianer hat. Es ist vielleicht 50 Jahre her, seit Inuit und Dene auf Anordnung der Staatsregierung Frieden schlossen. Dieser hält jedoch nur, weil sich beide Volksgruppen eisern aus dem Wege gehen. In Regionen, wo dies nicht möglich ist, auf Forschungsstationen, Ölbohrstellen und dergl. gibt es immer wieder Todesfälle, welche von der Polizei nicht aufgeklärt werden können bzw. ungeklärt zu den Akten kommen. Dadurch wird andererseits sicher manches Leben gerettet, denn die Racheakte sind grausam. Hier auf Baffin Island wurden sie mit Harpune und Walmesser oder einfach mit dem Stoß ins Wasser ausgetragen. –

Bei einer Erkundungsfahrt hatte Simon frische Bärenfährten gesehen. Der Polarbär wäre aber durch die Hunde, daher das Heulen in der Nacht, hochflüchtig Richtung offenes Meer gelaufen. – Wenn meine beiden Inuit dieser Spur nicht folgten, hatten sie ihre Gründe.

◇

Ich spürte, daß wir heute einen weiten Weg vor uns hatten. Von der Küste waren wir vielleicht 60 bis 80 km entfernt. Schwach konnte ich noch Umrisse der Berge von Bylot Island sehen. Am Stand der Sonne merkte ich unschwer, wohin Gamail den Schlitten steuerte. Richtung Süden, der Küste Baffin Islands folgend. In der Baffin Bay zeigten sich nicht soviel Eisberge, jedoch mehr Schnee als im letzten Jahr. Die Hunde leisteten enorm viel. Für mich manchmal unerklärlich, wie sie den Schlitten über meterhohe Eisaufwürfe ziehen konnten. Immer wieder verfing sich eine der Leinen an einem Eisblock. Da die Huskies nur mit dem Anker zu stoppen waren und Gemail selten davon Gebrauch machte, wurde der sich verfangene Hund von seinen Gefährten mit voller Macht gegen die Eisscholle gezogen. Laut jaulend kannte er diesen Ablauf, knallte mit voller Wucht gegen die nicht selten scharfen Eiskanten, und wenn er Glück hatte, riß die überdehnte Zugleine. Wenn nicht, mußte er mit seinen Knochen die Kraft seiner dreizehn Meutebrüder voll auffangen!

Stunde um Stunde „kreuzten" wir in der Baffin Bay. Zeitweise überquerten wir mir schier unüberwindlich erscheinende Packeisstreifen, aber keine Spur von Nanook. Seit 10:00 Uhr hatten wir keinen Kontakt mehr zu Simon, jetzt war früher Nachmittag. Wenn auch das Wetter nicht besser sein konnte, wäre ich beruhigter gewesen, den Schlitten mit Zelt und Proviant bei mir zu haben. Der brave Gemail tat wahrlich seine Pflicht. Unermüdlich trieb er mit sanften Rufen seine Hunde an, sprang vom Schlitten, um denselben geschickt an einer Eisscholle vorbeizudrücken, oder kletterte, nachdem er den Schlitten verankert hatte, auf kleinere Eisberge, um die Gegend gründlich abzuleuchten. Aber so ist es nun mal bei der Jagd. – Man sah ihm die Enttäuschung an, während bei mir noch alles verzaubert war. Ich genoß das gute Wetter und die vielleicht für manchen nichtssagende, doch für mich bezaubernde Landschaft. Plötzlich war Simon mit seinem Skidoo da. Er hatte irgendwann unsere Spur gekreuzt und war ihr dann gefolgt. Die beiden wechselten einige Worte, und Simon sagte zu mir: „Dort an dem Eisberg wollen wir unser Lager richten."

Ich ließ die beiden Schlitten vorausfahren, um in Ruhe den Spuren zu folgen. Ganz alleine wollte ich sein unter Gottes freiem Himmel, der in einem Purpurblau ohnegleichen leuchtete. Von einer Reinheit, die einem erst in solchen Momenten bewußt wird. Alles kam mir im wahrsten Sinne des Wortes so sauber vor. Den Schnee konnte man auch chemisch nicht mehr heller bekommen, und er blieb so wochenlang. Die Landschaft wirkte direkt unverletzt sauber, wie im Urzustand, hier konnte der Mensch ihr noch nichts anhaben. Gerade in solchen Momenten wird einem erst bewußt, in welcher traumhaften Welt man lebt.

Mir fielen die Worte von Prof. Helmut Thielicke ein, der seine Eindrücke anläßlich eines Gespräches mit Astronauten in die kurzen Worte faßte: „Ja, wir sind zu Gast auf einem schönen Stern."

Kaum ein Windhauch regte sich, im Gegensatz zu den Stürmen, welche ich im vergangenen Jahr erlebt hatte. Das Laufen im Schnee ging langsam, aber es ging stetig. Man hörte in der absoluten Stille seinen Herzschlag. Die Ruhe schob Probleme, Gedanken, Phantasien beiseite. Es war wie ein Schleier, der von den Augen fällt. Man achtete auf Dinge, die man sonst nie sehen würde.

Auch die Art zu gehen änderte sich, man atmete regelmäßiger und tiefer, das Blut kreiste schneller, und trotz der Anstrengung, verbunden mit der ungewohnten Kälte, fühlte man sich wohler.

Meine beiden Inuit, zunächst nur als dunkle Punkte in dem Weiß des Umfeldes erkennbar, hatte ich erst nach gut einer Stunde erreicht. Das Lager war fast gerichtet, heißen Tee gab es sofort. Langsam fing ich an, die beiden richtig gerne zu haben. Sie waren so gut aufeinander eingespielt, hatten, was mir besonders auffiel, im Gegensatz zu ihren Artgenossen, einen ansprechbaren Ordnungssinn.

Lange unterhielten wir uns noch ohne das störende Geräusch der Gaslampe. Es wurde erst gegen 11:00 Uhr ein wenig dunkel, und der volle Mond leuchtete mit einer geradezu unglaublichen Intensität.

Am Morgen des vierten Tages, es war mein dritter Jagdtag, während der Nacht war eine dünne Schicht feiner, pulveriger Schnee vom Wind angeweht, legte sich die Kälte sofort in feinen Eiskristallen auf die Pelze, die die Gesichter meiner Inuit einrahmten. Die Hunde sahen aus, als lägen sie unter eisstarrenden Pelzen. Manche schüttelten sich und wurden dadurch erst wieder „menschlich".

Nachdem das abgebaute Zelt und die sonstigen nicht wenigen Habseligkeiten auf den Schlitten verstaut waren, war es für mich immer eine Freude zu sehen, wie willig sich die Hunde einspannen ließen. Die beiden Eskimos hatten die Schlitten getauscht, den größeren zog jetzt Simon mit seinem Skidoo.

Bei wieder gleißendem Sonnenlicht, ohne die Spezialbrille aus dem Himalaja wollte ich nicht mehr sein, ging es weiter Richtung Meer. Wir wollten eine aussagefähige Spur finden, welche landeinwärts zeigte. Dann kam der für mich so wichtige Moment. Simon und Gamail hatten sich noch nicht getrennt, als wir unweit des Lagers auf starke Trittsiegel eines einzelnen Bären stießen. Die Fährte war vielleicht fünf Stunden alt, der vom Wind angewehte Schnee der Nacht war bei ihr nicht feststellbar, und sie zeigte Richtung Küste.

Was für ein Augenblick; sollte die Jagd tatsächlich beginnen? Mein Herz schlug aufgeregt.

Simon fuhr mit dem Skidoo voraus und war bald unseren Blicken entschwunden. Gemail folgte „durch Dick und Dünn". Sehr hilfreich war hierbei, solange noch mit Simon Sichtkontakt bestand, daß der Hundeschlitten auch mal ein Eisaufwurffeld umfahren konnte.

Plötzlich sah ich nur den Schlitten von Simon, er hatte ihn abgehängt, und dann sah ich ihn selber auf einem in ziemlicher Höhe aufgeschobenen Eisblock. – Sollte er? Ich wurde immer aufgeregter. Dann sahen wir wieder Simon mit seinem Skidoo weit voraus. Es sollte für die nächste gute Stunde der letzte Sichtkontakt gewesen sein.

Die Hauptrichtung blieb der Küstenstreifen. Im Laufe der Zeit kühlte, soweit man hier von Abkühlung sprechen konnte, mein Jagdfieber ab. Aber dann sahen wir Simon doch wieder, diesmal ohne Skidoo, hin und her hastend.

Schließlich waren wir bei ihm. Eine frisch abgenagte Robbe lag inmitten von viel Schweiß, und neben unserer war eine weitere Bärenfährte gleicher Größe vorhanden.

Jetzt war guter Rat teuer. Wo war die Fährte von unserem Bär? Lange kreuzten die beiden immer wieder die beiden Spuren.

Mir kam absurd in den Sinn „Die Bären haben die Pferde gewechselt", jetzt verfolgten wir eine neue, eine frische Spur!

Schließlich war man sich einig, und Simon brauste wieder los. Bald von Eiswürfen verdeckt, sahen wir lange nichts mehr von ihm.

Wir waren vielleicht, ich kann es nur schätzen, dem Lande wieder bis auf 20 km näher gekommen, als wir Simon als dunklen Punkt vor der Küste sahen. Um es kurz zu machen, Simon kam schließlich mit der seltsamen Erklärung enttäuscht zurück: „Der Polarbär, Ursus maritimus, ist an Land, in die Berge getrottet." –

◇

Ohne Murren, ohne Pause, ging es dann wieder auf getrennten Wegen hinaus auf's Meer.

Zelt, Proviant etc. waren auf dem Hauptschlitten, und der stand irgendwo in der Eiswüste.

Wieder fuhren wir Stunde um Stunde. Alleine war ich mit Gamail in einer der, wenn auch bezauberndsten, so doch unwirtlichsten Gegenden der Welt. Er verstand meine Sprache nicht, ich verstand seine nicht. Verbunden fühlten wir uns durch die gemeinsame Jagd.

Dann plötzlich, wie hingemalt, die deutliche Fährte eines Bären – Richtung Meer. Die Tritte waren wesentlich gewaltiger als die von dem heute morgen verfolgten Bär. Geduldig und beharrlich folgte Gamail sofort dieser neuen Spur.

Zwei im Laufe der letzten Zeit durch Verklemmen von der Leine gerissene Hunde liefen auf der Bärenfährte voraus, die Nase am Boden.

In ständigem scharfen Trott die anderen mit dem Schlitten hinterher. Nichts konnte sie mehr aufhalten. Vom Jagdfieber gepackt, jedoch zur Untätigkeit verdammt, verfolgte ich jede einzelne Aktion. Wieder waren vielleicht ein bis zwei Stunden vergangen, etliche Eisfelder mit meterdicken Eisschollen überquert worden, als hinter uns Simon auftauchte. Sicher hatte er irgendwann auch die neue Fährte des Bären gekreuzt und war dadurch zwangsläufig auf uns gestoßen. Die beiden wechselten während der Fahrt einige Worte, und dann fuhr Simon voraus.

Inzwischen waren wir, nach der Zeit und dem vorgelegten Tempo der Hunde schätzend, sicher wieder 60 bis 70 km von der Küste entfernt. Auch wenn ich mich wiederhole, die Leistung der Hunde war unvorstellbar. Ohne Rücksicht trieb Gamail sie aber jetzt auch an. Mensch und Tier spürten anscheinend die Nähe des Bären. Zweimal war jetzt schon ein Hund unter den Schlitten gekommen. Dann nämlich, wenn die Zugleine sich an einem Eisblock verfing, der genau in der Schlittenspur lag. Das dabei entstehende Geräusch mit dem Aufjaulen des Hundes verbunden, ließ mich das Schlimmste befürchten. Jedoch nach der Befreiung durch Gamail hastete er wieder nach vorne, als wenn es nur ein Spiel gewesen wäre. Was müssen diese Tiere für Knochen haben?

Dann versperrte ein kilometerbreites Packeisfeld nicht nur jegliche Sicht, sondern meiner Ansicht auch ein Weiterkommen. Schollen von zwei Meter Dicke, aufgetürmt bis zu mehreren Metern, schienen das Ende darzustellen. Simon mußte mit seinem Skidoo diesem Hindernis durch größeren Umweg ausgewichen sein. Aber für Gamail galt - wo der Bär durchkommt, komme ich auch durch!

Unglaublich, was wir leisteten, Kälte und Entbehrungen - das Frühstück war vor acht Stunden - waren vergessen. Teilweise waren die Hunde jenseits eines Eisgrabens, so daß nur die Leinen erahnen ließen, wo sie waren, der Schlitten wurde von Gamail und mir, unter Anfeuerungsrufen an die Hunde, fast senkrecht über die Hindernisse gedrückt, geschoben oder gezogen. Es blieb nicht aus, daß wir dabei stürzten und fielen - nur nicht unter den Schlitten kommen, war die Devise.

Endlich war dieser Streifen auch geschafft. Ich merkte, wie ich bei $-25°C$ zu schwitzen begann. Deutlich standen die Tritte des Bären vor uns.

Plötzlich sah ich weit voraus Simon auf seinem Skidoo stehen und, wie schwach zu erkennen war, mit den Armen winken.

Aufgeregt stieß ich Gamail an und zeigte in Richtung Simon. Aus seiner Reaktion entnahm ich nichts Besonderes. Jedoch band er den Leithund von seiner Leine und sagte, mit der Hand gleichzeitig Richtung Simon deutend: „Avunga" - diesen Weg!

Obwohl wir die schnelle Fahrt beibehielten, schien eine Ewigkeit zu vergehen, bis wir Simon deutlicher winken sahen. Er zeigte mit ausgestrecktem Arm auf eine größere Erhebung von Eisschollen.

Jetzt war es mit meiner Ruhe gänzlich vorbei. Nur mit Mühe konnte ich mich auf dem Schlitten halten. Vielleicht 100 Meter Distanz noch zu Simon. Dann 60 Meter. Halt!

Ehe Gamail alle Hunde losgebunden hatte, folgte ich selber mit der schnell aus der Verpackung geholten Waffe und dem Fotoapparat den vorauseilenden Huskies.

Dann sah ich ihn, den so lange verfolgten Polarbären. Laut knurrend und sich wild gegen die mehr und mehr werdenden Hunde verteidigend.

Was für ein Bild, wenn er hoch aufgerichtet einen Ausfallversuch machte. Alle Strapazen hatte ich vergessen. Diesen Moment konnte mir keiner mehr nehmen. Wie ein Urtier mit einer phantastischen Wendigkeit; aber die Hunde, um die mir bange war, hatten ihn fest.

Gamail war neben mir. Ich gab ihm die durchgeladene Waffe. Die Kamera am Auge, lief ich, ein Bild nach dem anderen machend, auf meinen Bären zu. Vielleicht noch 20 Meter, nicht tief genug konnte ich diesen Anblick in mich hineinsaugen. Vor den kristallen schimmernden Eisschollen der Bär mit in der Sonne glänzendem weißen, zottigen Fell. Laut kläffend die teilweise schwarzweißen Huskies um ihn. Dann ein erneuter größerer Ausfallversuch. Ich mußte dieser Situation auch im Interesse der Hunde ein Ende setzen.

Hastig tauschte ich mit dem mir nicht von der Seite gewichenen Gamail die Kamera mit der Waffe. Der Bär stand im Moment breit und schlug mit der Tatze nach einem Hund. Fast füllte das weiße Fell das Glas meines Zielfernrohres, schnell fand ich den Punkt - Blatt - und ließ fliegen. Der Bär bäumte sich auf, stand für einen Moment auf seinen Hintertatzen, biß wild Richtung Einschuß und fiel, sich halb drehend, auf dem Anschuß zusammen.

Wie gelähmt hielt ich die bereits wieder durchgeladene Waffe. Am Ziel meiner Träume nahm ich kaum wahr, wie die Hunde sich auf den verhaßten Gegner stürzten. Gamail hielt sie durch Zurufe zurück, und sie gehorchten, fielen fast wie der Bär, stark hechelnd da zusammen, wo sie gerade standen.

Der Bär war verendet, Entspannung machte sich breit. Nach meiner ersten Freude und Waidmannsdank an meine beiden Eskimos kehrte ich einen Moment in mich. Ein Geschöpf Gottes, welches neben dem Walroß als ernsthaften Gegner nur den Menschen als Feind hat, hatte ich in die ewigen Jagdgründe geschickt. Stolz und ein wenig Trauer erfüllten mich wie immer in solchen Augenblicken. –

Trotz der Kälte konnte ich nicht anders, ich mußte aus meinem Caribouparka heraus. Die Jagd hatte meinem Körper nicht die Möglichkeit gegeben, die dabei erzeugte Wärme abzuführen. Aufnahmen aus allen Winkeln wurden gemacht, für immer wollte ich die in meiner Erinnerung nicht auszulöschenden Momente auch auf das Papier binden.

Für ein Foto mußte sich Simon neben den auf dem Rücken liegenden Bär legen. Deutlicher konnte man, meiner Ansicht nach, die Größe nicht demonstrieren. Drei Meter und etwas schätzte ich, wobei es mir nicht auf einen Rekord ankam.

Viel Arbeit stand uns an dem Tage noch bevor. Mit vereinten Kräften, wobei ich auf dem Skidoo saß, zogen wir den Bär aus dem Gewirr der Eisschollen auf eine freie Fläche. Während Simon sich mit Gamail an die Arbeit des Abhäutens machte, lief ich auf den Spuren des Bären zurück. Verfolgte dann wieder in der anderen Richtung die letzten Meter seines Lebens. Die Landschaft prägte ich mir ein bis ins kleinste Detail.

Schnell ging die Arbeit der beiden voran. Sie mußten sich auch beeilen, denn der Gegner hieß jetzt Frost.

Bald war der Bär ohne Fell, sicher kein guter Anblick für manchen, und ich bat Simon, auch den Körper aufzuschärfen.

Was für eine Leber! Von den schätzungsweise 500 kg Gesamtgewicht kamen auf sie vielleicht 20 kg, jedoch ist sie vollständig ungenießbar. Das Herz wurde freigelegt, und ich erkannte meinen Schuß – genau ins Herz. Simon lachte und sagte „This I have never seen before."

Für Menschen, die der Jagd ablehnend gegenüberstehen, hätte ich gerne den Anblick festgehalten, der sich beim Aufschneiden des Magens bot. Eine ungeheure Vielzahl von kleinen Robben kam zu Tage, die weit vor ihrem Leben auf dem Eis, vom Bären in den Kammern unter der Eisdecke gefunden worden waren! Denn auch hier, vielleicht erst recht, gilt: „Wer frißt dich, und wen frißt du."

Der Polarbär, dessen einziger Gegner neben dem Menschen das Walroß ist, hat es da natürlich schon etwas besser.

Bevor die Decke gefroren war, hatten Simon und Gamail sie gefaltet und auf den Schlitten gehoben. Eine Keule wurde mitgenommen, der Rest blieb für Raben, Füchse und ... Eisbären. Ja, seine Brüder würden sich mit Freude darüber hermachen.

Ein Problem ganz anderer Art wurde mir plötzlich bewußt. Wo war unser Schlitten mit Zelt, Proviant und einem Teil unserer Schlafsäcke? Simon hatte ihn irgendwo heute morgen abgestellt, wo? Es war jetzt mittlerweile 20:00 Uhr, aber die Sonne stand noch weit über dem Horizont. Kein Wölkchen war am blauen Himmel zu sehen.

Der Schlitten von Gamail wurde hinter Simons Skidoo gebunden, denn die Hunde waren zu erschöpft, sie durften frei hinterherlaufen. Gamail und ich kamen auf den Schlitten, und dann ging es los.

Schon bald merkten wir, daß nicht alle Hunde folgten. Einer mußte verletzt sein und blieb, assistiert von zwei weiteren, weit zurück. Schließlich fuhr Gamail auf dem Skidoo zurück und holte seinen treuen Freund, legte ihn quer vor sich auf den Schlitten, und weiter ging's.

Wenn auch erst nach einer weiteren Stunde, so fand Simon doch mit geradezu traumwandlerischer Sicherheit seinen Kamotik in dieser Eiswüste.

Mir war das zwar mehr als recht, aber ich hätte nach meinem Erfolg auch noch die Stimmung gehabt, weiter zu suchen. Zuvor, um diesen Tag noch vollkommener zu machen, sahen wir eine Bärin mit zwei Jungbären. Hastig flüchteten sie.

Für viele Strapazen, für viele Stunden war ich heute bei prächtigem Wetter mit Waidmannsheil und Anblick verwöhnt worden. Sie werden einen der höchsten Plätze in meinem jagdlichen Erinnerungsbild einnehmen.

Man muß, um etwas Besonderes zu erleben, auch etwas Besonderes leisten. Erst dann ist der Genuß wirklich ungetrübt, und jeglicher bitterer Geschmack bleibt getilgt.

Schnell war mit vereinten Kräften unser Zelt aufgebaut. Gamail baute einen kleinen Iglu, in welchen die Decke, der Schädel und die Hinterkeule meines Bären kamen. Er wollte den Hunden keine Möglichkeit lassen! Nach reichlichem Essen erzählten wir drei – wobei Simon als Dolmetscher fungierte – in gelöster Stimmung so allerlei. Ich merkte, daß die beiden mich mochten, und hatte sie selber in mein Herz geschlossen. Nicht nur diese Stimmung, vielleicht auch mein großzügiges Trinkgeld löste unsere Zungen. Abwechselnd sangen beide mir ein Lied in ihrer Sprache, während ich unsere Heimat- und Jägerlieder zum Besten gab.

Lange lag ich noch wach und ließ diesen Tag Revue passieren.

◇

Das größte Landraubtier der Erde, Nanook den Polarbären, Ursus maritimus, hatte ich nach langer Jagd endlich zur Strecke gebracht. Dieses majestätische Geschöpf stammt von der Familie des Braunbären ab, die in der rauhen Umwelt nördlich des Polarkreises eine ausgebleichte Form entwickelten. Er kann ausgezeichnet schwimmen, hat einen langen Hals, mächtige abfallende Schultern, an den Vordertatzen halblange Schwimmhäute, und ein dickes öliges Fell schützt ihn vor Kälte und stößt Meerwasser ab. Das zottige Fell ist in der Jugend glänzend weiß, aber in hohem Alter gelblich weiß.

Für sein Gewicht von bis zu 700 Kilogramm ist er erstaunlich beweglich. Wie die meisten Bären verbringt er die Zeit, in der er nicht schläft, vorwiegend mit der Jagd nach Nahrung, um Kraftstoff für seinen riesigen Körper zu tanken. Seine schützende Fettschicht ist auf dem Rücken, Hinterteil und Keulen fast 8 cm dick. Sie befähigt ihn, dem eisigen Wasser und dem arktischen Winter zu trotzen. Die Männchen werden durchschnittlich bis 2,80 Meter groß, man hat aber auch schon weiße Riesen von 3,30 Meter Länge gemessen.

Die Hauptquelle für die sehr fetthaltige Kost des Eisbären sind arktische Robben. Er jagt auf sehr unterschiedliche Weise. Im Frühling spürt ein erwachsener Bär schnuppernd die Kammern unter dem Eis auf, in denen Robben ihre Jungen zur Welt bringen. Behutsam scharrt er den Schnee weg, zerschlägt unter Zuhilfenahme seines ganzen Körpergewichtes mit der Vorderpranke das dicke Eis über der Kammer und holt alle erwachsenen und jungen Beutetiere heraus. Ende Mai, wenn das Packeis zu schmelzen beginnt und in großen Schollen dahindriftet, lassen die Bären sich darauf hunderte Kilometer treiben, um Robben zu jagen. Hat er, oft nach Ersteigung höherer Eisschollen, eine Beute, eine sich in der Sonne aalende Robbe ausgemacht, schwimmt er lautlos zu der Eisscholle. Nur Nase und Augen sind über dem Wasser, bis er plötzlich auftaucht, um seine Beute zu töten.

Entdeckt ein Bär eine Robbe auf festem Packeis, sie ist auf Grund ihrer dunklen Farbe gut auszumachen, nähert er sich im Windschatten und bewegt sich hinter deckenden Eisschollen. Geschickt hält er inne, wenn die Robbe den Kopf hebt und um sich blickt. Der elfenbeinfarbene Pelz bietet ihm eine fast vollkommene Tarnung, er sieht aus wie ein Eisrücken oder eine Schneewehe im Polareis.

Trotz seiner furchteinflößenden Größe lebt der Bär nicht ganz ungefährlich. Große Robben, die im Wasser wendiger sind als er, verfolgen und beißen ihn, wenn er schwimmt. Auf dem Festland versuchen Wölfe des hohen Nordens gelegentlich auch, eine Bärin von ihren Jungen zu trennen. Wenn auch, wie bereits gesagt, der schlimmste Feind des Eisbären der Mensch ist, fürchtet er als einziges Tier doch nur das Walroß. Es ist ein furchtbarer Gegner, im Wasser völlig heimisch und mit Stoßzähnen bewaffnet, welche über 75 cm lang werden können. Weiß der Bär, daß sich im Wasser in seiner Nähe ein Walroß aufhält, bleibt er lieber auf festem Boden. Treffen sie doch einmal aufeinander, ist der Bär meist der Unterlegene. Das bis viereinhalb Meter lange Walroß greift den Feind oft von unten an und rammt die Hauer in voller

Länge in den Bären.

Bis vor kurzem galt der Eisbär nur als unermüdlicher Fernwanderer, der mit der Eisdrift im Uhrzeigersinn rund um den Nordpol zieht. Man hat Polarbären bereits höher als 88°N gesehen. Heute weiß man aber auch von standorttreuen Bären – besonders deutlich bei der Ortschaft Churchill an der Hudson Bay. Während des kurzen arktischen Sommers treffen sich Bär und Bärin ausschließlich zur Paarung und gehen dann wieder auseinander. Im abnehmenden Licht des Oktobers sucht das Weibchen eine Höhle, in der es gebären und die Winterstürme verschlafen kann. Meist kehrt die Bärin unfern der Küste zu einer ihrer Lieblingsinseln zurück, sucht einen Südhang, der von Nordwind geschützt und der Sonne zugekehrt ist. Sie scharrt einen Gang, der in eine runde, igluähnliche Kammer führt. Vielleicht hat sie den Eskimo der Frühzeit als Vorbild für ihre kuppelförmigen Hütten aus Schneeblöcken gedient. Die Bärin legt den Zugangstunnel meist schräg abwärts geneigt an, damit der angewehte Schnee den Eingang verschließt, ohne sie gefangen zu halten. In die Decke scharrt sie ein kleines Luftloch, dessen Größe sie im Winter verändern kann, um Temperatur und Luftzufuhr zu regeln. Den ganzen Winter hindurch nimmt die Bärin keine Nahrung zu sich. Die Entwicklung der Frucht setzt wahrscheinlich erst dann ein, wenn die Bärin ihre Höhle bezogen hat, denn es wurde noch nie eine tragende Bärin erlegt.

Mitten im Winter werden meist zwei Junge geboren. Zwischen den langen Schlafperioden drückt die riesige Bärenmutter die winzigen, blinden Kleinen an die Brust, um sie zu säugen und zu wärmen. Im März/April wird die Familie munter und ist bereit, draußen die ersten Raubzüge zu unternehmen. Nach etwa einem weiteren Monat folgen die jetzt neun bis vierzehn Kilogramm schweren Jungen zaghaft ihrer Mutter. Sie trotten auf unsicheren Beinen zunächst auf dem eisbedeckten Ozean ihrer Mutter nach, welche sie nun in die Kunst der Robbenjagd und die Lebensregeln der Arktis einweiht. Zwei bis drei Jahre bleiben sie zusammen, dann trennt sich die Bärin von ihrem Nachwuchs. Die jungen Bärinnen werden nach einem Jahr erstmalig geschlechtsreif, und so schließt sich der natürliche Kreislauf.

◇

Am nächsten Morgen wurde der gestern Abend gemachte Plan in die Tat umgesetzt. Nachdem gemeinsam das Lager abgebaut, die Verpflegung gleichmäßig verteilt worden war, machte sich Gamail mit seinem Hundeschlitten und der Eisbärdecke auf den Heimweg nach Pond Inlet. Wie ich später erfuhr, benötigte er dafür zwölf Stunden!

Simon wollte mir die Kunst der Robbenjagd mit der Harpune zeigen. Einige Tage unbeschwerten Jagens hatten wir dafür eingeplant.

Zunächst wechselten wir das Gebiet und fuhren bei immer noch schönem Wetter, aber schneidenden Winden in nördliche Richtung. Auf dem Schlitten, hinter Simon sitzend, konnte ich beobachten, wie sich der Himmel langsam zuzog. In regelrechten Streifen, einem riesigen Fächer gleich, verschwand mehr und mehr das Blau. Leichter Dunst des aufgewirbelten Schnees verdeckte die Fernsicht, so daß ich nur noch ahnen konnte, wo die Küste war. Langsam wurde es ungemütlich.

Simon kochte hinter Igluquadern Tee und versuchte, über Radiofunk die neuesten Wetternachrichten zu bekommen. Es schien aber nur in unserem Gebiet so ungemütlich zu sein.

Den unteren Teil meiner Mütze weit über Mund und Nase gezogen, versuchte ich, mich zu orientieren, aber es war ziemlich hoffnungslos. Am Horizont sah ich nur eine strichschmale, kaum erkennbare Linie, nirgendwo zeigte sich ein markanter Punkt, an welchem sich das Auge festhalten konnte.

Nach drei Stunden, wir waren inzwischen ein gutes Stück weitergekommen, legte sich der mittlere Sturm, und die Sonne kam langsam wieder durch.

Schon seit längerem beobachtete ich Simon, wie er entlang der größeren Cracks – wieder zugefrorene Eisspalten – fuhr. Zeitweise fanden wir frische Robbenlöcher, manchmal nur als eine dünne Eiskuppel mit einem daumenstarken Luftloch, erkennbar. Immer häufiger blieb er stehen, bückte sich oder legte sich flach auf den Boden, um mit dem Ohr zu lauschen, was in der Tiefe dieser Löcher vorging.

In der Ferne sahen wir auch immer öfter Robben als dunkle Flecken sich in der Sonne aalen. Sie hielten zu uns meist eine Fluchtdistanz von einigen hundert Metern und sprangen in elegantem Bogen in ihr Loch, wenn diese Distanz unterschritten wurde.

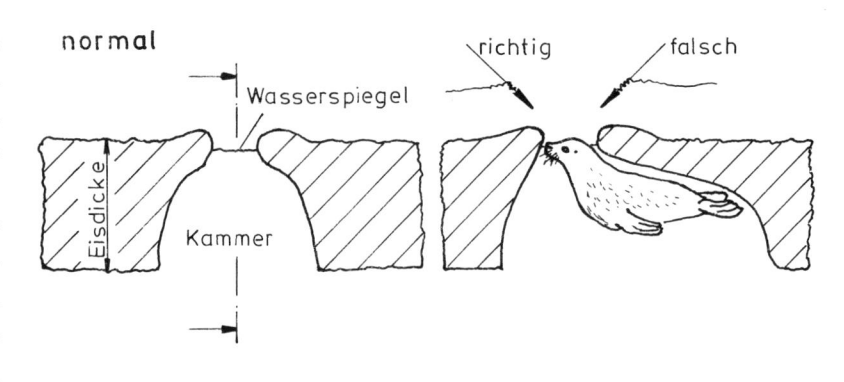

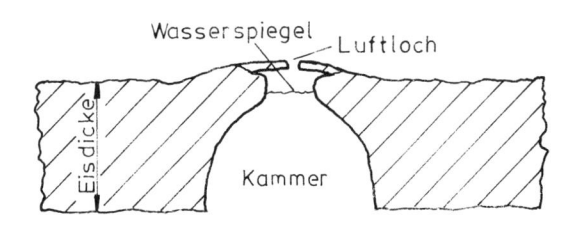

Plötzlich schien Simon das gefunden zu haben, was er suchte. Aufgeregtes Winken zu mir und gleichzeitiges Lösen seiner fertigen Harpune vom Skidoo. Ich übernahm Skidoo mit Schlitten und fuhr etwa hundert Meter weiter.

Dann hatte ich Muße, in Ruhe Simon zu beobachten, der sich sicher heute genau noch so verhielt, wie seine Vorfahren vor hunderten von Jahren.

Wenn auch, nach der Überlieferung, der Seefahrer Schwatka 1879 das erste Gewehr dem Inuit Ukkusiksalik in der Nähe von Chantry Inlet übergab, so lebten doch noch nach 1910 Eskimos in der Central Arktis, welche noch nie einen Europäer gesehen hatten. Doch die Entwicklung, die dem Eskimo neben den modernen Waffen, wollene Kleidung, Tee etc. gebracht hatte, konnte nicht die traditionelle Jagd ohne Gewehr gänzlich verdrängen.

Ich erlebte es gerade, und wir schrieben das Jahr 1984. Wie versteinert saß Simon in der Hocke, hielt in beiden Händen seine Naulak (Harpune) mit Zielrichtung Loch. Aufmerksam beobachtete er jede Veränderung der Wasseroberfläche. Die kleinste Luftblase ließ ihn seine Harpune fester halten. Der lange Lederriemen, verbunden mit dem locker auf der Spitze des Speeres sitzenden Harpunenpfeil, lag in Schleifen auf dem Eis. Das Ende hatte er um sein linkes Handgelenk gewickelt.

Dann stieß er, – für meine Augen ein viel zu schneller Vorgang –, plötzlich schräg zu und rief mich voller Stolz herbei. Direkt hinter dem Kopf war das Messer eingedrungen, welches, jetzt abgewinkelt im Körper steckend, die bereits verendete Robbe festhielt. Anhand einiger Skizzen habe ich die unterschiedlichsten Robbenlöcher auf dieser Seite einmal festgehalten.

Mit der einen Hand hielt Simon nun an dem starken Lederriemen die im Wasser liegende Robbe, während die andere die Harpunenlanze nahm und damit das Loch größer stach. Es war eine beachtliche Robbe, die er dann zu Tage förderte. Wir banden sie hinten auf den Schlitten, und weiter ging es. Nicht immer hatte Simon Glück. Manchmal stand er eine halbe Stunde und mehr, ehe er erfolglos abbrach. Schon die kleinste Bewegung kann eine im Auftau-

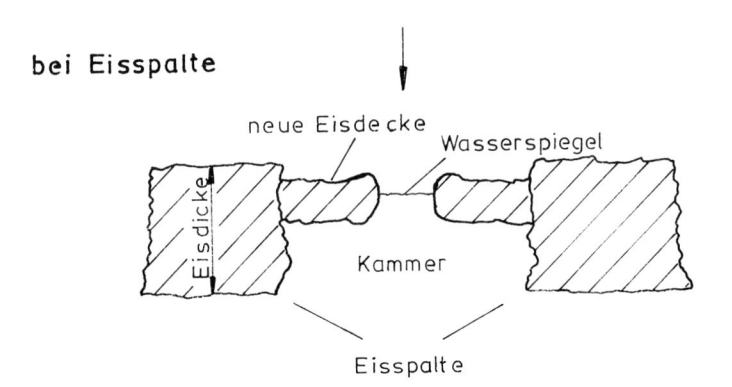

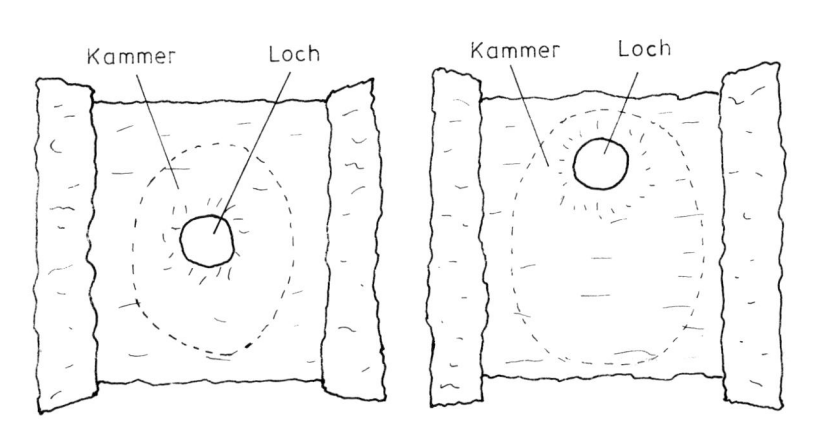

253

chen befindliche Robbe von ihrem Vorhaben abhalten.

Einmal hatte er zugestoßen, dabei aber das Harpunenmesser nicht tief genug in den Körper der Robbe geschlagen. Alles war voller Schweiß. Simon gab deshalb nicht auf. Auf dem Bauch liegend, erkundete er genau den Verlauf der Kammer und ging daran, das Eis an der richtigen Seite mit dem Beil aufzuschlagen.

Ich war erstaunt, weil ich annahm, daß eine tote Robbe in die Tiefe sinken würde. Es war aber nicht so. Simon hatte schon die richtige Nase, denn er fand die verendete Robbe am Ende der Kammer, etwa 1,5 m von dem Loch entfernt. Zunächst setzte er zu einem neuen Stoß mit der Harpune an, um seinen Fang zu binden. Das Eisloch wurde entsprechend den Robbenmaßen vergrößert, und die zweite Beute kam auf den Schlitten. „Akzigi-ik", es ist die gleiche, sagte er und wollte damit auf die unterschiedlichsten Robbenarten hinweisen.

Robbenarten:

Die Robben, Pinnipedia, deren fossile Reste schon aus der Mitte des Tertiär nachgewiesen wurden, sind dem nassen Element geradezu einzigartig angepaßt.

Sie bewohnen in 28 Unterarten fast alle Ozeane, wobei sie die kalten Gebiete bevorzugen. Ihr Körper ist spindelförmig, der Kopf abgeflacht. Die Ohren sind klein oder fehlen ganz, die Nasen sind fest verschließbar. Die großen Augen sind zum Sehen unter Wasser bestens ausgebildet. „Arme und Beine" der zur Unterordnung der Raubtiere zählenden Geschöpfe sind zu Flossen umgestaltet. Die fünf Zehen von Hand und Fuß sind durch Schwimmhäute verbunden, ihre Nägel zurückgebildet. Arm und Hand bilden gemeinsam ein Ruder. Die kurzen Hinterbeine sind nach rückwärts gerichtet.

Das wertvolle Fell ist dicht, und unter der Haut ist eine dicke Fettschicht. Diese sorgt für entsprechende Wärmeisolation und Auftrieb. Die Nahrung besteht aus Meeresgetier aller Art.

Das Weibchen wirft nach 9-12 Monaten Tragzeit an Land oder auf dem Eis ein bis zwei Junge. Meist kümmert sich die Mutter aber nur um eines der Nachkommen. Etwa 2-4 Wochen säugt die Mutter ihr Junges, welches aber auch sofort schwimmen und tauchen kann.

Immer wieder suchen die Robben das Ufer oder das Eis auf, um sich auszuruhen oder zu sonnen. Sie verstehen es dabei ausgezeichnet, sich auf Eisfeldern Löcher freizuhalten, durch die sie das Wasser verlassen und auch stets wieder schnell aufsuchen können.

Von den vielen Arten, welche die Nordhalbkugel in den kälteren Regionen bewohnen, will ich einige aufzählen:

Die Ringelrobbe, Phocidae hispida, trägt ein Fell gelblich-brauner Färbung mit oberseitiger Ringezeichnung. Die Männchen erreichen eine Länge von bis zu 165 cm und 90 kg Gewicht.

Die Kegelrobbe, Halichoerus grypus, hat dunkelgraues Fell mit unregelmäßiger Fleckung. Sie ist mehr an den Felsküsten des Nordatlantik zu Hause. Der Bulle wird bis zu 3,60 m groß und 400 kg schwer. Er sammelt seinen Harem in einer stillen Bucht, welchen er mit lauten Rufen bewacht. Die Jungen haben ein wolligweißliches Kleid, welches sie bald nach der Geburt wechseln.

Die Bandrobbe, Ph. fasciata, ist dunkelbraun mit gelblichen Bändern an Hals, Rumpf und Hinterkörper. Sie ist sehr selten und lebt vornehmlich in der Beringstraße.

Die Sattelrobbe, Ph. groenlandica, ist über den Nordatlantik bis Novaja Semlja und bis zur Mackenziemündung verbreitet. Das Fell ist weißlich gefärbt mit unregelmäßiger schwarzer Zeichnung auf dem Rumpf, das Gesicht ist schwarz. Das Männchen erreicht bei einer Länge von 2 m schon 180 kg Gewicht. Ihre Jungen sind die begehrten „Whitecoats", deren grausame Abschlachtung vielen Protest hervorruft.

Die Bartrobbe, Erignathus barbatus, besiedelt die Küsten des Nordpolarmeeres bis hinunter nach Nordengland. Die starken Tasthaare an der Oberlippe machen sie kenntlich. Bei 3 m Länge wiegt ein Bulle schon 400 kg.

Die Meere der Antarktis bewohnen nur vier Arten. Der Krabbenfresser, der Ross-Seehund, die Weddell-Robbe und der Seeleopard.

Selber versuchte ich auch auf diese Art mein Waidmannsheil, brauchte aber mein Können nicht unter Beweis zu stellen, da keine Robbe mir den Gefallen tat, aufzutauchen.

Schwierig macht diese Jagd auch, daß eine Robbe zwei, manchmal drei Löcher hat. Sie guckt den Jäger dann von hinten an, und der hat das Nachsehen.

Es muß also für einen Eisbär ein schönes Stück Arbeit bedeuten, auf diese Weise seine Nahrung zu decken!
Für heute sollte es nach noch einigen erfolglosen Versuchen genug sein. Simon suchte nach einem Platz, der im Packeis etwas „wärmer" aussah, und dann bauten wir unser Zelt auf.
Still war es bei unserem Essen, da das Tapsen und zeitweilige Bellen der Hunde fehlte.
Simon hatte sich von der einen Robbe einige Stücke abgeschnitten und verzehrte sie genußvoll roh. Für mich war mehr als genug an konservierter Nahrung da. Wahrscheinlich hatte man sich meine Klagen des letzten Jahres zu Herzen genommen.
Eingerollt in meine wärmenden Schlafsäcke, konnte ich lange nicht einschlafen, es fehlte einfach „einer". Ob Gamail mit der Bärendecke schon in Pond Inlet war?
Zudem regten die Geräusche des unter Spannung stehenden Eises meine Phantasie an. Es war ein unheimliches Knacken in der Stille der Ohnmacht. Der Frühling kündigte sich an; es war mittlerweile Ende April geworden.

◇

Noch zwei Tage fuhren wir durchs Eis, jagten, fotografierten und freuten uns des Lebens. Gar zu gerne hätte mir Simon auch Walrosse gezeigt, denn sie sollten kürzlich vor der Küste von Bylot Island gesehen worden sein.
Diese Mitteilung war eines der positiven Dinge, welche Simon aus seinem Radiofunkgerät hatte. Die meiste Zeit sprach er im Zelt über Funk in Inuktitut mit seiner großen Familie. Wenn nicht, hörte er sich die Unterhaltungen anderer an. Für mich war das manchmal dermaßen nervtötend, daß ich ihn dann bat, den Apparat auszuschalten. Simon war ein ausgesprochen sympathischer Jagdgefährte, der sich anpaßte, hilfsbereit war, ohne dabei unterwürfig zu wirken. Die Tage mit ihm werde ich nicht vergessen.
Die Walrosse fanden wir nicht; ich erlebte allerdings einen Sonnenuntergang, der auch ohne die Farbspiegelungen des Packeises nirgendwo hätte schöner sein können. Es überkam mich, je länger ich diesem Naturschauspiel zusah, eine immer tiefere Ruhe, so als wäre es ebenso ein Anblick für den Geist wie für das Auge.
Dann waren die schönen Tage endgültig gezählt. Das Wetter wurde so ungemütlich, daß Simon vorschlug, ein Outpostcamp an der Küste Bylot Islands aufzusuchen.
Als ich Bedenken erhob, da mir diese Hütte vom vergangenen Jahr bestens bekannt war, winkte er ab mit den Worten: „All will be o. k.!" Ich wollte mich überraschen lassen.
Der Wind war wieder dermaßen schneidend, daß mir die Zeit nicht kürzer, sondern der Weg immer länger wurde. Aber auch dieser Kummer ging zu Ende. Zudem hatte ich mit meinen neuen Handschuhen keine Sorgen, die Hände waren warm.
Wir erreichten die Hütte; äußerlich konnte ich keine Veränderung feststellen, der Schnee verdeckte sauber den nur zu ahnenden Unrat; aber wie es darunter aussehen mochte? Innen, ich mußte schmunzeln, waren die Wände frisch gestrichen, alle Schmiereien überpinselt, der Boden relativ sauber. Na ja.
Ein Hundegespann wies auf anwesende Eskimos hin, welche auch gegen Abend kamen. Es blieb nicht nur bei diesen, wahrscheinlich trieb das Wetter wieder einige Inuit her.
Es wurde eine illustre Gesellschaft von jungen und älteren Inuit, welche sich hier erst einmal aufwärmen wollten.
Eine große Leidenschaft der Eskimos ist es, Geschichten zu erzählen. Sie sitzen oft Stunden und lauschen wie die Araber einem Märchenerzähler. Wahrscheinlich ein Überbleibsel aus der Frühzeit, da die mündliche Überlieferung das Fehlen einer Schrift ersetzte.
Teilweise sind es immer dieselben Geschichten, die über Generationen lebendig bleiben. Es schien heute wieder so ein Abend zu sein. Ohne Unterlaß sprach und gestikulierte ein grauhaariger Inuk fast eine Stunde lang. Fasziniert hörte ich zu, obwohl ich kein Wort verstand. Simon übersetzte mir später die Story, die er wiederum schon von seinem Großvater kannte:

Die Geschichte erzählt von einem alten Mann, der nur noch Zuflucht im Alkohol gefunden hatte. Irgendwie gelang es ihm immer wieder, in den Besitz einer Flasche zu kommen. Hatte er sein Quantum konsumiert, begannen aus seinen stumpfen Augen Tränen zu rinnen. Dann weinte er lautlos, und die Tränenbahnen, welche über sein Gesicht zogen, waren der Beweis seiner Verzweiflung und unsagbaren Trauer. Der Alte hatte bei der Jagd seine Seele verloren. Sie war irgendwo unter meterdickem Eis verschollen in der endlosen Polarnacht.

Dabei hatte alles doch so gut begonnen. So, wie es immer beginnt, wenn ein Großvater seinen Enkel erzieht. Bei den Eskimos der canadischen North West Territories erziehen die Großväter die Kinder ihrer Söhne, weil die Söhne keine Zeit haben, da sie den Familienunterhalt bestreiten müssen. Und weil die Großväter viel mehr Erfahrung haben als die Väter. Weil sie weiser und geduldiger sind und sich mit der Erziehung noch einmal nützlich machen können.

Mehrere Jahre lang hatte der Alte seinem Enkel alles beigebracht, was ein Eskimo wissen muß, um in der eisigen, unerbittlichen Weite des Nordens zu überleben. Der Enkel wußte, wie man einen Iglu baut, wie man sich zurechtfindet im Gewirr der Eisblöcke, wie man ein Huskiegespann lenkt und wie man jagt. Großvater hatte ihm Respekt beigebracht vor dem fürchterlichen weißen Riesen, dem Polarbären. Und Ehrfurcht vor dem Vater im Wasser, dem Belugawal. Für den Enkel war es eine Selbstverständlichkeit, dem abgetrennten Kopf des harpunierten Belugas drei Hände voll Wasser ins Maul zu schütten, denn dann wuchs für den erlegten ein neuer Wal heran.

Und natürlich hatte der Alte seinen Enkel den Umgang mit der Harpune gelehrt und den mit dem Walmesser. Der Enkel war ein Meister mit der Harpune geworden. Fast ohne Ansatz schleuderte er sie mit dem linken Arm, und an Land hatte er sein Ziel während der letzten hundert Würfe nie verfehlt. Das Ziel war - zehn Meter entfernt - eine zerbeulte Dose gewesen.

Nun war es Zeit, den Enkel mit auf die Jagd zu nehmen. Er sollte zum Mann werden. Sorgfältig hatte der Alte die Harpunen nachgesehen, das Seilwerk geprüft, ebenso wie Spitze und Schneide der Walmesser. Alles war in Ordnung, und so war denn für den Enkel die Zeit gekommen, zum Mann zu werden.

An irgendeinem Tag im Februar machten sich Großvater und Enkel auf den Weg über das Eis. Die nur wenige Stunden während graueschwadrige Dämmerung, die zu dieser Jahreszeit den Tag markiert, reichte den Eskimos, um ihre Spur zu finden. Mit einem Skidoo fuhren sie durch das Gewirr der Eisblöcke. Festes Land lag weit hinter ihnen, als die Schollen so dicht, so zackig und wirr standen, daß es für den Skidoo kein Hindurch mehr gab. Also ließen die beiden ihr Gefährt zurück, nahmen ihre Ausrüstung auf und kämpften sich gegen einen schneidenden, böigen Wind über Schründe und Eisgebirge. Dann hatten sie jene Stelle erreicht, an welcher der Großvater am Tage zuvor sorgfältig ein Loch ins Eis gehackt hatte. Natürlich war das Loch längst wieder zugefroren, aber die Eisschicht war noch nicht wieder so dick wie ringsum.

Gemeinsam hackten sie das Loch frei, und der Enkel suchte sich einen guten, windgeschützten Platz, an dem er sich hinsetzen und warten konnte. Warten auf Beute für seine Harpune. Noch einmal überzeugte sich der Alte, daß alles in Ordnung, das Seil mit der Harpunenspitze und mit dem linken Oberarm des Enkels verbunden war. Dann ließ er den Enkel allein. Ein Eskimo muß allein sein, wenn er sein erstes Wild jagt, wenn er zum Mann wird.

Etwa hundert Meter weit kletterte der Alte über das Eis, bis er sein eigenes Fangloch erreicht hatte. Er hackte es frei, prüfte den Wind, suchte sich einen standfesten Platz und verharrte dann in Bewegungslosigkeit. Unter seiner Parka war es angenehm warm, und eine gleichmäßige Ruhe überkam ihn.

Auch der Enkel hockte ruhig, fast teilnahmslos neben seinem Eisloch, wartete. Aber natürlich war er innerlich erregt, gespannt, hoffte auf die Blasenspur eines atmenden Wesens im Wasser. Dunkelgrünschwarz schwappte der Spiegel des Eismeeres in dem Loch vor ihm, schmolz die winzigen Eiskristalle, die der schneidende Wind aufstieben ließ. Die Minuten begannen sich zu dehnen, und Zeit wurde unwirklich für den Enkel. Bis plötzlich winzige Bläschen an die Oberfläche perlten und zersprangen.

Der Harpunenarm des Enkels hob sich, und er streckte die rechte Hand aus, um die zusammengerollten Seilschlingen besser ablaufen zu lassen. Und dann durchstieß ein mächtiger Schädel prustend die Wasseroberfläche, und die Harpune flog und traf ihr Ziel. Fauchend, schnaubend und spritzend tauchte der Schädel unter, und mit ihm verschwand der Harpunenstock, und rasend rollte sich das Seil ab, spannte sich mit einem gewaltigen Ruck und riß dem Enkel beinahe den Fäustling von der rechten Hand. Der Junge wurde nach vorne gerissen, und die Riemenschlinge am Ende des Harpunenseiles schnitt schmerzhaft in seinen Oberarm. Was da in die Tiefe zu entkommen trachtete, war keine Robbe, dem die Kräfte des Enkels ohne weiteres gewachsen gewesen wären. Hier kämpfte ein Walroß um sein Leben. Wild stemmte der Junge seine Fellstiefel ins Eis, versuchte, seinen Körper so zu verkeilen, daß es für das Walroß kein Entrinnen mehr gab. Aber der gewaltige Fleischkoloß unter dem Eis ließ dem Jungen nicht die Zeit, sich einzustemmen. Er riß mit Urgewalt an der Leine, wollte tiefer und tiefer, um den brennenden, peinigenden Haken im Fleisch loszuwerden. Und so kämpfte er.

Mit einem trockenen Knall brach der Eiszacken, hinter dem der rechte Fuß des Enkels Halt gesucht hatte. Der Junge verlor das Gleichgewicht, kippte nach vorn. Ein fauchender Windstoß riß ihm den Schrei von den Lippen, und dann umfaßte ihn die eisige Klammer des Wassers bis zum Hals.

Vergeblich versuchten seine Fausthandschuhe, den Rand des Eislochs zu halten. Noch einmal schwappte Wasser über. Luftblasen zerplatzten. Dann wurde die Wasseroberfläche ruhig. Der Wind häufte Schneekristalle über die nassen Stellen, und schon bald unterschieden sie sich durch nichts mehr von ihrer Umgebung.

In die behagliche Wärme seiner Parka gehüllt, ließ der Alte den grimmigen Wind an sich abprallen. Unter halbgesenkten Lidern hervor sah er auf die düsteren Fluten, die am Rand seines Fangloches gurgelten und kleine Luftblasen heranspülten. Der Alte griff die Harpune fester, winkelte den Arm. Und dann erkannte er an der Tönung des Wassers den Tierkörper. Gedankenschnell stieß sein Arm herab, und die scharfe Stahlspitze rammte sich tief ins Fleisch der Beute.

Der Alte war ein erfahrener Jäger. Er hatte seiner Beute keine Zeit gelassen, aufzutauchen und nach Luft zu schnappen. Das würde sein Opfer Kraft kosten. Eisern hielten seine Hände das Harpunenseil, ließen es sich nur mühsam, Zentimeter um Zentimeter durch die Handschuhe winden, holten es sofort wieder ein, als die Beute zum Eisloch zurückkam, um lebensrettende Luft zu schnappen. Und da wartete der Alte mit dem gezückten Walmesser. Schnell und tief stach er zu.

Es wurde kein langer Kampf. Als das große Auge des Walrosses unter borstiger Braue müde blinzelnd aus dem Wasser tauchte, rammte der Alte sein Walmesser bis ans Heft hinein. Die Fluten färbten sich rot, schäumten, wurden noch einmal aufgepeitscht, dann wickelte sich die Harpunenleine langsam und gleichmäßig ab. Tot sank das Walroß einem fernen Grund entgegen.

Hand über Hand holte der Alte die Leine ein, sah sich nach etwas um, an dem er das Seil befestigen konnte. Er fand den Grat eines aufgeworfenen Eisblocks. Diesen als festen Punkt benützend, wuchtete der Alte seine Beute aus dem Loch. Es war ein schweres Stück Arbeit, und unter der Parka rann ihm der Schweiß in Strömen über Schultern und Rücken. Endlich hatte er es geschafft und drehte sich zu seiner Beute um.

Aus dem Rücken des Walrosses hing eine zweite Harpunenleine. Ungläubig musterte der Alte das straffe Seil und begann dann, das freie Ende aus dem Eisloch zu ziehen. Und er zerrte seinen Enkel aus dem Wasser. Es dauerte nur wenige Minuten, bis die Leiche des Jungen auf dem Eis festgefroren war. –

„Seither hat der Alte seine Seele verloren", sagte Simon. „Er trinkt Wodka, weil sie so, Schluck für Schluck, zu ihm zurückkommt. Das Fleisch des Walrosses hat seiner Familie übrigens drei Wochen Nahrung gegeben." –

◇

Obwohl der Wind immer heftiger um die Hütte heulte, oder gerade deshalb, denn es konnte ja noch schlimmer werden, fuhren nach und nach, bis auf zwei, in der Nacht noch alle Eskimos weg.

Uns stand diese Fahrt morgen bevor, und was wurde das für eine Fahrt! An Sturmstärke, Schneefall und sonstigen Widerwärtigkeiten wurde fast das Schlimmste vom letzten Jahr überschritten.

Wohlverpackt saß ich auf dem Schlitten und konnte teilweise Simon auf seinem Skidoo nicht erkennen. Wie er ohne irgendeinen Anhaltspunkt wieder den Weg fand, war mir ein Rätsel.

Immer häufiger mußte ich daran denken, was dann, wenn der Skidoo ausfällt? Von der Zeit her mußten wir bald den „point of no return" erreicht haben. Immer wieder schaute sich Simon um, er wollte wissen, ob ich noch auf dem Schlitten saß, denn die Strecke war bei Gott nicht eben.

Allmählich zeigte sich die Arktis doch noch von der besseren Seite. Als in der Ferne die Hügel von Pond Inlet in Sicht kamen, schien wieder die Sonne, wenn der Wind auch noch heftig blies.

Simon fuhr mit Skidoo und Schlitten in den Ort hinauf, bis vor's Hotel. Viele Eskimos winkten, ich hatte das Gefühl – jeder wußte von meinem Waidmannsheil.

Dem Hotelmanager und zwei Piloten mußte ich ausführlich erzählen. Aber ich brauchte zunächst eine Dusche und wollte dann auch mit meiner Frau in Montreal telefonieren.

„Gleich kommen die Arbeiter von Mobil Oil, und dann kannst du dich nicht verdrücken", sagte der Manager Joe Enook, „sie wissen bereits Bescheid."

Er hatte es kaum ausgesprochen, als die Türe aufgestoßen wurde und ein Trupp von Männern hereindrängte. Es waren große, schwere Männer mit derben Gesichtern, in denen sich wiederspiegelte, daß sie gewohnt waren, anzupacken.

Einer ließ sich ganz in meiner Nähe auf einen Stuhl fallen, musterte mich aus kleinen, tiefliegenden Augen. Seine Brauen waren dicht zusammengewachsen und bildeten einen schwarzen Wulst. Während er sich eine Zigarette ansteckte, sagte er: „Well, you got a bear and you shot him in the middle of the heart?"

„Tell me what's happened, I killed last summer a good Big Horn Sheep in the Rockies." Da wußte ich also, mit wem ich es zu tun hatte und daß die Information von Simon über Radiofunk sich herumgesprochen hatte.

Im „besten" Englisch erzählte ich nun mein Erlebnis, ich tat es gerne und war ein bißchen stolz. Die Männer lachten, während einer dasaß wie ein britischer Offizier, dem schon im Knabenalter beigebracht wurde, daß Würde nur der ausstrahlt, der einen Stock verschluckt hat. Ihm paßte wohl mein Gesicht nicht, vielleicht war es Jagdneid, was soll's.

Mit Craig, einem Wildlife-Offizier, hatte ich bald durchgesprochen, wie der weitere Verlauf meiner Reise in der Arktis vor sich gehen konnte. Probleme gab es hier hauptsächlich damit, daß man seine Flüge den Wetterverhältnissen anpassen mußte und nicht viel Auswahl hatte bei der Anzahl der Flüge.

Um nach Grise Fjord zu kommen, gab es eigentlich nur einen Weg – über Resolute Bay. Das hieße aber, vier Tage warten in Pond Inlet; drei Tage Aufenthalt in Resolute, und von hier ging nur einmal wöchentlich ein Flug nach Grise Fjord. Diese für uns Europäer nicht vorstellbaren Wartezeiten setzten außerdem voraus, daß das Wetter auch flugtauglich war – sonst wurde es eben noch länger!

Meine diesjährige Expedition stand aber unter einem besonderen Stern. Ich hörte von einem Charterflug der Lehrer aus Pond Inlet nach Grise Fjord, der in drei Tagen stattfinden sollte. Mit Bruce, dem Organisator, kam ich trotz Schwierigkeiten überein. Fünfzehn Leute flogen mit, ein Platz war frei, aber nur ein Gepäckstück! Neben meiner Bärendecke hatte ich davon fünf! Mit meinem ganzen Charme brachte ich auch dieses in die Reihe und sparte damit Zeit, Flug- und Hotelkosten.

Zwei Tage blieben mir daher noch in Pond Inlet, welche ich reichlich nutzte. Ich besuchte Simon und seine sechs Kinder, und wir kochten den Bärenschädel ab. Gesäubert sollte er inmitten meiner Wäsche mit nach Europa. Die Bärendecke wurde von Wahinis der Hunter Association von Fettresten gesäubert, Tatzen und Nase wurden sorgfältig gesalzen. Ich wollte selber einen Blick darauf werfen, damit alles seine Richtigkeit hatte.

Vom Büro des Wildlife-Service besorgte ich mir die nötigen Papiere für die Ausfuhr, und hier durfte ich auch meine Dollars für „Trophyfees und Tax" bezahlen.

Bei meinen Spaziergängen fotografierte ich viel, vornehmlich Kinder. Die für sie eingerichteten Schulen können es ohne weiteres mit unseren Schulen aufnehmen. Es herrscht Ordnung und Vielfalt, diverse Schautafeln und Modelle sowie geräumige Klassen und Bibliothek sind vorhanden – Bruce zeigte mir gerne, wie weit man hier oben auf diesem Gebiet schon war.

Es fehlen aber die wirtschaftlichen Gegebenheiten. Industrie müßte in irgendeiner Form hergelockt werden. Eine geringe Entwicklung der Infrastruktur hat zwar in einigen Gebieten mit den Minen begonnen. Aber das genügt nicht. Was nicht schon alles versucht worden war, um das Leben der Inuit auf eigene Versorgung abzustimmen, kann kaum aufgezählt werden.

Die erste Farm wurde nördlich von Pangnirtung auf Baffin Island gegründet, aber im Norden der Insel konnte sich so etwas des Klimas wegen nicht durchsetzen.

Vor einigen Jahren hat die Bezirksregierung tibetanische Yaks gekauft, in der Hoffnung, nach der Kreuzung mit Hausrindern eine den Wettergegebenheiten angepaßte Tierart zu gewinnen, welche dann von den Inuit in der Tundra gehalten werden könnte. Diese Arbeit ist im Gang und noch nicht abgeschlossen.

Ausführlich unterhielt ich mich mit Leuten eines Filmteams, welche frisch angekommen waren. Es waren nette Burschen, die die Aufgabe hatten, Arbeiten der Leute von Mobil Oil auf Video zu bannen. Deren Auftrag bestand wiederum darin, die grundsätzlichen Möglichkeiten zu untersuchen, inwieweit ein Eisberg als Off-Shore-Plattform für Ölbohrungen Verwendung finden konnte.

Man hatte zu diesem Zweck einen Eisberg gewählt, der unfern der Küste Pond Inlets lag. Breite Autospuren führten dorthin. Man lud mich ein, einmal zur Besichtigung mitzufahren.

Es war angenehmer, im Fond eines Kombiwagens als auf einem Skidoo zu sitzen. Wir kamen zu einer mittleren Baustelle mit vorgefertigten Bauwagen, Baggern, Kompressoren, Generator und dergleichen. Auf einem großen Caterpillar, welcher ständig das Eis wegschob, das kleinere Schaufelbagger aus tiefen Tunneln herausholten, saß Jake, mein Jagdführer vom letzten Jahr.

Wir begrüßten uns freundlich, und er bedauerte noch einmal den Mißerfolg des vergangenen Jahres. Er hatte bei Mobil Oil nun einen festen Job, vielleicht lag ihm das auch mehr ...

Überall waren Markierungsfähnchen und Tonnen auf dem Eis. Lange Leitungen führten bis auf die Spitze des Eisberges. Mehrere exakt rechtwinklig geschlagene Stollen gingen in verschiedenen Richtungen in den Berg. Man bereitete große Sprengungen vor, um genaue Daten über die Widerstandskräfte zu gewinnen.

Das waren für mich alles interessante Dinge, die mir die Zeit nicht lang werden ließen.

Die Stunde des Abschiedes nahte. Zum zweiten Male war ich Gast in Pond Inlet gewesen. Alles, was ich im letzten Jahre vermißt hatte, ist mir diesmal mehr als normal von der besten Seite gegeben worden. Die Hunter- und Trapper-Association von Pond Inlet kam am Vorabend meines Abfluges noch zusammen, um von mir zu erfahren, was noch verbesserungswürdig wäre, ob ich zufrieden gewesen wäre etc. ...

Simon fungierte als Dolmetscher. Als wesentlichen Anhaltspunkt gab ich u. a. den Eskimos zu verstehen, daß der Gastjäger das Gefühl haben müßte, auch der Guide jage mit Herz. Es müßte eine Kameradschaft zwischen beiden entstehen und nicht der bezahlte Jäger nur seine Zeit absitzen. Sie nahmen meine Anregungen dankbar entgegen, und wir schieden in bestem Einvernehmen.

Kurz bevor das Flugzeug starten sollte, brachte mir Simon die tiefgefrorene Bärendecke ins Hotel. Wir trennten uns wie zwei Freunde, und irgendwie tat es mir leid zu wissen, daß man sich unter normalen Umständen nicht noch einmal sehen würde. –

Die größte Freude wurde mir allerdings zuteil, als auf dem kleinen Flugplatz ganz bescheiden Gamail auf einmal auftauchte. Mit allem hatte ich gerechnet, aber Gamail, mit dem ich kein Wort wechseln konnte, hier zu sehen, fand ich großartig. Wir schauten uns nur beide in die Augen, und die ganze Härte, welche den Jäger der Arktis ausmacht, war verschwunden. Schnell drückte ich ihn an meine Brust, wendete mich zur Maschine, damit er nicht sehen konnte, wie mir doch etwas feucht um die Augen wurde.

Als die Twin Otter abhob, sah ich Gamail alleine auf dem Weg zum Ort, unbeschwert, er war sicher schon wieder in Gedanken bei seinen treuen Hunden, zu welchen er ein besonderes Verhältnis hatte.

◇

Zum ersten Mal konnte ich jetzt aus der Luft mein Jagdgebiet sehen. Es war beeindruckend. Auf der Strecke Richtung Nordpol überflog die vollbesetzte 2motorige Maschine zunächst Bylot Island. Eine große Insel, welche komplett zum Naturschutzgebiet erklärt worden war. In den gewaltigen schneebedeckten Gebirgsmassiven, mit Höhen über 3.000 Metern, sah es urig aus. Vorwiegend zum Schutze der

Vögel darf der Mensch hier nicht jagen oder trappen. Ich konnte kein Leben erkennen, obwohl die Maschine in nicht allzu großer Höhe flog. Aber von Simon wußte ich von Vögeln, welche auch im Winter hier brüten. Ein standorttreuer Vogel, der zwar die kälteren Monate im Süden verbringt, der Eistaucher, kommt jedes Jahr wieder. Er wird bis fünfundzwanzig Jahre alt, lebt monogam und treibt hier aber immer wieder sein Hochzeitsspiel. Bis zu sechzig Meter kann er tauchen, wobei er Luft aus seinen Schwingen nimmt. Seine Fische holt er aber zumeist im Bereich von zwanzig Metern.

An der Küste zum Lancaster Sound versuchte ich vergeblich, die Hütte zu entdecken, in der ich die interessante Geschichte von dem alten Eskimo gehört hatte, aber die Insel war größer, als ich dachte. Dann, gar nicht so fern der Küste, trafen wir auf offenes Wasser. Zuerst immer stärker werdende Cracks, dann große treibende Schollen, bis schließlich nur Wasser zu sehen war, vom Nebel der Verdunstung überwallt.

Mir fiel ein, daß noch vor gar nicht langer Zeit ein Inuit aus Pond Inlet sein Skidoo verloren haben soll, weil er sich zu nahe an die ständig brechenden und wieder zufrierenden Stellen gewagt hatte. Sein Leben selber konnte er retten, da er sich an den brechenden Eisschollen festhalten konnte und ein mitjagender Freund ihm half, die Kleider zu wechseln. Mit starken Unterkühlungen konnte dieser ihn mit seinem Kamotik nach Pond Inlet in ärztliche Behandlung bringen.

Bald sah ich wieder festes Eis mit vielen Eisbergen. Wir kamen zum Devon Island. Eine große, mit beeindruckenden Gletschern bedeckte Insel. Sie erstreckt sich mit einer Breite von ca. einhundert Kilometern fast dreihundert Kilometer entlang dem 75. Breitengrad.

Deutlich konnte ich die weit ins Meer reichenden, kalbenden Gletscher erkennen. Wie Spielzeug sah alles aus, machte aber auch dem Unwissenden klar, wo die Eisberge schließlich herkommen.

Die von Fjorden zerrissene Küste an der Nordseite erschien und damit der letzte Kanal vor Ellesmere Island. Jones Sound las ich auf der Karte.

An der südlichen Küste, nahe an der Ostseite dieser zweitgrößten Insel der NWT, lag die Ansiedlung Grise Fjord. Die Nase des Flugzeuges zeigte schon nach unten. Hohe Berge an der Küste gaben kaum Raum zur Landung, aber die Piloten des hohen Nordens sind schon mit ärgeren Dingen konfrontiert worden.

Grise Fjord - Ausuittu, oder in norwegisch „Pig Fjord", ist Canadas nördlichste Inuit-Ansiedlung. 106 Menschen, davon 92,5 % Inuit, trotzen hier der Kälte, die auch im Juli nur kurz über +8°C kommt. Im Januar liegt die kälteste Temperatur bei durchschnittlich −35°C. Die Ortschaft, von der Regierung durch Übersiedlung von Eskimos besonders gefördert, liegt auf einem Uferstreifen mit einer maximalen Breite von 300 Metern und einer Länge von vielleicht 1.500 Metern. Die Eskimos der Denbigh-Kultur hinterließen hier Spuren ihres nördlichsten Vorkommens bereits vor 4.500 Jahren. Ruinen der späteren Thule-Kultur wurden ebenfalls in der Nähe von Grise Fjord entdeckt. Kältere Perioden müssen irgendwann beide Gruppen nach Süden gedrückt haben.

Bekannt wurde Grise Fjord unter anderem durch zwei Inuit aus Thule, Grönland, welche im Jahre 1966 mit einem Hundeschlitten die 641 km zwischen Thule, Grönland, und Grise Fjord zurückgelegt hatten. Es sollte eine Fahrt zur Erinnerung an den großen Inuit angakok Kridlak sein. (Ich habe darüber bei der Beschreibung von Pond Inlet berichtet.) Erwidert wurde dieser Besuch durch einige Eskimos aus Grise Fjord, die mit ihren Skidoos 1970 diesen Weg zurückgelegt haben.

Die fast ausschließlich vom Fischfang und von der Jagd lebenden Inuit geben in einer von der „Hunter- und Trapper-Association" herausgegebenen Auflistung für 1981 folgende Strecke bekannt: 16 Beluga-Wale, 10 Walrosse, 180 Seals (Robben) 24 Muskox, 33 Polarbären sowie Polarfüchse und Hasen.

Die Lebenshaltungskosten, aber auch die eventuell in Anspruch genommene Sozialhilfe der Regierung, sind hier etwa 100 % höher als in Montreal.

Es ist sicher immer ein Erlebnis für die Bewohner, wenn eine Maschine kommt. Alle verfügbaren Skidoos, etwa dreißig, brausen das kleine Stück zum Flugplatz. Sie wollen erleben, welche Menschen das Flugzeug ausspuckt, ob vielleicht irgendein Frachtgut für sie dabei ist, denn so ein Flugzeug ist für sie einfach die Verbindung zur Welt.

Gill Bateux, der Manager für alle Dinge im Ort, empfing mich mit freundlichen Worten und zeigte mir den kurzen Weg zum Hotel. Für hiesige Verhältnisse war es sehr komfortabel. Ich hatte ein Zweibettzimmer mit „Meeresblick".

Der Ort selber machte im wesentlichen einen geordneten Eindruck. Zwischen den Hütten konnte ich, mehr als in Pond Inlet, auf Holzrahmen gespannte Felle von Robben und Eisbären sehen. Sie hingen jedoch so hoch, daß die immer hungrig umherstrolchenden Hunde nicht darankonnten. Kinder spielten Schlittenfahren mit ihren kleinen Kamotiks. Einer hatte sogar einen Hund davorgespannt. Sicher wollte er damit, wie überall auf der Welt, den Vater imitieren, wenn dieser zur Jagd fährt.

Dann kam mein Guide, ein Inuk namens Ka va vow Kiguktak. Wir verabredeten uns für den nächsten Tag.

Wir wollten bei gutem Wetter, der Küste folgend, in den Fjord Tuttu Bay einschwenken, wo in den Küstenregionen in letzter Zeit Moschusochsen gesehen worden waren.

◇

Diesen Urtieren, von denen ich schon im vergangenen Jahr berichtet hatte, wollte ich nun persönlich gegenüberstehen. Wollte sie in ihrem kargen Biotop erleben und fotografieren.

Gut gerüstet erschien pünktlich Ka va vow mit Skidoo und vollbeladenem Kamotik. In einer Art Kiste saß ich auf Schlafsäcken und Zelt und ließ mich während der Fahrt nach allen Regeln der Kunst durchschütteln. Das Meer war hier bei leichtem Wellengang erstarrt. Man stelle sich nun vor, das drei Stunden lang, gegen schneidenden Wind, sozusagen als Wellenbrecher. Der Schlitten knallte jedes Mal nach Überwindung einer Welle dermaßen auf das Eis, daß ich schon um meine Wirbelsäule fürchtete. Es war eine Tortur, die ich nur ungern über mich ergehen ließ. Die Entfernungen waren nicht abzuschätzen. Hatte ich mal einen bestimmten Berg der Küstenregion anvisiert, dauerte es unendlich lange, bis wir diesen erreicht und passiert hatten.

Dann bog Ka vo vow in einen Fjord ein, der in seinem Auslauf bestimmt 10 km breit war. Häufiger beobachteten wir nun mit dem Fernglas die Hänge, um zwischen den Felsen einen oder mehrere schwarze Punkte in den Schneeanflugstellen ausmachen zu können. Aber so schnell sollte es wohl nicht klappen. Wir suchten daher bald einen geeigneten Lagerplatz und richteten unser Zelt.

Es war 21:00 Uhr, und die Sonne schien nur noch flach ins Land. Mein Temperaturmesser zeigte −28°C. Durch viele Ritzen und Löcher des beschädigten, alten Zeltes kam unerwünschte Frischluftzufuhr. Ka va vow konnte mit seinem Spirituskocher gar nicht so schnell heizen, wie die Wärme von dem Wind wieder abgeführt wurde. Zu allem Überfluß versagte der Reißverschluß am Eingang, der darum provisorisch mit Draht zugebunden werden mußte.

Nach dem Tee und einer warmen Suppe kroch ich daher schleunigst in meinen doppelten Schlafsack. Mehrmals wurde ich in der Nacht wach, schälte mich mit dem Kopf aus der vom Atem vereisten Öffnung des Schlafsackes, um auf die Uhr zu schauen. Es hätte geradezu schon vormittags sein können, so hell war es draußen um 1:00 Uhr oder 3:00 Uhr.

−26°C zeigte das Thermometer, als wir, nur mit der Kamera bewaffnet, mit dem Skidoo weiter in den Fjord hinauffuhren. Ohne Rücksicht fuhr Ka va vow über Eis, Schnee, Geröll und Felsen. Mir wurde angst und bange, denn bei einem Ausfall dieser technischen Errungenschaft, des Skidoo, brauchten wir sicher vier bis fünf Tagesmärsche bis nach Grise Fjord.

Wieder und wieder hielt Ka va vow, um die Hänge abzuleuchten. Dann hatten wir gefunden, was wir wollten, 3 bis 4 schwarze Flecken in der verschneiten Felslandschaft. Mit bloßem Auge waren sie für mich nicht erkennbar. Mit dem Skidoo verkürzten wir die Distanz auf etwa 500 Meter und machten uns dann zu Fuß auf.

Zunächst hielten die Muskox, etwa im unteren Viertel des Hanges stehend, uns aus. Als die Entfernung für mein 500-mm-Tele aber noch viel zu weit war, gingen sie flüchtig ab, schräg den Hang hinauf.

„We follow", sagte Ka va vow nur und stapfte voraus.

Ich in der schweren Cariboukleidung, mit warmem Spezialunterzeug, in den weichen Eskimoschuhen und dick bepelzten Beinen hinterher.

Ich wüßte nicht, wo ich schon einmal so geschwitzt hätte. – 26 °C außen, von innen eine Sauna, mit den Füßen keinen Halt, und immer noch zogen die Muskox höher.

Dann verhofften sie, mit den Häuptern uns zugewandt. Alle Energie nahmen wir zusammen und hasteten weiter in der Hoffnung, daß sie in ihrer bewährten Abwehrstellung verharren würden. Mit meinen Schuhen war es fast unmöglich, weiterzukommen. Auf den kleinen Schneefeldern zwischen den roten Felsen sank ich entweder bis zu den Knien ein, oder der Schnee war so verharscht, daß er mich trug. Dabei war es aber wiederum nicht sicher, ob meine bepelzten Sohlen darauf den richtigen Halt finden würden. Mehrmals rutschte ich aus, mußte dabei gewaltig auf meine Kamera achten und war dann wieder einige Meter tiefer.

Hinter einer Falte im Hang konnten wir die Muskox und sie uns nicht sehen, ein Grund, um unsere Pirsch noch einmal zu beschleunigen. Dabei blieb es nicht aus, daß wir auch Geräusche machten – in dieser absolut stillen Landschaft fast einen Erfolg ausschließend. Plötzlich sahen wir sie wieder, höher, aber weiter rechts. Ich war nahe daran, aufzugeben, aber Ka va vow zeigte auf den Grat eines Steilhanges, dort könnten die Muskox nicht so ohne weiteres drüber. Noch einmal alle Kraft zusammen genommen – woher? Wie gerne hätte ich jetzt meinen Caribouparka ausgezogen. Aber darunter hatte ich nur einen verschwitzten Pullover – unmöglich.

Ka va vow hatte es besser, denn schon lange lag sein Fellparka irgendwo unten im Hang, er trug darunter eine gefütterte Windjacke.

Der Moment, der mich alle Strapazen vergessen lassen sollte, schien in greifbarer Nähe. Ich sah, wie die verfolgten vier Muskox sich mit dem „Rücken" zur Wand zu uns gewendet hatten. Sie blieben in dieser, ihrer Verteidigungsstellung und ließen uns bis auf etwa 15 bis 20 Meter herankommen. Es war nicht zu gefährlich, da ein Angriff ihrerseits in dem abfallenden Felsgewirr nicht zu erwarten war. Nun stand ich diesen Urtieren gegenüber, die das eine Kalb in ihre Mitte genommen hatten. Schnaubend, mit dem Haupt auf und ab werfend, schickte der Leitbulle mir aus seinen schwarzen Augen böse Blicke zu. Die Kamera mit Tele war ständig in Aktion. Einige dieser in ihrer dicken Wolle massig wirkenden Tiere stampften mit den hell behaarten Läufen. Das Fell war schwarz und stellenweise ins Braune übergehend.

Ich konnte diesen Anblick nicht genug genießen und war gleichzeitig glücklich darüber, keine Jagdlizenz erworben zu haben. Als der Film voll war, zogen wir uns vorsichtig zurück, um die Tiere nicht weiter zu beunruhigen.

Wenn ich auch froh war über die gemachten Aufnahmen, so war der folgende Abstieg doch grausam. Meine „Pantoffel" fanden noch weniger Halt auf dem Schnee. Einmal, bei Querung eines etwa 5 Meter breiten, vereisten Schneefeldes, kam das, wovor ich mich schon gefürchtet hatte. Ich rutschte aus und sauste auf dem Hosenboden zu Tag. Verzweifelt krallten sich meine Finger, die Handschuhe waren schon lange unten, in den verharschten Schnee und zogen darin tiefe Bahnen.

Mit allen Vieren versuchte ich, die Rutschpartie zu bremsen, und fürchtete auch für meine Männlichkeit, denn hier und da kam auch schon die Spitze eines Felsens aus dem Schnee.

Schließlich kam ich dann doch unverletzt zum Halt und war andererseits froh, ein gutes Stück „geschafft" zu haben.

Bei unseren weiteren Erkundungsfahrten sahen wir noch zweimal eine kleine Gruppe von Muskox. Eine gingen wir auf ähnliche Art an wie die erste. Sie gingen aber bereits nach der zweiten Flucht in ihre Abwehrstellung, und mir gelangen gute Bilder.

Der Muskox, Ovibos mochatus, ist ein Tier aus der Familie der Boviden, der Gruppe, zu der auch Rinder, Antilopen, Schafe und Ziegen gehören. Obwohl er dem Bison etwas ähnlich ist, steht er jedoch den Schafen und Ziegen näher. Er lebt vornehmlich in Herden bis etwa 12, sammelt sich aber im Winter bis zu 60 Stück. Eine Muskox-Herde bildet eine soziale Gruppe, in der Bullen und Kühe auf die Sicherheit der Kälber achten. Die aus allen Altersschichten bestehenden Tiere akzeptieren den stärksten Bullen als ihren Leitbullen. Ihr Leben ist eingeteilt in verschiedene Aktivitätsperioden, welche sich in Nahrungssuche, Wiederkauen, Paarung und Rast aufteilen. Sie sind ständig unterwegs und legen auf ihren Wanderungen im Monat etwa 50 km zurück. Wie schon erwähnt, formen sie bei Gefahr durch Wölfe, niedrig fliegende Flugzeuge oder Jäger ihre defensive Verteidigungsstellung. Seite an Seite stehen die führenden Tiere eng beieinander und drohen mit ihren gesenkten Häuptern und ihrem starken Kopfschmuck. Bei einem Angriff von verschiedenen Seiten formen sie einen regelrechten Kreis, in deren Mitte die Kälber sind.

Jedes Jahr im April bis Juni bekommt die Kuh ein Kalb. Minuten nach der Geburt ist dieses schon fähig, der Herde zu folgen.

Nachdem vor etwa zwanzig Jahren die Bestände durch die verstärkte Bejagung mit Feuerwaffen sehr zurückgegangen waren, stellte man die Moschusochsen unter gänzlichen Schutz. Erfreulicherweise haben sich inzwischen die Bestände so gut erholt, daß den Eskimos beschränkt wieder Jagdlizenzen erteilt werden.

Im Lager zurück, teilte ich Ka va vow meine Zufriedenheit über unsere Pirschgänge mit. Morgen wollten wir versuchen, an einer weit vorgelagerten Insel Walrosse zu finden.

Tief beeindruckt dachte ich auf meinem Lager über das Erlebte nach. Wirklich, die Exkursion stand in jeder Beziehung unter einem guten Stern. Mit dem Bild des schnaufenden, urigen Bullen vor Augen muß ich doch endlich Ruhe gefunden haben.

Das Zelt von Ka va vow war mit seinen vielen Öffnungen, die der Zahn der Zeit genagt hatte, nicht gerade geeignet, mehrere Wochen darin zu leben. Wenn schon nur ein Zelt, so soll dies doch vor dem kalten Wind schützen. Hier fanden nicht nur die Kälte, sondern auch der Wind ungehindert seinen Zugang und schlossen jede Behaglichkeit aus.

Trotz allem hatte ich nicht gefroren. Suppe und Tee munterten uns auf. Bei immer noch sonnigem Wetter, jedoch mindestens −31°C krabbelte ich in meine Kiste auf dem Schlitten, und Ka va vow fuhr los. Zu einer vorgelagerten Insel wollte er, weil dort offenes Wasser und wahrscheinlich Walrosse zu finden wären. Ich freute mich schon und nahm geduldig die Stöße und Knüffe in Kauf, die die unebene Eisfläche mir ständig verabreichte.

Nachdem wir den Fjord Tutta Bay verlassen hatten, konnte man nur schwach in der Ferne einen Berg erkennen. Er sah aus wie eine Pyramide gegen das klare Blau des Himmels.

Wir fuhren jedoch noch einmal zwei Stunden, bis ich merkte, daß der aufkommende Wind bei wolkenlosem Himmel andere Ursachen haben mußte.

Das offene Wasser, für mich bald deutlich sichtbar, erzeugt durch seine starke Verdunstung einen Sog, der einen lebhaften Wind hervorruft.

Manchmal wurde es mir doch unheimlich in meiner Kiste, wenn mein Inuk mit seinem schweren Skidoo so unbeschwert nur etwa 10 bis 15 Meter dem offenen Wasser fernblieb. Bei diesen Temperaturen wollte ich nun absolut keinen Kontakt mit dem nassen Element haben. Immer schärfer blies der Wind. Zeitweise blickte Ka vo vow, auf dem Schlitten stehend, in die Runde, um die großen Tiere des Meeres zu finden. Ging es an der einen Seite nicht, vielleicht versprach die andere Seite des Berges, zu der man über festes Eis gelangen konnte, mehr Erfolg.

Wir folgten dem „Ufer", und tatsächlich entdeckte der Eskimo, was er wollte.

Braune Flecken zeigten sich auf dem Eis, vielleicht noch 200 Meter, mein Herz klopfte. Alles war bereit, Fernglas, Kamera mit aufgesetztem Tele.

Als wir jedoch näher kamen, entdeckte ich den Irrtum. Mehrfach war das Eis hier aufgebrochen und zugefroren, und große Erfahrung war vonnöten, um hier nicht einzubrechen. Geschickt steuerte Ka vo vow den Schlitten näher.

Zwischen aufgeschichteten Schollen, welche braun und schwarz von Schlamm waren, sah ich ein offenes Loch von ca. 1 bis 2 qm klarem Wasser. Die Kälte hatte hier noch keinen Hauch von Eis aufgelegt. Ein Zeichen, daß die Walrosse erst vor kurzem hier gewesen waren.

Auf den schneebedeckten Eisschollen lagen Schweiß und Exkremente. Dieser Anblick steigerte meine Erwartung, und ich machte mehrere Bilder.

Ka vo vow schlug vor, hier in unmittelbarer Nähe zu warten, und holte gleichzeitig den Spirituskocher hervor. Schnell hatte er ein, zwei Igluquader geschnitten und die Kochstelle windgeschützt.

In der einen Hand einen Becher mit heißem Tee, in der anderen ein Toastbrot mit fingerdicker Butter, wartete ich auf das Auftauchen dieser Meeresriesen. Aber nichts passierte. Stunde um Stunde verrann, schärfer wurde der Wind. Zeitweise verkroch ich mich und versuchte auf den Cariboufellen ein Nickerchen.

Immer ungemütlicher wurde das Wetter, und mehr und mehr kam der Wunsch auf, diesen Platz zu verlassen, zumal ich mich auch mit dem nahen offenen Wasser nicht recht befreunden konnte.

Doch dann, wir waren schon zur Abfahrt gerüstet und die Kamera war verpackt, hörten wir ein Rumoren und Prusten. Es ging alles viel zu schnell. Mehr mit dem Auspacken meiner Kamera befaßt, statt den gebotenen Anblick zu genießen, waren die Tiere schon wieder verschwunden, ehe sie recht aufgetaucht waren.

Ein Foto gelang mir, dann war alles wie ein Spuk vorbei. Wahrscheinlich hatte unser Anblick die Tiere zu sehr erschreckt.

Keiner von uns beiden hatte jetzt noch Lust, bei Kälte und Wind länger auszuharren. Wir machten uns daher auf den Weg zurück nach Grise Fjord.

Im Normalfall wäre das eine ganz natürliche Sache gewesen, wenn man von dem ständigen Schlagen des Schlittens absah. Aber was ich befürchtet hatte, trat ein. Den Weg hatten wir vielleicht zu einem Viertel hinter uns, als mit einem klirrenden, hell scheppernden Geräusch der Skidoo seinen Geist aufgab.

Ich ahnte Böses, obwohl wir Zelt und etwas Proviant hatten und deshalb nicht das Schlimmste zu befürchten war. Mit dem Nötigsten, vor allem der Fototasche auf dem Rücken, sah ich uns schon einige Tage zu Fuß unterwegs.

Ka vo vow hatte inzwischen seine „Werkzeugtasche" hervorgeholt und sein Skidoo auf die Seite gelegt, während ich mit dem Glas die sichtbare Küste nach einem markanten Punkt absuchte.

Im Kettenkasten des Mitnehmers war ein Lager zerbrochen, Kugeln hatten sich zwischen Kette und Zahnrad gemengt und diese abspringen lassen. Die Welle mit der angetriebenen Panzerkette schlackerte mit dem kleinen Zahnkranz in dem Mitnehmerkasten. Da war guter Rat teuer.

Aber wie schon mehrmals kennengelernt, sind die Eskimos im Improvisieren große Meister. Mit Geschick und Kraft zwangen wir die Kette wieder auf die Zahnkränze, nachdem die Reste des Lagers entfernt waren. Mit einem Stück zum Winkel gebogenen Flacheisens wurde die Kette an einer Seite eingeschnürt und mit Draht dieses Provisorium an dem offenen Kasten festgebunden. Dann kam der Moment – Ka vo vow ließ den Motor anspringen und vorsichtig, das Skidoo lag noch auf der Seite, die Kupplung kommen. Einmal sprang die Kette noch ab, aber nachdem der Winkel des Flacheisens spitzer gemacht wurde, blieb die nun nicht mehr in Öl laufende Kette auf den Zahnkränzen.

Erleichtert und vorsichtig ging es nun Stunde um Stunde dem Ziel entgegen. Im Hotel wartete eine heiße Dusche auf mich und morgen mein Flugzeug nach regulärem Plan.

◇

Immer noch meinte es der Wettergott gut mit mir. Mit mißtrauischen Augen hatte ich in den letzten Tagen den Himmel betrachtet. Nach dem Erlebten vom vergangenen Jahr war mir diese langanhaltende Schönwetterperiode fast unheimlich, so als wenn etwas in der Luft läge.

Das Flugzeug kam nach Plan, nahm Treibstoff auf und Passagiere – neben mir flogen noch zwei Arbeiter mit – an Bord, und schon ging es über die kleine holperige Piste wieder in die Lüfte. Das wichtigste Gepäckstück, meine Eisbärdecke, lag tiefgefroren hinter den letzten Sitzen.

Schnell blieb die grandiose Küstenformation von Ellesmere Island hinter uns. Quer über den teilweise offenes Wasser zeigenden Jones Sound ging es Richtung Südsüdwest. Mehrere Eisberge waren zu sehen, sie wirkten fast wie Schiffe bei einem Belagerungszustand. Plötzlich, wir hatten gerade einen dieser in der Sonne schillernden Riesen überflogen, kippte der Pilot das Flugzeug über den linken Flügel ab, zog eine große Schleife und landete mit ausgeklappten Skiern neben dem Eisberg.

Zuerst wußte ich gar nicht, was los war, als der Schatten der Maschine auf dem schneebedeckten Eis des Meeres immer größer wurde. Erst bei den Erschütterungen auf dem Eis wurde mir die Landung klar. Frisches Eis für seinen Whisky wollte der Kapitän! Problemlos öffneten wir den einfachen Verschluß der Kabinentüre, stiegen aus, machten Aufnahmen, und weiter ging's.

Noch fast zwei Stunden flogen wir über vereistes Land und Meer. Die Berge im Westen der Devon

Islands waren weitaus flacher. Der Frost, Wind und Stürme der Jahrtausende hatten die Spitzen abgerundet, es sah aus wie ein riesiges Hochplateau.

Dann, kaum erkennbar, da noch flacher, erschien die Küste der Cornwallis Island. Fast war es wie ein nahtloser Übergang vom Meer zum Land. An der südlichen Seite grenzt diese Insel an den Lancaster Sound, und hier liegt Resolute Bay, die Drehscheibe hocharktischer Fliegerei. In Resolute wohnt auch ein Mann, welchen ich im letzten Jahr in einem Flugzeug kennengelernt hatte. Es ist der Inder Bezal Jesudason, Ingenieur, Sprachgenie, Eskimokenner, Hotelbesitzer und Ausrüster fast aller modernen arktischen Kleinexpeditionen. Ein Mann, ohne den „nichts geht", wie man sagt. Außer seiner Auswahl an hervorragender Ausrüstung und seiner arktischen Erfahrung kennt er auch sämtliche Arktisflieger und stellt auf Wunsch Kontakte her.

Mit ihm war ich verabredet, unter seinen familiär betriebenen Hoteltisch wollte ich zwei Tage meine Beine stellen. Der herzliche Empfang war fast so wie bei zwei alten Freunden, obwohl wir uns erst einmal gesehen hatten. Aber in der Arktis werden einfach andere Maßstäbe gesetzt.

Von Bezal lasse ich mir im Verlauf der nächsten Stunden die Geschichte von Resolute Bay erzählen. Er sprach ein sehr gutes Deutsch, hatte er doch sein Ingenieurstudium in Hamburg absolviert.

1845 erreichten einige Schiffe der Sir-John-Franklin-Expedition Cornwallis Island. Ein Schiff, die H. M. S. Resolute, überwinterte hier, und der Kapitän, H. T. Austin, gab dem Küstenstreifen den Namen Resolute Bay.

Die heute hier lebenden 120 Inuit und die ca. 100 Menschen in dem außerhalb liegenden Airportbereich hatten große Vorfahren. Im Nationalmuseum von Canada liegen mehr als 1000 Fundstücke, welche auf die Thule-Kultur hinweisen, die hier entdeckt worden ist. Im Jahre 1950 wurden auch zahlreiche Nachweise der älteren Dorset-Kultur gefunden.

1947 brachte der Eisbrecher „Wyanot" Material, Verpflegung, Öl, Traktoren und dergleichen zur Errichtung einer Wetterstation sowie Sendeeinrichtungen. Gleich der erste Winter brachte, so wird berichtet, große Schwierigkeiten. Ein Mann der Radiostation wurde von einem Eisbär angefallen und lebensgefährlich verletzt, gewaltige Stürme ließen die Menschen tagelang nicht vor die Türe, der Wind zerfetzte Telefonanlagen etc. ...

Die spätere Einrichtung einer Air Basis der Royal Canadian Air Force brachte schließlich begehrte Arbeitsplätze und zog damit auch weitere Inuit an. Die meisten von ihnen kamen aus der Region Baffin Island.

Mehr und mehr wurde die Radiostation ausgebaut. Die Schiffahrt, die Flugzeuge, hier besonders auch die Radarüberwachung der Polarroute von und nach Europa, kämen ohne Resolute Bay nicht mehr zurecht. Der Service zu und mit anderen Stationen der Hohen Arktis spricht für sich.

Auf eine Sache sind die Resoluter besonders stolz. Als das Schiff H. M. S. Resolute, welches ihrem Ort den Namen gab, im Eis des Lancaster Sounds im September 1855 zerdrückt wurde und aufgegeben werden mußte, kam der U.S.-Walfänger „George Henry". Er sicherte das Schiff, nahm Ladung und wesentliche Teile des auseinandergenommenen Schiffes auf. Als ein Geschenk des Präsidenten der USA kam dann die gesamte Ladung als Zeichen der Freundschaft und des guten Willens an die Majestät Queen Victoria nach England.

Aus den Planken des zerborstenen Schiffes baute man in England einen großen Schreibtisch. Dieser ging wiederum als Geschenk der Queen von Great Britain und Ireland 1880 an den Präsidenten der USA, als Erinnerung an die liebevolle Freundschaft der Aktion „Resolute".

Der Schreibtisch, genannt der „Hayes" oder „Resolute", wurde bisher von den Präsidenten Rutherford B. Hayes bis John F. Kennedy benutzt. Lediglich eine Wanderausstellung zu Ehren J. F. Kennedys 1966 – 1977 ließ ihn auf Reisen gehen. Präsident Jimmy Carter holte jedoch diesen historischen Schreibtisch wieder an seinen Platz ins Weiße Haus, wo er heute noch genutzt wird. –

Durch die Teilung der Ansiedlung – der Flugplatz liegt etwa 7 km außerhalb – gibt es am Flugplatz arbeitende Fachleute, welche seit Monaten hier tätig sind, aber den eigentlichen Ort Resolute Bay noch nicht gesehen haben. Das Leben spielt sich für sie in den gut temperierten Räumlichkeiten des Airportbereiches ab. Hotel, sowie alles, was der Mensch braucht, ist hier zu finden. Für jemanden, der normal schon nichts für Natur und Landschaft übrig hat, bieten Eis und Schnee auf relativ flachem Lande schon gar nichts.

Die Eskimos in Resolute Bay sind, wie die anderen Inuit, durch stark verbilligtes Wohnen in komfortablen Häusern, freie Heizung und Strom, verwöhnt und in der Mehrzahl zu stolz, um von der Sozialleistung, die der Staat gewährt, zu leben. Sie jagen und trappen, haben dadurch Fleisch und durch den Verkauf der Felle Geld. Meist findet sich auch hin und wieder eine Gelegenheitsarbeit auf dem Flugplatz, bei der Müllbeseitigung, der Wasserversorgung etc. ... oder sie arbeiten einige Monate in den Blei- oder Zink-Minen. Im Hotel von Bezal war in dem kleinen Kreis der 12 Gäste, Frankreich, Finnland, Italien, Canada, Südafrika und Deutschland vertreten. Hier drehte sich fast alles um den magnetischen und den geografischen Nordpol. Schlittenfahrten zum ersten, Airtours zum zweiten Pol sind Mode geworden, und ich bekomme viel darüber zu hören.

Um den etwa 2000 km entfernten äußersten Erdenpunkt drängeln sich Japaner, Exzentriker und andere „Spezialisten". Am schlimmsten sind die Pauschaltouristen, für welche die Inuit nur ein Lächeln übrig haben. Der Anfang dieser menschlichen Reiselust wurde bereits 1978 gemacht, als die erste Gruppe mit einer Chartermaschine am geografischen Nordpol landete und Champagner und Kaviar aus der mitgebrachten Kiste holte. Nach entsprechenden Fotos im weißen Rund, ging es für die bezahlten etwa 6000 US $ wieder zurück. Aber nicht immer ist ein Flug zum Nordpol mit einer Landegarantie verbunden. Bei schlechtem Wetter muß der Tourist noch einmal viele Stunden ohne warme Mahlzeit und Toilette auskommen ...

Da machte der Japaner Naomi Kamura, inzwischen am Mt. McKinley in Alaska verschollen, mit seinem Alleingang zum Pol, nur mit Hundeschlitten und Verpflegung aus der Luft, andere Schlagzeilen. Kamura, der auch bei Bezal seine Ausrüstung ergänzte, hatte sich schnell mit seiner bescheidenen Art und seinem abenteuerlichen Lebenslauf einen Platz in den Herzen der Resoluter erobert.

Gut 70 Jahre, nachdem Peary mit seinem Hundeschlitten, und ein Jahr, nachdem erstmals ein russischer Atom-Eisbrecher den Pol erreicht hatten, klicken Touristenkameras an diesem äußersten Erdenpunkt. Sie werten nach meiner Ansicht mit ihren bequemen Vergnügungsreisen die großen Leistungen unserer Forscher ab. Wer jedoch die Arktis wirklich erlebt hat, wer in ihr gefroren und gehungert hat, wer die Naturschönheiten in dieser Oase der Stille in sich aufnehmen durfte, kennt die wahre Leistung der Menschen, die mit einfachen Mitteln den Pol zu erreichen versuchten, und weiß die verrückten Poltouristen richtig einzusortieren.

◇

Der magnetische Nordpol hatte seine exakte Position an einem Tag im Februar 1980 bei 77°19' N, 101°49' W. Mit einer Distanz zum geografischen Nordpol von etwa 1400 km liegt er heute bei der Insel Bathurst.

Auf der dargestellten Karte sieht man deutlich, wie sich seine Lage in den letzten 150 Jahren verändert hat. Als erster war es kein geringerer als Gerhard Mercator, der 1546 die Position der magnetischen Pole entdeckte und bestimmte. Sir William Gilbert, Robert Norman, John Ross, Ronald Amundsen sind Namen, die bei der wissenschaftlichen Erforschung nicht unerwähnt bleiben dürfen.

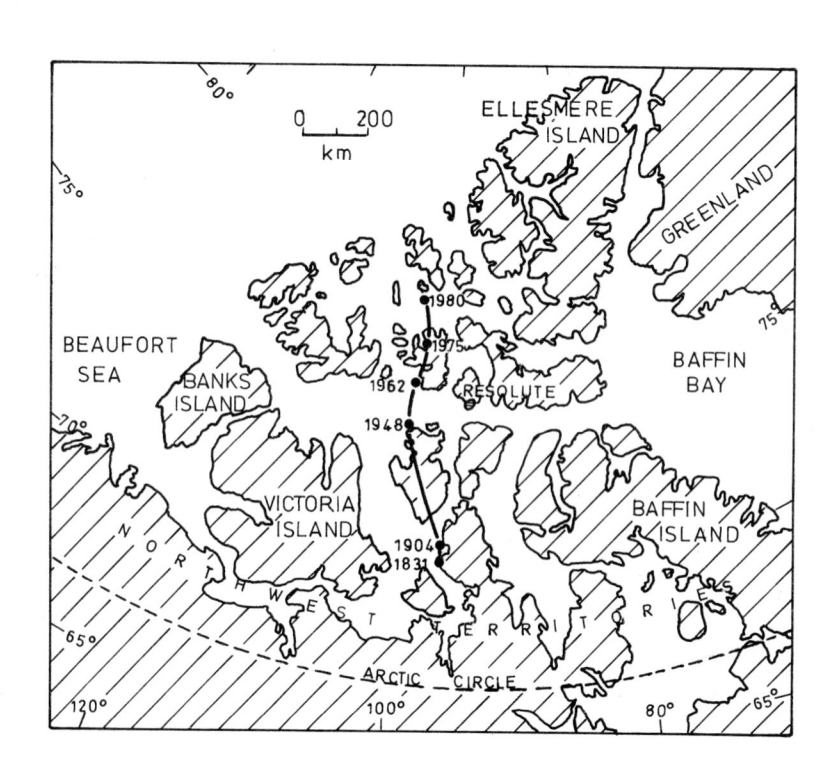

266

Heute kann und muß jeder Kapitän eines Schiffes, sowie jeder Pilot eines Flugzeuges sich ständig über den Stand der magnetischen Pole informieren, will er nicht vom Kurs abkommen. Alle 24 Stunden beschreibt der magnetische Pol eine elliptische Bahn um seine Hauptposition mit einer Ausdehnung von etwa 150 x 40 km. Warum?

Die nahe den geografischen Polen liegenden magnetischen Pole der Erde haben, wie das sogenannte erdmagnetische Hauptfeld, ihren Ursprung in elektrischen Stromsystemen tief im Erdinnern; unterhalb der in rund 2900 Kilometer Tiefe liegenden Grenze zwischen Erdmantel und Erdkern. Das erdmagnetische Hauptfeld und damit die Magnetpole wandern mit einer Periodizität von mehreren hundert Jahren. Im Verlaufe der Erdgeschichte kehrte sich das Erdmagnetfeld immer wieder um. Zuletzt geschah dies vor etwa 710.000 Jahren, in den letzten neun Millionen Jahren zwölfmal. Dies geht aus Untersuchungen der Ausrichtung winziger Magnetkristalle im Meeressediment hervor. Der Prozeß der Magnetfeldumkehr kann bis zu 20.000 Jahre dauern. In den letzten 4.000 Jahren hat sich die Intensität des Erdmagnetfeldes um mehr als die Hälfte verringert. Durchaus ein mögliches Anzeichen für eine erneute Umkehr des Feldes.

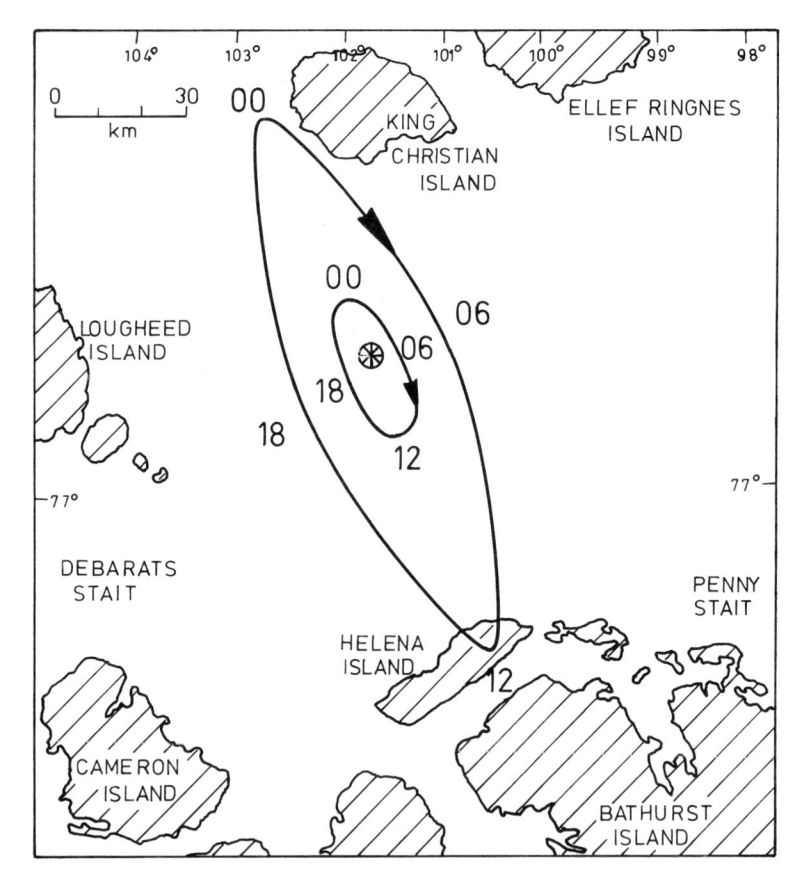

◇

Ein freier Tag stand mir noch in Resolute Bay zur Verfügung, welchen ich reichlich nutzte, um Ort und Menschen kennenzulernen. Da war die moderne Krankenstation, die mir eine freundliche Schwester ausführlich, einschließlich der Privaträume der Schwestern und des Personals, zeigte. Da gab es eine Schule, die auch vom Stil her durchaus in unsere Landschaft passen würde, bei der es an nichts fehlte. Da war der große co-op-Laden, in welchem es alles gab, was der Mensch hier brauchte. Ich war immer noch auf der Suche nach Schnitzarbeiten der Inuit aus dem Elfenbein der Walroßzähne. Plötzlich war ich inmitten einer größeren Gruppe von Eskimos. Sie diskutierten, feilschten und handelten wie überall. Aber die Hektik fehlte, alles lief ruhiger, fast in freundschaftlicher Atmosphäre ab. Ich fühlte mich nicht als Außenseiter, sondern als zugehörig und war bereit, Eindrücke auf mich wirken zu lassen. Ich fühlte mich als Mensch unter Menschen, nur die etwas andere Hautfarbe oder Kleidung würde einem Außenstehenden auffallen.

Das gemeinsame Essen an der großen Tafel bei Terry und Bezal, in einem Rahmen von Gästen aus allen Teilen der Welt, war ein besonderer Genuß. Die unterschiedlichsten Ansichten über politische Ereignisse oder die Diskussion über Rassenprobleme – wobei der Südafrikaner durchaus nicht die Politik seiner Regierung vertrat, sowie die Geschichten über Poltouristen, bargen soviel Gesprächsstoff, daß es immer recht spät wurde.

Vittorio aus Mailand, von der Radiotelevision Italiana, bestellte spontan mein in Arbeit befindliches Buch, nachdem er meine Fotos vom letzten Jahr gesehen hatte.

Alles in allem ein Kreis von Gleichgesinnten, in welchem man sich wohlfühlen konnte. Aber auch hier kam die Stunde des Abschiedes.

Eine Boeing 737 der Nordair hatte für mich einen Platz. In neun Stunden brachte sie mich, bei Zwischenlandungen in Frobisher Bay und Fort Chimo, nach Montreal in eine Region meiner Lebensweise.

Meine Frau, die mich sichtlich erleichtert wieder in ihre Arme nahm, hatte einiges organisiert. Die noch gefrorene Eisbärdecke kam zunächst in die Tiefkühlabteilung der Nordair-Cargo. Danach ging es zu Freunden nach Shawinigan.

Eine extrem herzliche Gastfreundschaft machte mir in den nächsten Tagen die Akklimatisierung zum Vergnügen.

◇

Auf ein ebenfalls von meiner Frau arrangiertes Gespräch mit Pastor André Steinmann freute ich mich ganz besonders. Er lebt nun 72jährig in einer Art Kloster in Cap-de-la-Madeleine, nachdem er über 40 Jahre nur bei den Eskimos zugebracht hatte.

An einem regnerischen Nachmittag der nächsten Tage erreichten wir die Ortschaft Cap-de-la-Madeleine, ein besonderes Heiligtum der Kirche. Man spricht von Wundern, die hier geschehen sein sollen, und von dem anstehenden Papstbesuch 1984. Schnell hatten wir die Bleibe von Pastor Steinmann gefunden. Mehrere Türen öffneten und schlossen sich hinter uns wieder, bis wir dem deutschstämmigen André Peter Steinmann gegenüberstanden.

Ein kantiger Kopf zeigte ein freundliches Gesicht, welches durch tiefe Falten sein Alter verriet. Der Zahn der Zeit hatte es durch die vierzig Jahre Arktis vorzeitig altern lassen. Buschige Augenbrauen überdeckten klar blickende blaue Augen.

Durch die äußerst fett- und salzhaltige Kost der Eskimos waren seine Arterien dermaßen verkalkt gewesen, daß nur eine Operation helfen konnte. Er zeigte uns die Narben an seinem Hals, wobei ein Lächeln seine Mundwinkel umspielte. Es wäre nur eine von vielen Operationen, sagte er.

Auf meine diversen Fragen bezüglich seines langen Aufenthaltes bei den Inuit und seiner besonderen Beziehung zu ihnen, zeichneten die Antworten etwa folgendes Bild.

Er hatte in seinem tatkräftigen Leben hart zugreifen müssen, denn ein Missionar in dieser weltabgeschiedenen Region ist nicht nur Vermittler einer Religion, sondern auch Zahnarzt, Geburtshelfer, Jäger, Schreiner usw. Das erste „Haus" baute er in Cambridge Bay mit eigenen Händen aus Fels und Sand. Von seinem Großvater wußte er noch aus Bismarcks Zeiten zu erzählen, hatte aber vom zweiten Weltkrieg erst gehört, als dieses grausige Kapitel der Weltgeschichte bereits beendet war.

Die bekannte Eskimomentalität – „Tue nichts heute, was du auf morgen schieben kannst" – in der Umdrehung unserer Richtschnur – „Was du heute kannst besorgen, schiebe nicht auf morgen" – hatte er sich nie zu eigen gemacht. Manches wäre ihm nur gelungen, sagte er wiederum mit einem Lächeln, mit seinem deutschen Blut und seinem deutschen dicken Kopf.

Schon nach kurzem Aufenthalt wußte er die von den Weißen als „Primitive" apostrophierten Eskimos richtig einzuordnen. Er fand talentierte und intelligente Menschen vor, von denen so manch „Zivilisierter" noch viel lernen konnte.

Wichtig war es, die Sprache der Menschen zu erlernen, denen er u. a. das Wort Gottes bringen sollte; aber noch wichtiger war es, ihre Denkweise zu verstehen. Daher hat er mit ihnen und unter ihnen gelebt; hat mit ihnen gelacht und gehungert; wußte, daß das Fleisch vom Polarfuchs nur dann stinkt, wenn es gekocht ist; hat selber gejagt, obwohl er vordem keiner Fliege etwas zuleide tun konnte. –

Meistens ist er der Stimme seines Herzens gefolgt, wenn er half oder von der Liebe Gottes sprach. Denn es ist schwer, nach Vorschrift den richtigen Weg zu finden, entweder man ist zu großzügig, oder man hilft nicht genug, oder man gibt nicht ausreichend.

Auf seinen oft jahrelangen Stationen in Cambridge Bay, Bathurst Island, Koartak, Payne Bay, Povungnituk, Fort Chimo, Wakeham Bay, Gjóa Haven, um nur einige zu nennen, hat er sich auch viel nach fol-

gendem chinesischen Sprichwort verhalten und gehandelt:
>Gib einem Mann einen Fisch,
>und er hat für einen Tag genug zu essen;
>Gib ihm ein Netz, und es ist ihm möglich,
>so lange zu essen, wie das Netz hält;
>Aber lehr ihn, ein Netz zu machen,
>und er hat zu essen sein ganzes Leben.

Was ihn anfangs störte, daß die Inuit in der Mission in allen Räumen umherliefen und niemals anklopften, klärte sich schnell. Die Eskimos sind es gewohnt, im Iglu oder Zelt in einem Raum zu leben, in welchem sich alles abspielt ohne Tabu, für jeden zu sehen und zu hören. So lernte er, daß die Inuit keine Menschen mögen, die anklopfen. Sie meinen, diese Leute würden schlecht von den Bewohnern des Raumes denken und daß sie bei etwas Unrechtem überrascht werden könnten.

Mit Genehmigung seiner vorgesetzten Stelle hat er daher mit ihnen eng zusammengelebt. Im Winter im Iglu, im Sommer im Zelt. Viel hat er dabei erfahren und kennengelernt, bei den gemeinsamen Jagden waren es manchmal dramatische Situationen.

Allein ist er mit dem Hundeschlitten von Camp zu Camp gereist, wobei ihm durchaus klar war, „wann" er abfuhr, aber nicht, wann er ankommen würde. Daher beherzigte er die arktische Regel, alles zum Überleben für eine bestimmte Zeit bei sich zu haben. Die Waffe gehörte hierbei selbstverständlich zum „Handgepäck".

Nur so, durch engsten Kontakt mit den Inuit, hatte er die größte Möglichkeit bei gleichem Leben, Denken und Sprechen, in Fragen des Glaubens auf ihrer Wellenlänge zu operieren.

Wie sehr er sein Leben den Eskimos gewidmet hat, um zu helfen und nicht nur eine Religion zu „verkaufen", zeigt sich daran sehr deutlich, daß er in den vierzig Jahren nur eine Eskimofrau getauft hat. Sicher war darüber seine Kirche nicht glücklich ...

Er konnte so interessant und humorvoll erzählen, daß ich nicht aufhören wollte, ihm immer wieder neue Fragen zu stellen. Auf meine Frage, ob in den langen Jahren der Einsamkeit sich sein Verhältnis zu Gott gewandelt habe, sagte er: „Meine Nähe zu Gott war immer dieselbe, jedoch spürte ich so manches Mal bei einem Sturm, wie winzig klein der Mensch auf der Erde ist, und daß ein Mensch verrückt sein muß, wenn er in der Wüste des Eises nicht an Gott glaubt. Zum Alter selber, zu den langen Jahren, mein lieber Sohn, bekommt man ein ganz anderes Gefühl und folglich eine andere Einstellung."

Er erzählte weiter von einer Altersumfrage bei den Inuit durch die Mountain Police. Eine sehr alte Frau hätte auf die Frage geantwortet: „200 Jahre", worauf der Polizist sagte, sie sei verrückt. Die alte Frau erwiderte, er wäre dumm und könnte das gar nicht verstehen, da sie schon über 100 Jahre alt gewesen wäre, als er noch nicht geboren war!

Eine jüngere Frau hätte spontan geantwortet: „Als die Hudson Bay Company kam, hatte ich meine erste Menstruation." So präzise waren natürlich wenige Angaben.

Bei seinen Erzählungen schaute er immer mit Liebe auf ein Bild auf seinem Schreibtisch. Es zeigte ihn mit einem kleinen Eskimojungen. „Das ist Jacky, ich habe ihn als Baby adoptiert und ihn dann großgezogen", antwortete er auf meinen fragenden Blick.

Jacky ist heute verheiratet und hat selber einen Sohn, den er André getauft hat. Wohl wissen sie, daß „Vater" André im Kloster ist, aber nach altem Eskimoglauben ist er auch bei ihnen, und der Junge wird so gut werden wie Pastor André. Denn Söhne bekommen nicht nur den Namen großer Jäger, damit sie ebenfalls berühmt werden. –

Warum das so ist? Darauf antwortet gewöhnlich ein Inuk: „Weil es eben so ist." Sie sind glücklich und erwarten keine weiteren Fragen.

Zur Zeit des André Peter Steinmann war es besonders deutlich zu sehen, wie die Zivilisation der Weißen ohne Aufenthalt fortschritt. Die Inuit wurden mit Dingen des Lebens konfrontiert, die nie ihr eigen waren. Von der Steinzeit bis ins Atomzeitalter – in wenigen Jahren. Dadurch verloren sie wie alle naiven Völker mehr und mehr ihre Traditionen. Vorbei waren die Tage, wo der beste Jäger auch Chef der Ansiedlung war.

Vorbei ist auch der schöne utopische Traum des André Steinmann, die jeweiligen lokalen Situationen in

Gemeinschaft zu lösen, denn auch hier greifen die übergeordneten Organisationen der materialistischen Welt in das Leben der „Primitiven" stark ein.

Viel hat mir das Gespräch mit Pastor Steinmann gebracht – ich bin ihm sehr dankbar.

Es war ein würdevoller Abschluß meines Aufenthaltes bei den Eskimos, und viel habe ich auf den Stunden des Fluges nach Europa darüber nachdenken können.

Nun hatte ich die Mentalität der Eskimos persönlich und durch Erzählungen kennengelernt, wußte über die physischen Kräfte, die erforderlich waren, um in der Wüste aus Eis und Schnee bei – 45° C leben zu können, kannte einen Teil dieses bizarren, baumlosen Landes am Ende der Welt, in welchem kontinuierlich die Sonne, Kälte und Blizzards wechseln, wußte, daß schon ein kleiner Fehler das Leben kosten kann, und doch habe ich gelernt, dieses Land zu lieben, wie die Eskimos es lieben, habe in meinem Herzen den Traum von dieser großen faszinierenden weißen Welt über die Schrecken ihrer Hölle gesetzt.

Hinweise und technische Angaben

Waffe	Original Mauser, Mod. 66 Mauser-Werke AG, Oberndorf a. N. Kaliber 9,3 x 64
Waffenöl	BREAK-FREE CLP ein Universalöl, geprüft von der NATO MIL. SPEC. L-63460 B Temperaturbereich: -54° C bis 246° C hergestellt in USA, Vertrieb: CLP Schmieröl GmbH, München 71
Munition	Brenneke-TUG 9,3 x 64 19,-g Geschoßgewicht V_{100} 720 m/sec. E_{100} 4925 Joule
Fernglas	Zeiss 8 x 56 B/GA

Kamera	1. LEICA R4
	   Summicron-R 1:2/50
	   MR-TELYT-R 1:8/500
	
	2. ASAHI PENTAX MX
	   SMC Pentax-M 1:1,7/50

Filmmaterial	Kodachrome 64, 19 DIN, ASA 64 Ektachrome 64, 19 DIN, ASA 64
Trophäen	Nützliche Tips für Vorpräparation, Versand, Papier und dergleichen erhalten Sie von: Wolfgang Schenk, Häusges Mühle, 5431 Daubach
Vitamintabletten im Survivalpaket	cobidec® von PARKE-DAVIS, München 2 eine hochkonzentrierte, polyvalente Vitamin-Mineral-Kombination

…und landete mit ausgeklappten Skiern neben dem Eisberg.

Das war tagelang mein Anblick, nur Eisberge lockerten die „Landschaft" auf.

Abendstimmung.

Nach getaner Arbeit ist gut ruhen.

272

Ein Jäger durch und durch – „Gamail Kilukishak" – ohne Brille war er schneeblind.

Treue, geduldige Kerle.

...bei den Raufereien bleiben auch Narben zurück.

274

Noch ist das Zelt nicht abgebaut.

Sorgfältig werden die Geschirre ausgelegt.

Der Mond gibt dem Gelände eine geisterhafte Prägung.

Die Streichholzschachtel soll die Größe der Trittsiegel verdeutlichen.

Die Spur des Bären führte in dichtes Packeis.

So sah ich meistens meinen Eskimo „Simon Idlaut".

Es waren bullige, vor Kraft strotzende Huskies...

Der Anker hält den Schlitten, während nach dem günstigsten Weg durchs Packeis geschaut wird.

20 Meter vor dem Bären, die Hunde haben ihn fest.

Wenige Sätze, und die Hunde bringen sich in Sicherheit.

Mit Gamail vor meinem Bären.

Deutlicher kann Simon die Größe des Bären nicht demonstrieren.

Neben dem Bären fallen die Hunde erschöpft zusammen.

Ruhig warten sie, bis Gamail die Robbe in Portionen zerteilt hat.

Die Zunge ist bereits hart gefroren.

Am Ziel meiner Träume.

So kann man den Schädel in Ruhe festhalten.

Gamail beim Abschied im Sonntagsdress.

Abendstimmung.

Biotop der Moschusochsen.

Das Hotel in Ausuittu – Grise Fjord
(Zimmer mit Meerblick).

Auf 15 Meter vor dem Moschusochsen.

Zunächst in der bekannten Abwehrstellung.

Robbenjagd mit Harpune, während sich der Himmel bedenklich zuzieht.

Österreich – 1987

Hochgebirgsjagd im Zillertal

Es war immer ein feierlicher Augenblick, und ich freute mich wie ein Kind, wenn im Frühjahr der Postbote eine Einladung auf Gams von dem sehr verehrten Herrn Dr. Egon Overbeck brachte. Schon mehrmals hatte ich in dem Revier Stilup, im Zillertal, jagen dürfen. Es ist für mich eines der wundervollsten Alpentäler, wenn sich der klare, blaue Himmel über die Herrlichkeit tiefdunkler Nadelwälder, den herbstbunten Birken und Erlen, den rauh sprudelnden Wildbächen und den steilen Felshängen auftat. Auch hatte sich inzwischen ein Band der Freundschaft mit dem herzlichen Verwalterehepaar des Jagdhauses und mit „meinem" Jäger Hermann entwickelt. Er war ein knuffiger Kerl ohne Haken und Ösen, verläßlich, drahtig und passioniert. Durch unsere vielen Gespräche hatte ich den Eindruck gewonnen, daß manchem Deutschen nur ein Teil seines deutschen Patriotismus gut zu Gesicht stehen würde.
Wir, meine Frau war in Österreich immer mit von der Partie, legten diesmal die Reisepläne auf Ende August und freuten uns auf unser Zillertal.
Einer alten Gamsgeiß galt es in diesem Jahr, einer Sommergams. Die Jagd um diese Zeit, in der die Böcke ihre Einstände natürlich längst ausgefochten hatten, war für mich von besonderem Reiz. Wenn der Gamsbock feist und protzig auf den Felsköpfen steht, sein einziges Tun äsen, ruhen und wiederkäuen ist, sind die Geißen mit ihren Kitzen sowie jungen Böcken in weit auseinandergezogenen Rudeln anzutreffen.
Nach einem herzlichen Empfang und dem obligatorischen Probeschuß ließ ich meine liebe Frau im Jagdhaus zurück und begann am frühen Nachmittag mit Hermann den Aufstieg zur Jagdhütte.
Strahlender Sonnenschein konnte nicht darüber hinwegtäuschen, daß ich, obwohl Hermann meine Sauer 80 geschultert hatte, erst einmal wieder beim Laufen meine Probleme hatte. Ich brauchte immer ein bis zwei Tage zum Einlaufen. –

Langsam und gleichmäßig kamen wir höher, und wohltuend saugte sich mein Blick an den schneebedeckten Gipfeln und Graten der Berge fest. Niedrige Zirben und Föhren hatten den Hochwald langsam abgelöst, als Hermann auf eine Alm unterhalb seiner Jagdhütte zusteuerte. Er wollte frischen Käse holen und hören, was sich so getan hatte.

Dankbar fiel ich auf die roh gezimmerte Bank vor der alten Blockhütte und atmete in tiefen Zügen die würzige Bergluft. Später labte ich mich an frischer Milch aus dem Holzkrug der Sennerin. Der in eine Holztafel geschnitzte Spruch an der Hüttenwand ließ mich über die Weisheit des Verfassers schmunzeln: „Je höher die Alm – umso schärfer der Wind, je schöner das Dirndl – umso kleiner die Sünd!"

Hermann drängte schließlich zum Aufbruch, wollten wir doch vor Einbruch der Dunkelheit in seiner Hütte sein. Sein bayerischer Gebirgsschweißhund lief jetzt voraus, ein Zeichen dafür, daß wir bald die Hütte erreichen würden.

Sie stand fast am Abhang, nur einige Krüppelkiefern hatten sich unterhalb in den Berg verkrallt. Sie war dürftig, aber eine saubere Jagdhütte mit Blick ins Tal und Aussicht auf die Zillertaler Berge. Schnell loderte das Feuer im Ofen, und der mit Speck angereicherte Schmarren spritzte schon bald in der Pfanne. Es wurde diesmal kein langer Abend. Sonst pflegte ich noch mit Begeisterung den Kriegserlebnissen von Hermann zu lauschen. Schon eine Stunde später sank ich in einen tiefen, gesunden Schlaf.

Zeitig weckte mich Hermann. Nach kurzer Morgentoilette und einer heißen Tasse Tee griffen wir nach den Bergstöcken und traten in den noch dunklen Morgen hinaus. Ein kalter Wind wehte uns entgegen, über der schneebleichen Gipfelwelt glitzerten noch die Sterne.

Hermann kannte seine Wege gut, und ich brauchte nur hinter ihm herzustapfen. Den an seiner Spitze beschlagenen Bergstock dabei ohne Geräusch bergwärts in den Hang zu drücken, war nicht immer einfach. Langsam graute der Tag, als wir durch eine Felsspalte in ein weites, mit wenigen Krüppelkiefern bewachsenes Kar stiegen. Der Morgennebel war inzwischen ins Tal gesunken und gab den vollen Blick frei auf die gewaltigen Höhen und Tiefen des Zillertales. Nach dem Kar kreuzten wir eine baumlose Lehne, aus welcher steile Felsrinnen wuchsen. Hinter einer starken Rinne, die den Hang teilte, hatte sich eine Waldzunge gegen den Fels emporgearbeitet. Als wir diese Bauminsel durchquert hatten, war der Blick frei auf baumlose Hänge, wobei es schwer zu sagen war, was hier vorherrschte, Almwiesen oder Felsgewirr.

Im Schutze einer einzelnstehenden, tiefbeasteten Fichte setzten wir uns an und spekulierten in den Gegenhang. Im lückigen Bergwald erschienen erste rote Punkte. Wegen der großen Entfernung konnte es sich dabei nur um Rotwild handeln. Ich machte Hermann darauf aufmerksam, und er bestätigte mit seinem Spektiv zwei starke Feisthirsche unterhalb einer Hochalm.

Einmal, vor vielen Jahren, hatten Hermann und ich mit Erfolg auf einen geringen Hirsch gewaidwerkt. Dieses Erlebnis war bei mir hoch angesiedelt, und es überraschte mich selbst öfter der Wunsch, hier auch einmal auf einen reifen Hirsch jagen zu dürfen.

Aber in den Bergen hängt der Jagderfolg vorwiegend von der körperlichen Fähigkeit des einzelnen ab. Aber auch bei einem Mißgeschick ist für mich das Jagd- und Naturerlebnis, besonders hier im Zillertal, in jedem Falle großartig und prägt sich tief als Erinnerung ein.

Wir saßen, bis das aufkommende Rot des Morgens bunte Teppiche auf die moos- und grasbewachsenen Felsen legte und die vereinzelten hohen Gräser in einen unwirklich schönen Glanz tauchte. Als das Feuer erlosch und der Himmel blau wurde, saßen wir noch immer traumverloren. Und obwohl mir kein einziges jagdbares Stück Wild in Anblick kam, waren es dennoch keine verlorenen Stunden.

Auf dem Rückweg zur Hütte tröstete Hermann mich mit den Worten: „Heute abend wird es klappen." Ich selbst war nicht besorgt, denn es waren ja insgesamt drei Jagdtage vorgesehen. Was aber noch alles passieren würde, davon hätte ich in diesem Moment nicht zu träumen gewagt. –

◇

Gestärkt durch ein kräftiges Frühstück, sich anschließender Muße und den Mittagsschlaf, ging es am späten Nachmittag auf zu neuen Taten. Es war eine Freude, den sicheren und festen Schritten Hermanns zu folgen. Zunächst ging es bergan, dann in für mich fast neue Gefilde. Der Wind blies uns ins Gesicht. Wir hatten gerade eine Felsnase umklettert, als sich vor uns ein weiter Blick auftat. Ein riesiger Felskessel, den wir schließlich erreichten, schien zunächst wildleer, dann pickten wir jedoch mit den Gläsern und dem Spektiv so nach und nach etwa 30 Gams heraus. Die Lichtverhältnisse machten sie, der Himmel hatte sich mit dunklen Wolken verhangen, schwer erkennbar.

Plötzlich steinelte es über uns, und wir konnten gerade noch erkennen, wie eine Gams mit wuchtigen Fluchten bergan über den Grat entschwand. Hoffentlich hielten die anderen aus, ging es mir durch den Kopf.

Die Spannung stieg, vorsichtig krochen wir, den Rucksack vor uns herschiebend, bis zur nächsten Kuppe. Am Grabenrand entdeckten wir ein Rudel von 22 Gams, welche langsam äsend von uns wegzogen. Junge Böcke, Geißen und Kitze, alles, was das Herz begehrte. Noch waren sie ganz vertraut. Hermann hatte längst sein Spektiv aus dem Rucksack gekramt. Es lag jetzt ausgerichtet auf dem Rucksack, und nun schaute er, ohne es mit seinen Händen zu berühren, durch sein „Rohr". Eine Ewigkeit verging, dann wurde neu justiert und gründlich angesprochen.

„Dort ist eine nichtführende Geiß, sie ist mindestens zehn Jahre alt und für weibliches Wild sehr gut gehakelt; traust Du Dir den Schuß zu?" Wie im Traum hörte ich die Worte von Hermann und fand erst in die Wirklichkeit zurück, als der Nachsatz kam – „es sind sicher eher mehr als 250 Meter!"

Die beiden Probeschüsse gestern auf 200 Meter, beide im Schwarzen, gaben mir Sicherheit, deshalb nickte ich Hermann bejahend zu.

Präzise erklärte er mir noch einmal die Situation, dann war ich auf mich alleine gestellt. Kontrolle der Waffe, Rucksack in Position gebracht, die Füße brauchten festen Halt im Fels – wie ein Check-up im Flugzeug gingen mir diese Punkte durch den Kopf.

Ich getraute mich kaum zu atmen – das Wild war ja so „nah".

Wie gebannt blickte ich auf mein Ziel, schätzte nochmals die Entfernung mit Hilfe des Absehens, dann saugte sich mein Auge auf der braunschwarzen Decke der betagten Geiß fest. Dann stand sie breit, und es bestand nicht die Gefahr des abgrundtiefen Sturzes. Würde sie nicht am Anschuß bleiben, müßte sie sich in der unterhalb des jetzigen Standortes, in der langen, mit viel Geröll gehäuften Rinne fangen. Eine letzte Kontrolle der Flugbahn meines Geschosses vor der Laufmündung. Wenn auch keine störende Vegetation die Ziellinie unterbrach, so sollte auch kein Grashalm die Flugbahn behindern. Entsichern, einstechen, dann zerriß der Schuß die Stille der Bergwelt. Aufbäumend gewann die Geiß wenige Fluchten Richtung Grat, bevor sie zusammenbrach und, sich mehrfach überschlagend, im Steinlabyrinth des Grabens liegenblieb.

Die anderen Gams verließen in wilden Fluchten den Ort. Steine rollten, als sie über den schützenden Grat unseren gespannten Blicken entflohen. Ein paar letzte Steine polterten noch, ehe auch diese Geräusche vom leisen Rauschen des kleinen Baches übertönt wurden.

Die strapazierten Nerven beruhigten sich langsam, als ich die würzige Luft tief einatmete. Sie wirkte auf Körper und Geist frisch und erholend.

Die Bergung der Gams nahm Hermann alleine vor, derweil ich in Ruhe, ihn dabei beobachtend, die herrliche Bergwelt mit der langsam aufkommenden Dämmerung genießen konnte.

Mit dem Latschenbruch am Hut ging es dann Richtung Jagdhütte, Hermann mit der geschulterten Gams voraus. Wir wollten morgen nach dem Frühstück zum Jagdhaus absteigen, und ich freute mich schon auf das Wiedersehen mit meiner Frau, welche sicher nicht so früh mit unserer Rückkehr rechnen würde.

◆

Die nachfolgenden Ausführungen, liebe Leser, mögen manchem von Ihnen wie ein modernes Märchen erscheinen, die Erzählung ist aber tatsächlich so abgelaufen und zählt mit zum Beglückendsten in meinem Jägerleben.

Hermann hatte sich verabschiedet, aber wir verabredeten noch ein Treffen in seinem Hause, bevor meine Frau und ich am nächsten Tag die Heimreise antreten würden.

Um so überraschter war ich, als er am frühen Nachmittag in Begleitung eines Auszubildenden noch einmal mit seinem VW beim Jagdhaus vorfuhr. Auf meinen fragenden Blick kam die von mir wohl am allerwenigsten erwartete und daher so überraschende Frage: „Möchtest Du noch einen Hirsch schießen?" – Auf meine spontane Zustimmung folgte die Bestätigung derart: „Gut, dann gebe ich Dir einen I a-Hirsch frei, mache Dich fertig, in einer Stunde gehen wir los!"

Hält das ein normaler, jagdlich passionierter Mensch eigentlich aus? Ich, der bisher vom edlen Rotwild lediglich ein Kalb, einen zu jungen Zwölfer in Jugoslawien und einen geringen Gabler hier im Zillertal geschossen hatte, wird so ohne Vorwarnung ins Wasser geworfen. Ich wollte es zunächst nicht glauben, bis Hermann wie folgt erklärte:

Dieser bestimmte Hirsch, in dem verwachsenden Tal der Arbesseite seit zwölf Jahren zu Hause, war reif und zum Abschuß vorgesehen. Hermann hatte ihn gehegt, beobachtet, die Abwurfstangen fast komplett gesammelt, er gehörte einfach zum lebenden Inventar. Entgegen seinem früheren Verhalten war der Hirsch jedoch jetzt im August dabei, seinen Einstand zu verändern oder zu vergrößern. Hierbei wechselte er öfter über die Grenze, worauf der Nachbar nur zu warten schien. Hermann hatte dies seiner Jagdleitung höchst dramatisch geschildert, die sich wiederum mit Düsseldorf kurzschloß. Resultat: Der im Moment anwesende, einzige Jagdgast sollte versuchen, den Hirsch zu bekommen. –

Eigentlich eine leicht erklärbare Situation, nur nicht so einfach zu verdauen. Die praktisch einzigen Möglichkeiten heute abend und morgen früh schienen mir etwas knapp, doch alleine die Möglichkeit, auf einen reifen Hirsch waidwerken zu können, war für mich schon ein hoher Genuß.

Mit den guten Wünschen meiner Frau und kräftigem Waidmannsheil der anderen zogen wir schließlich los. Über die teilweise einspurige Zufahrtsstraße ging es zunächst abwärts, um dann über Holzabfuhrwege ein wildes Seitental des Zillertales zu erreichen. Arbesseite hieß dieser Teil der Jagd, und der Weg endete schließlich an einem steinigen Wildbach. Den Wagen hatten wir lange vorher abgestellt und suchten bei diesigem Wetter nach einem geeigneten Ansitz. Dieser konnte leider nur an „einer" Stelle des im Hang verlaufenden Holzabfuhrweges sein. Aber wo? Unterhalb des sich am Berg schlängelnden Weges waren hier und dort steile Felsen, die sich wie Nasen vorschoben. Eine davon war so eine Art natürliche Kanzel und bot unter den gegebenen Verhältnissen eine weite Übersicht. Hier machten wir es uns bequem, richteten uns ein.

Nur vereinzelt zeigte der Hang unter mir schütteren Bewuchs und kleine Freiflächen. Sonst herrschte dichter Fichtenbestand vor. Den Wildbach hörte ich hinter dem Grün der Nadelhölzer rauschen. Der Gegenhang war gut einsehbar, aber weit entfernt. Strategisch hatte Hermann seinen auszubildenden Jagdschüler soweit den Holzabfuhrweg vorpostiert, daß wir ihn an einer hervorspringenden Windung, hier wurde das Tal enger, gerade noch sehen konnten.

Als ich mich durch gründliches Ableuchten einigermaßen mit der Gegend vertraut gemacht hatte, begann es leicht zu regnen. Es dauerte nicht lange, bis ich, von innen durchschwitzt, den feuchten Lodenmantel fester um mich zog. Es wurde ungemütlich. Noch konnte ich die Waffe vor größerer Nässe schützen. Stunde um Stunde verrann, ohne daß sich etwas tat. Ein einzelnes Alttier wechselte im Gegenhang über eine Steinrutsche und verschwand wieder in einer Fichtengruppe.

Schon wuchsen blaue Schatten an den Rändern des Waldes, lichte Nebelschwaden hatten den Regen abgelöst und krochen in den feuchten Grund des Tales. In einer halben Stunde müßte das Büchsenlicht vorbei sein.

Da sah ich in Augenhöhe eine Bewegung weit voraus. Eng an die Bergseite des Holzabfuhrweges gepreßt, stand der Lehrling, wild mit den Armen rudernd. Sofort machte ich Hermann, der etwas unterhalb von mir saß, darauf aufmerksam. Ein kurzer Blick durchs Glas, dann nahm er Rucksack und Waffe auf. Wie elektrisiert kramte ich auch schnell meine Sachen zusammen. Eilig stiegen wir auf den Weg und gingen so leise wie möglich auf unseren „Vorposten" zu. Der Hund lag stark im Riemen, was Hermann gar nicht gefiel und auch mit mahnenden Worten gerügt wurde. Eine Ewigkeit schien es zu dauern, bis wir den angehenden Jungjäger erreicht hatten, denn zeitweise war er durch die Windungen des Weges verdeckt.

Jetzt zeigte er, immer noch an der Bergseite des Weges stehend, mit der Hand steil nach unten. Vorsichtig kroch Hermann an den Rand, bestätigte sofort den Hirsch und „rief" mich dringend mit seinen Augen. Was ich sah, war nicht gerade viel. Der rote Wildkörper, etwa 70 Meter steil unter mir, war teilweise durch Strauchwerk verdeckt. Die linke Stange ragte frei heraus, während der Hirsch mit gestrecktem Träger Blätter von einem Strauch rupfte.

Viel Zeit blieb mir nicht, eine Auflage war nicht möglich, so flog die Büchse an die Wange. Einen Herzschlag lang stand das Absehen oberhalb des Blattes, fast auf dem Rücken, eine leichte Korrektur noch, dann peitschte der Schuß hinaus.

Prasseln, ein dumpfer Fall, ein Ächzen ... mit bebenden Händen repetierte ich ... dann sahen wir den Wildkörper, wie er, sich immer wieder überschlagend, talabwärts stürzte, dem Wildbach zu, wo er sich sicher in den groben Steinen verfing.

Alle meine Nerven waren in Aufruhr, und ich sank schwer atmend auf den Boden. Ist dies alles Wirklichkeit oder Traum, schoß es mir durch den Kopf. – Hermann gratulierte und versuchte, mich zu beruhigen. „Wir werden jetzt hinabsteigen und das Haupt Deines Hirsches bergen, Du kannst Dich derweil hier ausruhen", dabei klopfte er mir auf die Schulter.

Meinem Einspruch und dem Willen dabei zu sein, wenn wir dem Hirsch die letzte Ehre erweisen würden, folgte die Warnung, daß der Ab- und Wiederaufstieg bei der einsetzenden Dunkelheit sehr schwierig würde.

Ein Stück auf dem Holzabfuhrweg zurück, konnten wir uns in großer Schräge durch ein Fichtenaltholz von Baum zu Baum hangeln. Danach ging es fast steil über klobige und teilweise bemooste Felsbrocken immer weiter nach unten. Meiner Ungeduld, nun bald vor meinem Hirsch stehen zu dürfen, folgte schon bald ein fast verhängnisvoller Fehltritt, den aber Hermann mit seinen schützenden Händen und starken Armen wieder ausbügeln konnte.

Rücklings, mit verdrehtem Haupt und einer am Rosenstock abgebrochenen Stange, fanden wir schließlich den auch vom Wildbret her starken Hirsch zwischen urigen Steinen des klaren Wildbaches. Ein ungerader Eissprossen-Zwölfer – die abgebrochene Stange hielt der angehende Jungjäger schon in der Hand – lag vor mir, der austretende Schweiß färbte das Wasser des Wildbaches rot.

Mit raschem Griff brach Hermann einen buschigen Zweig von der nächsten Fichte, zog ihn durch den Blattschweiß und teilte ihn. Er überreichte mir den Erlegerbruch für meinen Hut, und in seinen Augen las ich Freude. Den anderen Zweig steckte er dem Edlen als letzten Bissen in den Äser.

Nachdenklich und andächtig stand ich dabei, als meine beiden Jagdgefährten geschickt dem Hirsch das Haupt abschlugen, wohl wissend, daß Hubertus mir kaum eine seeligere Stunde mehr zu schenken hatte als diese.

◇

Inzwischen war es so dunkel geworden, daß man die Hand nicht vor Augen sehen konnte. Mit viel Mühe und für mich außerordentlicher Anstrengung versuchten wir, den Hang in senkrechter Linie zu überwinden. Der Jagdlehrling, mit dem Haupt meines Hirsches auf dem Rücken, bahnte den Weg. Hermann sicherte den „Rückwechsel", und meine Hände suchten immer wieder verzweifelt Halt an Dornen, Brennnesseln und den vereinzelten Wurzeln. Immer häufiger rammte mein Vorkletterer den Bergstock fest in den Boden, an welchem ich mich dann wieder ein Stück höher ziehen konnte. Schließlich hatten wir dann doch den Weg erreicht, über dessen Kante ich mit allerletzter Kraft kletterte und vollständig ausgepumpt rücklings in den feuchten Abraum fiel. Hier blieb ich zunächst liegen. Langsam meiner Sinne wieder Herr werdend, spürte ich die eigenartige Süße solch einer Strapaze und war sehr glücklich. – Anschließend im Wagen überkam mich fast ein Freudentaumel, denn erst jetzt kam mir der Ablauf langsam zu Bewußtsein. Zwischen der Freigabe durch Hermann und meinem Waidmannsheil lagen ja nur wenige Stunden.

Während der Rückfahrt zum Jagdhaus auf der befestigten, einspurigen Bergstraße, sah ich schon im Geiste meine Frau vor mir, wie sie sich mit mir freute. Da glitt ein Lichtschimmer von zwei fernen Augen um die Ecke. Einen Augenblick später flutete uns regelrecht ein Lichtermeer entgegen, und wir waren für Sekunden geblendet. Instinktiv riß Hermann das Steuer nach rechts in eine zum Glück hier vorhandene Ausbuchtung der Straße. Sekundenbruchteile später rauschte der Wagen an uns vorbei, talwärts. Einen Moment noch hinterließ der Spuk feurige Ringe auf der Netzhaut, dann atmeten wir erleichtert auf. Die Ankunft im Jagdhaus, der Empfang durch meine Frau, der gemeinsame Abend mit dem Verwalterehepaar und Hermann waren für mich seelige Stunden, die das Gesamtbild würdig abrundeten. Meine Frau faßte es treffend in einem Satz zusammen: „So glücklich habe ich Dich nach einer Jagd noch nicht erlebt!" –

◇◇◇

Die knuffige Jagdhütte am Hang.

Hermann freut sich mit mir.

| Trophäen-Bewertung |||||||| Datum |||
| | | | | | | | 1987-08-15 |||
Angaben	Maße		Mittel	Koeffi-zent	Punkte	Angaben	Maße		Koeffi-zent	Punkte
Länge der Stangen	l	91,3 cm	88,6	0,5	44,3	Auslage	67,0 cm	75,6 %	0 - 3 P	2,0
	r	85,8 cm								
Länge der Augensprossen	l	34,8 cm	35,05	0,25	8,8	Zuschläge für Schönheit				
	r	35,3 cm				Farbe			0 - 2 P	2,0
Länge der Mittelsprossen	l	24,8 cm	25,75	0,25	6,4	Perlung			0 - 2 P	2,0
	r	26,7 cm				Spitzen der Enden			0 - 2 P	1,0
Umfang der Rosen	l	22,0 cm	22,5	1	22,5	Eissprosse			0 - 2 P	1,0
	r	23,0 cm				Krone			0-10 P	3,0
Umfang der Stangen zwi-schen Aug-u. Mittelsprosse	l	16,7 cm		1	16,7	Ermäßigung			0 - 3 P	
	r	17,0 cm		1	17,0					
Umfang der Stangen zwi-schen Mittelsprosse u. Krone	l	14,0 cm		1	14,0	Internationale Punkte				175,5
	r	13,4 cm		1	13,4					
Zahl der Enden	l	5 Stück		1	5,0	Land / Revier	Österreich		Stilup	
	r	6 Stück		1	6,0					
Gewicht des Geweihs Ermäßigung		5,3 kg		2	10,6	Medaille	Alter 14		Klasse I	

Bulgarien – 1987

Hirschbrunft – Vollendung der Jagd

Da nachstehend zwei Kapitel über Bulgarien folgen, möchte ich die Geschichte des Landes kurz streifen.

Noch vor wenigen Jahrzehnten war Bulgarien bei uns als Jagdland, d. h. als ein Land, in das es sich lohnte der Jagd wegen zu reisen, nahezu unbekannt. Man wußte zwar, daß in den abgelegenen Gebirgszügen des Balkan, z. B. im Rhodope-Gebirge, noch Bär, Luchs und Wolf vorkommen, aber über die vorhandenen Schalenwildbestände war nichts zu erfahren, und deshalb wäre wohl kaum jemand auf den Gedanken gekommen, nach Bulgarien der Jagd wegen zu reisen.

Das hat sich inzwischen erheblich geändert. Denn seit etwa zwanzig Jahren werden auf den internationalen Jagdausstellungen zunehmend kapitale Trophäen, insbesondere von Rot- und Schwarzwild ausgestellt, die in Bulgarien erbeutet wurden. Naturgemäß fanden sie auch das lebhafte Interesse der westlichen Jägerwelt. Heute ist ein reger Jagdtourismus im Gange, der von staatlich bulgarischer Seite gefördert wird und durch den auch deutsche Jäger zu erfreulichen Erfolgen kommen. Dieser Jagdtourismus wird sich vermutlich noch ausweiten, und deshalb dürfte es interessant sein, Näheres über das Land und seine Bewohner zu erfahren.

Bulgarien ist mit etwa 110 000 Quadratkilometern nicht ganz halb so groß wie die Bundesrepublik Deutschland, wird aber nur von etwa 14 % der Einwohnerzahl unseres Landes bevölkert. Das bedeutet, daß es verhältnismäßig dünn besiedelt ist und schon aus diesem Grund die Voraussetzung erfüllt, einem optimalen Wildbestand ausreichend Lebensraum zu bieten. Hinzu kommt, daß es topographisch eine vielfältige Landschaftsform aufweist, die für die Tierwelt günstig ist, und zusätzlich ein gemäßigtes kontinentales Klima besitzt. Im Norden bildet auf einer sehr langen Strecke der Unterlauf der Donau die Grenze zu Rumänien. Entlang der Donau zieht sich ein breiter Tieflandgürtel hin, der zum Teil mit

Auwald bedeckt ist, im wesentlichen aber landwirtschaftlich genutzt wird. Neben der Donau ist hier Hauptfluß der in die Donau mündende Isker. Vom Tiefland geht es nach Süden allmählich in Hügelland über, das weiter südwärts in das von West nach Ost ziehende Balkangebirge überleitet, dessen drei wichtigste Züge das Pirien-, das Rila- und Rhodope-Gebirge sind.

In ausgedehnten Waldgebieten finden sich beste Wildeinstände, in denen neben starkem Rotwild und anderen Schalenwildarten auch Bär, Luchs und Wolf vorkommen. Die höchsten Erhebungen – das Rilagebirge erreicht fast 3000 m – bilden kahle Felsgebirge, in denen auch Gemsen vorkommen. Nach Süden fällt das Gebirge verhältnismäßig steil zur griechischen und türkischen Grenze ab. Hauptflüsse sind hier die ein breites Becken durchfließende und in die Ägäis mündende Maritza und die Struma.

Diese günstigen und natürlichen Voraussetzungen dürften aber wahrscheinlich nicht ausgereicht haben, den heutigen, an Körperstärke und Trophäen kapitalen Wildbestand hervorzubringen, wenn nicht die zuständigen Stellen der Regierung durch kluge, wildfreundliche Gesetze und ihre strikte Durchsetzung für eine artgemäße Hege gesorgt hätten. Erst dadurch wurde Bulgarien zu einem Jagdland ersten Ranges. Gewiß mag es auch – wie in den übrigen Ostblockstaaten – beabsichtigt gewesen sein, eine einträgliche Devisenquelle zu schaffen, aber zweifellos spielte auch der Idealismus und der Nationalstolz der bulgarischen Jäger eine maßgebende Rolle.

Viele deutsche Jäger erlebten hier in den letzten Jahren reiches Waidmannsheil und die Erfüllung ihrer jagdlichen Träume. Gute Jäger aller Nationen verstehen sich schnell, denn sie verbindet ihre Wesensverwandtschaft, und deshalb blieb es nicht aus, daß trotz der großen Unterschiede in den bestehenden Gesellschaftsordnungen Freundschaften zwischen deutschen und bulgarischen Jägern geschlossen wurden.

Erstmalig ist es allerdings nicht, daß sich Menschen dieser beiden Nationen näherkommen, denn schon vor mehr als einem Jahrhundert hat es Berührungspunkte gegeben, die damals allerdings andere Ursachen hatten. Es ist deshalb notwendig, einmal kurz in die wechselvolle Geschichte Bulgariens hineinzuleuchten:

Die heutigen Bulgaren sind ein südslawisches, zum Teil aber auch ein Mischvolk aus Slawen, romanisierten Thrakern und Türken, wobei allerdings die slawische Komponente vorherrschend ist. Man muß bedenken, daß das Gebiet des heutigen Bulgarien seit der Völkerwanderung von vielen Völkern bewohnt wurde. Infolge der Völkerwanderung tauchten die ersten Slawen im 6. Jahrhundert in dem von romanisierten Thrakern bewohnten Land auf und verschmolzen mit ihnen. Staatsrechtlich gehörte das Gebiet zum byzantinischen Reich.

Etwa zur gleichen Zeit bestand in Südrußland, zwischen Dnjepr und Don, ein bulgarisches Reich, das von den Reitervölkern der Awaren und später der Chazaren hart bedrängt wurde. Unter diesem Druck wanderten einige bulgarische Stämme im 7. Jahrhundert südwärts in das Gebiet zwischen unterer Donau und Balkangebirge. Sie vermischten sich mit den dort bereits Siedelnden und gründeten ein bulgarisches Reich. Im Jahre 864 ließen sich die Bulgaren unter ihrem Fürsten Boris I. zum orthodoxen Christentum bekehren, und unter dessen Sohn Simeon, der den Zarentitel annahm, erreichten sie die kirchliche Unabhängigkeit. In den folgenden Jahrhunderten kam es mehrfach zu Bündnissen, öfter aber zu blutigen Kriegen mit Byzanz, in denen die Bulgaren wiederholt die Oberhoheit des oströmischen Reiches abschütteln konnten.

1393 war das Bulgarenreich zu Ende, denn die Türken eroberten, wie vorher schon den größten Teil des Balkans, auch Bulgarien, und es blieb fast 500 Jahre eine Provinz des osmanischen Reiches. Es ist klar, daß diese lange Periode der Fremdherrschaft ihre unverrückbaren Spuren auf allen Gebieten hinterlassen hat.

Erst der russisch-türkische Krieg 1877/78, in dem die Türkei besiegt wurde, brachte durch den Frieden von San Stefano und den Berliner Kongreß die Befreiung. Die bulgarische Nationalversammlung wählte 1879 den deutschen Prinzen Alexander von Battenberg zum Landesfürsten. Diese Wahl mißfiel Rußland, denn es hatte die Absicht, die Vorherrschaft auf dem Balkan zu erringen und bediente sich dazu des im 19. Jahrhundert stark aufkommenden Panslawismus, als dessen Schutzmacht es sich darstellte. Da war ein nichtslawischer bulgarischer Monarch naturgemäß unerwünscht. Deshalb unterstützte es eine Offiziersverschwörung, die Alexander von Battenberg 1886 stürzte. Die Nationalversammlung wählte aber 1887 wieder einen Deutschen, den Prinzen Ferdinand von Coburg-Kohary. Dieser wurde noch viele Jahre von einer russenfreundlichen Partei im eigenen Land bekämpft und konnte erst 1908 Bulgarien zu einem unabhängigen Königreich erklären.

Durch die Verwandtschaft des bulgarischen Königshauses mit deutschen Fürstenhäusern ergaben sich naturgemäß auch Verbindungen wirtschaftlicher und kultureller Art zwischen den beiden Völkern, die häufig auch zu persönlichen Freundschaften führten.

Der trotzdem noch große russische Einfluß führte dazu, daß sich 1912 Bulgarien, Serbien und Rumänien im Balkanbund zusammenschlossen und der Türkei den Krieg erklärten. In diesem ersten Balkankrieg, in dem Bulgarien die Hauptlast trug, wurde die Türkei besiegt und verlor fast den ganzen europäischen Besitz. Die Sieger gerieten jedoch bei der Verteilung der eroberten Gebiete in Streit. Bulgarien fiel in Serbien ein, und nun einigten sich die ehemaligen Verbündeten Bulgariens mit der Türkei und besiegten Bulgarien 1913 im 2. Balkankrieg, das im Frieden von Bukarest alle von ihm im ersten Krieg eroberten Gebiete zurückgeben mußte.

Diese schwere Demütigung, in Verbindung mit den schon erwähnten Beziehungen zu Deutschland, brachte Bulgarien im 1. Weltkrieg an die Seite der Mittelmächte, und es beteiligte sich 1915 an der Niederwerfung Serbiens und Rumäniens, wobei es sich die verlorenen Gebiete zurückholte. Als der Krieg schließlich doch mit der Niederlage der Mittelmächte endete, gingen diese Gebiete 1919 im Frieden von Neuilly wieder verloren. Zar Ferdinand hatte schon 1918 zugunsten seines Sohnes Boris abgedankt, unter dem sich, nach lange dauernden innenpolitischen Unruhen, 1935 eine autoritäre Regierung bildete, die sich, ähnlich wie vor dem 1. Weltkrieg, allmählich mehr und mehr dem inzwischen nationalsozialistisch gewordenen Deutschland anschloß.

1941 zog Bulgarien an der Seite des Deutschen Reiches gegen Jugoslawien und Griechenland in den 2. Weltkrieg. Es lehnte jedoch die Teilnahme am Krieg gegen die Sowjetunion ab. 1944 erklärte Rußland Bulgarien den Krieg, und die Rote Armee besetzte das Land. Seither ist Bulgarien eine Volksrepublik und unter kommunistischer Diktatur, ein Satellit Rußlands.

Meine Passion, mein Hang zum Abenteuer, hatte mich in viele Länder der Erde gezogen, ohne jedoch zu versäumen, micht vorher gründlich mit Land und Leuten zu beschäftigen. So gewinnt man die notwendige Einstellung und hat die Möglichkeit, sich bestimmten Situationen anzupassen. Der Jagdführer spürt dies, und das führt manchmal zu einer erstaunlichen Harmonie. Erst dann, glaube ich, offenbaren sich auch echte Jagdfreundschaft und Kameradschaft sowie ein Zusammengehörigkeitsgefühl, das untereinander stützt.

◆

Revier Karakuz – 18 300 Hektar, 450 Hirsche, Weltrekordhirsch 1981

Die Strapazen des Fluges – Tupolew 154 M der Bulgarien-Airlines – über Sofia und Varna, der langen Wartezeiten und schließlich der nicht enden wollenden Autofahrt, standen meiner Frau und mir regelrecht ins Gesicht geschrieben, als wir endlich um 0.30 Uhr unsere Unterkunft erreichten.

Zuvor hatte uns Direktor Dimitra Prodanov am Haupthaus empfangen. In einer Art Ausstellung konnten wir uns über geschickt aufgemachte, starke Abwurfstangen ein Bild von den in diesem Revier vorkommenden Hirschen machen. Eindrucksvolle Becherkronen von 18- und Mehrendern ließen meine Erwartungen ansteigen.

Im Jagdhotel schließlich ein herzliches Willkommen, und sofort wurden meine Frau und ich zu einem vorbereiteten Essen mit fünf Gängen gebeten. Wie gerne wäre ich ins Bett gefallen, hielt aber standhaft durch und trank gerade mit Dimitra Prodanov mal wieder einen Wodka, als gegen 2.00 Uhr nachts „mein" Jäger Jordan erschien. Er war etwa einsfünfundsiebzig groß, stämmig und untersetzt, mit festem Gang und klarer gedämpfter Stimme. Zunächst wirkte er etwas schüchtern auf mich, doch sein Händedruck war kräftig, als der Direktor uns vorstellte.

„Nastravie", das war aber der letzte Wodka – wir wollten ja nicht unhöflich sein. Da sagte Jordan, übersetzt durch unsere Dolmetscherin: „Morgen früh 4.30 Uhr?" Ich überlegte nur kurz und sagte mit gespielter Begeisterung „ja". Aus Erfahrung wußte ich, wie man zu Anfang taxiert wird, die Passion getestet wird, ja, die ganze Einstellung des führenden Jägers zu seinem Gast sich dadurch bildet. Man will harmonische Tage erleben und muß in solchen Momenten entsprechende Konzessionen machen.

Pünktlich um 4.30 Uhr hörte ich vor dem Jagdhotel – wir waren die einzigen Gäste – einen Dieselmotor brummen. Der Fahrer ließ sein Fahrzeug, einen russischen Lada, warmlaufen. Ich hatte wirklich das Gefühl, mich gerade hingelegt zu haben, und schielte mit einem Auge eifersüchtig auf meine tiefschlafende Frau, als ich mir die Kleidung überstreifte.

Wir fuhren noch eine gute halbe Stunde, bis wir, soweit in der Dunkelheit erkennbar, tief im Revier waren. Vorsichtig stieg ich aus und schloß leise die Fahrzeugtür. Buchenaltholz konnte ich nur schwach erkennen, jedoch deutlich den Schrei eines Hirsches hören. Eines? Von überall schrien Hirsche, die Brunft war in vollem Gange.

Jordan wollte zu einem bestimmten Hochsitz, und die Kunst bestand nun darin, diesen ohne Störung des Wildes zu erreichen. Es war noch sehr dunkel, und, dicht hinter Jordan gehend, versuchte ich, etwas zu erkennen. Doch es war fast mehr ein Tasten als Sehen. An der Art, wie jemand beim Pirschen auftritt, erkennt man aber den erfahrenen Jäger. Jordan war einer, das merkte ich sofort. Er ging zügig, trotzdem spürte ich, wie gefühlvoll er tastend Fuß vor Fuß setzte. Knackte ein Ast unter dem Gewicht meines Körpers, ja, kollerte ein Stein oder verursachte ich ein Geräusch durch das unnötige Anstreichen an herabhängende Zweige, ging es mir durch Mark und Bein. Einem der rufenden Hirsche kamen wir näher. Ich atmete erst auf, als es uns endlich gelungen war, vom Wild unbemerkt auf einem Hochsitz Platz zu nehmen.

Noch immer war es dunkel. Aber allmählich erhellte sich der Horizont, und ich konnte schon schemenhaft die ersten Silhouetten von Wild erkennen. Zwei Stück Rehwild, einen Bock erkannte ich nicht, ließen mein Herz bereits höher schlagen. So ein Septembermorgen in leicht hügeliger Landschaft ist voll von Eindrücken für den Jäger. Man erfaßt ihn, seine Stimmung und Ausstrahlung, seinen würzigen Pflanzenduft aber nur, wenn man ganz mit dem Herzen dabei ist.

Dann sah ich meinen ersten bulgarischen Hirsch, einen jungen Sechser. Ich versuchte, meinem Begleiter den Hirsch zu zeigen. Aber der hatte – wie mir später die Dolmetscherin erklärte – für ihn kein Auge, da er auf einen ungeraden Sechzehnender wartete. So sehr ich mich noch bemühte, ich sah in der zunehmenden Helligkeit nur noch ein Alttier mit Kalb. Sie zogen sicher zu ihrem Einstand, denn das volle Tageslicht warteten sie nicht ab.

Bei Tagesanbruch bekam ich allmählich einen Eindruck von dieser herrlichen Landschaft. Nach einer vor mir liegenden Blöße senkte sich der anschließende Bestand und ermöglichte mir einen Blick von großer Weite. Eine dahinter angelegte „Schneise" von 20 bis 30 Metern Breite und mehreren hundert Metern Länge, wirkte auf mich, rein jagdlich gesehen, wie eine Straße zum Paradies. Eingefaßt überwiegend durch Eichenniederwald und – von einer geradezu unheimlichen Ruhe. Die immer wieder schreienden Hirsche waren jetzt eine wohltuende Unterbrechung.

Ich mußte unwillkürlich an unsere Wälder denken, ganz besonders an die Touristenströme, die ja in einer Weise zugenommen haben, wie man es sich vor einem halben Jahrhundert nicht hätte vorstellen können. Heute kann ja jeder nach Belieben und zu jeder Zeit ohne Rücksicht auf Wild und Jagd seinen Fuß überall hinsetzen.

Ja, hier, das wurde mir bei diesem ersten Morgenansitz und der anschließenden Pirsch klar, konnten sich Hirsche durch ideale Lebensraumbedingungen und günstige klimatische Verhältnisse optimal entwickeln. Ihnen stehen als Nahrung Edellaubhölzer, eine abwechslungsreiche Krautflora sowie Feldäsung zur Verfügung. Im Vergleich zu unseren Breitengraden werden sie hier noch nicht durch die ständige Zunahme der Bevölkerungsdichte und die zunehmende menschliche Besiedlung in die schlechten Restflächen, in kahle Gebirge und öde Weiten, abgedrängt. Ich freute mich auf die kommenden Tage.

Etwa eine gute Stunde hatten wir auf dem Hochsitz verbracht und das Erwachen der Natur genossen. Dann war es taghell, und wir waren pirschend unterwegs, als uns ein Brunftschrei in der Nähe aufhorchen ließ. Gebannt hielten wir ein und lauschten frohen Herzens. Aber es war nicht nur ein Hirsch, der meldete. Andächtig hörte ich immer wieder die starken Schreie zweier Hirsche. „Der Wind ist nicht gut, wir müssen hangauf und einen Umweg machen", erklärte mir Jordan mit gestikulierenden Händen. Zügig schritt er dann voran, während immer wieder Orgellaute der Geweihten aus der Dämmerung des Waldes hallten.

Vorsichtig repetierte ich die unterladene Waffe. Die Hirsche mußten, dem Röhren nach, keine 50 Meter vor uns im Eichendickicht stecken. Vergeblich bemühte ich mich, mit dem Glas den Wald zu durchdringen. Wir hatten jetzt guten Wind und pirschten einen beidseitig von leichten Hängen eingefaßten Weg. Dann hatte ich ihn im Glas. Schwarz zeichneten sich seine Konturen ab. Doch was war das für ein dunkler Schatten in seiner Nähe? Es war ein zweiter Hirsch, mindestens zwölf Enden glaubte ich zu erkennen. Zornig schrie der andere ihn an. Im nächsten Augenblick trollte er dem entgegen, und mit lautem Gepolter tauchten beide im Bestand unter.

Nach kaum fünf Minuten hörte ich seitlich vor uns Krachen und Brechen von dürrem Geäst. Aus dem Holz heraus schob der starke Hirsch sein Geweih. Schnell gingen wir in Deckung und hasteten den leichten Hang auf der anderen Seite des Weges hoch. Hier bot sich dem Auge eine freie Fläche von einigen Hektar. Der Hirsch überfiel ebenfalls den Weg, erklomm den leichten Hang und verhoffte links von uns auf zwanzig Meter breit. Was für ein Koloß, waren meine Gedanken. Das Haupt leicht von uns abgewendet, schrie er laut in den jungen Morgen. Mein Glas vor den Augen, zählte ich die Enden des ebenmäßigen Geweihes. Ein Vierzehnender war es, mit wie Kerzen leuchtenden Spitzen an den langen und nach oben gebogenen Aug- und Mittelsprossen.

Ein Schauer lief mir über den Rücken, als ich wieder seinen triumphierenden, dröhnenden Ruf hörte. An Schießen dachte ich gar nicht. Gebannt hatte sich mein Blick festgesogen.

Alles währte letztlich nur wenige Sekunden, dann hatte der auch vom Wildbret sehr starke Hirsch uns eräugt. Weit ausgreifend flüchtete er über die freie Fläche ins nächste Dickicht. Ich wagte kaum zu sprechen. Jordan zeigte mir mit seinen Händen und Fingern die Anzahl der Enden und den Stangendurchmesser. Auf meinen fragenden Blick zur Waffe hob er allerdings die Schultern. Vielleicht war ihm das Alter und sicher hohe Geweihgewicht nicht passend?

Befriedigt und noch voller Ehrfurcht traten wir den Heimweg an. Der Fahrer des Wagens hatte einen gesunden Schlaf. Erst als wir fast im Auto saßen, wurde er langsam munter.

Am Nachmittag saßen wir rechtzeitig am Rande der breiten Schneise und warteten, daß die Hirsche wieder melden würden. Es war zu warm für diesen späten Septembertag, fast drückend, und sicher lastete die schwere Luft auch auf dem Wild. Nichts rührte sich, die Hirsche blieben stumm, nicht das leiseste Knören war zu vernehmen. Plötzlich türmten sich Wolken auf, ballten sich drohend und wuchsen zu einer grauen Wand zusammen. Kein Vogel war zu hören, selbst das Heer der Fliegen und Bremsen hatte sich in seine Schlupfwinkel verkrochen. Es war, als ob alle Tiere mit angehaltenem Atem den Ausbruch des Gewitters erwarteten.

Als die Dämmerung aufkam, noch verstärkt durch die dunkle Wetterwand, trat ein Alttier mit seinem Kalb auf die Schneise und begann zu äsen. Dann, nach einigen Minuten, kam der Hirsch, fast schleppenden Schrittes, sein Haupt tief gesenkt, so als drücke ihn die Last des Geweihes. Kräftige, breite Kronen saßen auf dunklen Stangen, die mir etwas zu schwach erschienen. Aug- und Mittelsprossen waren jedoch ausladend und aufwärts geschwungen. Ein starker Hirsch, alt und mit eisgrauer Stirn. Sicher ein Hirsch, der nicht mehr das kopfstarke Rudel sucht, sondern einer der alten, die sich jeweils mit einem Tier begnügen.

Mit vorgestrecktem Träger zog er flehmend zu seinem Stück, welches ruhig weiter äste, als ginge es das alles nichts an. Fast ohne zu treiben, umkreiste er träge das Tier. Es mochte alles an der drückenden Luft liegen.

Das aufsteigende Jagdfieber unterdrückend, hob ich langsam die Büchse und wartete auf ein Zeichen von Jordan. Aber so schnell wie alles begann, löste es sich auch wieder auf. Das Alttier warf sich plötzlich herum und verschwand, gefolgt vom brunftigen Hirsch und dem Kalb, im Eichendickicht. Ich hörte noch ein kurzes Knacken und Prasseln im Unterholz, dann war absolute Stille. Nur nicht in mir, da hämmerte der Herzschlag den Takt zu meinen aufgewühlten Gedanken.

Wir warteten das kurze Gewitter im Schutze des Hochsitzes noch ab, ehe wir zum „Diplomatenessen" ins Jagdhotel aufbrachen.

Der Verwalter und seine Frau gaben sich redliche Mühe, und das Mahl im Kreise des Direktors, seiner uniformierten Sekretärin, Jordan, des Fahrers, der Dolmetscherin sowie meiner Frau und mir wurde an der großen Tafel zum Festessen. Die dabei geführten Unterhaltungen, treffend übersetzt von Raina, möchte ich nicht missen. Sie waren von Offenheit und ehrlicher Meinung geprägt, die mir bis dahin im Ostblock fremd waren. Ich spürte so etwas wie eine besondere Verehrung, die uns Deutschen entgegengebracht wird. Wahrscheinlich hat sie ihren Ursprung in der Verbundenheit der wechselvollen Geschichte.

Immer wieder erfährt man dabei, daß die Jagd viele Gesichter hat. Sicherlich steht der Respekt vor Land und Leuten im Vordergrund. Doch die Begegnung, das Zusammenführen Gleichgesinnter und das gemeinsame Jagen ist eine Art von Völkerverständigung, wie ich sie mir vorstelle.

Natürlich kam auch das Thema Wirtschaftsreform. Sie wurde als eigenständige Entwicklung dargestellt, die mit den Bemühungen anderer Ostblockländer nicht zu vergleichen wäre. Dimitra Prodanov sagte das selbstbewußt und verwies darauf, daß es schon seit Beginn der 80er Jahre Überlegungen gibt, dem sozialistischen Eigentum einen neuen Stellenwert zuzuweisen.

Wesentliche Voraussetzung ist hierbei nur natürlich auch der Export. Aber der wird sicher lange noch ein Schwachpunkt Bulgariens bleiben, weil seine Industrie nicht genügend Erzeugnisse mit westlichem Qualitätsstandard anbieten kann und weil die notwendigen Investitionen zur Modernisierung nicht zu finanzieren sind. Aber nicht zuletzt auch wegen der schlechten Preise für bulgarische Rohstoffe und Agrarprodukte. –

Nach einer sternklaren Nacht, ich hatte einigen verlorenen Schlaf wieder aufgeholt, harrte ich der Dinge. Gerne würde ich den Vierzehnender noch einmal wiedersehen, um seinen Kopfschmuck genau studieren zu können.

So gut es ging, tapste ich in der Dunkelheit wieder hinter Jordan her. Dem Jäger schienen die Wege sehr vertraut, denn ich konnte im wahrsten Sinne des Wortes die Hand nicht vor Augen sehen. Doch schon bald hatten wir den vorgesehenen Hochsitz erreicht. Über eine unter 45 Grad stehenden Leiter, besser würde man Treppe sagen, erreichten wir die Kanzel und richteten uns ein.

Es ist wie ein zusätzliches Geschenk der Natur, wenn im Dunkel der Nacht das Röhren der Hirsche zu hören ist. Erinnerungen werden geweckt, denn eine Ähnlichkeit mit dem Brüllen des Löwen, wie ich es mehrmals in den Savannen Afrikas gehört hatte, war unverkennbar. Sicher stehe ich mit meiner Meinung nicht alleine da, wenn ich behaupte, daß diese Brunftschreie für unsere Breiten den akustischen Höhepunkt der Jagd bilden.

Wir fuhren zusammen, ein voller Schrei weit unter uns, ein Knörer gegenüber, dicht bei uns das elektrisierende Öh – Öh eines Hirsches. Wann wird es endlich heller? Dann sah ich schemenhaft Bewegungen auf der Wiese vor uns. Rotwild? Ja, offenbar ein Alttier mit Kalb und ein geringer Hirsch.

Wieder leichtes Anstreichen eines Geweihes in der Dickung. Der Hirsch hinterläßt seine Himmelszeichen. Gleich darauf ein Sprengruf und erneutes Ästerauschen. Ein Tier trollte heraus, blieb stehen und äugte zurück. Das Licht wurde schon besser, und ich glaubte Farben zu erkennen. Gleich würde Jordan ihn ansprechen können. Wir waren allerdings nicht im Revierteil des Vierzehnenders.

Dann zog der Hirsch ganz heraus. Zweige knackten, und das Geräusch der vom Geweih nachgezogenen Äste war zu hören. Die Entfernung betrug etwa 70 Meter. Dann stand er frei auf der Wiese, man erkannte den starken Vorschlag und das nach vorne verlagerte Körpergewicht. Die Stangen waren recht lang, aber wieder nicht übermäßig dick. Und die Kronen? Jordan drückte sein Glas fest an die Augen und war im Ansprechen versunken. Dann die erlösende – so oder so – Handbewegung. Der Hirsch paßte nicht!

In aller Ruhe konnte ich mir nun den brunftigen Hirsch anschauen. Er nahm fast keine Notiz von dem geringen Sechser, versuchte auch nicht, ihn durch einen Sprengruf abzudrängen. Er trollte zu dem sichernden Alttier. Bei deutlich hellerem Licht, der Wind stand gut, war es eine Freude, solch einen Anblick genießen zu können. Ich war dankbar, und meine Gedanken wanderten zurück zu meinem ersten Stück Schalenwild und damit zu meinem Lehrprinzen.

Georg Hahn, der stets bereitwillig und mit viel Verständnis für den Jägernachwuchs wirkte. Der immer Zurückhaltung übte und nicht gerne im Blickpunkt stand; er ist mir bis heute durch seine Haltung als

Jäger Vorbild geblieben. Als sehr entscheidend bezeichne ich den Einfluß, dem der angehende Jäger in den ersten Jahren ausgesetzt ist. Wenn auch der Charakter letzten Endes über seine Haltung als Jäger entscheidet, so bleiben ihm sicher manche Fehlentscheidungen erspart, wenn eine fürsorgliche Hand ihm schon frühzeitig den richtigen Weg weist. Ich bin daher dem langjährigen Jagdberater und Ausbilder unserer Kreisjägerschaft heute noch in Dankbarkeit verbunden.

Inzwischen hatte das schwache Rudel unter Führung des Alttieres die Äsungsfläche überquert und war in das Dickicht des Eichenwaldes eingezogen. Jordan wollte jetzt einen anderen Hirsch, der von Zeit zu Zeit meldete, angehen.

Wir pirschten daher hangabwärts durch den bereits teilweise verfärbten Herbstwald. Einen leichten Bogen schlagend, mußten wir unseren Weg der Windrichtung und den Orgellauten anpassen. Der Hirsch schien seinen Einstand nicht zu verlassen. Bald wurde mir seine Nähe unheimlich, und ich machte Jordan auf den Brunftgeruch aufmerksam. Wir bewegten uns jetzt mit der nun gebotenen Vorsicht voran, wollten aber auch keine Zeit verlieren, denn der Hirsch würde sich möglicherweise nicht mehr lange in unserer Nähe aufhalten.

Wie angewurzelt blieb ich stehen, als plötzlich zwischen einer lichten Stelle im Buschwerk ein braunes Schemen sichtbar wurde. Die Entfernung betrug keine zehn Meter, und wir wagten uns nicht mehr zu bewegen. Der liebestolle Hirsch hatte unsere Bewegungen sicher nicht eräugt, verschwand jedoch nach wenigen Sekunden wieder in der Dickung. Ich hatte zwar sofort mein Glas zu Hilfe genommen, aber die kurze Vorstellung hatte nicht gereicht, den Hirsch anzusprechen. Alles war zum Greifen nahe gewesen, und noch lange spürte ich meine innere Erregung.

Auf dem Weg zum Wagen hatte ich plötzlich wieder das unbestimmte Gefühl: „Du wirst beobachtet." Mein Blick zur Seite bestätigte dieses, denn kaum 10 Meter entfernt saß im Gras einer leichten Anhöhe eine Wildkatze in geduckter Haltung. Ihre Färbung, ihr starker Kopf und die typische Zeichnung an der Rutenspitze waren unverkennbar. Sie wurde nicht flüchtig, sondern vertraute wohl ihrem tarnfarbenen Haarkleid.

Der Weg zum Jagdhotel führte uns vorwiegend durch ein kleines Dorf. Man sah, daß der Fortschritt hier noch keinen großen Einzug gehalten hatte. Trotzdem strahlten Einfachheit und Freundlichkeit der Menschen eine Ruhe aus, die der Hektik unseres Alltags manchmal sehr gut zu Gesicht stehen würde.

Ein ausgiebiges, kräftiges Frühstück rundete immer wieder unsere Frühpirsch ab, und meine Frau hörte aufmerksam und frohen Herzens zu, während ich die Erlebnisse vom Morgen Revue passieren ließ. Manche Unklarheit zwischen Jordan und mir wurde durch Raina im nachhinein durch klare Übersetzung beseitigt. Manchmal gab es dabei lachende Gesichter.

Dimitra Prodanov wußte von einem interessanten Reservat zu berichten. In der nördlichen Region des bulgarischen Rhodope-Gebirges befindet sich das Naturreservat Kupena, welches über die Grenzen Bulgariens hinaus bekannt ist. Eine Fläche von 111 000 Hektar ist hier vollständig geschützt. Das Reservat steht seit zehn Jahren unter dem Patronat der Kulturorganisation der UNESCO und ist außerordentlich wildreich. Außerdem gedeihen hier 238 verschiedene Blütenpflanzen und 21 Pilzarten. Das Wild ist vertreten durch Bären, Rot- und Rehwild, Rhodopter Wildziegen und weitere Arten. Die bedeutendste Tierpopulation des Reservates bilden die Vögel. Hier lebt über ein Drittel der Vogelwelt Bulgariens.

Die Temperaturen stiegen heute bei wolkenlosem Himmel auf 30 °C. Zum Sonnenbaden auf der großen Terrasse war das für meine Frau genau richtig. Ich befürchtete jedoch das Ende der lauten Brunft, denn bei warmem, sonnigem Wetter verschweigen ja die Hirsche oft ganz, weil sie ebenfalls unter der Hitze leiden.

Ja, selbst im Auto, welches Jordan und mich am Nachmittag ins Revier brachte, war es kaum auszuhalten. Die Kühle des Abends brachte uns hoffentlich Linderung.

Jordan hatte einen Hochsitz ausgewählt, welcher im Einstand des Vierzehnenders lag, denn darum hatte ich ihn ausdrücklich gebeten. Die Kanzel stand an einer breiten Schneise, die zu einem Drittel für einen Wildacker umgepflügt war. Der übrige Teil war eine malerische Äsungsfläche, die ein schönes Panorama bot. Mehr aber auch nicht, denn wir sahen lediglich für einen kurzen Augenblick einen schlecht veranlagten, jungen Damhirsch. Wer weiß, warum er so schnell die Schneise querte. Erst gegen Abend, als die blaue Stunde „eingeläutet" wurde, meldeten wieder vereinzelt Hirsche. Die Nacht war von einer beeindruckenden Helligkeit, obwohl der Mond sich nur als schmale Sichel zeigte.

Meine Zeit war leider begrenzt, doch erzwingen läßt sich ja bei der Jagd nichts. Trotzdem wollte ich Jordan bitten, mit mir morgen ausschließlich in dem Revierteil zu jagen, in welchem ich den unvergeßlichen Anblick des röhrenden Vierzehnenders hatte. Mit diesen Gedanken schlief ich schließlich ein.

◇

Fahrer und Wagen waren „abgelegt", und ich folgte wieder Jordans Spuren. Als wir im Schutze der Dunkelheit nach geraumer Zeit endlich den Hochsitz erreicht hatten, verharrte Jordan am Fuß der Leiter und mahnte zur Ruhe. Wir vernahmen das heftige Röhren eines Hirsches, aber gleichzeitig spürte Jordan wie ich den Wind im Nacken.

Seine Handbewegung bedeutete mir, es wurde bereits langsam Tag, daß wir den Bestand im großen Bogen umschlagen mußten. - Sicher waren wir bereits eine gute halbe Stunde unterwegs, als ich einen anderen Hochsitz erkannte. Jordan, wie immer voraus, hatte die Kanzel erreicht und winkte aufgeregt von der Leiter herunter. Ich brauchte nur wenige Sprossen der langen Leiter emporzusteigen, da sah ich den Hirsch bereits am Rande der vor uns liegenden, breiten Schneise stehen. Fiebernd griff ich zum Glas. Mächtige, kaum vorstellbare Stangen trug der Hirsch auf seinem Haupt. Aber wie alt mochte er sein? Und wie schwer war wohl sein Geweih? Ich vermutete, den Vierzehnender vor mir zu haben.

Meine Waffe hatte ich noch geschultert, aber bei der Entfernung war ein Schuß von der Leiter ohnehin nicht möglich. Es waren nur wenige Minuten vergangen, da machte der Hirsch Anstalten, im schützenden Eichengewirr unterzutauchen. Endlich auf der Plattform der Kanzel, sah ich nur noch sich bewegende Zweige, „mein" Hirsch war verschwunden. Jordan lächelte über mein entsetztes Gesicht und mahnte mit seiner Hand zur Ruhe.

Der späte Nachmittag, es war immer noch sehr warm, sah uns wieder im Bestand des Vierzehnenders. Jordan hatte sich von der Dolmetscherin Raina übersetzen lassen, daß ich diesen Hirsch sehr gerne erlegen würde. Er schlug deshalb vor, im besagten Gebiet die Hirsche zu verhören und, wenn möglich, anzupirschen. Nichts war mir lieber, denn der Reiz der Jagd wird hierdurch wesentlich erhöht.

Die Zeit war auf 18.00 Uhr fortgeschritten, als wir einen kleinen Hang erstiegen und plötzlich, nicht allzuweit, einen Hirsch vernahmen. Seine Stimme war tief, gereizt und in voller Lautstärke. Da der Wind günstig stand, pirschten wir sofort in seine Richtung. Durch den lichten Erlenbestand kommend, hatten wir eine weite Sicht. Gleichzeitig mit Jordan sah ich am Rande dieses Bestandes zwei Tiere, welche nach links zogen. Dann erschien, noch teilweise durch Strauchwerk verdeckt, ein Hirsch. Sein Kopfschmuck war nur zur Hälfte sichtbar, aber Sonnenstrahlen tanzten auf einem starken Wildkörper. Jetzt legte der Hirsch sein Geweih zurück und machte durch einen erneuten Brunftschrei auf sich aufmerksam. Deutlich spürte ich meine Erregung, konnte ich doch nun bei gutem Licht jede Einzelheit des Hirsches studieren. Das Geweih war genau so, wie ich es von der ersten Begegnung in Erinnerung hatte. Das war „mein" Hirsch.

Jordan hatte inzwischen eine zustimmende Handbewegung gemacht und ging gleichzeitig in die Hocke. Die Sekunden wurden jetzt für mich zur Ewigkeit. Nur nicht fiebrig werden, hämmerte ich mir ein. Da hatte der Hirsch eine Bewegung von mir wahrgenommen. Neugierig trollte er jedoch diesmal ein paar Meter auf mich zu. Spitz äugte er auf den Schatten im Halbdunkel des Waldes. Ich sah dadurch jetzt das Geweih genau von vorne - es war nicht weit ausgelegt, aber doch ebenmäßig und mit doppelseitiger, vierendiger Krone. Noch immer verhoffte der Recke in seiner bisherigen Manier und zeigte mir halbspitz seinen Stich. Das ist die Stellung, die ich liebe, denn sie bietet als tödliches Ziel das Schattendreieck zwischen Rumpf und Hals.

Eng an den Boden gedrückt, kauerte Jordan etwa fünf Meter rechts neben mir. Langsam hob ich die Büchse, der Stecher knackte leise, dann strich ich an einer armdicken Erle an. Doch ein Baum davor behinderte die Zielrichtung. Mein Herz schlug wild, und es bildete sich der bekannte Kloß im Hals.

Der Hirsch, ich konnte es kaum fassen, stand wie angewurzelt auf etwa 75 Schritt vor mir. Ich mußte zwei Schritte weiter nach vorne, um an dem nächsten Baum anstreichen zu können. Mein notwendiger Stellungswechsel schien viel zu lange zu dauern, lief aber in wenigen Sekunden ab. Dann suchte der Zielstachel seinen Punkt. Als der Schuß gebrochen war, erklang ein vielfaches Echo von den nahen und fernen Hügeln in den stillen Herbstabend hinein.

Mit schlagartiger, jäher Wirkung riß es den Hirsch von seinen Läufen. Er lag am Anschuß. Jordan war in wenigen Sprüngen bei mir und – während mein Atem jetzt freier ging – klopfte mir anerkennend auf die Schulter. Das Jagdfieber beutelte mich noch heftig, ich zitterte am ganzen Körper wie Espenlaub.

Der Hirsch bewegte unterdessen noch einmal sein Haupt, während wir, bereit zum Fangschuß, auf ihn zuliefen. Es war jedoch nur ein kurzer Todeskampf, der beim Erreichen des Hirsches beendet war. Das Geschoß, 9,3 x 64, 19 gr, TUG, hatte ganze Arbeit geleistet.

Nach deutschem Brauchtum brach Jordan einen Zweig von einer Eiche, benetzte diesen mit dem Schweiß des Hirsches und überreichte ihn mir mit „Waidmannsheil". Dankbar nahm ich diesen Bruch entgegen und drückte Jordan fest an meine Brust.

Noch immer von dem Erlebnis gepackt, streichelte ich die starken und gut geperlten Stangen meines Hirsches. Selten habe ich ein gestrecktes Stück Wild so andächtig betrachtet. Der Hirschkörper wirkte fast zierlich unter dem wuchtigen Geweih. Um die starken Stangen zu umfassen, reichte eine Hand nicht aus. Immer wieder besah ich das mächtige Geweih; der weißblitzende Endenwald dominierte derart, daß Jordan mich auf den überaus starken Wildkörper besonders hinweisen mußte. Das später verwogene Wildbret brachte 260 kg auf die Waage. Bei meiner Frage nach dem Gewicht des Geweihes verbarg Jordan sein Gesicht in gespielter Theatralik in den Händen! –

Inzwischen war mein Jagdfieber abgeklungen, und die Zeit der Besinnung, gerne halte ich immer eine kurze Totenwacht, gab mir Gelegenheit, über die Erregung bei der Jagd nachzudenken.

Gesteigerter Puls, roter Kopf oder Schweißausbruch – typische Streßzeichen – sind Merkmale des Jagdfiebers. Es ist eine hormonelle Reaktion, die auf Außenreize oder gefühlsmäßig sehr stark beladene Situationen abläuft. Dieses Verhalten ist auf die Urzeit der menschlichen Entwicklung zurückzuführen. Damals war die schnelle Reaktion auf einen Reiz mit gesteigerter und verkürzter Reaktionsbereitschaft die Voraussetzung zum Überleben der Art.

Diese Steigerung der Reaktionsbereitschaft spüren wir in der regulativen, unabhängig vom Verstand routinemäßig ablaufenden Funktionen der Organe. Die Muskelspannung und Erregbarkeit steigen, der Herzschlag erhöht sich bis zu 50 Prozent, der Blutdruck und die Hauptdurchblutung ebenso. Interessant dabei ist, daß erfahrene Jäger erst ungefähr 8 Minuten nach dem Schuß eine deutliche Pulserhöhung haben. Sie scheinen willentlich über eine kurze Zeit – die sie zum sicheren Schuß brauchen – diese Streßreaktion beherrschen zu können. Erst nach der Entspannung des Jägers setzt dann die Hormonwirkung mit einer Puls- und Blutdruckerhöhung ein. –

Immer wieder mußte ich das edle Geweih betrachten, ich konnte mich einfach nicht sattsehen. Aber Jordan mahnte, daß die Zeit schon fortgeschritten sei und ein Wagen aus dem Ort geholt werden müßte. Ich durchlebte jedoch jetzt wieder den immerwährenden Zwiespalt nach jeder Jagd. Bin ich auf der einen Seite auch stolz und freue mich über den Erfolg, so ist auf der anderen Seite die Wehmut und Trauer. Hatte ich doch vor dem Schuß gerade ein Gefühl der Verbundenheit mit dem Erlegten verspürt, ist diese Zuneigung jetzt in Trauer über das ausgelöschte Leben umgeschlagen. Nein, der Hirsch ist zwar verendet, aber in der Erinnerung, in meiner Erinnerung wird er weiterleben und unauslöschlich sein.

Die Fahrt zum Ort und weiter zum Jagdhotel ging mir dann nicht schnell genug. Wollte ich doch meine Freude teilen, insbesondere natürlich mit meiner Frau. Ich spürte ein starkes Mitteilungsbedürfnis auch den anderen gegenüber, war jedoch hierbei sprachlich eingeschränkt. Überall schlug mir aber neidlose Mitfreude entgegen, und der Abend versprach feuchtfröhlich zu werden.

Das wurde er auch, mit Abstand. Nach dem ausgezeichneten Essen wurden die Gläser nicht mehr leer. In gleicher Runde wie an den anderen Tagen stellte sich bald heraus, daß Dimitra, der Direktor, auch das Sagen beim Trinken haben wollte. Dies konnte und wollte ich jedoch nicht zulassen, denn es war „mein" Tag.

Längst war der russische Bruderkuß ausgetauscht, man nannte sich beim Vornamen, und wechselseitig, der Sprache wegen, erklangen mit kräftigen Stimmen die ersten Lieder. Zur Freude aller Anwesenden erklärte ich Dimitra, daß echte Freunde die Becher mit Wodka, es waren stets gut gefüllte Wassergläser, nicht sitzend, sondern auf dem Stuhl stehend trinken würden. Wie oft ich noch um den großen Tisch „wankte", mit Dimitra auf den Stuhl, jeder auf seinen, stieg, weiß ich nicht mehr. Eines weiß ich jedoch genau, es war mein Tag, denn Dimitra wurde schwankend noch vor mir aus dem Kaminzimmer geführt. Der Leser wird es mir nachfühlen, daß ich am nächsten Morgen nicht aus den Federn konnte. Im Laufe des Tages unternahmen wir jedoch eine Autofahrt nach der Stadt Silistra an der Donau. Der Fluß ist hier im Norden zugleich Grenze zu Rumänien. Nach etlichen obligatorischen Besichtigungen kam ich zu dem Schluß, daß noch einiges getan werden mußte, nimmt man unseren westlichen Standard als Maßstab. Aber man merkt bei vielen Gelegenheiten die Bemühungen der Bulgaren, voranzukommen.

Am Abend war ich, dieses Mal in Begleitung meiner Frau, wieder im Revier. Die Brunft war noch im vollen Gange, die Hirsche röhrten noch. Vom Wild unbemerkt, hatten wir eine der großen Kanzeln erreicht, und voller Stolz wollte ich meiner Frau alles zeigen. Von überall schrien Hirsche. Dabei war immer wieder ein dreimaliger tiefer Baß aus nächster Nähe. Die Freifläche vor uns war nicht allzu breit und stieg zum Wald hin an. Der Wind stand gut. Aus den gestikulierenden Handbewegungen Jordans war zu entnehmen: „Den Hirsch kenne ich, wahrscheinlich will das Rudel in die Dickung am Ende der Wiese ziehen und tritt vor uns aus." Tatsächlich lösten sich bald vom Waldrand langsam 7 Stück Wild, in ihrer Mitte der Hirsch. Welch ein Geweih! Die Hauptzier des Hirsches ragte deutlich über dem Rudel hinaus. Ein Zwölfer-Hirsch mit einem Geweihgewicht von mindestens 10 kg. Lange Stangen, eine weite Auslage und lange Enden hatte er.

Wir waren noch ganz im Anblick versunken, als das Leittier plötzlich verhoffte und das Rudel sich zusammenschob, wobei alle nach rechts sicherten. Kurz darauf wendeten alle Stücke und trollten dahin zurück, woher sie gekommen waren. Und schon vernahmen wir die Ursache, denn Rumoren und das harte Hämmern von Schalen kam auf uns zu. Zwei grobe Sauen mit zehn Frischlingen kreuzten flüchtig den Wechsel des Rotwildes und verschwanden ganz dicht neben uns in den jungen Kiefernbestand. Welch ein Bild: eben noch das Rudel mit dem starken Hirsch, nun wie ein Wischer die Rotte Sauen. Ich schaute meine Frau an, unsere Augen sprachen Bände.

Die Dämmerung zeigte bereits ihre ersten Falten, als wir dem Rudel nachpirschten. Ich wollte meiner Frau unbedingt den Schrei eines Hirsches aus allernächster Nähe zu Gehör bringen. An einer starken, überhängenden Kiefer stehenbleibend, hörten wir die ersten Knörer. Wir waren dem Rudel nicht nur bereits bedenklich nahe, auch der Wind stand für uns ungünstig.

„Bei der Jagd ist einer schon zu viel", wer kennt nicht das Sprichwort? Deshalb ließen wir von unserem weiteren Vorhaben ab und suchten in der aufkommenden Dunkelheit den Wagen. Hierbei bewußt die Nacht abwartend, hörten wir andächtig dem Schreien der Hirsche unter dem sternenklaren Himmel zu. Meine Frau war begeistert, kannte sie dieses Erlebnis doch gar nicht.

Am Abend bitte ich unsere Dolmetscherin Raina, Jordan meinen Wunsch vorzutragen, vielleicht noch einen Keiler erlegen zu können. Der Anblick am Nachmittag hatte diesen heimlichen Wunsch von mir verstärkt.

Sauen waren da, das sah man schon an den reichlich vorhandenen Fährten. So führte mich Jordan am nächsten Abend, den Vormittag hatte ich zur weiteren Behandlung meines 12,5 kg Geweihs genutzt, zu einem Hochsitz inmitten eines alten Eichenbestandes. Viel Freifläche stand nicht zur Verfügung, ich konnte aber eine kleine Kirrung ausmachen. Eine wunderbare Herbststimmung lag über allem. Die letzten Sonnenstrahlen waren schon verblaßt, als im Holz anwechselndes Wild zu hören war. Das konnten nach dem Geräusch eigentlich nur Sauen sein. Mein Herz schlug bereits einige Takte schneller, doch dann war es plötzlich still an der Stelle, wo ich das Wild vermutete. Die Minuten wurden zu Stunden. Plötzlich, in unmittelbarer Nähe hinter dem Hochsitz, starkes Blasen und deutliches Wetzen eines Keilergewaffs, gefolgt vom prasselnden Davonstieben einer ganzen Rotte. Vermutlich hatte sich eine Bache oder ein Keiler durch Umschlagen unserer Kanzel Wind geholt.

Na ja, dieser Abend war gelaufen, aber ich hatte ja noch zwei Tage zur Verfügung. Wie zum Hohn sahen wir später bei der Heimfahrt im Scheinwerferlicht außer zahlreichem Rehwild eine Rotte Sauen unseren Fahrweg kreuzen.

Ein amüsantes und zugleich unvergeßliches Nachtmahl folgte. Aus irgendeinem Grunde hatten wir

Stromausfall, und „Karl May", so nannte ich den Verwalter unseres Jagdhotels, hatte schon Tisch und Stühle um ein prasselndes Feuer vor dem Hause gruppiert. Wieder wurde, trotz spärlicher Petroleumbeleuchtung, ein schmackhaftes und abwechslungsreiches Essen serviert. Besonders wegen der aufrichtigen Herzlichkeit werden diese Abende fest in unserer Erinnerung bleiben.

Für heute war die Kommission angekündigt, welche das Geweih meines Hirsches auspunkten wollte. Alles verlief sehr freundschaftlich, aber nach bestehenden Vorschriften, doch letztlich für mich zufriedenstellend. Mit 223,96 internationalen Punkten bekam mein Vierzehnender die Goldmedaille. Exakte Daten habe ich in der nachstehenden Tabelle festgehalten.

Aber noch einmal wollte Jordan mit mir den Versuch unternehmen, einen Keiler zu finden. Wenn, dann konnte es nur noch am letzten Abend meines diesjährigen Aufenthaltes gelingen. Jordan machte einen zuversichtlichen Eindruck, als der Fahrer uns ins Revier brachte. Es war warm, wolkenlos und fast windstill.

Wir pirschten zu den bekannten Einständen. Als wir uns einem verschilften Erlenbruch näherten, legte Jordan den Finger auf den Mund. Ich konnte mir gut vorstellen, daß sich vor allem an heißen Sommertagen Sauen hier mit Vorliebe aufhalten würden. Langsam pirschten wir am Rand des Bruches entlang. Es war 18.00 Uhr, und die Sonne stand noch am Himmel. Wir hatten inzwischen einen angrenzenden Eichenholzbestand erreicht, da hörte man plötzlich ein Aufquieken. Der Bestand bot durch seine dichte Verjüngung wenig Einblick. Trotzdem pirschte Jordan mit voller Passion weiter. Auf jeden Fall wollten wir, das war verabredet, für die Küche etwas mitbringen.

Ich schlich hinter Jordan vorsichtig in den Eichenbestand, und wir umgingen gerade wieder eine Buschgruppe, da klagte erneut eine Sau auf. Nun wußten wir ungefähr, wo wir sie zu suchen hatten, und konnten uns schneller heranarbeiten. Immer wieder hörten wir Rascheln, Knistern und Knacken, ab und zu ein leises wohliges Grunzen. Langsam schoben wir uns gerade um eine Verjüngungsgruppe, da hatten wir die Sauen auf einer größeren Freifläche, etwa fünfzig Schritte entfernt, vor uns. Es war eine starke Rotte, mindestens 2 Bachen mit Frischlingen sowie einige Überläufer. Völlig sorglos zogen sie durcheinander, stritten, tobten und klagten, wenn von den bedrängten Bachen manchmal abgeschlagen. Ich schaute Jordan an, er hob die Schultern, denn wie ich hatte er keinen Keiler bei der Rotte ausmachen können. Er hielt seine flache Hand ausgestreckt etwa fünfzig Zentimeter über den Boden und nickte dabei zustimmend.

Alles lief bei gutem Licht und bestem Wind ab. Das Durcheinander bei der Rotte erschwerte es mir jedoch, das richtige Stück zu wählen. Ich hatte mir vorgenommen, möglichst ein Keilerchen zu schießen. Aber die Überläufer beteiligten sich so ausgelassen an der Spielerei, daß ich keinen mit Sicherheit herausfinden konnte. Ein paarmal hatte ich die Büchse bereits im Anschlag, mußte jedoch immer wieder absetzen. Plötzlich bedrängte ein Überläufer offensichtlich eine junge Bache. Dieser unzeitgemäße Akt wurde ihm zum Verhängnis. Als er sich, von der Sau energisch abgebissen, zurückziehen wollte, zeigte er mir bei der Wendung das Blatt. In diesem Moment ließ ich die Kugel fliegen. Im Knall stürmte die Rotte brechend und prasselnd durch den Wald davon.

Ich hatte meine Sau geschossen und freute mich über das soeben Erlebte. Wenn es auch nicht ein starker Keiler war, so war dieses Angehen des Wildes mal wieder richtig nach meinem Geschmack. Vielleicht sollte auch das große Erlebnis mit meinem Hirsch nicht in den Hintergrund gedrängt werden. Ich wollte ja wiederkommen.

Jordan freute sich über den Beitrag für die Küche, und gemeinsam trugen wir die 20 kg Wildbret nach dem Aufbrechen zum Wagen. Auch hierbei begleitet von der Stimme eines Hirsches, der mir hierdurch den Abschied schwerer machte.

In den wenigen Tagen hatte ich das Land und seine Leute in mein Herz geschlossen, hatte starkes Wild gesehen und großzügige Gastfreundschaft genossen. All dies waren letztlich Teile einer aufflammenden Liebe für das Jagdland Bulgarien und sicher der Grundstein für einen weiteren Aufenthalt.

◇◇◇

So vertraut hat man den Hirsch nicht oft.

Jagdhotel Karakuz.

Meine Frau in der Landestracht mit dem 14-Ender.

| Trophäen-Bewertung |||||| Datum ||||
| | | | | | | | | 1987-09-27 |||
Angaben	Maße		Mittel	Koeffi-zent	Punkte	Angaben	Maße		Koeffi-zent	Punkte
Länge der Stangen	l	109 cm	110	0,5	55	Auslage	70 cm		0-3 P.	1
	r	111 cm								
Länge der Augensprossen	l	44 cm	42,75	0,25	10,69	Zuschläge für Schönheit				
	r	41,5 cm				Farbe			0-2 P.	2
Länge der Mittelsprossen	l	45 cm	48,50	0,25	12,12	Perlung			0-2 P.	2
	r	52 cm				Spitzen der Enden			0-2 P.	2
Umfang der Rosen	l	30 cm	30,25	1	30,25	Eissprosse			0-2 P.	1
	r	30,50 cm				Krone			0-10 P.	5
Umfang der Stangen zwi-schen Aug-u. Mittelsprosse	l	18 cm		1	18	Ermäßigung			0-3 P.	—
	r	16,50 cm		1	16,50					
Umfang der Stangen zwi-schen Mittelsprosse u. Krone	l	15,20 cm		1	15,20	Internationale Punkte				223,96
	r	15,20 cm		1	15,20					
Zahl der Enden	l	7 Stück		1	13	Land / Revier	Bulgarien		Karakuz	
	r	6 Stück								
Gewicht des Geweihs Ermäßigung	12,5 kg			2	25	Medaille Gold	Alter 12		Klasse —	

Bulgarien – 1989

Urige Sauen – starke Hirsche

Revier Varna-Poda, -Kruscha, -Batowa – 36 000 Hektar

Die eindrucksvolle und zugleich erfolgreiche Brunft und die packenden Jagderlebnisse meiner ersten Reise nach Bulgarien waren in meinem Gedächtnis hoch angesiedelt. Wenn ich auch dankbar über die starke Trophäe meines Hirsches aus Bulgarien war, so hatte ich doch beim Anblick derselben in meinem Kaminzimmer mehr und mehr den Eindruck, daß sie der Anlaß zu einer weiteren Reise in das Jagdland Bulgarien würde. Träumte ich doch noch sehnlichst von einem starken Keiler, besonders nachdem ich die Waffen etlicher Hauptschweine auf einer Jagdausstellung bewundern durfte.

Die lästigen Formalitäten werden heutzutage von den einschlägigen Jagdagenturen abgewickelt, so daß die Scheu vor dem Papierkrieg fehlt und eine Entscheidung schnell getroffen werden kann. Für mich kam eine Jagd nur zur hohen Zeit der Brunft in Frage, und meiner Frau zuliebe sollte der „Goldstrand" von Varna mit einbezogen werden.

Aber wir hatten die Rechnung ohne den Wirt gemacht. Die Zeitplanung bestimmt in unserem Leben immer noch ein anderer. Eine dringend notwendige und daher unaufschiebbare Operation band mich ans Krankenlager, genau in der Zeit um Ende September. Durch eine großzügige Geste des bulgarischen Jagd- und Fischereiverbandes MURGASCH konnte ich „meine Brunft" auf November verschieben, ohne daß mir irgendwelche Mehrkosten entstanden, ja, ich konnte sogar ein Telegramm zu meiner Genesung in Empfang nehmen.

Die Aussicht, allein in einem großen Revier jagen zu dürfen, sowie die aufopfernde Pflege meiner Frau, beschleunigten natürlich meinen Heilungsprozeß.

Auf dem Flugplatz in Frankfurt trafen allerhand Grünröcke am Schalter für die Balkan-Air zusammen.

Wie sich jedoch bald herausstellte, hatten sie in verschiedenen Revieren Bulgariens Drückjagden auf Sauen gebucht.

Problemlos wurde die Zwischenlandung in Sofia bewältigt, und alle Gepäckstücke kamen mit uns in Varna an. Überraschend für meine Frau und mich war, daß am Zoll unsere Dolmetscherin Raina der vorherigen Reise war. Alles lief jetzt wie ein Uhrwerk ab. Ein neuer VW-Bus brachte uns auf direktem Weg zu einem sehr schönen Jagdhaus, Varna-Poda. Der herzliche Empfang von Herrn Direktor Dentscho Nänkow und seiner Vertreterin, Frau Meglena Plugtschiewa, versprach einen herrlichen Jagdaufenthalt. Von den starken Hirschen wären zwar 14 von insgesamt 15 Abschüssen getätigt, aber es würde schon noch klappen. Starke Schweine, man sprach wie selbstverständlich von 300 kg, wären im Revierteil Batowa bestätigt worden! - Mein Herz schlug sofort höher.

An diesem Abend konnte ich auch „meine" Jäger kennenlernen. Für jeden Revierteil war einer von ihnen zuständig. Kosta, etwa 35 bis 40 Jahre alt, freundlich und hilfsbereit, war für den Teil Poda verantwortlich. Als E.-Schweißer war er von Direktor Nänkow mal abgeworben worden und hatte seine Passion inzwischen zum Beruf gemacht.

Dimitar, ein wortkarger Mann von stämmiger Statur, zeigte in den nächsten Tagen das größere Können und Wissen. Mit ihm verabredete ich mich für den nächsten Morgen zur ersten Pirsch in dem Revierteil Kruscha.

Dann war da noch Todor, der in seinem Teil - Batowa - ein eigenes Jagdhaus hatte. Er sprach einige Worte Deutsch und machte einen freundlichen und vertrauenerweckenden Eindruck auf mich.

Dentscho Nänkow und Frau Meglena P. fuhren nach dem reichhaltigen Essen und den diversen Getränken nach Varna zurück, während meine Frau und ich unsere sauber eingerichteten Zimmer aufsuchten.

Während der Fahrt mit dem von Dimitar selbst gesteuerten Lada am frühen nächsten Morgen gewann ich einen ersten Eindruck von der mit leichten Hügeln durchzogenen Landschaft. Die ab und zu durch kleine und ausgesprochen ärmlich wirkende Ansiedlungen unterbrochenen Eichenkulturen wurden nur von wenigen Feldern und Wiesen aufgelockert. Die im Inneren der Bestände eingestreuten größeren Lichtungen und Wildäcker waren künstlich angelegt. Ausgesprochen hervorragende Pirschwege führten von den Fahrwegen in langen Windungen zu tadellosen Hochsitzen. Alle waren geschlossen und teilweise mit einer Batterieheizung ausgestattet.

So geräuschlos wie möglich pirschte ich jeweils hinter Dimitar zu verschiedenen Ansitzen. Er wollte mir wohl an diesem Morgen relativ viel zeigen.

Das Braun der meist nur armdicken Eichen, das lohende Gelb vereinzelter Birken und die Röte des Ahorns in einer dunkelgrünen Fichtengruppe waren für mich sonst immer die optische Einleitung zur durchdringenden, röhrenden Stimme des Hirsches. An diesem Morgen wurde mir jedoch mit etwas Traurigkeit bewußt, daß dieser Aufenthalt ohne die erhabenen Laute des Königs der Wälder ablaufen würde.

In den ersten beiden Tagen bekam ich einige Hirschrudel in Anblick, konnte unter etlichem Kahlwild jedoch nur zwei junge Zehner, einen Eissprossenzehner sowie einen noch nicht reifen, jedoch starken Zwölfer ansprechen. Ich war zunächst zufrieden, saß mir die Zeit doch nicht so im Nacken.

Am dritten Tag versuchte Kosta, mir durch viele Fahrten kreuz und quer durch seinen Revierteil Wild vorzuführen. Es gelang ihm auch dergestalt, daß wir auf weiter Fläche ein Rudel von 30 bis 40 Stück Rotwild plötzlich vor uns hatten. Vom Fahrzeug aus konnten wir drei Hirsche, davon einen weitausladenden Zwölfer mit sicher 8 bis 9 kg Geweihgewicht, gut ausmachen. Beim Verlassen des Ladas wollte Kosta, gedeckt durch eine Bodenwelle, aber mit dem Wind im Nacken, die Hirsche angehen. Mein Einspruch und seine Kehrtwendung hatte wohl ein schon länger sicherndes Alttier nicht mehr mitgemacht. Beim Abspringen nahm es nach und nach alle Tiere mit in den schützenden Bestand.

Auf der Heimfahrt zum guten Frühstück sahen wir noch drei Stück Rehwild. Ich hoffte auf den Abend mit Dimitar.

Er kam dann nach einem wohlverdienten Nickerchen. Erwartungsvoll saß ich neben ihm, als er auf neuen Wegen seinem Ziel, der Lichtung „Malka Niwa" (kleiner Acker), zusteuerte. In den verschlammten Fahrspuren der Waldwege waren an den schattigen Stellen noch Eiskrusten vom letzten Nachtfrost vorhanden. Aber trotz meiner Bedenken blieb der Lada auch in den tieferen Fahrrinnen nicht stecken.

Zeitig hatten wir mit gutem Wind den Hochsitz erreicht und harrten der kommenden Dinge. Als jedoch nach zwei Stunden nicht der Schimmer einer Rotwilddecke sichtbar wurde, veranlaßte Dimitar einen Stellungswechsel.

Wir mußten mit dem Wagen ein ganzes Stück zurücklegen und passierten, aus einer Vertiefung des Waldweges kommend, eine größere Lichtung. Verstreut wie Kühe auf der Weide, stand ein Rudel von etwa 40 Hirschen, sicherten aber sofort zu uns hin. Mit bloßem Auge konnte ich neben zwei jungen Hirschen einen starken 16-Ender mit armdicken Stangen und edlen fünfendigen Kronen ansprechen. Alles kam dann sehr plötzlich. Dimitar rief: „Schießen, schießen!", ich repetierte die unterladene Waffe, meine bewährte Mauser 9,3 x 64, und versuchte vorsichtig, aus dem Fahrzeug zu kommen, während das Rudel sich langsam in Bewegung setzte. Als ich endlich aus dem Lada heraus war und eine passable Schußposition erreicht hatte, war der Hirsch schon etwa 200 Meter entfernt. Er verhoffte zwar und äugte zurück, ich ließ aber den Finger gerade, weil ich ihn noch nicht hunderprozentig angesprochen hatte und mir die Entfernung nach der Hektik auch zu weit war.

Fast wäre der Tag damit zu Ende gegangen, aber ich bat Dimitar noch zu dem Hochsitz an der Lichtung „Sadowska Niwa" (Acker von Sadowo), wo es mir am ersten Tag so gut gefallen hatte. Es war nicht weit, schon bald konnte ich meine Spuren auf dem gepflegten Pirschpfad hinterlassen.

Vielleicht zwanzig Meter vor der Kanzel sah ich durch den lichten, jungen Eichenbestand, Dimitar hatte die unter 45° stehende Leiter fast erreicht, einen von uns weg äsenden Hirsch. Ein leises Zischen zu Dimitar und Ansprechen durchs Glas war eins. Dabei wurden meine Augen wohl immer größer. Deutlich zeigte sich mir ein weit ausladendes Geweih, die linke Krone mit fünf starken Enden, eins davon fast unterarmlang und waagerecht nach innen gebogen. Ein Aufwerfen des Hauptes bot mir den Blick auf die tief heruntergezogenen Augsprossen. Fast erschreckte mich bei der Beobachtung der leise Ruf Dimitars: „Dobre-alt, schießen." Gestochen und auf der Leiter aufgelegt, war es kein Kunststück, dem vertrauten Hirsch eine saubere Kugel anzutragen. „Durch den Schuß" konnte ich sehen, wie der Hirsch blitzartig in seiner Fährte zusammenbrach.

Große Freude bei mir über die unerwartete Fügung, und Dimitar gab mir vor Begeisterung einen Kuß auf die Wange. Vorsichtig bewegten wir uns auf den in etwa 80 bis 90 Meter verendet liegenden Hirsch zu. Dimitar hatte schon einen Bruch parat, und ich legte dem stark abgebrunfteten Recken einen Inbesitznahmebruch auf den viele Schmisse zeigenden Wildkörper.

Ein ungerader Achtzehnender mit später festgestelltem Geweihgewicht von 10,5 kg und einem Alter von 12 Jahren. Dimitar wollte wegen der bereits späten Stunde sofort mit mir den Wagen holen, aber ich bat ihn, mich alleine zu lassen und später zu mir zu kommen. So konnte ich in dem verklingenden Abend in aller Ruhe meinem Hirsch die letzte Ehre erweisen.

In meinen Gedanken kam wieder der keimende Funke der Trauer. Trauer über Vergänglichkeit und Tod, über den Herbst des Lebens und die kurze Gastrolle, die wir auf unserem Planeten spielen. Aber auch gleichzeitig Freude über die herrlichen Stunden, die das Leben beschert. In solchen Momenten gehen mir immer wieder die Worte von Walter Frevert über die Lippen, welche ich gerne mit einem abgewandelten Wort zitiere: „Und könnt' es Herbst im ganzen Leben bleiben." –

◆

Nach einem kleinen Frühstück mit Kosta suchten wir am nächsten Morgen einen mir bisher nicht bekannten Hochsitz auf. Beim Aufbaumen konnte ich noch einen Hirsch mit drei Stück Kahlwild am Rande einer großen, rechteckigen Lichtung erkennen. Sie waren dabei, in den Bestand zu ziehen, und suchten sicher ihren Tageseinstand. Auf der Lichtung selbst wuchsen Himbeeren, zarte Birken und Jungeichen. Astwerk türmte sich über mannshohe Baumwurzeln. Viele Vögel, welche ich aus heimischen Revieren kannte, wie Buchfink, Blaumeise, Kleiber, Rotkehlchen und Distelfink, vertrieben mir mit ihrem rastlosen Suchen nach schmackhaften Beeren und Samen sowie ihren vielfältigen Stimmen die Zeit. Plötzlich war da mitten in diesem Eldorado ein Fuchs, er rekelte sich und schnürte zum nahen Kieferndickicht.

Hin und wieder fuhr der Wind durch die sich sanft wiegenden Baumkronen. Einige Kumuluswolken wuchsen heran, bauten sich höher und höher zu wahren Gebirgen auf und verschmolzen schließlich im weiten Blau des Himmels. Bei strahlender Sonne lagen jedoch die Temperaturen nur wenige Grade über Null. Schließlich meldete sich der Magen, und wir machten uns auf den Weg zum Frühstück, welches der gebrochen Deutsch sprechende Koch Dimitrow immer schmackhaft zubereitete.

Am frühen Nachmittag war der erste Trip in den Revierteil Batowa vorgesehen. Dies bedeutete eine Fahrt von fast einer Stunde, zunächst quer durch die Stadt Varna. Wie hier teilweise die „Errungenschaften" des Sozialismus, ich lasse hier einmal meine Augen sprechen, wieder zerfallen und einfach verkommen waren, ist unserem Gefühl für Ordnung und Sauberkeit nicht einzuordnen! –

Ich lernte Todor kennen, der in seinem kleinen Jagdhaus auch ein Gästezimmer hatte. In seinem Revierteil wurde hauptsächlich auf Sauen und Damwild gejagt. Todor machte einen recht sympathischen Eindruck und ließ den Drang nach mehr Wissen erkennen, alleine schon durch seine von unserer Dolmetscherin Raina übermittelten Fragen.

Dort, wo das von Dentscho erwähnte Hauptschwein gesehen wurde, wollten wir uns bei dem schon früh aufgehenden Vollmond ansetzen. Der Hochsitz war zu Fuß erreichbar, und der Weg führte zum Schluß eine längere Strecke über geharkte, mit hellem Sand bestreute Pirschpfade. Die Kanzel stand in einem kleinen Hang, mitten in einem Eichenjungwuchs, und gab den Blick frei auf eine Fläche von ca. drei mal zehn Metern längs eines beruhigend murmelnden Bachlaufes. Der Mond spiegelte sich in dem unruhigen Wasser. Hellere Steine lagen mit Mais verstreut deutlich sichtbar vor uns. Voller Erwartung richtete ich mich ein, mußte allerdings darauf achten, mit meiner Lederhose der Akkuheizung nicht zu nahe zu kommen. Zur Kirrung waren es vielleicht 60 Meter, der Wind war gut, daher blieb das Kanzelfenster offen. Da aus Gründen der Zweckmäßigkeit die Unterhaltung unterblieb, konnte ich meinen Gedanken und Träumereien, gefördert durch den gleichmäßigen Singsang des Baches, freien Lauf lassen.

Viel hatte ich gejagt auf unserer schönen Erde. Aber die starke Trophäe eines Urian, eines wirklich starken Keilers, stand immer noch auf meiner Wunschliste offen. Was steckt eigentlich hinter diesem Trieb des Jägers, der ihn zu solchen Einsätzen zwingt? Das ursprünglich aus dem griechischen kommende Wort für Trophäe bedeutet „Siegeszeichen", z. B. eine in der Schlacht erbeutete Fahne oder bei südamerikanischen Indianern das Haupt eines Feindes, welches, zum Schrumpfkopf präpariert, aufbewahrt wird. Man kennt dies aber auch beim Raubwild, das vielfach den Kopf des gerissenen Tieres abtrennt. Und ebenso ist es das bewehrte Haupt eines Wildtieres, das uns Jäger als Zeichen unseres Erfolges besonders interessiert. Aber auch die Hörner oder das Geweih, und auch die Zähne. Trophäen sind also Waffen des Wildes für den Kampf gegen den Nebenbuhler, bei einigen Wildarten auch gegen das Raubwild und den Jäger. Als Sinnbilder der Wehrhaftigkeit demonstrieren sie daher auch die Überlegenheit des Jägers über das erlegte Wild. Damit wird das Geweih mit der größten Auslage, das wuchtigste Gehörn, die größten Keilerwaffen, auch zur begehrenswertesten Trophäe. Dadurch wird unbewußt der schwere Helm des Kaffernbüffels im Jagdzimmer mit dem Mut und Können des Erlegers identifiziert, obwohl bei der heutigen Bewaffnung diese Eigenschaften weit weniger als vor Jahrhunderten ausschlaggebend für den Jagderfolg sind. Hat eine Wildart nicht die klassischen Trophäen, so können dafür auch andere Körperteile dienen. Bei den Walrossen ist neben den Stoßzähnen der über einen halben Meter lange Penisknochen sehr begehrt. Am Hut trägt der Jäger gerne die Malerfeder der Schnepfe, eine Erpellocke oder nur die Feder aus der Schwinge des Eichelhähers.

Trophäen sind also Erinnerungsstücke. Sie sind Andenken an erfolgreiche Jagden, an unbeschwertes Jagen im Gebirge oder an eine stimmungsvolle Safari in der Savanne Afrikas. Sie sind daher für den Erleger von so unschätzbarem Wert, daß viele Nichtjäger darüber nur den Kopf schütteln. Mit dem Tod des Jägers sinkt er auf einen sehr geringen materiellen Wert zusammen. Bei einigen Eskimostämmen, aber auch bei anderen Völkern wurden dem verstorbenen Jäger seine stärksten Trophäen mit ins Grab gegeben.

Eine schöne Sitte, so wollte ich meine Träumerei gerade fortsetzen, als ein grauer Schatten von rechts in mein Blickfeld einwechselte. Sofort brachte ein Adrenalinstoß mein Bewußtsein auf Höchsttouren. Aber der Anblick, den ich durch mein 8faches Glas hatte, beruhigte mich sofort wieder. Es war Grimbart, der Dachs, der auf seinem nächtlichen Streifzug sicher von der Süße des ausgestreuten Mais angelockt wurde. Lange hielt er sich nicht auf, vielleicht spürte er auch den jetzt heranschnürenden Fuchs. Die beiden blieben der einzige Anblick in fast vier Stunden, ehe es zurück zum kleinen Jagdhaus ging. Meine Frau war über meine Rückkehr froh, denn obwohl sie ja nicht alleine war, wurde ihr die Zeit doch lang.

Beim Abschied von Todor tröstete er mich mit den beruhigenden Worten: „In der Nachbarjagd hat eine Drückjagd stattgefunden, der starke Keiler braucht sicher ein paar Tage, um sich wieder einzustellen."
Auf der Heimfahrt zum Jagdhaus Varna-Poda schlief ich in den Armen meiner Frau ein.

Der schon betagte Jeep streikte am nächsten Morgen, deshalb sahen wir uns veranlaßt, unsere Frühpirsch direkt vom Jagdhaus aus zu beginnen. Das viele Herbstlaub machte uns beim Pirschen allerdings Schwierigkeiten, und deshalb bezogen wir bis zum Hellerwerden einen nahen Hochsitz. Als das Grau der schwindenden Nacht sich langsam auflöste, sahen wir am Waldrand einen starken Hirsch mit vier Stück Kahlwild. Das Haupt des Hirsches, der für die Nachbrunft gar nicht so strapaziert aussah, zierte ein Zwölfergeweih mit hochgezogenen Augsprossen. Kosta zeigte mit den abgespreizten Fingern die Acht. Mir imponierte, wie majestätisch er zu Holze zog, sicher hat er den Platzhirsch abgelöst. Wir schlugen entsprechend dem Wind noch einen weiten Bogen und erreichten das mitten im Wald liegende Jagdhaus von der anderen Seite.

Abends bei Todor am schon bekannten Bachlauf keinerlei Veränderungen. Aber der Mond brauchte schon etwas länger und war ab und zu durch schwarze Wolken verhangen. Todor strahlte aber soviel Zuversicht aus, daß ich den Keiler schon im Geiste vor mir sah. Wir wollten jedoch mal einen Tag pausieren.

Wie das Schicksal mal wieder alles fügte. Im Innersten etwas traurig, weil ein kostbarer Tag für den Revierteil Batowa verloren ging, bat ich Dimitar, mit mir noch einmal den Acker Sadowska Niwa aufzusuchen, um die Erlegung meines Hirsches Revue passieren zu lassen.

Es war wirklich ein Genuß, über die frisch gefegten Pirschpfade zu gehen. Tatsächlich sahen wir wieder beim Angehen durch den schütteren Bestand Rotwild auf der Lichtung. Ohne zu stören, erreichten wir äußerst vorsichtig den Hochsitz und konnten in aller Ruhe einen jungen Spießer sowie ein Alttier mit Kalb beobachten. Völlig vertraut ästen sie langsam dem Bestand zu. Sie wurden später von drei Rehen abgelöst, die uns bis zum Dunkelwerden die Zeit vertrieben. Bis zum Mondaufgang wurde es fast schwarze Nacht. Dimitar hoffte auch hier auf Schwarzwild und mahnte zur Ruhe. Tatsächlich sahen, besser hörten wir bald Sauen. Mein starkes achtfaches Glas löste das Dunkelgrau der hereingebrochenen Nacht auf. Buschinseln, Baumstubben, einzelne Bäume am Rand des Bestandes, ja schließlich auch drei Sauen konnte ich erkennen. Augenblicklich erhöhte sich bei mir der Herzschlag. Es waren meiner Schätzung nach Überläufer von etwa 40 kg. Was ich jedoch mit dem Glas relativ gut erkannte, war mit dem Zielfernrohr nicht möglich. Ich mußte schließlich, trotz des Drängens von Dimitar, passen.

Erfreut über den Anblick des ersten Schwarzwildes in diesem Jahr, ließ ich mich von Dimitar heimfahren. Es war wieder abenteuerlich, über die schlammigen und tief ausgefahrenen Wege, der Boden war sehr lehmhaltig, ohne steckenzubleiben durchzukommen.

Aber der Tag war ja noch nicht zu Ende. Nach dem reichhaltigen Abendessen schlug Kosta bei dem jetzt hochstehenden Mond noch einen Ansitz in der Nähe des Jagdhauses vor. An einer von dichtem Eichenholz umgebenen Lichtung stand die Kanzel. Als Baumaterial hatte man viele Werkstoffe verwendet, man sah Schienen, Beton, Holz, ja sogar echte Dachziegel! Die Sitze, es waren ausrangierte Küchenstühle, knarrten beängstigend. Sorgfältig machte ich mir im Schein der Taschenlampe zunächst ein Bild vom Inneren des Hochsitzes. Durch das geschlossene Fenster konnte ich deutlich bei dem bereits abfallenden Mond die Kirrung, einen Haufen hingeworfener Maiskolben, erkennen. Wir saßen vielleicht knapp eine Stunde und erfreuten uns der unterhaltsamen Beobachtung von vier Dachsen, als diese plötzlich wie auf Kommando verschwanden. Eine einzelne, starke Sau wechselte ganz vertraut zum Mais, das war also die Ursache ihres Verschwindens.

Gut konnte ich das Stück Schwarzwild mit dem Glas erfassen und kam nach wenigen Minuten zur Erkenntnis: das stark ausgebildete Haupt und das Verhalten deuten klar auf einen Keiler hin. Als Kosta leise sagte: „Schießen!", machte ich mich fertig. Die Entfernung betrug etwa 70 Meter. Klar stand das Absehen kurz hinter dem Teller, als ich fliegen ließ. Obwohl gut abgekommen, konnte ich, durch das Mündungsfeuer geblendet, kein Zeichnen feststellen. Der „Keiler" beschrieb bei seiner Flucht einen Bogen, um dann in der Deckung des Waldes unterzutauchen. Nach einem kurzen Rascheln trat eine unheimliche Ruhe ein. Ich schaute Kosta an, der sagte: „Schwein kaputt, morgen finden!"

Trotzdem gingen wir später zum Anschuß. Doch so eingehend wir ihn mit der Taschenlampe untersuchten, Schweiß konnten wir nicht finden. Auch das vorsichtige Leuchten in den Wald hinein brachte nichts. Schweigend und mit hängendem Kopf traten wir den Weg zum Jagdhaus an.

Eine unruhige Nacht verbrachte ich, von bohrenden Gedanken gequält. Als Dimitar mich um fünf Uhr weckte, blickte ich neidvoll auf meine Frau, die sich gerade einmal umdrehte, um mit tiefen Zügen dem Morgen entgegenzuschlafen. Dimitar versprach mir mit tröstenden Worten einen optimalen Anblick von einem anderen Hochsitz aus.

Herrlicher Sonnenaufgang, ein emporsteigender Feuerball tauchte die vor mir liegende Weite in glutrotes Licht. Eine mächtige Eiche zeichnete ein bizarres Bild zusammen mit dem kahlen Hügel, auf den sie sich sicher schon seit 100 Jahren verkrallt hatte, an den Horizont. Ich saß auf der Kanzel und war für kurze Zeit losgelöst von dem Wunsche, Beute zu machen. Mit Freude genoß ich die friedvolle Natur, labte mich an den wenigen Geräuschen und Gerüchen. Die optischen Eindrücke der erwachenden Natur blieben sicher auch in meinem Unterbewußtsein lange haften.

Oft genügt später ein kleiner Anstoß, vielleicht eine kaum fühlbare Brise auf der Wange, aber eben identisch mit dem Lufthauch, den man vor Jahren verspürte, und man ist für Sekunden zurückversetzt.

Genauso kostbar wie die Trophäen an der Wand sind für mich derartige Erlebnisse. Besonders für sie, meine ich, muß man ein offenes Auge und ein offenes Herz haben. Diese Geschenke der Natur werden jedoch nur dem zuteil, der dafür bereit ist. Erst dann kann auch die Jagd zum innerlichen Erlebnis werden.

Leider blieb die Aussage von Dimitar nur ein Versprechen, und ich drängte schließlich ungeduldig zur Heimfahrt.

Am Jagdhaus sahen wir freudige Gesichter. Kosta, Dimitrow und der Fahrer strahlten über alle Backen. Der Koch ruderte mit seinen Armen in der Luft herum. Ehe ich den Wagen verlassen hatte, wußte ich, warum sich alle so freuten. Kosta hatte meinen Keiler etwa 20 Meter im Eichenbestand gefunden und umarmte mich herzlich.

Schnell mußte sich meine Frau noch feste Schuhe anziehen, dann ging es wie bei einer Prozession in langer Reihe zur Lichtung. Dimitrow, der Koch, hatte noch nicht einmal seine weiße Schürze abgelegt. Vom Anschuß waren es noch etwa 70 Meter, dann stand ich vor einem respektablen Wildschwein. Das Gewicht wurde auf 150 bis 160 kg, das Alter auf etwa 5 bis 6 Jahre und die Länge der Gewehre mit etwa 20 cm vermutet. Ich war sehr glücklich, zumal ich meine Freude direkt mit meiner Frau teilen konnte. Ehe der Wagen zum Abtransport kam, machten wir etliche Aufnahmen und verfolgten exakt den Fluchtweg des hochblatt getroffenen Keilers zurück bis zum Anschuß. Mehrere Bäume hatte er angeflohen, das zeigten die Schweißspuren, ehe er in die ewigen Jagdgründe überwechselte. Ein Traum hatte sich bei mir erfüllt.

Nach einigen Gläsern Wodka im kleinen Kreis folgten zunächst Stunden erholsamen Schlafes. Am zeitigen Nachmittag startete dann der dritte Anlauf zum Revierteil Batowa.

Dimitar war als Chauffeur eingesprungen, aber trotz seiner scharfen Fahrweise wurde die etwa 40 km betragende Strecke bis zum Jagdhaus von Todor nicht weniger. Einsetzender leichter Schneefall wurde von allen als gutes Zeichen gewertet. Der Ansitz sollte zunächst um 16.00 Uhr auf einem Hochsitz am mit Eichenlohholz bewachsenen Hang beginnen. Später, etwa ab 21.00 Uhr, stand die Kanzel am Bachlauf auf dem Programm. Voller Erwartung bestieg ich den Jeep, um mit Todor eine kurze Strecke hangabwärts zu fahren. Die schlammigen Wege, jetzt durch den Schnee noch schlechter zu bewältigen, hatten wir fast hinter uns, als eine Rotte mittelstarker Sauen unseren Fahrweg kreuzten. Das war der Anfang. Der Pirschgang zum Hochsitz wurde daher mit aller Vorsicht vorgenommen, denn die Schweine hatten genau die Richtung zu dem von uns angestrebten Acker am Hang. Die recht hohe Kanzel stand unterhalb der Hangneigung, und so konnten wir beim Angehen bereits die Sauen durch den lichten Bestand sehen. Sie waren also schon da. Der Wind spielte mit, so daß wir tatsächlich ohne Störung die nicht unbedingt stabile Holzkonstruktion besteigen konnten. War das ein Erlebnis! Noch nie hatte ich bei vollem Tageslicht so viele Sauen in freier Wildbahn vor mir gehabt. Ich zählte genau zehn Stück von schätzungsweise 60 kg. Es war keine stärkere Bache und auch kein nennenswerter Keiler bei der Rotte. Von Zeit zu Zeit erschreckten sie sich bei der Aufnahme der lose ins Feld geworfenen Maiskörner und flüchteten dann zum zehn Meter entfernten Waldrand, um sich kurz im lichten Holz einzustellen. Sie waren aber auch hier auf dem mit etwas Schnee bedeckten Laub gut auszumachen. Vorsichtig, jede Sau wollte wohl mehr Mut beweisen, trollten sie dann wieder, eine nach der anderen, zurück. Plötzlich, wie auf Kommando, warfen sie alle auf und flüchteten nach einem kurzen „Wuff" wieder zurück in den Eichenbestand. Die Ursache zeigte sich uns schon bald. Von links zogen drei Stück Damwild, Tier mit Kälbern, zum verlockenden Mais. Der konnte sie aber nicht lange aufhalten, denn schon bald, ihre Richtung beibehaltend, verschwanden sie aus unserem Blickfeld.

Es dauerte jedoch nicht lange, da wechselte fast majestätisch, unserem Hochsitz sehr nahe, ein starker Damhirsch über den halbgepflügten Acker. Es war ein wundervoller Anblick, wie er mit stolzem Haupt und gleichmäßig geformten Schaufeln vorbeizog. Todor war selbst erstaunt, er hatte diesen Hirsch noch nicht gesehen und sprach mehrmals von Goldmedaille. Das Geweihgewicht schätzte er auf 4,5 bis 5 kg. Aug- und Mittelsprossen waren gut gewachsen, die Schaufeln breit und wuchtig. Ihm folgten im respektvollen Abstand zwei Stück Kahlwild. Aber alle drei waren auch nicht so stark an der Maiskirrung interessiert und zogen ihres Weges.

Keine fünfzehn Minuten waren vergangen, als eine Bache, den linken Vorderlauf stark schonend, mit zehn Frischlingen auf der Bildfläche erschien. Ich freute mich an dem Anblick dieser quirligen Frösche. Besonders ein Frischling hatte seinen Spaß daran, seine Geschwister zu beißen, die dann wiederum quiekend zur schützenden Bache flüchteten.

Gegen 17.30 Uhr drängte Todor mit den Worten „Nix Papa" zum Aufbruch. Eine kurze Jeepfahrt brachte uns zum kleinen Jagdhaus, um von dort zu Fuß, zuletzt wieder über den langen, sorgfältig mit hellem Sand „gepolsterten" Pirschweg, die Kanzel am murmelnden Bach zu erreichen.

Von oben, der Sitz stand wie gesagt an einem leichten Hang, sah man recht gut den Streifen von etwa drei mal zehn Metern, parallel zu dem durch geringes Buschwerk verdeckten Bach. Die bekannten Steine und ein Streifen von Maiskörnern waren, obwohl der Mond noch nicht da war, mit dem Glas gut zu erkennen. Ein weiter, klarer Sternenhimmel und der Schneeanflug machten alles jetzt schon heller. Immer wieder meinte ich ein Knacken oder Steinanstoßen zu hören, wußte jedoch bald, daß die Laute des Wassers mich hier narrten. Von diesem heimlichen Platz hatte Todor das erwähnte Hauptschwein zweimal bestätigen können. Ob mein dritter Anlauf mir heute Erfolg bringen würde, schweiften meine Gedanken ab. Angefangen hatte bisher ja alles wunderbar.

Langsam wanderte der Mond am Horizont über den Bergrücken. Wie Scherenschnitte zeichneten die Bäume am lichten Kamm ein bizarres Bild auf unseren Erdtrabanten. Heute fehlte der Dachs, trotzdem lag für mich eine unheimliche Spannung über dem Abend.

Plötzlich schob sich von rechts ein schwerer Wildkörper in unser Blickfeld. Noch war er teilweise von höherem Bewuchs verdeckt, aber der Kopf kennzeichnete unverkennbar durch zigarettenlange Gewehre einen Keiler. Mir verschlug es fast die Sprache, Todor raunte „Keiler", dann hatte ich ihn, der inzwischen ganz herausgezogen war, in voller Größe in meinem Glas. Ich brauchte da nicht lange zu überlegen und griff vorsichtig zur Waffe. Die Entfernung betrug nur etwa 60 Meter, und alle Geräusche würde das Murmeln des Baches auch nicht überlagern. Äußerst vorsichtig stach ich ein und machte mich fertig. Nochmals korrigierte ich, in Anbetracht des gestrigen Schusses, das Absehen auf dem Wildkörper. Im Bruchteil einer Sekunde vor meinem sich krümmenden Finger warf der Keiler sich herum und war für mich außer Sicht.

Todor, er saß links von mir, sah ihn jedoch in Fluchtrichtung im Gras und Gesträuch verhoffen. Dann, nach quälenden Sekunden, wendete er zunächst seinen Kopf und kam dann unruhig und ständig Wind holend wieder zurück. Die gestochene Waffe stand bereits wieder in der Hochsitzecke. Mit viel Gefühl nahm ich sie jetzt wieder zur Hand. Der Keiler hatte noch keinen Mais wieder aufgenommen, irgendwas gefiel ihm wohl nicht. Dann stand er tatsächlich, ich wagte nicht zu atmen, wieder in voller Breite da. Der Zielstachel suchte nicht lange den tödlichen Punkt, dann brach der Schuß. Wieder einmal konnte ich in Sekundenbruchteilen bei der Schußabgabe wahrnehmen, daß der Keiler sich gerade wieder wenden wollte. Für mich ohne zu zeichnen, trollte er in den nahen Bestand, hierbei nicht das geringste Geräusch verursachend. Mir war im Moment gar nicht wohl in meiner Haut. Todor hatte ein deutliches Zeichnen gesehen und beruhigte mich mit den Worten: „Giglan kaputt."

Trotz vieler Erfahrungsberichte und Mahnungen machten wir jetzt einen großen Fehler. Todor ging los, um eine größere Lampe zu holen, während ich solange auf der Kanzel warten sollte.

Als er nach etwa 15 Minuten zurückkam, war mein mit Neugier gepaarter Leichtsinn so stark, daß ich ihn nicht von der nächsten Aktion zurückhielt.

Zunächst kletterten, besser rutschten wir den kleinen Hang hinunter, wobei die dünnen Bäumchen für uns der einzige Halt waren. Der Schein der Lampe half bei der Suche nach den moosüberwachsenen Steinen im Bach, die uns ein relativ trockenes Überqueren ermöglichten. Am Anschuß kein Schweiß, jedoch starke Eingriffe. Am Waldrand nicht das geringste Merkmal oder Schußzeichen. Mit repetierter Waffe, parallel zum Lauf hielt ich meine kleine Stablampe, ging es nun tiefer in den lichten Eichenbestand. Die helle Lampe von Todor ließ praktisch keinen Winkel unbeleuchtet. Wir fanden jedoch in dem rotbraun gefärbten Laub absolut nichts.

Plötzlich ein lautes Blasen, starkes Blätterrauschen und Brechen von dicken Ästen oder Bäumchen. Dann die große, fast unheimliche Stille. Ich glaubte nur noch meinen eigenen Herzschlag zu hören. In Anbetracht der gerade gemachten Dummheit möchte ich nicht von Erfahrung sprechen, aber ich wußte, die zuletzt wahrgenommenen Geräusche waren positiv zu deuten. Selbstverständlich wurde jetzt die „Nachsuche" sofort abgebrochen. Todor sagte mit seinen wenigen deutschen Worten: „Giglan schlafen, morgen kaputt, Garantia!"

Beruhigt, jedoch etwas flau im Magen, machten wir uns auf den Weg zum Jagdhaus. Bis zur Heimfahrt mit Dimitar leerten wir noch zwei- bis dreimal den traditionellen Wodkabecher. Dann ging mir alles nicht schnell genug, denn ich wollte doch meine nun langsam aufkommende Vorfreude mit meiner wartenden Frau teilen.

Im Jagdhaus Varna-Poda großes Hallo. Direktor Nänkow war anwesend und hatte sich schon telefonisch von Todor berichten lassen. Für ihn war klar: Der Keiler liegt. Damit fühlte sich Nänkow in seinen Angaben bestätigt und war verständlicherweise über den Erfolg stolz. Gleichzeitig konnte er mir an diesem Abend die in Varna vorgenommene Wertung meines Hirsches mitteilen: „10,5 kg Geweihgewicht, 210 internationale Punkte, Goldmedaille."

Wurde das ein Abend! Bei solchen Anlässen pflege ich meine sonst alkoholische Abstinenz abzulegen. Wir steigerten etwa in folgender Reihenfolge: Slibowitz, Wein, Champagner und dazwischen immer mal wieder ein Wodka.

Wir lösten bald alle Probleme der Neuzeit und ließen auch Passagen gemeinsamer Geschichte wieder lebendig werden. Große Reden wurden gehalten, Lieder erklangen, jeder zeigte Herz und Fröhlichkeit. Mit von der Partie waren ein Mitarbeiter meines neuen Freundes Denjo (Nänkow), Denjo selbst natürlich, Dimitar, Kosta, der Koch Dimitrow, die Dolmetscherin Raina und meine Frau.

Letztere machte mich im Laufe des späten Abends darauf aufmerksam, daß unsere Dolmetscherin über starke Kopf- und Rückenschmerzen klagte. Heute befassen sich Spezialisten fast ausschließlich mit den strapazierten Bandscheiben des Kulturmenschen. Wo man hinhört, wird über Schäden an der Wirbelsäule gesprochen. Nicht zuletzt bei meiner Operation und dem damit verbundenen Krankenhausaufenthalt vor einigen Wochen hatte ich von Bandscheibenoperierten gehört, wie sie sich vorher geholfen hatten. Im Überschwang meines Glücksgefühls versuchte ich nun, Raina zu helfen. Sie mußte sich unter den kritischen Augen der anderen erheben und die Hände am Hinterkopf falten. Ich stellte mich dicht hinter sie, griff durch die Dreiecke ihrer gewinkelten Arme und verschränkte meine Hände in ihrem Nakken. Da sie ein wenig kleiner ist als ich, mußte ich mich dabei bücken. Danach richtete ich mich langsam auf, so daß sie in die Höhe gehoben wurde. Für einen Augenblick hing nun ihr Gewicht in der Hauptsache an meinen, ihren Kopf stützenden Händen. Folgte jetzt ein von den Wirbeln verursachtes Geräusch, galt dieses Knacken als geglückte Behandlung. Es klappte, und zufrieden stellte ich Raina wieder auf die Füße.

Lachen und anerkennende Blicke aus der Runde schlossen den Vorgang ab.

Immer wieder legte Dimitrov noch einen starken Holzscheit in den glutrot flammenden Kamin, aber die Zeit war schon weit fortgeschritten. Da ich mich noch einigermaßen in der Gewalt hatte, zog ich mich vorsorglich mit meiner Frau auf unser Zimmer zurück.

In der Nacht, oder was davon noch übrig war, träumte ich von all dem Geschehen. Das Erlebte war mir unter die Haut gegangen. Bilder, die sich einprägten, die immer wieder da waren und unauslöschbar blieben.

Mein Körper brauchte eigentlich Ruhe und Erholung, trotzdem wollte ich direkt nach dem Frühstück, meine Frau bestand darauf, mitzufahren, zu Todor nach Batowa. Meine Unruhe war nur zu verständlich, ich hoffte jedoch, daß der Keiler nicht mehr weit von seinem Wundbett geflüchtet war.

Aber so ist es nun mal mit den modernen Kommunikationsmitteln, im eingedeckten Kaminzimmer wurde ich schon von Kosta mit der Nachricht empfangen: „Todor hat Keiler, ein wahrer Riese, etwa 350 Meter vom ersten Lager gefunden! Er schätzt das Gewicht auf 300 kg!"

Das war eine frohe Botschaft an diesem sonnigen Morgen. Sollte ich tatsächlich das Hauptschwein erlegt haben?

So schnell wie möglich wurde gefrühstückt, dann ging es auf nach Batowa. Die Fahrt kam mir heute unerträglich lange vor. Doch auch sie ging zu Ende, und dann war da der strahlende Todor. Wir begrüßten uns, als wenn wir schon Wochen miteinander gejagt hätten, während einige seiner Leute begeistert klatschten. Er hatte mir zum Gefallen alles so belassen, der Keiler lag also noch im Wald. Meine Frau und die Dolmetscherin fuhren mit dem bereitstehenden Pferdewagen den kürzeren Weg durch das kleine Tal, sie mußten hierbei jedoch auch den etwa zwei Meter breiten Bach queren. Dies führte, bedingt durch die Schräglage des Fuhrwerks, zu einer „freudigen" Aufregung. Die Schreie und Rufe konnten wir Männer im Wald deutlich hören, sie aber zunächst nicht deuten.

Genau gingen wir nun die Fluchtfährte meines Keilers aus. Am Anschuß, wie gesagt, nicht der geringste Schweiß. Gewiß hatte sich auch der Ausschuß des 19 gr. TUG-Geschosses sofort wieder mit der Feistschicht der Schwarte verschlossen. Überall starke Eichelmast, welche manchmal durch eine besonders dunkel gefärbte Eichel zur Täuschung mit Schweiß führte. Aber dann, vielleicht 15 Meter vom Waldrand, spärlicher, dunkelroter Schweiß. Er führte uns schnell zum ersten Wundbett. Dann die durch seine Flucht auch jetzt im Eichenlaub deutliche Fährte des Urian. Sie zeigte bis zum zweiten Wundbett kein noch so kleinstes Tröpfchen Schweiß.

Dann lag er vor mir!

Was war das für ein Anblick! Bisher hatte ich nur Überläufer bis 50 kg geschossen, vorgestern mein Waidmannsheil auf den 150 kg schweren Keiler mit Kosta und heute noch einmal das verdoppelte Gewicht vor meinen Augen. Die Gewehre ragten tatsächlich in der Länge einer Zigarette aus dem Gebrech. Der Schuß saß, sicher bedingt durch die Drehung des Keilers, zwei Handbreit hinter dem Blatt. Todor überreichte mir freudig, ich konnte es förmlich in seinen blauen Augen lesen, einen großen, grünen Eichenbruch und erwies auch meinem Keiler die letzte Ehre.

Aufnahmen konnte ich nicht genug machen, aber der Film gab gar nicht mehr so viel her.

Zum Abtransport, und das hieß zunächst etwa 200 Meter im Eichenstangenholz hangabwärts, waren insgesamt sechs Männer erforderlich. Besonders eindrucksvoll war für mich das alte Pferdefuhrwerk. Es gab mir ein Bild zurück, wie es mein Vater immer gerne erzählt hatte, wenn ein schwerer Keiler oder Hirsch mit einem Pferdefuhrwerk aus dem Wald über die Dorfstraße seiner Jagd entlang gefahren wurden. Mit kräftigem Hauruck schafften die Männer schließlich auch das Problem des Aufladens. Mit Hallo ging es dann gemeinsam zum Jagdhaus, wo der Keiler aufgebrochen und versorgt wurde.

Statt Wodka trank man an diesem Vormittag jedoch nur Tee und Kaffee. Fast jeder hatte seinen Wagen vor der Türe, und auch in Bulgarien muß man an die Promillegrenze denken. Ich war diesmal die Ausnahme, und so kam es, daß ich auf der Fahrt nach „Hause" so manches Liedchen summte und auch meine Frau fester in den Arm nahm.

Für den nächsten, unseren letzten Tag, ein Sonntag, war im Dorf von Kosta ein Fest angesagt, und wir sollten die Ehrengäste sein. Daher wollte ich heute in aller Stille noch einmal zur Lichtung Sadoske Niwa, wo ich meinen Hirsch erlegt hatte. Dimitar steuerte den Lada am späten Nachmittag auf mir schon vertrauten Wegen. Das Wasser in den Fahrspuren war leicht gefroren. Ohne größere Störung erreichten wir den Hochsitz mit der langen Schrägleiter. Die Ruhe dieser Lichtung, rings umsäumt von Eichenwäldern, hätte in Deutschland zum Wetten veranlaßt, daß hier Wild austreten müßte. Nicht so hier bei den großen Einständen. Ich hatte reichlich Zeit, um den Ablauf der Begegnung mit meinem Hirsch vor meinem geistigen Auge ablaufen zu lassen.

Die Sonne war bereits seit einer halben Stunde als glutroter Ball über dem Wald versunken, und es begann zu dämmern. Immer wieder leuchtete ich mit dem Glas alles ab, Augentäuschungen narrten mich dabei. Jedesmal erkannte ich nach einiger Zeit meinen Irrtum. Einmal war es eine Unkrautstaude, dann eine Vertiefung im Wildacker. Diana hatte jedoch ein Einsehen. Im letzten Licht, Dimitar wies mich ein, gewahrte ich einen jungen Sechserhirsch. Sicher war er sich seiner späteren Stellung bewußt, denn geradezu majestätisch zog er etwa 20 Meter am Hochsitz vorbei. Vielleicht nahm er später mal die Position eines Platzhirsches ein und würde ein ehrenvoller Nachfolger meines Achtzehnenders. -

Konnte ich mehr von dem heutigen Tag erwarten? Ich war glücklich und zufrieden, träumte von den Waffen meiner beiden Keiler. -

Einmal im Jahr wird hier richtig gefeiert, d. h. jedes Haus bereitet sich auf den Empfang von Freunden aus den Nachbardörfern, von Verwandten und Arbeitskollegen vor. Die Reihenfolge der Dörfer wechselt hierbei selbstverständlich von Jahr zu Jahr. Es wird dann aufgetischt, was Küche und Keller hergeben. Kosta hatte ein für bulgarische Verhältnisse schönes Haus, in dem er mit den Eltern und seiner Familie lebte. Festlich war eine große lange Tafel im nicht zu großen Wohnraum gedeckt. Die Wände des Raumes hatte Kosta sauber mit Holz verkleidet. Über dem offenen Kamin hing das Geweih eines stark zurückgesetzten Hirsches.

Aus unserem Jagdhaus waren, nachdem die Waffen sorgfältig im Tresor des Kellers eingeschlossen waren, alle mitgekommen. Denjo Nänkow, der Direktor, wurde später erwartet. Wir spürten von verschiedenen, nach und nach eintreffenden Gästen verstohlene Blicke. Die meisten zogen sich jedoch nach der Begrüßung in die hinteren Räume zurück, denn auch in ihnen war etwas los.

Frische Hammelsuppe, Fisch, u. a. Makrelen, Würste, Fleischballen und weitere einheimische Leckerbissen waren die erste Grundlage für die kommenden Getränke. Nach und nach bildete sich an unserem Tisch ein harter Kern! „Stefan", der Veterinär, „Nikolo", genannt Kolo, der Herr über viele hundert Schafe, „Dimitrov", unser Koch, „Dimitra" u. a., und bei den meisten auch ihre bessere Hälfte. Als schließlich Denjo kam und auch noch meine kapitalen Keilerwaffen von 24,5 und 19,5 cm Länge mitbrachte, übertrug sich die Stimmung der Gesellschaft und ergänzte sich mit meiner Freude. Ich weiß nicht mehr wie oft, aber jeder wollte natürlich ein volles Glas, in einem Zug, versteht sich, mit mir leeren. Es folgten Schulterklopfen, Bruderküsse, große Reden, und es wurde viel gelacht. Besonders Stefan war hier nicht zu schlagen. Sein Dialog mit mir - alles habe ich nicht verstanden, konnte in dem Eifer auch nicht so schnell von Raina übersetzt werden - brachte die Gesellschaft immer wieder zum herzhaften Lachen. Schließlich hatte Stefan ein Akkordeon umhängen, zauberte damit bunte Klänge, und seine Nichte sang dazu klingende Volksweisen. Was hier im Alleinvortrag oder im Chor an frohen, aber auch an schwermütigen Liedern erklang, danach müßte man in Deutschland schon länger suchen. Der Lehrer sang speziell für meine Frau und mich mit tiefer Stimme ein Liebeslied, wobei die Gäste im Chor einfielen, ja, das hätten die Don Kosaken fast nicht besser machen können. Es war ein Tag, den wir nicht vergessen werden. Kolo, er sah aus wie ein stämmiger Eskimo, hatte auch nach Eskimoart seine Haare als Pony geschnitten, er wollte unbedingt mit mir um die Wette trinken. Er wurde jedoch bald unter dem Lachen der Anwesenden von seiner „fülligen" Frau heimgeführt.

Denjo Nänkow wollte noch in ein anderes Haus, das war für uns eine günstige Gelegenheit zum Aufbruch. Unbeschadet fand ich, nach einem traditionellen Abschiedstrunk vor dem Hause aus einem großen Kupfertopf, den wartenden VW-Bus, und zurück ging es zum Jagdhaus. In der Ferne hörte ich immer wieder unseren Koch Dimitrow, wie er fröhlich rief: „Kolo kaputt, Kolo kaputt ..."

◇

Bulgarien – Schalenwild der Weltklasse – Stand Januar 1989

Es gibt neben Bulgarien nur wenige europäische Jagdländer, die mit ähnlichen Zahlen in Bezug auf die Qualität ihrer Wildbestände aufwarten können.

Von den 18 Rothirschgeweihen mit über 250 internationalen Punkten stammen 13 aus Bulgarien. Hier wurde auch der Rothirsch mit dem bisher höchsten Geweihgewicht der Neuzeit von 18,85 kg erlegt. Das 24endige Geweih eines Hirsches vom 10. bis 12. Kopf, bei dem selbst die Augsprossen kronenförmig ausgebildet sind, hat Rosenumfänge von 32,1 bzw. 32,5 cm bei Stangenlängen von 127,2 und 118,0 cm. Der aufgebrochen 290 kg schwere Hirsch kam 1988 im Revier Baltschik an der Schwarzmeerküste zur Strecke. Das Geweih wurde mit 265,9 CIC-Punkten bewertet.

Darüber hinaus liegt das Land an zweiter Stelle, wenn es um die Zahl der Damwildtrophäen geht, die die „magische" Grenze von 200 Punkten überschritten haben. Außerdem kann Bulgarien auch den aktuellen Rekordkeiler mit 158,5 Punkten präsentieren.

Zur Zeit werden die Frühjahrsbestände beim Rotwild auf 24 000, beim Damwild auf 7 000 und beim Rehwild auf 144 000 Stück geschätzt. Sauen sind mit 45 000, Gemsen mit 1 600 und Muffelwild mit 3 700 Stücken vertreten. Die Anzahl der Wisente beträgt inzwischen 120, die der Braunbären 850 Stück. Beim Auerwild schätzt man die Anzahl auf 2 100 Hähne. Besondere Beachtung findet im Moment das Chukarsteinhuhn (Alectoris graeca chukar), eine in Bulgarien verbreitete, östliche Rasse des auf der Balkanhalbinsel auftretenden Steinhuhns. 50 000 bis 60 000 dieser mit dem spanischen Rothuhn verwandten Art werden jährlich ausgewildert, um die stark zurückgegangenen Besätze zu stützen. –

◇◇◇

Jagdhaus Varna-Poda.

Mein 150 kg Keiler.

Trophäen-Bewertung								Datum	
							1989-11-21	
Angaben	Maße		Mittel	Koeffi-zent	Punkte	Angaben	Maße	Koeffi-zent	Punkte
Länge der Stangen	l	114,5 cm	115,35	0,5	57,68	Auslage	98 cm	0-3 P.	3
	r	116,2 cm							
Länge der Augensprossen	l	39 cm	41,30	0,25	10,33	Zuschläge für Schönheit			
	r	43,6 cm				Farbe		0-2 P.	2
Länge der Mittelsprossen	l	26 cm	26,75	0,25	6,69	Perlung		0-2 P.	1
	r	27,5 cm				Spitzen der Enden		0-2 P.	2
Umfang der Rosen	l	25,8 cm	25,90	1	25,90	Eissprosse		0-2 P.	2
	r	26 cm				Krone		0-10 P.	6
Umfang der Stangen zwischen Aug-u. Mittelsprosse	l	14,9 cm		1	14,9	Ermäßigung		0-3 P.	—
	r	15 cm		1	15				
Umfang der Stangen zwischen Mittelsprosse u. Krone	l	15,6 cm		1	15,6	Internationale Punkte			211,57
	r	16,4 cm		1	16,4				
Zahl der Enden	l	8 Stück		1	14	Land / Revier	Bulgarien	Varna / Poda	
	r	6 Stück							
Gewicht des Geweihs Ermäßigung		9,9 kg	9,2	2	18,4	Medaille Gold	Alter 12	Klasse —	
		- 0,7 kg							

12 Jahre, ein uriger Recke.

Der 280 kg Keiler.

Es mußten schon alle mit anpacken.

Bulgarien

1 = Karakuz   2 = Poda (Varna)

Spanien – 1990

Der Steinbock aus dem sturmgepeitschten Gredos

Die wild zerklüfteten vegetationslosen Berge der Pyrenäen zeigten mir beim Überfliegen aus der Vogelperspektive, daß ich die erste Etappe meiner Jagdreise gleich hinter mir hatte. Ich war in Spanien, dem Ziel meiner Exkursion, der Jagd auf den spanischen Steinbock. Es war gar nicht so einfach, eine entsprechende Genehmigung zu bekommen, um ein Exemplar des „Capra capra hispanica" zu bejagen. Dieses in Spanien besonders begehrte Jagdwild sollte in einem Gebiet der Provinz Careres, welche an das staatliche Schutzgebiet - Reserva Nacional de Gredos - angrenzt, bejagt werden.

Zunächst hatte ich aber noch geschäftliche Dinge in Madrid abzuwickeln, konnte aber dabei auf die Betreuung meines langjährigen Agenten L.C. zurückgreifen. Bisher hatte ich mir nie genügend Zeit genommen, diese herrliche Stadt anzuschauen.

Allein ihre Lage. Exakt auf dem 40. Breitengrad, der kastilischen Meseta liegend, bildet sie den geografischen Mittelpunkt der Iberischen Halbinsel. Die Hügel, auf denen die Stadt erbaut wurde, bestehen aus Tertiärsand und liegen bei 650 Meter ü.d.M. Madrid gehört zu den europäischen Städten mit den meisten wolkenlosen Tagen im Jahr. Der Barometerstand beträgt durchschnittlich 706 mm.

In dieser Stadt, die König Philipp III im Jahre 1606 endgültig zur Hauptstadt des spanischen Reiches machte, muß man sich einfach wohlfühlen. Die vielen Sehenswürdigkeiten versöhnen schnell wieder mit dem Ärger, den das endlose Gewühl der Autos mit ihrem Lärm und Gestank aufkommen läßt. Aber schließlich wollen auch hier die über vier Millionen Menschen auf diese Errungenschaft der Zivilisation nicht verzichten.

Man muß Madrid erlebt haben, bevor man darüber berichtet. Dazu war ein Tag zu wenig. Unter den vielen herrlichen Gemäldemuseen, in denen Werke der berühmtesten klassischen und zeitgenössischen Meister bewundert werden können, ist zweifellos das Prado-Museum, welches jährlich Tausende Besucher zählt, am bedeutendsten. Staunend und ehrfurchtsvoll stand ich vor den Bildern spanischer und weiterer europäischer Malkunst vom 12. bis 18. Jahrhundert. Werke von Goya, Rubens, Valdes Leal u. a. beeindruckten mich durch die lebendig wirkenden Gesichtszüge der dargestellten Persönlichkeiten. – Am Flugplatz hatte mich neben L.C. auch mein Guide für die bevorstehenden Jagdtage erwartet. Ein Student der Forstwirtschaft mit dem Namen Felipe, der auch für die Organisation Promohunt Spain tätig war. Er erledigte die teilweise vorbereiteten Formalitäten für die Einfuhr meiner Büchse Sauer 80, im Kaliber .300 Winchester Magnum. Wir vereinbarten einen Termin für den nächsten Tag, zu dem Felipe mich im Hotel abholen würde.

Nun hatte ich also einen der neuen Jagdkameraden kennengelernt. Ich war gespannt, wen das Schicksal dieses Mal zusammengewürfelt hatte. Es waren bisher immer ehrliche und interessante Menschen, wobei jeder auf seinem Gebiet etwas Besonderes war.

Pünktlich war Felipe zur Stelle. Mit wenig Mühe war schließlich das Gepäck verstaut, und wir brachen auf, dem Abenteuer entgegen. Als wir den erdrückenden Verkehr der Hauptstadt hinter uns gelassen hatten, ging es zunächst über gut ausgebaute Straßen in nordwestlicher Richtung. Unser Ziel war der Ort „Madrigal de La Vera" am Fuße des Gredo-Gebirges. Ich lebte mich langsam in die fremdartige Landschaft ein. Mit jedem Kilometer, den wir hinter uns brachten, wuchs die Neugier auf das, was mich erwarten würde. Die starken Sonnenstrahlen legten ein flimmerndes, unwirkliches Licht auf die Straße und beflügelten meine vorauseilende Phantasie. Ich ließ mir schließlich vom leidlich Englisch sprechenden Felipe etwas über den spanischen Steinbock erzählen.

Beim spanischen Steinbock, Capra capra hispanica, haben sich im Laufe der Jahre vier verschiedene Grundtypen entwickelt, wenn man die Wuchsform des Kopfschmuckes zugrunde legt.

Zunächst ist da der klassische, in Spanisch sagt man „Macho Montes", *Typ Gredos,* mit seinem nach außen, oben und leicht nach vorne geschwungenen Gehörn, zu nennen.

Das Gehörn vom *Typ Tortosa-Beceite,* schwingt stark, fast rechtwinklig nach außen und leicht nach oben. Der *Typ Ronda (Malaga),* bildet mit seinem Gehörn fast die Form einer Lyra.

Schließlich gibt es noch den *Typ Acarnerada Tejeda-Almijada* (Malaga/Granada), seine Kopfzier ist nicht nur in weitem Bogen nach hingen geschwungen, sondern auch nach der Seite.

Wie bei den anderen Boviden tragen beide Geschlechter Hornschläuche, bei den Geißen sind sie aber wesentlich kleiner. Gewöhnlich wird ein Kitz im April oder Mai gesetzt. Die Brunft beginnt im Oktober oder November, je nach Lage des Reviers, und dauert rund 50 Tage. Ein Gewicht von 100 kg kann erreicht werden. Die Hornlänge des von mir zu bejagenden Typs wurde als Rekord mit 88 cm geführt. –

Nach etwa 2½ Stunden Fahrt erreichten wir den Ort Madrigal de la Vera und wechselten vereinbarungsgemäß das Fahrzeug. Ein Guarde der zuständigen Wildhüterstation brachte uns mit einem Landrover über teilweise abenteuerliche Wege zu einer in den Ausläufern des Gebirges liegenden Station der Guardes, wo bereits Pack- und Reitpferde auf uns warteten.

Neu zur Truppe stießen hier der Guide des zu bejagenden Distrikts, Pablo, sowie zwei Guardes. Meine Jagdführer waren der zunächst noch wortkarge, aber sachkundige Jäger Federico und der mexikanisch aussehende, später Unmengen verzehrende, Angel.

Gerne bestieg ich das mir zugeteilte gutmütige Pferd und erinnerte mich an meine 14tägige Reittour durch Andalusien vor drei Jahren. Über ausgetretene, jedoch mit viel Steingeröll versehene Pfade führte uns nun der Weg in immer höhere Regionen. Nahezu drei Stunden ging es in Serpentinen über Wildbäche, Bergkämme sowie an steilen Abhängen vorbei. In den Tälern und an den Hängen herrschten Ginster, schon braun werdender Farn und vereinzelt vom Sturm gezeichnete Stieleichen vor. Recht malerisch erschienen im Licht des sich neigenden Tages die wild zerklüfteten Berge, nun schon fast zum Greifen nahe.

Ein immer schärfer wehender Wind hatte mich veranlaßt, meinen Hut unter die Jacke zu stecken, um ihn nicht zu verlieren. Ich ritt fast als letzter, hinter mir nur der auf mein Wohl bedachte Felipe, vor mir immer die mit ihrer Last schwankenden Packpferde. Auf einem dieser Pferde war mein Waffenkoffer gebunden, welcher mehrmals in seiner Lage korrigiert werden mußte. Überhaupt bediente man sich beim Verrutschen der jeweils paarweise seitlich hängenden, runden Gummitaschen eines einfachen Mittels. In die sich der neigenden Seite gegenüber befindlichen Tasche kam bei Bedarf ein Felsbrocken. Ob das

Pferd wohl merkte, daß die Last immer schwerer wurde?

Kurz vor dem Dunkelwerden erreichten wir das in halber Höhe eines Berghanges liegende Steinhaus „Monteses" des jagdlichen Außenpostens. Hier führte die Frau von Federico Regie und sorgte für Speisen und Ordnung. Die einfachen Räume waren klein, aber sauber und zweckmäßig eingerichtet. Die Fenster waren zusätzlich auch von innen mit Blendläden zu schließen. Warum, das sollte ich schon in der ersten Nacht erfahren.

Der scharfe Wind war zum Sturm und fast zum Orkan geworden. Er rüttelte an den Fenstern und pfiff um das Haus, wie ich es noch nicht erlebt hatte. Die sonst sicher das Haus schützenden Eichen vor den Fenstern machten mit ihren Blättern und dem Astwerk ein Konzert, daß an Schlaf kaum zu denken war. Grollte vielleicht Diana, weil ich gekommen war, um hier einen stolzen Steinbock der Wildbahn zu entreißen? Ich fürchtete bereits, daß die Jagd für den kommenden Tag ausgesetzt würde, dabei hatten die Steinbockgehörne, die in dem größeren Raum über dem Kamin hingen, meine Phantasie schon entsprechend angeregt.

Um 6.00 Uhr klopfte jedoch jemand an meine Tür; Stimmen im Haus hatten mich allerdings schon vorher geweckt. Ich zog an, was ich nur vertreten konnte, aber viel hatte ich für das „heiße" Spanien nicht mitgebracht. Mir fehlte insbesondere warme Unterwäsche sowie meine Strickmütze. Barhäuptig stieg ich nach kurzem Frühstück in den Sattel, um diesen jedoch schnell wieder zu verlassen. In den steilen, felsigen Pfaden konnte man, wenn einen der Wind richtig erfaßte, regelrecht aus dem Sattel geweht werden. Erst nach dem ersten Kamm stieg ich wieder auf. Neben dem Packpferd war nur für mich ein „Reitpferd" mitgenommen worden.

Den Gipfel des großen Berges Risco Ragao vor uns, überquerten wir eine mit Ginster bewachsene Hochebene in 2 400 Metern ü.d.M. Der Wind war so stark, wie ich ihn nur in der Arktis erlebt hatte, die Temperaturen lagen nahe dem Gefrierpunkt. Der Himmel hatte sich aus der Richtung des Windes bis zu den Bergspitzen in tiefem Schwarz verdunkelt, und der Regen hagelte wie Eiskristalle in unsere Gesichter. Meine Begleiter trugen fast alle wollene Strickmützen mit einem Sehschlitz. Natürlich versuchten wir, in den Windschatten eines Tales zu kommen, mußten aber hierbei wieder lebensgefährliche Wege durch steile Felspartien suchen.

Meine bisher strapaziösesten Exkursionen waren die im Himalaja und in die canadische Arktis. Jetzt hatte ich teilweise den Eindruck, als ob hier beide zusammenfielen. Schließlich kauerten wir uns, selbstverständlich waren alle, d. h. Felipe, Pablo, Federico und Padre, dabei, hinter eine einigermaßen Schutz gewährende Felsgruppe. Die Sonne schien, denn die pechschwarzen Wolken wurden an den Bergspitzen vom scharfen Wind regelrecht zerrissen.

Ausgiebig wurde gefrühstückt, es fehlte weder Käse noch Rotwein oder Obst. Ja, selbst verschiedene Meeresfrüchte in Dosen wurden gereicht. Wenn es auch durch den in der Luft herumwirbelnden Sand zwischen den Zähnen knirschte, es war einfach köstlich. Schier unersättlich war für mich der „Mexikaner" Angel. Was er in sich hineinstopfte, hätte mir für zwei volle Tage gereicht. -

Plötzlich, wir waren wieder auf dem Weg, bin ich wie elektrisiert. Federico und Angel waren ein Stück voraus und hatten gerade einen Kamm erreicht, hinter welchem sie sofort in Deckung gingen. Die ersten Steinböcke wurden gesichtet, wenn auch auf große Distanz und ausschließlich „Female". Mein Fernglas konnte ich trotz Auflage nicht ruhig halten. Der Wind beutelte mich so stark, daß in mir Bedenken aufkamen, ob ich unter diesen Bedingungen einen gezielten Schuß abgeben kann.

Aber der Bann war gebrochen, und ich hatte das heißbegehrte Wild erstmalig in Anblick bekommen. Ziel der Jagdführer war ein zum Berg hin geschlossenes Tal, welches ein wenig Schutz vor dem Wind bieten sollte. „Regajo Lengo", sagte Pablo vielsagend. Tatsächlich sahen wir auf dem Weg dorthin in einem Vortal ein großes Rudel Steinböcke. Sehr lange spekulierten die Guardes, zwar gedeckt hinter schützenden Felswällen, gleichzeitig jedoch lauthals debattierend. Felipe, der meine Waffe trug, übersetzte: „Alle zu jung, kein starker Trophäenträger dabei."

Meine Augen hatten sich inzwischen an die in etwa 500 Meter spielerisch in der Wand kletternden braunen Punkte festgesogen. So schwach erschienen sie mir gar nicht. Ich ließ mich jedoch belehren - ein alter, reifer Steinbock ist in seiner Färbung fast schwarz. - Also weiter. Trotz der grobsteinigen Felshänge bestieg ich wieder mein Pferd, denn inzwischen waren wir sicher 8 km unterwegs, und ich mußte mit meinen Kräften haushalten. Direkt abenteuerlich wurde es immer, wenn mein Pferd am Rande des Abgrundes ein saftiges Grasbüschel entdeckte und dabei den Hals lang nach unten streckte. Wenn meine behandschuhte Rechte dann nicht sofort den Zügel lang machte, hätte ich sicher dumm ausgeschaut. Der große Kessel des letzten Tales Regajo Lengo war fast erreicht, als die vorweg pirschenden Federico, Angel und Pablo plötzlich in die Hocke gingen und schnell Deckung bietende Felsquader suchten. Sofort ließen Felipe und ich Padre mit den Pferden zurück und versuchten, schnell Anschluß an die drei anderen zu finden. Sie hatten zwei alte Einzelgänger ausfindig gemacht, welche vertraut in etwa 400 Meter ästen. Padre, er war Pensionär und lebte zeitweise in der Hütte, hatte sich uns heute angeschlossen und suchte weit unterhalb einen Weg in dem Felsengewirr.

Das ganze Gebiet war ein wildes, uriges Terrain, einsam und weit abgelegen, einfach gewaltig in seiner unberührten Schönheit. Die beiden schwarzen Teufel setzten dem allen noch die Krone auf. Mein Glas wagte ich gar nicht abzusetzen, um sie nicht aus den Augen zu verlieren.

Man holte meine Zustimmung zu der Empfehlung, einen der beiden Steinböcke zu bejagen. Etwa 100 Meter voraus hatte die Natur im Hang einige Felszinnen entstehen lassen. Dorthin versuchten wir nun vorsichtig zu kommen, wobei mir die vielen „helfenden" Hände gar nicht paßten, denn bekanntlich ist ja einer auf der Jagd schon zu viel.

Die äsenden Steinböcke waren auf dem Weg nach oben, und der immer noch stark von rechts blasende Wind stand für uns günstig. Tatsächlich kamen wir alle unbemerkt bis zu den uns Sichtschutz gewährenden Felsen. Federico wies mich genau ein und mahnte, ja den richtigen, also den höher stehenden „Macho Montes" zu schießen.

Ich machte die bis dahin unterladene Waffe fertig, legte auf der Strickmütze Federicos auf, sorgte für einen festen Halt meiner Füße und visierte mein Ziel an. Donnerwetter, ging es mir durch den Kopf, der Zielstachel verdeckt ja fast den Wildkörper. Als der Bock breit stand, faßte ich hoch an, überlegte noch, ob ich wegen des starken Seitenwindes den Haltepunkt an der Waagerechten entsprechend verlagern sollte, dann krümmte sich mein Finger.

Laut hallte das Echo des Schusses mehrmals durch den riesigen Felsenkessel. Den Bock riß es zunächst von den Läufen, und meine Begleiter fielen in lautes Hallo. Ich sah jedoch durchs Zielfernrohr, daß der Steinbock wieder auf die Vorderläufe kam und beide Hinterläufe nachzog. Schnell hatte ich repetiert, und unter dem Protest der anderen dem zweiten Geschoß den Weg freigegeben. Fast am Widerrist hatte ich den Haltepunkt gewählt, denn ich wollte bei der rasanten Patrone nicht aus dem Wildkörper gehen. Wie vom Blitz getroffen brach der kapitale Recke zusammen. Sich mehrmals überschlagend, blieb er wenige Meter unterhalb des Anschusses im Felsengewirr mit den vereinzelten Ginstersträuchern liegen. Eine ungeheure Spannung entlud sich bei mir, und ich glaube, auch bei den anderen. Der seit vielen Stunden anhaltende Sturm hatte unsere kleine Truppe dermaßen zusammengeschweißt, daß wir uns alle jetzt wechselseitig stürmisch um den Hals fielen.

Wie weit der Weg des Geschosses war, ich schätzte 250 bis 300 Meter, zeigte sich erst richtig auf der Klettertour zum Anschuß. Immer mußte noch eine weitere Rinne gequert werden, ehe ich endlich vor meinem spanischen Steinbock stand. Mit Stolz nahm ich den gebrochenen Ginsterzweig aus der Hand von Felipe für den 12jährigen „Macho Montez" entgegen.

Die Hörner waren für den Steinbock, Typ Gredos, sehr gut geschwungen und an einer Seite die Spitze leicht abgestoßen. Pablo hatte sofort sein Bandmaß zur Hand und bestätigte mit 69 und 73 cm Länge der Schläuche, sowie einem Basisumfang von 22,5 cm, die Wertung kapital.

Ich konnte nicht genug Aufnahmen von diesem herrlichen Ort machen, der das Werden und Vergehen der Natur so einmalig klar zeigte. Ob nun ein jüngerer Steinbock die Führung des Rudels übernahm oder die vom Blitz und Sturm gefällte Eiche nun endlich den Schößlingen Platz machte. Ob der Orkan und Regen der letzten Stunden dem Zahn der Zeit zur Seite stand, der ständig an dem Felsen nagte. Wenn man in solchen Momenten die Tiefen unseres Seins und den Lauf der Zeit betrachtet, kommt man sich sehr schnell als Eintagsfliege vor. –

Bald sahen wir Padre mit den Caballos etwas unterhalb unserer Position kommen. Die Pferde meisterten selbst dieses schwierige Gelände. Ja, Federico sagte, auf dem Pferd ist der nicht berggewohnte Mensch sicherer als auf seinen eigenen Füßen. Mit ihrem untrüglichen Instinkt und Gefühl für diese Gelände haben sie durch ihre vier Hufe auch ganz andere Möglichkeiten.

Der Steinbock wurde aufgebrochen und zerwirkt, wobei ich den Sitz der Geschosse exakt feststellen konnte. Der erste Schuß faßte den breit nach rechts stehenden Bock durch beide Keulen und zerschmetterte sie. Ob der Wind hierbei mitgewirkt hatte? Wahrscheinlich! Der zweite Schuß saß sehr hoch Blatt, und durch die Zerlegung des Geschosses hatte das Rückgrat einiges mitbekommen. Die Jäger nahmen nur die Keulen, selbstverständlich das Haupt und die Decke bis zum Vorschlag und Teile des von Rippen und Rücken gelösten Wildbrets mit. Der Rest diente als Nahrung für Fuchs und Adler.

Als wir aus dem schwierigsten Gelände heraus waren, vertraute ich meinen strapazierten Körper wieder meinem Pferde an. Es war jetzt 14.30 Uhr, und einige Stunden mußten wir für den Rückweg zum Jagdhaus „Monteses" schon einplanen.

Auf dem Pferderücken nahm ich in vollen Zügen die Landschaft auf, wollte ich doch immer vor meinem geistigen Auge die Heimat meines spanischen Steinbockes abrufen können. Dem Pferd konnte ich den Weg ganz allein überlassen und hing meinen Gedanken nach. Ich träumte von den Stunden heute abend vor dem großen Kamin, wo ich alles in Ruhe Revue passieren lassen wollte. Die uralte Sehnsucht der Menschen nach dem sichtbaren Feuer, welches Wärme, Kraft und Leben spendet, war für mich heute, nach dem sturmgepeitschten Tag, die Erfüllung schlechthin.

Anfangs saß ich noch gerade im Sattel, später aber nickte ich ab und zu ein wenig ein und merkte kaum, wie die Zeit verging. Mein Pferd hielt ich mittlerweile für ein gescheites, gelehriges Tier, quasi für einen Gebirgsexperten. Wenn es ein Loch oder einen Spalt vor sich hatte, blieb es zunächst stehen, betrachtete das Hindernis genau und schritt erst dann vorsichtig darüber hinweg.

Manchmal war der Pfad schmal, kaum ein paar Handbreiten, sicher ausreichend für Gams- und Steinwild, aber kaum für ein starkes Pferd. Oft war der seitliche Abgrund so tief, daß mir schon beim Hinschauen fast der Hut hochging. Ich bin eben nicht schwindelfrei. Bei mir genügt es, wenn ich vom fünften Stock auf die Straße hinunterblicke, schon meldet sich der Magen. Wenn mein Pferd nur nicht fortwährend am äußeren Rand des Pfades entlang geschritten wäre; vergeblich zerrte ich am inneren Zügel und versuchte so, es näher an die Wand zu bekommen. –

Noch vor Einbruch der Dunkelheit erreichten wir „Monteses", und ich freute mich auf eine Dusche. Nach dem anschließenden, ausgiebigen Mahl, bei dem mir Felipe und Pablo Gesellschaft leisteten, konnte ich vor dem prasselnden Kaminholz meinen Gedanken freien Lauf lassen.

Das Lachen und die Stimmen der Jäger aus der nur von einer Petroleumlampe erhellten Küche beflügelten geradezu meine Phantasie, in den verglimmenden Feuerstellen meiner Jagderinnerungen nach der übriggebliebenen Glut zu stochern.

Nun war ich mit der Erlegung meines Capra capra hispanica, meinem Wunschtraum, eine Sammlung möglichst vieler Trophäen von den auf der Erde vorkommenden Wildziegen und Wildschafen zu erjagen, nähergekommen.

Unbestreitbar ist die Jagd zur Hirschbrunft in unseren Breitengraden schon fast ein Ritual und, mit keiner anderen Jagd vergleichbar, das Schönste vom Schönen. Aber mit dem stolzen Volke der Wildschafe oder Wildziegen, die in der Einsamkeit der Bergriesen wohnen, kann man nicht auf so leichte Art fertig werden. Wer im Himalaja, in Alaska oder dem Altai mit ihnen in Kontakt kommen will, muß persönlich zu ihnen hinaufklettern. Man muß sich schon gehörig abplagen, und deshalb zähle ich diese Gehörne zu den wertvollsten meiner ausländischen Trophäen.

Der uralte Traum der Gebirgsjäger, eine komplette Trophäensammlung aller vorkommenden Wildziegen und Wildschafe zu erbeuten, bleibt ein Traum. Ich kenne weder persönlich noch aus der Literatur einen heutigen Jäger, dem dies bisher gelang. Man benötigt dazu sicher eine eiserne Gesundheit, entsprechenden Mammon und viel Zeit, vitale Zeit, welche einfach ein anderer in unserem Leben bestimmt. –

Später zog es mich hinaus in die klare Nacht. Der Wind hatte sich gelegt, und der sternenübersäte Himmel, aus der Höhe eines Gebirgszuges betrachtet, fasziniert mich immer besonders. Die Sichel des zunehmenden Mondes zeigte sich gerade über den schroffen Bergspitzen, der Heimat meines Steinbockes. Mir schien, als müßte ich jedes Geräusch in der klaren Luft dieser Bergeinsamkeit von weither hören.

Der folgende, strahlende Sonnentag war vornehmlich mit der ordnungsgemäßen Behandlung der Decke sowie mit dem Abkochen und Säubern des Schädels meines Steinbockes ausgefüllt. Im übrigen taten mir ein paar Stunden Schlaf gut, denn der reichlich konsumierte Anisschnaps mit meinen spanischen Jagdkameraden zur späten Stunde des gestrigen Abends mußte noch verarbeitet werden.

Es fiel mir nicht leicht, den schon fast vertrauten Ort am nächsten Tag zu verlassen, hatte sich doch wieder einmal gezeigt, daß jagdlich passionierte Menschen jenseits aller Sprachbarrieren zueinander finden und letztlich auch meist gegenseitige Zuneigung entwickeln.

◇◇◇

Der spanische Steinbock, Capra capra hispanica, Typ Gredos.

Man war auf dem Pferd sicher.

Wieder war ein Ziel erreicht.

Man kann den scharfen Wind nur erahnen.   Auf dem Weg zurück.

Mein Blick aus dem Fenster des Jagdhauses.

Anzeige

WEITERE BÜCHER AUS DEM VERLAG OKAPADJA

„**Karpatenhirsche**" · Emil Witting

Tierschicksale aus den rumänischen Bergen

Herzhaft und mit einer „Sprache", die heute nicht mehr geschrieben wird, bringt der Verfasser etwa im Stile Hermann Löns' Sie unter ein Rudel Hirsche. Sie nehmen teil am Ablauf des Lebens und der Jahreszeiten mit allen Kämpfen gegen die Gewalten der Natur, praktisch teilweise aus der Sicht der Tiere. Ein vor allem mit seinen hervorragenden Aufnahmen ansprechendes Buch.

Format 17 x 24 cm, 196 Seiten, 37 Farbbilder, Efalin

ISBN 3-923 270-00-3, DM 32,50

„**Auf den Spuren Marco Polos**" · Heijo Michel

Jagd- und Reiseerlebnisse aus der Mongolei und dem Himalaja

Inspiriert durch den Namen einer von ihm bejagten Wildart, dem „Marco-Polo-Schaf", hat der Verfasser seinem Buch diesen Titel gegeben. Ist es die Lust am Risiko, oder will er für wenige Wochen einen anderen Lebensstil führen, Abenteuer erleben, sich messen mit ungezähmter Natur? Immer steht die Jagd schlechthin im Vordergrund, obwohl man in lockerer Form so manche Eigenart der anderen Völker mitgeteilt bekommt. Wenn Sie sich noch einen kleinen Schuß Abenteuerlust bewahrt haben, gehen Sie mit auf die Reise und brechen einmal aus unserer bürokratisierten Welt aus. Die Bilder von bestechender Brillanz lassen Sie förmlich dabei sein.

Format 17 x 24 cm, 208 Seiten, 70 Farbbilder, 2 Kartenskizzen, 1 Landkarte, Efalin

ISBN 3-923 270-01-1
DM 34,--

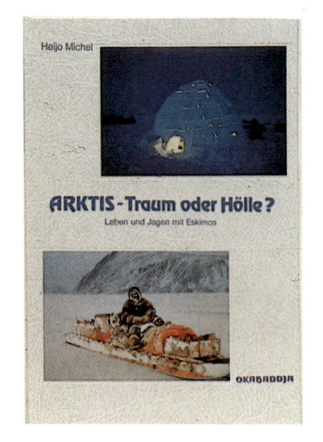

„**Arktis – Traum oder Hölle**" · Heijo Michel

Leben und Jagen mit Eskimos

Abenteuer in der Arktis sind weit weniger eine Sache physischer Kraft und sportlichen Einsatzes, als vielmehr eine Sache der Mentalität. Die eiszeitliche Landschaft, die Tage der Einsamkeit und absoluten Stille, Müdigkeit, Hunger und Verzicht auf jeglichen Komfort müssen ertragen werden. Der Verfasser hat seine zahlreichen Erfahrungen, welche er bei Expeditionen in aller Welt gesammelt hat, durch die besonders harten Bedingungen der Arktis ergänzt. Teilweise abenteuerliche, ja lebensbedrohende Situationen werden spannend geschildert und bringen Sie langsam dem Ziel, Nanook, dem Polarbären, entgegen. 83 faszinierende Farbaufnahmen sowie Zeichnungen und Karten machen das Buch zu einem Erlebnis.

Format 17 x 24 cm, 208 Seiten, Balacron

ISBN 3-923 270-03-8
DM 34,--

Anzeige

„Bei den Sonnensöhnen der Kordilleren"
Kurt R. Renner

Menschen, Tiere und Kulturen

Machu Picchu, sagenumwobene Wüstenzeichnungen – geheimnisvolle Welt der Inkas. K. Renner erfüllt sich einen Jugendtraum mit seinen Exkursionen zu den Indianern Perus. Geschickt versteht er es, seine Leser in die heutige Welt der Kordilleren zu führen, weiß über Tiere und alte Kulturen zu berichten.

Format 17 x 24 cm, 208 Seiten, Balacron, 61 farbige Abb. und Zeichnungen
ISBN 3-923270-04-6, DM 34,--

Eduard Kettner – Jagdwaffenkunde
Walter Biertümpel, H.-Joachim Köhler

Ein Lehrbuch für alle, die sich auf die Jägerprüfung vorbereiten oder einfach mehr über Jagdwaffen, Patronen, Ballistik, das Schießen mit Büchse und Flinte, usw. wissen wollen. Die Autoren aus dem Hause EDUARD KETTNER, dem weltbekannten Jagdausrüstungsspezialisten, sind selber Jäger und durch ihre berufliche Tätigkeit eng mit Waffen und der Jungjägerausbildung verbunden. Sie stellen das große Gebiet umfassend und verständlich dar. Viele Abbildungen und übersichtliche technische Zeichnungen erleichtern den Einstieg in die Materie. Dem Thema Jagdwaffenkunde, eine interessante Bereicherung der vorhandenen Literatur, wird in der Jägerprüfung eine große Bedeutung beigemessen, die es auch für den schon oder bald aktiven Jäger nie verlieren wird.

Format 17 x 24,5 cm, 192 Seiten, 200 Zeichnungen, 200 Fotos, cellophaniert
ISBN 3-923270-02-x, DM 19,80

„Wild und Geflügel" · Schassberger/Basche

Ob Sie sich zunächst in das von Arnim Basche verfaßte Einleitungskapitel vertiefen, in dem Sie allerhand über die Jagd und über Wildbret erfahren, oder ob Sie sich gleich Appetit beim Betrachten der Rezeptfotos holen – die Wahl wird Ihnen schwerfallen, denn ein vergnüglicher Zeitvertreib ist beides allemal! 75 der besten Rezepte über Kaninchenrücken, Rehnüßchen, Fasan, Perlhuhn, Truthahnklößchen, Entenkeule und Frischlingskoteletts sind perfekt ins rechte Bild gesetzt.

Format 17 x 25 cm, 208 Seiten, 216 Bilder,
fünffarbig gedruckt, hochwertiger Einband
ISBN 3-800302-772, DM 36,--

Verlag OKAHANDJA · 4330 Mülheim a. d. Ruhr · Broicher Waldweg 173/Uhlenhorst · Telefon Duisburg (0203) 85097 · Telefax (0203) 83235